Wolfgang Venohr
Fridericus Rex

Friedrich II.
als »Märchenprinz«, als »roi charmant« seiner Zeit.
Gemälde von Antoine Pesne, 1738/40

Wolfgang Venohr

Fridericus Rex

Friedrich der Große –
Porträt
einer Doppelnatur

Gustav Lübbe Verlag

Der Gustav Lübbe Verlag ist ein Imprint der Verlagsgruppe Lübbe

Schutzumschlag- und Einbandgestaltung: Friedrich Förder, Bergisch Gladbach
Umschlagbild: Antoine Pesne, »Friedrich der Große im Alter von 34 Jahren«, 1746, Schloß Augustusburg bei Brühl
Foto: Jürgens Photo, Berlin
Satz: ICS Communikations-Service GmbH, Bergisch Gladbach
Druck und Einband: Friedrich Pustet, Regensburg

Printed in Germany
ISBN 3-7857-2026-2

3 2 1

Sie finden die Verlagsgruppe Lübbe
im Internet unter: http://www.luebbe.de

Inhalt

Das Friedrich-Bild

Vorwort

Vor zweihundertvierzehn Jahren, 1786, starb ein Monarch, den man den größten Mann seines Jahrhunderts genannt hat: Friedrich II., König von Preußen, genannt Friedrich der Große; vom Volke bezeichnet als »König Fritz«; amtlich und hochoffiziell tituliert »Fridericus Rex«.

Lange Zeit war es still um ihn gewesen, war sein berühmtes Reiterstandbild von Christian Daniel Rauch in den Schloßpark von Sanssouci verbannt. Aber inzwischen reitet der Preußenkönig wieder Unter den Linden. Genau an der Stelle und auf demselben Sockel, auf dem er 1851 seinen Platz bezog und an dem 1943 eines Morgens, nach einem schweren Luftangriff auf Berlin, ein handgeschriebenes Plakat mit dem folgenden Text hing:

Alter Fritze, steig' hernieder
und regier' die Preußen wieder.
Laß – in diesen schweren Zeiten –
lieber Adolf Hitler reiten.

Erich Honecker, der ehemalige Staatsratsvorsitzende der DDR, sah sich genötigt, nach jahrzehntelanger Verfemung wieder von »Friedrich dem Großen« zu sprechen. Und so mancher deutsche Autor möchte an sein Friedrich-Buch, in dem er den Preußenkönig mit Otto Gebühr verwechselt hatte, heutzutage nicht mehr erinnert werden.

Dieser Preußenkönig ist offensichtlich nicht totzukriegen. Genauso unnachgiebig wie der kleine Mann aus Berlin im Siebenjährigen Krieg gegen alle Regeln der Wahrscheinlichkeit durchhielt, genauso zäh behauptet er sich seit zweihundert Jahren in der öffentlichen Meinung und Kontroverse.

Die Historikerzunft bezeichnet dieses psychologische Wunder als »Friedrich-Phänomen«. Was steckt dahinter?

Das Friedrich-Bild wandelte sich über zwei Jahrhunderte hinweg in Permanenz. Über alle Maßen zu seinen Lebzeiten bewundert und gehaßt, geriet der Preußenkönig sofort nach seinem Tode in tiefste Vergessenheit. Drei, vier Jahre später war es bereits so, als sei er niemals dagewesen. Die Erschütterungen der Französischen Revolution ließen auch sein Abbild zerbrechen. Diese Phase, in der Friedrich eine historische Unperson war, dauerte zwanzig Jahre: von 1790 bis 1810. Dann, in der Not der preußischen Erhebung und der Befreiungskriege, war es die »Basis«, war es das Volk, das sich seiner sehnsüchtig erinnerte. Theodor Fontane hat in »Vor dem Sturm« völlig zu Recht darauf hingewiesen, daß der brandenburgische oder pommersche Landmann 1812/13, als er wütend zu »Säbel, Schwert und Spieß« griff, um die Franzosen aus dem Lande zu jagen, von den Reformen der Scharnhorst und Gneisenau gar nichts wußte, sondern daß er an den König dachte, der dem Vater oder Großvater das Bruch trockengelegt hatte.

Nach 1815, nach der Befreiung, wurde Friedrich ein Opfer der deutschen Romantik und der fürstlichen Reaktion. Ein Vierteljahrhundert lang wurde er totgeschwiegen, galt er als Symbolfigur der zu bekämpfenden Freigeistigkeit und Unmoral. Während man im Ausland, vor allem in England, Kanada und den USA, noch vielerorts auf seine charakteristische Silhouette stieß oder in Gasthäusern und Hotels auf seinen Namen traf, fürchtete man in den bigotten Kreisen der deutschen Übergangsgesellschaft das verderbliche Beispiel eines atheistischen, aufgeklärten Monarchen, der in der Theorie – und zum Schluß auch in der Praxis – verkündet hatte, daß die Menschen alle gleich seien.

Es waren die »Linken« von damals, die ihn wiederentdeckten, die Nationalrevolutionäre und Liberalen der burschenschaftlichen und literarischen Bewegung, die sich zur Revolution rüsteten. Ende der dreißiger Jahre des neunzehnten Jahrhunderts begann die Friedrich-Renaissance im Zeichen des liberalen Fortschritts und des erwachenden deutschen Nationalgeistes. Franz Kugler schrieb sein bürgerliches Hausbuch über den Preußenkönig, und Adolph Menzel – schon eine ganze Denkepoche weiter – zeichnete ihn als »den Alten Fritz, wie er im Volke lebt«, was den preußischen Sozialisten Ferdinand Lassalle in höchste Begeisterung versetzte.

Im Deutschen Krieg zwischen Österreich und Preußen, 1866, versteckte die liberale Bourgeoisie, die es unbegreiflicherweise mit dem reaktionären Österreich hielt, ihre Friedrichbilder. Nun wurde er zur Zielscheibe aller antipreußischen Kräfte in Deutschland, und der welfische Propagandist Onno Klopp enthüllte seinen zynischen, menschenverachtenden Charakter. Im siegreichen Kaiserreich, nach 1871, wusch man die dunklen Flecken von seinem Konterfei und stilisierte ihn zum Nationalheros. Doch unter der lärmenden Oberfläche, in stillen Gelehrtenstuben, entstand zum ersten Mal ein realistisches Friedrichbild, als deutsche Historiker, allen voran der unübertreffliche Reinhold Koser, daran gingen, mit behutsamer Hand die Konturen seines Lebens und Wirkens nachzuzeichnen.

In der Weimarer Republik wurde Friedrich zum Streitobjekt der Parteien. Während er einerseits – ganz im Gegensatz zum deutschen Vormärz – zum Prügelknaben der deutschen Linken denaturierte, erhob ihn andererseits die reaktionäre Rechte zur patriotischen Kitschfigur. Der deutschnationale Hugenberg-Konzern profitierte kräftig an den Friedrich-Darstellungen des sächselnden Filmschauspielers Otto Gebühr, und bald konnte ihn sich niemand mehr anders als hoch zu Roß vorstellen, stahlharten Auges seine Grenadiere musternd und immer siegreich am (Film-)Ende. Im II. Weltkrieg hielten sich Hitler und Goebbels am mißverstandenen Beispiel des »Großen Königs« aufrecht, und nach Kriegsende, als Friedrichs Preußen auf Befehl der Alliierten als Hort des Militarismus und Wurzel allen Übels in Deutschland deklariert wurde, nahm man nicht Anstand, den Preußenkönig zum direkten Vorläufer und Ahnherrn Adolf Hitlers zu degradieren.

So, von der Parteien Haß und Gunst entstellt, schwankte Friedrichs II. Charakterbild in der Geschichte. Goethe war und blieb immer »fritzisch« gesonnen. Schiller mochte diesen Charakter nicht »liebgewinnen«. Voltaire nannte ihn schwärmerisch den »Salomo des Nordens«, Maria Theresia sprach nur von dem »bösen Mann« aus Berlin. Adolf Hitler besuchte in zwölf Jahren Reichskanzlerschaft niemals Friedrichs Sanssouci; der Widerstandskämpfer Henning von Tresckow speiste aus Friedrichs Preußentum seinen leidenschaftlichen Antifaschismus.

Wie erklärt sich – im Abstand von mehr als zweihundert Jahren – die Natur dieses umstrittenen Mannes?

Das Bild des Preußenkönigs, das wir uns heute machen, ist falsch. Oder besser gesagt: nur zum Teil richtig. Es ist aus der Rückschau gezeichnet. Sein Jahrhundert sah und erlebte ihn anders. König Friedrich sehen wir im wesentlichen als *alten* Mann; als denjenigen, der er nur in den letzten dreiundzwanzig Jahren seines Lebens war. Es ist dies die weltbekannte Silhouette des »Alten Fritz«; ob nun liebevoll oder spöttisch, in der Verklärung oder in der Karikatur. Es ist das Bild des knurrigen, mürrischen Alten, der mit dem Krückstock seine (preußische) Welt regierte.

Sieht man aber von der kurzen Küstriner Episode (1730) ab, so war Friedrich die ersten fünfundvierzig Jahre seines Lebens, bis 1757, das liebenswürdige Abbild eines bezaubernden, galanten und eleganten Prinzen wie Herrschers, dessen betörender Charme die Augen seiner Zeitgenossen blendete. Seine Züge waren weich und sympathisch, seine Kleider ebenso reich wie modisch, seine Ideen kühn und fortschrittlich. Er galt seiner Zeit als »roi charmant«, als Märchenprinz, als das Staunen der Welt, und mit vierzig Jahren hatte er bereits erreicht, was er immer gewollt hatte: das strahlende Image Ludwigs XIV., des französischen Sonnenkönigs, zu überflügeln und durch eigenen Ruhm zu verdunkeln.

Zwei Drittel seines Lebens stand Friedrich also im strahlenden Licht der Sympathie und des Ruhms. Dann, vom Sommer 1757 (Schlacht bei Kolin) bis zum Sommer 1761 (Lager bei Bunzelwitz) ging er vier Jahre lang durch die Hölle; durch einen endlosen Tunnel der Schrecken und Katastrophen, der Gefahren, Gespenster und Ungeheuer. Es war der Prüfungsweg Taminos, den Mozart dreißig Jahre später in seiner »Zauberflöte« nachempfunden hat.

Als 1763 der Friede von Hubertusburg unterzeichnet wurde und Friedrich den Schreckensgang verließ, hatte er sich völlig verändert, war ein anderer Mensch aus ihm geworden. Vor ihm lag nicht das kosmopolitische Paradies des Lichtes, der Weisheit und der Humanität, von dem der junge Fritz immer geträumt hatte, sondern der enge Kerker preußischer Pflichterfüllung, in dem er dann dreiundzwanzig Jahre lang, bis zu seinem Tode, 1786, seinen Altersgrillen und seinem Dienst am Staate nachging.

Erst dieser Friedrich der letzten dreiundzwanzig Jahre, nach der Katastrophe des Siebenjährigen Krieges, war ein Mann von *einem* Geist, von *einem* Wesen und Charakter, kurz: ein Erscheinungsbild der psychischen Einheit und geistigen Geschlossenheit. In diesem Lebensabschnitt gab es keinerlei »Friedrich-Rätsel«; hier entstand die Folie für die klare, eindimensionale und somit populäre Friedrich-Legende. Die Zeit davor (wie gesagt: zwei Drittel seines Lebens) gab es nicht den einen, einzigen Menschen, der Friedrich von Preußen hieß, sondern das erstaunliche Phänomen einer exzentrischen Doppelnatur.

Das eben ist das Verwirrende, das Irritierende, das letztlich Geheimnisvolle an der Figur dieses kaum zu ergründenden Mannes. Daß ausgerechnet Schiller sich an diesem widersprüchlichen Charakter stieß, er, der doch mit den »Räubern«, dem »Wallenstein«, dem »Don Carlos« das psychologische Drama des inneren Konflikts in einer Person (Karl Moor, Wallenstein, König Philipp) kreierte, läßt kaum auf einen dramaturgischen Irrtum schließen. Nein, es war etwas anderes: Hier, bei Friedrich, ging es nicht um Augenblicke, um kurze, zugespitzte Momente des Seins, in denen er – wie Wallenstein – zwischen Fatalismus und Entschluß oder – wie Philipp – zwischen Einsicht und Notwendigkeit schwankte. Hier, bei Friedrich, offenbarte sich vielmehr ein menschliches Kontrastproblem in solcher Steigerung, ja Überhöhung, in einer derartigen Permanenz, daß der Dramatiker in Schiller daran verzweifelte, das Thema in *eine* Rolle fassen zu können.

Nein, der vielberufene Widerspruch in Friedrich, er lag nicht nur in der tradierten Antinomie zwischen Denken und Handeln, er war nicht nur eine Sache seines Berufes, seines Königtums, das sich zwischen Macht und Moral bewegte. Der außerordentliche, jede psychische Wesenseinheit sprengende Konflikt lag – tiefbegründet – a priori in der Natur dieses Mannes.

1. Die Sonne geht auf

Der Regierungsantritt 1740

Am 1. Juni des Jahres 1740 summte es in Berlin, der Hauptstadt des Königreiches Preußen, wie in einem Bienenhaus. Alles war in höchster Erregung. Menschentrauben ballten sich auf Straßen und Plätzen zusammen. Kutscher hochherrschaftlicher Equipagen peitschten sich fluchend durch die ausgelassene Menge. Alles sprach laut und ungeniert durcheinander. Man begrüßte sich, man umarmte sich; und die Taschendiebe machten reiche Beute.

Am Tage zuvor, am 31. Mai, war Preußens König Friedrich Wilhelm I., den alle gefürchtet hatten und den man gewöhnlich den »Soldatenkönig« nannte, nach langem, schwerem Leiden verschieden. Noch in der Nacht war die Nachricht bis Berlin gedrungen, hatte in Hütten und Häusern die Lichter der Neugier entzündet. Jetzt war man fieberhaft gespannt. Man erwartete den Sohn, den neuen preußischen König: Friedrich II. aus dem Hause Hohenzollern.

Der Soldatenkönig war in Potsdam, das er als Residenz bevorzugt hatte, gestorben. Dieses Potsdam mit seinen 25 000 Einwohnern, von denen ein Drittel Soldaten waren, wurde von den Berlinern über die Schulter angesehen, als eine Art preußisches Sparta, auf das jeder echte Spree-Athener mit Hochmut und Herablassung blickte. Daß der junge, achtundzwanzigjährige König wieder Berlin zu seiner Residenz machen würde, schien außer Frage zu stehen. Der junge Herr sollte – wie sein Großvater, Friedrich I., an den man sich gern erinnerte – elegant, weltoffen und prachtliebend sein; so recht nach dem Herzen der Berliner. Ob ein neues, besseres Zeitalter mit ihm anbrach? Ob sich das Königreich Preußen unter dem neuen Herrscher von einem knickerig-kommissigen »Sparta« in ein heiterbeschwingtes »Athen« des Nordens verwandeln würde? Ob nun endlich Schluß war mit der Schande, daß das Ausland sich über das zurückgebliebene, hinterwäldlerische Brandenburg-Preußen des Soldatendrills und der Wildschweinjagden mokierte?

Das waren Fragen, die man in den Salons der höheren Stände, des Adels, des Offizierskorps und der Beamtenschaft, diskutierte. Das Volk auf den Gassen fragte sich anderes: Ließ er sich überhaupt in der Öffentlichkeit, vor den gemeinen Leuten, sehen, dieser junge Fürst? Würde er etwas spendieren zu seiner Thronbesteigung? Beispielsweise einige Fäßchen süffigen Wein oder einen gebratenen Ochsen? Vor allem – so fragten die Frauen –, würde er allein kommen oder mit Elisabeth Christine, jener

Prinzessin von Braunschweig-Bevern, die ihm der grimmige Vater vor sieben Jahren als ungeliebte Ehefrau aufgezwungen hatte? (Und hinter der vorgehaltenen Hand der Frau Nachbarin ins Ohr: »Es heißt ja, der junge König soll nicht nur die Mädchen, sondern auch die schönen jungen Männer lieben . . .«)

Berlin war damals eine Stadt, die eigentlich aus fünf Städten bestand: Berlin, Kölln, Friedrichswerder, Dorotheenstadt und Friedrichsstadt. Sie existierte ziemlich genau seit fünfhundert Jahren (seit 1237) und hatte an die 100 000 Einwohner, von denen ein Viertel Soldaten waren. Etwa 77 000 Berliner waren Lutheraner, 12 500 Reformierte und ca. 7500 Katholiken. Die französische Kolonie geflüchteter Hugenotten, die unter dem Großen Kurfürsten, vor fünfzig Jahren, ein Fünftel der Berliner Einwohnerschaft gestellt hatte, zählte nach wie vor fünftausend Seelen. In den Stadtmauern Berlins wohnten außerdem eintausend Böhmen und dreitausend Juden. Das Dienstpersonal für die reichen und vornehmen Leute umfaßte 12 500 Personen, von denen achtzig Prozent weiblichen Geschlechts waren. Doch an diesem strahlenden ersten Junitag des Jahres 1740 schienen alle Standesschranken und Religionsunterschiede, die sonst die Einwohnerschaft so streng voneinander trennten, bedeutungslos. Heute drängte sich alles durcheinander, schob sich hoch und niedrig neugierig und erwartungsfroh über die Straße Unter den Linden zur Spree, und weiter über die Brücke zum königlichen Schloß. Denn hier mußte er eintreffen, der bisherige Kronprinz Friedrich, der seit gestern der unumschränkte Herrscher aller Preußen war.

Die Berliner warteten an diesem Tag vergebens. Der neue König ritt von Potsdam stracks nach Charlottenburg, einem Dorf zwölf Kilometer westlich von Berlin, das einst Lietzenburg hieß und erst vor drei Jahrzehnten nach seiner Großmutter, der Königin Sophie Charlotte, umbenannt worden war. Spät am Nachmittag kam er an. Nichts war vorbereitet, um die neue Majestät zu bewillkommnen und ihr den gebührenden festlichen Empfang zu bereiten. Friedrich schwang sich vom Pferd und schlug mit seiner Reitgerte den Staub von den Stiefeln. Dann wandte er sich zum Eingangsportal des Schlosses.

Dieses Schloß hatte der Großvater im dörflichen Lietzenburg 1695 bis 1699 von dem Architekten Arnold Nering als Sommersitz für seine verwöhnte welfische Gemahlin Sophie Charlotte errichten lassen. Der pommersche Baumeister Eosander von Göthe hatte es zu einer gestreckten Flügelanlage erweitert, und wenig später hatte man auch begonnen, das Schloß mit einem Park nach holländischem Muster zu umgeben. Aber fertig war – mit Ausnahme des Hauptgebäudes – nichts, obwohl der Komplex nun doch schon vierzig Jahre stand, und alles wirkte sehr vernachlässigt. Charlottenburg war eben ein Torso; nicht anders als das Königreich Preußen, das noch nicht einmal vierzig Jahre existierte.

Das Schloßpersonal, das Hofgesinde starrte überrascht und verlegen auf den unerwarteten Mann, der sich jetzt nach dem spärlichen Gefolge umsah, das ihm aus Potsdam nachgekommen war. Über hohen schwarzen Stulpenstiefeln, die bis über die Knie reichten, trug er einen hellblauen Samtrock von feinstem Schnitt, über dessen Rücken ein eleganter, schwarzseidener Haarbeutel herabfiel. Auf der weißgepuderten Perücke, die sich seitlich in leichtfliegenden Locken wellte, saß – schräg nach rechts – ein flacher Dreispitz nach neuester Pariser Mode mit silbernen Tressen. An Hals und Händen kräuselten sich feinste Seidenspitzen. Als er sich plötzlich zurückwandte, konnten die Frauen und Männer des Schloßgesindes nur mit Mühe einen Ausruf des Erstaunens unterdrücken.

Dieser König, den sie zum ersten Mal in ihrem Leben sahen, war mit seinen achtundzwanzig Jahren nicht nur bezaubernd jung, sondern er war ein wahrhaft schöner Mann, eine strahlende Erscheinung. Von mittlerer Größe, etwa 1,63 Meter, war seine Figur wohlproportioniert, wenn man darüber hinwegsah, daß die Hüften etwas zu hoch angesetzt und daß seine Oberschenkel zu muskulös waren. Der blaue Samtrock spannte etwas über dem Bauch, und auf der linken Brustseite blitzte der Stern vom Schwarzen Adlerorden. Doch alles dies war bedeutungslos angesichts der einnehmenden Gesichtszüge, die weichgerundet waren, so daß sein Antlitz fast pausbäckig wirkte, beinahe mädchenhaft. Dieser Eindruck verstärkte sich durch den schmeichelnden Klang seiner Stimme, als er ein wenig den Dreispitz lüftete und lächelnd grüßte: »Bon soir, mes amis.« Aber bevor alles in tiefen Knicksen und Verbeugungen versank, traf sie plötzlich wie ein Blitz aus heiterem Himmel der energiegeladene Blick aus unnatürlich großen, aus intensiv-leuchtend blauen (Basedow-)Augen, die früh kurzsichtig geworden waren, weshalb er jeden durchdringend ansah, der in seinen Gesichtskreis trat.

In der Nacht vom 1. zum 2. Juni stand der junge König an der Fensterfront des Schlosses und atmete tief den Sommerwind. Mit unbewegtem Gesicht sah er in den Park, in dem seine Großmutter so gern mit dem Philosophen Leibniz gelustwandelt und so lange nach dem Sinn des Daseins geforscht hatte, bis ihr Gesprächspartner halb bewundernd, halb verzweifelnd »Majestät, Sie fragen nach dem Warum des Warum!« ausgerufen hatte. Friedrich lächelte. Niemandem von seinen Vorfahren fühlte er sich so verwandt und verbunden wie dieser schönen geistreichen Fürstin, die so gar nicht zu ihrem oberflächlichen Ehemann gepaßt hatte. Hatte man ihm nicht berichtet, wie sehr sie die Ausübung der ehelichen Pflichten verabscheut und sich geekelt hatte, wenn abends die »Polster« von den Dienerinnen in ihr Zimmer getragen wurden, auf denen sich ihr königlicher Gemahl mit ihr zu vergnügen pflegte? Der Enkel empfand die tiefe Qual, die tiefe Demütigung einer erzwungenen Ehe. Seinen Großvater, Friedrich I., der sich selbst 1701 zum König gekrönt und der dann nichts im

Sinn gehabt hatte, als dem Luxus und der Verschwendung zu leben, verachtete er. Seinen Vater, der gestern endlich gestorben war, hatte er abgrundtief gehaßt. Und sein Königreich, dessen Herrscher er seit vierundzwanzig Stunden war, was war es eigentlich anderes als ein halbbarbarischer Landstrich im äußersten Osten des zersplitterten, machtlosen Deutschen Reiches, unterentwickeltes Kolonialgebiet ohne Wohlstand und Politesse, kaum dem Namen nach bekannt in den Hauptstädten Europas?

Friedrich schloß das Fenster und knüpfte seine schwarzseidene Halsbinde auf. Berlin, ach ja, Berlin – er erheiterte sich bei dem Gedanken an die Berliner Hofschranzen, die heute vergeblich auf ihn gewartet hatten. Und das Volk? Über seiner Nasenwurzel erschienen zwei tiefe Falten, die sein Gesicht ins Bedrohliche veränderten. Hatten ihm nicht die Flügeladjutanten gemeldet, daß es auf den Straßen und Plätzen Berlins angesichts der Todesnachricht aus Potsdam zu lauten Jubelszenen gekommen war? Zu tumultuarischen Kundgebungen und Zusammenläufen? Wäre es nicht widerwärtig und skandalös gewesen, sich in dieser Stimmung feiern zu lassen? Überhaupt, Berlin, an diese langweilige Stadt hatte er nur ungute Erinnerungen: dieser dunkle gigantische Schloßkasten an der übelriechenden Spree, bar jeder Heiterkeit und bar jedes Charmes; und davor der öde Exerzierplatz, ehemals Lustgarten, auf dem sein Vater von morgens bis abends die Grenadiere drillen ließ; Piff, Paff, Puff, und Knall und Krach, und dann jenes ekelhafte Klirren, wenn wieder mal ein eiserner Ladestock durch die Fensterscheiben flog; und über allem das rohe Lachen und die dröhnenden Schimpfkanonaden des Vaters. Junge Adler und Bären, an den Füßen festgekettet, hatten die langen, kahlen Schloßgänge bevölkert, und alles hatte sich zitternd verkrochen, wenn sich aus der Ferne der Krückstock des alten Königs vernehmen ließ.

Nein – Friedrich trat vor den Prunkspiegel des Schlafgemachs und betrachtete mit schiefgeneigtem Kopf sein Ebenbild –, nicht in Berlin, hier, in Charlottenburg, ohne die grausigen Schemen der Vergangenheit, wollte er sein neues Leben als Monarch beginnen. Hier, auf den Spuren der heiter-philosophischen Königin. Hier, und nirgends anders, sollte sein preußisches »Versailles« entstehen.

Auch das weltberühmte französische »Versailles« war aus einem simplen Bauerndorf entstanden. 1662 hatte Frankreichs König Ludwig XIV. den Befehl erteilt, einige Kilometer außerhalb von Paris, in dem kleinen Dörfchen Versailles, eine prächtige Schloßanlage zu errichten, die an Glanz, Luxus und Repräsentation alles übertreffen sollte, was Europa bis dahin zu sehen gewöhnt war. Dieser Befehl war Ausdruck des unerhörten Selbstwertgefühls der französischen Monarchie, die seit dem Ende des Dreißigjährigen Krieges, seit 1648, zur unbestrittenen Vormacht Europas aufgestiegen war.

Mit ungeheurem Arbeitsaufwand und perfekter Organisation wurde das prächtigste Schloß des Kontinents aus dem Boden gestampft. Die Bauzeit betrug zwanzig Jahre. 22 000 Arbeiter waren tätig; 6000 Pferde zogen die schweren Wagen, auf denen die Baumaterialien herantransportiert wurden. Das Dorf namens Versailles wurde völlig umgekrempelt. Man hob Gräben und Kanäle aus; Flüsse wurden ab- und umgeleitet. Auf ebener Fläche entstand ein gewaltiger rechteckiger Schloßkomplex, dessen weiter, fast quadratischer Vorhof alle bis dahin geltenden Maßstäbe sprengte. Hinter und neben dem Schloß wurden kunstvoll verschachtelte, einander ergänzende Garten- und Parkanlagen mit künstlichen Wasserspielen angelegt. Dazwischen ließ man kleine Wäldchen stehen, die man zierlich zurechtstutzte, so daß sie wie von Menschenhand geschaffen wirkten. In den Gemächern des Schlosses funkelte es von Gold und Seide. Als das Schloß 1682 fertig war, übersiedelte der französische Hof von Paris nach Versailles.

Vor diesem überwältigenden Hintergrund stilisierte sich Ludwig XIV. zum »Sonnenkönig«, dem bald nicht nur Frankreich, sondern ganz Europa anbetend und bewundernd zu Füßen sank. »Als Symbol wählte ich die Sonne«, verkündete Frankreichs König, und der stolze Satz klang wie Fanfarenton in den Ohren des Publikums: »Durch ihre Einzigartigkeit, durch den Glanz, der sie umgibt, durch das Licht, das sie anderen Sternen verleiht, die sie wie eine Art Hof umgeben, durch die gleiche und gerechte Verteilung ihres Lichtes auf die verschiedenen Zonen der Welt, durch die wohltätige Wirkung, die sie überallhin ausübt, und durch ihren unabänderlichen Lauf, bei dem es keine Abweichung und Unterbrechung gibt, ist sie das lebendigste und schönste Abbild des Monarchen.«

Seit zweitausend Jahren, seit den Zeiten Alexanders des Großen, der seine königliche Abkunft auf die Götter zurückgeführt hatte, war das die kühnste Selbststilisierung eines Herrschers, welche die Welt erfahren hatte. Die Sonne als bloßes Abbild eines Königs! Fortan ging sie nicht mehr im Osten, sondern in Versailles auf. Und dieser Sonnenkönig verkündete der Welt ungeniert »L'état c'est moi«, was nichts anderes hieß als »Der Staat, das bin ICH«. Damit formulierte er das Credo des monarchischen Absolutismus, einer unumschränkten Fürstenmacht, die – durch keinerlei ständische Traditionen, kirchliche Gebote oder verbriefte Rechte eingeengt – der Menschheit selbstherrlich die Gesetze gab.

So sehr sich auch Europa in seiner Gesamtheit vor dem blendenden Glanz des Sonnenkönigtums verneigte, in keinem Land ging die Bewunderung und bald auch die Nachahmung des Versailler Vorbildes so weit wie in dem armen, ausgebluteten und zerstückelten Reich der Deutschen, das seit beinahe hundert Jahren, seit dem Westfälischen Frieden von 1648, nur noch ein Schatten seiner selbst war. An die Stelle der hochberühmten deutschen Kaisermacht, die sieben Jahrhunderte lang den Erdteil dominiert hatte, war die Omnipotenz des französischen Königtums getreten. Und dies nicht nur in politischer und militärischer Beziehung, sondern ebenso in den Bereichen der Kultur, des Geisteslebens, ja selbst des Alltags und der gesellschaftlichen Sitten. Man sprach, dachte und dichtete französisch (das Deutsche war zur Umgangssprache der Ungebildeten und Unterprivilegierten denaturiert). In der Malerei, der Musik, der Mode galt nur der französische Stil. Je weiter man von Versailles entfernt war, desto leidenschaftlicher ahmte man französisches Wesen nach, gab man sich à la française.

Zum Glanz von Versailles gesellte sich der Geist von Paris. Das Königtum war aufs Dorf gezogen, um sich in ländlicher Idylle bei heiteren Spielen und bukolischen Festen die Zeit zu vertreiben. So bekam das nach Emanzipation und Selbstverwirklichung dürstende Bürgertum in der Stadt, in Paris, den Raum, sich in Literatur und Wissenschaft ein eigenes intellektuelles Königreich zu begründen. Das waren günstige Bedingungen für das Entstehen einer neuen Philosophie und Weltsicht, die man bald unter dem Kennwort »Aufklärung« subsumierte, was nichts anderes heißen sollte, als daß man ernsthaft gewillt war, alles, was aus der Vergangenheit des gläubigen, frommen, fanatischen Mittelalters stammte, im Lichte reiner Vernunft und strenger Wissenschaft zu hinterfragen, um nicht zu sagen, ihm den Prozeß zu machen.

Grob gesprochen hieß das, daß man eintausend Jahre abendländischer Entwicklung im Zeichen des Christentums einem intellektuellen Scherbengericht überantwortete. Man entdeckte die Antike, die Geschichte der mittelmeerischen Welt vor Einbruch der Offenbarungen, setzte an die Stelle der Wunder das Wissen, anstelle Gottes den Geist und besann sich auf das, was die altgriechischen Philosophen Parmenides, Heraklit, Sokrates, Platon und Aristoteles bereits in heidnischer Zeit vorgedacht hatten. Der wissensdurstige Sinn der Bourgeoisie durchstöberte die geistigen Waffenarsenale des Altertums, und die »Aufklärung« wurde zur kosmopolitischen Ideologie, welche die Köpfe Europas revolutionierte. In Paris schlug der Puls der Zeit. Die Namen der französischen Aufklärer und bald auch die der Enzyklopädisten – Diderot, Voltaire, d'Alembert – waren im Munde aller Gebildeten, aller fortschrittlichen Geister der Epoche.

Der unbeschränkte Absolutismus der französischen Monarchie und die Postulate der ›linken‹ Aufklärungsphilosophen standen zueinander in diametralem Widerspruch; die Kritik des Geistes unterhöhlte die Institutionen der Macht. Hier bereitete sich eine weltgeschichtliche Auseinandersetzung vor, die in fünfzig Jahren die Etikette von Jahrhunderten sprengen sollte. Dennoch, in ihrer kulturpropagandistischen Wirkung auf Europa ergänzten sich Versailles und Paris, verbanden sich Absolutismus und Aufklärung. Beide Phänomene korrespondierten miteinander in der Unbedingtheit, auch in der Arroganz, mit der sie alle Überlieferungen der

Vorzeit, des Mittelalters, zu Makulatur degradierten. Despotismus und Wissensfreiheit bekämpften sich erbittert untereinander und vereinigten sich doch unter der Flagge des geschichtlichen Fortschritts.

Kein Zweifel: In der ersten Hälfte des 18. Jahrhunderts ging die Sonne in Frankreich auf. Wer auf der europäischen Bühne agieren und den Beifall des Publikums erringen wollte, mußte in ihrem Glanz bestehen können.

Die ersten Huldigungen erhielt der junge Preußenkönig am frühen Morgen des 2. Juni von seiner Berliner Füsiliergarde, dem Glasenappschen Regiment, das vor dem Charlottenburger Schloß in Linie aufmarschiert war und ihn mit donnernden Vivatrufen weckte. Eine halbe Stunde später trat Friedrich in seinem blausilbernen Galakleid vor die versammelten preußischen Generäle. Doch statt jedem von ihnen kräftig die Hand zu schütteln und ihm kameradschaftlich auf die Schulter zu klopfen, wie es sein Vater, der Soldatenkönig, getan hätte, hielt er ihnen mit heller Stimme eine Ansprache, in der er sie aufforderte, sich streng an ihre Dienstpflichten zu halten und mit der schärfsten Disziplin bei sich selbst anzufangen. Dann – während alles noch damit beschäftigt war, die schneidende Sentenz zu verdauen – fuhr er fort, und über der Nasenwurzel erschienen wieder die beiden bedrohlichen Stirnfalten: »Die Truppen müssen ebenso brauchbar sein wie schön. Doch behalten Sie zwei Dinge stets im Auge: das eine, daß ich sie noch lieber gut als schön sehen möchte, und das andere, sie sollen mein Land beschützen, nicht es verderben! Denn, meine Herren – und das lassen Sie sich gesagt sein –, gegen einige von Ihnen, und ich kenne ihre Namen, liegen schwerwiegende Klagen über Härte, Habsucht und Übermut vor. Sorgen Sie dafür, daß ich sie vergessen darf. Denn es ist die Pflicht eines guten Soldaten, ebensowohl menschlich und vernünftig zu sein als unerschrocken und brav!« Sein Gesicht glättete sich, in den Mundwinkeln erschien ein bezauberndes Lächeln: »Bitte, meine Herren, handeln Sie danach! Ich ermahne Sie als ihr König, rate es Ihnen als Ihr aufrichtiger Freund und bitte Sie darum als ihr treuer Kamerad.«

Sporenklirrend und zugleich sichtlich bestürzt eilten die Generäle zu ihren Kutschen und Pferden. Nach solcher Ouvertüre hätte der »Alte Dessauer«, Feldmarschall Fürst Leopold von Anhalt-Dessau, der engste Freund und Vertraute des Soldatenkönigs, eigentlich auf der Hut sein müssen. Als er gleichwohl die Hoffnung äußerte, auch bei dem neuen Monarchen seine bisherige »Autorität« am Hofe und in der Armee behalten zu dürfen, zog Friedrich die Augenbrauen hoch, und sein liebenswürdiges Lächeln gefror. Von solcher Autorität, sagte er, sei ihm nichts bekannt. Hinfort würde es nur noch eine einzige Autorität geben: die des Königs.

Am Nachmittag empfing Friedrich die Herren Minister und Geheimräte im Schloß, die in seine Hand den Diensteid ablegen sollten. Liebenswürdig ging er jedem bis zur Tür entgegen, und Heiterkeit breitete sich in der Runde aus, als er scherzend bemerkte, für ehrliche Männer bedürfe es eigentlich überhaupt keines Eides. Dann aber hielt er eine Rede, die den Anwesenden die Sprache verschlug. Pünktlichkeit, Sparsamkeit und äußerste Akkuratesse in der Erledigung der Geschäfte: das sei es, was er von den hohen Herren erwarte. Und was nun das Prinzipielle seiner Regierung angehe, so sei es nicht ihre Aufgabe, die Krone zu bereichern und die armen Leute zu bedrücken. Sie sollten sich ja nicht unterstehen, sein Wohlwollen »mit Kränkungen der Untertanen« erringen zu wollen. Er, Friedrich, kenne keinen Unterschied zwischen seinem eigenen und des Staates Vorteil. Im Gegenteil: »Des Landes Vorteil muß den Vorzug vor Unserem eigenen haben, wenn sich beides nicht miteinander verbinden läßt.« Schließlich forderte er die Minister und Geheimräte auf, gegen das, was er anordne, nötigenfalls Kritik und Widerspruch zu erheben und darin auch nicht nachzulassen, wenn er jemals ihrer Meinung nach das Wohl des Staates und seiner Bevölkerung vernachlässigen sollte.

Während die Exzellenzen und Räte sich entfernten und hochroten Kopfes nach Berlin eilten, um dort die aufregendsten Geschichten über den redseligen jungen Monarchen zu verbreiten, zog Friedrich sich in seine Privatgemächer zurück und ließ sich schwarzen, kochendheißen Kaffee servieren, den er mit einem Löffel weißen Senf verrührte. Er lächelte vor sich hin. Der erste Tag seines Königtums war bis auf Punkt und Komma so verlaufen, wie er es sich seit Jahren erdacht und erträumt hatte. Berlin würde von Gerüchten schwirren! Der junge Herrscher war mit sich zufrieden.

Am nächsten Morgen, dem 3. Juni, warf er gleich nach dem Aufstehen in fliegender Eile ein paar Zeilen an seinen geliebten Lehrer Duhan de Jandun, der zur Zeit – vom Vater verbannt – in Wolfenbüttel weilte, aufs Papier: »Mein Schicksal hat sich geändert. Ich erwarte Sie mit Ungeduld! Lassen Sie mich nicht lange schmachten.«

Danach ließ Friedrich die Schreiber kommen und diktierte einen Kabinettsbefehl, der im Staate Preußen die sofortige Abschaffung der Tortur bei den Verhören verfügte, mit Ausnahme von Majestätsverbrechen, Massenmorden und Landesverrat. Punktum. Und dann – »Hat Er das? Ist Er soweit?« – sogleich ein Rundschreiben an die Kriegs- und Domänenkammern, in welchem es hieß: »Unsere größte Sorge soll dahin gerichtet sein, das Wohl des Landes zu befördern und einen jeden Unserer Untertanen vergnügt und glücklich zu machen!« Und zum Beweise dessen gleich eine amtliche Verfügung an die königlichen Kornspeicher im Lande, die darin angesammelten Getreidevorräte zu Niedrigpreisen – also staatlich subventioniert – an das arme Volk zu verkaufen, um Preisspekulanten das Handwerk zu legen und Hungersnöten, wie sie im Winter 39/40 aufgetreten waren, von Anfang an vorzubeugen.

Was noch? Ein Rundschreiben an die Herren Regimentskommandeure, in dem er sich als ihren »Kameraden« bezeichnete und darauf drang, die Prügelstrafe in der Armee einzuschränken. Schließlich eine scharfe Verfügung an das Justizdepartement: sofort Schluß mit dem barbarischen Brauch, die Kindsmörderinnen zu »säcken« (d. h. in einen ledernen Sack einzunähen und im Fluß zu ertränken).

Das also waren die beiden ersten Regierungstage im Leben des jungen Fürsten. In achtundvierzig Stunden hatte Friedrich Zeichen gesetzt und Fakten geschaffen, die Staat und Gesellschaft zutiefst reformieren mußten. Und alles, was von ihm in diesen beiden Junitagen gesagt und getan worden war, hatte unverzüglich die breiteste Publizität erhalten. Einen Monarchen, der Ansprachen hielt, hatte es seit Jahrhunderten ohnehin nicht gegeben. Der Inhalt dieser Reden aber verbreitete sich mit Windeseile in Berlin und Preußen, ja, die Fama war bereits auf dem Wege nach Paris und in die fernsten Winkel Europas. Die allgemeine Freude, die hochgespannten Erwartungen beim Thronwechsel erwiesen sich als nur zu begründet. Eine königliche Anordnung, die verfügte, die Menschen »vergnügt und glücklich« zu machen, war seit den Zeiten des Augustus nicht mehr erhört worden (und ist ja bis heute beispiellos geblieben). Und das Verbot der Tortur? England war das erste Land Europas, das sie 1628 offiziell abgeschafft hatte; in der Praxis allerdings wurde sie dort bis gegen Ende des 18. Jahrhunderts beibehalten. Im Preußen Friedrichs wurde sie seit dem 2. Juni 1740 nie mehr angewandt (als der König erfuhr, daß die Gerichte anstelle der verbotenen Tortur oft Schläge verordneten, um Geständnisse zu erzwingen, untersagte er das aufs schärfste); und die letzten Ausnahmebestimmungen wurden von ihm 1754 aufgehoben, während Sachsen beispielsweise erst 1776, Frankreich gar erst 1787 folgte.

Am nächsten Tage, dem 4. Juni, erteilte Friedrich seinem Freund und Bibliothekar Jordan den Auftrag, zwei Zeitungen in Berlin zu gründen, eine deutschsprachige und eine französische. Der Buchhändler Haude erhielt das Verlagsrecht und mußte dafür jährlich zwanzig Taler an die Rekrutenkasse der Armee zahlen. Ein gebürtiger Hamburger namens Lamprecht redigierte das deutsche, Professor Formey von der Hugenottenkolonie das französische Blatt. Die »Berlinischen Nachrichten« und das »Journal de Berlin« wurden Sprachrohre des neuen Königtums.

Am 5. Juni speiste der König mittags in Charlottenburg mit dem altbewährten Minister Podewils. Beim Aufheben der Tafel nahm er ihn beiseite und sprach ihm seinen Wunsch aus, daß den Journalisten »unbeschränkte Freiheit« gelassen werde, daß sie in Zukunft schreiben könnten, was sie wollten, »ohne daß solches zensiert« werde. Der gute Podewils verfärbte sich vor Schreck, denn das kam nun wahrhaftig einer Revolution gleich. Und so faßte er sich ein Herz und machte dem jungen Monarchen Vorstellungen. Insbesondere wies er auf die Möglichkeiten außenpolitischer Verwicklungen hin; der Wiener Kaiserhof beispielsweise sei bekannt wegen seiner hochgespannten Empfindlichkeit in puncto Pressekritik. Friedrich lächelte: Im Gegenteil, wenn die Zeitungen ohne staatliche Zensur erschienen, hätten die auswärtigen Mächte keinen Grund mehr, sich bei Hofe über bestimmte Artikel zu beschweren. Was einfach hieß: Wir treiben Pressepolitik, indem wir nicht zensieren, sondern indem wir inspirieren, dann brauchen wir auch nicht zu dementieren. Als Podewils bedenklich blieb, beruhigte ihn der König: Der »berlinische« Teil der Zeitungen müsse absolut frei geschrieben werden; Artikel über auswärtige Affären könne man ja »cum grano salis«, also mit einem Schuß Behutsamkeit verfassen. Dann nahm Friedrich den alten Herrn unter den Arm: »Im übrigen, mein Lieber, Gazetten dürfen, wenn sie interessant sein sollen, nicht genieret werden!«

Diese Sentenz kündete das Zeitalter der europäischen Pressefreiheit an. Denn wenn die Gazetten, die Zeitungen, an dem Maßstab gemessen werden sollten, daß sie für das lesende Publikum »interessant« sein sollten, dann konnten sie auf Dauer auch nicht mehr untertänig, also kritiklos, geschrieben werden; dieser Prozeß war nicht aufzuhalten. Insofern hatte Podewils mit seinen Bedenklichkeiten und seinem irritierten Zögern völlig recht. Denn würde die Kritik – einmal entfesselt – nicht eines Tages auch die Sphäre der königlichen Macht antasten? Gingen hier nicht revolutionäre, wahrhaft umstürzende Dinge vonstatten, deren Folgen gar nicht zu berechnen waren?

Wie auch immer, der junge König von Preußen war der erste Monarch Europas, der den Faktor der öffentlichen Meinung in sein politisches Kalkül einbezog. Der Sonnenkönig, der Soldatenkönig, der große Zar Peter von Rußland, sie alle hätten nie danach gefragt, was das Volk über sie denken könnte. Sie errichteten ihre unumschränkte Autorität, und jedermann hatte sie ohne inneres oder gar äußeres Räsonnement zu respektieren, hatte ganz einfach zu parieren. Die Öffentlichkeit, das war für sie der eigene Hof und das waren die fürstlichen Höfe rundherum; sonst nichts.

Ganz anders Friedrich. Vom ersten Tage an dachte er in den publizistischen Kategorien eines gebildeten europäischen Publikums, an das er seine Worte und Schriften richtete. Dieses gebildete Publikum mußte man für sich gewinnen; seine Meinung und sein Urteil galt es planmäßig zu beeinflussen. Hier, auf dem Felde der Presse und Propaganda, fielen die wahren Entscheidungen der neuen »aufgeklärten« Zeit. Hier und nirgend anders erfolgten die Weichenstellungen für die Meinungsbildung von Gegenwart und Nachwelt, ging es um Ruhm und Nachruhm, ja um Vermächtnis. Und niemals, an keinem Tag seines Lebens, sollte dieser König das vergessen.

In den nächsten Tagen und Wochen ergoß sich ein Strom von Edikten und Erlassen über das Königreich Preußen. Ein persönlicher Freund aus der

Kronprinzenzeit, der Herr von Knobelsdorff, erhielt den Befehl, ungesäumt an der Straße Unter den Linden ein Königliches Opernhaus zu errichten. Zusatz im Fanfarenton: »Berlin muß *die* Theaterstadt Europas werden!« Dann folgte ein Brief an den Berliner Unternehmer Gotzkowsky. Er erhielt Schirm und Förderung bei der Vermehrung und Vergrößerung seiner Fabriken und Manufakturen. Das Generaldirektorium (nach heutigen Begriffen eine Art Ministerrat) wurde angewiesen, alle Vorbereitungen zu treffen, um in Kürze ein besonderes Ministerium für Handel und Gewerbe einzurichten.

Rastlos flogen die Federkiele der Schreiber im Schloß Charlottenburg, die hier einen ersten Begriff von dem bekamen, was ihnen unter dem neuen König an Arbeit bevorstand, über die großen weißen Papierbogen. Täglich gingen Einladungsschreiben hinaus: an die berühmten Franzosen Voltaire und Maupertuis, den venezianischen Schriftsteller Algarotti oder den deutschen Mathematiker Professor Euler, der in St. Petersburg tätig war. Alles, was in Europas Literatur und Wissenschaft Rang und Namen hatte, sollte in der Hauptstadt Preußens versammelt werden. Berlin würde ein Eldorado des Fortschritts und der Aufklärung sein! Die Akademie der Wissenschaften, die Sophie Charlotte und Leibniz gegründet hatten, die aber unter dem Soldatenkönig völlig verfallen war, sollte in neuem Glanz erstehen. Sie sollte aber nicht, wie Friedrich ausdrücklich verfügte, »zur Parade, sondern zur Instruktion« da sein, in ihren Mauern sollten sich die besten Köpfe des Kontinents versammeln. Der junge König rief – und alle, alle kamen; der eine früher, der andere später.

Das alles schmeichelte dem Stolz und der Eigenliebe der Berliner nicht wenig. Mit einem Schlag war Berlin zum täglichen Gesprächsstoff der deutschen und ausländischen Zeitungen geworden, und immer mehr traten Neid und Bewunderung an die Stelle von Spott und Herablassung. Dennoch war die Neugierde im Publikum groß, wie sich der König privatim, wie er sich vor allem seiner aufgezwungenen Ehefrau gegenüber verhalten würde. Stand eine Trennung oder gar Verstoßung zu erwarten? Nichts dergleichen geschah. Friedrich wies seiner Frau das nördlich von Berlin gelegene Lustschloß Schönhausen zum Wohnsitz an und achtete peinlich darauf, daß ihr von durchreisenden Fürstlichkeiten oder vom diplomatischen Korps die königlichen Ehren erwiesen wurden. Er selbst hatte seinem Vater auf dem Totenbett versprechen müssen, daß er von einer Scheidung absehen würde. Er hielt sein Wort bis ans Ende des Lebens, sprach aber niemals mehr von »seiner Frau«, sondern nur noch von »der Königin«. Elisabeth Christine war praktisch für ihn tot.

Um so mehr demonstrierte er seine Sohnesliebe der Königin-Mutter gegenüber. So sehr er den Vater gehaßt hatte, an der Mutter hatte er um so inniger gehangen. Friedrich war weit davon entfernt, der hohen Dame die Intrigen nachzutragen, die sie ein Leben lang gegen ihren Mann gesponnen und zu denen sie skrupellos die eigenen Kinder mißbraucht hatte. Er bewunderte ihren welfischen Ehrgeiz, ihre kulturelle Weltläufigkeit und vergaß nie die Stunden, in denen sie ihn vor dem Toben und Rasen des Vaters in ihren mütterlichen Schutz genommen hatte. So erhöhte er ihr jährliches Einkommen auf 50 000 Taler und umgab sie mit allem Glanz und aller Bequemlichkeit, die sie so sehr an der Seite ihres ungeliebten Gatten entbehrt hatte. Wenn er in Berlin war, besuchte er sie regelmäßig, redete sie nur stehend an, den Hut ehrerbietig in der Hand, bis sie ihn aufforderte, sich zu setzen. Das Publikum vernahm das alles mit Entzükken. Was es nicht vernahm, war der Umstand, daß er alle Versuche seiner ehrgeizigen Mutter, sich in die Politik zu mischen, mit höflichem Schweigen quittierte. Sie merkte es bald und gab jeden Versuch dieser Art auf.

Ein merkwürdiger Mann, dieser junge König, wisperte man in den Salons wie in den Bürgerstuben. Wer hätte gedacht, daß er sich nicht an denen rächen würde, die ihm in den schrecklichsten Jahren seiner Kronprinzenzeit so übel mitgespielt hatten? Keine Rede davon. Die Generäle, die einst in Köpenick das Todesurteil über ihn gefällt hatten, blieben nicht nur im Dienst; manche von ihnen avancierten auffällig schnell nach oben. Es war, als hätte es die dunklen Tage von Küstrin nie gegeben. Niemals kam darüber ein Wort aus seinem Munde. (1751 ließ sich der König von Podewils die wichtigsten Dokumente des Kronprinzenprozesses aus dem Geheimen Staatsarchiv übersenden; er las sie und sandte sie nach einigen Tagen wieder versiegelt und kommentarlos zurück.) Und andererseits löste es die größte Verwunderung aus, daß die Intimfreunde aus der Kronprinzenzeit keine Karriere unter dem neuen König machten. Gab es denn niemanden auf der Welt, der diesem Friedrich nahestand, der sich seines besonderen Vertrauens rühmen, der sich mit Recht seinen Intimus nennen durfte?

Am 22. Juni nahm Friedrich an der pomphaften Beisetzung seines Vaters, Friedrich Wilhelms I., teil. Zum letzten Mal paradierte die Potsdamer Riesengarde, das Gewehr im Arm, in feierlichem Schritt. Am nächsten Morgen verfügte der König ihre Auflösung. Die Welt hatte sich über diese Riesengarde der »langen Kerls« des Soldatenkönigs weidlich lustig gemacht. Nun beseitigte der Sohn das Ärgernis, machte zwölf der langen Schlakse zu Türhütern und Lakaien in seinen Schlössern und verteilte die anderen auf seine Grenadierbataillone. Einsparung pro Jahr: 300 000 Taler.

Von Potsdam nach Charlottenburg zurückgekehrt, fand Friedrich einen Bericht des Kirchenministers von Brandt vor, der anfragte, ob die römisch-katholischen Schulen für die Soldatenkinder dieser Religion geschlossen werden könnten; es gäbe heftige Beschwerden von seiten der Protestanten gegen sie. Der König antwortete: »Die Religionen müssen alle toleriert werden!« Der Staat habe lediglich darauf zu achten, daß eine

Religion der anderen nicht Abbruch tue: »denn hier muß ein jeder nach seiner Fasson selig werden«.

War das nicht wunderbar, einzigartig? Hatte man je dergleichen vernommen? Wenn irgend etwas, so war es diese Sentenz, die Furore machte. Entsprach sie doch so ganz den Toleranzgeboten der Aufklärung, verkündete sie doch den endgültigen Sieg der modernen Vernunft über das mittelalterliche Reich der Finsternis. Alles war entzückt, war hingerissen von diesem jungen Reformfürsten. Als »roi charmant«, als Märchenprinzen seiner Zeit feierte ihn das europäische Publikum. Vor allem die ›linke‹ Schickeria von Paris, die Aufklärer, Atheisten, Pazifisten und Humanisten, die den allgemeinen Ton angaben, sie applaudierten enthusiastisch und erhofften den Anbruch eines Zeitalters, in dem Moral vor Macht gehen sollte.

Der Ruhm des Preußenkönigs flog durch die Welt. Dafür sorgte niemand mehr als Voltaire, der bedeutendste Philosoph und Schriftsteller des Jahrhunderts. Voltaire, der aus Paris stammte, mit bürgerlichem Namen François Marie Arouet hieß, war jetzt sechsundvierzig Jahre alt und seit vier Jahren mit dem jungen Fürsten bekannt. Niemanden verehrte Friedrich mehr als diesen »Gott der Aufklärung«, in dem er die größte geistige Autorität seiner Zeit erblickte und zu dessen Maximen er sich leidenschaftlich bekannte. Seit 1736 stand er in ständigem Briefwechsel mit dem geistreichen Franzosen. Er hing dessen Porträt über seinem Schreibtisch auf, nannte ihn hingebungsvoll den »ersten Mann des Jahrhunderts« und gelobte ihm feierlich, seine Werke so hochzuhalten wie Alexander der Große einst die des Homer. (Er verglich also Voltaire mit Homer und sich selbst mit dem großen Alexander!) Von Voltaires Schriften waren ihm 1740 dessen philosophische Briefe über die Zustände in England bekannt, weiter die weltberühmten Epen »La Henriade« und »La Pucelle« und an Dramen »Œdipe« (1718), »Artémise« (1720), »Hérode et Mariamne« (1725), »Brutus« (1730) und »Alzire« (1736).

In Friedrichs Augen war Voltaire die Inkarnation, die Verkörperung der französischen Aufklärung. Er bewunderte die Eleganz seiner schriftstellerischen Werke und die Kompromißlosigkeit seiner Vernunftideen. Er spottete mit ihm zusammen über Aberglauben, Unwissenheit und nicht zuletzt über die angemaßte Autorität der christlichen Verkündigungen. Was ihm an Voltaires Schriften besonders zusagte, war das enge Verhältnis von Theorie und Praxis, die Verbindung von revolutionierender Idee des individuellen Geistes und praktischer Förderung der allgemeinen Wohlfahrt. Und Voltaire, wegen seiner respektlosen Episteln und Epigramme schon seit längerem aus Paris verbannt, von der französischen Staatsmacht verketzert, genoß die Bewunderung, ja Verehrung des Fürsten aus dem halbbarbarischen Osten in vollen Zügen und revanchierte sich, indem er jedes Wort verbreitete, das er aus der Hand seines jungen Freundes aus Berlin empfing.

Friedrich war sich dessen durchaus bewußt. Voltaire, das war nicht nur das verehrte große Vorbild, das war zugleich das unentbehrliche Medium für seinen eigenen Ruhm und für sein internationales Renommee. Jede Zeile, die er nach Westen sandte, war ein Produkt ehrlicher Bewunderung, aber auch erlesener Berechnung. Und so schrieb er Voltaire am 27. Juni aus Charlottenburg: »Seit dem Tode meines Vaters glaube ich ganz meinem Lande anzugehören. Hiervon überzeugt, habe ich mit allen meinen Kräften gearbeitet, um so schnell wie möglich Anstalten zum allgemeinen Besten zu treffen.« Das entsprach völlig dem Bild eines aufgeklärten Monarchen, der seine vornehmste Pflicht darin sah, dem Allgemeinwohl zu dienen, wie es Voltaire in seiner »Henriade« entworfen hatte; der Freund und Lehrmeister in Frankreich konnte mit seinem königlichen Schüler zufrieden sein. Friedrich teilte ihm auch seinen exakten Tagesablauf mit: »Ich stehe um 4 Uhr auf, trinke bis 8 Uhr Pyrmonter Brunnen, schreibe bis 10, lasse bis Mittag Regimenter exerzieren, schreibe bis 5 Uhr und erhole mich des Abends bei guter Gesellschaft.« Jedes Wort davon war für die öffentliche Meinung bestimmt, die ihre Informationen über den neuen Mann in Berlin durch Voltaire erhielt. Aber dann folgte ein bezeichnender Satz, der ganz ohne Glanz und Eitelkeit den Preußen Friedrich bei seiner sozialpolitischen Arbeit zeigte: »Die meiste Mühe habe ich mit dem Anlegen neuer Magazine in allen Provinzen, die so umfangreich sein sollen, daß sie Vorräte auf eineinhalb Jahre für das ganze Land enthalten.«

In demselben Schreiben kündigte er Voltaire an, daß er bald auf Reisen gehen werde, um sich in den einzelnen Provinzen von den Ständen huldigen zu lassen. Das sei alter Brauch und politische Notwendigkeit zugleich (Friedrich dachte keinen Augenblick daran, sich krönen zu lassen!), aber das alles werde ganz unspektakulär vor sich gehen, »ohne die heilige Ölflasche und die unnützen und nichtigen Zeremonien, welche die Unwissenheit eingeführt hat«, wie er ironisch hinzusetzte, wohl wissend, daß das genau der frivole Ton war, den Voltaire goutieren würde. Und tatsächlich verfügte er vor Antritt der Reise, er wolle auf der Huldigungsfahrt »unterwegs in den Städten keine Zeremonien und kein Gelärme mit Aufzügen, Turmblasen, Schießen, Ansprachen, Blumen- und Grasstreuen und dergleichen, es habe Namen, wie es wolle« erleben.

Als der König am 7. Juli nach Ostpreußen aufbrach, ließ er ein hektisches, von Gerüchten schwirrendes Berlin zurück. Was für ein wunderbarer, aber auch rätselhafter und unergründlicher Mensch, dieser junge König! Alles, was er sprach und schrieb, erregte hellen Jubel in den aristokratischen Salons und bürgerlichen Kontoren der Hauptstadt. Eine Kulturrevolution schien im Gange. Der bleierne Druck, den das strenge, gewalttätige Regime des Soldatenkönigs erzeugt hatte, wich einem Frühlingsatem aufgeklärter Toleranz und heiterster Fortschrittslaune. Die Sonne ging nicht mehr an der Seine, sie ging an Spree und Havel auf.

Aber andererseits: Alles, was man erfuhr, um die ungeheure Neugierde zu stillen, erfuhr man von diesem jungen Herrscher selbst. Ganz offensichtlich war er sein eigener Presse- und Propagandachef. Die europäische Gerüchteküche brodelte; aber sie produzierte nichts als Blasen. Die Gesandten der ausländischen Höfe in Berlin waren der Verzweiflung nahe. Es gab einfach keine Informationsquellen, die sich mit Gewinn anzapfen ließen. Vergeblich scharwenzelte man in den Schlössern der Gattin und der Königin-Mutter herum; außer Klatsch und Intrigen war dort nichts zu erfahren. Es war zu ärgerlich, daß es keinen richtigen Hof gab in Berlin. Zwischen dem Brandenburger Tor und dem Schloß Charlottenburg erstreckten sich dichte Wälder, und auf der großen Verbindungschaussee galoppierten königliche Adjutanten mit verschlossenen Gesichtern und Aktentaschen. Auch die Hoffnung, die leichtlebigen Jugendfreunde des Königs aus seiner Kronprinzenzeit auszuhorchen, trog: Friedrich hielt sie am kurzen Zügel, weihte niemanden von ihnen in seine Intentionen ein, ja, einem von ihnen hatte er mit eisiger Miene bedeutet: »Die Possen haben nun ein Ende!« (Durchgesickert war lediglich, daß der König gleich nach der Thronbesteigung seine Schulden aus der Kronprinzenzeit bezahlt hatte, indem er den Königen von England und Polen die ihm vorgeschossenen Summen in blanken Goldrollen von neuester Prägung, ohne Begleitschreiben, übersandte.)

Das »Rätsel Friedrich«, das bis heute die Historiker verwirrt, es hatte in den damaligen Junitagen des Jahres 1740 seinen Ursprung. Der sächsische Gesandte Siepmann beklagte sich in einem Bericht nach Dresden: »Alle vermeintlichen Favoriten sagen selbst ungescheut, man wisse hier nicht, wer Koch oder Kellner sei.« Und selbst der aufmerksam beobachtende und glänzend informierte französische Gesandte in Berlin, dessen Bestechungsgelder reichlich flossen, berichtete kurz nach der Abreise des Königs resigniert nach Paris, »daß der regierende König noch undurchdringlicher ist, als sein Vater es war; er tut alles selbst, und seine Minister sind nur Handlanger von mittelmäßiger Bedeutung«. Immerhin, der lebenskluge, welterfahrene Mann kam dem Geheimnis des neuen Königs schon um einiges auf die Spur, als er hinzufügte, Friedrichs Charakter sei derart, »daß er glaubt, mit Geist begabt könne man alles wissen – daß er niemanden um Rat fragt – und besonders, daß er um jeden Preis eine erste Rolle in Europa spielen will«.

Als Friedrich am 7. Juli Berlin verließ, konnte er sich sagen, daß er in fünf Wochen seines Herrschertums die Welt in Staunen versetzt hatte. In den nächsten drei Monaten – so war er fest entschlossen – würde er in einigen Blitzreisen die lästige, aber staatsrechtlich notwendige Prozedur der Huldigungen über sich ergehen lassen und sich in den äußersten Randzonen seines zersplitterten Territoriums, in Ostpreußen wie im Clevischen, am Pregel wie am Rhein, seinen Beamten, Offizieren und dem Volk in persona zeigen.

Sein Reisegefolge war klein. Mit ihm im Wagen saßen der Generaladjutant von Hacke, der immer lustige Dietrich Freiherr von Keyserlingk und der geistreiche Gesellschafter Franz Algarotti aus Venedig. Im nächsten Wagen folgten Friedrichs Leibköche, die ihm auch unterwegs seine scharfgewürzten Lieblingsspeisen zu bereiten hatten. Man kann sich kaum eine fröhlichere Reisegesellschaft denken, denn aus dem Wagen des Königs klangen den ganzen Tag Lieder, Gelächter, Gedichte, Zoten, gewagte Aperçus – alles in heiterster Laune und in merkwürdigem Kontrast zu der schwermütigen, herben Landschaft der Mark Brandenburg. So ging es in flottem Tempo über Frankfurt an der Oder nach Landsberg an der Warthe.

Hier war die erste Regimentsbesichtigung. Und merkwürdig, der König richtete es so ein, daß man mit zehnstündiger Verspätung ankam – statt morgens um sechs nachmittags um vier –, so daß das Kavallerieregiment des Generals von der Schulenburg volle zehn Stunden zu Pferde hatte warten müssen und natürlich im Zustand der äußersten Erschöpfung war, als Friedrich endlich eintraf. Er sprang sofort aus dem Wagen – über der Nasenwurzel die beiden steilen Falten – und nahm die Parade des Regiments ab. Mit Schulenburg sprach er kein Wort, das Regiment nannte er einen »Haufen Invaliden«, das schlechteste Kavallerieregiment der preußischen Armee, und endlich bestieg er ohne Gruß und Abschied seine Kalesche.

Was war denn das? Seine Freunde sahen sich sprachlos an. Kannten sie diesen König überhaupt? Sie wußten natürlich, daß Schulenburg in Ungnade war, weil er zur Thronbesteigung ohne dienstliche Genehmigung nach Berlin gekommen war, um sich beim neuen Monarchen lieb Kind zu machen. Damals hatte Friedrich kein Wort gesagt. Jetzt war klar, daß er nichts vergaß und nie vergessen würde.

Die Reise ging weiter über Köslin, Stolp und Lauenburg in Pommern, Marienwerder in Westpreußen, und dann nach Ostpreußen hinein über Mohrungen, Angerburg, Gumbinnen, Trakehnen und Insterburg. Alles in der glänzendsten Laune und voll königlicher Huld für Adlige, Bürgerliche und das gaffende Landvolk an den Dorfstraßen. Am Sonnabend, dem 16. Juli, um 18.30 Uhr, traf Friedrich in Königsberg, der Hauptstadt Ostpreußens, ein. Am Sonntagmorgen um zehn Uhr nahm er am Huldigungsgottesdienst in der Schloßkirche teil, sprach lange mit dem Oberhofprediger Quandt, begnadigte Häftlinge, redete mit den Zöglingen des Waisenhauses, besichtigte den Königsberger Hafen, in dem 180 Schiffe lagen, und bummelte stundenlang durch die Straßen der Stadt. Die schwerblütigen Ostpreußen waren außer sich über das lockere, unzeremonielle Gebaren ihres neuen Monarchen. Die Studenten der Universität, die ihm abends mit Fackeln ein Ständchen brachten, wurden generös bewirtet, und unter das Volk wurden Gedenkmünzen im Werte von 50 000 Talern gestreut, auf deren beiden Seiten zu lesen stand »felicitas populi« (»Glück des Volkes«) und »Borussorum Rex« (»König der Preußen«). Am 20. Juli abends verließ Friedrich die Stadt und trat über Danzig die Heimreise nach Berlin an, wo er bereits am 24. nachmittags eintraf.

Anfang August fand die Erbhuldigung der kurmärkischen Stände in Berlin statt. Im Huldigungssaal des Schlosses wurde von den Vertretern der Stände mit erhobener Schwurhand die vorgeschriebene Eidesformel gesprochen; dann erscholl der dreimalige Ruf »Vivat Fridericus Rex!« Alles lief wie am Schnürchen ab. Was dagegen im Programm gar nicht vorgesehen war, die Begegnung zwischen König und Volk, erregte Aufsehen: Friedrich trat auf den Balkon des Schlosses, und im selben Augenblick erbebte der weite Platz davor vom Jubelruf der Berliner Einwohner und der brandenburgischen Landleute, die sich Schulter an Schulter drängten. Der dänische Gesandte berichtete voller Verwunderung: »Gegen alle Gewohnheit und Etiquette verweilte der König daselbst wohl eine halbe Stunde, anscheinend in tiefe Betrachtungen verloren, den Blick fest auf das unermeßliche Menschengewühl zu seinen Füßen gerichtet.«

Was waren das für Betrachtungen? Worüber grübelte der junge König? Dachte er über das Wohl des Volkes nach, das ihn mit solcher Zuneigung feierte? Oder ließ er die letzten beiden Monate vor seinem geistigen Auge Revue passieren, in denen er Preußens Antlitz verändert hatte? Wenige Tage später erfuhr der englische Gesandte in einer Audienz, was die Phantasie des jungen Königs bewegte, und die Offenbarung sollte ihm fast die Sprache verschlagen. »England«, eröffnete ihm Friedrich ohne Umschweife, »kann auf Preußens Gegendienste rechnen, wenn es mir keine Schwierigkeiten macht.« Er bezog sich damit auf die preußischen Erbansprüche in Jülich und Berg (im Westen des Reiches) und auf die mögliche Erbnachfolge in Ostfriesland (an der Nordseeküste). »Wenn nicht«, fuhr der König fort, »auch gut; dann wird Frankreich ein ebenso erwünschter Alliierter sein!« Der Gesandte räusperte sich respektvoll, aber Friedrich ließ ihn nicht zu Wort kommen: »England ist unser natürlicher Verbündeter. Aber die Handlungsweise eines Königs darf lediglich durch das Interesse seines Landes bestimmt werden! Das persönliche Gefühl, das mich zu England zieht, muß demgegenüber schweigen.« Er bestellte dem englischen König schöne Grüße und erbat sich innerhalb zweier Wochen eine Stellungnahme.

Ja, was war denn das für eine Sprache? Der englische Gesandte, der zweieinhalb Monate lang – wie alle Welt – nur das Angenehmste und Liebenswürdigste von dem jungen Manne gehört hatte, war wie vom Donner gerührt. Dieser Monarch, so schrieb er konsterniert an sein

Kabinett, nennt die Dinge ungeschminkt beim Namen und geht, ohne eine Minute Zeit zu verlieren, geradewegs auf die Sache los.

Aber was war das für eine Sache, die Friedrich verfolgte? Hatte er etwa machtpolitische Ambitionen? Gedachte er gar, die beiden rivalisierenden Weltmächte, England und Frankreich, gegeneinander auszuspielen? Preußen jedenfalls, das stand fest, war – mit seinem zersplitterten Territorialbesitz und seinen zweieinhalb Millionen Einwohnern – bestenfalls eine Mittelmacht. Eine eigenständige Melodie aus Berlin war im Konzert der Großmächte bislang niemals vernommen worden.

Am nächsten Tag, dem 15. August, brach Friedrich mit kleinstem Gefolge zu seinen rheinischen Besitzungen, nach Wesel und Cleve, auf. Über Leipzig, Bayreuth, Erlangen, Ansbach, über Crailsheim, Heilbronn, Durlach, Rastatt ging es nach Kehl, wo die Reisegesellschaft am 23. August nachmittags eintraf. Friedrich war in glänzender Stimmung, und gemeinsam mit dem witzigen Algarotti stellte er sich selbst einen falschen Paß auf den Namen eines Grafen Dufour aus, mit dem er französischen Boden in Straßburg betrat. Das war ein Hauptspaß! Der falsche Graf plauderte und pokulierte in ausgelassenster Laune mit Offizieren der französischen Garnison, ließ sich so ganz nebenbei über die inneren Verhältnisse ihrer Armee unterrichten, bummelte über die Festungswälle, besah sich Kasernen, Depots und Geschütze und setzte abends im Gasthaus »Zum Raben« die Offiziere und Kavaliere unter Alkohol, lockerte ihnen die Zunge. Der Kommandant der Festung, Marschall Broglie, führte den unbekannten Grafen höchstpersönlich durch die Zitadelle, und wer weiß, was noch alles geschehen wäre, wenn nicht ehemalige preußische Soldaten Friedrich erkannt und damit das Inkognito gelüftet hätten.

Also weg aus Straßburg und immer nordwärts am linken Rheinufer entlang, bis hin zur Feste Landau. So hatte sich Friedrich, anscheinend auf einer heiteren Vergnügungsreise, in wenigen Tagen einen persönlichen Einblick in die französischen Militärverhältnisse und in die strategische Position der Oberrhein-Stellung Frankreichs verschafft. Nach einigen Wochen war das Abenteuer an allen europäischen Höfen bekannt, des Gelächters war kein Ende, und der »Märchenprinz« aus Berlin hatte sich noch das Image eines »Teufelskerls« erworben.

Am 30. August betrat Friedrich in Duisburg wieder preußisches Gebiet. Er fieberte. Auf der luftigen Reise hatte er sich stark erkältet; aber er fieberte auch innerlich, denn auf dem Schlößchen Moyland bei Cleve wollte er mit Voltaire zusammentreffen. Voltaire! Würde es ihm gelingen, vor den Augen des großen Aufklärers, vor dem scharfen Intellekt des Dichterfürsten zu bestehen?

Am 11. September kam Voltaire. Friedrich, immer noch fieberkrank, empfing ihn in einem kleinen dürftigen Gemach, auf einem Feldbett liegend. Sogleich schwirrte der Raum von gegenseitigen Komplimenten,

Witzen, Aphorismen, Geistreicheleien, Zweideutigkeiten, Boshaftigkeiten, Sarkasmen. Friedrich schlürfte diesen geistigen Trank wie ein Lebenselexier, und bereits am Abend stand er auf, um in der Gesellschaft von Voltaire, Maupertuis und Keyserlingk zu disputieren und zu speisen.

Drei Tage blieben sie zusammen, der König und der Philosoph. Voltaire las aus seinem noch unveröffentlichten Trauerspiel »Mahomet«; Friedrich, in Schals gehüllt, schritt auf und ab und deklamierte die Verse begeistert mit. Was diese Tage ihm bedeuteten, beschrieb er in einem Brief an seinen Freund und Bibliothekar Jordan: »Ich habe Voltaire gesehen, auf den ich so begierig war! Aber ich sah ihn in einem Fieberanfall, der meinen Geist ebenso abgespannt hatte wie meinen Körper; und doch sollte man gegenüber einem solchen Manne womöglich seine Kräfte noch mehr als gewöhnlich beisammen haben. Er ist beredt wie Cicero, sanft wie Plinius, weise wie Agrippa. Mit einem Wort: Er vereinigt in sich alle Tugenden und alle Talente der drei größten Männer des Altertums! Sein Geist arbeitet unaufhörlich; jeder Tropfen Tinte aus seiner Feder wird sogleich zu einem Witz.« Friedrich schloß seine Epistel mit den Worten: »Du wirst mich bei meiner Rückkehr sehr geschwätzig finden. Aber bedenke, daß ich zwei Dinge gesehen habe, die mir immer am Herzen lagen: Voltaire und französische Truppen.«

Französische Truppen? Merkwürdig, wie sehr ihn die militärische Thematik fesselte, selbst in einem Augenblick höchster Schwärmerei und ästhetischer Bewunderung. Was hatte das zu bedeuten? Und merkwürdig auch, daß Voltaire seinerseits, in einem Bericht über das Zusammentreffen mit Friedrich, zum Schluß von Soldaten sprach: »Ich habe einen der liebenswürdigsten Menschen in der ganzen Welt gesehen, dessen Gesellschaft jedermann eifrig suchen würde, auch wenn er kein König wäre! Ein Philosoph ohne Herbheit, voll Sanftmut, Liebenswürdigkeit und angenehmem Wesen, vergißt er in der Gesellschaft seiner Freunde, daß er König ist, und machte auch mich selbst das in solchem Grade vergessen, daß ich mir ab und an mit Gewalt vor Augen halten mußte, daß neben mir ein Monarch saß, dem eine Armee von 100 000 Mann gehorcht.«

Die Fehlinformation von den »100 000 Mann« (nämlich 20 000 zuviel) konnte nur von Friedrich selbst stammen. Offensichtlich hatte er mitten im geistreichsten Geplauder mit Voltaire militärische »Indiskretionen« begangen; wußte er doch nur zu genau, daß es keine vier Wochen dauern würde, und die Spatzen würden das in Paris von den Dächern pfeifen, was er Voltaire unter dem Siegel tiefster Verschwiegenheit anvertraut hatte. Aber was bezweckte Friedrich damit? Die Großmächte, England und Frankreich – das erfuhr er im Laufe des September – zeigten kein dringliches Interesse, mit ihm ins Gespräch zu kommen. Die intellektuelle Schickeria Europas applaudierte gewiß seinen Reform- und Toleranzedikten; aber von den Großmächten wurde der Preußenkönig nicht ernstgenommen. Für London, Paris, St. Petersburg und Wien blieb er ein ›Zaunkönig‹, einer der vielen Duodezfürsten des wurmstichigen Heiligen Römischen Reiches Deutscher Nation, die man wie Schachfiguren im Spiel der internationalen Diplomatie bewegte. Wollte Friedrich sich dagegen in Positur werfen, indem er auf die Stärke seiner Streitkräfte pochte?

Ende September war er wieder in Berlin; die Huldigungsreise lag hinter ihm. Es war ein strahlender Herbst, und da sich Schloß Charlottenburg im Um- und Ausbau befand, verlegte Friedrich seine Residenz für ein paar Wochen nach Rheinsberg, in das ländliche Schloß seiner Kronprinzenzeit, etwa hundert Kilometer nordwestlich von Berlin.

Vier Wochen lang verwandelte Friedrich Rheinsberg, ein kleines verschlafenes Provinzstädtchen der Mark Brandenburg, in die Hauptstadt eines Feenreiches. Tag und Nacht pendelten Kutschen und Kuriere zwischen Rheinsberg und Berlin; fast ohne Unterlaß bewegte sich ein Strom von Beamten, Offizieren, Künstlern und Kavalieren zwischen den beiden Städten. Wilhelmine, Markgräfin von Bayreuth und Lieblingsschwester des jungen Königs, traf zu einem mehrtägigen Besuch ein; die Königin und die Königin-Mutter übersiedelten mit all ihrem Hofstaat in das Schlößchen am Rheinsberger See. Konzerte, Bälle und Theateraufführungen wechselten in bunter Reihenfolge einander ab. Allein die Feste, die Friedrich seiner Mutter gab, dauerten dreizehn Tage und übertrafen an Heiterkeit, Luxus und Verschwendung alles, was man in Preußen seit dem Tode des Großvaters (1713) gesehen hatte. Der König ließ ein junges Bauernpaar, das heiraten wollte, mit allen seinen Gästen ins Schloß laden. Zuvor wurden sie sämtlich von Kopf bis Fuß neu eingekleidet; dem Bräutigam schickte Friedrich einhundert Louisdor, der Braut einhundert Dukaten. Dann vereinigten sich die fürstliche und die bäuerliche Gesellschaft zu einem opulenten Hochzeitsmahl. Die Hofkapelle wechselte zwischen Ländlern und Menuetten, und das junge Hochzeitspaar tanzte so temperamentvoll vor den beiden Königinnen, daß des Vergnügens kein Ende war. Das waren unvergeßliche Tage! Wie weit lagen die Zeiten des Soldatenkönigs zurück, als Preußen nichts als eine düstere Kaserne des Drills, des Gehorsams, des Schuftens und der Knickrigkeit gewesen war?! Jetzt war alles Lachen, Spiel, Musik, Applaus, inauguriert und inspiriert von einem jungen, immer gutgelaunten König, dessen liebste Beschäftigung darin bestand, die Hauptrolle in Voltaires »Julius Cäsar« einzustudieren, um auf einer improvisierten Bühne vor Freunden und Verwandten ein Stück Weltgeschichte zu spielen.

Da sprengte, am 26. Oktober, ein staubbedeckter Kurier aus Wien in den Schloßhof, sprang vom Pferd und eilte in das Kabinett des Königs: Kaiser Karl VI., das nominelle Oberhaupt des Deutschen Reiches und der Chef des Hauses Österreich, war am 20. Oktober im Alter von sechsundfünfzig Jahren gestorben, und seine dreiundzwanzigjährige Tochter Maria

Theresia hatte als Königin von Ungarn und Böhmen sowie als Erzherzogin von Österreich die Regierung in einem Reich angetreten, dessen Grenzen vom Mittelmeer bis an den Ärmelkanal, von Tirol bis nach Siebenbürgen reichten.

Friedrich ließ sogleich den Kabinettsrat Eichel kommen und befahl ihm, den Minister von Podewils und den Feldmarschall von Schwerin nach Rheinsberg zu zitieren. Dann setzte er sich hin und schrieb an Voltaire: »Dieser Todesfall begräbt alle meine friedlichen Ideen. Ich glaube, im nächsten Jahr wird mehr die Rede von Pulver, Soldaten und Laufgräben sein als von Schauspielerinnen und Komödien. Die Zeit ist gekommen, in der das alte politische System eine gänzliche Änderung erfahren muß.«

Pulver, Soldaten und Laufgräben? Rechnete Friedrich – als Folge des kaiserlichen Ablebens – mit kriegerischen Verwicklungen in Europa? Zwei Tage später, am 28. Oktober, schrieb er an Algarotti: »Der Tod des Kaisers erlaubt mir nicht, mich mit den Korrekturen meines Antimachiavell zu befassen. Diese Zeit ist ungünstig für mein Buch, aber vielleicht ruhmvoll für meine Person.« (Mit diesem Hinweis spielte Friedrich auf ein Manuskript an, das er im Vorjahr geschrieben und noch immer nicht publiziert hatte.) Dann fuhr er fort: »Wir proben hier noch ganz ruhig auf den Brettern Cäsar und Antonius, in der Erwartung, sie auf einer anderen Bühne bald vollständiger vorzustellen.« Schließlich folgten die entscheidenden Sätze: »Ich werde nicht sogleich nach Berlin gehen; nein. Eine Kleinigkeit wie der Tod des Kaisers ist keiner großen Aufregung wert. Alles war vorgesehen, alles vorbereitet! Es handelt sich nur noch darum, die Pläne, die ich längst erwogen habe, in die Tat umzusetzen.«

Was war vorgesehen? Welche Pläne hatte er längst erwogen? War es möglich, daß dieser junge Mann seit fünf Monaten mit Plänen und Absichten daherging, über die er niemanden informiert hatte, von denen kein Sterbenswörtchen über seine Lippen gekommen war? War es denkbar, daß dieser umschwärmte »Märchenprinz«, dieser gefeierte Friedens- und Reformfürst, machtpolitische Projekte in seinem Innern verfolgte, die er vor aller Welt verborgen hatte?

Podewils, Eichel und Schwerin waren die ersten (und vorerst die einzigen), die Friedrichs Pläne kennenlernten, und es muß sie wie ein Blitz aus heiterem Himmel getroffen haben. Der König teilte ihnen mit dürren Worten mit, daß er Schlesien okkupieren werde, die nördlichste Provinz des Habsburger Riesenreiches! Er sei entschlossen, den Tod des Kaisers zu benutzen, um mit dessen Tochter, Maria Theresia, ein Geschäft zu tätigen: Er werde ihr anbieten, mit Preußens ganzer militärischer Macht an ihre Seite zu treten, falls sie von jemandem bedroht werde, weiter seinen persönlichen Einfluß dahin geltend zu machen, daß ihrem Mann, Franz von Lothringen, die deutsche Kaiserkrone zufalle, und er sei überdies bereit, ihr zwei Millionen Gulden in bar auszuzahlen – das alles unter der

Bedingung, daß sie ihm das Herzogtum Schlesien mit der Hauptstadt Breslau abtrete. Lehne sie das Angebot ab, ließe er marschieren.

Auf alles waren seine Berater gefaßt gewesen – darauf nicht. Sie hatten damit gerechnet, daß ihr junger König den kaiserlichen Todesfall dazu benutzen könnte, die Erbschaftsfrage in Jülich und Berg zur Sprache zu bringen. Jetzt erfuhren sie, daß er beabsichtigte, dem altehrwürdigen Habsburgerhaus, das seit fünfhundert Jahren sechzehn deutsche Kaiser gestellt hatte, erpresserische Bedingungen zu oktroyieren, und daß er gewillt war, im Weigerungsfalle, der gar nicht zu bezweifeln war, mit militärischen Mitteln gegen eine der vier europäischen Großmächte vorzugehen und den Reichsfrieden zu brechen. Als Podewils und Schwerin sich bei den unglaublichen Ausführungen Friedrichs verfärbten, erschienen die beiden tiefen Falten über der Nasenwurzel, und er fuhr sie an: »Wenn man im Vorteil ist, soll man ihn ausnutzen, oder nicht?«

Es war eine Frage von so dämonischer Brisanz, abgeschossen wie eine Pistolenkugel, daß sich jede Antwort verbot. Nahm hier ein absolutistischer Herrscher seine goldglänzende Maske ab? Eine Maske, hinter der er monatelang sein wahres Antlitz verborgen hatte? Kam jetzt der echte, der richtige Friedrich zum Vorschein? Hatte also der französische Gesandte recht gehabt, als er Anfang Juli geschrieben hatte, daß dieser junge König »um jeden Preis eine erste Rolle in Europa spielen« wolle?

Gewiß, diplomatische Erpressungsmanöver und militärische Machtdemonstrationen gehörten zum Alltagsgeschäft der damaligen Regierungen (und sieht es heute etwa anders aus?). Selbst kriegerische Verwicklungen, um den Gewinn einer Stadt oder einer Provinz, waren nichts Außergewöhnliches. Krieg galt nicht als Verbrechen, sondern als eine ruhmvolle Sache und überdies als »ultima ratio regis«, als das letzte, aber durchaus legitime Auskunftsmittel der Könige. Keine drei Jahrzehnte war es her, daß Karl XII. mit seinen schwedischen Truppen erobernd durch halb Europa gezogen war. England, Frankreich, Spanien, die Niederlande führten seit Jahrzehnten untereinander Kriege, schlossen Friedensverträge, brachen sie, wechselten die Fronten, bildeten neue Koalitionen, und das alles in einem verwirrenden Tempo, dem kaum zu folgen war.

Und doch hatte der erfahrene Podewils recht, wenn er davor warnte, daß ein solches Unternehmen ganz Europa empören würde. Es gab zwar noch kein internationales Völkerrecht im modernen Sinne des Wortes; aber in den letzten Jahrzehnten war eine Etikette der internationalen Diplomatie entstanden. Es war die Zeit der Verträge und Allianzen. Die europäischen Höfe erschöpften sich geradezu darin, feierliche Abmachungen zu schließen und wieder zu lösen; dies alles eingehüllt in eine Wolke hochtrabender Erklärungen und umständlicher Versicherungen. Gewiß, jede Seite verfocht rücksichtslos ihre Interessen oder das, was sie als solche ausgab. Von christlicher Nächstenliebe war unter Staaten niemals die

Rede. Aber das Faustrecht des Mittelalters war mit Seide umkleidet worden. Rechtsbrüche und Gewaltakte, so alltäglich sie waren, wurden diplomatisch vorbereitet und juristisch abgesichert.

Friedrich lachte über Podewils' Bedenklichkeiten. Er gab ihm freie Hand, in den Archiven Berlins zu wühlen und in alten Akten zu blättern, um brandenburgisch-preußische Ansprüche auf die schlesischen Fürstentümer Jägerndorf, Liegnitz, Wohlau und Brieg zu konstruieren. Er seinerseits war weit davon entfernt, sich selbst moralisch betrügen zu wollen. Als Podewils ihm schließlich ein umständliches Memorandum präsentierte, das der Welt die historische Berechtigung der preußischen Ansprüche suggerieren sollte, rief er zynisch aus: »Bravo! Das ist das Werk eines tüchtigen Scharlatans.«

Friedrich hatte mitnichten vor, die alten Streitereien, die zopfigen Querelen wiederzubeleben, die sein Großvater und sein Vater mit dem Kaiserhaus in Wien gehabt hatten und bei denen es immer wieder um fragwürdige Erbansprüche auf irgendwelche Städte, Dörfer oder Kreise gegangen war. Seine Motive waren ganz andere, und er analysierte sie selbst in einem leidenschaftlichen brieflichen Erguß an Jordan: »Meine Jugend, das Feuer der Leidenschaften, Begierde nach Ruhm, selbst, um Dir nichts zu verschweigen, die Neugierde und ein geheimer Naturtrieb haben mich der sanften Ruhe, die ich genoß, entrissen; und das Vergnügen, meinen Namen in den Zeitungen und künftig auch in der Geschichte zu sehen, haben mich verführt. Was sind alle Anstrengungen und Sorgen und Gefahren im Vergleiche mit dem Ruhm! Er ist eine so tolle Leidenschaft, daß ich nicht begreife, wie er nicht jedermann den Kopf verdreht. Ja, ich liebe den Krieg um des Ruhmes willen! Wäre ich nicht als Fürst geboren, so würde ich nur Philosoph sein wollen. Aber, ein jeder muß in dieser Welt nun einmal sein Handwerk treiben. Und ich gedenke, nichts halb zu tun.«

Wie, war das derselbe Mann, dem die gebildete, aufgeklärte Welt ein halbes Jahr lang zugejauchzt, den sie enthusiastisch gefeiert und verehrt hatte? War das der »Märchenprinz«, der Friedensfürst, der Reformkönig, von dessen Thronbesteigung an man den Beginn eines neuen Zeitalters datiert hatte? Und der nun in geradezu schamloser Offenheit gestand, daß er bereit sei, alle Errungenschaften des Friedens um einer »tollen Leidenschaft« willen aufs Spiel zu setzen?

Aber noch ahnte die Welt nichts von Friedrichs ›zweitem‹ Gesicht; noch war der Nimbus ungebrochen. Der ganze November war ein Monat rastlosen Planens, Denkens, Vorbereitens. Aber das alles hinter einer Fassade des Stillschweigens, hinter der Nebelwand heiterer Gelassenheit. Man hätte meinen können, Berlin sei ein Hort der Beschaulichkeit und des Friedens in einem aufgeregten, verstörten Europa.

Denn es war ja nicht so, daß der Preußenkönig als einziger Pläne gegen das österreichische Kaiserhaus schmiedete. Die Tatsache, daß Kaiser

Karl VI. keinen männlichen Erbnachfolger hinterlassen hatte, brachte die europäischen Höfe in Aufregung, in rastlose Bewegung. Zwar, seit 1713 hatte Karl VI. seine ganze Lebenskraft daran gesetzt, die anderen Mächte zur Anerkennung seiner Tochter Maria Theresia als Erbnachfolgerin zu verpflichten, und mit Ausnahme Bayerns war es ihm auch wirklich gelungen, diese »Pragmatische Sanktion« in Europa durchzusetzen, die anderen Mächte zu ihrer Einwilligung zu bewegen. Doch was zählte das jetzt, da der Kaiser tot war und die Gelegenheit einzigartig schien, der unerfahrenen Tochter die Anerkennung zu verweigern und das Habsburgerreich Stück um Stück zu schwächen?

Der Kurfürst von Bayern erhob sogleich Ansprüche auf Oberösterreich und Böhmen. Der Kurfürst von Sachsen, zugleich König von Polen, dachte an Teile von Schlesien, die Sachsen mit Polen verbinden würden, oder auch an die Markgrafschaft Mähren. In Versailles saß man förmlich auf dem Sprung, und Kardinal Fleury, der Leiter der französischen Politik, überlegte fieberhaft, wie er die einmalige Situation nutzen könnte, um Habsburg zu schädigen und den französischen Einfluß im Reich noch zu steigern. In England dagegen war man äußerst besorgt um das Schicksal Maria Theresias. Das britische Interesse gebot, jede weitere Stärkung der französischen Macht auf dem Kontinent zu verhindern, und dazu schien es notwendig, Österreich zu stützen, Preußen von Frankreich entfernt zu halten und – wenn möglich – Friedrich an die Seite Maria Theresias zu führen.

Von allen Seiten trafen im Laufe des November Sondergesandte in Berlin ein. Maria Theresia schickte den genuesischen Marchese Botta, einen mit allen Wassern gewaschenen, erfahrenen Diplomaten. Kardinal Fleury verließ sich nicht allein auf seinen außerordentlichen Gesandten, den Marquis von Beauvau, sondern schickte Voltaire in Sondermission nach Berlin, mit dem Auftrag, seinen königlichen Freund und Bewunderer nach allen Regeln der Kunst auszuhorchen. Der britische Gesandte antichambrierte in Permanenz. Doch niemand erfuhr von Friedrich ein Sterbenswörtchen. Er zahlte Voltaires exorbitante Reisekosten in Höhe von 6000 Talern, beschäftigte ihn mit der Schlußredaktion seines »Antimachiavell«, der im nächsten Jahr erscheinen sollte – aber von Politik, von seiner Rolle, die er im Konzert der europäischen Mächte zu spielen gedachte, keine Silbe, kein Wort.

Das, was er Jordan so offenherzig über seine Ruhmsucht und seine »Neugierde« auf Abenteuer geschrieben hatte, konnte er niemandem sonst offenbaren. Aber war das denn wirklich alles? Ging es tatsächlich nur um Ruhmsucht und Eitelkeit? Plante ein jugendlicher Fürst hier einen Dummenjungenstreich? Einen Theatercoup des Hochmuts, des Leichtsinns und der Arroganz?

Nein, es war noch viel schlimmer: Was Friedrich plante, war eine kalt und gründlich vorbereitete Aktion. Wie hatte er doch am 26. Oktober, gleich nach Erhalt der Todesnachricht aus Wien, an Voltaire geschrieben? Die Zeit sei gekommen, »das alte politische System« einer gänzlichen Veränderung zu unterwerfen! Dieses alte System der vier europäischen Großmächte (Rußland eingerechnet) hatte er über Jahre hinweg sorgfältig studiert und analysiert; die jeweilige Interessenlage dieser vier Mächte hatte er förmlich seziert. »Unter ihnen allen besaßen England und Frankreich«, so schrieb er später aus der Rückschau, »ein entschiedenes Übergewicht über die anderen; jenes durch seine Landmacht und seine enormen inneren Hilfsquellen, dieses durch seine Flotten und durch seinen im Handel erworbenen Reichtum. Diese beiden Mächte waren jedoch Nebenbuhler, und eine war auf die andere eifersüchtig. Beide wollten die Waagschale Europas in Händen halten, betrachteten sich als die Häupter zweier Parteien und erwarteten, daß sich die anderen Staaten ihnen anschließen müßten. Außer dem alten Haß, den Frankreich gegen England hegte, empfand es noch eine gleiche Feindschaft gegen Österreich, mit dem es sich in fortgesetzten Kriegen befunden hatte.«

Das alte europäische System, das es zu ändern galt, bestand also darin, daß der Kontinent in zwei politisch-militärische Blöcke geteilt war und unter der direkten oder indirekten Vorherrschaft der beiden damaligen ›Supermächte‹ stand. Und deren wahre Intentionen sah Friedrich so: »Die Franzosen wollen Siege erringen, um ihre Eroberungen zu behaupten. Die Briten wollen Fürsten erkaufen, um daraus Satelliten zu machen. Und beide Mächte spiegeln dem Publikum fremde Dinge vor, um dessen Aufmerksamkeit von ihrer tatsächlichen Vorherrschaft und von ihren wahren Zielen abzulenken.«

Vor dem Hintergrund dieser haarscharfen Analyse galt es, den Konflikt zwischen den beiden Großmächten, der in wenigen Monaten zum Krieg führen mußte, auszunutzen; die schwächste Macht des europäischen Vierersystems, Österreich, zu destabilisieren; und schließlich Preußen durch einen überraschenden Coup in die Rolle einer Großmacht zu boxen. Ein gewaltiger, ein verwegener Plan! Ein Meisterstück kalter Berechnung, seit zehn Jahren innerlich vorbereitet, aber durchführbar nur in diesem einzigen historischen Augenblick, der niemals wiederkehren würde.

Jetzt kam es also an den Tag, was niemand geahnt hatte, daß dieser charmante Fürst die letzten Jahre nicht nur mit Champagnerfesten und mit glühenden Liebesbriefen an Voltaire vertändelt, sondern tiefgründig, Projekt für Projekt prüfend, über die Zukunft des preußischen Staates nachgedacht hatte. Denn dieses künstliche Gebilde, das in Europa spöttisch als »Staat der Flicken und Fetzen« oder mitleidig als »Streusandbüchse des Heiligen Römischen Reiches« bezeichnet wurde, bedurfte einer sicheren ökonomischen Basis, wenn es sich unter den Großmächten jener Zeit, ja wenn es sich nur neben mittleren Mächten wie Sachsen-Polen behaupten wollte. Und was ›ökonomische Basis‹ konkret bedeutete, das hatte Friedrich während seiner Küstriner Lehrjahre vollständig begriffen, als ihm der dortige Kammerdirektor Hille instruktive Vorträge über die wirtschaftliche Bedeutung Schlesiens und die Frage des Oderhandels gehalten hatte, aus denen er dreierlei schloß:

1. Die Oder ist der einzige Fluß von Bedeutung auf brandenburgisch-preußischem Territorium.
2. Stettin, an der Mündung der Oder, darf niemals anders denn als der natürliche Hafen Berlins angesehen werden.
3. Wer Schlesien (zu Brandenburg und Pommern) gewinnt, kontrolliert die Oder und den Oderhandel total.

Also auf nach Schlesien! Am 1. Dezember ließ der Preußenkönig die Maske fallen. Nach Wien schickte er einen Sondergesandten mit seinem erpresserischen Anerbieten an Maria Theresia. Zugleich aber befahl er einem Armeekorps von 22 000 Mann, sich auf die Grenze Schlesiens hin in Marsch zu setzen. Denn wenn der Coup gelingen, wenn man in Wien knieweich werden sollte, dann nur – davon war Friedrich fest überzeugt – mit Hilfe einer militärischen Machtdemonstration, durch die Schaffung eines Fait accompli.

Es war ein Überfall mitten im Frieden. Der englische Gesandte eilte ins Berliner Schloß und beschwor den Preußenkönig, sich an die feierliche Verpflichtung seines Hauses zur Aufrechterhaltung der Pragmatischen Sanktion zu erinnern. Er war perplex, als Friedrich schnippisch antwortete: »Ich selbst, mein Herr, bin eine solche Verpflichtung nicht eingegangen. Was der vorige König getan hat, bindet mich nicht.« Der französische Gesandte sah sich verlockenden, aber völlig unbestimmten Avancen ausgesetzt: »Vielleicht spiele ich ja Frankreichs Spiel«, lächelte Friedrich ihn an. Der Marchese Botta hatte am 11. Dezember, zwei Tage, bevor sich der Preußenkönig zu seinen Invasionstruppen begab, die Abschiedsaudienz. »Sire«, sagte er mutig, »es ist möglich, daß Sie das Haus Österreich zugrunde richten. Aber sicherlich stürzen Sie sich selbst ins Verderben!« Unbeirrt fuhr er fort, als Friedrich ihn unterbrechen wollte: »Sie haben schöne Truppen, gewiß. Die unsrigen nehmen sich nicht so prächtig aus; aber sie haben dem Feinde ins Auge gesehen. Ich beschwöre Sie, Sire, bedenken Sie, was sie unternehmen!« Friedrich trat an ihn heran, zwei steile Falten über der Nasenwurzel: »Sie finden meine Truppen schön? Nun, ich werde Ihnen zeigen, daß sie auch gut sind!« Gedankenpause. »Im übrigen, es ist zu spät, Marchese, ich habe den Rubikon überschritten.«

Europa war sprachlos, ja war aufs tiefste gekränkt, als der jugendliche Reform- und Friedensfürst am 16. Dezember mit seinen Truppen die schlesische Grenze überschritt. Wie hatte man sich täuschen lassen! War man nicht einem Mann ins Garn gegangen, der nun seine wahre Natur enthüllte, der die Welt ein halbes Jahr lang mit einer perfekt inszenierten Komödie zum Narren gehalten hatte? Die europäische Öffentlichkeit fühlte sich hintergangen, und die allgemeinen Sympathien wandten sich der schutzlosen Königin Maria Theresia in Wien zu, als sie in einem pathetischen Rundschreiben an die Höfe erklärte, es handele sich nicht um Österreich allein, sondern um die Interessen Europas; es müsse die Sache aller christlichen Fürsten sein, zu verhindern, »daß die heiligsten Bande der menschlichen Gesellschaft« ungestraft zerrissen würden. Kardinal Fleury, der Chef der französischen Regierung, bezeichnete Friedrich als kompletten Narren. König Ludwig XV. meinte, der Preußenkönig sei verrückt geworden. Fürst Leopold von Anhalt-Dessau, preußischer Feldmarschall, prophezeite den Untergang Preußens. Voltaire zog sich vorsichtig von seinem Schüler und Bewunderer zurück. Europa nannte Friedrich jetzt einen »Aggressor«.

Die ungeheure Aufregung hatte zwei Gründe: einen politischen und einen psychologischen. Das politische Motiv bestand darin, daß der Preußenkönig es wagte, eine der Großmächte herauszufordern. Hätte er beispielsweise einen Kreis in Mecklenburg oder eine Herrschaft im Thüringischen besetzt, so wäre außer papiernen Protesten kaum etwas geschehen. Das hatte man ja im September erlebt, als Friedrich kurzerhand zweitausend Mann in die Herrschaft Herstall geschickt hatte, um den Bischof von Lüttich zur Räson zu bringen. Der Reichshofrat zu Wien hatte schriftlich protestiert, der Kaiser ein abmahnendes Handschreiben an Friedrich geschickt, und der Bischof von Lüttich – als er bemerkt hatte, daß in Europa kein Hahn nach ihm krähte – hatte sich beeilt, mit Friedrich zu unterhandeln, und hatte ihm schließlich für 200 000 Taler die Besitzrechte an der Herrschaft Herstall abgekauft. Doch jetzt, zwei Monate später, wagte es der Preußenkönig, genauso mit einer der vier europäischen Großmächte umzuspringen; und das wirkte nicht anders, als wenn sich heutzutage Spanien mit den USA oder Polen mit Rußland anlegen wollte. Die allgemeine Entrüstung war weniger ein Ausdruck der öffentlichen Moral als ein Ergebnis des machtpolitischen Kalküls. Der preußische Zaunkönig wagte es, mit dem österreichischen Adler anzubinden! Diese Herausforderung der allgemeinen Ordnung (und Unterordnung) erschien Europa als Revolution.

Noch schwerer fiel das psychologische Moment ins Gewicht. Wie hatte man sich nur so gründlich in einem Menschen täuschen können!? Was war das Geheimnis dieser königlichen Doppelnatur? Das Publikum war weit davon entfernt, sich selbst zu interpellieren, es machte keinerlei Anstrengungen, des Rätsels Lösung bei sich selbst zu suchen. Denn die Täuschung, über die man nun wehklagte, beruhte auf einem grandiosen Mißverständnis, in das sich die Öffentlichkeit selbst verstrickt hatte. Sie beruhte auf der internationalen Fehlinterpretation des Gegensatzes »Vater und Sohn« bzw. »König und Kronprinz«, der ein Jahrzehnt lang der Hauptgesprächsstoff Europas gewesen war und in dem die Allgemeinheit leidenschaftlich Partei ergriffen und den »Sohn«, Kronprinz Friedrich, einseitig glorifiziert hatte.

2. Heimsuchung eines Prinzen

Die Kronprinzenzeit 1712–1740

Der 24. Januar 1712 ist ein Sonntag. Es ist schneidend kalt. Die beiden Flüsse Havel und Spree sind zugefroren. Die Stadt Berlin, die seit elf Jahren die Hauptstadt des jungen Königreiches Preußen ist, liegt an diesem Tag in einem Sonnenglanz, der für nördliche Breitengrade etwas Unwirkliches, fast Mythisches hat.

Zur Mittagszeit donnern die Kanonen auf den Festungswällen. Es sind 101 Schuß, und die Berliner wissen nun, daß ihrem Königshaus, der Familie Hohenzollern, ein männlicher Thronerbe geboren ist. Die Freude der Einwohner ist groß; selbst die Armen haben Grund, ihr Elend für einige Zeit zu vergessen. Denn nun wird ihr prachtliebender König Feste feiern, und etwas von dem königlichen Glanz wird bis in die letzte Hütte fallen.

Im Berliner Schloß reicht die Amme dem preußischen Kronprinzen, Friedrich Wilhelm, das kleine Bündel mit dem Neugeborenen. Der junge Vater ist außer sich vor Freude, sind ihm doch in den letzten Jahren zwei Söhne bald nach der Geburt wieder weggestorben. Er drückt und herzt den Säugling. Er hält ihn dicht vors Kaminfeuer, um sein Gesicht besser sehen zu können, so daß die Kammerfrauen in heller Aufregung herbeieilen, ihm das Bündel entreißen und es behutsam wieder in die Arme der erschöpften Mutter, der Kronprinzessin Sophie Dorothea, legen.

Doch Ruhe bekommen die fürstliche Wöchnerin und das Baby nicht. Bald öffnen sich die Flügeltüren, und mit großem Gefolge erscheint Friedrich I., ehemals Kurfürst von Brandenburg, der sich am 18. Januar 1701 selbst zum preußischen König machte, und der nun weiß, daß seine Erbnachfolge für mindestens zwei Generationen gesichert ist. Stolz läßt sich der Großvater von seiner Schwiegertochter den Säugling präsentieren, legt segnend beide Hände über das kleine, verrunzelte Gesicht und vertieft sich in ein langanhaltendes Gebet. Mutter und Vater stehen währenddessen Höllenqualen aus, denn sie sehen ihr Kind schon halberstickt. Endlich entfernt sich der königliche Großpapa mit der Bestimmung, daß in einer Woche die feierliche Taufe des kleinen Prinzen erfolgen wird.

Am 31. Januar, um 16 Uhr, findet die Taufhandlung in der königlichen Schloßkapelle bei Kerzenbeleuchtung statt. Das Baby ist in ein silberdurchwirktes, mit Brillanten besetztes Batistkleid gehüllt, dessen Schleppe sechs Gräfinnen tragen. Der König hat angeordnet, daß der kleine Täufling seinen Vornamen Friedrich bekommen soll, der dem Hohenzollernhause bisher so »glückbringend« gewesen sei. Und während der Großvater höchstpersönlich den winzigen Prinzen über das Taufbecken hält, nimmt Berlins Bischof Ursinus die weihevolle Handlung vor und tauft den Neugeborenen auf die Vornamen »Friedrich Karl«.

Damit zählt die Stadt Berlin einen Christenmenschen mehr in ihren Mauern, und Europa hat einen neuen Prinzen, der vielleicht eines Tages sogar König werden kann. Dieses Europa ist auch zur Taufe geladen. Der deutsche Kaiser Karl VI., der in Wien residiert, und Zar Peter I. von Rußland, der gerade seine neue Hauptstadt St. Petersburg aus dem Boden stampft, werden zu Paten des kleinen Prinzen ernannt. Doch diese hochmögenden Autokraten, die sich beim Taufakt in Berlin durch ihre Gesandten vertreten lassen, zeigen sich knickerig und können ihre Geringschätzung, die sie den preußischen Emporkömmlingen der Hohenzollern entgegenbringen, nur mühsam durch gnädige Handschreiben kaschieren. Die protestantischen Generalstaaten der Niederlande, denen man ebenfalls die Patenehre angetragen hat, erweisen sich dagegen als spendabel: Die Republik verehrt dem königlichen Prinzen zwei goldene Becher und eine goldene Kassette, die einen Leibrentenbrief auf viertausend holländische Gulden enthält.

Der kleine Fritz, wie ihn bald alle nennen, entwickelt sich in den nächsten Monaten prächtig. »Er ist recht fett und frisch«, wie der glückliche Großvater berichtet; er »sauget brav an seiner Amme«. Bereits am 30. August, also nach sieben Monaten, schreibt Friedrich I. in einem Brief nach Hannover, »daß Fritz nunmehro 6 Zähne hat, und dies ohne die geringste Incommodität«. Als der Großvater am 26. Februar 1713 an Lungenschwindsucht stirbt, läßt er sich den einjährigen Enkel ans Sterbelager bringen und betrachtet ihn lange gerührt, bis der Prinz – krebsrot im Gesicht – zu brüllen beginnt.

In den Adern dieses Einjährigen rollt das blaue Blut fürstlicher Familien. Er stammt ebenso von den Hohenzollern wie von den Welfen ab; ja, die Verwandtschaftsfäden ziehen sich bis zur sagenumwobenen Maria Stuart, jener unglücklichen schönen Königin von Schottland, die ihr Leben unter dem Beil des Henkers endete. Doch das alles darf man getrost vergessen, und es genügt vollständig, sich vor Augen zu führen, daß Friedrich Wilhelm, der Große Kurfürst von Brandenburg, sein Urgroßvater war.

Was war das für ein Mann gewesen! Fast ein halbes Jahrhundert lang, von 1640 bis 1688, hatte er mit eiserner Faust von Berlin aus sein Kurfürstentum Brandenburg regiert. Als er 1640 an die Regierung gekommen war, waren Brandenburg, Pommern und das seit 1618 dazugehörige ehemalige Ordensland Preußen (eigentlich: Ostpreußen) ein Nichts, oder man könnte auch sagen: eine Wüstenei gewesen. Damals tobte noch der Dreißigjährige Krieg in Deutschland, und abgesehen von Schlesien, Mecklenburg und Niedersachsen war kein deutsches Reichsgebiet so sehr gebrandschatzt und verheert worden wie Brandenburg, während das Herzogtum Preußen noch polnisches Lehensterritorium war und staatsrechtlich mitnichten zum Deutschen Reich gehörte. 1648, als der furchtbarste Kriegsbrand der europäischen Geschichte erlosch, hatten die nördlichen, die protestantischen Gebiete Deutschlands die Hälfte ihres Volksvermögens und fünfzig bis fünfundsiebzig Prozent ihrer Bevölkerung verloren. Norddeutschland war um ein Jahrhundert in der europäischen Entwicklung zurückgeworfen. Die Menschen, die in Brandenburg und im östlichen Pommern unter der Herrschaft des Berliner Kurfürsten in den Ruinen der kleinen Städte und auf dem platten Lande lebten, waren zu halben Tieren, waren zu versoffenen, verhurten Kretins ohne Bewußtsein geworden, die sich kümmerlich von der Hand in den Mund ernährten und für die das trockene Stück Brot schon ein Luxus war.

Der Urgroßvater des kleinen Friedrich hatte mit harter Hand ein beispielloses Aufbauwerk begonnen. Hochfahrend, herrisch, rücksichtslos Freunden und Feinden gegenüber, hatte er seine Souveränität als Kurfürst beinahe schon wie ein unumschränkt herrschender Monarch stabilisiert. In der Mark Brandenburg, im östlichen Pommern und im weit entlegenen Ostpreußen hatte er mit brutaler Gewalt seine Staatsmacht errichtet, mit Umsicht und Energie Bauern und Handwerker gefördert und mit drakonischen Maßnahmen den aufsässigen Adel, der erbittert seine Prärogativen verteidigte, zur Räson, zur Unterwerfung unter die kurfürstliche Zentralgewalt gebracht. 1675 hatte er mit einem kleinen Heer von 18 000 Mann, unterstützt von freiwilligen brandenburgischen Bauernpartisanen, die weltberühmte schwedische Armee bei Fehrbellin geschlagen, die erobernd in sein Land eingefallen war. Der Große Kurfürst, wie ihn nun alle Welt nannte, vertrieb die Aggressoren aus Brandenburg, Pommern und Ostpreußen, und als ihm die damaligen Großmächte Frankreich und Österreich den Erwerb der pommerschen Haupt- und Hafenstadt Stettin verweigerten, hatte er rasend vor Wut gerufen: »Aus meinen Gebeinen wird dereinst ein Rächer erstehen!«

Der kleine Fritz, der nun 1714 in Berlin heranwächst, ist der Urenkel dieses gewaltigen und gewaltsamen Mannes. Bald wird er im Unterricht von ihm hören, und er wird tagtäglich zu spüren bekommen, daß der politische Ehrgeiz des Großen Kurfürsten zum langdauernden Vermächtnis der Familie Hohenzollern geworden ist. Und dieser Ehrgeiz wird noch beflügelt werden durch das vererbte Blut zweier fürstlicher Damen: der Großmutter väterlicherseits, jener wunderschönen und geistreichen Sophie Charlotte, die mit dem berühmten Philosophen Leibniz im Schloß Charlottenburg über Sinn und Unsinn der Welt diskutierte, und schließlich der eigenen Mutter, Sophie Dorothea. Diese Sophie Dorothea, die jetzt siebenundzwanzig Jahre alt ist, stammt aus dem Welfenhaus in Hannover, blickt mit gelinder Verachtung auf Berlin und Preußen herab und findet ihren einzigen Trost in der Tatsache, daß sie seit einem Jahr mit der preußischen Königskrone geschmückt ist. Sie ist eine stattliche Dame, mit früher Neigung zum Doppelkinn, begabt mit natürlicher Intelligenz, vor allem aber gebildet und hochkultiviert. Als jetzt, 1714, ihr Vater auch König von England wird, also Monarch im reichsten Land der Erde, kennt ihr politischer Ehrgeiz keine Grenzen mehr. Und dieser Ehrgeiz, gepaart mit einer unbezähmbaren Lust an der Intrige, an versteckten Kabalen und verschwiegenen Korrespondenzen, richtet sich stracks auf Friedrich, auf ihren erstgeborenen Sohn.

Es gibt ein berühmtes Bild von 1714, als Fritz zweieinhalb Jahre alt ist, das uns der Hofmaler Antoine Pesne hinterlassen hat. Der Prinz trägt ein tief dekolletiertes Kleid aus blauem Samt mit goldener Verzierung und einer prunkvollen Schärpe, den Stern vom Schwarzen Adlerorden auf der linken Brust, auf dem hellblonden Haar eine Art Turban mit wallender Feder und am Gürtel eine reichverzierte Kindertrommel. Es ist ein lieber, kleiner Kerl, der da mit seiner drei Jahre älteren Schwester Wilhelmine zu sehen ist: pausbäckig, rund und mollig, fast »fett«, wie der Großvater geschrieben hatte. Aber zweierlei fällt ins Auge und sprengt bereits den kindlichen Rahmen: der ernsthafte Blick der großen blauen Augen und die Intensität, die Hinwendung, mit der dieser Blick an der größeren Schwester hängt. Es ist diese innige, fast schon verschwörerische Zuwendung zur älteren Schwester, die dem Gemälde einen so dramatischen Akzent für die kommenden Lebensjahre des Prinzen gibt.

Als dieses Bild entsteht, ist der kleine Fritz bereits der Kronprinz des Staates Preußen, und sein Vater, der ihn vor Freude über seine Geburt fast am Kaminfeuer erstickt hätte, ist seit einem guten Jahr preußischer König und nennt sich Friedrich Wilhelm I. Dieser Vater ist sechsundzwanzig Jahre alt und liebt das »Fritzchen« über die Maßen. Als er 1715 in einen kurzen Krieg gegen die Schweden zieht, schreibt er an seine Geheimräte, die in Berlin zurückbleiben: »Dieweil ich nur ein Mensch bin, und kann sterben oder totgeschossen werden, so befehle ich Ihnen allen miteinander, für den Fritz zu sorgen; wofür Sie Gott belohnen wird.«

Sohn Fritz, zu der Zeit drei Jahre alt, bereitet dem scheidenden Vater noch keine Sorgen. Er ist ein harmloses, eher stilles, häufig kränkelndes, vielleicht etwas altkluges Kind, das aber noch Wachs in den Händen der Erwachsenen ist. Das Problem, das sich anbahnt, liegt vorerst allein beim Vater, der sich von seinem Sohn wünscht, er möge nach seinem Ebenbild werden. Es ist der uralte Irrtum aller Väter, die sich in ihren Söhnen und Enkeln wiedererkennen möchten. Aber in keinem Vaterherzen hat der Wunsch nach Reinkarnation so gewuchert wie in dem dieses gewaltigen Preußenkönigs.

Der Vater des Kronprinzen Fritz, 1688 geboren, seit 1713 König Friedrich Wilhelm I., ist etwas mehr als mittelgroß, von kräftiger, untersetzter Statur. Seine rötlich durchblutete Gesichtshaut vermittelt den Eindruck von unverwüstlicher Gesundheit und ungebremster Lebenslust. Der Mund ist zu klein für das volle, runde Gesicht, die Nase zu kurz, aber angenehm gerade. Auffallend sind seine großen, runden, etwas vorstehenden Augen, mit denen er einnehmend lachen, aber einen auch furchterregend anstarren kann. Friedrich Wilhelm liebt das Essen und Trinken, dem er sich hemmungslos hingibt; schon mit Dreißig rundet er sich beträchtlich, und bald wird er zweieinhalb Zentner wiegen. Noch rühmt er sich seiner unverwüstlichen Gesundheit, und auf seine Umgebung macht er den Eindruck, als wenn er Bäume ausreißen könnte. Doch seine rücksichtslose Lebensführung, die häufigen Inspektionsreisen in stoßenden, rüttelnden Kaleschen, seine berüchtigten Parforcejagden, auf denen er die Pferde fast zuschanden reitet, der ständige Genuß schwerverdaulicher Speisen und scharfer Getränke werden seine Konstitution langsam, aber sicher untergraben und ihn vorzeitig zu einem schmerzgeplagten Manne machen.

Die prachtvolle Hofkostümierung mit der schweren französischen Staatsperücke, die er zum letzten Mal beim Begräbnis seines Vaters, Friedrichs I., getragen hatte, ist längst verbannt. Man sieht ihn nur noch in einfachster Kleidung aus groben Stoffen. Entweder ist das ein grüner Jägeranzug mit schwarzen Schnüren, oder es ist die Uniform seines Leibgrenadierregiments aus blauem Tuch mit roten Aufschlägen und blitzenden Messingknöpfen. Über sein kurzgeschnittenes, rötlich schimmerndes Haar stülpt er morgens eine weißgepuderte Offiziersperücke ohne überflüssiges Lockengekräusel, von der ein kleiner schwarzer Zopf über den Rücken herabfällt. Das ist die neueste Haartracht à la chinoise, die die umständliche, hochtrabende Allongeperücke ablöst.

Alles an Friedrich Wilhelm sitzt knapp und eng. Lose flatterndes Zeug an seinem Körper kann er nicht ausstehen. Seine Hosen stecken in weißen Gamaschen aus Leinen mit kupfernen Knöpfen, und die Füße in breiten, bequemen Schuhen, wenn er nicht gerade zu Pferde sitzt und schwarze Stiefel bis zu den Knien anhat. Auf dem Kopf trägt er einen kleinen dreieckigen Hut von schwarzer Farbe, an der Seite einen Offiziersdegen und in der rechten Hand meist einen stabilen Stock aus Buchenholz. Sein spartanisches Erscheinungsbild ist für die damalige Zeit, die es liebt, sich in der spitzenumbauschten, goldglitzernden Galanteriemode des Hofes von Versailles zu kostümieren, einfach schockierend; einen derart bäuerisch oder soldatisch gewandeten Potentaten hat man an den Höfen Europas noch nicht gesehen.

Wirkt die Kleidung des preußischen Königs auf die Zeitgenossen eher komisch, so erscheint die peinliche Sauberkeit, die er von sich und anderen verlangt, geradezu revolutionierend. Die Gesellschaft des 18. Jahrhunderts ist die unsauberste und unhygienischste, die man sich denken kann. Wasser als Säuberungsmittel ist verpönt. Wolken von süßlich riechendem Puder überdecken Schweiß und Schmutz. In den Toiletten kennt man noch keine Wasserspülung, und in den Schlössern wie in den Katen, auf Straßen ebenso wie auf Plätzen stinkt es erbärmlich. Großstädte wie Paris und London strömen den Geruch von Kloaken aus, dem niemand entgehen kann. Die Menschen dieser Zeit waschen sich weder mit Seife noch wissen sie etwas vom Zähneputzen.

Und nun Friedrich Wilhelm, der Preußenkönig: Jedes Stäubchen, jeder Schmutzfleck ist ihm ein Greuel; jeden Morgen schrubbt er sich mit kaltem Wasser Gesicht, Hals und Oberkörper. Immer wieder reinigt er sich tagsüber in einem hölzernen, blendendweißen Waschgefäß die Hände. Aus den Schloßzimmern verbannt er die gepolsterten Stühle und Kanapees, aus denen dichte Staubwolken aufstiegen, wenn man sich setzte. Statt dessen müssen überall hölzerne Stühle und Bänke aufgestellt werden, die sich gründlich scheuern lassen. In die Schlösser Potsdams und Berlins ziehen holländische Kastellane ein, die der König geholt hat, damit sie den Einheimischen die Sauberkeit ihrer Heimat vorexerzieren. Friedrich Wilhelm selbst, wenn er sich zum Schreiben setzt, zieht leinene Ärmelschoner an und bindet sich eine blitzblanke Schürze vor, um den Uniformrock vor Tintenklecksen zu schützen.

Man kann sich das Erstaunen der Mitwelt heute gar nicht mehr ausmalen. Denn der Sauberkeitsfanatismus des Preußenkönigs ist eine Kriegserklärung an Luxus und Verschwendung seiner Zeitgenossen. Und die Preußen selbst, seine Untertanen, sie werden durch sein persönliches Beispiel zu neuen Menschen umerzogen. Nicht lange mehr, und man wird im Königreich Preußen keinem Beamten oder Offizier begegnen, der sich ohne Ärmelschoner an die tägliche Arbeit begibt. Und vom Ärmelschoner des einzelnen zur Akkuratesse des Staates ist es nur ein Schritt! Denn peinlichste Sauberkeit paart sich bei diesem Monarchen mit strengster Ordnungsliebe. Alles muß seinen festen, vorbestimmten Platz haben. Und was für den Ort gilt, gilt ebenso für die Zeit: Pünktlichkeit in allem wird nun zum ehernen Gesetz in Preußen. Friedrich Wilhelm läuft im Gesicht blaurot an, und seine vorstehenden Augen beginnen fürchterlich zu stieren, wenn er irgendwo Unordnung sieht oder irgendwie auf Unpünktlichkeit trifft. Sofort holt er mit dem buchenen Stock aus und läßt ihn auf den Rücken seiner armen Untertanen tanzen. Der ganze preußische Staat soll zu einem Uhrwerk umfunktioniert werden, das der König morgens aufzieht und dessen präzisen Gang er streng überwacht.

Friedrich Wilhelm steht in aller Herrgottsfrühe auf. Im Sommer um fünf, im Winter um sieben Uhr. Unverzüglich beginnt er mit der Lektüre der versiegelt eingegangenen Staatsdepeschen. Seinen Kabinettsräten und Sekretären diktiert er auf und ab gehend die Antworten, oder er schreibt selbst auf grobem, grauem Papier, denn das feine, weiße Papier hält er für Verschwendung, weil es oftmals mehr wert wäre als die Sachen, die darauf ständen, wie er sich ausdrückt. Nach drei Stunden angestrengter Arbeit empfängt er stehend die Minister und Generäle, die Meldung erstatten oder Befehle entgegennehmen. Um zehn Uhr beginnt die Parade der Regimenter, die bereits vor dem Schloß Aufstellung genommen haben. Danach geht es in die königlichen Stallungen zur Pferdebesichtigung.

Pünktlich um zwölf Uhr mittags wird zu Tisch gegangen. Zuerst faltet alles die Hände und wird ein Gebet gesprochen. Dann werden die Gerichte aufgetragen. Oft sind es die Lieblingsspeisen des Königs wie Erbsen mit Speck oder Weißkohl mit Schweinefleisch. Die ganze königliche Familie zieht lange Gesichter und stochert lustlos in den bäuerischen Speisen herum. Sophie Dorothea beklagt sich des öfteren beim englischen Gesandten, daß es nicht auszuhalten sei mit dem Geiz ihres Mannes und daß das Essen an der Familientafel einfach barbarisch sei. Aber niemand wagt bei Tisch etwas zu sagen. Der König selbst ißt viel und trinkt dazu große Mengen Rheinwein. Wenn er nicht gerade eine Phase religiöser Schwermut durchmacht, ist er laut und lustig beim Essen. Sein Lachen dröhnt durch die Schloßsäle. Zweideutigkeiten und rohe Witze duldet er nicht, solange die Königin und die Prinzessinnen anwesend sind. Gern bringt er Trinksprüche aus: für Kaiser und Reich; oder gegen die »Blitzfranzosen«, das »Kanaillenpack«, das er nicht leiden kann; am liebsten aber: »Auf Germania teutscher Nation; ein Hundsfott, der's nicht von Herzen meint!« Zum Schluß der Mahlzeit liest der König mit seiner polternden Stimme noch ein christliches Erbauungsstück vor, und wer feixt oder nicht andächtig zuhört, dem fliegt ein Teller an den Kopf.

Nach dem Essen hält Friedrich Wilhelm für ein, zwei Stunden Mittagsschlaf. Er sitzt dann laut schnarchend auf einem hölzernen Schemel, meist im Wohnzimmer der Königin, und die Prinzen und Prinzessinnen wagen kaum zu atmen; denn bei der kleinsten Störung greift der Vater sofort nach dem Buchenstock. Dann, nach der Mittagsruhe, macht sich der König in der frischen Luft Bewegung, oft zu Pferde, aber auch zu Fuß, nur von einigen Pagen begleitet. Jeder, der des Weges kommt, wird streng gemustert oder gar einem Verhör auf offener Straße unterzogen. Wer frischweg antwortet und ihm gerade ins Gesicht schaut, mit dem unterhält er sich leutselig und fällt auch prompt ins Berlinern, in den Jargon seiner Hauptstädter. Wer ängstlich ist oder ausreißen will, hat nichts zu lachen. Hinter einem flüchtenden französischen Tanzmeister galoppiert Friedrich Wilhelm so lange hinterher, bis er ihn aus seinem Versteck auf einem Hausboden herausholen lassen kann. Und da der »Blitzfranzose« sich fälschlicherweise für einen Handelsreisenden ausgibt, verdonnert ihn der König zur Strafe für das »verflixte« Lügen dazu, ein paar Wochen lang beim Bau der Petrikirche Schutt zu karren. Ein armer Jude, der den König

Jahrmarkt in Berlin
Nach einer Zeichnung von Daniel Chodowiecki in Kupfer gestochen von Schuster, 1774

kommen sieht und in eine Seitengasse entwischen will, wird gefragt, warum – zum Teufel – er denn davonlaufe. Als der Jude zitternd antwortet: »Ich fürchte mich, Majestät«, drischt Friedrich Wilhelm eifrig mit dem Stock auf ihn los und schreit: »Fürchten? Fürchten? Lieben sollt ihr Euren König!«

Friedrich Wilhelm geniert sich auch nicht, in die einfachsten Bürgerhäuser Berlins oder Potsdams zu gehen. Oft schaut er den Hausfrauen in die Kochtöpfe, kostet das Mittagessen, läßt sich über die Qualität des diesjährigen Grünkohls belehren und beginnt eine lange Disputation über die Preise der Grundnahrungsmittel. Oder er hört auf der Straße, daß sich ein Ehepaar zankt, tritt ins Haus, fährt mit seinem Krückstock dazwischen, wobei er weder den Buckel des Mannes noch den der Frau schont, und läßt sich zum Schluß in die Hand versprechen, daß sie sich in Zukunft nicht mehr streiten, sondern in Friede und Eintracht miteinander leben wollen.

Nach dem Spaziergang arbeitet der König noch einmal zwei Stunden, hört Vorträge an, liest Berichte und schreibt Randverfügungen, entweder in Deutsch oder in Latein, wobei ihn die Gesetze der Grammatik nicht scheren. »Non habeo pecunia« ist seine liebste Wendung, wenn jemand Geld von ihm haben will. Dann, nachmittags um sechs Uhr, begibt sich Friedrich Wilhelm für drei, vier Stunden in das sogenannte Tabakskollegium, das er regelmäßig aufsucht, ob er sich nun in Berlin, Potsdam oder seinem Jagdschloß Wusterhausen aufhält. Dort sitzt er mit seinen engsten Freunden und Mitarbeitern, zum Beispiel dem Fürsten Leopold von Anhalt-Dessau, auf einfachen Schemeln an einem langen, blankgescheuerten Holztisch. Vor jedem Teilnehmer des Kollegiums liegt eine kurze Tonpfeife, und daneben steht in geflochtenen Körben leichter holländischer

Pfeifentabak bereit. Kupferne Pfannen mit glühendem Torf, die an den Seitenwänden stehen, dienen zum Anzünden. In weißen steinernen Krügen schäumt frisches Bernauer Bier. Frauen und Bedienstete sind in der Runde nicht zugelassen. Wer Hunger hat, findet in einem Nebenzimmer Tische mit Butterbroten und kaltem Braten. Manchmal gibt es auch einen frischgefangenen Fisch, den der König selbst zerlegt, wobei er sich mehrmals beim Tranchieren und Ausnehmen die Hände wäscht. Rauchen ist Pflicht in diesem Kreis, und wer Nichtraucher ist, muß wenigstens die kalte Pfeife zwischen die Zähne nehmen. Um neun oder zehn Uhr abends kehrt der König in die offiziellen Schloßgemächer zurück, und wenn er einen Lakaien trifft, der auf seinem Posten eingeschlafen ist, läßt er seinen Buchenstock tanzen, drischt, drischt und schimpft, bis das ganze Schloß wach geworden ist und alles in den Betten zagt und zittert.

Ein unglaublicher Mann, dieser Friedrich Wilhelm! Ein Berserker, ein glühender Vulkan von Heftigkeit, Jähzorn und Leidenschaft. Und das Schlimmste: ein Mensch ohne alle Selbstdisziplin. Schon als Junge hatte er den Kinderfrauen erfolgreich getrotzt und seine adligen Spielgefährten der Reihe nach verhauen. Die zärtliche Mutter, Sophie Charlotte, hatte ihm fast alles zu Willen getan. Jetzt, als König, ist er der Meinung, daß jedermann in Preußen sich bedingungslos seinem Willen zu unterwerfen hat. Er prügelt nicht gelegentlich, sondern häufig, und das mit Lust und Leidenschaft, mit aller Kraft, bis ihm der Atem ausgeht. Niemand ist vor seinen Hieben sicher, mit alleiniger Ausnahme seiner Frau und des Offizierskorps. (Er hatte auch einmal gegen einen Major vor der Front des Regiments den Stock erhoben. Doch der hatte sofort seine Pistole gezogen, zuerst dem König vor die Füße und dann sich selbst in den Kopf geschossen.) Auch hochgestellte Staatsbeamte bekommen seinen Stock und seinen Zorn zu spüren. Die ehrenwerten Mitglieder des hochwohllöblichen Kriminalkollegiums, die ein Strafurteil gefällt haben, das ihm nicht zusagt, werden allesamt durchgeprügelt, und der rasende König verfolgt sie höchstpersönlich mit geschwungenem Stock bis an den Fuß der Schloßtreppe. Wenn er mehrere Tage lang Gicht hat und sich nicht bewegen kann, legt er sich mit Salz geladene Pistolen neben den Krankenstuhl, um damit auf Bedienstete zu feuern, die seine Wut herausgefordert haben.

An den Höfen Europas sind die sonderbaren Launen und merkwürdigen Lebensgewohnheiten, ist die Prügelsucht des Preußenkönigs Tagesgespräch. Man lacht und tratscht, man mokiert und echauffiert sich über den Berliner Wüterich. Daran ist viel Klatschsucht und Heuchelei. Denn das 18. Jahrhundert nimmt es nicht so genau mit dem Prügeln oder überhaupt mit der Unverletzlichkeit eines Menschenlebens. Höhergestellte schlagen und treten die Untergebenen, ohne dabei die geringsten Gewissensbisse zu haben. An allen Höfen werden die Bediensteten, in allen Bürger- und Bauernstuben werden die Kinder geprügelt. Peter der Große, den die

Öffentlichkeit anhimmelt, nimmt nicht Anstand, achtzig seiner aufrührerischen Leibgardisten mit eigener Hand zu köpfen; und selbst ein Genie wie Mozart wird noch Jahrzehnte später in Salzburg Ohrfeigen und Fußtritte einstecken müssen. Die Würde eines Menschenlebens zählt wenig, und sie zählt nichts, wenn es einem fürstlichen oder adligen Autokraten so gefällt.

Was den Despotismus des Preußenkönigs so ungewöhnlich, so außerordentlich erscheinen läßt, ist etwas anderes: Friedrich Wilhelm nimmt auf Hoch und Niedrig keinerlei Rücksicht. Das macht die Sache zum Skandal! Dieser Monarch traktiert jedermann; er macht zwischen ›vornehm‹ und ›gemein‹ keine Differenzen. Sein Krückstock kennt keine Klassenunterschiede, sein despotischer Wille achtet keinerlei feudale oder sonstige Privilegien. Das hat die kastenmäßig gegliederte Gesellschaft Europas seit Jahrhunderten nicht erlebt.

Für die Betroffenen ist das kein Trost. Ganz Berlin seufzt im Gedenken an die liederlichen, aber lustigen Tage des vorigen Königs. Gewiß, hinter der vorgehaltenen Hand kann man sich das lästerliche Berliner Mundwerk über den Reinlichkeits- und Ordnungsfimmel Friedrich Wilhelms zerreißen. Auch seine komische eheliche Treue zu Sophie Dorothea, die er skandalöserweise »mein Fiekchen« nennt, ist ein Gegenstand beliebten Spottes in den Boudoirs wie in den Salons. Aber wenn draußen auf dem Pflaster sein Krückstock pocht, wenn seine knurrende Stimme durch Fenster und Türen dringt, beginnt das große Zittern in Berlin oder Potsdam.

Und dieses Zittern, diese knechtische Furcht vor dem gnadenlosen königlichen Terror macht auch nicht halt vor den Schlössern, vor der eigenen Familie des Monarchen. Ob Prinz oder Bauer, ob Sohn oder Tochter – dieser König und Vater verlangt von allen das gleiche: Fleiß, Sauberkeit, Einfachheit, Pünktlichkeit, Sparsamkeit, Genauigkeit, peinlichste Ordnung, und vor allem Gehorsam und immer wieder Gehorsam; bis zum Exzeß, bis zur sklavischen Unterwerfung.

Von alledem ahnt der kleine Kronprinz Friedrich wenig. Bis zu seinem siebten Lebensjahr tummelt er sich in einer Frauenwelt. Während der Vater draußen seine Grenadiere exerziert oder faule Untertanen verdrischt, tollt der Prinz mit seiner Schwester Wilhelmine durch hallende Schloßgänge und über steinerne Treppen, und dann stürzen beide in den Salon der Mutter, die den Sohn, ihren erklärten Liebling, zärtlich in die Arme schließt. In dieser Welt der zarten Seidenspitzen, der rauschenden Dessous, des knisternden Brokats, der geschwungenen Fächer und der samtenen Stimmen gibt es keine lauten Kommandotöne und kein rohes Männerlachen. Die Mutter und Wilhelmine sprechen ausschließlich Französisch, die damalige Sprache der Gebildeten, und Fritz erlebt, daß das Deutsche ein minderwertiges Idiom ist, in dem sich nur Lakaien und Kutscher miteinander verständigen – merkwürdigerweise auch sein Vater.

Frau Marte du Val de Rocoulle, die Kinderfrau Friedrichs, ist Französin. Sie ist 1685, als der Große Kurfürst sein berühmtes Toleranzedikt von Potsdam erließ, als verfolgte Hugenottin, also Protestantin, von Frankreich nach Berlin gekommen. Sie spricht kein Wort Deutsch, und so sind die ersten zärtlichen Koseworte, die an Friedrichs Ohr dringen, französische Laute. Auch der Erzieher des Kronprinzen, Jacques Egide Duhan de Jandun, ist der Sohn eines französischen Emigranten. Der König hat ihn während eines Feldzuges für seinen Sohn engagiert, weil er ihn für einen kühnen, soldatischen Charakter hält und weil Duhan die Rechtswissenschaften studiert hat. Aber der junge Mann ist ein Schöngeist, ein Ästhet. Bis zum fünfzehnten Lebensjahr wird er Friedrich in Geschichte, Philosophie und französischer Literatur unterrichten, und er wird niemals darin nachlassen, seinen Zögling, der ihn abgöttisch verehrt, darin zu bestärken, daß französisches Wesen, französische Sprache und Kultur die einzig mögliche Lebens- und Geisteswelt eines bevorzugten Prinzen sind.

So macht der König, der die »Blitzfranzosen« verachtet, den Bock zum Gärtner. Doch was bleibt ihm übrig? Seit hundert Jahren, seit Beginn des Dreißigjährigen Krieges, ist Deutschland seiner nationalen Identität beraubt, sind deutsche Sprache, Sitte und Kultur, die einstmals Vorbild für das gesamte Abendland waren, in einen beklagenswerten Zustand halber Barbarei versunken. Die deutschen Wissenschaftler und Gelehrten sind zu Stubenhockern und Pedanten geworden, deren Blick nicht über die Kirchturmspitze ihres Fleckens reicht. Das Deutsche ist zu einer lächerlichen, zopfigen Kanzleisprache denaturiert, die dem eleganten, geschliffenen und weltläufigen Französisch in nichts Paroli bieten kann. Goethe und Schiller sind noch nicht geboren, Luthers Prachtsprache ist auf die Predigt und auf den Choral beschränkt. Wenn Duhan de Jandun dem kleinen Kronprinzen, der nun schon lesen kann, ein deutsches diplomatisches Aktenstück aus dem Staatsarchiv zum Studium vorlegt, dann muß Friedrich beispielsweise folgenden Satz aus dem Jahre 1689, als die Franzosen Westdeutschland verwüsteten, in einer kaiserlichen Proklamation buchstabieren: »Nachdem nun die tägliche Erfahrung zeigt, daß die gedachte Krone Frankreich das heilige römische Reich, unser geliebtes Vaterland teutscher Nation, mit solchen abscheulichen Tyranneien und unmenschlichen Grausamkeiten anfüllet, dergleichen auch in den heidnischen und türkischen Kriegen nie erhöret, zu geschweige in einer christlichen Historie gelesen worden, so daß es scheint, daß sie die teutsche Nation nicht so sehr unter ihr Joch bringen, als völlig zu vertilgen und auszurotten thue, massen dessen die wider alle Treue, Wort und Glauben verhängte greuliche Verwüstung der uralten Städte Speier, Worms, Mannheim, Offenburg und vieler anderer, in der etlichen so unsinnig getobet und gewüthet, daß neben Verbrenn-,

Spreng- und Niederreißung der Häuser, auch die Gräber eröffnet, derer von einigen hundert Jahren hero dort geruhten Gebeine der römischen Kaiser und Könige nicht verschont, ja, an den uralten Gotteshäusern selber kein Stein auf dem anderen gelassen worden . . .« und so weiter, und so weiter. Der Satz ist immer noch nicht zu Ende, und man sieht förmlich, wie der kleine Prinz die wurmstichige Schwarte verächtlich zu Boden wirft und mit seinem lächelnden Lehrer sogleich wieder französisch parlieren wird.

Zu Weihnachten 1717 – Fritz ist fast fünf Jahre alt – erhält er vom Vater militärisches Spielzeug geschenkt: Bleisoldaten mit Gewehren, Trommeln, Fahnen und Standarten und kleine Kanonen, die man abfeuern kann. Mutter, Schwester und Gouvernante sind entzückt, daß der Prinz kaum hinschaut, sondern sich angelegentlich mit einem anderen Weihnachtsgeschenk beschäftigt, einem Exemplar der Marotschen Psalmenmelodien. Und bald werden selbst Experten bestätigen, daß der Kronprinz auf seiner kleinen Flöte die schwierigsten Stücke dieser Sammlung bevorzugt und mit unverkennbarem Talent vorspielt.

Der Vater spottet über den »Flötenspieler« Fritz. Er hält alles für unnützen Schnickschnack, der nichts mit dem praktischen Leben zu tun hat. Für ihn ist der Sohn ein »effeminiertes«, ein weibisches Kerlchen, wenn es sich auf die zärtlichen Tändeleien, auf das zierliche, hochgestochene Getue der Damensalons einläßt. Exerzieren, Reiten und Fechten, das sind die Dinge, die Friedrich erlernen soll. Für den Fechtunterricht bestimmt er den Kadettenlehrmeister Panzendorf und für den Schreibunterricht – denn Lesen und Schreiben sind ebenfalls nützlich – den Kalligraphen Curas. Aber vor allem soll Fritz sich daran gewöhnen, mit einer kleinen Kadetten-Kompanie von 130 Knaben zu exerzieren, die eigens für ihn zusammengestellt wird. Der Prinz soll den Jungen Vorbild sein, soll sie führen und kommandieren lernen. Damit alles korrekt zugeht, wird Leutnant von Rentzel die militärischen Exerzitien überwachen.

In seinem siebten Lebensjahr erhält der Kronprinz zwei militärische Erzieher: den Generalleutnant Grafen von Finckenstein und den Obersten von Kalckstein. Jetzt sind die schönen Tage des unbeschwerten Kindseins vorbei, jetzt gibt es die ersten Instruktionen des Vaters für den ältesten Sohn. Kurz zusammengefaßt besagen sie folgendes:

1. Das Wichtigste ist, dem Kronprinzen eine rechte Furcht und Achtung vor Gott einzuflößen, da dies das einzige Mittel sei, einen späteren absoluten Monarchen in den Schranken der Gebühr zu halten; ansonsten gäbe es ja keinen Richter über ihm.
2. Das Zweite ist, den Sohn zu Respekt vor Vater und Mutter zu erziehen, zu einem Respekt, der aber nicht sklavisch und knechtisch sein darf. Sollte Fritz jedoch ungezogen oder aufsässig sein, so sollen die Erzieher

es der Königin hinterbringen: »und müssen sie Fritz mit meiner Frau allezeit schrecken, mit mir aber niemalen«.

3. Stolz und Hochmut, »die sich ohnehin nur allzu leicht einschleichen«, dürfen im Charakter des Sohnes keinen Raum haben. »Da auch dem Fürsten nichts schädlicher als Schmeichelei, so habt ihr allen, die zu meinem Sohne kommen, bei meiner größten Ungnade zu verbieten, ihm zu schmeicheln.«
4. Vor Opern und Komödien ist dem Prinzen ein gehöriger Abscheu beizubringen. Solch liederliches Zeug taugt zu nichts im Leben.
5. »Was die lateinische Sprache betrifft, so soll mein Sohn solche nicht erlernen, und ich will auch nicht, daß mir einer davon spricht.« Der Unterricht soll in deutscher und französischer Sprache erteilt werden und sich auf die Studienfächer Religion, neuere Geschichte, Mathematik, Artilleriewesen und Volkswirtschaft konzentrieren.
6. Fritz soll »bei Leib und Leben nicht verzärtelt oder zu weichlich« erzogen werden. Reiten und Fechten sollen die Gesundheit stählen.
7. Vor allem aber ist dem Kronprinzen »die wahre Liebe zum Soldatenstande einzuprägen« und ihm klar zu machen, »daß nichts in der Welt einem Prinzen soviel Ruhm und Ehre zu geben vermag als der Degen«.

Bei solchen Erlassen bleibt es aber nicht. Friedrich Wilhelm handelt in allem nach dem Grundsatz, Vertrauen ist gut, Kontrolle noch besser. Also muß der Sohn, der ein monatliches Taschengeld von dreißig Talern (später fünfzig Talern) erhält, an jedem Monatsende dem Vater eine Aufstellung seiner Ausgaben vorlegen. Das sieht dann beispielsweise so aus:

Für zwei Farbschachteln	16 Groschen
Für sechs Pfund Puder	12 Groschen
Für Schnur zur Peitsche	4 Groschen
Für ein Rotkehlchen	4 Groschen
Für Stiefelettenknöpfe	2 Groschen
Für den Schuhmacher	1 Groschen
Für Trinkgeld an die königlichen Knechte	4 Groschen

Der König arbeitet diese Aufstellungen sorgfältig durch, ist auch im allgemeinen mit der guten Haushaltung zufrieden, schreibt aber zum Schluß an den Rand: »Wenn meine Lakaien, Kutscher und Knechte aufwarten, sollen sie nichts dafür bekommen! Denn ich bezahle sie ja schon dafür; und Fritz und ich, das ist einerlei.«

Von seinem siebten bis zu seinem dreizehnten Lebensjahr läßt sich Friedrich das alles gefallen, ohne jemals aufzumucken. Die schönsten Stunden des Tages verbringt er in der komfortablen Welt seiner Mutter und seiner Schwester, spielt Flöte und läßt sich von Wilhelmine auf der

Laute begleiten. Vom Vater hört er mehr durch Erzählungen, als daß er ihm in persona begegnet. Einmal erwischt der König jedoch Duhan und ihn beim Latein-Deklinieren, und es setzt sofort Ohrfeigen, was sich dem Jungen unvergeßlich einprägen wird. Aber meistens ist der Vater beim Exerzieren, auf der Jagd, auf seinen ausgedehnten Inspektionsreisen, und dann spielt sich das Leben in den Gemächern der Mutter in Heiterkeit und Harmonie ab, und es ist so, als ob es den König überhaupt nicht gäbe. Auch die französischen Unterrichtsstunden bei Duhan bedeuten für Friedrich keinen seelischen Streß, denn sein junger Lehrer hält nichts vom geisttötenden Auswendigpauken, sondern behandelt den Studienstoff unterhaltsam und spielerisch. Selbst die beiden militärischen Erzieher sind umgänglich und gutmütig. Ihre wöchentlichen Erziehungsrapporte an den König berichten nur das Beste vom guten Willen und Charakter des Prinzen.

Dennoch darf man sich durch die äußere Windstille dieser sechs gemächlichen Jahre nicht täuschen lassen. Friedrich wird niemals aus dem Zimmer geschickt, wenn die Großen unter sich sprechen, wenn Königin Sophie Dorothea Besucher, insbesondere fremde Gesandte, empfängt. Das gehört zum Lebensstil der Zeit, die in Kindern nichts anderes als kleine Erwachsene sieht und von einer behüteten ›Kinderwelt‹ noch nichts weiß. Und so bekommt Fritz, der ein helles Bürschchen ist und bei solchen Gelegenheiten lange Ohren macht, sehr schnell mit, wie abfällig seine Mutter von ihrem Mann spricht, wie sie immer nur klagt und jammert – vor allem dem englischen Gesandten gegenüber –, wie langweilig und trostlos ihr Leben an der Seite dieses geizigen und brummigen Gatten sei, wie wenig sie, die Tochter des Königs von England, hier an diesem knickerig-spießigen Hofe auf ihre Kosten komme, an dem es weder Kultur und feine Sitte noch Luxus und leichte Unterhaltung gäbe. Wenn man bedenkt, wie stark die Empfindungen und Sinne eines Kindes gerade in diesem Lebensalter geprägt werden, und zwar für ein Leben lang, dann wird man davon ausgehen müssen, daß Friedrichs Verhältnis zum Vater schon in diesen undramatischen Jahren innerlich tief vergiftet ist.

Am 3. September 1725 erläßt der König für seinen dreizehnjährigen Sohn ein neues Reglement. Und das ist, als wenn der Blitz in Friedrichs Leben einschlägt. Jetzt haben die »Allfanzereien«, von denen Friedrich Wilhelm verächtlich spricht, ein Ende, jetzt tritt der preußische Alltag an den Prinzen heran, und zwar so, wie ihn der Vater versteht. Das Reglement lautet:

»Am Sonntag soll mein Sohn des Morgens um sieben Uhr aufstehen.« Wenn er die Pantoffeln anhat, soll er sofort vor dem Bett auf die Knie fallen und ein kurzes Gebet verrichten, »und zwar so laut, daß es alle hören können«. Wenn das erledigt ist, »soll er sich geschwind und hurtig anziehen, sich proper waschen, den Zopf schwänzen und pudern«. Das alles, eingeschlossen das kurze Gebet, muß in einer Viertelstunde abgemacht sein. Dann sollen seine Bediensteten und Duhan hereinkommen, auf die Knie fallen und das große Morgengebet verrichten. Duhan wird ein Kapitel aus der Bibel vorlesen und mit dem Prinzen ein gutes, erbauliches Lied aus dem christlichen Gesangbuch singen. »Duhan soll dann das Evangelium vom Sonntag lesen, es kurz explicieren und dabei anmerken, was zum wahren Christentum nötig ist.« Um neun Uhr muß alles erledigt sein. Dann soll Duhan den Fritz zum Vater bringen, damit sie sich gemeinsam auf den Weg in die Kirche machen. Um zwölf Uhr wird gebetet und gegessen; alles in Gegenwart des Vaters. Und erst danach beginnt die Freizeit des Kronprinzen.

Man kann sich leicht das Entsetzen ausmalen, als dieses Reglement beim Prinzen und in den Frauengemächern bekannt wird. Dabei handelt es sich nur um die vergleichsweise laxen Sonntags-Vorschriften; der Dienstplan für die Wochentage ist sehr viel schärfer gefaßt. Alles das, was am Sonntag von sieben bis neun Uhr zu bewältigen ist, muß wochentags in der Zeit von sechs bis sieben erledigt werden. In den nächsten beiden Stunden, bis neun Uhr, soll Duhan mit Fritz die Geschichte studieren. Danach, bis Viertel vor elf, kommt der Hofprediger, um Religionsunterricht abzuhalten. Ist das geschehen, soll sich der Prinz das Gesicht mit kaltem Wasser und die Hände mit Kernseife waschen, sich pudern, den Rock überziehen und Punkt elf Uhr bei seinem Vater melden. Dann ist drei Stunden Mittagspause. Von vierzehn bis siebzehn Uhr ist wieder Unterricht, und zwar in Mathematik und Ökonomie. Gibt es kein Nachsitzen und ist das Pauken endlich vorbei, dann soll Fritz sich sofort wieder die Hände waschen. Danach kann er ausreiten, »sich in der Luft und nicht in der Kammer divertiren und thun, was er will, wenn es nur nicht gegen Gott ist«.

Da ist es also wieder: das Uhrwerk Friedrich Wilhelms! Der Tagesablauf des Kronprinzen hat mit der Präzision einer Schweizer Taschenuhr zu erfolgen. Und noch etwas: Tempo, Tempo! Vom Augenblick des Erwachens an hat der Prinz sich geradezu atemlos an die verfügte Zeiteinteilung zu halten. Der Vater ordnet ausdrücklich an, daß er sich nicht noch einmal im Bett umdrehen darf, wenn er morgens geweckt worden ist. »Er muß machen, daß er hurtig in die Kleider kommt, soviel als menschenmöglich!« Und was Fritz auch tut – Beten, Waschen, Lernen, Reiten, selbst Spielen –, alles hat auf die vorgeschriebene Minute genau zu beginnen und zu enden. Die beiden militärischen Erzieher, die mit dem Prinzen in einem Raum schlafen müssen, erhalten die Anweisung, streng darauf zu achten, daß Fritz lernt, »sich selbst an- und auszuziehen, daß er proper und reinlich wird, und daß er nicht so schmutzig ist«.

Der Vater begnügt sich nicht damit, Lebensregeln zu entwerfen. Wo immer es geht, mischt er sich von nun an auch en detail in den Unterricht seines Sohnes ein. Duhan hat in französischer Sprache eine Instruktion für die Stunden entworfen, in denen er mit dem Kronprinzen die Weltgeschichte durchnehmen will. Friedrich Wilhelm prüft sie und setzt fest, daß Fritz von den alten Griechen und Römern überhaupt nichts zu lernen brauche; das sei von keinerlei praktischem Nutzen. (Diesen hanebüchenen Unsinn hat der Sohn dem Vater bis an sein Lebensende nicht verziehen.) Neuere Geschichte hat zu genügen; vor allem die des Hauses Brandenburg. Duhan hat vorgeschlagen, mit dem Prinzen das einundzwanzig Bände umfassende Zeitungswerk »Theatrum Europaeum« zu lesen, das den Zeitraum von 1618 bis 1718 behandelt, um ihm so die interessantesten Begebenheiten der jüngsten Vergangenheit einzuprägen. Der König schreibt an den Rand: »*alle* Begebenheiten« und verfügt Auswendiglernen.

Fast verzweifelt steht es um den Religionsunterricht des Prinzen, auf den der Vater doch gerade den größten Wert legt. Aber auch hier zeigt sich die unglückliche Hand, mit der Friedrich Wilhelm seine Mitarbeiter aussucht. Denn der Hofprediger Andreä paukt mit dem Jungen gnadenlos Psalmen und Bibelstücke und bringt ihn mit seinem scholastischen Wust fast um den Verstand. Wie intelligent und verführerisch erscheinen dem Prinzen dagegen die unterhaltsamen französischen Bücher, die Duhan ihm heimlich zusteckt! Das einzige, was Friedrich von Andreä profitiert, ist die Lehre von der Prädestination, die da besagt, daß Richtung und Ausgang des menschlichen Handelns durch einen von Ewigkeit her feststehenden Willensentschluß Gottes fixiert sind. Das überzeugt den Jungen, scheint ihm logisch, macht ihm insbesondere seine durch Geburt erworbene bevorzugte Stellung als königlicher Prinz verständlich. Aber gerade diese Lehre von der Prädestination des Menschen verabscheut der Vater aus tiefstem Herzen, meint er doch, daß sie zu Faulheit, Hochmut oder Fatalismus führen könne. Also weg mit dem Andreä und her mit dem Hofprediger Noltenius, dem aber auch nichts Besseres einfällt, als für den Montagnachmittag Nachsitzen in Religion anzuordnen. Am 11. April 1727 – Fritz ist inzwischen fünfzehn Jahre alt – findet die Konfirmation des Kronprinzen im Berliner Dom statt. Friedrich besteht eine öffentliche Prüfung und legt sein Glaubensbekenntnis vor der versammelten Gemeinde ab.

Wir wissen nichts von den Nachmittagsstunden dieses Sonntags, nach der feierlichen Konfirmation. Aber es steht zu vermuten, daß Friedrich innerlich gewütet haben muß. Diese öffentliche Unterwerfung unter einen Glauben, der ihm nichts sagt, unter die Gebote von Pfaffen, die er innerlich verachtet und verspottet! Hat er an diesem Tag zum ersten Mal gedacht, daß die Welt betrogen sein will, daß Heuchelei und Verstellung im Leben der Erwachsenen eine bevorzugte Rolle spielen? Es ist dies die Zeit, in der Friedrich Wilhelm eine schwermütige Phase durchmacht, sich ständig selbst der größten Sünden bezichtigt und mit dem Gedanken spielt, die Krone niederzulegen. Am Mittagstisch der königlichen Familie nimmt jetzt Hermann Francke teil, das Oberhaupt der Hallenser Pietisten, der dem

Monarchen unablässig ins christliche Gewissen redet. Ein Zeitgenosse schildert die Szene so: »Täglich wurde während des Mittagstisches nur von Gott gesprochen. Nach Tische predigte der König seiner Familie. Dann stimmte sein Kammerdiener ein Kirchenlied an. Alle mußten mitsingen. Die ältere Schwester des Kronprinzen, Wilhelmine, ebenso lebhaften Geistes wie dieser, konnte gewöhnlich das Lachen nicht unterdrücken, wenn sie den Bruder mit verbissenen Lippen sitzen sah. Es brach dann über beide ein Donnerwetter von Flüchen und Verwünschungen los, und sie hatten Glück, wenn es nicht zugleich auch hagelte und einschlug.«

Eine fürchterliche Familienatmosphäre, wobei der zeitgenössische Beobachter noch die Königin vergessen hat, die bei Tisch mit gelangweiltem Gesicht dabeisitzt, angeekelt auf das primitive Essen starrt, blasiert die Augenbrauen hochzieht, wenn auf Kommando gebetet und gesungen wird, und sich sofort mit Tränen und Migräneanfällen einmischt, wenn ihr Mann gegen die Kinder rast. Und die Wut des Vaters richtet sich immer mehr gegen den ältesten Sohn, den er die ersten zwölf Jahre so ziemlich gewähren ließ, aber der sich nun ganz anders entwickelt, als es den väterlichen Vorstellungen entspricht. Denn Fritz zeigt keinerlei Vorliebe für Akkuratesse und Sauberkeit; in den Augen des Vaters ist er ein Schlamper. Von einer straffen, soldatischen Haltung ist bei ihm keine Rede, obwohl der Vater ständig »Kopf hoch!« schnaubt. Die Parforcejagden, die Friedrich Wilhelm so liebt, sind in Friedrichs Augen grausame und abstoßende Vergnügungen. Wenn er zur Teilnahme gezwungen wird, nutzt er die erstbeste Gelegenheit, sich zu verdrücken, hinter einem Busch ein französisches Buch zu lesen oder auf einer Waldlichtung Flöte zu blasen. Die Soldatenspielerei des Vaters fällt ihm furchtbar auf die Nerven, und ihm wird regelmäßig schlecht, wenn er abends in das Tabakskollegium befohlen wird. Der König gestattet zwar, daß Fritz als einziger keine Pfeife in den Mund nehmen muß, aber der Tabakqualm, der Bierdunst, das gräßliche rohe Lachen der Kumpane des Vaters bringen den Jungen fast um.

Mit dreizehn, vierzehn, fünfzehn Jahren vollzieht sich eine tiefgreifende Änderung im Wesen des preußischen Kronprinzen. Es gibt nun nicht mehr das kleine, stille »Fritzchen«, das alle liebten – auch und gerade der Vater – und das mit seinen großen klugen Augen, mit seiner hellen liebenswürdigen Stimme den ganzen Hof bezauberte. Friedrich hat nichts Kindliches mehr an sich, er macht einen steifen, gekünstelten, manchmal geradezu verbissenen Eindruck. Die lustigen Spiele mit Wilhelmine sind vorbei. Die beiden hocken jetzt heimlich zusammen und wispern und tuscheln, als wenn die Wände Ohren hätten. Sobald der Vater das Schloß verlassen hat, reißt Friedrich sich die verhaßte, enge Uniform vom Leibe und schlüpft in seidene elegante Gewänder. Dann diskutiert er mit Duhan die französischen Philosophen, oder sie lesen gemeinsam die Tragödien des

Molière und des Racine. Mitunter tritt auch der sächsische Flötenlehrer Quantz ein, den die Königin heimlich für ihren Sohn aus Dresden engagiert hat, und durch das Schloß klingt ein sanftes Adagio, das Friedrich auf seiner Querflöte übt. Erscheint dann der Vater überraschend, weil die Freunde oder Geschwister des Kronprinzen nicht aufgepaßt haben, dann werden die französischen Bücher beschlagnahmt, Friedrichs Brokatrock fliegt ins Feuer, Duhan rennt um sein Leben, Quantz versteckt sich hinterm Ofen, und der Sohn bekommt schallende Ohrfeigen, oder er wird vom König unter den gröbsten Beschimpfungen an den Haaren über den Boden geschleift.

Das alles ist schrecklich genug. Aber der Prinz erträgt es mit zusammengebissenen Zähnen. Er gewöhnt sich an, hinter dem Rücken des Vaters verächtlich zu grinsen, so wie er es schon bei Tisch gemacht hat, wenn fromme Lieder gesungen wurden. Er haßt die Uniform, die er einen »Sterbekittel« nennt, und er denkt nicht daran, dem Vater in irgendeiner Weise zu Willen zu sein. Über seine Schwester Wilhelmine hat er heimlichen Kontakt zu den Gesandten Englands und Frankreichs in Berlin geknüpft, nimmt sogar bedenkenlos Geld von ihnen und mischt sich zum ersten Mal, ohne Wissen und Zustimmung des Vaters, in die große europäische Politik. Friedrich nimmt Partei in einem Streit, der die Höfe Europas seit drei Jahren in Atem hält und den alle Welt »das Projekt der Doppelheirat« nennt.

Die treibende Kraft in diesem diplomatischen Ränkespiel Mitte der zwanziger Jahre des 18. Jahrhunderts, bei dem es um nichts weniger als um das Gleichgewicht der Kräfte in Europa geht, ist Friedrichs Mutter, Königin Sophie Dorothea. Sie ist die Tochter Georgs I., der sowohl Kurfürst von Hannover als auch – seit 1714 – König von England ist. Sie faßt den Plan, die Kinder ihres Bruders, des englischen Thronfolgers, mit ihren beiden Ältesten zu verheiraten: Wilhelmine soll ihren Cousin, den Herzog Friedrich Ludwig von Glocester, den ältesten Sohn des englischen Thronfolgers, ehelichen, und Fritz soll Prinzessin Amalie, die Schwester des Herzogs von Glocester, zur Frau bekommen. Wenn dieses Projekt der »Doppelheirat« gelingt, dann erfüllt sich ihr Herzenswunsch nach einer noch engeren Bindung des hannoverschen und des brandenburgischen Hauses, dann wird sie, Sophie Dorothea, gewissermaßen die Mutter zweier Königreiche, England und Preußen, sein.

Um zu ihrem ehrgeizigen Ziel zu gelangen, läßt Friedrichs Mutter alle Minen springen. Sie intrigiert gemeinsam mit ihren Verwandten in Hannover und London gegen ihren eigenen Mann, der dem Projekt reserviert gegenübersteht. Denn wovon Sophie Dorothea träumt und was ihrer fürstlichen Eitelkeit schmeichelt, das ist für die Großmächte Europas eine brisante Frage internationaler Machtpolitik. Kommt tatsächlich eine solche dynastische Verbindung zwischen Berlin und Hannover/London zustande, dann dürfte es eine unvermeidliche Folge sein, daß sich Preußen den »Seemächten«, also England und Frankreich, anschließt, die damals gerade in schärfstem Interessengegensatz zum deutschen Kaiser in Wien, also zu Österreich, und zu Spanien stehen.

Friedrich Wilhelm schwankt lange. Er überdenkt die Vorteile, die ihm England oder Österreich für sein Land gewähren können. Wenn es nach seinem Herzen geht, ist er dem Kaiser zu Wien und dem Reich, das er »Germania teutscher Nation« nennt, mit allen Fasern ergeben. Aber er verkennt auch nicht die bedeutsame Prestigeaufwertung, die seinem Hause durch eine Doppelverbindung mit dem reichen und mächtigen England zugute käme. Und so gelingt es Sophie Dorothea schließlich, ihren Mann anläßlich eines Besuches beim hannöverischen-englischen Schwiegervater dazu zu bewegen, einem im Herbst 1725 zwischen England und Frankreich in Herrenhausen paraphierten Bündnis in aller Form beizutreten.

Friedrichs Mutter triumphiert. Das Herrenhauser Bündnis ist auf fünfzehn Jahre abgeschlossen und verpflichtet die drei Könige von Frankreich, England und Preußen, sich gegenseitigen Schutz und Beistand bei allen eventuellen Streitigkeiten mit Dritten zu gewähren. Eine glänzende Voraussetzung für Sophie Dorotheas Heiratspläne! Dabei ist diese Allianz eigentlich ein Treppenwitz der Weltgeschichte, demonstriert sie doch in grotesker Weise die Abnormität der deutschen politischen Zustände. Denn der König von England und der König von Preußen sind ja in ihrer Eigenschaft als Kurfürst von Hannover und als Kurfürst von Brandenburg unbestreitbar Reichsmitglieder, also gewissermaßen Untertanen des deutschen Kaisers. Im Grunde haben beide Reichsverrat begangen, als sie ein Bündnis mit Frankreich gegen Kaiser und Reich schlossen. Und so steht denn auch die aberwitzige Konstruktion in dem Vertrag, daß beide – falls das Reich Frankreich den Krieg erklären sollte – ihre kurfürstlichen Truppen einer Reichsarmee zur Verfügung stellen können, ohne daß dann von einem Vertragsbruch gegenüber Frankreich gesprochen werden dürfte. In Versailles möchte man sich totlachen, als man diese Bestimmungen liest. Der französischen Diplomatie genügt es, eine Annäherung zwischen Berlin und Wien durch den Pakt zunichte gemacht zu haben.

Sophie Dorothea weiht ihre Kinder in das glänzende Projekt der »Doppelheirat« ein, und sie wird nicht müde, ihrem Fritz und ihrer Wilhelmine die glänzendsten Aussichten für die Zukunft vorzugaukeln. Friedrich Wilhelm dagegen ist mit sich unzufrieden, und als eines Tages vor den Fenstern des Potsdamer Schlosses Graf Seckendorff vorbeigeht (sicher nicht zufällig!), von dem er weiß, daß er, wenn auch Protestant, in österreichischen Staatsdiensten steht, bittet er ihn herein und tritt ihm mit den Worten entgegen: »Sie halten mich für gut hannöverisch. Aber auf Offiziersparole, Graf, ich bin besser kaiserlich als hannöverisch.«

Diese Bekanntschaft ist von allergrößter Bedeutung. Denn bald wird Graf Seckendorff der engste außenpolitische Berater des preußischen Königs sein – dazu vertrauter Freund und Kamerad im Tabakskollegium –, und er wird in dieser Stellung fünfzehn Jahre lang, bis zum Tode Friedrich Wilhelms, bleiben. Seckendorff aber ist nichts weiter als ein hochgestellter Agent des österreichischen Hofes, ein Spitzel und Spion für die Regierung in Wien. Und es dauert nicht lange, da hat Seckendorff fast alle einflußreichen Persönlichkeiten am preußischen Hof in seine Abhängigkeit gebracht. Das gelingt ihm mittels reichlicher Schmiergelder, die ihm aus Wien zufließen. Mit Geschenken und nach dem Motto »eine Hand wäscht die andere« macht er sich alle hörig, insbesondere den preußischen Kriegsminister, General von Grumbkow, der nun ebenfalls ins Tabakskollegium aufgenommen und einer der engsten Berater des Königs wird. Fast genauso wichtig ist es für Seckendorff, daß er auch den Kammerdiener Friedrich Wilhelms, den Schloßkastellan Eversmann, bestechen kann, dem der König oft seine letzten Geheimnisse anvertraut. Auch die preußischen Diplomaten an den ausländischen Höfen gehen Seckendorff ins Netz, und selbst der Gesandte von Reichenbach, der Preußen in London vertritt, arbeitet für 600 Taler jährlich nach den Weisungen des Grafen, der seinerseits nur die Weisungen des Wiener Hofes ausführt.

Ein Jahr benötigt Seckendorff, um sich so tief in das Vertrauen des Königs einzuschleichen, daß er langsam, aber sicher dessen ohnehin zweifelhafte Einstellung zum Herrenhauser Bündnis mit England und Frankreich unterwandern und schließlich zu Fall bringen kann. Am 12. Oktober 1726 kommt dann der Wusterhauser Vertrag zwischen Preußen und Österreich zustande, in welchem Friedrich Wilhelm endlich die »Pragmatische Sanktion« des Kaisers anerkennt, also das Recht der weiblichen Thronfolge in Wien, und in dem sich beide Vertragspartner für den Kriegsfall militärische Unterstützung zusichern. Damit ist das Herrenhauser Bündnis gesprengt! Grumbkow erhält von Wien eine jährliche Pension von 1000 Dukaten zugesichert, Friedrich Wilhelms Hofnarr Gundling, der ebenfalls an dem Komplott mitgewirkt hat, bekommt des Kaisers Porträt mit Brillanten besetzt, und der Preußenkönig selbst darf sich über vierundzwanzig »lange Kerls« freuen, die ihm der Kaiser schickt und die er als Rekruten in sein Potsdamer Leibgrenadierregiment eingliedern kann.

Damit steht es nun auch um das Projekt der »Doppelheirat« schlecht. London und Hannover reagieren empfindlich auf den Wusterhauser Vertrag; die Beziehungen zu Berlin kühlen ab. Das Projekt wird zwar nicht förmlich ad acta gelegt, doch es steht vorerst nicht mehr zur Debatte. Seckendorff kann sich die Hände reiben, und in Wien feiert man einen diplomatischen Triumph, denn Preußen liegt nun wieder fest an der österreichischen Kette. Königin Sophie Dorothea ist außer sich vor Enttäuschung, und wo sie kann, schürt sie den Haß ihrer beiden ältesten Kinder auf Wien, auf Grumbkow, auf die ganze österreichisch gesinnte Kamarilla am Hofe. Wenn Seckendorff am königlichen Tisch erscheint, vermag sie sich kaum zu zügeln, und der Graf muß so manche Spitze, manch verletzende Bemerkung einstecken. Aber Sophie Dorothea macht auch nicht davor halt, die Herzen der Kinder mit Haß und Verachtung für den eigenen Vater zu tränken. Sie steigert ihre Intrigen und Kabalen gegen den König, ihren Gatten, und zieht insbesondere die Gesandten fremder Mächte in ihre Komplotte. Sie will keineswegs aufgeben und findet in Wilhelmine ihre getreueste Verbündete. Die achtzehnjährige Prinzessin durchschaut mit scharfem Verstand das ganze Ränkespiel und weiß sehr genau, worum es für sie geht. Gelingt der Plan der Mutter doch noch, dann wird sie, Wilhelmine, eines Tages die dreifache Krone der Königin von England, Schottland und Irland tragen! Und so bilden sich in den Schlössern zu Berlin und Potsdam, je nachdem, wo sich die Familie gerade aufhält, zwei regelrecht feindliche Parteien heraus: eine »englische« mit Sophie Dorothea, ihren Kindern und dem englischen Gesandten sowie eine »österreichische« mit dem König, Seckendorff und Grumbkow. Friedrich, für den viel weniger auf dem Spiel steht als für seine Schwester, denn König von Preußen wird er so und so, mit oder ohne englische Prinzessin, wirft sich ganz auf die Seite seiner Mutter und der geliebten Schwester. Seine Hoffnung ist es, durch die geplante Doppelheirat einen anderen, einen sehr viel fürstlicheren, großzügigeren Status zu bekommen – Luft, Freiheit, Luxus, Unabhängigkeit und nicht zuletzt Geld, Geld und nochmals Geld –, um dem verhaßten Sklavendasein unter dem Terrorregime seines Vaters entrinnen zu können.

An seinem sechzehnten Geburtstag wird Kronprinz Friedrich von seinem Vater zum Oberstleutnant der preußischen Infanterie ernannt. Gibt es noch Hoffnung? Läßt sich der Generationenkonflikt im Hause Hohenzollern wieder besänftigen oder gar beilegen? Seitdem nicht mehr täglich von der »Doppelheirat« gesprochen wird, hat sich das Gemüt des Königs aufgeheitert. Und so gelingt es denn der Königin, ihren Mann dazu zu überreden, den Sohn Fritz nach Dresden mitzunehmen, wo Friedrich Wilhelm seinem Freund August »dem Starken«, Kurfürst von Sachsen und König von Polen, einen Staatsbesuch abstatten will.

Dresden an der Elbe ist nicht nur die schönste, sondern unter August II. auch die heiterste Stadt Deutschlands. Und Friedrich genießt das »galante Sachsen« in vollen Zügen. Endlich ein Leben nach seinem Geschmack! Opern und Bälle wechseln mit Schauspielen und Redouten. Man tanzt, musiziert, soupiert und konversiert, die Tage und die Nächte hindurch. Und endlich wird er, der gescholtene und gedemütigte Friedrich, von der Gesellschaft anerkannt! Man reißt sich mehr um den eleganten Kronprinzen als um den schwerfälligen König von Preußen. Damen und Dämchen von raffinierter Koketterie umschmeicheln den unerfahrenen Prinzen, der längst in das Stadium der Pubertät getreten ist. Sein Flötenspiel entzückt die höfische Gesellschaft; er erntet Applaus. Gelehrte Männer suchen den Disput mit dem frühreifen jungen Mann. Begeistert schreibt er an Wilhelmine und unterzeichnet selbstgefällig mit »Frédéric le filosophe«.

Eines Abends führt August der Starke, dem man 350 uneheliche Kinder nachsagt, seine königlichen Gäste, Vater und Sohn aus Berlin, höchstpersönlich in ein Schloßzimmer, und auf sein Händeklatschen hin erhebt sich langsam ein Vorhang: »Ein Mädchen im Zustand unserer ersten Eltern vor dem Sündenfall lag lässig auf einem Ruhebett«, berichtet Wilhelmine später darüber, der Friedrich alles lachend erzählt hat. »Dieses Wesen war schöner, als man Venus und die Grazien beschreibt. Ihr Elfenleib war weißer als Schnee und trefflicher gebildet als die berühmte Statue der Venus von Medici in Florenz. Das Gemach, das diesen Schatz umschloß, war mit so vielen brennenden Kerzen geziert, daß ihr Licht die Augen blendete und der Schönheit der Göttin neuen Glanz verlieh.«

Als Friedrich Wilhelm die nackte Nymphe sieht, hält er sofort seinem Sohn den Hut vors Gesicht und treibt ihn mit harten Stößen aus dem Zimmer. Ungeachtet seiner persönlichen Schwäche für König August, an dem er das Unverwüstliche, Laute und Ungenierte schätzt, in diesem Punkt läßt Friedrich Wilhelm nicht mit sich spaßen. »Es ist gewiß kein christliches Leben hier«, schreibt er nach Berlin, »aber Gott ist mein Zeuge, daß ich kein Vergnügen daran gefunden habe und noch so rein bin, als ich von Hause hergekommen und mit Gottes Hilfe beharren werde bis an mein Ende.«

Ganz anders Friedrich, der mit einem kurzen Blick genug gesehen hat. Ob er in den nächsten Tagen die Gunst der »schönen Formera« gewinnt, die splitternackt auf ihrem Ruhebett lag, und ob sie zu seiner ersten Lehrmeisterin in puncto Liebe wird, ist umstritten. Gewiß ist jedoch, daß er auf einem Kostümball rettungslos der schönen Gräfin Orselska verfällt, die in galanter Männerverkleidung posiert und sich die heißen Huldigungen des Sechzehnjährigen gern gefallen läßt. Das tröstet ihn auch über die letzte Phase des Staatsbesuchs hinweg. Denn es setzt wieder wüste Beschimpfungen durch den Vater, und Fritz blamiert sich restlos vor der Männergesellschaft, als er beim Scheibenschießen ständig daneben trifft.

Zurück in Berlin, verfällt der Kronprinz in tiefe Schwermut. Was für ein ekelhaftes, erniedrigendes Leben in diesem armseligen Kaff, unter der Tyrannei des eigenen Vaters! Seine Gedanken gelten den wunderbaren Tagen von Dresden und der verführerischen Gräfin Orselska, die er nicht vergessen kann. Er wandert einsam in der Natur (was er bis dahin nie getan hatte), er wird krank vor Liebeskummer, und er schreibt seine ersten unbeholfenen Gedichte. Erst als die Gräfin drei Monate später in

Berlin eintrifft, wirft Friedrich seine Melancholie ab, und die Orselska befreit ihn bei mehreren heimlichen Treffen von seinen Leiden.

Es ist das erste »Abenteuer« in Friedrichs Leben. Es muß im verborgenen genossen werden und darf keine Folgen haben. Es bleibt im Rahmen einer »flüchtigen« Begegnung. Und doch hat Friedrich die Orselska niemals vergessen. Viele Jahre später schreibt er an Voltaire: »Eine liebenswürdige Person hauchte mir in meiner zarten Jugend zwei Leidenschaften auf einmal ein: Liebe und Dichtkunst. Dieses kleine Wunder der Natur, mit allen nur möglichen Reizen begabt, besaß Geschmack und Zartheit und versuchte mir beides mitzuteilen. In der Liebe gelang das vortrefflich; in der Dichtkunst schlecht.«

Geschmack und Zartheit. In diesem Zitat ist schon das ganze »Geheimnis« offenbart, das später von den Historikern und Klatschtanten aller Nationen um Friedrichs Sinnen- und Liebesleben gesponnen wird. Dieser junge Mann kann bei den Frauen nur Liebe empfinden, wenn die Sexualität gleichsam in Witz und Heiterkeit, Galanterie und Harmonie getaucht ist. »Zwei« Dinge hat ihm die Orselska »auf einmal« beigebracht, schreibt er. Man sieht das vor sich: Die elegante Gräfin, wohlerzogen und gebildet, von den Höfen in Warschau und Dresden her mit allen Feinheiten und Delikatessen eines raffiniert-kultivierten Umgangs vertraut, geistreich, kokett und musikalisch, sie muß dem Kronprinzen ein erlesenes Menü von körperlichem Liebesspiel und geistigem Vergnügen in einem bereitet haben. Sex und Esprit verschmolzen zu einer Einheit; die Liebe als verspieltes Ritual zärtlicher Gesten und poetischer Empfindungen! Von nun an wird Friedrich in seinem ferneren Leben alle Frauen an diesen Erlebnissen messen.

Der Besuch am sächsischen Hof hat weitere Auswirkungen. Friedrich überschätzt nicht nur seine eigenen »Erfolge« in der Gesellschaft, er hat auch wahrgenommen, daß sein Vater, wenn er außerhalb seiner preußischen Umwelt auftritt, bestenfalls wie ein täppischer Bär wirkt, daß er im Grunde von seinesgleichen nicht ernstgenommen wird. Er hat gehört, daß man seinen Vater hinter vorgehaltener Hand den königlichen Unteroffizier oder Feldwebel nennt, daß man ihn für geistig beschränkt oder gar für einen halben Barbaren hält. Mit wachem, mißtrauischem Instinkt hat er auch registriert, daß alle Höflichkeiten und Huldigungen nicht darüber hinwegtäuschen können, wie gering die allgemeine Achtung vor dem Königreich Preußen ist. Das alles versteift seinen Widerstand gegen den Vater. Er setzt eine überlegene Miene auf oder lächelt ironisch, wenn er ihm begegnet. Fast täglich kommt es zu Zusammenstößen, und der König wütet um so schrecklicher, je mehr er die Resistenz des Sohnes spürt. Friedrich schreibt seiner Mutter, die ihren Sommersitz bezogen hat: »Ich bin in der entsetzlichsten Verzweiflung. Der König hat ganz vergessen, daß ich sein Sohn bin, und er hat mich wie den gemeinsten Menschen behandelt. Ich trat diesen Morgen, wie gewöhnlich, in sein Zimmer. Er sprang sogleich auf mich los und schlug mich auf die grausamste Weise mit dem Stock so wütend, daß er nicht eher aufhörte, als bis sein Arm ermattet war.« Und dann, am Schluß des Briefes, droht Friedrich zum ersten Mal mit Konsequenzen: »Ich habe zuviel Ehrgefühl, um solche Behandlung länger zu ertragen! Ich bin aufs Äußerste gebracht und entschlossen, dem auf die eine oder andere Weise ein Ende zu machen.«

Wie soll das gehen? Welcher Gedanke steckt hinter dieser kaum verhüllten Drohung? Ein »Ende« des schrecklichen Konflikts ist nur vorstellbar, wenn Fritz sich seinem Vater ohne Vorbehalt unterwirft, wenn er endlich »preußisches Wesen« annimmt, wie es der König immer wieder von ihm fordert. Aber daran denkt Friedrich nicht im mindesten. Ist er nicht der Kronprinz? Ein Reichsfürst? Fast ebensoviel wie der König? Ist er nicht ein feiner Kopf, dem plumpen Vater geistig bei weitem überlegen? Ist er nicht gänzlich unschuldig? Ein beklagenswertes Opfer schlimmster Ungerechtigkeiten und Brutalitäten? In dieser Gesinnung schreibt er dem Vater am 11. September 1728 folgenden Brief:

»Mein lieber Papa! Ich habe mich lange nicht entschließen können, meinen lieben Papa aufzusuchen. Teils, weil man mir es abgeraten hat, vornehmlich aber, weil ich einen noch schlechteren Empfang als den üblichen erwartete. So habe ich mich denn zu einem Brief entschlossen. Ich bitte also meinen lieben Papa, mir gnädig zu sein. Nach langem Nachdenken kann ich versichern, daß mein Gewissen mir nicht das mindeste zeigt, worin ich gefehlt haben sollte. Hätte ich aber wider Wissen und Willen doch etwas getan, was meinen lieben Papa gekränkt haben könnte, so bitte ich hiermit untertänigst um Vergebung. Ich hoffe inständig, daß mein lieber Papa den grausamen Haß, den ich aus all seinem Tun zur Genüge kennengelernt habe, wird fahren lassen. Ich könnte es sonst gar nicht verstehen, da ich doch immer gedacht habe, einen gnädigen Vater zu haben, und nun das Gegenteil feststellen müßte. So fasse ich denn das beste Vertrauen und hoffe, daß mein lieber Papa dies bedenken und mir wieder gnädig sein wird.«

Es ist unglaublich. Man muß diesen Brief eines Sechzehnjährigen zweimal lesen. Scheinbar ein zerknirscht-demütiges Entschuldigungs- und Unterwerfungsschreiben, ist es eine meisterhaft verfertigte Anklageschrift, die den »grausamen Haß« des Vaters anprangert und dem Alten alle Schuld zuschiebt; so gekonnt und in der Täuschung raffiniert das Ganze, so perfekt dialektisch und auf dem Boden kalter Ironie gebaut, daß einem nur Marc Antons Rede an die Römer in Shakespeares »Julius Cäsar« zum Vergleich einfällt. Und dazu siebenmal »lieber Papa«! Und hinter jedem »lieben Papa« eine schallende Ohrfeige, eine Provokation nach der anderen. Der Sohn hat nicht »das mindeste« an sich selbst auszusetzen; der Vater möge seine eigenen Fehler »bedenken«.

Doch Fritz hat sich getäuscht, wenn er seinen Vater unterschätzte. Dem König steht nicht die Waffe der Ironie, der sarkastischen Anspielungen und Zweideutigkeiten zur Verfügung. Er ist plump und direkt. Aber er durchschaut das Unaufrichtige, das Heuchlerische und Provozierende im Schreiben des Sohnes, und als er seinen Antwortbrief diktiert, da schlägt er mit tödlichem Ernst zurück. Und was er auch mit seinem unbeherrschten Wüten bisher an seinem Ältesten verbrochen hat, hier macht sich ein gequältes Vaterherz Luft, hier trifft jeder Satz ins Schwarze:

»Er ist ein eigensinniger, böser Kopf, der seinen Vater nicht liebt. Denn wenn man seinen Vater wirklich lieb hat, dann tut man, was er will. Und zwar nicht nur, wenn er dabeisteht, sondern auch dann, wenn er nicht alles sieht. Außerdem weiß Er wohl, daß ich einen effeminierten, verweichlichten Kerl nicht leiden mag, der weder reiten noch schießen kann, keinen Tabak raucht, schlampig in seiner Kleidung ist und seine Haare frisiert wie ein Narr. Und das alles habe ich tausendmal kritisiert; aber alles umsonst und keinerlei Besserung. Schließlich ist Er stolz und hoffärtig, spricht mit keinem Menschen, der nicht vom Hofe ist, ist nicht populär und leutselig, macht mit dem Gesicht Grimassen, als wenn er ein Narr wäre, und tut in nichts meinen Willen, es sei denn, er wird mit Gewalt dazu angehalten. Er hat zu nichts Liebe und zu nichts Lust, als seinem eigenen Kopf zu folgen. Dies ist meine Antwort. Friedrich Wilhelm.«

Es ist ein Briefwechsel wie aus dem Bilderbuch des zeitlosen Generationenkonflikts zwischen Jung und Alt. Hier stehen sich zwei Welten gegenüber, und niemand könnte eine Brücke der Verständigung schlagen. Friedrich denkt auch gar nicht daran, sein Verhalten zu ändern. Seine Taktik geht darauf aus, den Vater mit Heuchelei teils zu überlisten, teils zu provozieren und möglichst vor anderen lächerlich zu machen; dabei nichts, aber auch gar nichts von sich und seinem Willen preiszugeben. Was Friedrich in seinem Brief an die Mutter sein »Ehrgefühl« genannt hat, das läßt ihn nun zu einem gefährlichen Gegner für den Vater werden, der sich mit seinen Brutalitäten immer mehr ins Unrecht setzt. Die Szene im Jagdschloß Wusterhausen, im abendlichen Tabakskollegium, als der Kronprinz sich laut vor allen Anwesenden beim sächsischen Gesandten von Suhm über das Betragen des Vaters und über sein ständiges Leben in Knechtschaft, ja in Sklaverei beschwert, dazwischen immer scharf den König beobachtet und, wenn dieser aufblickt, emphatisch »Ich liebe ihn dennoch!« ausruft, danach sofort immer wieder mit seinen lauten Anklagen fortfährt, um sich schließlich – als alles aufmerksam geworden ist und das meiste gehört hat – plötzlich exaltiert dem Vater an den Hals zu werfen, der als einziger die abgefeimte Komödie ahnt und verlegen brummt »Schon gut, schon gut; werde Du nur ein ordentlicher

Kerl«, während alle anderen, von Friedrich an der Nase herumgeführt, zu Tränen gerührt sind und den Kronprinzen hochleben lassen – es ist hanebüchen, es ist einfach bodenlos. Die Komödie ist bis ins kleinste inszeniert.

Das Tabakskollegium des Vaters (Friedrich nennt es französisch »die Tabagie«) bleibt dem Sohn der Inbegriff alles dessen, was er von Herzen verabscheut, ja verachtet. Hochmütig blickt er auf die plumpe Männergesellschaft, auf das ruppige, rohe Benehmen der altpreußischen Haudegen herab. Und wie sehr ihm der Salon der Königin als Gegenwelt erscheint, verrät eines seiner ersten Gedichte, das er mit sechzehn zu Papier bringt:

»Ich hab' mich aus der Tabagie verdrückt,
Sonst wär' ich ohne Hexerei erstickt.
Dort kann man herzlich Langeweile spüren,
Gesprochen wird allein vom Bataillieren.
Mir, der ich Pazifist wohl bin,
Will dieses Thema gar nicht in den Sinn,
Die Flucht ergreifend, eile ich zum Mahl,
Nicht etwa, weil ich hungrig bin,
Nein, um mit einem Zuge den Pokal
Zu leeren auf die Königin.«

Inzwischen ist der Skandal im Berliner und Potsdamer Schloß, der sich fast täglich zwischen Vater und Sohn ereignet, zum beliebten Gesprächsstoff in den aristokratischen und bürgerlichen Salons, ja an den europäischen Höfen geworden. Und alle Welt steht mit ihren Sympathien auf der Seite des armen, geprügelten Kronprinzen und verurteilt aufs strengste das barbarische, unbeherrschte Wüten des jähzornigen Königs. Dem äußeren Anschein nach sicher zu Recht, aber doch auch gesteuert und beeinflußt durch die nimmermüde britisch-welfische Propaganda, die von Sophie Dorothea und ihrer Clique betrieben wird.

Und Friedrich Wilhelm tut in seiner rohen Naivität alles, die öffentliche Meinung gegen sich aufzubringen. Wenn er den Prinzen, das hübsche junge Blut, an den Haaren reißt und mit dem Stock traktiert, und das vor aller Welt, vor Generälen und Gesandten, wenn er ihn einen »Französling« und »Windbeutel«, wenn er ihn einen »Querpfeifer und Poeten« schimpft, der Sohn aber das alles stumm über sich ergehen läßt und dabei die Augen zum Himmel wirft, dann kann die allgemeine Parteinahme für den zugleich liebens- wie beklagenswerten Prinzen nicht erstaunen.

Das Toben und Rasen des Vaters ist ein Zeichen tiefinnerlicher Schwäche. Was nützt es schon, den Sohn zu schlagen? Friedrich Wilhelm kann damit nichts bewirken. Verzweifelt klagt er darüber, daß er in »diesen Kopf« nicht hineinsehen könne, daß Friedrich ihm immer nur ein undurchdringliches Pokerface zeigt. Als er seinen Sohn einmal anschreit »Hätte mein Vater mich so behandelt, wie ich Dich, so wäre ich längst davongelaufen!«, blickt Friedrich ihn schweigend an, mit zusammengebissenen Zähnen, ohne daß ein Muskel in seinem Gesicht zuckt. Der Vater spürt, daß er in diesem Dauerkonflikt der Schwächere ist; zumindest, seit Fritz sechzehn geworden ist, seit er mit ihm in Dresden war.

Und Friedrich folgt nur seinem eigenen Kopf; ganz so, wie es der Vater in seinem Brief beschrieben hat. Sobald der Alte fort ist, macht er, was er will. Er hat sich in den letzten beiden Jahren angewöhnt, ein Doppelleben zu führen. Den offiziellen Unterricht absolviert er quasi mit geschlossenen Augen; seine Gedanken sind ganz woanders. In seinen Freistunden kleidet er sich betont elegant, nach französischer Mode, und frönt seiner tiefsten Leidenschaft, dem Lesen. Ganz in der Nähe des Schlosses, bei dem Geheimen Finanzrat Julius von Pehnen, hat er sich eine Bibliothek eingerichtet, von welcher der König nichts weiß und die Anfang 1730 bereits dreieinhalbtausend Bände umfaßt. Das alles kostet natürlich Geld, viel Geld, und der Kronprinz macht unbedenklich Schulden. Plötzlich wird bekannt, daß er bei den Berliner Kaufleuten Splittgerber und Daum sowie bei einigen anderen Privatpersonen mit mehr als 15 000 Talern in der Kreide steht. Als der König davon erfährt, erläßt er am 22. Januar 1730, zwei Tage vor dem achtzehnten Geburtstag des Prinzen, eine öffentliche Verfügung, die das Verbot, Darlehen an Minderjährige zu geben, ausdrücklich auf den Kronprinzen und die königliche Familie ausdehnt und bei Übertreten der Bestimmung langjährige Zuchthausstrafe androht. Seinen achtzehnten Geburtstag begeht Friedrich also im Zeichen eines öffentlichen Skandals.

Zu allem Unglück kommt auch das Projekt der Doppelheirat wieder aufs Tapet. Georg II. von England schickt Sir Charles Hotham als Sondergesandten nach Berlin, um mit dem preußischen Hof doch noch ins reine zu kommen. Das Angebot ist großzügig: sofortige Vermählung der Prinzessin Wilhelmine mit dem englischen Thronfolger; im Falle Friedrichs will man sich – falls der Preußenkönig immer noch Bedenken hat – damit zufriedengeben, daß erst einmal sein Verlöbnis mit Prinzessin Amalie öffentlich bekanntgegeben wird. Die Verhandlungen mit Friedrich Wilhelm ziehen sich hin. Seckendorff schießt quer, wo er kann. Langsam geht die Sache vorwärts, und Sophie Dorothea triumphiert schon. Da schickt der preußische Gesandte in London, von Reichenbach, einen Bericht an den König, zu dem ihn selbstverständlich Seckendorff animiert hat. Aus dem Bericht geht hervor, daß der Kronprinz – auf Betreiben seiner Mutter – heimlich an die Königin von Großbritannien geschrieben und ihr aufs feierlichste geschworen hat, sich niemals mit einer anderen als einer englischen Prinzessin vermählen zu wollen.

Jetzt schlägt es dreizehn für Friedrich Wilhelm. Das ihm, dem absoluten

Herrscher des Königreiches Preußen? Heimliche Diplomatie hinter seinem Rücken? Eine Verschwörung gegen seine königliche Souveränität, angestiftet von Weibern und seinem eigenen Sohn? Das Projekt der Doppelheirat, das soviel Unglück angerichtet hat, ist nun für immer erledigt. Zwischen Vater und Sohn herrscht offener Haß. Als man nach Sachsen reist, zum Lager von Mühlberg, nachts in einem Dorf ein Brand ausbricht, in dem der preußische König fast umkommt, und man den Sohn alarmiert, dreht der sich gleichgültig in seinem Bett um und schläft ruhig weiter. Im Mühlberger Lager dann, bei einer Truppenparade, schlägt Friedrich Wilhelm in Anwesenheit der preußischen und sächsischen Generalität den Sohn blutig.

Was Fritz seiner Mutter geschrieben hatte, daß er dieses Hundeleben nicht länger ertragen könne und daß er ihm »auf die eine oder andere Weise« ein Ende machen werde, das beschließt er jetzt in die Tat umzusetzen. Er wird fliehen! Seit einem halben Jahr kennt er Leutnant Hans Herrmann von Katte, Sohn eines preußischen Generalleutnants und Offizier im Eliteregiment Gensdarmes (Gens d'Armes). Dieser Katte ist sechsundzwanzig Jahre alt, galant, liebenswürdig, gebildet, eitel bis zum Größenwahn, spielt hinreißend Flöte und Klavier und verehrt den acht Jahre jüngeren Kronprinzen über die Maßen. Fritz weiht ihn in seine Fluchtpläne ein und findet bei dem leichtsinnigen Katte nicht nur volles Verständnis, sondern auch tatkräftige Unterstützung. Nach England soll die Flucht des Prinzen gehen, über Holland oder Frankreich. Der König wird in Kürze eine Reise nach Süd- und Westdeutschland unternehmen, und diese Gelegenheit wird Friedrich zur Flucht nutzen, Katte wird ihm später von Berlin aus folgen.

Am 15. Juli 1730 bricht der König mit dem Kronprinzen und geringem Gefolge von Potsdam auf und reist über Leipzig, Coburg, Bamberg, Erlangen und Nürnberg nach Ansbach, wo er am 21. Juli bei dem Markgrafen und der Markgräfin Friederike eintrifft. Man bleibt hier zehn Tage zu Besuch. Friedrich schreibt von Ansbach aus einen Brief an Leutnant von Katte, er möge sich bereithalten; wenn ihm, dem Prinzen, die Flucht gelungen sei, möge er sich aufs Pferd werfen, aus Berlin fliehen und sich mit ihm in Den Haag treffen. »Sollte mir die Flucht mißlingen«, fügt der Kronprinz ironisch hinzu, »dann werde ich Zuflucht in einem Kloster suchen, wo man unter Kutte und Kapuze den schlimmen Ketzer nicht entdecken wird.« (Auch im Spott über Gott und die Religion sind sich Katte und Friedrich einig.)

Am 31. Juli verläßt die Reisegesellschaft Ansbach, und es geht weiter über Öttingen, Ludwigsburg und Heilbronn. Die Nacht vom 4. auf den 5. August verbringt man in Scheunen unweit Sinsheim, in dem Dorf Steinsfurth. Frühmorgens will Friedrich fliehen und wartet vor der Scheune auf den Pagen von Keith, mit dem er heimlich im Bunde ist, und auf die

Landschaft mit Reisewagen
Radierung von Daniel Chodowiecki, 1770

Pferde. Die Begleiter des Kronprinzen werden wach und vereiteln im letzten Augenblick die Flucht. Der König hat noch nichts bemerkt, besichtigt nachmittags gemeinsam mit dem Sohn die Sehenswürdigkeiten von Mannheim, und beide gehen auch am Sonntag noch einträchtig in die Kirche. Der Page, den Friedrich immer wieder bedrängt, Fluchtpferde zu besorgen, wirft sich dem König abends zu Füßen und gesteht ihm die Pläne und Absichten des Kronprinzen. Zwei Tage lang läßt sich Friedrich Wilhelm nichts anmerken, dann, am 8. August, nachdem ihn ein fehlgeleiteter Brief des Leutnants von Katte erreicht hat, der die Fluchtabsichten des Prinzen bestätigt, schlägt er zu, und zwar im wahrsten Sinne des Wortes. Er läßt den Prinzen verhaften und auf ein Rheinschiff bringen. Dort stürzt er sich auf den Sohn, schleift ihn an den Haaren über das Deck und schlägt ihn mit dem Stock so lange, bis dem Kronprinzen das Blut aus der Nase schießt. »Noch nie hat das Gesicht eines brandenburgischen Prinzen solche Schmach erlitten«, ruft Friedrich in höchster Verzweiflung.

Der Prinz wird nun auf Befehl des Königs als Staatsgefangener behandelt. Seinen Begleitern wird bei Androhung der Todesstrafe befohlen, den Arrestanten zu Schiff, auf dem Rhein, in die preußische Festung Wesel zu schaffen: tot oder lebendig. In Wesel treffen Vater und Sohn wieder aufeinander. Der König zittert vor unterdrückter Wut. Friedrich ist totenblaß, aber er tritt dem Vater mit hocherhobenem Haupt entgegen. Es kommt zu folgendem Dialog:

Der König: »Warum hast Du desertieren wollen?«

Der Prinz: »Weil Sie mich nicht wie einen Sohn, sondern wie einen niederträchtigen Sklaven behandelt haben!«

Der König: »Du bist nichts als ein feiger Deserteur ohne Ehre!«

Der Prinz: »Ich habe soviel Ehre wie Sie! Und ich habe nur getan, was Sie selbst nach Ihren eigenen Worten längst getan hätten!«

Friedrich Wilhelm schreit auf. Sein Gesicht läuft blaurot an, sein Atem geht röchelnd, seine Augen treten hervor. Rasend vor Wut zieht er den Degen. Der Kommandant von Wesel, Generalmajor von der Mosel, wirft sich vor den Kronprinzen und ruft: »Sire, durchbohren Sie mich! Aber schonen Sie Ihren Sohn . . .«

Es folgen nun Tage mit pausenlosen Verhören des Prinzen. Der König vermutet eine weitverästelte Verschwörung gegen seinen Thron, er will die Motive und die Mitverschwörer ans Licht ziehen. Friedrich verteidigt sich glänzend und beantwortet alle Fragen geschickt. Wohin er habe fliehen wollen? Nun, nach Frankreich, um dort Kriegsdienste zu nehmen und dadurch die Gnade des Königs wiederzugewinnen. Von England kein Wort. Woher er den Mut und das Geld zur Flucht genommen habe? Ganz einfach; er habe die Diamanten verkauft, die er aus seinem Orden genommen habe, der ihm in Dresden von August dem Starken verliehen worden sei. Von seinen Kontakten mit dem englischen Gesandten und mit Katte keine Silbe.

Glaubt Friedrich, mit solchen Tricks der Katastrophe entrinnen zu können? Nach wenigen Tagen wird ihm klar, daß es bitterernst um ihn steht. Der König ordnet in aller Form ein kriegsgerichtliches Verfahren an gegen den Deserteur, seinen Sohn Friedrich, der zugleich mit Schimpf und Schande aus der preußischen Armee ausgestoßen wird. Nach Berlin ergeht ein Befehl, sogleich Leutnant von Katte in Haft zu nehmen, den der König für einen Mitverschwörer hält. Gleichzeitig schreibt Friedrich Wilhelm an Frau von Kamecke, die Oberhofmeisterin der Königin: »Fritz hat desertieren wollen. Ich habe mich genötigt gesehen, ihn arretieren zu lassen. Ich bitte Sie, meine Frau auf eine gute Art davon zu unterrichten, damit sie sich nicht erschreckt. Überdies beklagen Sie einen unglücklichen Vater.«

Seit dem 15. August summt Berlin von Gerüchten. Die fürstlichen Damen im Schloß fürchten für Fritz und sich selbst das Schlimmste. Beim Feldmarschall von Natzmer ist der Befehl eingetroffen, »den Leutnant von Katte vom Regiment Gensdarmes zu verhaften und auf die Wache seines Regiments abführen zu lassen«. Bald weiß jedermann über das drohende Unheil Bescheid, nur Katte trödelt herum. Leutnant von Asseburg, der Katte auf der Straße Unter den Linden trifft, ruft ihm erstaunt zu: »Was, Katte, Sie noch hier?« (Friedrich wird später Voltaire erzählen, Katte habe Berlin wegen einer »Liebschaft« nicht schnell genug verlassen.) Feldmarschall von Natzmer zögert die Verhaftung drei Stunden hinaus, und es gelingt Katte noch, mit Hilfe der Gräfin Finckenstein eine Schatulle mit kompromittierenden Briefen, die ihm der Prinz zur Aufbewahrung gegeben hatte, der Königin zuzuspielen. Dann, am 16. August, wird er verhaftet.

Der Kronprinz wird unter scharfer Bewachung über Mittenwalde nach Treuenbrietzen in der Mark Brandenburg überführt. Hier bleibt er vom 30. August bis 4. September und wird Tag für Tag von königlichen Beauftragten verhört. Wie Degen in einem Duell kreuzen sich Fragen und Antworten. Friedrich ficht mit allen Raffinessen, mit einer fast übermenschlichen Selbstbeherrschung. Sein ungebrochener Stolz und sein herausfordernder Sarkasmus machen auf die anwesenden Juristen einen tiefen Eindruck. Als man ihn fragt, ob er eventuell auch bereit sei, auf sein Thronfolgerecht zu verzichten, antwortet er: »Doch. Warum nicht? Wenn der König vorher öffentlich erklärt, daß ich nicht sein natürlicher Sohn bin.« General von Grumbkow verliert die Beherrschung und droht mit der Folter. Der Prinz sieht ihn durchbohrend an und erwidert: »Es wundert mich nicht, daß ein Henker wie Sie Freude daran hat, von seinem Handwerk zu sprechen.«

Inzwischen, am 27. August, ist der König in Berlin eingetroffen. Dröhnend pocht sein Krückstock, als er das Schloß betritt. Die Königin eilt ihm zitternd entgegen. Ihr Mann begrüßt sie mit den Worten, daß er den Fritz, diesen Schuft, habe hinrichten lassen. Eine Hofdame flüstert ihr hinter dem Fächer zu, das stimme nicht, man wisse genau, daß der Kronprinz noch am Leben sei. Sofort verlangt der König nach Friedrichs Schatulle, von der er gehört hat. Glücklicherweise haben Sophie Dorothea und Wilhelmine die verfänglichen Briefe, die auch ihre eigenen Intrigen bloßgelegt hätten, aus der Schatulle entfernen können und durch harmlose Billets ersetzt, die sie in mehreren Nächten in größter Aufregung und mit verstellter Handschrift verfertigt haben. Während Friedrich Wilhelm die (falschen) Briefe mit hochrotem Kopf studiert, treten seine beiden Söhne August Wilhelm und Heinrich ein, gefolgt von den sechs Töchtern, um den Vater zu begrüßen. Wie ein Tiger stürzt sich der Alte auf Wilhelmine; die einundzwanzigjährige Prinzessin muß Ohrfeigen und Stockschläge einstecken. Schluchzend und schreiend drängen sich die jüngeren Geschwister dazwischen. Der König rast. Er ruft mit blaurotem Gesicht, er werde schon die Beweise für die Schuld von Fritz und Wilhelmine finden, und dann werde er sie hinrichten lassen. Die Königin stürzt tränenüberströmt aus dem Zimmer. Frau von Kamecke stellt sich schützend vor Wilhelmine und sieht den König furchtlos an: »Sire, bis jetzt haben Sie Ihren Ruhm darin gesehen, ein gerechter König zu sein, der Gott fürchtet. Fürchten Sie nun aber auch Gottes Zorn, wenn Sie von seinen Geboten abweichen! Die beiden Monarchen, welche ihre eigenen Söhne töteten, Philipp II. und Peter I., sind ohne Nachkommen gestorben. Ihre Namen werden in der ganzen Welt nur noch mit Abscheu genannt. Fassen Sie sich, Majestät!

Eine Aufwallung des Zorns kann man entschuldigen. Wer aber keine Selbstbeherrschung zeigt, wird zum Verbrecher.«

Friedrich Wilhelm sieht sie lange sprachlos an. Dann räuspert er sich: »Sie sind sehr dreist, Madame, so mit mir zu sprechen. Ich bin Ihnen aber nicht böse. Sie haben es gut gemeint. Ich achte Sie, weil Sie freimütig mit mir reden. Gehen Sie, beruhigen Sie meine Frau.«

Im Nebenzimmer ist Katte eingetroffen. Bei ihm sind der General von Grumbkow und die beiden hohen Justizbeamten Mylius und Gerbett. Sofort, als der König eintritt, wirft sich ihm Katte zu Füßen. Friedrich Wilhelm reißt ihm das Johanniterkreuz vom Hals. Dann setzt es Fußtritte, Fausthiebe und Stockschläge. Beim Verhör gesteht Katte sofort, daß er dem Kronprinzen zur Flucht verhelfen und daß er auch selbst fliehen wollte. Das, was der König hören will, nämlich das Wort »England«, als Zielort der geplanten Flucht, nennt Katte nicht.

Friedrich wird am 4. September in die Festung Küstrin geschafft. Am nächsten Tag bezieht er sein Arrestzimmer im zweiten Stock des Küstriner Schlosses. Als sich dröhnend die Zellentür hinter ihm schließt, begreift er, daß es um Kopf und Kragen geht. Aber nach dem ersten Schreck bricht der alte Hochmut, der alte Leichtsinn bei ihm hervor. Was hat er denn schon getan? Wie viele Prinzen sind nicht schon von zu Hause davongelaufen? Und ist es denn überhaupt zur Flucht gekommen? Was will man ihm eigentlich vorwerfen? Er, Friedrich, ist schließlich Reichsfürst. Über sein Leben, seinen Status, sein Schicksal kann nur der Kaiser in Wien entscheiden; nicht der verrückt gewordene Vater. Und wenn der König ihn hier, in dieser Zelle vermodern lassen will, wie es in fürstlichen Häusern ja schon öfters vorgekommen ist, dann wird die europäische Öffentlichkeit, dann werden die Fürstenhöfe des In- und Auslands ihm zu Hilfe kommen. Und schon gibt er wieder patzige Antworten. Als man ihm mitteilt, daß der König seine täglichen Ausgaben auf die Minimalsumme von acht Groschen festgesetzt hat, sagt er höhnisch: »Ob ich in Küstrin oder ob ich in Potsdam hungere, ist völlig gleich.« Und an Wilhelmine schmuggelt er einen Kassiber heraus, in dem es heißt: »Ich lebe, befinde mich wohl und amüsiere mich schlecht und recht.«

Das Amüsement vergeht ihm schnell, als er hört, daß der König die Bildung eines Kriegsgerichts angeordnet hat, das in Berlin-Köpenick zusammentritt. Vorsitzender ist Generalleutnant von der Schulenburg, die Mitglieder sind drei Generäle, drei Obristen, drei Oberstleutnants, drei Majore und drei Hauptleute. Als nicht stimmberechtigte juristische Fachberater fungieren der Generalauditeur Mylius, der Generalfiskal Gerbett und der Auditeur Rumpf vom Regiment Gensdarmes. Sie sollen über den Kronprinzen und seine Mitverschwörer das Urteil sprechen. Das Kriegsgericht tagt bis Ende Oktober. Für den Kronprinzen erklärt es sich als »nicht zuständig« und empfiehlt den Sohn dringend der väterlichen Gnade. Was

Leutnant von Katte angeht, dem Konspiration und versuchte Desertion vorgeworfen werden, stimmen neun Offiziere für den Tod und sieben für lebenslange Freiheitsstrafe. Da die Stimme des Vorsitzenden den Ausschlag gibt und Generalleutnant von der Schulenburg für den milderen Spruch votiert, empfiehlt das Gericht dem König für Katte lebenslängliche Festungshaft.

Friedrich Wilhelm ist über das Urteil des Kriegsgerichts empört. Er wirft die Akten auf die Erde und läßt sofort den Generalfiskal Gerbett kommen, der sich aber auf die Seite der Offiziere stellt. Der König tobt im Tabakskollegium, er müsse den Kopf des Kronprinzen, des »Deserteurs Fritz« haben. Der General von Buddenbrock springt auf und ruft: »Sire, wenn Sie unbedingt nach Blut verlangen, dann nehmen Sie meines. Jenes bekommen Sie nicht, solange ich noch sprechen kann.« Selbst der rohe, gänzlich herzlose Alte Dessauer spricht für Friedrich. Er betont, er spräche als Reichsfürst, und der König habe kein Recht, sich selbst zum Richter über seinen Sohn zu machen und den Kaiser in Wien zu übergehen. Der König fährt auf: Wenn Kaiser und Reich ihm verwehren wollten, über den Kurprinzen von Brandenburg Recht zu sprechen, dann würde er eben den Deserteur Fritz nach Ostpreußen bringen und dort – im souveränen Königreich Preußen – der Gerechtigkeit ihren Lauf lassen. Ob Friedrich Wilhelm in allem Ernst vorhatte, seinen Sohn zum Tode verurteilen zu lassen, läßt sich nicht exakt feststellen. Wenn er ihn unbedingt hätte loswerden wollen, um einen der Brüder Friedrichs zum Thronfolger zu machen, dann hätte es ja viel näher gelegen, nichts gegen die Flucht des Kronprinzen zu unternehmen. Niemand in ganz Europa hätte dann etwas sagen können, wenn er seinen ältesten Sohn geächtet und für immer des Landes verwiesen hätte. Wie auch immer, bald ist von einer Todesstrafe für Friedrich nicht mehr die Rede.

Bleibt der Fall Katte. Am 1. November 1730 erläßt König Friedrich Wilhelm an das Kriegsgericht folgende Ordre:

»Was den Leutnant von Katte und dessen Verbrechen und das vom Kriegsgericht gefällte Urteil anlangt, so sind S. K. M. zwar nicht gewohnt, die Kriegsrechte zu schärfen, sondern vielmehr, wo immer möglich, zu mildern. Dieser Katte ist aber nicht nur in meinen Diensten Offizier bei der Armee, sondern auch bei dem Garderegiment Gensdarmes. Und da bei der ganzen Armee meine Offiziere mir getreu und hold sein müssen, so muß solches um so mehr geschehen von den Offiziers solcher Regimenter, die S. K. M. und Dero Königlichem Hause persönlich attachiert sind. Da aber dieser Katte mit der künftigen Sonne tramiret (soll heißen: mit dem künftigen König gekungelt hat), mit fremden Ministern und Gesandten die Desertion vorbereitete, und nicht dafür da war, mit dem Kronprinzen zu komplottieren, sondern im Gegenteil es S. K. M. und dem Herrn Generalfeldmarschall von Natzmer sogleich hätte melden müssen, so weiß S. K.

M. nicht, warum ihm das Kriegsgericht nicht das Leben abgesprochen hat. S. K. M. werden auf die Art sich auf keinen Offizier noch Diener, die in Eid und Pflicht stehen, in Zukunft verlassen können. Denn solche Sachen, wenn sie einmal in der Welt geschehen, können öfters vorkommen. Es würden aber dann alle Täter den Vorwand nehmen, wie es dem Katte ergangen wäre, und daß ihnen – weil der so leicht und gut durchgekommen wäre – dergleichen auch geschehen müßte. S. K. M. sind in Dero Jugend auch durch die Schule gelaufen und haben das lateinische Sprichwort gelernt: Fiat Justitia et pereat mundus! (Die Gerechtigkeit muß leben, und wenn die Welt zugrunde geht.) Also wollen S. K. M. hiermit, und zwar von Rechts wegen, daß der Katte, obschon er nach dem Gesetz verdient habe, wegen des begangenen Majestätsverbrechens mit glühenden Zangen gerissen und aufgehängt zu werden, er dennoch nur – in Ansehung seiner Familie – mit dem Schwert vom Leben zum Tode gebracht werden solle.« Der Schlußsatz dieses einzigartigen Dokuments lautet: »Wenn das Kriegsgericht dem Katte dieses Urteil verkündet, soll ihm gesagt werden, daß es S. K. M. leid täte. Es wäre aber besser, daß er stürbe, als daß die Justiz aus der Welt käme.«

Sobald Friedrich von diesem Urteil erfährt, unternimmt er alles, was ihm in seinem Kerker möglich ist, um Aufschub für seinen Freund zu erlangen. Er schlägt an die Tür, er weint und ringt die Hände. Er bittet flehentlich, einen reitenden Boten nach Berlin, zu seinem Vater, zu senden. Er ist bereit, der Thronfolge zu entsagen, ja, er will auf ewig in Kerkerhaft bleiben, wenn nur der König das Leben seines Freundes schont.

Am 6. November, morgens um sieben Uhr, wird Leutnant von Katte, der in den letzten drei Tagen von Berlin nach Küstrin überstellt wurde, zu seinem letzten Gang geführt. Die Hinrichtung findet in der Festung statt, und so muß der Zug mit dem Delinquenten am Kerker des Kronprinzen vorbei. Friedrich steht leichenblaß am Gitterfenster seiner Zelle, von einem wachhabenden Offizier gestützt. Als er seinen Freund kommen sieht, aufrecht, den Hut vorschriftsmäßig unter dem linken Arm, stöhnt er auf und beginnt hemmungslos zu schluchzen. In französischer Sprache ruft er: »Mein lieber Katte, ich bitte tausendmal um Verzeihung! In Gottes Namen – Verzeihung, Verzeihung!« Katte wirft ihm eine ehrerbietige Kußhand zu und antwortet mit klarer, fester Stimme: »Nichts von Verzeihung, mein Prinz! Ich sterbe mit vielen Freuden für Sie.« Der Kronprinz verliert das Bewußtsein, und er wäre zu Boden gestürzt, wenn ihn nicht der wachhabende Offizier in seinen Armen aufgefangen hätte.

Der Zusammenbruch ist vollständig. Während Kattes Haupt in den Sand fällt, schleift man Friedrich auf das Feldbett. Als er wieder zu sich kommt, bricht er in einen Strom von Tränen aus. Er verweigert jede Nahrung, sitzt schluchzend am Fenster und sieht, wie der Leichnam seines Freundes unter einem schwarzen Tuch vorbeigetragen wird. Pastor Müller, den der König zu ihm geschickt hat, findet keinen Weg, den verstörten jungen Prinzen anzusprechen. Er überreicht ihm Kattes Bibel, und Friedrich bricht erneut zusammen. Nachts hat er wilde Fieberphantasien. Er fährt hoch und flüstert schreckensbleich: »Der König meint, er hat mir Katte genommen . . . Aber ich sehe ihn ja vor mir stehen.« Er schlägt die Hände vors Gesicht und weint, bis man ihm ein Beruhigungsmittel einflößt.

Es ist eine Katastrophe sondergleichen. Die Welt hat ein derart erschütterndes Schauspiel noch nicht gesehen. Wie soll man das Entsetzen in Worte fassen? Es ist eine *Heimsuchung*; die Heimsuchung eines jungen Menschen. Aber »Heimsuchung« bedeutet nach biblischen Begriffen zweierlei: schweres Unglück, aber möglicherweise auch große Gnade.

Wie? Sollte sich aus diesem Schrecknis ein Ausweg bieten? Sollte in diesem Wahnsinn – nach den Gesetzen der Dialektik – ein positiver Sinn verborgen sein? Kann aus Unglück Gnade werden? Kann sich Friedrich, der zerbrochen am Boden liegt, noch einmal erheben?

Der Kronprinz verbleibt auch nach Kattes Hinrichtung in seiner engen Küstriner Kerkerzelle. Sein Tagesablauf ist vom König genau vorgeschrieben: Morgens um acht erhält er einen Nachttopf und eine Waschschüssel mit kaltem Wasser. Nach siebeneinhalb Minuten muß die Morgentoilette erledigt sein. (Das Uhrwerk!) Danach wird die Zelle wieder verschlossen. Mittags bekommt er für sechs Groschen, abends für vier Groschen Essen aus einer Garküche; also schmalste Kost. Wenn die Mahlzeiten hereingebracht werden, darf es nur vier Minuten dauern, bis die Zellentür wieder zugeschlossen wird. Die diensttuenden Offiziere und Soldaten sollen mit dem Prinzen kein Wort sprechen, auf Fragen von ihm keine Antwort geben. Messer und Gabel sind nicht erlaubt; das Essen wird vorher kleingeschnitten. Tinte und Feder, Bücher und Flöte sind streng verboten.

Man sieht, dem König, der den Sohn nun endlich rundum in seiner Gewalt hat (ohne jede Möglichkeit für Mutter und Schwester, ihm heimlich beizustehen), kommt es darauf an, Friedrich zur Zerknirschung, zur Reue und Einsicht zu zwingen. Er hat in den Augen des Vaters schwere Verbrechen begangen: mit dem Ausland gegen den eigenen Staat konspiriert, bei fremden Leuten hohe Schulden gemacht, junge Offiziere zum Ungehorsam und zur Desertion verführt und selbst – als Stabsoffizier der preußischen Armee – die Fahnenflucht geplant. Der Sohn soll sich selbst erkennen.

Tut Friedrich das? Seine Erschütterung über den durch ihn verschuldeten Tod seines Freundes Katte war echt; die Trauer tief. Aber schon nach vier, fünf Tagen richtet er sich wieder auf, und bald macht er aus seiner strengen Einzelhaft einen angenehmen Aufenthalt. Denn es gibt viele Leute in Küstrin, die ihn nicht nur herzlich bedauern, sondern auch nicht vergessen, daß er eines Tages der König sein wird. Die Frau des Küstriner Kammerpräsidenten von Münchow, die eine Etage höher in einer Dienstwohnung der Festung lebt, setzt – im Einverständnis mit ihrem Mann – ihren siebenjährigen Sohn als Postillon der Mildtätigkeit ein. Dieser Sohn hat später berichtet: »Ich mußte den bereits abgelegten langen Kinderrock wieder anziehen. Innen stattete man ihn mit tiefen und weiten Taschen aus. Ferner verfertigte man ein gewisses Möbel (einen Nachtstuhl) mit verborgenen Taschen an den Seiten, worin Messer, Gabeln, Tinte, Feder, Papier und die streng verbotenen Wachslichter gesteckt wurden. Meine Rocktaschen füllte man mit Obst, Delikatessen, Briefen und allem, was verlangt ward. Der Hauptmann vom Dienst und zwei vor der ersten Türe stehende Unteroffiziere liebten den Wein. Dieser wurde ihnen in solcher Fülle gereicht, daß meines Vaters Keller völlig ausgeleert ward. Auf ein Kind von sieben Jahren wurde nicht besonders acht gegeben. Alle drei Stunden ward die Tür geöffnet, ich wuschte schnell hinein und ward dann oft mit eingeschlossen. Und weil ich französisch plappern konnte, so war es leicht, dem allzeit trinkfreudigen Hauptmann namens Graurock und seinen beiden Unteroffizieren einzureden, daß der Prinz mich verlangte, um mit mir französisch zu plaudern.«

Friedrich führt also heimlich ein ganz komfortables Leben. Seine Miene ändert sich jedoch, wenn der Prediger Müller die Zelle betritt, der ihm ins Gewissen reden soll und von dem der Prinz weiß, daß er jedes Wort nach Berlin, an den Vater, berichten muß. Nun spielt er den Zerknirschten, den reuigen Sünder und ergeht sich in stundenlangen Selbstanklagen. Immer wieder wirft er die Frage auf, ob er nicht dem Thron entsagen solle, was ihm natürlich der wohlmeinende Prediger jedesmal ausredet. In Wahrheit denkt Friedrich nur daran, wie er so bald als möglich seine Freiheit wiedererlangen kann. Aber da er genau weiß, was der Alte in Berlin hören will, spielt er perfekt Komödie, indem er den braven Müller in tagelange Gespräche über die Prädestinationslehre verwickelt und sich dabei den Anschein gibt, als sei er bereit, allmählich von jedem Gedanken an eine »Fatalität«, an eine Vorherbestimmung des Schicksals, Abstand zu nehmen. Er wickelt den Pfarrer völlig ein, und der naive Mann berichtet denn auch dem König, der Kronprinz habe sich sehr verändert, er sei tief in sich gegangen. Man sieht es vor sich, das ironische Lächeln Friedrichs.

Ist es das also, was das furchtbare Strafgericht des Vaters bewirkt hat? Nichts als Täuschung, Verstellung und Hinterlist? Gewöhnt sich Friedrich an ein Doppelwesen? Wird es ihm zur Natur, der Welt *zwei* Gesichter zu zeigen? Den Vater jedenfalls kann er so leicht nicht hinters Licht führen. Der mißtraut dem Kronprinzen immer noch. Er diktiert einen Brief an den Prediger Müller, in dem es heißt: »Mein Herr Sohn möge sich wohl bedenken und mit göttlichem Beistand sein böses Herz ändern. (Der Sekretär hatte »sein früher vortrefflich gutes Herz« geschrieben, aber der

König hatte das ausgestrichen und »böses Herz« darübergesetzt.) Gott der Allmächtige gebe seinen Segen, und da er oft durch wunderbare Leitungen und saure Tritte die Menschen ins Reich Christi zu bringen weiß, so helfe unser Heiland, daß dieser ungeratene Sohn zu seiner Gemeinschaft gebracht, daß sein gottloses Herz zerknirscht, erweicht und geändert wird.«

Am Sonntag, dem 18. November, nach eineinhalbmonatiger Kerkerhaft, muß Friedrich einen feierlichen Eid schwören, daß er:

erstens, sich an niemandem wegen seiner Gefangenschaft rächen werde;

zweitens, bereit und willens sei, sich vollkommen dem väterlichen Willen zu unterwerfen;

drittens, sich niemals ohne Wissen und Willen des Königs verheiraten wird.

Sollte er diesen Schwur brechen, so wird er unverzüglich des königlichen Thronfolgerechts und der brandenburgischen Kurwürde verlustig gehen.

Nach der Eidesleistung darf Friedrich die Festung verlassen. Er nimmt am sonntäglichen Gottesdienst teil, der unter dem Predigerwort steht: »Ich muß das leiden; die rechte Hand des Höchsten kann alles ändern.« In einer gemieteten Stadtwohnung findet er seinen neuen Hofstaat vor: Hofmarschall von Wolden, die Kammerjunker von Natzmer und von Rohwedel, zwei Pagen, einen Kammerdiener und vier Lakaien. Er erhält seinen Degen zurück, aber ohne Portepee, da er nicht der Armee angehört, hat bürgerliche Kleidung vom einfachsten Schnitt zu tragen und darf den Bannkreis der Stadt Küstrin nicht verlassen. Sofort setzt er sich hin und schreibt in den unterwürfigsten Formulierungen ein Dankesschreiben an den Vater.

Pfarrer Müller kehrt inzwischen nach Berlin zurück und meldet sich beim König. Er berichtet nur Positives und trägt Friedrichs Bitte um Rückgabe des Portepees vor. Friedrich Wilhelm ist ebenso verwundert wie erfreut: »Ist der Fritz denn auch ein Soldat? Na, dann ist es ja gut.«

Zwei Tage später, morgens um sieben, nimmt Friedrich seinen vom Vater befohlenen Dienst im Kammerkollegium Küstrin auf. Seine offizielle Bezeichnung ist »Auskultator«, also Referendar. Die Dienststunden sind täglich von sieben bis halb zwölf und von fünfzehn bis siebzehn Uhr. Im Sitzungssaal ist ein kleiner Extratisch an der Wand für ihn aufgestellt. Seine Aufgabe ist es, den Kammerräten zuzuhören, Akten zu studieren und Rechnungen zu prüfen. Nachmittags wird er mit Abschreibearbeiten beschäftigt, oder der Kammerdirektor Hille und der Kriegsrat Hünecke unterrichten ihn in Finanz- und Polizeiwesen, hauptsächlich aber in den verschiedenen Sparten der Volkswirtschaft. Auch für die Pausen sind die Gesprächsthemen mit den Ausbildern streng vorgeschrieben: ». . . von göttlichem Wort, von der Landesverfassung, von Manufakturen, Polizeisachen, Bestellung des Landes, Abnahme von Rechnungen« und so weiter. Der Prinz darf nur einmal im Monat an den Vater und an die Mutter schreiben; an andere nicht. Er soll keine Musik hören und keine Flöte spielen. Wenn er unbedingt lesen will, dann die Bibel, das evangelische Gesangbuch und Arndts »Vom wahren Christentum«.

Natürlich hält sich der Sohn nicht an diese Vorschriften. Hier, in Küstrin, beginnt er mit einer doppelten Lebensführung. Tagsüber geht er seinen Dienstpflichten nach; ungern, vom König dazu gezwungen, ohne innerliches Engagement für die spröde Thematik, aber aufmerksam, hochintelligent und in fürstlicher Haltung. Das ist der Lebenssektor, über den ständig nach Berlin berichtet wird. Abends atmet er Freiheit, spricht und schreibt selbstverständlich französisch und setzt den heimlichen Briefwechsel mit Wilhelmine fort, den er schon während der Festungszeit unterhalten hat. Er beginnt auch wieder, Gedichte zu schreiben und Flötenkonzerte zu veranstalten. Der Adel und die gehobene Bürgerschaft Küstrins reißen sich um den interessanten jungen Herrn; eine Einladung folgt der anderen. Friedrich verehrt die Tochter des Kammerdieners Hille, überreicht ihr galante Billetts und zeigt sich von einer ebenso bezaubernden wie verblüffenden Heiterkeit, als wenn es die Katte-Tragödie in seinem Leben nie gegeben hätte.

Hille, sein Mentor in Politik und Wirtschaft, ein äußerst scharfsinniger und kritischer Mann, beobachtet den Kronprinzen sehr aufmerksam. Er stellt fest, daß Friedrich zu schnellen Temperaments- und Zornesausbrüchen neigt und daß er dann eine geradezu verzweifelte Ähnlichkeit mit seinem Vater hat. Ganz im Gegensatz zum König gibt er sich allerdings hochfahrend und arrogant zu nichtadligen Personen, und Hille sieht sich genötigt, ihn in dieser Hinsicht sehr deutlich zurechtzuweisen. (Dieser Adelshochmut in Friedrich ist ein Erbteil der Mutter.) Was Hille aber am bedenklichsten stimmt, ist Friedrichs unausrottbare Neigung, alles ins Lächerliche zu ziehen, sich über jedermann boshaft oder ironisch zu äußern. Nichts interessiert diesen jungen Mann ernsthaft, wenn man es ihm nicht geistreich oder witzig präsentiert. Der Kammerdiener erhält den Eindruck, daß sich der Kronprinz durch eine bemerkenswerte Herzenskälte auszeichnet.

Dieses Urteil ist um so bedeutsamer, als Hille ein völlig objektiver Beobachter ist, an einer positiven Erziehung des Kronprinzen wärmsten Anteil nimmt und die strengen pädagogischen Maximen des Königs sehr distanziert betrachtet. Er vertritt die Ansicht, daß es schlechterdings unmöglich sei, »das Herz zu einer aufrichtigen Liebe zwingen« zu wollen, und plädiert dafür, Friedrich – dessen Heuchelei er sehr wohl durchschaut – von seiten des Vaters dennoch mehr Vertrauen entgegenzubringen. Der König schreibt am 25. Mai 1731 an Hofmarschall von Wolden: »Der Kronprinz, Euer Untergebener, soll sich gewöhnen, ein stilles Leben zu führen. Er soll sich das englische und französische Wesen aus dem Kopfe schlagen und nichts als preußisch sein und ein deutsches Herz haben! Er soll auch wissen, daß seine älteste Schwester in vier Wochen den Sohn des Markgrafen von Bayreuth heiraten wird; und wo ich es à propos finde, soll auch Fritz heiraten, und zwar eine Prinzessin, die nicht aus dem englischen Hause ist. Er wird aber zwischen mehreren die Wahl haben, was Ihr ihm meinetwegen sagen könnt.«

Das »stille Leben«, das Friedrich Wilhelm sich für ihn wünscht, geht Friedrich ganz gegen den Strich. Langweilig und öde wird ihm mit der Zeit der Aufenthalt in Küstrin. Mit den Arbeiten auf der Kammer ist er inzwischen bestens vertraut, und so vergehen ihm die siebeneinhalb Stunden, die er täglich im Sitzungszimmer zubringen muß, nur unter Qualen. Die Beschäftigung mit betriebswirtschaftlichen Details scheint ihm ganz unter seiner Würde. Wenn der Vater glaubt, daß Fritz auch nur eine Spur Reue empfindet und Buße übt, so irrt er sich. Der Stolz dieses Prinzen ist wie der Wipfel eines Baumes: Man kann ihn beugen, gewiß; doch um so schneller schießt er wieder empor.

Stolz, ein ungeheurer, unbeugsamer Stolz, das ist die wahre Charakterchiffre des neunzehnjährigen Prinzen! Seine Unterwerfung ist geheuchelt. Seine Frivolität und Nonchalance sind echt. Aber dahinter, hinter der äußeren Fassade, von niemandem erkannt, entwickelt sich eine weitere Dimension seines Wesens, und die steht unter der Signatur: Intelligenz und Ehrgeiz. Nur wenn er ganz allein ist, von niemandem beobachtet, nur dann ist er der *wahre* Friedrich, und in solchen Augenblicken schreibt er einen erstaunlichen Traktat unter dem Titel »Gegenwart und Zukunft des preußischen Staates«.

Der Anfang klingt harmlos: Preußen, in seiner ungünstigen geographischen Lage, ist auf Frieden und auf ein gutes Verhältnis zu seinen Nachbarn angewiesen. Kriege müssen dem Staat verderblich sein, weil es immer Mehrfrontenkriege sein werden. Das müsse man im Auge behalten. Aber zugleich müsse man ein »zweites System« entwickeln, denn: »Wenn man nicht vorwärts geht, geht man zurück!« Um die territoriale Zersplitterung des preußischen Staates zu überwinden, sei der Erwerb des schwedischen Pommern und des polnischen Westpreußen zu erstreben. Insbesondere mit der Gewinnung Westpreußens, »welches einstmals deutsch war und nur durch die Kriege losgetrennt wurde, welche Polen gegen den Deutschen Orden führte«, könne man den Staat arrondieren. Und wenn man die Weichsel beherrscht, werde es möglich sein, die Polen im Zaum zu halten. Im Westen gelte es, die Jülich-Bergsche Erbnachfolge anzutreten, und sollte das Mecklenburger Fürstenhaus aussterben, müsse man unverweilt zur Eroberung schreiten. Unter solchen Auspizien sei es gewiß, daß der preußische König in Europa eine große Rolle spielen werde und keinen Feind zu fürchten brauche. »Ja«, so heißt es gegen Schluß, »ich wünsche diesem Königlichen Hause Preußen, daß es sich gänzlich aus dem Staube erhebt, in dem es sich befindet.«

Wir wüßten nichts von diesen Gedanken, wenn nicht der Kammerjunker von Natzmer, dem Friedrich das Exposé vertraulich zur Kenntnis gibt, flugs eine Abschrift anfertigen und sie dem Grafen Seckendorff zuspielen würde. Seckendorff wiederum leitet das interessante Schriftstück unverzüglich nach Wien weiter, wo es der berühmte Prinz Eugen liest, der bereits 1701 erklärt hatte, man sollte die Berater des Kaisers aufhängen, die der Erhebung des Kurfürsten von Brandenburg zum König von Preußen zugestimmt hätten, denn damit erwüchse dem Hause Habsburg ein lebensgefährlicher Gegner. Jetzt, nach der Lektüre des Küstriner Papiers, sagt er nachdenklich: »Aus diesem Projekt geht hervor, was für weitgerichtete Ideen dieser junge Herr hat. Und wenn auch noch manches flüchtig und nicht recht durchdacht ist, so muß es ihm doch an Temperament und Vernunft gar nicht fehlen. Mithin dürfte er mit der Zeit seinen Nachbarn um so gefährlicher werden.«

Am 15. August, neun Monate nach Friedrichs Entlassung aus der Festungshaft, kommt der König nach Küstrin. Vorher hat er zu Grumbkow gesagt, auf hundert Schritt Entfernung würde er es dem Fritz ansehen, ob er in sich gegangen sei oder ob er wieder Komödie spiele. Die beiden Kammerjunker von Natzmer und von Rohwedel führen Friedrich ins Zimmer, wo er sich sofort seinem Vater zu Füßen wirft. (So kann er sein Gesicht besser verbergen!) Der König spricht ihn ernst an und hält ein Strafgericht: »Höre, mein Kerl! Auch wenn Du sechzig oder siebzig Jahre alt wärst, so solltest Du mir nichts vorschreiben. Es wird mir nicht an Mitteln fehlen, auch Dich zur Raison zu bringen!« Alle Vergehen kommen nochmals zur Sprache, vor allem die Schulden, die Fritz gemacht hat; denn ein Schuldenmacher sei wie ein Dieb. Ob er, der Sohn, sich eigentlich Gedanken darüber gemacht habe, was nach einer geglückten Flucht denn geschehen wäre? »Eure Mutter würde in das größte Unglück geraten sein, und Eure Schwester hätte ich lebenslänglich an einen Ort verbannt, wo sie weder Sonne noch Mond beschienen hätte.« Friedrich schluchzt auf und bittet den Vater, ihn härtester Prüfungen zu unterziehen. Der König schweigt und beobachtet seinen Sohn. Dann:

Der König: »Hast Du Katte verführt oder hat Katte Dich verführt?«

(Das ist die Kernfrage! Wenn Friedrich jetzt nicht aufrichtig antwortet, ist er verloren.)

Der Prinz: »Ich habe ihn verführt!«

Der König: »Es ist mir lieb, daß Ihr endlich einmal die Wahrheit sagt!«

Damit ist das Eis gebrochen. Der Vater verspricht, das Vergangene zu vergeben und zu vergessen. Friedrich bricht erneut in Tränen aus, als der Vater ihn umarmt. Zum Schluß, als Friedrich Wilhelm schon im Wagen sitzt, stürzt der Sohn auf die Straße und küßt dem König im Beisein Hunderter von Zuschauern die Füße.

Eine herzzerreißende Szene. Würdig eines Shakespeareschen oder Schillerschen Dramas. Doch wer geht als Sieger aus ihr hervor? Scheinbar ja doch der Vater, denn die Unterwerfung des Sohnes ist öffentlich, ist einfach total. Der König hat seinen Willen in allen Stücken durchgesetzt; oder nicht? Friedrich Wilhelm zweifelt selbst bald daran. Hat der verdammte Fritz ihn wieder hinters Licht geführt? Er wird es bis zu seinem Tode nicht genau wissen; in »diesen Kopf« wird er niemals hineinsehen können. Also ist Friedrich der Gewinner? Gewiß in dem Sinne, daß er an diesem Tage alles erreicht hat, was er wollte: der Vater hat ihm endlich verziehen, und sein Sklavendasein geht nun zu Ende. Aber möglich wurde das nur um einen sehr hohen Preis, um den völliger Zerknirschung.

Friedrich hat seine Lage in den letzten neun Monaten sorgfältig analysiert. Er hat endlich begriffen, daß gegen diesen Berserker-Vater nicht aufzukommen ist. Und so hat er seinen Stolz gedemütigt und ist fest entschlossen, es niemals wieder – es sei, was es will – auf einen Konflikt mit dem Alten ankommen zu lassen. Niemals wieder! Aber ebenso fest steht sein Vorsatz, hinter der Schallmauer gespielter Artigkeit und Unterwürfigkeit nichts, aber auch gar nichts von seinem innersten Wesen, wie er es versteht, preiszugeben. Ein »Querpfeifer und Poet«? Nein, ein geborener Schauspieler, ein Komödiant ist dieser Prinz! Und die Komödie geht weiter; die Kulissen werden lediglich neu gestellt, und das Stück wird auf eine höhere Ebene gehoben. Ohne äußeren Zwang und ohne Gewalt, nun aus eigener Klugheit und Berechnung wird Friedrich auch in Zukunft ein doppeltes Leben führen. Dieses Doppeldasein wird ihm bald zur eigentlichen Natur werden. Die Schlußfolgerung, die er aus der Katastrophe zieht, die das Leben seines Freundes und fast sein eigenes kostete, heißt, sich niemals wieder von irgend jemand in die Karten schauen zu lassen, sein Herz vor der Welt mit stählernen Riegeln zu verschließen.

Die Aussöhnung zwischen Vater und Sohn hat sofort praktische Folgen. Der Kronprinz erhält den Rang und die Rechte eines wirklichen Rates bei der Küstriner Domänenkammer. Er sitzt in Zukunft direkt neben dem Präsidenten, mit dem er auch gemeinsam die Beschlüsse und Berichte unterzeichnet. Mit der theoretischen Unterweisung hat es ein Ende. Friedrich wird regelmäßig, in Begleitung eines erfahrenen Beamten, sechs bestimmte Ämter des Küstriner Bezirks inspizieren und dabei die volks- und betriebswirtschaftliche Praxis kennenlernen. Viehzucht, Landwirtschaft und Brauereiwesen sind die Schwerpunkte seines Arbeitspensums. Die Teilnahme an den Sitzungen der Kammer unter der Leitung des Präsidenten von Münchow wird auf dreimal wöchentlich beschränkt.

In den nächsten neun Monaten sieht man den Prinzen in Kuh-, Pferde- und Schweineställen. Er besichtigt Sümpfe, Äcker und Wiesen, er inspiziert Vorwerke, Brauereien und Glasbrennereien. In diesem Dreivierteljahr erfolgt Friedrichs Hinwendung zum Staat; und der Staat, das Allgemeine, erwächst eben aus dem Detail. Diese Einsicht hat der Vater erzwungen. Er hat seinem genialen, flatterhaften Sohn beigebracht, auch das Kleine, ja Kleinste ernstzunehmen, hat ihm beigebracht, daß man die Wirtschaft eines Staates nur lenken kann, wenn man in der Lage ist, einen guten Bauernhof von einem schlechten zu unterscheiden. Und noch etwas begreift der Sohn in dieser Zeit: die ungeheure Aufbau- und Organisationsleistung des Vaters.

Friedrich Wilhelm I. hatte 1713 den Staat Preußen in einem katastrophalen Zustand übernommen. Ostpreußen, die größte Provinz des frischgebackenen Königreiches, war durch die Pest verheert, die zehn Jahre lang gewütet und das Land fast entvölkert hatte. Die Dörfer waren verwaist, die Städte siechten kümmerlich dahin, die Restbevölkerung vegetierte in bitterster Armut. In den anderen Landesteilen waren die königlichen Domänen (Staatsgüter) entweder verschuldet oder verpachtet; von geregelten Staatseinkünften konnte keine Rede sein. Die Streitkräfte – nominell 30 000 Mann – befanden sich in einem erbärmlichen Zustand, und niemand wußte, über welchen Etat sie weiterhin finanziert werden sollten. Die Staatskasse stand kurz vor dem Bankrott.

Friedrich Wilhelm erkannte mit einem Blick die Wurzel allen Übels im Chaos der preußischen Finanzverwaltung. Jede historische Landschaft des weitverstreuten Staates hatte von alters her ihre eigene Steuer- und Abgabeordnung. Der König begriff, daß die Staatsfinanzen einheitlich verwaltet werden müßten, wenn Ordnung und Prosperität im Lande herrschen sollten. Bis dahin hatte es ein Generalkriegskommissariat gegeben, das die Angelegenheiten der Armee verwaltete, und daneben ein Domänendirektorium, das für alle Zivilfragen zuständig war. Beide Behörden arbeiteten neben-, ja gegeneinander, und die Resultate waren dementsprechend. Ein Jahr nach seiner Thronbesteigung, am 3. Oktober 1714, hatte Friedrich Wilhelm die Generalrechenkammer eingerichtet, in der Erwartung, beide Verwaltungszweige durch straffe Kontrolle von oben zur Kooperation bringen zu können. Es vergingen acht Jahre, bis zum 20. Dezember 1722, bis der König sich zu einem revolutionären Schritt entschloß: Er schuf ein sogenanntes General-Ober-Finanz-Kriegs- und Domänen-Direktorium (kurz genannt: Generaldirektorium), in dem beide Behördenstränge einheitlich zusammenliefen.

Das war die Geburtsstunde des modernen, zentralisierten Verwaltungsstaates. Der König ließ den Ministern der neuen Oberbehörde eine Ordre verlesen, in der es hieß: »Bis jetzt haben Sie nichts getan als gegeneinander zu arbeiten, als wenn das Kriegskommissariat nicht sowohl des Königs von Preußen wäre als auch das Finanzdirektorium. Dieses Konfusionswerk kann nicht länger Bestand haben! Bisher hielt das Kriegskommissariat Rechtsgelehrte und Advokaten aus meinem Beutel, um gegen das Finanzdirektorium zu fechten; also gegen mich selbst. Das Finanzdirektorium wiederum hielt aus meinem Beutel Advokaten, um sich gegen das Kommissariat zu verteidigen. Glaubten Sie vielleicht, daß Sie mich zum Narren halten und mir etwas vormachen können?«

Ordnung, Sparsamkeit und Disziplin – nach dieser Devise wurde nun das preußische Staatsgefüge organisiert, und die neue Staats- und Finanzorganisation wurde zur Grundlage einer staatlichen Planwirtschaft. Von nun an hieß es: Was kostet es? Wie lange dauert es? Was bringt es ein? Trägt es Zinsen? Wenn nicht, war es in des Königs Augen »nichts als Wind«. Nur Projekte, »die Plus machen«, wurden in Angriff genommen. Jedes betriebswirtschaftliche Unternehmen wurde unter dem Gesichtspunkt des volkswirtschaftlichen Ganzen gesehen. Eine erste Art von Staatssozialismus, könnte man guten Gewissens sagen. Damals nannte man es »Merkantilsystem«, worunter nichts anderes als ein staatlicher Dirigismus in allen Wirtschaftsfragen zu verstehen war. Der Schwerpunkt dieses Systems lag in der staatlichen Förderung des Außenhandels mit dem Ziel einer aktiven Handelsbilanz, damit Devisen ins Land flossen. Unabdingbare Voraussetzung eines erfolgreichen Außenhandels aber war die planmäßige Förderung des heimischen Gewerbes, des inländischen Handels und des innerstaatlichen Verkehrs. Das eigene Geld, so meinte der König, sollte im Lande bleiben und dafür viel fremdes Geld hereingezogen werden.

Paradebeispiel dieser Politik war die Förderung der preußischen Wollindustrie. Vorher hatte man die Tuche aus Holland, Frankreich und England bezogen; und Material wie Verarbeitung hatten Unsummen an Geld verschlungen. Der Preußenkönig schuf mit Geduld und Gewalt eine bedeutende heimische Wollindustrie, wobei er weder den Gesichtspunkt der Quantität noch den der Qualität aus dem Auge verlor. Er engagierte Wollweber aus dem Ausland und bezahlte ihnen die Webstühle. Diese Spezialisten lehrten die Brandenburger und Pommern verfeinerte Qualitätsmethoden. Dann schickte er seine Räte durchs Land. Sie gingen in jedes Haus, in jede Kate, sprachen mit jeder Familie und füllten komplizierte Fragebogen aus, die sie nach Berlin oder Potsdam sandten. Alles war darin erfaßt; auch, wer soff und hurte, faulenzte oder sein Eheweib schlug. Der König studierte die Statistiken, und dann gab er Befehl, wo neue Webstühle aufzustellen waren, die der Staat aus den eigenen Überschüssen finanzierte.

Volkswirtschaft und Volkspädagogik in einem! Das Ergebnis war: die preußische Wollindustrie blühte auf, und die allgemeine Arbeitsmoral hob sich im Lande. Preußische Tuchwaren erwarben sich weit über die Staatsgrenzen hinaus einen Namen, und das »Preußischblau« gar wurde zu einem weltweiten Begriff. In Berlin entstand eine staatliche Wollfabrik (das »Lagerhaus«), die 1738 bereits in der Lage war, von den achttausend Stück Tuch, welche die preußische Armee jährlich brauchte, siebzig Prozent selbst herzustellen.

Ohne die Armee, ohne die konsequente Militarisierung des preußischen Staates, wäre das alles nicht möglich gewesen. Die Armeeorganisation wurde unter Friedrich Wilhelm zum Schwungrad der Staatswirtschaft. Er vergrößerte die Streitkräfte von 30 000 auf 80 000 Mann, von denen etwa vierzig Prozent ständig unter den Fahnen standen, die jedes Jahr von Kopf bis Fuß neu eingekleidet wurden (vornehmlich in blauen Uniformtuchen). Zur Einkleidung kam die Bewaffnung. Vorher hatte man die leichten und schweren Waffen fast ausschließlich aus Westdeutschland, aus der Grafschaft Mark bezogen; die Fabrik von Engels war dafür berühmt. Der König zog Fachpersonal nach Berlin und errichtete eine große Gewehrfabrik in Spandau. Die Berliner Kaufleute Splittgerber und Daum erhielten großzügige Kredite, und bald lieferten sie Bajonette und Säbelklingen, die der bekannten Engels'schen Qualität in nichts nachstanden.

Wo nahm der König die vielen Soldaten her, bei einer knappen Bevölkerung von zweieinviertel Millionen Menschen? Nicht ganz ein Drittel der preußischen Armee bestand aus Söldnern, die im Reichsgebiet oder im sonstigen Ausland geworben wurden. Die Exzesse der preußischen Werbeoffiziere waren in ganz Europa Gesprächsthema, und so friedfertig Friedrich Wilhelm I. auch ansonsten seine Außenpolitik betrieb, für seinen »Soldatenfimmel« nahm er sogar diplomatische Verwicklungen in Kauf. An den Höfen lachte man über seine Vorliebe für »lange Kerls«, junge Männer, die größer als 1,75 Meter waren, was in der damaligen Zeit schon eine Rarität war. Abgesehen davon, daß diese großen Männer den Vorzug hatten, die langen Gewehre, die man damals benutzte, besser und schneller handhaben, vor allem laden zu können, war ein »langer Kerl« in den Augen des Königs die Verkörperung eines gesunden und wohlentwickelten Menschentums. Das läßt sich nur verstehen, wenn man bedenkt, daß ein Großteil der damaligen Bevölkerung unterernährt, kleingewachsen, schmalbrüstig und skrofulös war. Neben solchen ›mickrigen‹ Figuren wirkten die großen, breitschultrigen Grenadiere natürlich wie Wundererscheinungen, wie der Inbegriff eines schöneren, kräftigeren Menschenschlages. Für solche Männer war dem knauserigen König kein Taler zu schade, und er nahm es hin, daß alle Welt über ihn lachte, daß man ihn schließlich nur noch den »Soldatenkönig« nannte.

Etwa siebzig Prozent der Armee mußte die eigene Bevölkerung stellen. In der Vergangenheit, unter Friedrich I., war die Aushebung der Rekruten eine Sache der persönlichen Willkür gewesen, eine Angelegenheit, in welche der Hof, die Adligen, die Regimentskommandeure, ja die Kapitäne der einzelnen Kompanien hineinregierten, kurz: ein vollständiges Chaos.

Opfer waren die kleinen, armen Leute, mit denen jeder machte, was er wollte. Friedrich Wilhelm bereitete diesem unerträglichen und unwürdigen Zustand ein Ende, indem er im Jahre 1733 das Kantonreglement einführte. Ein kulturrevolutionärer Schritt von epochaler Bedeutung! Denn dieses Kantonreglement war die unmittelbare Vorstufe der allgemeinen Wehrpflicht, die achtzig Jahre später gesetzlich verkündet und zu einer der wichtigsten Errungenschaften des Demokratisierungsprozesses wurde.

Nach den Vorschriften des Kantonreglements wurden alle Feuerstellen des Landes in kleine Bezirke (Kantone) gegliedert und den einzelnen Kompanien bzw. Regimentern zur Rekrutenaushebung überwiesen. Die Dienstpflicht galt vom 18. bis zum 40. Lebensjahr, freigestellt waren: die Söhne der Adligen und der Grundeigentümer, der reichen Bürger (mit einem Mindestvermögen von 6000 Talern) und die Pfarrerssöhne, die sich zum Theologiestudium entschlossen.

So gelang es dem Soldatenkönig, etwa zu der Zeit, als der Kronprinz in seiner Eigenschaft als Kammerrat den Bezirk Küstrin bereiste, eine stehende Armee von 80 000 Mann auf die Beine zu stellen; das drittgrößte Heer Europas, nach Frankreich und Österreich. Aber an die Ökonomie war auch hier gedacht. Denn ständig unter den Fahnen standen nur zirka 32 000 Mann, von denen fünfundsiebzig Prozent geworbene Söldner waren. Die große Mehrheit aller einheimischen Soldaten war zehn bis elf Monate im Jahr für die Arbeit in der Landwirtschaft, insbesondere für die Frühjahrsaussaat und für die Erntebestellung, nach Hause beurlaubt. Und fast alle profitierten von diesem System konsequenter gegenseitiger Durchdringung von Volkswirtschaft und Heerwesen: Die Bauernjungen aus Brandenburg, Pommern und Ostpreußen, die zu Hause barfuß und in Lumpen gingen, vom Gutsherrn geprügelt wurden und den lieben, langen Tag auf dem Felde schuften mußten, für sie war das Soldatenleben, mit guter Verpflegung und neuer Montur, eine Art Erholungsurlaub; das Brüllen und Fuchteln der Unteroffiziere lief wie Wasser an ihnen ab. Die Bauern und Gutsbesitzer wiederum erhielten Arbeitskräfte zurück, die an Wissen und Fertigkeiten, an Witz und Schläue, an Sauberkeit und Adrettheit profitiert hatten. Industrie und Handwerk arbeiteten mit Vollbeschäftigung für die Armee; die Armee ihrerseits förderte mit ihren technischen Anforderungen den Wissensstand der Bevölkerung und das Wirtschaftswachstum des Landes. Es war ein sich selbst ergänzender ständiger Kreislauf, eine Art staatspolitisches Perpetuum mobile.

Der Kronprinz, auf seinen Inspektionsfahrten im Küstriner Bezirk, bekommt das alles zu Gesicht. Er sieht, hier ist ein Staats- und Wirtschaftsorganismus entstanden, bei dem ein Rad in das andere greift und die Bewegung vorwärtstreibt. Widerwillig muß er sich eingestehen, daß der Vater ein Organisationsgenie ersten Ranges ist. Und die Küstriner Lehrjahre, die ihn so bitter ankommen, sollten – wenn er erst selbst Regent ist – zum Fundament seiner eigenen Verwaltungstätigkeit werden.

Doch soweit ist es noch nicht. Zunächst steht ihm eine neue Katastrophe bevor. Friedrich Wilhelm beschäftigt sich im Herbst 1731 ernsthaft mit Heiratsplänen für den Kronprinzen. Friedrich ahnt davon nichts. Gerade hat er sich mit der liebenswürdigen Frau des Obersten von Wreech, geb. von Schöning, in eine »starke amour« eingelassen. Er umschwärmt die junge Dame leidenschaftlich. Der Vater erfährt alles durch seine Aufpasser, greift in das ehebrecherische Verhältnis nicht ein, macht im Tabakskollegium sogar wohlwollende Späße darüber. Als Frau von Wreech im Mai 1732 eine Tochter zur Welt bringt, ist alle Welt von Friedrichs Vaterschaft überzeugt, was sein kann, aber auch nicht sein kann. Soll sich der Fritz ruhig austoben, denkt der Soldatenkönig. Was die Verehelichung seines Nachfolgers angeht, so ist das für ihn, den Monarchen, keine private, sondern eine hochpolitische Frage. Am 4. Februar 1732 erhält Friedrich einen Brief seines Vaters, in dem er ihm kurz und bündig mitteilt, er habe Elisabeth Christine aus dem Hause Braunschweig-Bevern zu heiraten. Der Vater fügt hinzu: »Die Prinzessin ist nicht häßlich, auch nicht schön. Wenn Ihr mit ihr einen Sohn haben werdet, dann will ich Euch reisen lassen! Die Hochzeit kann aber nicht vor dem kommenden Winter sein. Indessen wird es sich machen lassen, daß ihr Euch vorher einige Male in aller honneur sehen könnt. Sie ist ein gottesfürchtiger Mensch; und das ist genug.«

Friedrich tobt. Das ist der Gipfel des väterlichen Terrors! Hatte ihm der König nicht fest versprochen, daß er sich seine zukünftige Frau unter verschiedenen Prinzessinnen selbst aussuchen dürfe? Eine elegante, schöne, geistreiche Frau, eine zweite Sophie Charlotte, so hatte er sich die künftige Königin an seiner Seite erträumt. Und nun diese Person, »nicht häßlich und nicht schön« und dazu »gottesfürchtig«, also fromm, unzweifelhaft eine Betschwester! Der Kronprinz weiß genau, was hinter der ganzen Sache steckt. Elisabeth Christine ist die Nichte der Kaiserin zu Wien, und also handelt es sich um ein österreichisches Heiratsprojekt. Daran kann kein Zweifel sein. Seckendorff und Grumbkow haben das eingefädelt. Der Vater, der sich für so »souverän« hält, ist wieder einmal ein Werkzeug in ihren Händen.

Er, Friedrich, hat überhaupt kein Bedürfnis nach ehelichem Glück, wovon der Vater so gerne redet. Gewiß, er verehrt die Frauen, wenn sie geistreich, schlagfertig, munter und kapriziös sind. Wenn sie so sind wie seine Großmutter. Er genießt auch das sexuelle Spiel, wenn es kurzweilig und charmant ist. Die Vorstellung einer häuslichen Zweisamkeit liegt völlig außerhalb seiner Vorstellungswelt. Ganz Kind des höfischen 18. Jahrhunderts ist er von den bürgerlichen Leitbildern der Familientugend und des Familienglücks, die erst die Romantik zu Beginn des 19. Jahrhunderts kreieren wird, um Epochen entfernt.

Steht dem Prinzen eine neue Heimsuchung bevor? Nicht so furchtbar und blutig wie die des Jahres 1730, aber dafür »lebenslänglich«? In seiner namenlosen Wut schleudert er die schlimmsten Verwünschungen gegen die arme Prinzessin. Er nennt sie das »corpus delicti« oder »die Ware« oder »das Gezücht«, schließlich »den abscheulichen Gegenstand meiner Wünsche«. (Noch in der größten Empörung kann er nicht auf Ironie verzichten.) Er steigert sich bis zu der Erklärung: »Lieber die größte Hure von Berlin als eine Betschwester!« Inzwischen hat er von verschiedener Seite Schilderungen der Prinzessin bekommen, deren Aussehen weder besonders anziehend noch sehr abstoßend ist, von der man sagen könnte, sie ist ein nettes Mädchen mit schönen Augen und einem reizvollen Busen, ziemlich scheu und schüchtern, im gesellschaftlichen Verkehr recht befangen und meistens stumm; ihre Haupttugend liegt in ihrem harmlosen Wesen und in der Frömmigkeit. Für Friedrich ist das alles ein Greuel. Und so schreibt er denn an Grumbkow: »Ich will lieber Hahnrei werden oder unter dem Pantoffel eines hochmütigen Weibes stehen als eine dumme Person heiraten, die mich durch Albernheiten rasend macht und deren ich mich vor den Leuten schämen muß. Und nun gar eine Betschwester, die einen ganzen Schwarm von Augenverdrehern hinter sich hat . . . Man lasse die Prinzessin lieber einige leichtfertige Molièresche Stücke auswendig lernen als des seligen Arndt Wahres Christentum! Wenn sie wenigstens tanzen und musizieren könnte . . .«

Der frivole, ja provozierende Ton darf nicht darüber hinwegtäuschen, daß der junge Mann wirklich am Rande der Verzweiflung ist. Hier geht es ja um das ganze Leben, und hier geht es um das, was man heutzutage ›Selbstbestimmung‹ nennt. Darf er sich nicht einmal seine Frau selbst aussuchen? Friedrich ist zwanzig Jahre alt, er kann sich nicht vorstellen, daß der König so grausam ist, ihn in einen lebenslänglichen Ehekäfig sperren zu wollen, und es spricht für den Prinzen, daß er die Sache so ernst nimmt, daß er sich nicht achselzuckend in das Unvermeidliche fügt. In dieser Stimmung setzt er sich am 19. Februar hin und schreibt aus tiefster Seelenqual: »Der König soll doch bedenken, daß nicht er es ist, der heiratet, sondern ich!« Er erinnert sich an die Zusage des Vaters: »Er hatte ja damals versprochen, ich sollte unter mehreren Prinzessinnen wählen können. Er wird doch hoffentlich Wort halten!« Er hält nur mit Mühe die Tränen zurück: »Ich bin mein ganzes Leben lang unglücklich gewesen.« Er denkt an seinen Fluchtversuch: »Ich habe für eine bloße Verirrung genug gelitten!« Und schließlich, in größter Herzensnot: »Im schlimmsten Fall kann ein Pistolenschuß allen Leiden ein Ende machen.«

Keines dieser Worte ist an den Vater direkt gerichtet. Der Sohn wagt keinen offenen Konflikt. Im Gegenteil, am 19. Februar schreibt er resignierend an seinen Vater über Elisabeth Christine: »Sie mag sein, wie sie will. Ich werde jederzeit meines allergnädigsten Vaters Befehlen nachleben. Mir kann nichts Lieberes geschehen, als meinem allergnädigsten Vater Gehorsam zu erweisen. Und so erwarte ich denn untertänig meines allergnädigsten Vaters weitere Order.« Und so findet am 10. März 1732 die Verlobung zwischen Friedrich und Elisabeth Christine statt, wie es der Soldatenkönig gewünscht hat. Fritz hat auf der ganzen Linie kapituliert, ja man kann sagen, er ist dem Vater in die Falle gegangen. Denn von einem reibungslosen Verlöbnis hat der Alte es abhängig gemacht, die Küstriner Verbannung aufzuheben. Und dafür zahlt der Kronprinz jeden Preis! Schon am Tag nach dem Verlöbnis ernennt ihn der König zum Oberst, zum Chef eines Infanterieregiments, und führt ihn höchstpersönlich in die Versammlung des Generaldirektoriums ein. Friedrich darf sogar präsidieren, wenn der König an der Teilnahme verhindert ist. Beim Abschied aus Küstrin, in dem er die dunkelsten, aber gewiß lehrreichsten eineinhalb Jahre seines Lebens verbracht hat, erkundigt sich der Kammerpräsident von Münchow bei ihm, wie er sich denn – wenn er eines Tages König ist – zu seinen Feinden verhalten wird, die ihm soviel Leid zugefügt haben. Friedrich lächelt: »Ich werde glühende Kohlen auf ihren Häuptern sammeln.«

Der frischgebackene Oberst nimmt unverzüglich Quartier in Neuruppin, einem kleinen Städtchen der Mark Brandenburg, in dem das erste Bataillon seines Regiments garnisoniert. Zwei Bürgerhäuser stehen ihm zur Verfügung und ein kleines Gärtchen, das zu seinem Lieblingsaufenthalt wird. Der prinzliche Regimentskommandeur wird vom ersten Tag an ein perfekter Soldat.

Was niemand vermutet hat, vor allem der König nicht: Friedrich findet sich auf Anhieb in der Jungmännerwelt des Offizierskorps zurecht! Am Tage exerzieren, des Abends pokulieren; nach diesem Motto spielt sich das Leben in der kleinen Garnisonstadt ab. Der Prinz wird zum Anführer einer übermütigen Bande junger Offiziere, die das brave Städtchen aus seiner behaglichen Ruhe aufscheuchen, den biederen Bürgern gelegentlich die Fenster einschmeißen und am liebsten artige Bürgerstöchter verführen. Fritz ist bei alledem mit dabei und vorneweg. Es ist, als ob er versäumte Jugendtorheiten nachholen, die düsteren Erinnerungen an Katte und Küstrin mit wilden Exzessen aus dem Gedächtnis streichen, mit Alkohol und Mädchen die Schatten der blutigen Vergangenheit für immer verdrängen möchte. Er führt sich auf wie ein einundzwanzigjähriger Leutnant; wenigstens tagsüber. Des Abends versammeln sich die jungen Offiziere um ihren prinzlichen Chef im Blumengarten; dann perlt der Champagner unter sternenklarem Nachthimmel oder Friedrichs Flöte klingt träumerisch aus einem offenen Pavillon.

Aber das ist nur die eine Seite seines Ruppiner Lebens, von der der Vater beileibe nichts wissen darf. In seinen Briefen nach Potsdam und Berlin gibt sich Friedrich ganz seriös, als verantwortungsbewußter Truppenkommandeur, der an nichts als an die Haltung und an das Wohl seines Regimentes denkt. Anstelle der bisherigen goldenen Tressen führt er silberne Litzen an den Uniformen seiner Soldaten ein (womit er Geschmack beweist, da Silber exzellent zu Blau paßt), und der Alte freut sich darüber, sieht er doch, daß der Sohn nun auch die kleinen Dinge ernst nimmt.

In diese Ruppiner Jahre fällt die Vermählung mit Elisabeth Christine, am 12. Juni 1733. Ungeachtet aller Pomp- und Prachtentfaltung ist es ein bedrückendes Fest. Friedrich hat Tränen in den Augen, als die Ringe gewechselt werden, und selbst die Einsegnungspredigt klingt steif und unpersönlich. Sophie Dorothea zeigt ihrer jungen Schwiegertochter die kalte Schulter. Sie kann es immer noch nicht verwinden, daß ihr die »Doppelheirat« mißglückt ist; die eheliche Verbindung ihres Ältesten mit einer kleinen Provinzprinzessin ist in ihren Augen eine krasse Mesalliance. Elisabeth Christine benimmt sich scheu und ungeschickt; ganz verschüchtert steht sie neben ihrem steifen, verschlossenen Ehemann, der ihr schließlich Vorhaltungen macht, daß sie sich nicht herzlich und aufgeschlossen zu seiner geliebten Wilhelmine zeigt, die eigens von Bayreuth angereist ist. Kurz, die Hochzeit des kronprinzlichen Paares ist eine einzige Peinlichkeit.

Im Sommer 1734 darf Friedrich als Freiwilliger am Rheinfeldzug teilnehmen, den die Kaiserlichen gegen die Franzosen führen, und die preußischen Regimenter begleiten, die der Soldatenkönig aufgrund des Wusterhauser Vertrages dem Kaiser stellen muß. Er macht einen vorzüglichen Eindruck auf den alten Prinzen Eugen, der das Reichsheer kommandiert. Friedrich ist geschmeichelt, was ihn aber nicht davon abhält, sich ein kritisches Urteil über die österreichischen Truppenteile zu bilden: »Dieser Feldzug ist eine wahre Schule. Aus der Unordnung und Konfusion, die in der kaiserlichen Armee herrscht, kann man viel lernen.«

Ein Jahr später muß er Ostpreußen besuchen; der Vater wünscht, daß er diese Provinz gründlich inspiziert. Der Sohn mault: »Eine Sendung nach Preußen ist etwas anständiger als eine Sendung nach Sibirien; aber nicht viel.« Der Vater hätte das nicht hören dürfen. Und so muß Fritz nicht nur Ostpreußen inspizieren, sondern danach auch weiterhin in Neuruppin seine Soldaten exerzieren; tagaus, tagein, in einem ewigen Einerlei. Soll diese »preußische Notwendigkeit« denn für ihn niemals ein Ende nehmen? Nach einer Besichtigung mehrerer Regimenter durch den Vater schreibt er mißgestimmt: »Wir exerzieren uns hier Tag für Tag halbtot und erreichen damit doch nichts, denn heute hat das Regiment des Markgrafen Heinrich Revue gehabt, und obwohl es Wunder vollbracht hat, war der König mit nichts zufrieden.« Er seufzt und fährt fort: »Ich erwarte den Tag, die Stunde, ja die Minute, wo ich von hier fort kann, um in meine Ruhe zurückzukehren und das Leben zu genießen.«

Dieser Traum von einem anderen Leben wird endlich, im Sommer 1736, wahr. Der Soldatenkönig verdoppelt nicht nur das jährliche Einkommen des Kronprinzen, das bislang 6000 Taler betragen hatte, begleicht nicht nur die prinzlichen Schulden, die inzwischen auf die stattliche Summe von 40 000 Talern angelaufen sind, er erwirbt außerdem für seinen Sohn das Lustschlößchen Rheinsberg, das ganz in der Nähe von Neuruppin in dem landschaftlich bezauberndsten Winkel der Mark Brandenburg liegt. Der König möchte dem jungen Ehepaar, das nun schon drei Jahre miteinander verheiratet ist, ein eigenes Nest bereiten.

Ende August übersiedelt Friedrich mit seiner Frau und einem kleinen Hofstaat nach Rheinsberg, und hier wird er die vier glücklichsten Jahre seines Lebens verbringen. Endlich sein eigener Herr in einem eigenen Reich! Bald wird er Rheinsberg »mein Sanssouci, mein kleines Kloster« nennen. Aber dieses »Kloster« besteht aus einem entzückend in die Landschaft getupften Sommerschloß mit großen lichtdurchfluteten Sälen, kleinen verschnörkelten Wohnzimmern, die von Gold und Silber glänzen, deren schönster Schmuck aber eine unübersehbare Zahl elegant gearbeiteter Spiegel der verschiedensten Größen und Formgebungen ist. Ein französisch zugestutzter Park, Treibhäuser mit den edelsten Obst- und Gemüsesorten, ein idyllischer See für Boots- und Gondelfahrten, alles umrahmt und eingefaßt von einer tiefgrünen Kulisse brandenburgischer Mischwälder, kurz: Rheinsberg, das ist die Verwirklichung aller Träume des schönheitstrunkenen jungen Prinzen. Hier ist er glücklich, hier hat er sein Feenreich gefunden.

Und märchenhaft ist auch das Leben der »Klosterinsassen«. Freiherr von Bielfeld, ein lebenslustiger Hamburger Kaufmannssohn, den Friedrich in Braunschweig kennenlernt und der ihn dort heimlich in den Freimaurerorden einführt, gehört zum innersten Rheinsberger Freundeskreis. Er schreibt in einem Brief: »Unsere Tage fließen ruhig dahin im Genusse aller Freuden, welche einem gebildeten Geist zusagen können. Götterwein an königlicher Tafel, Musik wie von Engelschören, herrliche Spaziergänge in Park und Wald, Wasserfahrten, geistreiches Gespräch . . .« Der junge Mann ist von Friedrichs Domizil geradezu berauscht: »Alles vereinigt sich, das Leben stets mit neuen Reizen zu schmücken.«

Es ist klar, hier ist ein Anti-Potsdam im Entstehen, hier wird bewußt und absichtlich eine Gegenwelt zu der des Vaters kultiviert. Hier gibt es kein Stampfen und Exerzieren der Grenadiere, keine barschen Kommandotöne der Offiziere, keine Knickerigkeit und Knauserigkeit des Soldatenkönigs. Der Despotie von Potsdam setzt Friedrich die Republik von Rheinsberg entgegen.

Der Kronprinz engagiert sich eine eigene Kapelle, die bald aus neunzehn Musikern besteht, darunter Virtuosen wie Graun und Benda. Täglich, jeden Abend, finden Konzerte statt, bei welchen der Prinz mit seiner

Querflöte brilliert (selbst Experten sind der Ansicht, daß niemand ein sanftes Adagio so seelenvoll wie Friedrich spielt). Elisabeth Christine und ein erlesener Flor junger Damen verschönern die opulenten Mahlzeiten, erscheinen auch zu den Konzerten oder Theateraufführungen französischer Klassiker, bei denen der Prinz höchstpersönlich Rollen übernimmt und hin und wieder auch weibliche Gestalten verkörpert; selbst eine Witwe, was Lachsalven auslöst. Abends erstrahlen die Fenster des Schlößchens von hundertfältigem Kerzenschimmer, und die Schatten der Damen und ihrer Kavaliere neigen sich graziös zueinander, während Menuettweisen nach draußen klingen. Das Schloß wird mit einer kleinen Druckerei ausgestattet und erhält astronomische Beobachtungsinstrumente. Der Prinz legt sich eine auserwählte Bibliothek zu, die neben Belletristik Werke der Philosophie, der Aufklärungstheologie und der antiken Geschichte umfaßt; selbstverständlich alles in der vom Vater verabscheuten französischen Sprache, in der Friedrich das Rheinsberger Leben in Freiheit besingt:

> Dort, unterm Himmelsblau, am Fuß der Buchen,
> Wird Wolff studiert, wenn auch die Pfaffen fluchen.
> Frohsinn und Grazie halten hier ihr Haus;
> Auch andere Götter lassen wir nicht aus.
> Bald, wenn wir glühn in holdem Überschwang,
> Tönt Mars und Pallas unser Hochgesang.
> Dann wird ein Trunk dem Bacchus dargebracht,
> Und Venus opfern wir im Schoß der Nacht.

Dieser Lebensstil kostet natürlich Geld, und Friedrich macht bedenkenlos Schulden, obwohl doch der Vater ihm das Schuldenmachen verboten und als die gemeinste Sache von der Welt hingestellt hat. Über Seckendorff besorgt er sich Darlehen des Kaisers; die Könige von England und von Polen werden immer wieder von ihm angepumpt. Das kann dem König nicht völlig verborgen bleiben, und so schwankt das Verhältnis zwischen Vater und Sohn ständig in diesen Jahren, bewegt sich unaufhörlich zwischen gegenseitigen Annäherungsversuchen und beiderseitigen Haßausbrüchen. Wenn der Prinz an seinen Vater schreibt, ergeht er sich in untertänigsten, fast sklavischen Formulierungen. In seiner geheimen Privatkorrespondenz mit vertrauten Freunden heißt es dagegen anläßlich eines Besuchs in Berlin: »Der König hat seinen Haß auf mich in vielfacher Weise geäußert. Wäre ich nicht sein ältester Sohn, ich nähme meinen Abschied und möchte mir lieber mein Brot bettelnd in der Fremde suchen als alle die Kränkungen länger erdulden, die ich hier hinunterschlucken muß.« Und etwas später schreibt er: »Ich muß meinen eigenen Vater als meinen Todfeind betrachten, der mich unablässig belauern läßt, um den Moment herauszufinden, in dem er mir hinterrücks einen Stoß versetzen kann.«

Wie gestaltet sich Friedrichs Verhältnis zu seiner junge Frau in Rheinsberg? Nach außen hin vorzüglich. Elisabeth Christine blüht in dem brandenburgischen Märchenschlößchen auf, wird von Friedrich und dem gesamten Hofstaat zuvorkommend behandelt, wie es einer Kronprinzessin gebührt, nimmt heiter und unbeschwert an allen Geselligkeiten teil und erntet dafür dankbare Worte und Blicke ihres Mannes. Niemals hat Elisabeth Christine die harmonischen Tage von Rheinsberg vergessen; das Bild des schönen und galanten, vergnügten jungen Ehemannes gräbt sich für immer in ihr schwärmerisches, liebeshungriges Herz ein. An ihre Mutter schreibt sie, ganz verzaubert von Friedrich: »Ich habe noch nie jemand so fleißig gesehen wie ihn. Von sechs Uhr morgens an bis ein Uhr mittags widmet er sich der Lektüre, der Philosophie und allen schönen Dingen. Von halb zwei bis drei Uhr nehmen wir das Mittagsmahl ein. Dann trinken wir bis vier Uhr Kaffee, und er ist wieder fleißig bis sieben Uhr. Nun beginnt das Konzert, das zwei Stunden dauert. Darauf schreibt er Briefe, geht auch wohl zum Spiel, und um halb elf Uhr wird gewöhnlich zu Abend gespeist.« Elisabeth Christine nennt ihren Mann »den größten Fürsten der Zeit« (sie ist also die erste, die ihm dieses Epitheton beilegt!) und versichert ein über das andere Mal, daß sie »überglücklich« ist, seine Frau sein zu dürfen.

So sympathisch, ja rührend diese Konfessionen sind, sie sind doch zugleich völlig unkritisch und naiv, was angesichts der mangelnden Lebenserfahrung und Menschenkenntnis der jungen Prinzessin nicht wundernehmen kann. Elisabeth Christine ist keineswegs dumm (später wird sie sogar ein kleines Büchlein schreiben, eine Art Erbauungstraktat in Christentum), aber von ihrem Mann weiß sie – abgesehen von Äußerlichkeiten – nichts; sie wird ihn niemals verstehen lernen. Sie ist glücklich und strahlt, wenn er heiter und vergnügt ist, und das ist er – hier in Rheinsberg – fast immer. Von den tiefen Abgründen in seinem Wesen, seinem geradezu dämonischen Sarkasmus, seiner kühl-distanzierten Beobachtungsgabe ahnt sie nichts. Seine Doppelnatur bleibt ihr ein ewiges Geheimnis.

Friedrich selbst schreibt einen Monat, nachdem sie in Rheinsberg eingezogen sind, in einem Brief: »Ich teile das Schicksal der Hirsche, die gegenwärtig ihre Brunftzeit haben. In neun Monaten könnte sich etwas ereignen . . .« Liebe und herzliche Zuneigung sprechen aus diesen Zeilen nicht. Vertraulich gesteht er, daß er seine ehelichen Pflichten getreulich erfülle, aber ohne große Leidenschaft. Zu einem Freund sagt er über seine Frau: »Sie hat einen wunderschönen Leib und ein zuckersüßes Vötzchen.« Aber über welche Attraktionen die Kronprinzessin auch immer verfügen mag, über Witz und Esprit gebietet sie nicht, von Schlagfertigkeit und blitzenden Bonmots findet sich bei ihr keine Spur, ja sie ist – wie man so sagt – etwas auf den Mund gefallen. Und genau das ist es, was Friedrich bei Männern wie bei Frauen verabscheut. Dieser junge Mann kann nur Liebe empfinden, wenn Herz *und* Geist in Flammen stehen.

Feuer fängt Friedrichs entzündlicher Intellekt beim Studium der Schriften des französischen Aufklärungsphilosophen Pierre Bayle. »Welches Licht, welche Wahrheiten!« ruft der Prinz aus. Vor vierzig Jahren hat Bayle seinen »Dictionnaire historique et critique« publiziert, in dem er unnachsichtig den Dogmatismus bekämpfte und die absolute Glaubensfreiheit der Menschheit postulierte. Bayle, ein typischer Vertreter des zur Auswanderung gezwungenen calvinistischen Bürgertums in Frankreich, ist der erste europäische Intellektuelle, der die vollkommene Trennung von Kirche und Staat fordert, und das ist Balsam für Friedrich, der sich seit dem unvergessenen Tag seiner Konfirmation an der quasistaatlichen Macht der kirchlichen Hierarchien wundscheuert. »Bayle«, so schwärmt er begeistert, »hat der Menschheit die Binde des Irrtums von den Augen gerissen und dadurch der Religion den Todesstoß versetzt.« Diesem Autor, so fügt er hinzu, verdanke er, Friedrich, seine Urteilskraft, seine Befreiung von ideologischem Fanatismus und von der Gefahr nebulöser Wege der Metaphysik.

Über Bayle kommt Friedrich zu einem anderen großen Franzosen: zu Voltaire. Voltaire hat von Bayle den Toleranzgedanken übernommen und in seinem Heldenepos »La Henriade«, einer Verherrlichung König Heinrichs IV. von Frankreich, dichterisch verarbeitet. Mit hochrotem Kopf vor Erregung widmet sich Friedrich dieser Lektüre, und nichts, kann man ohne Übertreibung sagen, nichts hat im Leben soviel Eindruck auf ihn gemacht wie die Toleranzideen Bayles und Voltaires. Er jauchzt, wenn er bei Voltaire liest: »Toleranz ist die schönste Gabe der Menschlichkeit. Wir alle sind voller Schwächen und Irrtümer. Also vergeben wir uns gegenseitig unsere Torheiten! Das ist das erste Gebot der Natur.« Das Heldenepos auf Heinrich IV. wird zu einem der Lieblingsbücher des Prinzen, es wird zum philosophischen Unterfutter seiner eigenen Vorstellungen vom Königtum, also von seinem künftigen Beruf. Nur ein gerechter König kann ein großer König sein, wird ihm zur Maxime. Aber er schließt – am Beispiel Heinrichs IV. – noch etwas anderes daraus (und das darf man nicht übersehen!): nur ein absolutes, durch keinerlei Schranken gehindertes Königtum hat die Macht und die Kraft, aufgeklärt und vernünftig, gemäßigt und fortschrittlich zu wirken.

Drei Wochen vor dem Einzug in Rheinsberg hat Friedrich bereits seinen ersten Brief an Voltaire gerichtet: »Mein Herr, wenngleich ich nicht das Vergnügen habe, Sie persönlich zu kennen, so sind Sie mir doch durch Ihre Werke bekannt . . . Ohne Ihnen schmeicheln zu wollen, was Ihrer nicht würdig wäre, kann ich doch sagen, daß ich in diesen Ihren Werken

Schönheiten ohne Zahl finde.« Mit diesen Worten beginnt einer der interessantesten und intelligentesten Briefwechsel der Weltgeschichte, der zweiundvierzig Jahre dauern und schließlich 570 Korrespondenzen umfassen wird. Friedrich schreibt in der Rheinsberger Zeit auch an andere berühmte Franzosen, so an den Philosophen Fontenelle, den sein Buch »Sur la pluralité des mondes« bekannt gemacht hat, oder an den Historiker Rollin, einen Experten für römische Geschichte. Für Voltaire aber empfindet er Begeisterung. Sein scharfzüngiger Kampf gegen die Überlieferungen mittelalterlicher Finsternis, gegen die »1200 Jahre Verdummung«, wie Friedrich sagt, entflammen das leidenschaftliche Wahrheits- und Erkenntnisbedürfnis des preußischen Prinzen. Mit Voltaire zusammen fühlt er sich imstande, die Bastionen der Vorurteile, der Mythen und Legenden zu stürmen. Dabei bewundert er nicht nur den Inhalt, den geistigen Gehalt des Voltaireschen Œuvres. Die graziöse Form, der sprühende Witz, die nie versagende Pikanterie, mit welcher der Franzose die ernstesten Dinge zur Sprache bringt und seine Reflexionen mit leichter Hand in den Sinn des Lesers streut, berühren in Friedrichs Brust eine engverwandte, ästhetische Natur.

So wird er denn nicht müde, Voltaire Liebeserklärungen zu übersenden, sich dem großen Meister zu Füßen zu legen. Aber selbst in diesem Zustand höchster Affektation, wenn seine Feder begeisterungstrunken über das Papier eilt, bleiben sein Intellekt, seine rationale Berechnung immer im Spiel. Voltaire zu lieben und zu verehren, ist ihm ein aufrichtiges Bedürfnis, ist ehrenvoll, heißt Teilnahme und Mitwirkung am Jahrhundertwerk der Aufklärung und der Toleranz. Aber zugleich ist es nützlich für ihn selbst und bringt Gewinn: Voltaires Ruhm färbt ab auf Friedrichs Ruf.

Im übrigen, wenn der Prinz sich in sein Bücherkabinett zurückzieht, wenn er die Tür hinter sich schließt, dann greift er nicht nur zur »Henriade«. Mit demselben inneren Engagement widmet er sich einer anderen Schrift Voltaires: seiner »Geschichte Karls XII. von Schweden«. Heinrich IV. ist ihm die Chiffre für die Vernunft, Karl XII. die für das Streben nach Ruhm. Geht das zusammen? Läßt sich beides in einer Person, in der Brust ein und desselben Fürsten vereinen? Die Antwort darauf findet er wiederum bei Voltaire, als er dessen unvollendetes Manuskript »Das Jahrhundert Ludwigs XIV.« studiert. Wie Schuppen fällt es ihm von den Augen. Vernunft und Ruhmbegierde, Geist und Tat: in dieser Kombination manifestiert sich für ihn nun historische Größe.

Im Sinne dieser inneren Dialektik beginnt er Anfang 1739 in Rheinsberg mit der Ausarbeitung einer seiner berühmtesten Schriften, mit dem Schreiben am »Antimachiavell«. Der italienische Publizist Niccolò Machiavelli hat 1513 seinen politischen Traktat »Il principe« (»Der Fürst«) veröffentlicht, der seit zweihundert Jahren zum staatspolitischen Handbuch der Herrscher und Höfe geworden ist. Friedrich benutzt dieses

Elaborat, um eine spektakuläre Gegenschrift zu verfertigen. Der Gegenstand ist glänzend gewählt, denn der »Principe« ist jedem Gebildeten in Europa bekannt, muß nicht erst künstlich ›aufgebaut‹ werden. Allerdings sind sich die Gelehrten uneins darüber, ob es sich beim »Principe« um ein zynisches Dokument, um eine Art politischer Leitfaden für skrupellose Herrscher, oder um eine moralische Erziehungsschrift, einen Fürstenspiegel zur Belehrung und Besserung der Monarchen handelt. Friedrich schiebt das alles beiseite, erklärt Machiavelli kurzerhand zum schlimmsten Bösewicht aller Zeiten, taucht ihn in schwärzeste Verruchtheit und setzt das strahlende Licht seiner eigenen, aufgeklärten Maximen dagegen. Sein »Antimachiavell« ist ein geniales Musterstück an Manipulation in Schwarzweiß-Manier.

Punkt für Punkt widerlegt Friedrich den Italiener, analysiert dessen Widersprüche und entwirft im Gegenzug einen politischen Tugendkatalog, den er den gutwilligen Fürsten Europas ans Herz legt. Hier zum ersten Mal fällt sein berühmtes, unvergeßliches Wort, ein König solle nicht der unumschränkte Herrscher, sondern der erste Diener seines Staates sein. Die vornehmste Aufgabe eines Monarchen sei es nicht, Kriege zu führen und Eroberungen zu machen, sondern das Volk zu beschützen und den Menschen Glück zu bringen. Er empfiehlt den Fürsten, von ihrem hohen Sockel der Eitelkeiten herabzusteigen, sich ihrer angemaßten Vorrechte zu begeben. Wozu die ganze lächerliche Soldatenspielerei der Potentaten? Genügt es nicht, ein paar Nachtwächter einzustellen, die das Residenzschloß umkreisen und es vor Dieben und Räubern schützen? »Keine Empfindung ist so unzertrennlich von unserem Wesen wie die der Freiheit!« schreibt er wörtlich. »Davon sind alle, vom Gebildeten bis zum Wilden, zutiefst durchdrungen. Denn wie wir ohne Ketten geboren sind, so wollen wir auch ohne Knechtschaft leben.«

Jedes Wort, jeder Gedanke davon ist aufrichtig gemeint, ist echt empfunden; das steht außer Zweifel. Niemand kann die Freiheit höher einschätzen und den Zwang tiefer verabscheuen als der leidgeprüfte siebenundzwanzigjährige preußische Kronprinz. Despotie und Terror sind ihm zutiefst verhaßt. Er stellt ihnen Intelligenz und Philosophie entgegen. Und als Philosoph, nicht als Politiker, schreibt er seinen »Antimachiavell«. Im Reich der Gedanken, der Theorie aber kann er ein ›Liberaler‹, ja ein ›Linker‹ sein. Dieses Reich ist nicht von heute, sondern von morgen oder übermorgen; im Zuge der Aufklärung und des allgemeinen Fortschritts wird es eines Tages zweifellos geschaffen werden. In diesem Sinne bekennt sich Friedrich zu den Ideen der Volksfreiheit und der Menschenrechte. Mit praktischer Politik, mit der konkreten Gegenwart hat Friedrichs Pamphlet gegen Machiavelli nichts zu tun. Alle Gebildeten jener Zeit sprechen vom Reich der Freiheit in einem theoretischen, rein philosophischen Sinne. Daß in genau fünfzig Jahren, 1789, das Volk aufstehen und seine Freiheiten fordern wird, vermag sich niemand vorzustellen. Im Grunde ist der »Antimachiavell« eine hochintelligente Propagandaschrift *für* die Fürsten, *für* das absolute Königtum. Denn mit seiner ätzenden Kritik an den schlechten Herrschern entwirft Friedrich zugleich das glänzende Abbild des guten, des aufgeklärten Fürsten.

Wie gesagt, Friedrichs »Antimachiavell« ist ein hochpathetischer Tugendkatalog und gleichzeitig ein raffiniertes Dokument der Eigenpropaganda. Der moralische Rigorismus des Traktats ist durchaus mit politischen Nischen gespickt. So sehr der Prinz auch gegen die Kriege der Fürsten wettert, so nennt er doch ausdrücklich drei Arten von »gerechten« Kriegen: die Verteidigungskriege gegen Aggressoren, die Kriege um des wohlverstandenen Selbstinteresses willen und die Präventivkriege aus staatlicher Vorsicht. Voltaire, der ein Jahr später das Manuskript sorgfältig redigiert, ist durchaus einverstanden. Friedrich hat für seine Zukunft als König nichts aus der Hand gegeben.

Heutzutage ist sich die Wissenschaft längst darüber einig, daß Friedrichs Machiavelli-Verständnis auf einem grotesken Irrtum beruhte. Dem Verfasser des »Principe«, dem Publizisten des 16. Jahrhunderts, waren die Fürsten eigentlich ganz gleichgültig. Glühender gesamtitalienischer Patriot, der er war, maß er seine Zeit der Ohnmacht und Zersplitterung des Vaterlandes an der heroischen Vergangenheit Roms. Was er sich mit ganzer Seele wünschte, war ein intelligenter, aufgeklärter, kühner, rücksichtsloser Herrscher, dessen Macht und Kraft es verstand, einen modernen Zentralstaat zu schaffen, um den sich die Italiener als Nation gruppieren konnten. Machiavelli, so darf man sagen, träumte von einem italienischen Friedrich. Das wäre ein Mann nach seinem Herzen gewesen! Der preußische Prinz zu Rheinsberg hat nichts davon verstanden (oder – vielleicht – im Unterbewußtsein doch?).

Die Rheinsberger Jahre gehören nicht nur der Philosophie, den Champagnerfesten, Flötenkonzerten und Theateraufführungen. Ganz für sich und in aller Stille betreibt der Kronprinz das Studium der Geschichte, studiert er die Politik, die Schlachten, die Feldzüge Alexanders, Cäsars, Turennes, Gustav Adolphs. Der Alte Dessauer hat für ihn Spezialpläne anfertigen lassen, auf denen Friedrich den taktischen Ablauf der Belagerung einer Festung analysiert. Einige seiner engsten Freunde in Rheinsberg sind Offiziere, mit denen er operative Fragen diskutiert. Mit ihnen zusammen gründet er einen Geheimorden, der sich nach dem Seigneur de Bayard nennt, dem Inbegriff des tapferen und edlen Kavaliertums in der französischen Geschichte. »Sans peur et sans reproche« (»Ohne Furcht und Tadel«) lautet die Devise dieser romantischen Verschwörung. Zum Großmeister wird Baron Heinrich August de la Motte Fouqué gewählt, ein Hugenotten-Abkömmling und gebildeter Offizier. Mitglieder werden die beiden Prinzen August Wilhelm und Heinrich, die beiden jüngeren Brüder des Kronprinzen (Ferdinand, der Kleinste, ist noch zu jung), weiter die Herzöge Ferdinand und Wilhelm von Braunschweig-Bevern, der baltische Baron Dietrich von Keyserlingk, der Spaßmacher der Gesellschaft und Liebling des Prinzen, der fließend Deutsch, Russisch, Französisch, Latein und Griechisch spricht, und der zwanzigjährige gebürtige Normanne Edmond de Chasot, ebenfalls Offizier, der Friedrich virtuos auf der Flöte begleitet.

Was alle diese sehr verschiedenartigen Charaktere an Rheinsberg fesselt, ist die absolute Ungezwungenheit im Umgang miteinander, die sonst an keinem Hof Europas zu finden ist. Steife Etiketten sind unbekannt. Die Rheinsberger Gesellschaft ist klassenlos. Prinzen, Adlige, Bürgerliche verkehren gleichwertig miteinander: der Maler Antoine Pesne porträtiert die prinzlichen Herrschaften (Elisabeth Christine ganz kokett im Reitkostüm), die Herren Graun, Quantz, Benda musizieren mit dem Kronprinzen, der Architekt von Knobelsdorff führt Friedrich in die Welt der antiken Baukunst ein, und Charles Etienne Jordan, ein Sohn französischer Emigranten, als Bibliothekar nach Rheinsberg geholt, wird zum wandelnden Lexikon des Allgemeinwissens und – wegen seiner Sanftmut und gleichbleibenden Heiterkeit – zum Herzensfreund des Prinzen.

Und dann ist da noch ein stiller, unauffälliger Mann von höchster Wichtigkeit: Michael Gabriel Fredersdorf. Um ihn werden sich später Legenden, Rätsel und Klatschgeschichten ranken. Fredersdorf ist von gewöhnlicher Herkunft, stammt sozusagen »aus dem Mannschaftsstand«. Als Friedrich auf die Festung Küstrin geschafft wurde, stand Fredersdorf als einfacher Soldat in Frankfurt an der Oder beim Regiment des Generals von Schwerin, dem er wegen seiner guten Umgangsformen auffiel und der den anstelligen jungen Mann mit einer Empfehlung zum Kronprinzen nach Küstrin schickte. Seitdem steht er in Friedrichs Dienst und hat sich dem Prinzen durch seine Geschicklichkeit in allen praktischen Dingen, mehr aber noch durch seine absolute Zuverlässigkeit und eiserne Verschwiegenheit unentbehrlich gemacht. Bielfeld schildert ihn in seiner Rheinsberger Zeit so: »Der erste Kammerdiener des Kronprinzen, Herr Fredersdorf, ist ein großer und schöner Mensch, nicht ohne Geist und Feinheit. Er ist höflich und zuvorkommend, geschickt und in seiner Gewandtheit überall brauchbar, auf seinen geldlichen Vorteil bedacht und zuweilen etwas großartig. Ich glaube, daß er dereinst eine große Rolle spielen wird.« Und genau so wird es kommen. Voltaire wird ihn später »le grand factotum du roi Frédéric« nennen, und die Nachwelt wird darüber raunen, ob Friedrich nicht mit Fredersdorf in den sieben Jahren von 1742 bis 1749 ein intimes erotisches Verhältnis hatte. Möglich ist es immerhin. Warum soll nicht, was für den großen Alexander und für Alkibiades galt, auch für Friedrich gelten? Bisexualität ist in den höfischen Kreisen des 18. Jahrhunderts fast ohnehin eine Normalität. Schon rein äußerlich – in Aufmachung, Haartracht, Kleidung – sind Mann und Frau in der Epoche des Rokoko kaum voneinander zu unterscheiden, und es ist kein Zufall, daß die Figur des Pagen Cherubino in der Mozartoper »Die Hochzeit des Figaro« bis heute die Hosenrolle einer Sängerin ist. Wie auch immer, neben seiner Mutter, seiner geliebten Schwester Wilhelmine, seinen beiden Herzensfreunden Keyserlingk und Jordan wird Friedrich niemandem in seinem Leben so zugetan sein wie diesem Fredersdorf.

Im Sommer 1739 reißt der Vater, der Soldatenkönig, den philosophierenden Sohn aus der Welt der Theorie in die der Realität, der politischen Wirklichkeit. Friedrich Wilhelm I. tritt seine elfte Reise nach Ostpreußen an. Sie dauert sechs Wochen, vom 7. Juli bis zum 18. August. Der Soldatenkönig will noch einmal die Provinz sehen, in die er soviel Geld, Liebe, Arbeit und Engagement gesteckt hat wie in keine andere. Fritz muß ihn begleiten, und die ersten zehn Tage ist es, wie es immer war: Der Kronprinz langweilt sich zum Erbarmen. Er sehnt sich nach Rheinsberg, seinem geliebten kleinen Paradies, nach seinen Büchern, der Flöte, den Champagnergelagen und den witzigen Freunden. Aber dann gehen ihm die Augen auf! Vielleicht sind es die Ideen, die Postulate des »Antimachiavell«, die in ihm arbeiten und die ihn das Land, die Menschen, ja selbst den König, seinen Vater, mit neuen Augen sehen lassen. Könnte es sein, daß ausgerechnet der Soldatenkönig, dieser ungebildete Wüterich, dieser halbe Barbar, hier in Ostpreußen »als erster Diener seines Staates« tätig war? Als aufgeklärter, weil sozial handelnder Fürst? Als Erzieher seines Volkes und Beschirmer seines Landes? Zu Beginn des Jahrhunderts hatte die Pest aus dieser blühenden Provinz eine Einöde mit fünfzehn entvölkerten Städten und fünfhundert unbewohnten Dörfern gemacht. Und nun, wie sieht Ostpreußen jetzt aus, nach fünfundzwanzig Jahren unermüdlicher Tätigkeit des Vaters? »Es zählt mehr Städte und Herden als früher«, schreibt Friedrich aus Insterburg an Voltaire, »hat mehr Wohlstand und Fruchtbarkeit als irgendeine andere Gegend Deutschlands. Und all dies ist ausschließlich dem König zu danken, der die Ausführung persönlich befohlen und auch selbst geleitet hat. Er hat weder Mühe noch Sorge, weder Geldmittel noch Belohnungen gespart, um einer halben Million denkender Wesen das Glück und das Leben zu sichern. Ihm allein verdanken sie ihr Wohlergehen und ihre Ansiedlung . . .«

Der Hinweis auf die »Ansiedlung« ist eine Anspielung auf die größte Tat des Soldatenkönigs. Am 2. Februar 1732 – Friedrich war zu dieser Zeit im Bezirk Küstrin als Kammerrat unterwegs – hat Friedrich Wilhelm I. in einem feierlichen Patent 25 000 Salzburger Protestanten, die um ihres Glaubens willen verfolgt und aus ihrer angestammten Heimat vertrieben wurden, in seinen Staat eingeladen, ihnen den weiten Weg durch das Deutsche Reich und das polnische Westpreußen finanziert und sie in Ostpreußen angesiedelt, wo sie vom Wehrdienst befreit und mit eigenen

Höfen samt Vieh und Gerätschaften ausgestattet wurden. Jetzt, sieben Jahre später, sind diese Salzburger Flüchtlinge in Königsberg und Umgegend, im Kreis Heiligenbeil-Balga, im masurischen Land, das nur aus Urwald, Seen und Sümpfen bestand, seßhaft geworden und haben mit dem Fleiß zäher Bergbauern ihre Gegenden kultiviert und den Einheimischen ein nachahmenswertes Beispiel an Energie und Tatkraft gegeben. Jeder zwanzigste Bewohner Ostpreußens – ein gebürtiger Österreicher! Für Friedrich ist diese Saga von der Einwanderung und Ansiedlung der Salzburger ein Musterbeispiel an fürstlicher Wohltätigkeit und staatlicher Toleranz. Der Aspekt wird sich ihm eingraben; er wird ihn niemals vergessen.

Der Soldatenkönig, der seinem Sohn auf der Reise in einer Anwandlung von Großzügigkeit das Trakehner Pferdegestüt geschenkt hat, das im Jahr 12 000 Taler einbringt (womit sich Friedrichs Einkünfte mit einem Schlag verdreifachen), kehrt in schlechtem Gesundheitszustand nach Hause zurück. Die Einwohner Berlins und Potsdams, die sechs Wochen lang aufgeatmet hatten, ducken sich wieder seufzend unter sein hartes Joch, das ihnen täglich verhaßter wird. Er hat ihnen mit seinem gefürchteten Buchenstock keine Liebe einprügeln können; man betet heimlich darum, ihn so bald wie möglich loszuwerden und an seiner Stelle den schönen, liebenswürdigen jungen Prinzen zu bekommen. Im Oktober 1739 sieht der Baron von Bielfeld den Soldatenkönig in Potsdam, als er die Parade seines Leibregiments abnimmt. Zuerst kommen die Trommler und die Pfeifer; alles Mohren mit Turbanen und Federbüschen, silberne Ringe in den Ohren und um den Hals. Dann – zum Takt der Musik – stampfen die Leibgrenadiere heran; die Offiziere den Sponton (Halbpike), die Soldaten die Musketen im Arm. Bielfeld beobachtet den König: »Er soll ja in seiner Jugend sehr gut ausgesehen haben. Davon ist jedoch keine Spur geblieben. Seine Augen sind zwar schön, aber sein Anblick ist fürchterlich. Die Farbe des Gesichts schillert in rot, blau, gelb und grün. Der unförmige Kopf steckt tief in den Schultern, und die ganze Figur ist kurz und gedrängt.«

Der Winter 1739 auf 40 ist extrem kalt. Die Temperaturen sind arktisch, die Straßen vereist und spiegelglatt. Im Februar weiß Friedrich Wilhelm, daß es zu Ende geht. Im April läßt er sich nach Potsdam bringen, denn wenn er sterben muß, soll es bei seinen geliebten »langen Kerls« sein. Beim Abschied von Berlin schenkt er den Armen 100 000 Taler. In der Nacht vom 26. zum 27. Mai verschlimmert sich sein Zustand ernstlich, und Sophie Dorothea schickt einen reitenden Boten nach Rheinsberg: der Sohn soll zum Vater kommen.

Friedrich galoppiert nach Ruppin und nimmt von dort aus einen Wagen. In rasender Fahrt nähert der Kronprinz sich Potsdam. Tausend Gedanken schießen ihm durch den Kopf. Ist es endlich soweit? Ist der Tag seiner unumschränkten Freiheit nahe? Das Ende seines Doppellebens, das er immer, auch in Rheinsberg, führen mußte? Kann er die Maske der Verstellung, der Heuchelei, der ewigen Unterwürfigkeit ablegen? Geht ihm, Friedrich, jetzt die Sonne auf? Als er vor dem Potsdamer Schloß eintrifft, erblickt er den Vater im Rollstuhl, wie er gerade der Grundsteinlegung eines neuen Hauses zusieht. Friedrich Wilhelm streckt die Arme nach ihm aus und schließt ihn weinend an seine Brust. »Mein Sohn! Ich habe immer nur das Beste für Dich gewollt. Ich habe Dich väterlich geliebt.« Ein Hustenanfall unterbricht ihn, aber er fährt trotzig fort: »Ja, das ist wahr. Wenn ich auch streng gegen Dich gewesen bin . . .«

Am Nachmittag und am nächsten Vormittag weiht er den Sohn in alle wesentlichen Angelegenheiten des Staates, seiner Politik und Wirtschaft, ein. Friedrich bezeugt später, daß diese detaillierte Instruktion in voller Klarheit und mit großer Ruhe erfolgt. Kein Aufbrausen, kein Wüten mehr. Der todkranke Vater erkennt im Laufe dieses ersten (und zugleich letzten) staatspolitischen Gesprächs mit seinem Nachfolger, mit welcher hellwachen Intelligenz und überlegenen Souveränität sein Ältester auf alles, was er ihm anvertraut, reagiert. »Mein Gott«, ruft er unter Tränen aus, »ich sterbe zufrieden, weil ich einen so würdigen Sohn und Nachfolger habe.«

Am 29. Mai übergibt der Soldatenkönig seinem Sohn eine schriftliche Anweisung, wie mit ihm nach seinem Tod verfahren werden soll. Darin heißt es:

1. Gleich nach Eintritt des Todes soll sein Körper gründlich gewaschen, mit einem reinen Hemd bekleidet und auf einen hölzernen Tisch gelegt werden. Danach soll er rasiert und anschließend mit einem sauberen Laken zugedeckt werden.
2. Sein toter Leib soll von den Regimentsärzten geöffnet und »gründlich examiniert« werden, um festzustellen, woran er gestorben ist. »Ich verbiete aber aufs Schärfste, daß bei Leib und Leben nichts von mir herausgenommen wird.« Dann soll man ihm seine beste Uniform anziehen und ihn so in den Sarg legen.
3. Sofort, bei seinem Tode, sollen die Soldaten seines Regiments neue Uniformen und neue Hüte bekommen.
4. Am folgenden Tag tritt sein Leibgrenadierregiment in Paradeaufstellung vor dem Schloß an. Jeder Grenadier erhält drei scharfe Patronen. Die Fahnen und Trommeln sollen schwarzen Flor bekommen.
5. Wenn der Leichenwagen vom Schloß abfährt, wird der Totenmarsch geschlagen. Die Hautboisten blasen das Lied »O Haupt voll Blut und Wunden«. Friedrich und der kleine Ferdinand folgen dem Leichenwagen in Uniform; die beiden anderen Söhne bleiben bei ihren Regimentern.
6. Wenn die Leiche in die Kirche getragen wird, soll der Kapellmeister Ludovici die Orgel spielen.

7. Vierundzwanzig Kanonen sollen im Geschwindtempo zwölfmal feuern. Danach schießen die Bataillone pelotonweise geschlossene Salven.
8. Jeder Grenadier soll Biergeld erhalten. Und zwar genauso viel wie in der Exerzierzeit.
9. Den Generälen und Offizieren ist das beste Faß Rheinwein vorzusetzen. »Wie überhaupt an diesem Abend nichts als guter Wein getrunken werden soll.«
10. Vierzehn Tage später soll in allen Kirchen des Landes über den Text »Ich habe einen guten Kampf gekämpft« gepredigt werden. Dann sollen alle sein Lieblingslied »Wer nur den lieben Gott läßt walten« anstimmen. Von seinem Leben und seinen Taten soll nichts in den Predigten erwähnt werden. Die Pfarrer sollen dem Volk sagen, daß er als ein großer und armer Sünder gestorben ist, der bei Gott und seinem Heiland Gnade gesucht hat. »Überhaupt soll man mich in den Leichenpredigten zwar nicht verächtlich machen, aber auch nicht loben.«

Am 31. Mai geht es sichtlich zu Ende. Am frühen Vormittag läßt sich der König in einem Sessel ans Fenster bringen. Er befiehlt, seine Reitpferde aus dem gegenüberliegenden Marstall herauszuführen, und fordert den Alten Dessauer und seinen Generaladjutanten auf, sich die schönsten als persönliches Andenken auszuwählen. Als die Stallknechte nicht die vorschriftsmäßigen Schabracken auflegen, ruft er wütend aus: »Wenn ich bloß gesund wäre, wie wollte ich die Schurken durchprügeln! Geh' doch jemand hinunter und hau' ihnen die Hucke voll . . .«

Um elf Uhr bringt man ihn wieder zu Bett, und die Prediger Cochius und Oedsfeld beten mit ihm. Sophie Dorothea sitzt an der Wand, der Kronprinz hält ihre Hand. Der König fragt den Oberchirurgen seines Leibgarderegiments, wie lange er noch zu leben habe. »Eine halbe Stunde noch; der Puls steht schon fast stille«, lautet die Antwort. Friedrich Wilhelm droht mit der Faust: »Er soll aber nicht stille stehen!« Die Prediger sagen zu ihm, er müsse nun allen seinen Feinden vergeben und sich mit ihnen versöhnen, um zur ewigen Seligkeit zu gelangen. Der König preßt ärgerlich die Lippen zusammen und schweigt eine Weile. Dann sagt er, es müsse wohl sein, und er wolle auch wirklich allen seinen Feinden verzeihen, aber nicht seinem Schwager, König Georg II. von England (den er als Junge öfters verhauen hat und der sich später an ihm mit bissigen Bemerkungen rächte). Die Prediger können sich damit nicht zufriedengeben. Endlich gibt der König nach und sagt zu seiner Frau, sie möge ihrem Bruder schreiben, daß er, Friedrich Wilhelm, sich auf dem Sterbelager mit ihm ausgesöhnt habe. »Aber schreib ihm das erst, wenn ich ganz tot bin, wenn ich wirklich ganz tot bin!« Zur Ablenkung läßt man seine Diener in den neuen Livreen an ihm vorbeiziehen. Er schüttelt den Kopf: »Oh, Eitelkeit, Eitelkeit.«

Friedrich beobachtet den sterbenden König. Dieser Vater war eine einzige Heimsuchung für ihn. Mit welcher Verheißung? Zum Unglück, zur Gnade? Er kann in diesem Augenblick keinen Haß mehr empfinden, wie er in einem Brief an Keyserlingk bezeugt. Er bewundert den Heroismus dieses Mannes Friedrich Wilhelm in seinem letzten Kampf, und er erkennt die unumschränkte Macht des Todes.

Als es Mittag wird, läßt sich der König einen Spiegel geben und betrachtet sein aufgedunsenes Gesicht. Er deutet auf die Brust und sagt: »Bis hierher bin ich schon tot.« Plötzlich ballt er die Fäuste und ruft auf berlinisch: »Tod, ick jraule mir nich vor dir!« Dann verläßt ihn das Bewußtsein. Der Kronprinz führt die Mutter aus dem Zimmer und kehrt sofort zurück. Der Vater kommt noch einmal zu sich und flüstert: »Herr Jesus, Dir leb ich, Dir sterb ich. Du bist mein Gewinn . . .« Gegen vierzehn Uhr, am 31. Mai 1740, stirbt Friedrich Wilhelm I. im Alter von zweiundfünfzig Jahren.

Friedrich steht an der Wand. Er ist totenblaß; seine Lippen sind fest zusammengepreßt. Aus seinen Augen, so berichtet einer der Anwesenden, bricht ein loderndes Feuer.

3. Das Rendezvous des Ruhms

Die Schlesischen Kriege 1740–1745

Die Flügeltüren öffneten sich, und herein trat der junge König. Fast niemand erkannte ihn, denn Friedrich kam mit schwarzer Maske und in einem blutroten Domino, den er über seine Infanterieuniform geworfen hatte. Alles war in Bewegung. Auf der Estrade spielte die königliche Hauskapelle ein Menuett, die Damen versanken tief in ihren Reifröcken, und die Kavaliere verneigten sich graziös, wobei sie die rechte Hand auf das Herz legten. Die Königin, Elisabeth Christine, die diesen Maskenball im Berliner Schloß veranstaltete, erkannte ihren Mann erst, als er ihr galant die Hand küßte. »Sie kennen mich nicht, Madame«, flüsterte er ihr zu und zog sich mit einem kostümierten Ordonnanzoffizier in eine Fensternische zurück.

Es war die Nacht vom 12. zum 13. Dezember 1740. Friedrich lächelte vor sich hin. Um Mitternacht würde er die Maske lüften. Die anwesenden Botschafter und Gesandten, Späher und Spione würden glauben, er habe es sich mit Schlesien doch noch anders überlegt. Niemand würde damit rechnen, daß er sich zwei Stunden später von diesem Ball zu seinen Truppen begeben würde, die bereits kurz vor der schlesischen Grenze standen.

Wie hatten sich doch alle in ihm getäuscht! Seit einem Jahrzehnt, seit den unseligen Tagen der Katte-Tragödie, hatte Europa in ihm einen Schöngeist und Schwärmer, einen Liebhaber der Poesie und Musik, ein bedauernswertes Opfer väterlicher Willkür und Tyrannei gesehen. Man hatte ihm enthusiastisch applaudiert; aber niemand hatte ihn ernstgenommen. Ein Zaunkönig mehr im bunten Vogelkäfig des wurmstichigen Deutschen Reiches; eben der Marquis von Brandenburg, der sich hochtrabend »König in Preußen« nannte. Preußen? Was bedeutete dieser barbarische Name, der sich für Ausländer so schwer aussprechen ließ, im Konzert der europäischen Mächte? Seit Anfang Dezember, als er seine politischen Karten aufgedeckt hatte und von Rheinsberg nach Berlin zurückgekehrt war, waren sie alle aufgeregt um ihn herumgeflattert. Man hatte ihm von allen Seiten schöngetan. In Wahrheit wollten sie nur Druck auf ihn ausüben, ihn in irgendeine Richtung drängen, die nicht seinen Interessen entsprach. Der Alte Dessauer hatte eine regelrechte Meuterei in der Familie angezettelt, bis er ihm harsch über den Mund gefahren war. Und erst vorgestern war Guy Dickens, der britische Botschafter, bei ihm erschienen, hatte ihn in hochfahrendem Ton vor unüberlegten Handlungen gewarnt und doch allen Ernstes von ihm Auskünfte über seine militärischen Maßregeln verlangt. Er, Friedrich, hatte ihm geantwortet (und er war sicher, daß diese Antwort bald an allen europäischen Höfen die Runde machen würde): »England, Verehrtester, hat kein Recht, mich über meine Pläne auszufragen. Ich meinerseits habe niemals wegen Ihrer gewaltigen Rüstungen zu Lande und zur See angefragt, sondern begnüge mich mit dem Wunsche, Sie möchten nicht von den Spaniern geschlagen werden. Ich finde überhaupt, mein Herr, England hat ebenso wie Frankreich die Neigung, fremde Souveräne unter seine Vormundschaft zu nehmen. Nun, was mich anbetrifft, ich spüre keinerlei Verlangen, mich gängeln zu lassen . . .«

Um zwei Uhr morgens verließ Friedrich heimlich den Maskenball. Am 14. Dezember traf er in Krossen ein. Als er an den Regimentern in Paradeaufstellung vorbeiritt, schlug ein Blitz in die Stadtkirche ein, und die schwere Glocke stürzte vom Dachstuhl auf den Fußboden, vor den Altar. Alles wich entsetzt zurück. War das ein Vorzeichen? Friedrich deutete mit der Hand auf die Kirche und rief mit heller Stimme: »Ein gutes Omen für uns und unsere Waffen. Das Hohe soll erniedrigt werden! Das Haus Habsburg wird fallen . . .«

Es meldeten sich die Generäle und Stabsoffiziere seiner kleinen Invasionsstreitmacht, die mit 22 000 Mann an der schlesischen Grenze aufmarschiert war. Der König blickte in die Runde: »Meine Herren, ich unternehme einen Feldzug, bei dem ich keinen anderen Verbündeten habe als Ihre Tapferkeit, keine andere Hilfsquelle als mein Glück. Seien Sie stets des unsterblichen Ruhmes eingedenk, den Ihre Vorfahren auf den Schlachtfeldern von Warschau und Fehrbellin geerntet haben, und halten Sie den Ruf der brandenburgischen Truppen aufrecht. Leben Sie wohl! Ich folge Ihnen ungesäumt. Eilen Sie mir voran zum Rendezvous des Ruhms!«

Am nächsten Morgen erschienen zwei adlige Deputierte des schlesischen Landkreises Grünberg beim König, um gegen den beabsichtigten Einmarsch zu protestieren. Friedrich lud die beiden Herren zum Essen ein. Zuerst waren sie sehr befangen unter den fremden Uniformen. Aber der junge König plauderte zwanglos mit ihnen über Familiäres und bot ihnen wiederholt aus seiner brillantbesetzten Schnupftabaksdose an. Beim Abschied luden sie ihn auf ihre Schlösser ein, falls sein Marsch ihn dort vorbeiführen sollte.

Am 16. Dezember 1740 betrat die preußische Armee schlesischen Boden. Niemand ahnte, daß dieser Schritt zu drei blutigen Kriegen mit einer Gesamtdauer von zehn Jahren führen sollte. Die Truppe sang, die Fahnen flatterten im Dezemberwind. Den marschierenden Regimentern flogen Kuriere mit königlichen Manifesten voraus, in denen die Bewohner Schlesiens über ihr Schicksal beruhigt wurden. Friedrich kombinierte also vom ersten Tage an seine militärischen Unternehmungen mit Propaganda-

Aktionen. Die Armee hatte die strengsten Befehle. Offiziere wie Soldaten waren angewiesen worden, nichts ohne prompte Bezahlung aus dem Lande zu nehmen. Diese preußische Disziplin und Manneszucht, die etwas völlig Neues in der Kriegführung der damaligen Zeit war, in der üblicherweise von der jeweiligen Soldateska geraubt, geplündert und gebrandschatzt wurde, trug umgehend Früchte. Die niederschlesischen Bauern dachten nicht daran, den Anordnungen der österreichischen Behörden aus Breslau Folge zu leisten, die jede Zulieferung an die preußischen Invasoren unter strenge Strafe gestellt hatten. Sie fuhren und sie schleppten heran, was Küche und Keller zu bieten hatten; machten sie doch mit den Preußen auf Heller und Pfennig glänzende Geschäfte. Doch nicht nur das: Wo immer preußische Fahnen erschienen, rottete sich das Landvolk zusammen, bewaffnete sich mit Sensen und Dreschflegeln und war willens, mit den Preußen zusammen gegen die Österreicher zu ziehen.

Wie war das möglich? Kam Friedrich denn nicht als Aggressor? Als Eroberer und Unterdrücker des schlesischen Landes?

Seit Mitte des 14. Jahrhunderts gehörte Schlesien zum Königreich Böhmen und war damit ein Teil des Deutschen Reiches. In den Grenzen des Landes wohnten zu fünfundachtzig Prozent Deutsche; lediglich in Oberschlesien gab es eine starke polnische Minderheit. Dreihundert Jahre lang ging es den Schlesiern gut; jedenfalls den Adligen und den Bewohnern der zahlreichen Städte und Städtchen. Der Kaiser in Wien war weit, und der jeweilige Statthalter Schlesiens entstammte zumeist einer vornehmen Familie des Landes. Als die gewaltige Stimme Martin Luthers aus Wittenberg erscholl, fielen sehr bald zwei Drittel Schlesiens dem Protestantismus zu. Fast alle Städte wurden evangelisch, und selbst so mächtige Standesherren wie die Herzöge von Liegnitz, Münsterberg, Jägerndorf, Troppau, Teschen und Brieg gingen ins Lager der Reformation über. So war es kein Wunder, daß sich die Mehrheit der Schlesier 1618, bei Ausbruch der Glaubenskämpfe, den protestierenden Aufständischen anschloß.

Das Strafgericht Habsburgs und der katholischen Kirche war furchtbar. Ab 1620 überschwemmten fanatische Jesuiten das Land. Gegen die lutherischen »Ketzer« wüteten mit Feuer und Schwert die lichtensteinschen Dragoner. (Das Volk nannte sie die »Seligmacher«, weil sie Protestanten flugs mit ihren Säbeln zur ewigen Seligkeit beförderten.) Infolge dieser konfessionellen Strafaktionen und der Schrecken des Dreißigjährigen Krieges kam Schlesien ganz herunter. Es rührte sich auch kein Widerstand, als die Statthalterschaft immer einflußloser und schließlich ein kaiserliches Oberamtskollegium in Breslau installiert wurde, das die Zügel ständig straffer zog. Die Verfolgung der evangelischen Mehrheit ging weiter; noch 1738 kam es zu Diskriminierungen (zwei Jahre vor Friedrichs Einmarsch). Es gab kaum einen Flecken im Land, in dem man nicht mit allerlei Druck und Schikane versuchte, die Einwohner zum

Übertritt in die katholische Glaubensgemeinschaft zu bewegen. Protestantische Kirchen wurden dem katholischen Klerus übereignet; neue durften nicht errichtet werden. Viele Schlesier wurden um ihres Glaubens willen vertrieben oder wanderten freiwillig aus. Bald fehlte es überall an Vertretern der Intelligenz und der qualifizierten Handwerkerschaft. Doch was immer auch an Repressalien und Verfolgungen von Wien oder der Kirche verübt worden war, Niederschlesien (also zwei Drittel des Landes) blieb protestantisch.

So zog Friedrich fast wie ein Befreier in das deutsche Schlesien ein; von Widerstand der Bevölkerung war keine Rede. Die Berliner Geistlichkeit propagierte denn auch von den Kanzeln die These, daß ihr junger Monarch zur Befreiung der schlesischen Glaubensbrüder aufgebrochen sei. Doch davon war Friedrich weit entfernt. Als bewaffnete niederschlesische Bauern ihn baten, gegen die verhaßten Katholiken mitziehen zu dürfen, wiegelte er ab: »Alle Schlesier sind meine Kinder«, und die schlesischen Sensenmänner trollten sich verblüfft nach Hause. Der Verfasser des »Antimachiavell« dachte nicht daran, Unterdrückung mit Unterdrückung zu vergelten. Ebenso gleichgültig, wie ihm die Konfessionen waren, so entschlossen war er auch, den Schlesiern ohne Unterschied des Glaubens mit der gleichen Toleranz zu begegnen. Nicht Befreiungsfanatismus, sondern Ruhmbegierde war es ja, die ihn beseelte. In dieser Stimmung schrieb er am 23. Dezember an Voltaire: »Wir marschieren von 7 Uhr früh bis 4 Uhr nachmittags. Dann esse ich, arbeite, empfange langweilige Besuche, und dann kommt noch ein Wust von albernen Bagatellen. Das ist meine neue Beschäftigung, die ich gern mit einer anderen vertauschte, wenn mir nicht das Phantom allzu oft erschiene, das man Ruhm nennt.«

Während Friedrich sich auf dem Vormarsch in Schlesien befand, vorerst kampflos, fast wie auf einem »Blumenfeldzug«, kochte die europäische Diplomatenküche über. Der Kurfürst von Bayern, Karl Albert, der als einziger die »Pragmatische Sanktion« des Hauses Habsburg nicht anerkannt hatte, war ohnehin entschlossen, die momentane Schwäche Wiens zu nutzen, um nach einigen Ländern Österreichs und nach der vakant gewordenen deutschen Kaiserkrone zu greifen. In Dresden, am Hofe des sächsischen Kurfürsten und polnischen Königs, schwankte man unentschlossen hin und her: sollte man dem vorwitzigen Preußenkönig zur Seite stehen oder ihm in den Rücken fallen? Sollte man es lieber mit Wien oder mit Paris halten? In Frankreich schrillten die politischen Alarmglocken. Seit mehr als hundert Jahren, exakt seit 1630, war es die Maxime französischer Außenpolitik, das Habsburger Kaiserhaus zu bekämpfen und den buntscheckigen Fleckenteppich des Deutschen Reiches in Ohnmacht und Zersplitterung zu halten. Das war das Vermächtnis des großen Kardinals Richelieu, dessen kühl kalkulierte Interessenpolitik während des Dreißigjährigen Krieges mit Erfolg zum Niedergang der deutschen Kaisermacht beigetragen hatte. Und jetzt? Sollte man die einmalige Gelegenheit, die sich bot, dem Hause Österreich den Todesstoß zu versetzen, tatenlos verstreichen lassen? Die Kriegspartei lief Sturm in Versailles. Es galt, den Kaiseranspruch des bayerischen Kurfürsten für Frankreichs Interessen zu aktivieren, und es schien nur natürlich, den Preußenkönig als Treffbuben in das eigene Spiel einzubeziehen.

Die preußischen Truppen blieben in schnellem Vormarsch. Die Österreicher, die nur über 8000 Mann in Schlesien verfügten, zogen sich kampflos zurück. Die starke Festung Glogau wurde eingeschlossen. Friedrich drängte unaufhörlich in Richtung Breslau, Schlesiens Hauptstadt, die er mit einem schnellen Coup in seine Hand zu bringen gedachte. Am 31. Dezember stand er nur noch eine halbe Meile vor Breslau, im Dorfe Pilsnitz, und schickte die beiden Obersten Posadowsky und Borke in die Stadt, um sich dort umzusehen und – wenn möglich – mit den Behörden Verhandlungen anzuknüpfen.

Breslau war im Jahre 1740 nicht mehr die mächtige freie Reichsstadt, die es lange Zeit gewesen war. Dennoch hatte sich die Stadt das Vorrecht bewahrt, keine Truppen in ihre Stadtmauern aufzunehmen, die nicht dem Magistrat und der Bürgerschaft Treue geschworen hatten. Das kaiserliche Oberamtskollegium hatte allerdings inzwischen aus Wien gemessenen Befehl erhalten, österreichisches Militär in der Stadt einzuquartieren, da die Bürgerwehr allein zur Verteidigung nicht ausreichend schien und da man überdies der evangelischen Mehrheit der Stadtbewohner mißtraute. Das Oberamt sah sich vor einer komplizierten Situation. Auf der einen Seite der Bürgerschaft standen die reichen, wohlhabenden Familien, die sogenannten Patrizier, an ihrer Spitze der Stadtsyndicus Gutzmar, die es mit dem Kaiserhof in Wien um keinen Preis verderben wollten. Auf der anderen Seite standen die Proletarier Breslaus, die Handwerker, Arbeiter und Bediensteten, fast alles Protestanten, als deren Sprecher sich der Schuhmacher Deblin profilierte, der sich in leidenschaftlichen Reden auf den Straßen und Plätzen Breslaus an die Volksmassen wandte. »Jetzt«, so schleuderte er in ihre Reihen, »ist es an der Zeit, endlich das verhaßte katholische Joch abzuwerfen«, und das Volk ballte sich zu Haufen, rückte vor das Rathaus, drohte den Patriziern mit den Fäusten und ließ den Preußenkönig hochleben. Der Magistrat der Stadt geriet in Panik, als die Demonstranten gegen die Rathaustür brandeten. Nach vierundzwanzig Stunden Bedenkzeit bot er dem preußischen König die Notkonstruktion einer »Neutralität« Breslaus an, was konkret hieß, keine preußischen und keine österreichischen Truppen in der Stadt; der König selbst durfte als »Gast« Breslau betreten.

Friedrich war damit vollauf zufrieden. Er ließ seine Armee weiter nach Oberschlesien marschieren und hielt selbst am 5. Januar seinen Einzug in die schlesische Hauptstadt. Es war ein Akt der indirekten Besitznahme.

Während er frühmorgens interessiert die Festungswerke der Stadt besichtigte, wurde in einem offenen, reichverzierten Wagen ein blausamtener, mit Hermelin gefütterter Königsmantel durch die Straßen Breslaus geführt, den dreißig Reiter vom Regiment Gensdarmes eskortierten. Danach folgte auf goldbetreßten Maultieren ein kostbares Silberservice. Während das Volk noch ratlos gaffte, erschien – gegen zehn Uhr – der junge Preußenkönig hoch zu Roß, gefolgt von einer glänzenden Suite der Generäle und Stabsoffiziere. Es schneite. Friedrich ritt fast nur entblößten Hauptes, ständig liebenswürdig nach allen Seiten grüßend. In seinem Quartier angekommen, dem Palais des Grafen Schlegenberg, trat er bald schon auf die Loggia und zeigte sich dem neugierigen Publikum, das ihn mit Hurrarufen begrüßte. Am Abend gab er der Stadt einen Ball, auf dem er sich als ausdauernder Tänzer und liebenswürdiger Charmeur erwies. Vier Stunden später verließ er unbemerkt die Veranstaltung und folgte seinen Truppen.

Bis zum 14. Januar wurde ganz Schlesien besetzt; bis an das Quellgebiet der Weichsel. Es war kaum ein Schuß gefallen, die Österreicher hatten sich kampflos nach Mähren zurückgezogen, und Friedrich schrieb übermütig an seinen Freund Jordan in Berlin: »Mein lieber Herr Jordan, mein sanfter, guter, milder, mein friedliebender und allerleutseligster Herr Jordan!« Er lächelte und tauchte die Feder in das Tintenfaß: »Ich melde Deiner Heiterkeit, daß Schlesien erobert ist! Nie hat Fortuna größere Erfolge zur Welt gebracht. Das mag genug sein für heute.« Er zögerte einen Augenblick und fügte noch hinzu: »Sei Du mein Cicero in der Verteidigung meiner Sache, ich werde Dein Cäsar sein. Lebe wohl. In herzlicher Liebe Dein treuer Freund Friedrich.« Das war der zärtliche Ton des 18. Jahrhunderts, in dem man damals der Freundschaft huldigte, ob man sie nun Frauen oder Männern zuwandte. Aber schon drei Tage später schrieb er – und das im Tone eines Königs – an den Venezianer Algarotti: »Ich habe angefangen, Preußen eine Figur zu geben!«

Ende Januar bezogen die preußischen Invasionstruppen in Schlesien die Winterquartiere. Der Handstreich, der in Europa ein so ungeheures Aufsehen erregt hatte, schien geglückt. Friedrich begab sich nach Berlin, um an den alljährlichen Karnevalsfeierlichkeiten teilzunehmen. Kaum im Berliner Schloß eingetroffen, erschien bei ihm der französische Gesandte, der Marquis de Valory, und bot dem preußischen König ein Schutz- und Trutzbündnis an. Friedrich triumphierte: Jetzt riß man sich um ihn. Jetzt kamen die Großmächte, die ihm bisher hochmütig die kalte Schulter gezeigt hatten, und boten ihm reihum ihre Freundschaft an. Er wußte, daß Ludwig XV., König von Frankreich, im Dezember, als er, Friedrich, nach Schlesien aufgebrochen war, in Versailles vor versammeltem Hofstaat erklärt hatte: »Der Mensch ist toll geworden.« Und nun antichambrierte der Marquis de Valory bei ihm, begierig, für Frankreich die preußische

Truppen beziehen Winterquartiere
Kupferstich von G. F. Schmidt, 1760

Waffenhilfe gegen Habsburg zu erlangen! Friedrich dachte nicht daran, sich so schnell und so billig zu verkaufen. Wozu überhaupt Krieg? Er, Friedrich, hatte seine Zwecke erreicht. Ob der bayerische Kurfürst sich die Kaiserkrone aufsetzte oder nicht, war ihm ziemlich gleichgültig, und an einer Stärkung der französischen Vorherrschaft in Deutschland war er weiß Gott nicht interessiert. Warum sollte er gegen Maria Theresia zu Felde ziehen und Österreich zugrunde richten? Er hatte Niederschlesien mit der Hauptstadt Breslau fest in seiner Gewalt – sogar Oberschlesien hatte er vorsorglich besetzt –, und er war davon überzeugt, daß die Königin von Ungarn und Böhmen die geschaffenen Tatsachen anerkennen und sich mit ihm auf die eine oder andere Art vergleichen würde.

Nie hat sich Friedrich mehr getäuscht! In seinem lachenden Übermut, mit seinem schnell dahinbrausenden Temperament hatte er ganz Europa überrascht, hatte die Umstandsperücken der europäischen Diplomatie ins Wackeln gebracht, der Eifersucht der großen und der kleinen Höfe eine lange Nase gedreht. Das alles war richtig, und er hatte wohl Grund, in seinen Briefen zu jubilieren. Nur einen Faktor in seiner Rechnung, allerdings den gewichtigsten, hatte er falsch eingeschätzt: Charakter und Standhaftigkeit seiner Gegenspielerin, der jungen Maria Theresia.

Die Tochter Kaiser Karls VI. wurde am 13. Mai 1717 geboren und war dreiundzwanzig Jahre alt, als sie den altehrwürdigen Thron der Habsburger bestieg. Alle Zeitgenossen waren sich darin einig, daß sie in ihrer Jugend eine der hübschesten, in jedem Falle aber eine der liebenswürdigsten

Erscheinungen an Europas Fürstenhöfen war. (Später, als schwarzgekleidete Witwe, war sie immer noch von imposanter, stattlicher Figur; mehr Mütterlichkeit als Matronenhaftigkeit ausstrahlend.) Als sie neunzehn Jahre alt war, 1736, war sie mit Franz von Lothringen verlobt worden, und zeitlebens führte sie die glücklichste Ehe, die aus der damaligen Zeit bekannt ist. Ihr bezaubernder Charme lag in der Offenheit, mit der sie jedermann gegenübertrat. Ihr freundliches Wesen war jedoch zugleich majestätisch, so daß ihre Autorität vom ersten Tage an von niemandem bestritten war. Als Ehefrau und Mutter gab sie ihrem frivolen, laxen Zeitalter ein erstaunliches Beispiel an Tugendhaftigkeit. Die unaufhörlichen Seitensprünge ihres Ehemannes ignorierte sie in der Gewißheit, ihm als aufrichtige Partnerin und Mutter seiner Kinder unentbehrlich zu sein. Sie war konservativ und katholisch bis in den Grund ihrer Seele, und ihre lebenslustigen Wiener nervte sie entsetzlich mit ihrer strengen Frömmigkeit und ihrem gänzlich unösterreichischen Moralkodex. Kurz: sie war in allem das genaue Gegenteil von Friedrich.

Sie hatte von ihm nichts Gutes gehört. War das nicht dieser junge Mann, der mit seinem Ungehorsam und seiner Widersetzlichkeit gegen den eigenen Vater Furore gemacht hatte? Ein junger Mensch von sarkastischem, ironischem Wesen, der über die Religion spottete, abfällig von Frauen sprach und in seinem Herzen nichts als Dünkel und Eigenliebe empfand? Verdankte denn der Emporkömmling aus Berlin nicht der Großmut ihres Hauses die selbstangemaßte Königswürde? Und hätte er nicht dankbar sein, sich als Reichsfürst nun besonders treu und redlich erweisen müssen? Als dieser Friedrich von Hohenzollern mitten im Frieden in das arme Schlesien eingebrochen war, da hatte sich ihr empfindlicher Habsburgerstolz zur hellen Empörung gesteigert. Eine solche Schandtat war unerhört in der gesamten Christenheit! So waren nur noch die heidnischen Türken über das Habsburgerreich hergefallen. Vor einem halben Jahrhundert hatte man sie vor Wien zu Paaren getrieben, und nicht anders würde man mit dem Preußenkönig verfahren.

Friedrich feierte unterdessen Karneval in Berlin. Er genoß das Wiedersehen mit seinen beiden engsten Freunden und Vertrauten, Jordan und Keyserlingk. Doch im Grunde seines Herzens war er unruhig. Kein Wort, kein Zeichen des Entgegenkommens aus Wien. Den ganzen Monat Februar wartete er vergeblich darauf. Das eisige Schweigen Maria Theresias bedrückte ihn. War das die Ruhe vor dem Sturm? Auch die leichtlebigen Berliner wurden nervös. Sollte wieder Krieg werden? War das schlesische Abenteuer ihres jungen Herrn noch nicht zu Ende? Die preußische Hauptstadt summte von Gerüchten, als weitere Geschütztransporte nach Schlesien abgingen. Endlich, Ende Februar, begab sich Friedrich wieder zu seinen Soldaten. Aus Böhmens Grenzkreisen waren unbestimmte Nachrichten eingelaufen: die Österreicher sammelten unter General Neipperg eine Armee.

Sollte es wirklich ernst werden, dann wollte Friedrich jedenfalls den Rücken frei haben. So befahl er dem Prinzen Leopold von Anhalt-Dessau, dem Sohn des Alten Dessauers, die eingeschlossene Festung Glogau im Sturm zu nehmen. In der Nacht vom 8. zum 9. März bezogen die Preußen mit drei Angriffskolonnen in aller Stille ihre Bereitstellungen. Beim Glockenschlag zwölf Uhr, um Mitternacht, sollte angetreten werden, ohne Schuß, nur mit dem blanken Bajonett. Auf Plündern in der Stadt stand Todesstrafe. Vier Grenadiere vom Regiment Glasenapp waren die ersten auf den Festungswällen und nahmen allein zweiundfünfzig Österreicher gefangen. Prinz Leopold ließ die Stadttore aufsprengen und stürzte sich an der Spitze seiner Kolonne in den Straßenkampf. Nach eineinhalb Stunden war die Festung erobert, waren eintausend Gefangene gemacht und zweiundsechzig österreichische Geschütze erbeutet. Friedrich war überglücklich. Drei der Glasenapp-Grenadiere beförderte er zu Unteroffizieren, den vierten zum Fähnrich.

Ende März und Anfang April versank Schlesien in tiefem Schnee. Von Österreichs Fahnen war nichts zu sehen. Friedrich stand mit seinen weit verstreuten Kontingenten in Oberschlesien. Der Befehlshaber seines Armeekorps, Feldmarschall von Schwerin, versicherte ihm ein über das andere Mal, daß militärische Operationen bei diesen Witterungs- und Straßenverhältnissen einfach unmöglich seien. Die preußische Aufklärung versagte völlig. Denn jenseits der Berge, auf böhmischem Territorium, marschierte eine österreichische Armee durch Eis und Schnee auf die Pässe zu, die nach Schlesien führten. An ihrer Spitze stand General Neipperg, ein Veteran der Türkenkriege, der nicht daran zweifelte, daß er den jungen Potentaten aus Berlin bald »zu Apoll und den Musen« zurückjagen werde.

Die Österreicher hatten allen Grund zum Optimismus. Ihr unbemerkter Marsch über Neisse in Richtung auf die Festung Brieg (an der Oder) mußte – wenn nichts dazwischenkam – die preußische Armee von Niederschlesien, also von ihrer Versorgungsbasis und ihren Verbindungslinien abschneiden. Erst die Aussagen österreichischer Deserteure, die von preußischen Husaren eingefangen wurden, machten Friedrich und Schwerin die außerordentliche Gefahr klar, in der sie sich mit ihren Truppen befanden. Hastig wurden die einzelnen Kontingente alarmiert und zusammengezogen; dann begann der Eilmarsch nach Nordwesten. Aber Neipperg stand nicht mehr weit von Brieg, beim Dorf Mollwitz, und sperrte den Preußen den Übergang über die Neiße. War man bereits abgeschnitten? Friedrich und Schwerin mußten weit ausbiegen, um bei Löwen über den Strom zu gelangen. Mit letzter Kraftanstrengung schoben sich die Preußen durch den Schnee. Dann hielten sie fünf Kilometer vor Mollwitz.

Nun standen sie sich also zum ersten Mal im freien Felde gegenüber: 18 000 Österreicher und 22 500 Preußen. Auf der einen Seite die ruhmbedeckten Regimenter des Prinzen Eugen, die überall in Europa, gegen

Türken und Franzosen, gefochten hatten. Auf der anderen Seite die kriegsungeübte Armee des Soldatenkönigs, die hier bei Mollwitz, unter dem Nachfolger, ihre Feuertaufe bestehen sollte.

Nicht Friedrich war die maßgebende militärische Persönlichkeit dieser Armee. Zwei Feldmarschälle gaben in ihr den Ton an, und die Cliquen, die sich um beide gebildet hatten, spalteten das preußische Offizierskorps in zwei Lager: Da war einmal die Partei des Fürsten Leopold I. von Anhalt-Dessau, der im vierundsechzigsten Lebensjahr stand und sich reichen Kriegsruhm erworben hatte. Der Alte Dessauer, wie ihn alle Welt nannte, war ebenso furchtlos wie ungebildet; ein Haudegen der allerrohesten Art. Er war der Drillmeister des preußischen Heeres, der die revolutionäre Neuerung des eisernen Ladestocks eingeführt hatte. Von Kriegswissenschaften unbeleckt, war er der Mann der militärischen Praxis, im Kampf ebenso schlau wie stur, ohne jede Rücksichtnahme auf die Truppe, der er eine eiserne Disziplin aufzwang. Die andere Partei führte der fünfundfünfzigjährige Feldmarschall Kurt Christoph von Schwerin an, ein weltläufiger Kavalier, der die Hohe Schule von Leyden besucht hatte. Als er sechzehn war, hatte sein Vater, ein pommerscher Landjunker, ihm ein Goldstück in die Hand gedrückt, ihm eine kräftige Ohrfeige verpaßt und ihn auf Erkundungstour durch Europa mit den Worten geschickt: »Daß Du Dir das niemals wieder von jemand gefallen läßt!« Schwerin war ein schöner Mann, von kultiviertem Wesen, den die Soldaten wegen seiner Milde und Humanität liebten. Wenn Leopold das kernig Altdeutsche verkörperte, das der Soldatenkönig bevorzugt hatte, so war Schwerin mit seinen geschliffenen französischen Umgangsformen ein Mann des jungen Königs.

Am Vorabend der Schlacht schrieb Friedrich an Jordan: »Du kennst das Schicksal des Krieges. Der Tod hat vor dem Leben eines Königs nicht mehr Respekt als vor dem Leben eines Privatmannes. Ich weiß also nicht, was aus mir werden wird. Ist meine Bestimmung zu Ende, so erinnere Dich an einen Freund, der Dich immer zärtlich liebte. Verlängert der Himmel mein Leben, so schreibe ich Dir morgen, und Du erfährst, daß wir gesiegt haben. Lebe wohl, bester Freund, ich liebe Dich bis in den Tod!« An seinen ältesten Bruder, den Prinzen August Wilhelm, richtete er am selben Tag folgende Zeilen: »Wenn ich fallen sollte, so empfehle ich Ihnen meine heißgeliebte Mutter, meine Diener und mein 1. Bataillon . . . Sie, mein teuerster Bruder, sind mein einziger Erbe. Angesichts des Todes empfehle ich Ihnen die Männer, die ich im Leben am meisten geliebt habe: Keyserlingk, Jordan, Wartensleben und Hacke (seine Adjutanten), Fredersdorf und Eichel (seinen Sekretär) . . . Ich vermache meinen Dienern die achttausend Taler, die ich bar bei mir habe. Alles, was ich besitze, gehört sonst Ihnen. Machen Sie meinen Brüdern und Schwestern ein Geschenk in meinem Namen. Tausend Grüße an meine Schwester in Bayreuth . . .« Er versiegelte die Briefe, und am nächsten Morgen führte er seine Soldaten gegen die Österreicher.

10. April 1741: In langen Linien zu drei Gliedern entwickelten sich die preußischen Regimenter auf den Schneefeldern vor dem Dorf Mollwitz, in dem der Feind stand. Friedrich hätte die Österreicher mit einem handstreichartigen Verfahren überrennen können, denn sie hatten sich noch nicht formiert. Doch unerfahren und schlecht beraten vom Alten Dessauer versäumte er die einmalige Gelegenheit durch ein methodisches, umständliches Aufmarschieren seiner Armee. Seine Infanterie war in Bataillone und Regimenter gegliedert, die in schnurgerader Linie nebeneinander standen; die kleinste taktische Einheit war das Peloton, ein Zug von etwa dreißig Mann, in drei Gliedern hintereinander. An den beiden Flügeln der Schlachtaufstellung hielten die Kavallerieregimenter; Kürassiere, Dragoner und Husaren. Die schweren Geschütze wurden vor der Front der Infanterie postiert, die leichten Feldgeschütze standen in den Lücken der Bataillone. Über den Regimentslinien flatterten die bestickten Seidenfahnen; die Trommler und Pfeifer spielten geistliche Choräle oder langsame Infanteriemärsche. Einem Beobachter präsentierte sich die Armee in ihren bunten Uniformen – in Blau, Rot, Gelb und Silber leuchtend – wie auf einer Theaterbühne. Man schien nicht in eine Schlacht, sondern auf eine Parade zu gehen. Die damalige Waffenwirkung war so gering, daß Tarnung und Deckung noch völlig unbekannt waren. Eine Infanteriemuskete traf nur unter 100 Meter Entfernung; die schweren Geschütze schossen nicht weiter als 750 Meter. Mit den eisernen Ladestöcken konnte man lediglich im Stehen oder Knien hantieren; im Liegen wäre die Infanterie völlig hilflos gewesen. Noch war das rauchlose Pulver nicht erfunden. Nach den ersten Pelotonsalven überzog ein dichter Pulverdampf das Schlachtfeld, in dem die Kommandeure ihre Einheiten nur an den Uniformfarben erkennen konnten.

Noch ehe der preußische Aufmarsch abgeschlossen war, griffen die Österreicher an. An Kavallerie waren sie den Preußen um das Doppelte überlegen: 9000 gegen 4500 Mann. Wie ein Taifun raste die gewaltige österreichische Reitermasse, Bügel an Bügel, in voller Karriere, auf die preußischen Dragoner- und Kürassierregimenter los. Der Zusammenstoß mußte furchtbar werden. Aber die preußische Kavallerie wartete den Anprall nicht ab, sondern suchte Hals über Kopf das Weite. Was nützte es nun, daß Friedrich 18 000 eigene Infanteristen gegen 9000 österreichische zur Verfügung hatte? Die preußische Infanterie wehrte sich mühsam ihrer Haut, während die österreichischen Schwadronen in die Geschützbatterien der Preußen einbrachen und dort mit dem Säbel entsetzlich unter den armen Artilleristen wüteten. Friedrich, von der österreichischen Offensive tief geschockt, führte ein preußisches Kavallerieregiment zum Gegenangriff. Die Attacke mißlang, und der junge König, von der Panik seiner

Reiter mitgerissen, flüchtete sich verzweifelt zu Schwerin, der ruhig zwischen dem ersten und zweiten Infanterietreffen hielt. »Sire«, rief er Friedrich zu, »bringen Sie sich in Sicherheit! Ich werde versuchen, mit der Infanterie standzuhalten.« Und Friedrich floh.

War das das »Rendezvous des Ruhms«, das er sich so herbeigesehnt hatte? In leichtem Schneegestöber, in vollem Galopp auf seinem Schimmel, nur von wenigen Adjutanten umgeben, flüchtete Friedrich entnervt vom Schlachtfeld. Fünfzig Meilen irrte er ratlos umher, bis er im Dorf Löwen endlich ein Unterkommen fand. Was mag in diesen endlosen, beschämenden Stunden im Kopf des Preußenkönigs vorgegangen sein? Rötete sich sein Antlitz vom Schneewind oder von der Schande? Niemals hat Friedrich in seinem ganzen Leben über diese furchtbaren Augenblicke, über den blamablen Beginn seiner militärischen Karriere gesprochen. So schonungslos er seine Fehler als Feldherr in seinen späteren Denkwürdigkeiten kritisierte, die Flucht vom Mollwitzer Schlachtfeld blieb immer tabu. Erst am Morgen des nächsten Tages erfuhr er durch einen Ordonnanzoffizier, der ihn lange gesucht hatte, daß Mollwitz ein preußischer Sieg geworden war.

Es war dies ein Sieg des Vaters, des Soldatenkönigs. Denn es war ein Triumph des Exerzierdrills, der Disziplin und der preußischen Infanterie. Als die fliehenden preußischen Kavalleriemassen endlich das Schlachtfeld geräumt hatten und hinter dem Horizont verschwunden waren, da hatte Schwerin sich den Dreispitz in die Augen gedrückt, den Degen gezogen, »Marsch!« befohlen, und mit klingendem Spiel und flatternden Fahnen hatte die preußische Infanterie zu avancieren begonnen. Sie rückten vor wie auf dem Exerzierplatz. Wenn die Österreicher zweimal schossen, gaben sie vier Salven ab. Die österreichischen Bataillone ballten sich zu ängstlichen Klumpen zusammen, in denen das preußische Feuer um so stärker wütete. Der Vormarsch der preußischen Infanterie war wie ein Alptraum! Ein österreichischer Offizier, der sie kommen sah, berichtete: »Ich kann wohl sagen, mein Lebtage nichts Schöneres gesehen zu haben. Die Preußen marschierten mit der größten Kontenance und so schnurgleich, als wenn es auf dem Paradeplatz wäre. Das blanke Gewehr machte den schönsten Effekt, und ihr Feuern ging nicht anders als fortwährendes Donnerwetter.« Dagegen half nichts. Die Österreicher retirierten.

Die Sensation war perfekt: die Preußen hatten die Österreicher geschlagen! Die preußische Armee zählte etwa 1000 Gefallene, 3500 Verwundete und 1000 Vermißte; die Österreicher hatten zirka 1000 Tote, 2000 Verwundete und 1500 Vermißte zu beklagen. Die Gesamtverluste betrugen auf jeder Seite fünfundzwanzig Prozent der Einsatzstärke. Schwerins Truppen hatten den Österreichern zehn Geschütze und vier Standarten abgenommen.

Friedrich, bald wieder bei seiner Armee, war tief bestürzt über die blutigen Verluste. Das also war der Preis des Ruhmes! Eine Woche nach der Schlacht schrieb er seinem Bruder August Wilhelm: »Wir haben den Feind geschlagen. Aber jedermann trauert; der eine um seinen Bruder, der andere um seinen Freund. Kurz, wir sind die betrübtesten Sieger, die Du Dir denken kannst. Gott behüte uns vor einer zweiten blutigen und mörderischen Schlacht wie der bei Mollwitz! Mir blutet das Herz, wenn ich daran denke.« Doch nicht lange gab er sich wehmütigen Empfindungen hin. Von seinen Infanteristen sagte er, sie seien »lauter Cäsars und die Offiziere davon lauter Helden«. Das war die enthusiastische, liebenswürdige Sprache, die man von ihm kannte. Zum ersten Mal aber duckte man sich im Hauptquartier, als er mit schneidender Stimme erklärte, die preußische Kavallerie sei nicht einmal wert, »daß sie der Teufel holt«. Und schon begann er damit, eine neue preußische Reiterei aus dem Boden zu stampfen. Die großen, wohlgenährten Pferde, auf die der Soldatenkönig Wert gelegt hatte und die sich bei Mollwitz als viel zu schwer, als ungefüge und ungelenk erwiesen hatten, wurden durch leichtere, beweglichere Exemplare ersetzt. An die Stelle der Ausbildung im Einzelgefecht, zu dem es in der Kriegswirklichkeit nur in den seltensten Fällen kam, trat das Manövrieren in geschlossenen Regimentsformationen. Attacke, Attacke, um jeden Preis! Wer zuerst attackierte, hatte psychologisch schon gewonnen. Aus einer Art berittener Infanterie schmiedete Friedrich in den nächsten Monaten eine tollkühne Reitertruppe. Aber auch das Fußvolk arbeitete Friedrich durch, und der französische Marschall de Belle Isle, der als Sondergesandter im preußischen Hauptquartier eintraf, berichtete in einem Brief darüber: »Das Wetter war schrecklich, und der Schnee fiel in großen Flocken. Das hinderte die Bataillone jedoch nicht, so zu exerzieren, als ob das schönste Wetter gewesen wäre.« Er fügte hinzu, daß bei den Preußen Manneszucht, Gehorsam und Präzision bis zur äußersten Perfektion gediehen seien.

Die humanitären Depressionen Friedrichs hielten nicht lange vor. Sehr bald schon regte sich in ihm wieder der Übermut, gewannen Witz und Ironie das Übergewicht über Schwermut und Nachdenklichkeit. Sein Herzensfreund Jordan war gleich nach der Schlacht im Mollwitzer Lager des Königs eingetroffen, hatte sich aber bei einem plötzlichen Alarm, der sich später als irrtümlich herausstellte, tödlich erschreckt und war in einer Kutsche stracks nach Breslau retiriert. Nun kannte Friedrichs Spottlust keine Grenzen. Am 5. Mai schickte er Jordan ein anzügliches Gedicht:

»Nur wer von Flammen und von Tod
Und von Gefahren rings bedroht
Mit Seelenruhe sich als Mann bewährt,
Er ist des Namens eines Philosophen wert.
Die andern, sei erlaubt es zu bekennen,

Kann ich nur eitle Wichte nennen.
Ihr Herrn Gelehrten seht nun selbst wohl ein,
Ein Unterschied ist zwischen Sein und Schein.
Gelehrt, in euren Bücherstaub verloren,
Spielt ihr vortrefflich die Doktoren.
Doch euren wahren Mut zu offenbaren,
Zeigt euch inmitten der Gefahren!
Es scheint, ihr lauft sehr schnell davon
Und werbt nicht um des Lorbeers schönen Lohn . . .«

Wer aber war denn wirklich »sehr schnell« davongelaufen? Jordan, der »gelehrte« Zivilist, doch wohl nicht. Er war bei Mollwitz nicht dabeigewesen. Überhaupt, was sollte dieser Frontsoldatenton gegenüber den Daheimgebliebenen? Jordan jedenfalls, der sich krankheitshalber wieder nach Berlin begeben hatte, reagierte empfindlich auf diese Zeilen, so daß Friedrich ein paar Tage später erneut an ihn schreiben mußte. Jetzt schlug er wieder den alten, vertrauten Kumpelton aus Rheinsberger Tagen an, so daß Jordan bei der Lektüre in seinem Krankenbett lachen mußte: »Was fällt Dir ein, meine Verse, meine flüchtigen Zeilen so ernst zu nehmen? Sollte der leichte Ton des Scherzes so beißend gewesen sein?

Wie sündhaft auch der *Geist* oft sei,
Unschuldig war mein *Herz* dabei.

Dies antworte ich Dir auf den sehr ernsthaften Brief, den ich soeben von Dir erhalten habe. Ich bin einfach nicht in der Stimmung, mich zu ärgern, und ich beklage Deinen Geist von ganzem Herzen wegen der unnötigen Qualen, die er Dir macht.« Und dann – er konnte es einfach nicht lassen – legte er dem Schreiben noch einen Vierzeiler an den Kranken bei:

»Vielleicht war es ein böser Wind,
Der seinen Weg nicht fand geschwind,
Und weil er allzu langsam schlich,
Kneift er und quält Dich jämmerlich.«

Friedrich befand sich eben in Hochstimmung, und wie es schien, hatte er auch allen Grund dazu. Der unerwartete Sieg bei Mollwitz hatte ganz Europa aufgeschreckt, hatte einen entschiedenen Wandel der politischen Atmosphäre herbeigeführt. Vor kurzem war es noch darum gegangen, dem vorwitzigen Preußenkönig ernste Lehren zu erteilen. Zwei Tage vor der Mollwitzer Schlacht hatte König Georg II. persönlich vor dem Londoner Parlament gesprochen, Frankreich des Strebens nach Vorherrschaft über Europa bezichtigt und Friedrichs Vorgehen gegen Österreich scharf getadelt. Die Lords und die Mitglieder des Unterhauses hatten ungesäumt 300 000 Pfund Sterling für Maria Theresia bewilligt und Friedrich mit herben Worten aufgefordert, sofort sein schlesisches Abenteuer zu beenden. Die holländischen Generalstaaten hatten sich dem angeschlossen und der Wiener Regierung versprochen, sie »nach besten Kräften« zu unterstützen. Aber nun, nach der Schlacht, konnte sich Friedrich vor Angeboten und Gesandtschaften kaum retten. Als erster war der französische Marschall de Belle Isle erschienen; jetzt traf im Auftrag Georgs II. Lord Hynford als britischer Sondergesandter beim preußischen König ein.

Der Marquis de Belle Isle quartierte sich mit einem Gefolge von dreißig Adligen und einhundert Dienern im preußischen Lager ein. Er war unermüdlich. Auf Abstechern nach Dresden und München bearbeitete er die dortigen Regierungen, um sie zu einem Bündnis mit Frankreich gegen Maria Theresia zu bringen. Und tatsächlich gelang es ihm, am 18. Mai 1741 in Nymphenburg einen Vertrag mit den Bayern abzuschließen, der die diplomatische Lage einschneidend veränderte. Frankreich garantierte dem bayerischen Kurfürsten Karl Albert den Erwerb der österreichischen Länder Böhmen, Oberösterreich, Salzburg und Tirol; Sachsen, wenn es beitrat, sollte Mähren und Oberschlesien bekommen; Preußen, um das Belle Isle noch warb, würde Niederschlesien mit Breslau behalten und dazu noch die Grafschaft Glatz erwerben. Vor allem aber, Frankreich versprach, dafür Sorge zu tragen, daß Karl Albert vom deutschen Kurfürstenkollegium zum Kaiser gewählt würde; notfalls – wenn alle Diplomatie versagen sollte – mit Waffengewalt.

Damit stand die französische Politik vor ihrem größten Triumph. Was länger als hundert Jahre das Traumziel Versailles' gewesen war, jetzt schien es bald erreicht: das Haus Habsburg praktisch auf Niederösterreich und Ungarn reduziert und damit zu einer Macht zweiten Ranges degradiert; das deutsche Kaisertum aber in direkter Abhängigkeit von Frankreichs Gunst und Gnade. Mit 100 000 Mann, so versicherte Belle Isle, würden die Franzosen ins Deutsche Reich einmarschieren; wer wollte es dann noch wagen, gegen die Nymphenburger Absprachen zu opponieren?

Friedrich, als er davon hörte, war nicht wohl in seiner Haut. Die Deklassierung der österreichischen Großmacht hatte nie in seinen Absichten gelegen. Mehr noch fürchtete er eine französische Dominanz auf deutschem Boden. Aber was half es? »Mitgefangen, mitgehangen«, hieß jetzt die Devise. Hier galt es blitzschnell zu handeln, die günstigen Konjunkturen für Preußens Machterweiterung zu nützen und dabei ständig auf der Hut zu sein, von niemandem in Abhängigkeit zu geraten. Kurz entschlossen beauftragte er Podewils, mit Valory in Breslau einen Vertrag abzuschließen. Und so geschah es am 4. Juni 1741. Beide Staaten, Frankreich und Preußen, schlossen auf fünfzehn Jahre eine Allianz miteinander, in der sie sich Waffenhilfe zusagten, falls sie von dritter Seite angegriffen würden. Aber entscheidend waren die Geheimartikel des Vertrages: Friedrich versprach, seine Kurstimme bei der Kaiserwahl dem bayerischen Kurfürsten zu geben, und verzichtete ein für allemal auf die Erbansprüche in Jülich-Berg, im Westen des Reiches. Dafür garantierte Frankreich dem König von Preußen »auf ewige Zeiten« den Besitz von Niederschlesien, mit Einschluß der Stadt Breslau, und die Grafschaft Glatz.

Ein elendes Gefeilsche mit deutschen Territorien! Alle stürzten sich wie Aasgeier auf die Besitztümer der jungen Maria Theresia, jeder versuchte, sich ein möglichst ansehnliches Stück aus der österreichischen Beute herauszuschneiden. Dabei ging es nur vordergründig um Ländererwerb und Provinzen. In Wahrheit ging es um das sogenannte Gleichgewicht Europas, das die beiden Großmächte – Frankreich und England – auf der Zersplitterung und Ohnmacht Deutschlands errichtet hatten. Die Franzosen drohten mit ihren Armeen, die Engländer arbeiteten mit ihrem Gold, und beide hatten nichts anderes im Sinn als die langfristige Stabilisierung ihres entscheidenden Mitspracherechtes über Deutschland als Ganzes, also die Erhaltung des mitteleuropäischen Status quo, so, wie er sich seit 1645 herausgebildet hatte, als das deutsche Kaisertum den ausländischen Einfluß im Reich und die politische Unabhängigkeit der deutschen Territorialfürsten bei den Vorverhandlungen zum Frieden von 1648 sanktioniert hatte.

Zu dieser übergreifenden politischen Konzeption der beiden Großmächte gab es nur eine einzige konsequente Gegenstrategie, nämlich die Friedrichs, der seinerseits auf »Gleichgewicht« zwischen den Großmächten bedacht war, um unter Ausnutzung der Antagonismen beider Lager dem preußischen Staat mehr Spielraum und Unabhängigkeit zu verschaffen. In preußischem Interesse lag weder ein Übergewicht Österreich-Englands noch Bayern-Frankreichs, und ganz in diesem Sinne sagte Friedrich am 24. Juni zum französischen Botschafter Valory: »Ein langer Krieg kann mir nicht zusagen«, und er fügte drohend hinzu, wenn Frankreich nicht schleunigst seinen Bündnisverpflichtungen nachkäme, »so könnt Ihr Euch auf mich verlassen wie auf das Laub im November«. Als er einen Monat später erfuhr, daß eine kombinierte bayerisch-französische Armee (die Franzosen gaben sich als »Hilfstruppen« Karl Alberts aus und trugen weißblaue bayerische Abzeichen an ihren Hüten) den Angriff auf die österreichischen Erblande Maria Theresias eröffnet hatte, beschloß er unverzüglich, sich in Schlesien mehr Luft zu verschaffen und das »neutrale« Breslau zu besetzen. Als diplomatischen Vorwand gebrauchte er den Vertragspassus, wonach Breslaus Neutralität nur für die »gegenwärtigen Konjunkturen« gelten sollte, die in der Tat durch den Nymphenburger Pakt in Frage gestellt waren.

So rückten denn die preußischen Truppen am 10. August in die schlesische Hauptstadt ein. Ein Breslauer Bürger berichtete: »Die ganze Stadt wimmelte von preußisch-brandenburgischen Offiziers und Soldaten;

lauter extraschöne, wohlqualifizierte, galant-uniformierte Leute, die aller Augen mit Bewunderung auf sich zogen und bei unseren schlesischen Frauenzimmern starken Liebreiz erweckten, so daß manche lieber heute noch einen jungen Brandenburger gehabt hätte. Und also kam der preußische und brandenburgische Samen nebst der plattdeutschen Sprache ins Land Schlesien.«

Am darauffolgenden Sonntag wurde in den katholischen Kirchen Breslaus Hochamt gehalten und Te Deum gesungen, während in den evangelischen Gotteshäusern Dankgottesdienste stattfanden. Friedrich hatte als Predigttext eine Stelle aus 1. Timoth. 2, Vers 12, bestimmt und dabei an seine Feindin Maria Theresia gedacht. Sie lautete: »Einem Weibe gestatte ich nicht, daß sie lehre, auch nicht, daß sie des Mannes Herr ist; sondern daß sie stille sei.«

Am 15. September besetzten die bayerisch-französischen Truppen Linz, die Hauptstadt Oberösterreichs. Bayerns Kurfürst Karl Albert ergriff die Regierungsgewalt und nahm auch unverzüglich den Titel eines österreichischen Erzherzogs an. Die Bevölkerung von Linz jubelte dem Usurpator zu, der oberösterreichische Adel drängte sich zu Audienzen beim neuen Herrscher. Zwei Tage später trat Sachsen ins französisch-bayerische Lager über, so daß sich die militärische und politische Lage für Maria Theresia hoffnungslos gestaltete.

Niemals, nicht einmal während der napoleonischen Kriege, stand es so verzweifelt um Österreich wie in diesen Septembertagen des Jahres 1741. Im ganzen Habsburgerreich fehlte es an Truppen und Geld. Nichts war zur Landesverteidigung vorbereitet. Jetzt zeigte es sich am Beispiel Österreichs, wie wohlüberlegt und fortschrittlich doch die preußische Staatsverfassung war, die Friedrich Wilhelm I., der vielverlachte Soldatenkönig, geschaffen hatte und die es nun seinem Nachfolger gestattete, auf der Basis einer modernen zentralisierten Finanzverwaltung und Wehrstruktur seine Feldzüge zu führen und zu finanzieren. In Österreich nichts von alledem. Der hanebüchene Egoismus der Landstände vereitelte jede gesamtstaatliche Planung zur Abwehr feindlicher Streitkräfte. Jeder dachte nur an sich selbst und stöhnte beim Gedanken an Sondersteuern oder militärische Einquartierungen. Was nützten da schon die eindringlichen Appelle Maria Theresias an den Patriotismus ihrer Untertanen? Als Linz verlorengegangen war, seufzte sie: »Ich bin eine arme Königin. Ich weiß nicht, ob mir noch eine Stadt für mein Wochenbett bleiben wird« (sie erwartete ihr viertes Kind). Als die bayerisch-französische Armee sich Wien näherte, flüchtete sie nach Preßburg, und zahlreiche Flüchtlinge aus Wien und Niederösterreich begleiteten sie, mit Pferd und Wagen oder auch zu Fuß, in der elendsten Verfassung. Das waren niederdrückende Szenen. Nur Maria Theresia verlor nicht den Mut: »Ich habe das Herz eines Königs!«

So trat sie in Preßburg, der damaligen Haupt- und Krönungsstadt

Ungarns, vor den versammelten Landtag des madjarischen Adels. Die heißblütigen Notabeln rissen – beim Anblick der hilfeflehenden jungen Königin – ihre Säbel aus den Scheiden und schworen: »Moriamur pro rege nostro Maria Theresia!« (»Wir weihen unserer Königin Maria Theresia Blut und Leben!«) Aber das war bloße Courtoisie einer schönen Frau gegenüber. Die Madjaren dachten gar nicht daran, Maria Theresia ohne gravierende politische Zugeständnisse Hilfe zu leisten. Gewiß, die Wünsche der Nichtadligen und der Protestanten, die Glaubensfreiheit in Ungarn forderten, konnten von der Wiener Zentrale abgeschmettert bzw. in listigen Verhandlungen auf die lange Bank geschoben werden. Aber dem hohen ungarischen Feudaladel mußte Maria Theresia schweren Herzens allerlei politische Zugeständnisse machen, die vor allem zu Lasten der deutschen Verwaltungssprache gingen, bevor sie die Zusage der Madjaren erhielt, in ihrem Lande zu mobilisieren und auch Truppen für den Kampf außerhalb Ungarns zu detachieren.

Immerhin, es war ein beachtlicher persönlicher Erfolg Maria Theresias. Die Frau verfügte über Charisma, und ganz ohne Zweifel über Würde und königlichen Mut. Doch die militärische Situation Österreichs blieb dramatisch. Inzwischen hatten Bayern und Franzosen Prag besetzt, und Karl Albert hatte sich zum böhmischen König gekrönt. Solange die aktive Armee des Generals von Neipperg in Schlesien durch die Preußen gebunden blieb, gab es keinen Hoffnungsschimmer für Maria Theresia und den Habsburgerstaat.

Friedrich hatte inzwischen eine Geheimdepesche seines preußischen Militärbevollmächtigten beim bayerischen Kurfürsten, des Freiherrn von Schmettau bekommen, deren Inhalt den König sehr nachdenklich stimmte. Schmettau schrieb: »Frankreichs Interesse ist es, drei oder vier mittlere Mächte in Deutschland zu haben und keine von ihnen so weit emporkommen zu lassen, daß sie den Franzosen die Stirn bieten könnte.« Das traf Friedrichs empfindlichen Nerv, sprach Schmettau doch nur aus, was der König längst dachte. Da Lord Hynford sich wieder im preußischen Lager einstellte und Vermittlungsversuche zwischen Preußen und Österreich machte, mit dem Ziel, Frankreichs siegreichem Vordringen auf deutschem Boden auf die eine oder andere Weise Einhalt zu gebieten, faßte Friedrich blitzschnell den Entschluß, das Steuer seiner Politik, seiner Kriegführung um 180 Grad herumzuwerfen.

Am 9. Oktober traf er sich in aller Heimlichkeit, nur von seinem Adjutanten Golz begleitet, mit dem österreichischen General Neipperg auf dem Schloß der Fürsten Starhemberg bei Klein-Schnellendorf. Als sogenannter Vermittler war noch Lord Hynford zugegen. Das Ganze war eine perfekte Verschwörung, eine Szene wie aus einer Theaterkabale. Alles geschah nur mündlich; schriftliche Abmachungen wurden strikt vermieden. Neipperg trat im Auftrag Maria Theresias ganz Niederschlesien bis zum Neißefluß, inklusive der Festung Neisse, an den Preußenkönig ab, und zwar zur vollen Souveränität. Friedrich dagegen versprach, die Österreicher nicht anzugreifen, so daß die Neippergsche Armee sich unbesorgt gegen Bayern und Franzosen, Friedrichs Verbündete, wenden konnte. Die Festung Neisse sollte von den Preußen noch zum Schein vierzehn Tage lang belagert und dann vom österreichischen Kommandanten übergeben werden, auch der Kleinkrieg in Oberschlesien sollte zur Täuschung aller anderen noch eine Weile weitergehen, und im Dezember würde es dann zu einem regelrechten Friedensvertrag zwischen beiden Seiten kommen. Friedrich ließ sich von allen Anwesenden das persönliche Ehrenwort der völligen Verschwiegenheit geben und erklärte beim Aufbruch, daß er das Abkommen für null und nichtig ansehen und gegen jedermann ableugnen würde, wenn seine Alliierten durch Indiskretionen je davon erfahren sollten.

Ein unglaublicher Vorgang! Friedrich beging hier einen Verrat an seinen Verbündeten, wie er verabscheuungswürdiger gar nicht gedacht werden kann. Die preußischen Historiker des 19. Jahrhunderts zeigten sich in der größten Verlegenheit hinsichtlich des Klein-Schnellendorfer Vertrages; manche, Förster und Mendelssohn-Bartholdy, verschwiegen ihn gänzlich in ihren Biographien. In der Tat ist es einfach unmöglich, irgendeine Art von »Entschuldigung« für das perfide Ränkespiel von Klein-Schnellendorf zu finden. Vom moralischen Standpunkt aus ist unbestreitbar, daß Friedrich mit voller Absicht seine Alliierten, die Bayern, Sachsen und Franzosen, hinterging und kaltlächelnd zusah, wie sie nun Neippergs kampferprobte Regimenter auf den Hals bekamen. Allerdings, Maria Theresia verdankte Friedrichs bedenkenlosem Schachzug ihre Rettung vor dem Untergang! Und genau das lag in der Absicht des Preußenkönigs. Er spielte – mit Erfolg – dasselbe skrupellose Spiel, wie es die Franzosen und die Briten mit den Deutschen spielten. Keine Macht durfte zu groß (und ihm gefährlich) werden. Und so schrieb er denn später in seinen Memoiren darüber: »Mit Bayern und Frankreich habe ich mich nur verbündet, um Schlesien zu bekommen. Die Franzosen aber wollten Habsburg für immer zugrunde richten. Auf den Trümmern dieses Reiches wollten sie dann vier Mittelstaaten errichten, die sich einander die Waage halten sollten. Maria Theresia sollte auf Ungarn, Niederösterreich, Steiermark und Kärnten beschränkt werden; der Kurfürst von Bayern sollte Böhmen, Oberösterreich, Salzburg und Tirol bekommen; Preußen hatte sich mit Niederschlesien zu begnügen; Sachsen sollte Mähren und Oberschlesien erhalten. Da diese vier Staaten bald miteinander Streit bekommen hätten, so wollte Frankreich dann in Deutschland als allmächtiger Schiedsrichter auftreten.« An einem solchen Plan, so fügte er hinzu, konnte ihm nicht gelegen sein.

Friedrich übersah also das europäische Schachbrett mit kristallklarer Schärfe. Ja, er dachte mehrere Schachzüge voraus. Denn er war sich darüber im klaren, daß das Klein-Schnellendorfer Abkommen nicht geheim bleiben konnte. Früher oder später würde alles herauskommen. Doch bis dahin war Neisse ihm kampflos übergeben, hatten die Österreicher ihre Truppen an die Westfront, gegen Bayern und Franzosen, verlegt und war Schlesien bis an die Quellen der Weichsel wieder in seiner Hand. Er selbst schrieb später darüber: »Ich hatte Grund, dem Wiener Hof zu mißtrauen, dessen feindliche Gesinnungen ich kannte. Deshalb glaubte ich klug zu handeln, wenn ich von den Österreichern unverbrüchliches Stillschweigen über dieses Abkommen forderte. Dabei sah ich voraus, daß sie gewiß nicht schweigen, sondern Indiskretionen begehen würden, um Mißtrauen zwischen mir und meinen Alliierten zu säen. Trat das ein, so hatte ich das Recht, mich von der mündlichen Übereinkunft wieder zu distanzieren.« Er betrog also nicht nur seine Verbündeten, sondern auch die Österreicher.

Ein Schurkenstreich? Ganz gewiß. So also praktizierte der Verfasser des »Antimachiavell« Tugend und Moral in der Politik. Da war sie wieder, die Doppelnatur Friedrichs, die Europa in Erstaunen, Entrüstung und Verwirrung setzte. Jetzt rächte es sich, daß alle Welt dem preußischen Kronprinzen damals zugejauchzt und seine Partei ergriffen hatte, als er seinen listenreichen, unnachgiebigen Kampf mit dem eigenen Vater führte, bei dem er doch nur scheinbar unterlag, in Wahrheit immer der Stärkere geblieben war. Jetzt mochten alle – wie einst der tumbe Soldatenkönig – seufzen, daß man »in diesen Kopf« nie hineinsehen könne. Was sollten denn die Franzosen machen, als sie hinter der vorgehaltenen Hand von Friedrichs Schurkereien erfuhren? Er selbst leugnete alles dreist, und wenn man ihn ernsthaft ins Kreuzverhör genommen hätte, so wären die Folgen bei der bekannten Empfindlichkeit dieses jungen Monarchen gar nicht abzusehen gewesen; möglicherweise warf er sich dann vollends auf die Seite der Österreicher. Und Maria Theresia? Durfte sie sich beklagen über Friedrichs Coup von Klein-Schnellendorf? Sie war doch die Komplizin dieses heimtückischen Unternehmens, hatte ja auch kräftig von Friedrichs Ruchlosigkeit profitiert. Ohne die Finten und Finessen des preußischen Königs wären sie und ihr Reich verloren gewesen. So erklärt es sich denn, daß die allgemeine Empörung in Grenzen blieb und kaum offenkundig wurde, denn Friederich hatte ihnen allen mit seinem Doppelschachzug den Mund verbunden: England stand als Anstifter von Klein-Schnellendorf da, Maria Theresia als Mitverschwörerin, und die Franzosen, die Sachsen, die Bayern mußten gute Miene zum bösen Spiel machen, wollten sie den preußischen Bundesgenossen nicht ganz auf der anderen Seite sehen.

Friedrich hatte keinerlei Skrupel. Er betrachtete das Abkommen von Klein-Schnellendorf als erlaubte Kriegslist. Hatte er sie nicht alle ausgetrickst, die internationalen Austrickser? Er war heiter und vergnügt, hatte Schlesien militärisch in der Tasche, rieb sich heimlich die Hände und begab sich – nachdem Neisse kapituliert und der letzte Österreicher Schlesien geräumt hatte – in aufgekratzter Laune nach Breslau.

Am 7. November versammelten sich die niederschlesischen Stände in Breslau, um ihrem neuen Souverän den Treueid zu schwören. Die Feierlichkeit fand im Fürstensaal des Breslauer Rathauses statt. Als Friedrich den Saal betrat, ging ein Raunen durch die Versammlung. Der König kam in der einfachen blauen Uniform seines Leibgardebataillons, nur die breiteren silbernen Achselschnüre unterschieden ihn von seinen Offizieren. Er nahm auf einem Thronsessel Platz und behielt den Dreispitz auf. Minister Podewils richtete eine Ansprache an die Deputierten, die vom niederschlesischen Landeshauptmann von Prittwitz erwidert wurde. Nun sollte der Treueschwur geleistet werden, statt wie früher auf das böhmische jetzt auf das preußische Reichsschwert. Doch das war vergessen worden und befand sich wohlbehalten in der Berliner Kunstkammer. Was nun? Alles wand sich vor Verlegenheit, bis Friedrich seinen Degen zog, auf dem die Worte »pro gloria et patria« (»für Ruhm und Vaterland«) standen, und ihn mit den Worten präsentierte, dieser Degen würde jedem anderen Schwert die Spitze bieten. Die Anwesenden brachen in den Ruf aus: »Es lebe Friedrich, der souveräne Herzog von Schlesien!« Das übliche Huldigungsgeschenk von 100 000 Talern lehnte der König ab.

Am Abend erstrahlte Breslau im Glanz einer Illumination, die eine technische Meisterleistung preußischer Pioniere war. Auf dem Rathausmarkt drängte sich das Volk um einen gebratenen Ochsen, der gratis aufgeschnitten und verteilt wurde. Der Stadtkoch Rieghe hatte einen preußischen Adler aus gebratenem Geflügel aufgestellt und darüber kunstvoll aus Breslauer Würsten den Schriftzug »Fridericus Rex« geschlungen. Es gab aber auch Transparente, auf denen der König um Erleichterung der Einquartierungslasten gebeten wurde.

Am nächsten Morgen sprach Friedrich selbst zu den Vertretern der Stände. Er sicherte ihnen großzügige Toleranz und völlige Gleichberechtigung der beiden Konfessionen in Schlesien zu. Die Rechtsprechung, so betonte er, würde in Zukunft völlig unparteiisch sein. In Breslau und Glogau würde er zwei Justizkollegien errichten, die nur mit Schlesiern besetzt werden sollten. Die Finanzverwaltung dagegen würde nach brandenburgischem Vorbild reformiert und von Beamten aus den alten Provinzen geleitet werden; jedenfalls so lange, bis die Schlesier sich daran gewöhnt hätten. Von einem irgendwie gearteten Mitbestimmungsrecht der Stände war in der Ansprache keine Rede, und niemand der Anwesenden wagte Widerspruch. Schlesien war damit den Segnungen und Bedrükkungen des preußischen Absolutismus à la Soldatenkönig unterworfen.

Vier Tage später traf Friedrich in Berlin ein, wo er »mit allerhand Festivitäten und Freudenbezeugungen« begrüßt wurde. Die preußische Hauptstadt hatte nun ihren langentbehrten König wieder, und die vergnügungssüchtigen Berliner sahen sich auch nicht enttäuscht, denn Friedrich ordnete die Vorverlegung des Karnevals auf den Dezember an, der sonst alljährlich im Januar begangen wurde. Das war nach dem allgemeinen Geschmack! Nun kamen die herrlichen Zeiten von 1740 wieder, ja sie wurden noch übertroffen, da der junge Monarch im Berliner Schloß residierte und an allen Vergnügungen persönlichen Anteil nahm. Es verging kein Tag ohne Amüsement. Sonnabend, Sonntag und Dienstag war Gesellschaft bei Königin Elisabeth Christine, Donnerstag bei Königinmutter Sophie Dorothea. Montags fanden öffentliche Maskenbälle statt, freitags geschlossene Gesellschaften bei den Ministern. Am Mittwoch gab es Konzerte oder Opernaufführungen, und des Königs Popularität stieg ins Ungemessene, als er freien Eintritt verordnete. Ganz Berlin stürzte sich von einer Feier in die andere. Der König spielte als Flötensolist auf den Konzerten, tanzte bis in die Morgenstunden auf den Maskenbällen und machte den italienischen Opernsängerinnen in ihren Garderoben gewagte Komplimente. Daß Bayern, Sachsen und Franzosen Ende November Prag gestürmt hatten, nahm man zwar zur Kenntnis. Doch Prag war weit, der Krieg ja für Preußen vorbei; wenn es nach den Berlinern gegangen wäre, hätte der Karneval noch lange dauern können. Mit ihrem jungen König, der kurz vor seinem dreißigsten Geburtstag stand, waren sie wieder rundum zufrieden. Schlesien? Mein Gott, den »Fritz« hatte eben der Ehrgeiz gepackt; angesichts der jahrelangen blamablen Behandlung durch den schrecklichen Vater war das wohl zu verstehen. Das schlesische Abenteuer war ja nun, Gott sei Lob und Dank, vorüber, und es bestand begründete Hoffnung, daß der königliche Kavalier, der so fröhlich mit seiner Hauptstadt feierte, zu seiner wahren Natur zurückfand.

Während sich der preußische König in seiner Hauptstadt amüsierte, machte Maria Theresia Anfang Dezember schwere Stunden durch, denn noch hatte sich das Freiwerden der Neippergschen Armee militärisch nicht ausgewirkt. Die Hiobsbotschaft, daß die starke Festung Prag von den Alliierten handstreichartig überrumpelt worden war, traf in dem Augenblick ein, als Maria Theresia im Martinsdom von Preßburg an einem Bittgottesdienst teilnahm, der die Rettung Prags vom Himmel erflehen sollte. Die gläubige Gemeinde erstarrte vor Schreck, als sie sah, daß der jungen Königin – bei Entgegennahme einer Eildepesche – die hellen Tränen aus den Augen stürzten. Wenige Tage später wurde bekannt, daß sich der bayerische Kurfürst Karl Albert in Prag die böhmische Königskrone aufgesetzt hatte und daß sich der Feudaladel Böhmens förmlich danach drängte, dem bayerischen Eroberer schöne Augen zu machen und Wohltaten von ihm entgegenzunehmen. Bis in die Seele getroffen, richtete sich der Stolz der Habsburgerin um so furchtbarer empor. Nichts, so beschloß sie, sollte sie davon abhalten, bis zum Endsieg zu kämpfen; koste es, was es wolle. In dieser Überzeugung schrieb sie an einen ihrer

Generale: »Jetzt, Kinsky, ist der Augenblick gekommen, wo man Mut zeigen muß. Mein Entschluß ist gefaßt, alles aufs Spiel zu setzen und notfalls zu verlieren, um Böhmen zu retten. Alle meine Heere sollen eher vernichtet werden, als daß ich etwas abtrete. Der kritische Augenblick ist da! Schont das Land nicht, um es zu erhalten. Ihr werdet sagen, daß ich grausam bin. Es ist wahr. Aber ich weiß auch, daß ich alle Grausamkeiten, die ich jetzt begehen lasse, um mir das Land zu erhalten, hundertfach vergüten werde. Jetzt aber verschließe ich mein Herz jeglichem Mitleid.«

Mitte Januar 1742 wurde Friedrich sich aber darüber klar, daß die Alliierten – Franzosen, Sachsen, Bayern – sehr bald schon in die Defensive gedrängt werden würden, denn Österreich operierte nun mit drei kampferprobten Armeen, die unter den Generälen Khevenhüller, Neipperg und Lobkowitz standen, während sich bei Wien immer stärkere Massen des ungarischen Volksaufgebotes konzentrierten. Zu einem Friedensschluß mit Österreich war es nicht gekommen, denn weder Maria Theresia noch Friedrich glaubten es nötig zu haben, einen ersten Schritt in Richtung auf den anderen unternehmen zu müssen. So begab sich Friedrich am 19. Januar, fünf Tage vor seinem dreißigsten Geburtstag, nach Dresden, um mit dem Sohn Augusts des Starken einen gemeinsamen Feldzugsplan zu entwerfen. Der sächsische Kurfürst, der sich gerade angelegentlich mit der Frage beschäftigte, ob er einen großen grünen Diamanten für 400 000 Taler von einem jüdischen Hoflieferanten erwerben sollte, ließ Friedrich, der eine Karte von Mähren ausgebreitet hatte, reden und reden, bis ihm gemeldet wurde, daß die Opernaufführung beginne. »Nun wäre der Kurfürst«, schrieb Friedrich später sarkastisch, »auch nicht durch zehn Königreiche zu bewegen gewesen, noch eine Minute länger zu bleiben.«

Am 24. Januar, an Friedrichs Geburtstag, wurde der bayerische Kurfürst Karl Albert in Frankfurt am Main feierlich zum Deutschen Kaiser gekrönt und nahm den Namen Karl VII. an. Doch was nützte das? Am Tage vorher hatte Khevenhüllers Armee die oberösterreichische Hauptstadt Linz im Sturm zurückerobert. Auf der ganzen Front rissen Maria Theresias Truppen die operative Initiative an sich.

Friedrich machte sich keine Illusionen. Gewannen die Österreicher, wie es schien, die Oberhand über die Franzosen und ihre deutschen Satelliten, dann war auch Schlesien für ihn verloren, dann würde Maria Theresia anders mit ihm umspringen als bei Klein-Schnellendorf, als sie – damals in höchster Bedrängnis – ihm die Hand zur Verständigung geboten hatte. So beschloß er, den Krieg, in dem er sich ja pro forma nach wie vor befand, erneut zu aktivieren, den Österreichern überraschend in die Flanke zu fallen und ihnen – während sie in Südbayern und Westböhmen beschäftigt waren – über Mähren einen schmerzhaften Hieb zu versetzen.

Der Vorstoß in die Markgrafschaft Mähren erfolgte mit 30 000 Mann. Olmütz wurde besetzt, die Festung Brünn eingeschlossen. Die preußischen

Husaren des Generalmajors von Ziethen stießen bis Stockerau vor, die letzte Poststation vor Wien, und hieben sich dort mit Ungarn und Kroaten herum, die auf dem Marchfeld, vor den Toren Wiens, lagerten. Noch sah alles rosig aus. Friedrich schrieb am 2. Februar an den Venezianer Algarotti, der in Dresden zurückgeblieben war: »Verlangen Sie bitte nichts von einem Kopf, der nur noch mit Stroh, Heu und Mehl angefüllt ist (den Versorgungsgütern der Armee also). Ich wünsche das Kriegshandwerk zu allen Teufeln und betreibe es dennoch mit Lust. Daran können Sie die Widersprüche des menschlichen Geistes erkennen. Adieu, Sie liebenswürdiger und leichtsinniger Algarotti! Vergessen Sie mich nicht unter den Schneeschollen Mährens und senden Sie mir, wenn möglich, auf den Flügeln Zephyrs einige Rouladen und die Triller der schönen Sängerin Faustina. Meine Empfehlung an den Jesuiten Guarini (den Beichtvater und Berater des sächsischen Kurfürsten), der ein liebenswerter Mensch sein würde, wenn er kein Pfaffe wäre, und der genug Verstand hat, um ein Heide zu sein, wie wir beide es sind.«

Um Stroh, Heu und Mehl drehte sich tatsächlich alles. Denn die fanatisierte katholische Bevölkerung Mährens weigerte sich, den Preußen Pferdefutter und Lebensmittel zu liefern. Die preußischen Armeemagazine aber waren nicht so bestückt, wie es Friedrich erwartet hatte. Schwerin, mit dem es deshalb ernste Auseinandersetzungen gab, nahm verbittert seinen Hut und ging beleidigt nach Hause. Hier zeigte sich, für seine Freunde überraschend, daß Friedrich, wenn etwas schiefgegangen war, Sündenböcke suchte, auf die er alle Schuld wälzte, daß er kein Mittel scheute, das eigene Gewissen zu entlasten. Wie auch immer, die Stellung in Mähren war nicht zu halten, und die preußische Armee zog sich Schritt für Schritt nach Böhmen zurück.

Maria Theresia vergoß Freudentränen, als sie die Nachricht vom Rückzug der Preußen erhielt. Wien war errettet, fiel nicht in die Hand der preußischen Ketzer! Jetzt hatte sie die Hände frei, um mit allen ihren Feinden abzurechnen, um dem Spuk des bayerischen »Theaterkaisers« ein für allemal ein Ende zu bereiten. Der Tag rückte näher, an dem sie die altehrwürdige deutsche Kaiserkrone dem Hause Habsburg zurückgewinnen, sie ihrem geliebten Mann, Großherzog Franz, aufs Haupt setzen würde.

Herrschte in Wien Euphorie, so befand sich die preußische Armee, die langsam nach Böhmen zurückging, in der denkbar schlechtesten Stimmung. Hier, auf dem Rückzug aus Mähren, war es, daß die Preußen zum ersten Mal die Schrecken des Volks- und Partisanenkrieges kennenlernten. Anders als in Schlesien, wo sie – zumindest bei den Evangelischen – willkommen waren, erblickte die mährische Landbevölkerung in ihnen »lutherische Hunde«, die es einzeln totzuschlagen galt. Aufgestachelt vom katholischen Klerus bewaffneten sich die Bauern Mährens und überfielen kleine preußische Kontingente aus dem Hinterhalt. Besonders bei Nacht gab es nirgendwo Ruhe für die lagernden Preußen. Slowakische Freischärler, die mit leichten Feldgeschützen bewaffnet waren, fielen immer wieder über die preußische Nachhut her. Aber auch das Gros der Armee hatte Probleme. Ungarische Husaren umgaben wie Mückenschwärme die preußischen Marschkolonnen: Sie tauchten aus dem Nichts auf, griffen an, plänkelten, reizten die Nerven der Preußen und verschwanden plötzlich wieder hinter dem Horizont. Friedrich erkannte, daß es ihm bitter an leichter Kavallerie, vor allem an Husaren, mangelte. Machtlos mußte er mit ansehen, wie ihm 5000 Mann auf dem Marsch davonliefen, womit er ein Sechstel seiner Streitkraft eingebüßt hatte.

Der Preußenkönig machte im Böhmischen, an der Elbe halt. Er haderte innerlich mit seinen Verbündeten. Die Sachsen traf sein voller Zorn, weil sie ihre Versprechungen nicht erfüllt und ihm keine Geschütze für die Belagerung Brünns geschickt hatten. Als die Preußen ihren Rückzug begonnen hatten, hatte der sächsische Militärbevollmächtigte von Bülow ihn doch allen Ernstes gefragt: »Aber, Sire, wer wird jetzt meinem Herrn, Kurfürst August, die mährische Krone aufsetzen?« Friedrich hatte ihm eisig geantwortet: »Kronen gewinnt man nur mit Kanonen! Und Eure Schuld ist es, wenn ich keine gehabt habe, dort, vor den Festungswällen von Brünn.«

Er war in diesen Tagen kriegsmüde. Der verlustreiche Rückzug aus Mähren hatte ihm eine erste Lehre über die Wankelmütigkeit des Schlachtenglücks erteilt. Er sehnte sich nach Rheinsberg und Charlottenburg zurück. Am 18. April schrieb er an Algarotti, der wieder in Berlin war, und bat ihn, ihm doch ja gute Lektüre ins böhmische Feldlager zu schicken: Ciceros Briefe, seine philosophischen Betrachtungen zu Tuskulum und den »Gallischen Krieg« von Gaius Julius Cäsar. Er bedankte sich für die Übersendung einer neukomponierten Arie, die er sogleich auf seiner Querflöte gespielt hatte, und fügte hinzu: »Ich bitte Sie herzlich, wünschen Sie dem Kapellmeister Hasse, der sie komponiert hat, in meinem Namen Glück dazu.« All seine Gedanken weilten bei dem neuen königlichen Opernhaus, das Unter den Linden im Bau war. Algarotti sollte sich um die Fertigstellung persönlich kümmern und zusehen, ob man nicht den berühmten italienischen Opernsänger Pinti nach Berlin engagieren könnte. Seine Phantasie gaukelte ihm die schönsten Friedensbilder vor; er sah sich, umgeben von seinen Freunden, am Ufer des Rheinsberger Sees lagern, Gedichte deklamieren und Champagnerkelche leeren. Er verdrängte die kümmerliche, die bedrohliche Realität und schrieb:

»Herbei, du des Vergnügens muntre Schar.
Ihr Götterkinder, seid mir heut zu Willen,
Mit Wollusthauch die Sinne zu erfüllen,

Erschließt euch, Lebenspforten wunderbar,
Die Glut, die mir im Innern tobt, zu stillen.
Arabien sende seine Düfte
Und Ungarn sende seinen Wein,
Dann töne durch die Engelslüfte
Bezaubernd Melodie darein.
Des Herzens zitternde Organe
Berührt allmächtigste Magie,
Gleich Ledas hold betrügerischem Schwane
Umschmeichelt bald uns süß Melancholie,
Bald reißt uns in der Wonne Hochgefühl
Begeist'rung fort zu unermessnem Ziel.
Dann, endlich, wird in sich die Seele still,
Die Sorge sinkt tief in den Staub zurück,
Und wir genießen mit Entzücken
In übersel'gen Augenblicken
Der Götter unvergleichlich Glück.«

Die schwärmerischen Verse verrieten nur allzu deutlich die innere Unruhe, die den König erfüllte. Wie war »die Sorge« zu bannen, wie seine Seele »still« zu stellen? Wie – um es mit einem Wort zu sagen – war der unselige Krieg zu beenden? Dieser Krieg, den er selbst vor eineinhalb Jahren angezettelt hatte, als er aufbrach, damals, im Dezember 1740, stolzgeschwellt und siegestrunken, zum »Rendezvous des Ruhms«?

Im April, Mai 1742 hatte noch niemand die Erfahrung gemacht, daß dieser König-Feldherr am gefährlichsten war, wenn es ihm schlechtging, wenn er ganz am Ende schien. Die Österreicher wären gut beraten gewesen, wenn sie in der damaligen Situation nichts, gar nichts gegen ihn unternommen hätten. Sie hatten inzwischen München besetzt, und überall waren ihre Armeen dabei, die Franzosen und ihren Anhang vor sich her zu treiben. Friedrich? Es hätte völlig genügt, ihn mit einem kleinen Detachement zu beobachten und ihn an der Elbe im eigenen Saft schmoren zu lassen. Angesichts der miserablen Versorgungslage wären ihm seine Soldaten von allein weggelaufen, und der stolze, hochfahrende Preußenkönig hätte schließlich froh sein können, wenn er überhaupt noch ein paar tausend Mann über die schlesische Grenze gerettet hätte. Aber im Fleische der Österreicher saß die Erinnerung an Mollwitz wie ein Stachel. Und Maria Theresia trieb unablässig vorwärts. Sie setzte ihren Feldherrn und Schwager, Prinz Karl von Lothringen, unter ständigen Druck, dem preußischen König mit seiner Armee auf den Leib zu rücken. Ihr lebenslanger Revanchismus, der schließlich, in den fünfziger Jahren, zur fixen Idee für sie werden sollte, hier nahm er seinen Anfang. Was immer die österreichischen Militärs auch an Einwendungen und Gegenargumenten bringen mochten, es nützte alles nichts: Maria Theresia wünschte Rache für Mollwitz.

Und um ein Haar wäre es den Österreichern auch geglückt, die Schlacht bei Mollwitz mit umgekehrten Vorzeichen zu wiederholen. Denn als sie am Pfingstsonntag, dem 17. Mai, anrückten, wurde Friedrich überrascht, seine Armee war noch nicht aufmarschiert, stand zersplittert in drei verschiedenen Lagern. Doch Prinz Karl manövrierte derart umständlich, daß Friedrich sich beim Dorf Chotusitz zur Schlacht rangieren konnte.

Die Österreicher waren zahlenmäßig überlegen, vor allem an Kavallerie. 30 000 österreichische Weißröcke standen 25 000 preußischen Blauröcken gegenüber. Die preußische Reiterei, ungeachtet ihrer Unterlegenheit, attackierte als erste. So hatte sie es inzwischen durch Friedrich gelernt. Und so brausten die Reitergeschwader mit hochgeschwungenen Säbeln, eine einzige donnernde Lawine, auf die Österreicher los. Auf dem rechten Flügel mit durchschlagendem Erfolg. Aber links ging alles schief; hier betrug das Zahlenverhältnis 2:1 zugunsten der Österreicher. Ganze Reiterregimenter der Preußen machten kehrt, um sich hinter das eigene Lager abzusetzen. Die retirierenden Kürassiere und Dragoner trauten ihren Augen nicht, als ihnen plötzlich ein einzelner, schwarzgekleideter Reiter entgegensprengte und »Halt, Brüder, stehenbleiben!« zuschrie. Nun erkannten sie den Mann auf seinem kleinen Pferd: Es war der Feldprediger Seegebarth, ihr evangelischer Seelsorger. Unermüdlich ritt er durch ihre aufgelösten Haufen, sprach ihnen Mut zu und bat sie herzlich, sich zu fassen und kehrtzumachen. »Jawoll, Herr Pfarrer!« schallte es ihm bald entgegen, und an die zwanzig Schwadronen machten kehrt und stürzten sich erneut auf die Österreicher. Noch zweimal mußte die preußische Kavallerie zurück, und jedesmal griff Feldprediger Seegebarth ein. Er ritt an die Generäle und Obristen heran, faßte sie bei der Hand und beschwor sie mit Bibelworten, nicht den Mut zu verlieren, erinnerte sie an Gott und den König, denen sie Treue schuldeten. Es war beispiellos! Noch niemals hatte ein Nichtadliger, ein Nichtoffizier, von sich aus in die Führung einer Schlacht eingegriffen, an das Bewußtsein der Soldaten appelliert. Die preußische Kavallerie des linken Flügels griff zum vierten Mal an und durchbrach die österreichischen Geschwader.

Aber erst der Sturm der Infanterie brachte die Entscheidung. Der Angriff der preußischen Grenadiere und Musketiere auf das brennende Dorf Chotusitz scheiterte zwar, aber Friedrich, der den rechten Infanterieflügel kaltblütig zurückgehalten hatte, ließ auf dem Höhepunkt der Krisis seine Regimenter avancieren, und als die Österreicher diese unerschütterten Linien kommen sahen, unter flatternden Fahnen, im Rhythmus der dumpfen preußischen Trommeln, brach ihr Kampfeswille rasch zusammen. Auch dies war ein Sieg des Vaters, des Soldatenkönigs. Gewiß, die schwere preußische Kavallerie war ›leichter‹, war beweglicher geworden.

Sie hatte frühzeitig attackiert und auf dem rechten Flügel beachtliche Erfolge errungen. Sie mußte aber noch lernen, den ›Durchbruch‹ auszunutzen, ihn taktisch zu vollenden. Immerhin, Friedrichs betontes, fast überlanges Zögern, mit dem rechten Infanterieflügel einzugreifen, hatte operativ den Ausschlag gegeben. Sollte dieser junge Mann – neben seinen vielen anderen Talenten – eine militärische Begabung entwickeln?

Die Preußen hatten 5000 Mann an Toten und Verwundeten zu verzeichnen (darunter die Hälfte Kavallerie, der größte Reiterverlust in allen Schlesischen Kriegen); die Zahl der gefallenen und verwundeten Österreicher betrug ebenfalls 5000, wozu noch mehr als 1000 Gefangene kamen, die in den Händen der Preußen blieben.

Was geschah mit Feldprediger Seegebarth? Sogleich auf dem Schlachtfeld ließ ihm der König durch den Prinzen von Anhalt-Dessau, der den linken Flügel kommandiert hatte, seine besondere Anerkennung aussprechen und ihm die beste Pfarrstelle im ganzen Staat versprechen. Der Prinz rief: »Und wenn das nicht geschieht, so gebe ich ihm die beste Pfarre in Dessau!« Seegebarth bekam auch tatsächlich nach Friedensschluß eine gute Pfarrstelle bei Brandenburg an der Havel. Aber Friedrich erwähnte seine Tat und seinen Namen nie; nicht im offiziellen Schlachtbericht und nicht in seinen späteren Memoiren. Ja, seinem Freund Jordan gegenüber leugnete er das ganze Vorkommnis, als dieser ihn darauf in Berlin ansprach. Eigeninitiative war ihm unerwünscht und verdächtig. Jedermann hatte nach Befehl seine Pflicht und Schuldigkeit zu tun; wie ein Rädchen in einer perfekten Maschinerie. Aber alles hatte auf Anordnung des Souveräns zu geschehen, nicht willkürlich und eigenwillig, sondern prompt und exakt wie in einem aufgezogenen Uhrwerk. (Erinnerte das etwa an den Soldatenkönig, an den ungeliebten Vater?)

Chotusitz also war der zweite Sieg über die Österreicher geworden. Friedrich triumphierte, und nach Berlin ergoß sich ein Strom seiner Briefe. An seine Frau schrieb er noch am Abend der Schlacht: »Madame, wir haben die Österreicher kräftig geschlagen. Der Sieg ist größer und vollständiger als der bei Mollwitz. Wir haben unsterblichen Ruhm erfochten. Leben Sie wohl.« Und drei Tage später hieß es in einem Brief an Jordan: »Da ist Dein Freund nun zum zweiten Mal Sieger in einer Zeitspanne von dreizehn Monaten! Wer hätte vor einigen Jahren gedacht, daß der Schüler Ciceros in der Rhetorik, Jordans in der Philosophie, Bayles im Denken, eine militärische Rolle in der Welt spielen würde? Wer hätte geglaubt, daß die Vorsehung sich ausgerechnet einen Poeten dazu ausersehen würde, das System Europas umzustürzen?« Er tauchte den Federkiel ein, sein Gesicht entspannte sich, und er schrieb weiter: »Wann werden wir uns unter den schönen, friedlichen Buchen von Rheinsberg oder unter den herrlichen Linden von Charlottenburg wiedersehen? Wann werden wir wieder nach Herzenslust über die Albernheiten der Menschen und über die Nichtigkeit unseres Daseins plaudern? Ich erwarte diese glücklichen Augenblicke mit großer Ungeduld! Adieu, lieber Jordan. Vergiß Deinen Freund nicht.«

Während alle Welt unter dem Donnerschlag von Chotusitz erbebte und sich fragte, ob dieser junge Mann aus Berlin eigentlich militärisch unüberwindlich sei, ergiff Friedrich blitzschnell die politische Initiative. Bereits einen Tag nach der Schlacht gab er seinem Minister Podewils, der sich in Breslau aufhielt, Weisung, Verhandlungen mit Lord Hynford anzuknüpfen, um einen Faden zu Maria Theresia zu spinnen. Die Franzosen, Sachsen, Bayern bestürmten ihn, die geschlagene Armee des Prinzen Karl zu verfolgen. Jetzt, durch den Sieg bei Chotusitz, sei noch einmal die Chance gegeben, das Haus Österreich zu vernichten. Aber der Preußenkönig schrieb an seinen Minister: »Man muß verstehen, zur rechten Zeit innezuhalten. Das Glück erzwingen wollen, heißt es verlieren! Wer immer nur mehr verlangt, wird sich nie befriedigt fühlen.« Er lehnte sich zurück und dachte nach. Das war noch nicht deutlich genug. Also fuhr er fort: »Man rühmt die Klugheit eines Spielers, der den grünen Tisch verläßt, wenn er einen großen Coup gelandet hat. Verdient der Feldherr nicht noch größeren Ruhm, der sich – nach einer Reihe glänzender Erfolge – geschickt aus den Wechselfällen des Krieges zurückzieht?«

Bereits am 11. Juni wurden die Präliminarien (also der Vorfriedensvertrag) zu Breslau geschlossen, womit die Kampfhandlungen zwischen Preußen und Österreichern praktisch ihr Ende fanden. Am 15. gab Friedrich seinen Generälen im Feldlager den Friedensschluß bekannt. Er strahlte. Alles drängte sich um ihn und gratulierte. Friedrich hob das Glas und trank auf die Gesundheit der Königin von Ungarn, Maria Theresia, und auf die glückliche Versöhnung mit ihr. Er brachte auch ein Hoch auf ihren Mann und auf ihren Schwager, den geschlagenen Prinzen Karl, aus.

Am 28. Juli fand in Berlin die feierliche Unterzeichnung des Friedensvertrages statt. Preußen erhielt die volle Souveränität über Nieder- und Oberschlesien und die Grafschaft Glatz. Lediglich die schlesischen Gebiete um Troppau, Teschen und Jägerndorf verblieben bei Österreich. Beide Monarchen, Friedrich und Maria Theresia, verzichteten auf jegliche gegenseitigen Ansprüche. Die Sachsen konnten sich diesem Vertrag anschließen, wenn sie sich bereiterklärten, Böhmen binnen sechzehn Tagen von ihren Truppen zu räumen, was sie auch unverweilt taten. Friedrich versprach ohne weiteres, die katholische Religion in Schlesien unangetastet zu lassen, was als Selbstverständlichkeit einschloß, endlich, nach 120 Jahren Unterdrückung und Diskriminierung, auch den schlesischen Protestanten uneingeschränkte Glaubensfreiheit zu gewähren. Schließlich – und dies war der einzige Punkt, der Friedrich schmerzte – erklärte sich Preußen bereit, die enormen Schuldsummen, die auf Schlesien lasteten, nämlich 1700000 Taler an England und 4800000 Gulden an die Holländer, in bestimmten Raten abzuzahlen.

Für Maria Theresia war es ein problematischer Friedensschluß. Mit Schlesien, so meinte sie, habe sie die edelste Perle aus ihrer Krone verloren, und der britische Gesandte in Wien, Mister Robinson, berichtete seinem Kollegen Hynford: »Wie schwer sie sich von dieser Landschaft trennt, kann nur der beurteilen, der, wie ich, den ganzen Kampf miterlebt hat. Wer einer so schweren Operation beiwohnt, leidet mit dem Patienten, aber oft auch durch ihn.« Aber was war schon zu machen? Die Preisgabe Schlesiens bedeutete, daß Maria Theresia ihres gefährlichsten Gegners ledig wurde. Nun war sie in der Lage, ihre Kräfte zu entscheidenden Schlägen gegen Franzosen und Bayern zu konzentrieren.

Friedrich seinerseits stand als Triumphator auf der internationalen Szene. Mit zwei kurzen siegreichen Schlachten hatte er eine der schönsten deutschen Landschaften gewonnen. Er hatte seinen zersplitterten Staat, was den Gebietsumfang anbetraf, um die Hälfte vergrößert. Die Einwohnerzahl Preußens hob sich durch den Erwerb Schlesiens von zweieinhalb auf vier Millionen Einwohner, denn in der neuen Provinz lebten etwa eineinhalb Millionen Menschen in 150 Städten und 5000 Dörfern. Er hatte – um es mit seinen eigenen Worten zu sagen – Preußen »eine Figur« gegeben.

Die europäische Öffentlichkeit war wie betäubt. Vor eineinhalb Jahren, im Dezember 1740, hatte man diesen größenwahnsinnigen jugendlichen König noch verlacht, ihn als »kompletten Narren« bezeichnet. Welche Unterschätzung! Jetzt verkündete Englands Premierminister, Lord Walpole, vor dem Unterhaus, es sei der König von Preußen, »der gegenwärtig die Waagschale Europas in seinen Händen hält«. Kardinal Fleury, der die französische Politik leitete, schrieb tief bekümmert an Friedrich: »Sire, Sie werden der Schiedsrichter Europas werden! Dies ist die glorreichste Rolle, die Sie jemals übernehmen können.« In Paris und Versailles schäumte man vor Zorn über den »Verrat« des preußischen Königs, der seinen Verbündeten, Frankreich, auf dem Höhepunkt des Kampfes im Stich gelassen hatte. Doch was war zu tun? Ein einziges falsches Wort mochte Friedrich vielleicht aus seiner bewaffneten Neutralität reißen und in die Arme Österreichs werfen. Wie war das doch gewesen, als es kürzlich zu einem dramatischen Zwischenfall mit Valory, dem französischen Gesandten, gekommen war? Der Marquis de Valory war so töricht gewesen, seinem Gesprächspartner, Friedrich, Vorhaltungen über sein Ausscheiden aus dem Krieg zu machen, hatte ihm beinahe Bündnisbruch vorgeworfen und schließlich, am Ende seiner Aufführungen, einen sehr hohen Ton angenommen. Friedrich hatte ihn ausreden lassen. Aber dann waren die beiden Steilfalten über seiner Nasenwurzel erschienen, seine blauen Augen hatten Funken gesprüht, und seine Stimme war schneidend wie auf dem Schlachtfeld geworden: »Wie, mein Herr, Sie sprechen mit mir in diesem Ton?« Valory war kreidebleich zurückgewichen. »Wo waren denn die Franzosen, als sie mich mit ihren Waffen in Böhmen unterstützen sollten? Wo? Sie stehen mit ihren Hauptkräften in Westfalen! Wahrscheinlich wollen sie die Herren in Deutschland spielen, eh? Aber, Verehrtester, ich bin ein deutscher Fürst, und ich werde das niemals zulassen.«

Ein kleiner Zwischenfall (Valory hatte sich sogleich entschuldigt und Friedrich ihn freundschaftlich unter den Arm genommen); aber mit welch weltgeschichtlichen Folgen! Von nun an, und zwar für zweihundert Jahre, sprach niemand in der Welt mehr mit den Preußen in einem »hohen Ton«, war die hundertjährige Vorherrschaft des Auslands auf deutschem Territorium dahin. Von nun an – ob es jemand paßte oder nicht – erklang im Konzert der Großmächte auch der »preußische Ton«. Und das hatte niemand anderes als der vielbejubelte Märchenprinz, der »roi charmant«, der angehimmelte Philosoph von Rheinsberg bewirkt.

Am 12. Juli 1742 traf Friedrich in seiner Hauptstadt, in Berlin, ein. Was waren seine weiteren Pläne? War die Eroberung Schlesiens nur der erste Schritt auf einer Kometenbahn des Ruhms gewesen? Gedachte er, dem glorreichen Beispiel Ludwigs XIV. zu folgen, neue Siege zu erringen, sein Reich weiter auszudehnen? Oder war die Zeit der Überraschungen zu Ende, dachte er daran, sich unter die Buchen Rheinsbergs, die Linden Charlottenburgs zurückzuziehen? Sicherlich arbeiteten alle diese Gedanken in seinem ehrgeizigen Kopf, bewegten sich alle diese Empfindungen in seiner leidenschaftlichen Seele. Wir wissen nichts davon. Worüber wir Bescheid wissen und was wir kennen, das ist der erstaunliche, nicht genug zu bewundernde Brief, den er bereits am 21. Juni an Podewils geschrieben hatte: »Was die künftige Sicherheit unserer neuen Besitzungen angeht, so gründe ich sie auf eine effektive und starke Armee, einen gefüllten Schatz, formidable Festungen und Paradebündnisse, die auf die Welt Eindruck machen. Das Schlimmste, was uns in Zukunft geschehen könnte, wäre ein Bündnis zwischen Frankreich und der Königin von Ungarn. Doch in einem solchen Falle würden wir England, Holland und Rußland auf unserer Seite haben. Nein, mein lieber Podewils: Es handelt sich gegenwärtig nur darum, die politischen Kabinette Europas daran zu gewöhnen, uns in der Stellung zu sehen, in die uns dieser Krieg gebracht hat. Und ich glaube, daß große Mäßigung und Milde gegen alle unsere Nachbarn uns dazu verhelfen können.«

Milde und Mäßigung! Um Europas Kabinette sanft und allmählich an die neue preußische Großmachtstellung zu gewöhnen. Man konnte es nicht besser ausdrücken (und Bismarck hat 130 Jahre später nichts anderes getan, als sich an diese überlegene Maxime zu halten). Es war fast schon bodenlos, wie dieser junge, knapp dreißigjährige Mann sich in die europäischen Konjunkturen einfühlte, wie er sich in die Gesetzmäßigkeiten der europäischen Gravitation hineindachte. Nichts mehr von Ruhm; nur noch Vernunft. Nichts mehr von Ludwig XIV.; das Menetekel Karls XII. stand ihm vor Augen. Er hatte, mit Hilfe seiner tapferen Soldaten und Offiziere, mehr erreicht, als ihm vorgeschwebt hatte. *Ganz* Schlesien war sein. Und in diesem Augenblick höchsten Triumphs machte Friedrich halt.

Aber hatte der strahlende Sieg nicht einen hohen Preis gekostet, fast zehntausend Mann an Toten und Verwundeten? Und war nicht der glänzende Ruf dahin, den Voltaire und dessen Freunde einst um ihn gewoben und den er so lange genossen hatte? Vom »Aggressor« war gewiß kaum noch die Rede. Der Sieger stand über jeder Kritik, es lag in seiner Hand, das Urteil der Mit- und Nachwelt in seinem Sinne zu manipulieren. Und daran hat sich ja bis heute nichts geändert. Aber die rücksichtslose Art, mit der er seine Feinde ebenso wie seine Verbündeten ausgetrickst, sie in ein Dauerbad von Heiß und Kalt gestürzt, sie mit Vor und Zurück, mit Links und Rechts ständig verwirrt, sie gänzlich entnervt, ja ihnen eine lange Nase gedreht hatte, das war in den Annalen der europäischen Politik unerhört, hatte ihm nun das Image eines unberechenbaren, völlig unzuverlässigen Fürsten eingetragen, dem niemand mehr über den Weg traute.

Friedrich war sich dessen wohl bewußt. Als er nach Chotusitz, so plötzlich und überraschend, aus dem Krieg ausgestiegen war, hatte er an Jordan geschrieben: »Kein Professor der Rechte oder der Moral wird von mir verlangen, bei einem Bündnis auszuharren, wenn der eine der Verbündeten (Sachsen) gar nichts tut, der andere (Frankreich) alles verkehrt macht, und ich außerdem begründete Ursache habe zu fürchten, daß der mächtigere von beiden (Frankreich) mich schließlich im Stich läßt und ohne mich Frieden schließt, wenn ich ins Unglück kommen sollte.« War das nicht bloße Selbstrechtfertigung? Woher wollte er wissen, daß Frankreich ihn tatsächlich im Stich gelassen hätte? Wo es doch geradezu fanatisch entschlossen gewesen war, Österreich und das Haus Habsburg zugrunde zu richten? Nein, hier äußerte sich sein schlechtes Gewissen. Und es ließ ihm keine Ruhe. Im kommenden Jahr, 1743, im Rückblick auf das schlesische Kriegsabenteuer, wird Friedrich sich hinsetzen und mit Blick auf das Urteil der Geschichte seine Memoiren mit dem bezeichnenden Satz beginnen: »Ich hoffe, die Nachwelt wird in mir den Philosophen vom Fürsten und den Ehrenmann vom Politiker zu unterscheiden wissen.«

Wie? Schrieb das der tugendhafte Verfasser des »Antimachiavell«, dessen erste Auflage soeben erschienen war? Dachte so »Friedrich, der Philosoph«, als den er sich selbst mit sechzehn Jahren in seinen Briefen an Wilhelmine ausgegeben hatte? Man sollte in ihm das Gute vom Bösen scheiden und ihm angesichts der schnöden Realitäten der Welt dann Absolution erteilen? War es nicht vielmehr das Eingeständnis, die entlarvende Selbstoffenbarung seiner Doppelnatur, jener zwielichtigen und zweideutigen Charakterstruktur, mit der er seine Zeitgenossen – bewußt oder unbewußt – genarrt, sie hinters Licht geführt hatte? Das Urteil der Nachwelt mochte in den Sternen stehen. Die Mitwelt jedenfalls feierte ihn nicht mehr als Märchenprinzen. Sie sah in ihm nun ein glänzendes, geschmeidiges, gefährliches Raubtier! Ob es sich überhaupt zähmen ließ? Europas Öffentlichkeit war aufs höchste gespannt, diesen erstaunlichen jungen Mann bei seinem Friedenswerk zu sehen.

In den letzten Julitagen begab Friedrich sich nach Charlottenburg. Er klopfte sich mit der Reitgerte den Staub von den Stiefeln, nahm eine Prise aus der Schnupftabaksdose und wanderte langsam durch den Park. Hier hatte alles vor zwei Jahren begonnen, als er aus Potsdam, vom Sarg seines Vaters gekommen war. Während er aufmerksam die baulichen Veränderungen betrachtete, die Knobelsdorff inzwischen nach seinen Wünschen vorgenommen hatte, zogen die Ereignisse der letzten vierundzwanzig Monate an seinem geistigen Auge vorbei. Er betrat das Schloß. Während sein Schritt durch Flure, Säle und Kabinette hallte, sein Blick über Gemälde, Gobelins und Stuckornamente glitt, wanderten seine Gedanken nach Rheinsberg zurück. Rheinsberg! Warum war diese Zeit so glücklich, so ohne Sorge gewesen? Weil er noch keine Macht besessen und keine Verantwortung getragen hatte? Aber er selbst, er hatte doch beides so lebhaft herbeigesehnt! Konnte man Vergangenes überhaupt zu neuem Leben erwecken? Würde er je wieder ein Rheinsberger Paradies besitzen? Jordan und Keyserlingk jedenfalls mußten warten. Sein Beruf war der des Staatsoberhauptes, und der Staat, den er als eine Maschinerie betrachtete, mußte in Gang gehalten werden. Seine Aufgabe war die des Transmissionsriemens für die Gesamtapparatur.

»Schreib Er!« – »Hat Er das?« – »Ist Er soweit?« Plötzlich war alles wieder so wie vor zwei Jahren, als wenn nichts inzwischen geschehen wäre. Und ganz im Ton von 1740 diktierte er eines der ersten Schreiben an seinen Ministerrat, an das Generaldirektorium: Er, der König, habe in letzter Zeit wahrgenommen, daß viele Untertanen in Preußen bittere Klage über die Behandlung und die Bedrückungen durch die Beamtenschaft führten. Durch dieses unerhörte Verhalten der Beamten seien die armen Leute gänzlich heruntergekommen; ja, manche von ihnen hätten in tiefer Verzweiflung dem eigenen Land den Rücken gekehrt. Wenn diese Menschen sich bei vorgesetzten Behörden beschwert hätten, sei ihnen weder Gehör noch Hilfe zuteil geworden. Friedrich stand auf und diktierte im Gehen: »Natürlich muß ich Beamte haben. Und ich bin der Letzte, sie nicht nach Gebühr zu würdigen. Ich werde aber nicht dulden, daß sie mit den Untertanen auf eine tyrannische Weise verfahren! Daß sie mit deren Personen und Vermögen so umspringen, als ob sie Leibeigene der Beamten wären. Deshalb erinnere ich das Generaldirektorium nochmals daran und gebe ihm auf, den Kriegs- und Domänenkammern in den Provinzen entsprechende Weisung zu tun und dadurch die gesamte Beamtenschaft des Staates nachdrücklich zu ermahnen, daß mit den Untertanen christlich umzugehen ist und daß sie unter keinen Umständen ungebührlich behandelt werden dürfen.«

Fanfarenstoß also. Anpfiff an die Bürokratie. In den Amtsstuben des preußischen Staates zogen die selbstherrlichen Beamten, die sich wunder was dünkten, vorsichtig die Köpfe ein. Der junge König war wieder da! Friedrich konnte sich beruhigt nach Aachen begeben, um eisenhaltige Heilbäder zu nehmen. Anschließend verbrachte er zehn Tage in Potsdam, wo er sein Leibgardebataillon exerzierte und es zur Lehrtruppe der preußischen Armee umschuf. Dann, am 17. September, brach er nach Schlesien auf: zu seinem ersten konkreten Verwaltungswerk.

Es galt, die neue Provinz, die militärisch erworben worden war, politisch zu gewinnen. Nichts hätte mehr schaden können als eine schematische Eingliederung und Behandlung Schlesiens im Stil der altpreußischen Provinzen. (Zweihundert Jahre später, 1938, beging Adolf Hitler den Fehler, so mit seinem Heimatland Österreich umzuspringen.) Der König sah davon ab, Schlesien dem Generaldirektorium in Berlin zu unterstellen. Er erneuerte praktisch die autonome schlesische Statthalterschaft früherer Zeiten, indem er den Sohn des Küstriner Kammerpräsidenten von Münchow zum eigenständigen Minister für Schlesien ernannte und ihm die Kammerbehörden in Breslau und Glogau unterstellte. Um das Finanzsystem in eine übersichtliche Ordnung zu bringen, wurden die alten österreichischen Steuertabellen zu Rate gezogen und auf neuen Stand gebracht. Binnen kurzem hoben sich die Steuereinkünfte der Provinz beträchtlich. Bald betrugen die Jahreseinnahmen des Staates aus der schlesischen Provinz 3 300 000 Taler, und dabei blieb es bis 1770, da der König Steuererhöhungen für Schlesien ablehnte. Von diesem Betrag wurden 16 000 bis 17 000 Taler jährlich an seine Privatschatulle abgeführt, das waren 0,5 Prozent für seine persönliche Verwendung. 99,5 Prozent flossen dem Staatsetat zu und wurden für Schlesien selbst, für die Stärkung der Armee oder für die Auffüllung des Staatsschatzes verwandt. (Als Friedrich im Sommer 1742 aus dem Krieg ausstieg, hatte er noch 150 000 Taler im Staatsschatz; zwei Jahre später betrug er bereits wieder 6 Millionen Taler.)

Der Preußenkönig hatte im Friedensvertrag feierlich versprochen, den Katholiken Schlesiens absolute Glaubensfreiheit zu gewähren. Daran hielt er sich, indem er vom Status quo des Jahres 1740 ausging: Nichts durfte verändert, alles mußte vermieden werden, was böses Blut hätte machen können. Die Protestanten bekamen nicht eine der vielen Kirchen zurück, die man ihnen seit 1620 entrissen oder enteignet hatte. Selbst die Jesuiten, die fanatische Avantgarde des Katholizismus, durften ungestört weiter existieren. (Als der Papst 1773 den Jesuitenorden verbot, ignorierte Friedrich das in seinem Staatsgebiet, beschützte er die Jesuitenpater in seinen Grenzen.) Das alles hielt ihn jedoch nicht davon ab, die katholische Geistlichkeit Schlesiens steuerlich zu schröpfen. Er stellte sich auf den

Standpunkt, er habe Schonung ihres Glaubens, aber nicht ihrer Kassen versprochen. Dementsprechend setzte er die Steuersätze der Reinerträge an Grund und Boden folgendermaßen fest: 28,5% der evangelischen Pfarr- und Schuläcker, 34% des Bodenbesitzes der Bauern und Büdner (Kleinbauern), 40% der adligen Rittergutsbesitzungen, 50% des Landbesitzes der katholischen Geistlichkeit.

Vielleicht wäre die aufgeklärte Toleranzpolitik Friedrichs in religiösen Fragen dennoch am Widerstand der schlesischen Katholiken gescheitert, wenn es ihm nicht gelungen wäre, den Fürstbischof von Breslau, Kardinal Sinzendorf, für sich zu gewinnen. Der Fürstbischof, ein kluger, welterfahrener Mann, begriff nach wenigen Gesprächen, welche außerordentliche geistige Potenz ihm in der Person des jungen Preußenkönigs gegenübertrat. Er machte sich auch keinerlei Illusionen über die Zukunft und erkannte sehr schnell, daß die preußische Herrschaft in Schlesien nicht von kurzer Dauer sein würde. Er verbot, daß man die Protestanten weiter als »Ketzer« bezeichnete und erklärte aller Welt, er sei ausschließlich und nichts anderes als preußischer Staatsbürger, woran er sich auch nicht irremachen ließ, als der Wiener Hof ihn des Undanks und Verrats bezichtigte. Friedrich machte Sinzendorf zum Generalvikar und obersten geistlichen Richter aller Katholiken in sämtlichen preußischen Provinzen. Bald traten beide Männer, die sich in ihrer Vorliebe für Ironie und Esprit sehr ähnlich waren, in einen lebhaften Briefwechsel. Als Friedrich einen neuen Koadjutor (stellvertretenden Bischof) für Breslau ernennen wollte, schrieb er an Sinzendorf: »Der Heilige Geist und ich sind übereingekommen, daß der Prälat Schaffgotsch Koadjutor von Breslau sein soll. Diejenigen Ihrer Breslauer Domherren, die sich dem widersetzen, sollen als Leute betrachtet werden, die dem Wiener Hofe und dem Teufel ergeben sind und die den höchsten Grad der Verdammnis verdienen, weil sie dem Heiligen Geist zuwider handeln.« Sinzendorf lächelte, als er die königlichen Zeilen las, und antwortete: »Das Einvernehmen zwischen dem Heiligen Geiste und Eurer Majestät ist eine große Neuigkeit für mich. Ich wußte bislang nicht einmal, daß diese Bekanntschaft existiert. Ich hoffe, daß der Heilige Geist dem Papst und den Breslauer Domherren Eingebungen schickt, die unseren beiderseitigen Wünschen entsprechen.«

In einem einzigen Bereich, nämlich dem militärischen, gab es keinerlei Sonderregelungen für Schlesien. Die neue Provinz wurde – wie das gesamte altpreußische Staatsgebiet – in Kantone eingeteilt. Jedes in Schlesien garnisonierende oder neuaufzustellende Regiment erhielt einen solchen Kanton zugeteilt, aus dem es seine Rekruten bezog. Friedrich hatte die Stärke seiner Armee im Verlauf des Krieges auf etwa 100 000 Mann gesteigert (wovon allerdings 20 000 Mann Garnisonstruppen waren, die sich im Feld, bei der aktiven Armee, nicht verwenden ließen).

In zwei Jahren, so setzte er sich zum Ziel, sollten 135 000 Preußen unter Waffen stehen.

Am 27. September, nach acht Tagen konzentrierter Tätigkeit, schrieb der König aus Breslau an Jordan: »Meine schlesische Reise, auf der ich unendlich viel Arbeit vorgefunden habe, geht jetzt zu Ende. Ich habe in acht Tagen mehr Geschäfte abgemacht als alle Kommissionen des Hauses Österreich in acht Jahren. Das meiste ist mir auch glücklich vonstatten gegangen. In meinem Kopf sind jetzt weiter nichts als Rechnungen und Zahlen. Aber bei meiner Rückkehr werde ich das alles ausfegen, um Besseres hineinzuschaffen.« Friedrich lehnte sich zurück. Würde es wirklich möglich sein, sich in Berlin mit schöneren Dingen zu beschäftigen? Würde er sein zweites Leben, das des Schöngeistes, Poeten und Philosophen, je wieder ungestört genießen können? Er griff zur Feder und fuhr fort: »Ich habe Verse gemacht und habe sie verloren; ein Buch zu lesen angefangen, und es ist verbrannt; auf einem Klavier gespielt, und es ist entzweigegangen; ein Pferd geritten, und es ist lahm geworden. Nun fehlt mir zu meinem Unglück weiter nichts, als daß Du meine Freundschaft mit Undank lohnst; dann hänge ich mich auf. Also, teurer Freund, schreibe mir unverzüglich!«

Ende September war Friedrich wieder in Charlottenburg. Er bestellte die Minister des Generaldirektoriums zu sich und hielt ihnen Vorträge in Wirtschafts- und Sozialpolitik. Es waren merkantilistische, man könnte auch sagen ›staatssozialistische‹ Gedankengänge, die den König bewegten. Was ihm vorschwebte, war – kurz gesagt – das Modell eines geschlossenen Handelsstaates. Eines Staates also, in dem ›Handel‹ und Wandel in Gang gesetzt werden sollten; ›geschlossen‹ deshalb, weil diese Wirtschaftsankurbelung hinter hohen Zollmauern, abgeschlossen vom Ausland, vor sich gehen mußte.

Punkt eins dieser Vorstellung lautete, die Produktion in Preußen auf allen Ebenen und mit allen Kräften zu beleben, mit dem Ziel einer staatlichen ›Autarkie‹, was konkret bedeutete, die Erzeugung im Lande derart zu steigern, daß sie in absehbarer Zeit in der Lage war, die Bedürfnisse der Bewohner fast vollständig aus eigener Kraft, ohne umfangreiche Einfuhren aus dem Ausland, zu decken. Der erstrebte Nutzeffekt war der, das eigene Geld im Land zu behalten, also möglichst wenig davon für die Einfuhr fremder Waren ausgeben zu müssen.

Punkt zwei hieß, die landeseigene Erzeugung dermaßen in die Höhe zu bringen, daß sich eine verstärkte Ausfuhr ergab, die fremdes Geld – Devisen, würden wir heute sagen – ins Land brachte. Der Verkauf eigener Waren ins Ausland war aber nur möglich, wenn sich die inländische Produktion nicht nur vervielfachte, sondern auch im Niveau hob, so daß in den fremden Staaten ein echtes Bedürfnis, eine breite Nachfrage nach preußischen Erzeugnissen entstand.

Daraus ergab sich quasi automatisch Punkt drei, nämlich die Notwendigkeit, alles zu tun, um ausländische Fachleute und Arbeitskräfte ins Land zu holen; Landwirte ebenso wie Techniker und Handwerker. Denn nur unter dieser Voraussetzung konnte ›Weltniveau‹ in der Erzeugung erreicht werden, konnten Mustergüter, Manufakturen und neue Industriezweige entstehen. Der König war bereit, den Angeworbenen großzügige Steuervorteile, staatliche Kredite und die Befreiung vom Wehrdienst einzuräumen.

Die Minister bekamen eigentlich nichts Neues zu hören. Das kannten sie alles schon; das war im Grunde nichts anderes als die innere Politik des Vaters, des Soldatenkönigs. Neu war lediglich, daß die praktischen und willkürlichen Maßnahmen Friedrich Wilhelms I. nun in ein gedankliches System gebracht wurden, daß aus einer Art Hauswirtschaft, die der Soldatenkönig betrieben hatte, unter seinem Nachfolger eine durchrationalisierte Volkswirtschaft wurde, daß aus dem ›Plusmachen‹ des Vaters nun unter dem Sohn ein System von ›Staatsdirigismus‹ entstand.

Heutzutage ist es Mode geworden, diese wirtschaftspolitische Konzeption Friedrichs herb zu tadeln. Wo blieb in diesem System das freie Spiel der Kräfte? Wo die Privatinitiative des einzelnen? Wurde sie nicht geradezu verkümmert, ja vom Staatszentralismus gänzlich erstickt? Solche Fragen gehen vom Heute aus, ignorieren die real existierenden Lebensbedingungen der damaligen Zeit. Friedrich regierte kein frühkapitalistisches Wirtschaftsunternehmen. So etwas gab es in den Hafenstädten Hollands, in Paris, vor allem in London, wo sich in den letzten hundert Jahren eine städtische Bourgeoisie herausgebildet hatte, die bereits mit Flotten, Häfen und Kolonien spekulierte, Welt- und Freihandel betrieb und entsprechende ökonomische Erfahrungen gesammelt hatte. Preußen war ein unterentwikkeltes Agrarland mit einer Bevölkerung, die erst einmal lernen mußte, zur Schule zu gehen, das Alphabet zu buchstabieren und das kleine Einmaleins aufzusagen. Hätte der König nicht ›dirigiert‹, so hätte sich nirgendwo Eigeninitiative entwickelt. Dazu mangelte es nicht nur an Kapital, sondern auch an Kompetenz. So war Wirtschaftspolitik in den Augen des Königs zuerst einmal Erziehungspolitik. Die Bewohner Brandenburgs, Pommerns und Ostpreußens mußten – mit staatlichen Mitteln – angehalten werden, in neuen Arbeits- und Geschmackskategorien zu denken. Es genügte nicht, seinen Acker so zu bestellen, daß man gerade von der Hand in den Mund leben konnte. Es reichte nicht aus, die Wolle so zu verarbeiten, daß bestenfalls Arbeitshosen und Bauernkittel daraus entstanden. Der Staat – und das Beispiel der angeworbenen ausländischen Spezialisten – hatte ständig anzuspornen, um aus einem ärmlichen Entwicklungsland einen wohlhabenden Handelsstaat zu schaffen. Man konnte keine Stufe überspringen und den Hochfeudalismus übergangslos in einen Frühkapitalismus transformieren. Wie klug und vernünftig der friderizianische Staatsdirigismus war, wie sehr er sich historisch bewährte, erwies sich dann im 19. Jahrhundert, als Preußen – mit seiner vorzüglichen Beamtenschaft und seiner geschulten Bevölkerung – in einem Siegeszug ohnegleichen, auf dem Gebiet der technisch-industriellen Revolution, an allen Nachbarn, ja schließlich selbst an Frankreich und England vorbeizog und um 1900 die Spitze des Fortschritts erreichte. Ohne den aufgeklärten Absolutismus Friedrichs II. hätte davon niemals die Rede sein können.

So konservativ sich auch Friedrichs innere Politik entwickelte – ganz in den Spuren des ungeliebten Vaters! –, sie war doch sehr sorgfältig und realistisch an den ökonomischen und sozialen Bedingungen seines Staates und seiner Gesellschaft orientiert. Staatsdirigismus, Einwanderungspolitik und Volkspädagogik sollten dem erstrebten Ziel des stetigen Fortschritts ebenso dienen, wie eine umsichtige Verkehrspolitik. Eine der ersten Verwaltungsmaßnahmen des Königs bestand deshalb in der Anordnung, unverzüglich mit dem Bau des Plauenschen Kanals zur Verbindung von Havel und Elbe zu beginnen, den Hafen von Stettin auszubaggern und den Swinekanal schiffbar zu machen.

Wo blieb die schöne, die poetische Seite des Lebens? Friedrich beschloß, für 36000 Taler die berühmte Antikensammlung des Kardinals Polignac aufzukaufen, und schmückte mit ihren Statuen die Schloßanlagen von Charlottenburg. Dort begann er auch mit der Abfassung seiner »Denkwürdigkeiten«, der Geschichte seines Schlesischen Krieges, die er in sechs Monaten, bis zum Mai 1743, beendete. Als Freund Keyserlingk heiratete, schrieb er ein Lustspiel unter dem Titel »Der Modeaffe«, das niemals aufgeführt wurde, und als im Dezember 1742 die Königliche Oper Unter den Linden mit Grauns Singspiel »Cleopatra« eingeweiht wurde, ließ er unter dem Giebeldach mit goldenen Lettern die Inschrift »Fridericus Rex Apollini et Musis« einmeißeln.

Am 24. Januar 1743, seinem Geburtstag, fand die erste feierliche Sitzung der Berliner Akademie der Wissenschaften statt, die Sophie Charlotte und Leibniz einst begründet hatten und deren Neubelebung Friedrichs innigster Wunsch gewesen war. Der französische Physiker und Mathematiker Maupertuis, der die Abplattung der Pole entdeckt hatte, war vom König zum Akademiepräsidenten ernannt worden (Maupertuis konnte an der Eröffnungssitzung nicht teilnehmen, da er bei Mollwitz von den Österreichern gefangengenommen worden war und erst nach langwierigen Umwegen wieder in die preußische Hauptstadt zurückkehrte). Zum Eröffnungstage reimte der König:

»Welch Anblick ohnegleichen! Geliebtes Vaterland,
Nun endlich will es tagen, nun ist die Nacht gebannt,
Von finst'ren Vorurteilen, Irrtum und Barbarei,
Verscheucht aus deinen Hallen, bist du für ewig frei.«

Das war holperig gedichtet, aber echt empfunden. Das kam aus dem begeisterungsfähigen Herzen des jungen Preußenkönigs, der sich als Vorkämpfer gegen Unwissen und Aberglauben sah. Aber es blieb Illusion. Es mußte Illusion bleiben, weil Friedrich die Akademie im luftleeren Raum französischer Intellektualität ansiedelte und ihr damit alle Wege zur Breitenwirkung im deutschen Geistesleben versperrte. Er hatte der Akademie einen Saal im Berliner Schloß eingeräumt, wo die Mitglieder regelmäßig an den Donnerstagen unter der Leitung ihres Präsidenten tagten. Die Sprache der Akademiemitglieder war Französisch. Deutsche Ausarbeitungen, wenn sie vorgetragen werden sollten, mußten erst ins Französische übersetzt werden. Friedrich reichte selbst schriftliche Beiträge ein; philosophische Betrachtungen und später auch, kapitelweise, seine Abhandlungen der brandenburgischen Geschichte. Alles natürlich in Französisch. Aber das Entscheidende für den Mißerfolg der Akademie war doch der persönliche Geschmack des Königs, der an den Wissenschaften das Elegante und Ästhetische schätzte, der der Form vor dem Inhalt bei weitem den Vorzug gab. Das Wissenschaftliche hatte leichtfüßig und glänzend, geistreich und originell zu sein. Gründliche, umständliche Forschungsarbeiten sagten ihm nichts, es sei denn, sie ließen sich umgehend in praktischen Nutzen für Staat und Gesellschaft verwandeln.

Immerhin, daß es Friedrich gelang, den berühmtesten deutschen Mathematiker, Professor Leonhard Euler, von St. Petersburg nach Berlin zu verpflichten, zeigte doch, welch kultivierten Ruf sich der junge Preußenkönig bei Europas Gebildeten erworben hatte. Auch der Botaniker Gleditsch und der Chemiker Marggraf, der später den Zucker in der Runkelrübe entdeckte, konnten sich als Akademieangehörige in der Fachwelt durchaus sehen lassen. Bezeichnend ist jedoch, wie Friedrich sich – später – im Fall des berühmten Berliner Ichthyologen Bloch verhielt. Bloch, ebenfalls Akademiemitglied, bat den König um Unterstützung durch die Provinzialkammern bei Abfassung eines Buches über neue Fischarten. Friedrich antwortete: »Es ist nicht nötig, von den Kammern Listen über Fischarten aufstellen zu lassen. Denn das wissen die schon längst, was es hier im Lande für Fische gibt. Es sind überall dieselben Arten von Fischen, ausgenommen im Glatzischen; da gibt es eine Art, die man Kaulen nennt, oder wie sie sonst heißen. Woanders gibt es die nicht. Ansonsten sind es durchgehend dieselben Fische, die man alle längst kennt. Darum ist es nicht nötig, ein solches Buch zu machen; und kein Mensch wird es kaufen.« Aber kurz darauf – nachdem Bloch der königlichen Küche eine sehr wohlschmeckende neue Fischart zugesandt hatte und der praktische Nutzen damit erwiesen war – erließ Friedrich doch eine entsprechende Verfügung an die Kammern.

Großen Eindruck machte es bei den Berlinern, ja bei der ganzen preußischen Bevölkerung, als der König im Frühjahr 1743 bekanntmachen ließ, ein jeder Staatsbürger, hoch oder niedrig, arm oder reich, könne sich mit schriftlichen Beschwerden an ihn persönlich wenden. Das war noch nicht dagewesen, das kam fast einer Revolution gleich! In keinem Land Europas war es üblich, nicht einmal in den fortgeschrittenen holländischen Generalstaaten, daß sich das Volk, also der einfache Mann von der Straße, direkt an einen Minister, Fürsten oder gar Monarchen wenden durfte. Die Schranke zwischen hoch und niedrig, zwischen vornehm und gering, war einfach unübersteigbar. Wer Anliegen hatte, die nur ›von ganz oben‹ entschieden werden konnten, mußte sich an die zuständigen Beamten oder – für viel Geld – an gerissene Advokaten wenden, bei denen man niemals wußte, inwieweit sie sich dafür engagieren würden. Und so war man bald auch weit und breit der Auffassung, daß es sich bei Friedrichs Bekanntmachung um schöne, gutgemeinte Worte handle, daß der König aber gar keine Zeit habe, sich mit den Sorgen und Nöten der kleinen Leute zu befassen. Das war ein gravierender Irrtum. Nach einem Jahr, Anfang 1744, hatte Friedrich seinen Arbeitsablauf so eingerichtet, daß es zu seinem täglichen Pensum gehörte, sich mit den Eingaben, Gesuchen und Bittschriften des Volkes zu beschäftigen. Alles wurde sofort, ohne Verzug, erledigt, und selbst die geringsten Kleinigkeiten wurden vom König mit nie versagender Geduld und Ausführlichkeit behandelt. Das brachte – in Friedrichs Augen – zwei Vorteile: Er konnte direkt zugunsten des einfachen Mannes intervenieren – und er konnte auf diesem Wege seine Bürokratie und Beamtenschaft einer täglichen Kontrolle unterwerfen, sie ständig ›auf Trab‹ halten.

Nicht kontrolliert wurde dagegen das gesellschaftliche Leben und Treiben in Berlin. Wie hatte es sich in den wenigen Jahren seit dem Tode des Soldatenkönigs verändert! Damals war ganz Berlin nichts als Kaserne und Kirche gewesen. Exerzieren und Beten, und natürlich Arbeiten; so war es tagein, tagaus gegangen. Gaffen, Müßigstehen, dem lieben Gott den Tag stehlen, Flanieren, Poussieren, Festefeiern: das alles war bei strenger Strafe verboten gewesen. Unzucht und Hurerei, wie es der Soldatenkönig genannt hätte, wären mit einer Tracht Prügel geahndet worden. Und nun der junge König! Ein Fest jagte das andere. Das einstmals so düstere Berliner Schloß erstrahlte fast jede Nacht im Lichterglanz. Fand eine Hochzeit statt, wie beispielsweise die des Prinzen August Wilhelm, des nächstälteren Bruders des Königs, so tanzte Berlin auf den Straßen. Bälle, Maskeraden, Opernaufführungen, Konzerte, Volksbelustigungen und Schaustellungen die Menge. Der junge Monarch bekümmerte sich persönlich um die Opernprogramme, ließ Sänger und Tänzerinnen aus Italien und Frankreich kommen und lud sie ins Schloß zu Galavorstellungen ein. Berlin wetteiferte mit Dresden und Paris in der Prachtentfaltung, und die Berliner hatten davon nicht nur Amüsement und Abwechslung, sondern – da alle Hände für den Hof tätig waren – auch noch Vollbeschäftigung.

In demselben Maße, in dem der Lustzuwachs stieg, verringerte sich die Sittenstrenge, die Friedrich Wilhelm I. so grimmig erzwungen hatte. Adel und Bürgertum richteten sich natürlich nach den Hofsitten, und da Friedrich über einen lockeren Lebenswandel lediglich spottete, in seinem unstillbaren Hang nach Witz und Ironie selbst gern Zweideutigkeiten gebrauchte, sexuelle ›Ausschweifungen‹ für Kavaliersdelikte hielt, über die er lachte, konnte es nicht wundernehmen, daß das prüde Berlin des Soldatenkönigs sich im Handumdrehen zu einer Art Sündenbabel Preußens entwickelte. Der englische Gesandte Malmsbury berichtete über die gesellschaftlichen Zustände in Berlin: »In allen Klassen herrscht eine gänzliche moralische Verkommenheit.« Das war kaum übertrieben, und so konnte er fortfahren: »Die Frauen verkaufen sich freiwillig an den, der am besten zahlt.«

Für den Sittenverfall Berlins ist Friedrich herb getadelt worden. Von der Nachwelt ohnehin. Aber auch damals gab es massive Kritik; vor allem von den Kanzeln der preußischen Kirchen. Die evangelische Geistlichkeit machte den König für das unchristliche Leben und Treiben voll verantwortlich. Insbesondere verübelte man ihm seine persönlichen Aufmerksamkeiten für Tänzerinnen und Schauspieler, die man unter dem Soldatenkönig noch als ›Landstreicher‹ angesehen hatte und die nun eine bevorzugte Rolle in der Gesellschaft spielten, vom König häufig vor aller Augen ausgezeichnet wurden. Friedrich reagierte gereizt auf die Vorwürfe und sprach vom »geistlichen Muckerpack«. So sehr ihn auch als Staatsoberhaupt die Verantwortung für den zügellosen Lebensstil seiner Hauptstädter, der Berliner, traf, denen er ganz offensichtlich ein fragwürdiges Beispiel gab, so sehr beruhten die Anklagen gegen ihn andererseits auf einem Mißverständnis. Natürlich dachte er im erotischen und sexuellen Bereich äußerst freizügig; das gehörte in seinen Augen untrennbar zu den Postulaten der Freiheit und der Toleranz. Zwang und Muckertum jeder Art hatte er schon als Kronprinz verabscheut. Kirche und Kaserne hatte er als Horte der Barbarei betrachtet. So hatte er, im beabsichtigten Gegensatz zur Herrschaft des Vaters, die Zügel als König bewußt locker gelassen. Aber zweifellos nicht in der Auffassung, damit einer flachen Unmoral Vorschub zu leisten. Im Gegenteil: Friedrich handelte in der Erwartung, daß ein freier gesellschaftlicher Verkehr die allgemeinen Sitten heben, die Bedürfnisse der Menschen veredeln, ein breites Verständnis für Bildung und Kultur erwecken würde. Ganz im Sinne der Aufklärung war er davon durchdrungen, daß Freiheit nicht Laster, sondern Tugend gebiert. Er war nicht der einzige in seinem Jahrhundert, der diesem schönen Irrtum erlag.

Während der Preußenkönig die Berliner feiern ließ und seine innere Reformpolitik entwickelte, eskalierten die militärischen Auseinandersetzungen auf dem westlichen Kriegsschauplatz, denn der Krieg zwischen Maria Theresia einerseits und den Franzosen samt ihrem Schützling, Kaiser Karl VII., andererseits hatte keine Unterbrechung erfahren. Am

5. Mai 1743 wurden die Franzosen bei Simpach geschlagen. Sechs Wochen später, am 27. Juni, verloren sie die Schlacht bei Oettingen. Friedrich war alarmiert. Wenn Frankreich resignieren und einem demütigenden Friedensschluß zustimmen sollte, dann waren die Folgen leicht auszurechnen: Als erstes würde Maria Theresia dem armen, machtlosen Karl VII. die Kaiserkrone nehmen und sie ihrem Gemahl, Großherzog Franz, aufsetzen. Sodann – als zweiten Schritt – würde sie Friedrich zum Reichsrebellen erklären lassen und von ihm Schlesien zurückfordern. Alle Verträge, von denen Friedrich ja ohnehin nicht allzuviel hielt, würden dann nichts nutzen. Er kannte den Inhalt eines Briefes, den Georg II. an Maria Theresia geschrieben hatte und in dem es wörtlich hieß: »Madame, was man gegeben hat, kann man auch wieder nehmen!« Es war klar, daß damit nur Schlesien gemeint sein konnte.

Ende August beschloß Friedrich, diplomatisch tätig zu werden. Einer direkten Kriegsbeteiligung wollte er nach Möglichkeit ausweichen. So kam er auf die Idee, zwischen den kämpfenden Mächten eine ›dritte Partei‹ zu bilden, ein Bündnis der deutschen Reichsfürsten zustandezubringen, um auf diesem Wege dem übermächtigen Einfluß der Franzosen, Österreicher und Briten im Deutschen Reich zu begegnen. »Sind unsere Flöten richtig gestimmt«, schrieb er in diesen Tagen, »so müssen der Kaiser und die deutschen Fürsten mich auffordern, mein Kontingent zur Bildung einer Armee zu stellen, um das Reich zu schützen. Alles wird dann im Namen des Kaisers geschehen.«

Im September brach Friedrich zu einer Reise an die süddeutschen Fürstenhöfe auf. Er gab vor, seine beiden Schwäger, die Markgrafen von Ansbach und von Bayreuth, besuchen zu wollen. Er traf sich bei dieser Gelegenheit auch mit dem zwielichtigen Grafen Seckendorff, der die österreichischen Dienste verlassen hatte und von Karl VII. zum Oberbefehlshaber seiner (kaum noch vorhandenen) bayerischen Armee ernannt worden war. Der Kaiser, sagte Friedrich zu Seckendorff, müsse etwas unternehmen, wenn er nicht zugrunde gehen wolle. Er empfahl, mit den Kurfürsten sowie den Ständen über die Bildung einer Reichsarmee zu verhandeln. Doch das politische Ergebnis seiner Rundreise war gleich Null; selbst Wilhelmine, seine Lieblingsschwester, die Markgräfin von Bayreuth, liebäugelte mit Maria Theresia, deren Macht und Einfluß sie ständig im Wachsen sah, während sie den Bruder Fritz vor übertriebenem Ehrgeiz warnte. Als Friedrich Ende September nach Charlottenburg zurückkehrte, faßte er seine Eindrücke in dem Bonmot zusammen: »kein Geld – keine deutschen Fürsten.«

Wie war Friedrichs Deutschlandpolitik einzuschätzen? Das alte Heilige Römische Reich Deutscher Nation, das siebenhundert Jahre lang, von 919 bis 1618, die Vormacht des Abendlandes gewesen war, präsentierte sich in seinen Augen nur noch als saft- und kraftloses Phantom, als ein Gespenst vergangener Zeiten, wie er sich ausdrückte. Im Kaisertum sah er nichts als Attrappe. So kühl und realistisch er die Reichsfrage beurteilte, das ausschlaggebende Kriterium blieb natürlich immer der »sacro egoismo« seines eigenen Staates, seines eigenen Königtums. Solange es überhaupt noch einen deutschen Kaiser gab, mußte er schwachgehalten werden. Denn nur so konnte die Unabhängigkeit der mächtigen deutschen Territorialfürsten gewährleistet werden. Von ›nationalen‹ oder gar ›völkischen‹ Denkkategorien in bezug auf Deutschland war Friedrich weit entfernt. Andererseits gab es das Reich als territorialen Begriff und als völkerrechtliches Faktum. Darin sah Friedrich einen Ansatzpunkt, dem übermächtigen ausländischen Einfluß – vor allem dem der Briten und Franzosen – Paroli zu bieten. Seine deutschlandpolitische Devise lautete also, auf eine Kurzformel gebracht: der Kaiser so schwach wie möglich, das Reich so stark wie nötig! Und ganz in diesem Sinne erklärte er seinen Ministern, daß es Preußens Aufgabe sei, den Kaiser und die deutschen Reichsfürsten an sich zu fesseln, um Österreich, Frankreich und England die Vorherrschaft und das Mitspracherecht über Deutschland als Ganzes zu entwinden. Das war eine kühne, aber illusionäre Konzeption, die hundert Jahre zu früh kam. So stark und mächtig war Preußen noch lange nicht, dem Reich der Deutschen eine neue Statur und eine neue Führung geben zu können. Wollte Preußen sich behaupten, so gab es keinen anderen Weg als den der Koalitionen mit ausländischen Großmächten; eine »nationale Frage« Deutschlands existierte im 18. Jahrhundert ohnehin nicht. Friedrich ließ denn auch bald wieder seine außenpolitischen Gedanken nach Westen und Osten schweifen. Wo konnte er Verbündete finden, um das österreichische Übergewicht, das jeden Tag fühlbarer wurde, in Schranken zu halten?

Den Jahreswechsel von 1743 auf 1744 erlebte der König in Berlin. In den ersten Januartagen machte ihm Prinz Karl Eugen von Württemberg seinen Abschiedsbesuch. Der Prinz, der sechzehn Jahre alt und soeben für volljährig erklärt worden war, hatte vierundzwanzig Monate in Berlin verbracht und kehrte nun in sein Heimatland zurück. (Später sollte er als Tyrann seines Volkes und als Unterdrücker eines jungen Mannes namens Friedrich Schiller bekannt werden.) Friedrich musterte den dicklichen Prinzen aufmerksam und gab ihm folgende Worte mit auf den Weg: »Denken Sie nicht, das Land Württemberg sei für Sie geschaffen, sondern gehen Sie davon aus, daß die Vorsehung Sie erschaffen hat, um die Menschen darin glücklich zu machen. Ziehen Sie immer die Wohlfahrt des Volkes Ihren eigenen Vergnügungen vor! Sie sind das Oberhaupt der *bürgerlichen* Religion in Ihrem Lande, die in Rechtschaffenheit und sittlichen Tugenden besteht. Es ist Ihre Pflicht, insbesondere die Idee der Menschlichkeit zu befördern, welche die Haupttugend jedes denkenden Geschöpfes ist. Die *geistliche* Religion überlassen Sie dem höchsten

Wesen. In dieser Hinsicht sind wir alle blind und irren auf den verschiedensten Wegen.«

Wenige Tage später, ebenfalls im Januar, beschäftigte sich der König mit dem Schicksal eines anderen jungen Menschen, dem der vierzehnjährigen Prinzessin Sophie Auguste von Anhalt-Zerbst. Die russische Zarin Elisabeth, eine Tochter Peters des Großen, die im Dezember 1741 auf den Thron gekommen war, hielt seit längerem Ausschau nach einer Braut für ihren Neffen und Thronfolger, den Großfürsten Peter. Ursprünglich hatte sie ihr Auge auf eine sächsische Prinzessin geworfen. Aber das behagte Friedrich wenig; eine Verwandtschaftsbindung zwischen Sachsen, Polen, Rußland wäre das letzte gewesen, was er sich wünschen konnte. Er hatte alle Hebel in Bewegung gesetzt, eine einflußreiche Hofdame in Petersburg bestochen und sogar Elisabeth Christine, seine Frau, veranlaßt, dieser Hofdame ein brillantbesetztes Porträt zu verehren. So war es ihm gelungen, den Petersburger Hof allmählich für die kleine Sophie Auguste zu interessieren, deren Vater, der Prinz von Anhalt-Zerbst, als Offizier in der preußischen Armee diente und Friedrich treu ergeben war. Nun, inzwischen war es soweit: Der preußische König vermittelte die Verlobung, und bald darauf begab sich die blutjunge Prinzessin nach Moskau, trat zum orthodoxen Glauben über, errang sich die Sympathien der Zarin Elisabeth und sollte zwanzig Jahre später als Zarin Katharina II. eine bedeutende Rolle in der europäischen Politik und in Friedrichs Leben spielen.

Um Rußland für sich zu gewinnen, tat Friedrich alles. Als die Zarin den Wunsch äußerte, den schwedischen Thronfolger, der politisch ganz in der Hand Rußlands war, mit Ulrike, der zweiundzwanzigjährigen Schwester des Königs zu verheiraten, stimmte er freudig zu. Die schöne und geistreiche Ulrike, die in ihrem Temperament und in ihrer politischen Klugheit sehr an Wilhelmine erinnerte, machte so von allen Geschwistern Friedrichs die steilste Karriere: sie wurde später Königin von Schweden. Und doch änderte das alles nichts an der außenpolitischen Isolation Preußens. Rußland kokettierte bald mit Österreich, und das Königreich Schweden segelte gehorsam im Kielwasser des Zarenreiches.

Am 8. Februar erfuhr Friedrich aus holländischen Zeitungsmeldungen, daß Österreich, England und das Königreich Sardinien bereits vor einem halben Jahr, im September 1743, miteinander einen Geheimvertrag geschlossen hatten. In seinem abgrundtiefen Mißtrauen argwöhnte er sofort, daß diese Allianz sich nur gegen Preußen richten konnte. Das war ein Irrtum. Denn die Spitze dieses Dreiervertrages war gegen Frankreich und Spanien gerichtet. Immerhin, das Bündnis versprach nichts Gutes für Preußen. Sardinien sollte durch ein Truppenaufgebot dafür Sorge tragen, daß die österreichischen Streitkräfte in Italien frei wurden und nach Deutschland abgezogen werden konnten, und alle vier Verbündeten – denn im Dezember 1743 war auch Sachsen diesem Pakt beigetreten –

garantierten sich gegenseitig ihre Besitzungen, wie sie in der Zeit von 1703 bis 1739 bestanden hatten. Bis 1739! Das hieß, Schlesien wurde stillschweigend als österreichischer Besitzstand anerkannt.

Was war zu tun? Sollte man abwarten, bis die Königin von Ungarn in der Lage war, über ihre sämtlichen Truppen, über Sachsen und über das englische Gold zu verfügen, um dann – mit allen diesen Vorteilen in der Hand – über Preußen herzufallen, das keinen Verbündeten an seiner Seite hatte? Pro forma bestand ja noch das Bündnis mit Frankreich aus dem Jahr 1741, und der Hof von Versailles lockte ständig mit den glänzendsten Angeboten. Eben jetzt erschien Voltaire in Berlin, und er machte gar kein Hehl daraus, daß er nicht als Poet oder Philosoph, sondern als diplomatischer Abgesandter Ludwigs XV. und seiner gegenwärtigen Mätresse, der Gräfin Chateauroux, kam, um seinen königlichen Freund und Schüler für Frankreich zu gewinnen. Friedrich, der ins Berliner Schloß übergesiedelt war, räumte ihm sofort ein Gemach neben seinem eigenen Appartement ein, verbrachte die Mittage und Abende mit ihm, hofierte Voltaire mit Courtoisie und ließ seinen unwiderstehlichen Charme spielen. Aber wenn der Franzose auf Politik zu sprechen kam, was schließlich sein Auftrag war, lachte ihn der König einfach aus. Zu seinen Ministern sagte er, Voltaire sei der schlechteste Diplomat der Welt, und in der Tat erfuhr Friedrich mehr von ihm als umgekehrt. Vor allem erfuhr er, daß ihm die Franzosen seinen »Verrat« vom Sommer 1742 nicht mehr ankreideten, daß man in Versailles nach seiner Bundesgenossenschaft geradezu lüstern war. Das gab ihm innere Sicherheit. Die französische Karte konnte er also jederzeit wieder spielen. Als Voltaire ihn – völlig entnervt, da er partout nichts Substantielles in Berlin erfahren hatte – beim Abschied fragte, was er denn nun dem König von Frankreich melden könne, lächelte Friedrich ihn an: »Wenn Sie es wünschen, will ich eine Lobrede auf Ludwig XV. schreiben, an der kein wahres Wort ist.« Voltaire schlug sich vor Vergnügen auf die Knie. Solche Zweideutigkeiten kamen sonst aus seinem Munde. Aber Friedrich war nicht zum Scherzen aufgelegt: »Raten Sie den Franzosen, daß sie sich in Zukunft klüger verhalten als bisher. Gegenwärtig gleicht Frankreich einem starken Körper ohne Nerven und Geist.« So. Mochten sie daran in Versailles und Paris herumkauen. Diese Sprache würde den französischen Wunsch nach Bundesgenossenschaft nur noch befördern.

In aller Ruhe fuhr Friedrich Mitte Mai nach Pyrmont, um Bäder zu nehmen. Er fühlte sich wieder gefragt und umworben. Als sich sein Gesandter in London, Andrié, schriftlich darüber beklagte, er sei vom englischen König, Georg II., schlecht behandelt worden, schrieb er ihm selbstbewußt zurück: »Wenn Ihnen der König von England den Rücken zukehrt, dann kann ich ja Hynford (den britischen Gesandten in Preußen) ebenso und noch gröber behandeln. Sagen Sie dem britischen Premier Carteret, diese Äußerungen britischen Dünkels würden in Berlin auf keinen unfruchtbaren Boden fallen.« Den Briten blieb es also nicht erspart, dieselben unangenehmen Erfahrungen mit dem jungen, stolzen Monarchen zu machen, die Versailles und der Marquis de Valory schon hinter sich hatten. Und in der Tat hatte Friedrich allen Grund, vergnügt und selbstzufrieden zu sein, denn soeben erhielt er gewichtigen Gebietszuwachs, schob sich sein Staat bis an die Ufer der Nordsee vor.

Auf Ostfriesland hatte Brandenburg schon seit den Tagen des Großen Kurfürsten legitime Erbansprüche besessen. Völlig überraschend, am 25. Mai 1744, verstarb der angestammte Landesfürst, Carl Edzard, kinderlos. Bereits am 6. Juni rückten preußische Truppen in Ostfriesland ein, und wenige Tage später nahm ein preußischer Kommissar im Auftrag des Königs die Erbhuldigungen entgegen. Friedrich ordnete an, die Landstände der Friesen, die seit alters her ihre Rechte und Privilegien mit größter Hartnäckigkeit verteidigt hatten, äußerst schonend zu behandeln. Er verzichtete auf die Einführung des preußischen Verwaltungssystems, bestätigte die Vorrechte des städtischen Patriziats und der friesischen Landbesitzer, stellte die 100 000 Einwohner der neuen Provinz vom Wehrdienst frei und begnügte sich mit einem steuerlichen Pauschalbetrag von 40 000 Talern pro Jahr, was etwa – auf den Kopf der Bevölkerung umgerechnet – einem Fünftel von dem entsprach, was die Schlesier ihm abführen mußten. Diese kluge Behandlung der freiheitsliebenden, dickköpfigen Friesen bewirkte, daß sich der wohlhabende Landstrich an der Nordsee, mit den beiden wichtigen Städten Aurich und Emden, widerstandslos in den preußischen Staat integrieren ließ. (Als der König 1751 Ostfriesland zum ersten Mal besuchte, wurde er von den Friesen jubelnd empfangen.)

Ende Mai, noch in Bad Pyrmont, beschloß Friedrich endgültig, aktiv zu werden und die französische Karte zu spielen. Am 5. Juni kam es zu einem neuen, zusätzlichen Vertrag zwischen beiden Staaten, in dem festgelegt wurde, daß der Preußenkönig im August militärisch in den Krieg zwischen Frankreich und Österreich eingreifen sollte. Friedrich würde als Kampfpreis den böhmischen Kreis Königgrätz und die rechtselbischen Gebiete der Kreise Leitmeritz und Bunzlau (also Teile des Sudetenlandes) erhalten. Die Masse des Königreichs Böhmen sollte wieder dem schwachen Kaiser Karl VII. zufallen. Frankreich seinerseits verpflichtete sich, mit allen militärischen Kräften, im Norden wie im Süden, gegen Österreich vorzugehen.

Damit war die Entscheidung gefallen. Friedrichs Hoffnungen auf Rußland und Schweden hatten getrogen; die Briten hatten nur das eine Ziel, Frankreich zu schwächen und deshalb Österreich zu stärken; und die Konzeption einer bewaffneten Neutralität des Reiches hatte sich als Schimäre erwiesen. Also wieder Krieg und neues Blutvergießen! Lockten ihn Eroberungen? Wenn sie sich aus dem bevorstehenden Kampf als Siegesbeute ergaben, so hatte er gewiß nichts dagegen einzuwenden. Aber das wahre, das eigentliche Motiv für seinen Entschluß zum Krieg war einzig und allein Schlesien, war die Erhaltung und Sicherstellung dieser so teuer erworbenen Provinz.

Sein eilfertiger und ruhmsüchtiger Schritt vom Dezember 1740 führte Friedrich nun – nolens volens – in sein zweites Kriegsabenteuer.

Den Zweiten Schlesischen Krieg eröffnete Friedrich mit einer Propagandafanfare. Am 10. August erschien ein preußisches Kriegsmanifest, das in allen deutschen Territorien verbreitet und in den wichtigsten Zeitungen veröffentlicht wurde. Darin hieß es: »Der König begehrt nichts, und es ist ihm um sein eigenes Interesse gar nicht zu tun. Seine Majestät, der preußische König, ergreift nur die Waffen, um die Freiheiten des Reichs, die Würde des Kaisers und die Ruhe in Europa wiederherzustellen.«

Der erste Satz war eine glatte Lüge. Friedrich tat niemals etwas ohne eigenes Interesse. Und was seine ›Begehrlichkeit‹ anbetraf, so schien ihm entfallen zu sein, daß er sich von Frankreich, im Allianzpakt vom 5. Juni, mehrere böhmische Kreise als Siegespreis ausbedungen hatte. Richtig an seiner Proklamation war dagegen, daß er ein brennendes Interesse an der Aufrechterhaltung des Status quo und damit an der »Ruhe in Europa« hatte.

Am 15. August setzte sich die preußische Armee nach Böhmen in Marsch, in drei Armeekorps gegliedert. Das Hauptkontingent führte Friedrich persönlich durch Sachsen. Da sein Heer als »kaiserliche Hilfsmacht« deklariert war, hatte er – in Übereinstimmung mit der Reichsverfassung – freien, friedlichen Durchzug durch Sachsen erbitten können. Und der Dresdner Hof, der längst entschlossen war, militärisch auf die Seite Österreichs zu treten, mußte dem willfahren, ja die Sachsen mußten jetzt zusehen, wie die preußische Proviantflotte ungehindert die Elbe passierte und nach Böhmen segelte.

Der Marsch auf Prag verlief mühselig; der Wettergott war nicht auf seiten der Preußen. Ende August schrieb Friedrich aus einem Marschquartier an Jordan: »Wir haben viele Strapazen, schlechte Wege und noch schlimmeres Wetter gehabt. Aber was sind Strapazen, Mühen und Gefahren im Vergleich zum Ruhm!« Also immer noch der Wunsch nach Gloire und Unsterblichkeit? Hoffte der junge Preußenkönig immer noch, er sei auf dem Weg zum »Rendezvous des Ruhms«?

Am 2. September stand die preußische Armee mit 80 Bataillonen und 132 Schwadronen vor der böhmischen Hauptstadt Prag. Es galt, die starke Festung schnell einzunehmen, bevor die österreichische Feldarmee unter dem Befehl des Prinzen Karl von Lothringen, die sich am 23. August von der französischen Front abgesetzt hatte, um quer durch Süddeutschland nach Böhmen zu marschieren, zum Entsatz Prags heran sein konnte. Am 14. September stürmten die Preußen das stark befestigte Außenfort auf dem Ziskaberg. David Krauel, Grenadier im Leibregiment des Königs, war als erster auf den Wällen und durchbrach – mit geschwungenem Gewehrkolben – die österreichische Verteidigungslinie. Friedrich ließ den Grenadier in sein Zelt kommen, ernannte ihn auf der Stelle zum Leutnant und verlieh ihm das Adelsprädikat »Krauel von Ziskaberg«. Zwei Tage später kapitulierten Stadt und Festung Prag.

In den nächsten vierzehn Tagen, bis zum 30. September, besetzten schnelle preußische Kontingente die Festungen Tabor, Budweis und Frauenberg. Ein Teil der Armee verblieb in Prag, während Friedrich mit dem Gros seines Heeres nach Südböhmen marschierte. Das alles war operativ ganz falsch, weil es die preußischen Streitkräfte zersplitterte. Die Gefahr lag doch nur im Westen. Von dort marschierte unaufhaltsam die österreichische Feldarmee heran, und nichts geschah, ihr Vordringen von Franken nach Westböhmen zu stoppen. Während Friedrich einen Luftstoß nach Süden machte, vereinigten sich im Nordwesten – also praktisch in seinem Rücken – die Österreicher mit den Sachsen.

Dieser unglückliche Herbstfeldzug des Jahres 1744 ist von den Historikern und militärischen Fachkritikern immer unterbewertet worden. Er stürzte Friedrich in eine Krisis, der er in solcher Schärfe und Hoffnungslosigkeit erst fünfzehn Jahre später, 1759, wieder gegenüberstehen sollte. Diese allgemeine Verkennung und Unterschätzung der damaligen Situation ist um so erstaunlicher, als Friedrich aus den Konsequenzen, die sich für ihn ergaben, tiefgreifende Lehren zog, die für seine fernere Politik, ja für sein ganzes Leben von entscheidender Bedeutung waren.

Im Oktober 1744, während Friedrich mit seiner Armee erfolglos im südlichen Böhmen operierte, stellte sich schlagend heraus, daß seine militärpolitischen Erwartungen getrogen hatten. Die Franzosen dachten gar nicht daran, den Österreichern, die vor ihrer Front kehrtgemacht hatten, auf den Hacken zu bleiben und nach Böhmen zu folgen. Sie erfochten einen großen Sieg in den Niederlanden, von dem Friedrich in einem Brief an Ludwig XV. ganz richtig meinte, er habe für ihn soviel praktische Bedeutung wie ein Sieg der Franzosen »bei Peking«. Die österreichische Armee war völlig unbehelligt durch das nördliche Bayern gezogen; die kaiserlichen Truppen unter Seckendorff hatten sie nicht einmal belästigt, geschweige denn angegriffen. Die Sachsen hatten sich gegenüber preußischen diplomatischen Angeboten absolut unzugänglich gezeigt. Jetzt, am 21. Oktober, standen 55 000 Österreicher und 20 000 Sachsen vereint in einer unangreifbaren Stellung, bedrohten die verzettelten preußischen Kontingente und schnitten Friedrich von seiner Nachschubbasis und von seinen Etappenwegen ab, die über Sachsen nach Potsdam und Berlin liefen.

In dieser Situation gab es für den Preußenkönig nur zwei Möglichkeiten: entweder er konzentrierte seine gesamte Armee in einer festen Stellung bei Prag und glich so das zahlenmäßige feindliche Übergewicht aus, oder er reagierte geschmeidig, elastisch und trat schnell den Rückzug nach Schlesien an. Nichts dergleichen geschah. Friedrich wollte sich nicht eingestehen, daß sein mit so großen Hoffnungen begonnener Feldzug operativ gescheitert war, daß es offensichtlich nichts wurde mit dem »Rendezvous des Ruhms«. Als es viel zu spät war, Sachsen und Österreicher bereits ein gemeinsames Heer von 75 000 Mann gebildet hatten, eilte er mit 60 000 Soldaten nach Nordwesten und näherte sich bis auf eine Meile dem verschanzten Lager seiner Feinde. Am 25. Oktober versuchte er, die Österreicher und Sachsen zur Schlacht zu verlocken. Aber Feldmarschall-Leutnant Graf Traun, der erfahrene Generalstabschef des Prinzen Karl, dachte gar nicht daran, ihm diesen Gefallen zu tun. Warum sollten die Alliierten die offene Feldschlacht suchen, in der die Preußen so außerordentlich gefährlich waren? Im österreichischen Hauptquartier wußte man, unter welchen Versorgungsschwierigkeiten die preußische Armee litt. Die Zeit arbeitete für die Verbündeten.

Am 8. November entschloß sich Friedrich zähneknirschend zum Rückzug nach Ostböhmen, an die Ufer der Elbe. Es blieb ihm keine andere Wahl. Denn Graf Traun marschierte mit seiner Armee kaltblütig nach Osten, Richtung Schlesien, und wenn Friedrich nicht reagierte, war er bald nicht nur von Sachsen, sondern auch von Schlesien abgeschnitten. Dann blieb ihm nur noch die Kapitulation.

Der Rückzug, zuerst nach Ostböhmen, dann nach Schlesien, wurde zu einer einzigen Katastrophe. Die tschechische Bevölkerung Zentralböhmens loderte vor Haß auf die ›ketzerischen‹ Preußen. Zeigten sich preußische Truppenteile in der Ferne, so flüchteten die Bauern mit ihrem Vieh und ihrem Hausrat in die Wälder. Die Häuser waren verlassen, die Getreidevorräte vergraben, das Vieh war weggetrieben, und die halbverhungerte Truppe fand nirgendwo etwas zum Beißen. Der Verpflegungsnachschub aus den preußischen Heeresmagazinen brach gänzlich zusammen; teils waren die Wege durch das regnerische Herbstwetter in Schlammpfützen verwandelt, teils fielen die Transporte der ungarischen Reiterei in die Hände, die die Landstriche Böhmens unsicher machte und den marschierenden preußischen Verbänden unnachsichtig auf den Fersen blieb. Die Einwohner drehten die Wegweiser in die falsche Richtung, oder sie gaben den Offizieren irreführende Auskünfte. Versprengte preußische Soldaten wurden aus dem Hinterhalt überfallen, Kranke und Verwundete gnadenlos niedergemacht.

Aus Prag führte General von Einsiedel die Besatzung von 7500 Mann nach Schlesien. Von der Furcht getrieben, die Alliierten könnten ihm und seinen Soldaten den Rückzug abschneiden, ließ er die Kriegskasse, die gesamte Munitionsausstattung und 150 schwere Geschütze in Prag, die dem Feind in die Hände fielen. (Einsiedel kam in Schlesien vor ein Kriegsgericht.) Der König führte die preußische Hauptmacht über die schlesischen Berge zurück, und es fehlte nicht viel, daß die Hälfte seiner Streitmacht durch Desertion, Hunger und Kälte zugrunde ging. Aus Mähren wich General von Marwitz mit 10 000 Preußen nach Oberschlesien aus, und obwohl die Truppe hier diszipliniert blieb und immer wieder Front gegen die Verfolger machte, gegen die schnellschwärmende ungarische Kavallerie und ihren listigen Bewegungskrieg, war sie einfach machtlos. Ganz Oberschlesien und die Grafschaft Glatz gingen verloren. Kroaten und Panduren verheerten das flache Land in der Umgegend von Neisse und Brieg, streiften sogar bis vor die Tore von Breslau. Schlesiens Oberpräsident von Münchow stellte Mitte Dezember, als die Überreste der Armee in seiner Provinz Winterquartiere bezogen, besorgt fest, von einem preußischen Heer könne eigentlich gar keine Rede mehr sein, es handle sich um eine zusammengelaufene Menschenmasse, die nur noch mit Mühe zusammengehalten werde; ein weiteres Vorrücken der Österreicher müsse bei den demoralisierten Truppen zur Meuterei führen.

Das war nun das Ergebnis eines viermonatigen Feldzuges, der fast den gesamten Staatsschatz der preußischen Monarchie verschlungen hatte. Von sechs Millionen Talern waren fünf Millionen dahingeschmolzen. Die zaghaften Versuche Friedrichs, holländische Anleihen aufzunehmen, scheiterten; sein internationaler Kredit war ins Bodenlose gesunken. Aus dem teilweise besetzten und verschreckten Schlesien war nicht viel zu holen. Die geizigen Ostpreußen und Pommern knöpften die Taschen zu. Lediglich die brandenburgischen Stände bewilligten ihm eineinhalb Millionen Taler, so daß der Finanzbedarf für das kommende Kriegsjahr 1745, den der König wiederum auf fünf Millionen Taler veranschlagte, erst zur Hälfte gedeckt war.

Friedrich begab sich am 15. Dezember nach Berlin und spielte der Welt und sich selbst Komödie vor. Er ordnete Karnevalsfestlichkeiten an und machte der gefeierten italienischen Tänzerin Signora Barberina, die Algarotti nach Berlin geholt hatte, auffällig den Hof. In Wahrheit war er verzweifelt. Alles war schiefgegangen, und die Zukunftsperspektiven sahen düster aus. Sein getreuer Minister Podewils, der ihn eindringlich vor dem Abenteuer des Zweiten Schlesischen Krieges gewarnt hatte, trat ihm im Schloß mit den Worten entgegen: »Sire, Sie sehen jetzt, daß es nicht so leicht ist, wie Sie gedacht haben, das Haus Österreich zu erniedrigen.« Friedrich gab ihm recht und schimpfte über die Schurken, die Sachsen, die ihm treulos in den Rücken gefallen seien. Aber er wußte nur zu gut, daß er Schuld und Verantwortung nicht abwälzen konnte, daß seine eigenen militärischen Fehler – vor allem das dickköpfige Festhalten am ursprünglichen Operationsplan – die Hauptursache der gegenwärtigen Misere waren.

Aus Schlesien, von der Armee, hörte er nichts Gutes. Die beiden Generals- und Offiziierscliquen, die auf den Dessauer oder auf Schwerin schworen, machten sich – bei der dringend notwendigen Reorganisation der Streitkräfte – gegenseitig das Leben zur Hölle. Das gesamte Offizierskorps war unzufrieden, murrte über des Königs glücklose Strategie und erwartete das Schlimmste vom kommenden Jahr. Der Alte Dessauer, den Friedrich beauftragt hatte, bis Ende Februar die Grafschaft Glatz und Oberschlesien vom Feinde zu säubern, tat das zwar ebenso methodisch wie erfolgreich, nahm aber dabei auf Zivilbehörden und Einwohnerschaft nicht die geringste Rücksicht. Kurz, die Lage des preußischen Staates zur Jahreswende 1744 auf 45 konnte nicht verzweifelter gedacht werden.

In Wien herrschten Jubel und Begeisterung, als der verlustreiche Rückzug der Preußen aus Böhmen und Mähren bekannt wurde. Das Lumpenproletariat der Vorstädte schmiß der leerstehenden preußischen Gesandtschaft die Fensterscheiben ein. Die Königin, Maria Theresia, außer sich vor Freude über die Bravour ihrer Offiziere und Soldaten, begab sich erneut nach Preßburg, um die Ungarn zu weiterer Finanzhilfe und Truppengestellung aufzufordern. Diesmal – im Glanz des Sieges und der unumschränkten Macht – brauchte sie auch nicht lange zu feilschen. Ihre Wünsche wurden uneingeschränkt erfüllt. Wie hatte in den vergangenen vier Jahren ihr Herz geblutet, wenn sie Bauern oder Bäuerinnen in schlesischer Tracht begegnet war! Sie war fest davon überzeugt, im neuen Jahr das »schlesische Kleinod« zurückzugewinnen.

Ende November 1744 hatte sie eine verstärkte psychologische Kriegführung gegen den Preußenkönig angeordnet. Jetzt verkündete sie in einem feierlichen Patent, daß die schlesischen Untertanen durch sie des Eides entbunden seien, den sie dem preußischen König geschworen hatten. Sie forderte die Schlesier auf, treu und anhänglich zu ihrer rechtmäßigen Herrscherin zurückzukehren und den preußischen Okkupanten das Leben zur Hölle zu machen. Friedrich antwortete mit eigenen Propagandakampagnen. Von sämtlichen Kanzeln Schlesiens mußte eine Berliner Proklamation verlesen werden, die an die grausame Religionsunterdrückung der Österreicher erinnerte und die Toleranzpolitik des jungen Preußenkönigs in den glänzendsten Farben malte. In Niederschlesien tat das auch seine Wirkung; in Oberschlesien blieb die Stimmung geteilt.

Am 8. Januar 1745 traf Friedrich der schwerste Schlag. Österreich, Sachsen, England und Holland schlossen miteinander eine Quadrupelallianz, zu welcher die Zarin Elisabeth, die sich immer mehr Wien annäherte, ihren wohlwollenden Segen gab. Diese gewaltige Mächtekoalition war einfach erdrückend. Hinter der kombinierten österreichisch-sächsischen Armee standen nun die unerschöpflichen Finanzquellen Hollands und Englands. Die Verbündeten erließen ein hochtrabendes Manifest, in dem sie erklärten, die Allianz verfolge kein anderes Ziel als jenes, »die Ruhe und Sicherheit Deutschlands aufrechtzuerhalten«. Deutschland interessierte die vier Mächte natürlich überhaupt nicht, und mit »Ruhe und Sicherheit« war gemeint, den Preußenkönig auf Null zu bringen und die britisch-österreichische Dominanz im Reich wiederherzustellen. Frankreichs Macht, wirtschaftlich und finanziell ohnehin schwer angeschlagen, sollte hinter den Rhein gedrängt, der preußische Emporkömmling zu Boden geworfen werden.

Vierzehn Tage später erhielt Friedrich die nächste Hiobsbotschaft: Am 20. Januar 1745 war Kaiser Karl VII. verstorben. So wenig Macht der einsame, arme Mann in Frankfurt am Main besessen hatte, das formale Bündnis mit der deutschen Kaiserkrone war doch für Friedrich von großem politischem und psychologischem Nutzen gewesen. Jetzt war er gänzlich isoliert. Die Franzosen behaupteten sich nur mit großer Not gegen die Briten, und nirgendwo war ein potentieller Bundesgenosse in Sicht.

Maria Theresia verfuhr in diesen Monaten mit größtem Geschick. Am 22. April schloß sie mit dem Sohn Karls VII., dem bayerischen Kurfürsten Maximilian Joseph, einen Vertrag, in dem sie ihm sein Stammland Bayern ohne Einschränkungen zurückgab, ja sogar nachträglich die Kaiserwürde seines verstorbenen Vaters anerkannte. Dafür verzichtete der Bayer auf alle Erbansprüche in Oberösterreich und Böhmen, erkannte die »Pragmatische Sanktion« an (wozu sich sein Vater nie verstanden hatte) und versprach, dem Manne Maria Theresias seine Kurstimme zu geben, wenn der neue deutsche Kaiser gewählt würde. Das war das Musterbeispiel einer Vereinbarung, die beide Seiten zufriedenstellte. Friedrich stand im Reich mit einem Schlag als einziger Störenfried da.

Die Krisis, die Friedrich in den Monaten Januar bis Mai 1745 durchmachte, verbarg er sorgfältig vor seiner Umgebung und der Außenwelt. Hätten wir nicht seine Briefe, wir wüßten nichts davon. Sein Verstand arbeitete fieberhaft, suchte unaufhörlich die Lage zu analysieren. Was war aus seinen ehrgeizigen Plänen geworden? Er hatte ein Gleichgewicht zwischen Österreich und Bayern im Reich errichten wollen, um selbst nicht zum Satelliten irgendeiner Großmacht zu werden. Er erkannte, daß er diese Idee für immer begraben mußte; außer Österreich und Preußen gab es keine politischen Potenzen im damaligen Deutschland, die südlichen und westlichen Reichsterritorien blieben Spiel- und Experimentierfelder fremder Großmachtpolitik. Er hatte sich sogar zu dem Gedanken verstiegen, die beiden Großmächte, England und Frankreich, gegeneinander ausspielen zu können, sie in ein Gleichgewicht außerhalb Deutschlands zu bringen; Preußen, so hatte er kalkuliert, wäre dann die erste Macht im Reich und international das umworbene Zünglein an der Waage gewesen. Auch dieser Gedanke war zuschanden geworden; das Zünglein an der Waage schien nicht Preußen, sondern Österreich zu sein. Von Gebietserweiterungen Preußens war ohnehin keine Rede mehr. Jetzt stand nicht nur Schlesien auf dem Spiel. Eine siegreiche Quadrupelallianz, das sagte ihm sein Instinkt, würde ihn auf den Status des brandenburgischen Kurfürsten von 1617, vor Ausbruch des Dreißigjährigen Krieges, drücken. Schlesien, einschließlich der Grafschaft Glatz, würde an Österreich zurückfallen. Sachsen würde sich Magdeburg nehmen und die Lausitz, um die territoriale Verbindung zu Polen herzustellen. Sollte Rußland dem Bündnis noch beitreten, würde es Ostpreußen an sich reißen und es dann vielleicht gegen ein paar ostpolnische Woiwodschaften vertauschen.

In diesen fünf schrecklichen Monaten ging eine tiefe Wandlung im Denken Friedrichs vor. Hier – und nicht im Siebenjährigen Krieg – nahm er Abschied vom »Rendezvous des Ruhms«. Er begriff endgültig die Konjunkturen der europäischen Gleichgewichtspolitik. Er erarbeitete sich eine tiefe Einsicht in die Fragilität seines Staates und der durch ihn geschaffenen künstlichen Großmachtstellung Preußens. Er war für immer geheilt vom Glauben an das Glück, dem er doch in seiner Ansprache an die Generäle im Dezember 1740 so optimistisch Ausdruck gegeben hatte, und bekehrte sich zu der Ansicht, daß Krieg für das kleine, schmalbrüstige Preußen in jedem Falle eine Sache auf Leben und Tod sein mußte. Die Vokabel »Ruhm« verschwand aus seinem Wortschatz.

Dieser intellektuelle Prozeß der Selbsterkenntnis, dieser innere Feldzug an Selbstkritik, den der junge König in diesen Monaten betrieb, war und bleibt eines der erstaunlichsten Phänomene in der Geschichte. Friedrich war gerade dreiunddreißig Jahre alt geworden. Er befand sich auf der Höhe seiner physischen und geistigen Kraft. Er war so alt wie Alexander der Große, als er Asien erobert und beschlossen hatte, bis an die Grenzen des »Äußeren Meeres« vorzustoßen. In jahrelangem Studium hatte Friedrich seine Seele angefüllt mit den glänzendsten Bildern historischer Größe. Alexander, Cäsar, Ludwig XIV. hatte er nacheifern wollen. Jetzt, im Frühjahr 1745, machte er auf der Stelle kehrt. Die stolzen Träume von Rheinsberg und Charlottenburg, er warf sie wie alten Plunder hinter sich.

Diese innere Wandlung, diese radikale Umstellung auf neue Einsichten, dieses bewußte Akzeptieren einer anderen Rolle in der Welt: es war der dramatischste und historisch bedeutsamste Augenblick in Friedrichs Leben. Die furchtbare Katte-Tragödie, 1730, vor fünfzehn Jahren, sie hatte nur eine äußerliche Unterwerfung und Anpassung an die Gegebenheiten bewirkt; an seinem Hochmut, seinem Stolz, seiner Leichtfertigkeit und Frivolität hatte sie nichts geändert. Die namenlose Katastrophe, die ihm noch bevorstand, in fünfzehn Jahren, im Siebenjährigen Krieg, sie würde alle Schrecken der Hölle auf ihn loslassen und ihn vorzeitig zum Greis machen; an seiner Widerstandsfähigkeit, Unbeugsamkeit, seinem Mut würde sie zerschellen wie ein mastloses Schiff an der Brandung. Hier, jetzt, im Frühjahr 1745, fiel die wahre Entscheidung seines Lebens: Würde er alles aufs Spiel setzen, sich nicht bezähmen und als königlicher Bankrotteur in die Geschichte eingehen? Oder würde er seinen hochfahrenden, halsstarrigen Charakter, seine Ruhmbegierde und Eitelkeit, viel schwerwiegender noch: würde er seine Jugendträume fahrenlassen und sich selbst überwinden? Würde er akzeptieren, daß es für ihn, für den ehrgeizigen Flug seiner Gedanken unüberschreitbare Grenzen gab?

Hätte jemand Friedrich ins Herz schauen können, wäre er möglicherweise auf den Gedanken gekommen, daß dieser junge Mann kurz vor dem Ende stand, daß die erzwungene Preisgabe großer Hoffnungen und Selbsttäuschungen ihn zerbrechen mußte. Doch davon war keine Rede. Je verzweifelter sich ihm die Lage darstellte, je schonungsloser sich ihm die Realitäten enthüllten, desto rastloser arbeitete sein Verstand, fahndete er nach Gesamtüberblick und nach taktischen Aushilfen. Dieser Krieg, den er angefangen hatte, mußte durchgestanden werden; Kapitulation bot keine Lösung. Aber ebenso sicher stand für ihn fest, daß er schnell zu Ende gebracht werden mußte und daß selbst Siege – wenn sie denn überhaupt noch zu erwarten waren – nichts mehr an seinem engbegrenzten Ziel ändern durften, seine erworbene Machtstellung zu behaupten. Die kühnen, weltumstürzenden Projekte, sie wurden für immer begraben. Es galt, die karge Kunst des Möglichen zu erlernen.

In all diesen Monaten des intellektuellen Selbstprozesses ließ Friedrich doch nie die Hände sinken. Er blieb immer tätig. Er füllte seinen Staatsschatz auf, sorgte für die Reorganisation und Vermehrung der Armee und streckte Friedensfühler nach Rußland und England aus. Es gab Momente, in denen Hoffnung aufzuckte. Aber Illusionen machte er sich nicht. Am 15. März begab er sich wieder nach Schlesien, um den Ansturm seiner Feinde zu erwarten. Die Briefe, die er an den Minister von Podewils schrieb, sind Dokumente des Kampfes und der Einsicht.

Am 29. 3. 1745:

»Wir befinden uns in einer großen Krisis. Entweder werden wir durch die Vermittlung Englands Frieden bekommen, oder unsere Feinde werden mit allen ihren Kräften über uns herfallen.«

19. 4. 1745:

»Wenn für Berlin irgend etwas zu befürchten ist, dann lassen Sie den Silberschatz nach Magdeburg schaffen, wenn es noch möglich sein sollte, wohin sich auch die Regierung und die Gerichte begeben müssen. Meiner Familie lassen Sie dann die Wahl zwischen Stettin und Magdeburg.«

27. 4. 1745:

»Sie denken, wie ein Ehrenmann denkt. Und wäre ich Podewils, so würde ich ebenso denken. Allein, ich habe den Rubikon überschritten und will meine Stellung behaupten oder untergehen . . . Erinnern Sie sich doch daran, daß eine Frau, die Königin von Ungarn, auch dann die Hoffnung nicht aufgegeben hat, als die Feinde vor den Toren Wiens standen und ihre reichsten Provinzen erobert hatten. Und Sie wollen nicht soviel Mut wie diese Frau aufbringen?«

8. 5. 1745:

»Ich habe mir die Unempfindlichkeit dem Schicksal gegenüber erst unter dem Zwange der Not abringen müssen. Solche Geistesfreiheit, ohne die kein Ausweg zu finden ist, läßt sich nur behaupten, wenn man in Bereitschaft ist gegen alles, was da kommen mag. Diese Gemütsverfassung ist es, die mir Freiheit gibt und kaltes Blut. Aber innerlich gelitten habe ich darum nicht weniger.«

Ende Mai stand eine österreichisch-sächsische Armee von 65 000 Mann vor den schlesischen Gebirgspässen, um auf Schweidnitz zu marschieren, die Festung einzunehmen und dann die Offensive gegen Breslau zu richten. Friedrich hielt sich durch Husarenpatrouillen auf dem laufenden und schrieb an den Alten Dessauer in seinem Kutscherdeutsch: »Aus Schlesien kann ich mir so wenig rausschmeißen lassen wie aus der Mark!« Er war also zum Kampf entschlossen und konzentrierte seine 50 000 Mann starke Armee am 1. Juni in der Nähe von Schweidnitz.

Er hatte die vergangenen zweieinhalb Monate genutzt, um seinen Truppen neuen Geist einzuhauchen. Daß ihm dies in erstaunlichem Maße gelang, geht daraus hervor, daß in den drei Tagen vor der anstehenden Schlacht nicht ein einziger Soldat der preußischen Armee desertierte; etwas geradezu Abnormes unter den Bedingungen des 18. Jahrhunderts, in welchem alle Armeen die Desertion ihrer Soldaten mehr fürchteten als die Verluste im Gefecht. Die verbündeten Österreicher und Sachsen glaubten, die Preußen seien noch vom vorigen Jahr her tief demoralisiert. Prinz Karl von Lothringen, der feindliche Oberbefehlshaber, erklärte siegesgewiß, es könnte keinen Gott im Himmel geben, wenn es ihm nicht gelänge, die Preußen zu schlagen.

Die Verbündeten ließen am 2. Juni die Gebirgspässe hinter sich und stiegen in das schlesische Flachland hinab. Am 3. lagerten sie halbkreisförmig westlich Striegau. Friedrich beobachtete von den Ritterbergen, südlich Striegau, die Operationen der Feinde. Zum ersten Mal befand er sich strategisch in der Defensive. Er hatte keinen weiträumigen Operationsplan gefaßt, weder für Böhmen noch für Mähren. Lange und sorgfältig betrachtete er das Gelände: Links lag Hohenfriedberg, in der Mitte sah er die beiden Marktflecken Thomaswaldau und Günthersdorf, rechts krönte der Breite Berg die Ebene. Er murmelte »Gute Reise«, als er sah, wie sich immer stärkere alliierte Truppenmassen aus dem Gebirge heraus entfalteten.

Nach Einbruch der Dunkelheit brachen seine Regimenter aus der Stellung bei Schweidnitz auf, in der sie von österreichischen Kavalleriepatrouillen am Tage gesichtet worden waren. Der nächtliche Anmarsch auf Striegau war ein taktisches Bravourstück: Vor Schweidnitz blieben die Lagerfeuer brennen, um die österreichischen Spähtrupps zu täuschen. Hin und her laufende Troßknechte versorgten die Flammen mit Nahrung. Bei den abmarschierenden Preußen aber hieß es im Flüsterton »Maul halten!« – »Tabakpfeifen aus!« – »Pferdehufe umwickeln!« In gespenstischer Stille bewegte sich die Armee nach Striegau, und obwohl die Grenadiere und Musketiere manchmal knietief durch Bäche und Teiche waten mußten, ging alles glatt: kein Laut verriet den Anmarsch, die Österreicher und Sachsen ruhten in tiefem Schlaf, die preußische Armee aber stand kurz nach Mitternacht Gewehr bei Fuß westlich Striegau, mit 50 000 gegen 65 000 Mann.

In den frühen Morgenstunden griff der preußische rechte Flügel die 15 000 Sachsen an, die das linke Drittel der halbkreisförmigen Stellung der Alliierten einnahmen. Die Sachsen, völlig überrascht, wehrten sich heldenhaft. (Immer, wenn die Preußen im Zweiten und im Dritten Schlesischen Krieg, dem sogenannten Siebenjährigen, auf Gegner trafen, waren es die Sachsen, die ihnen die meisten Schwierigkeiten machten und die ihnen an Tapferkeit als einzige ebenbürtig waren.) Die sächsische Kavallerie ging aus dem Stand zum Gegenangriff über. Die preußische Reiterei warf sie zurück. Das Infanterieregiment Alt-Anhalt avancierte mit geschultertem Gewehr, ohne das Abwehrfeuer der Sachsen zu beachten. Bereits um sieben Uhr morgens war der linke, der sächsische Flügel der Alliierten vom preußischen Bajonett- und Kavallerieangriff völlig zersprengt; dreitausend Sachsen lagen tot oder verwundet auf dem Schlachtfeld.

Dieser vorgezogene Angriff auf einen Teil der feindlichen Armee war eine operative Meisterleistung Friedrichs. Überraschung und Begrenzung hatten die Schlachtanlage förmlich umgekehrt: Es waren nicht mehr die Preußen, die in eine halbmondförmige Aufstellung hineinstürmten, sondern das österreichische Gros von 40 000 Mann wurde von rechts her ausflankiert! Dennoch hielten sich die österreichischen Grenadiere zwischen den Dörfern Thomaswaldau und Günthersdorf brillant, leisteten den wiederholt anstürmenden preußischen Regimentern zähen Widerstand. Es war die preußische Kavallerie, die den Tag für Friedrich entschied. Der Generalmajor Hans Joachim von Ziethen umging mit seinen leichten Husarenregimentern den linken österreichischen Armeeflügel bei Hohenfriedberg, warf die österreichische Kavallerie über den Haufen und bedrohte den Rücken des Gegners. Schließlich brach das preußische Dragonerregiment Ansbach-Bayreuth in rasender Karriere, mit hoch geschwungenen Säbeln in das österreichische Zentrum ein, überritt zwanzig feindliche Bataillone und machte allein viertausend Gefangene. Es war die erfolgreichste Kavallerieattacke der Geschichte. Für die feindliche Armee gab es kein Halten mehr; sie wälzte sich auf die Gebirgspässe zurück.

Hohenfriedberg war der größte Sieg, den die brandenburgisch-preußische Armee bis dahin errungen hatte, und er war – neben der Tapferkeit der Truppe – vor allem Friedrichs Feldherrntalent, seinem durchdringenden Blick für die Geländeausnutzung zu danken. Bei Mollwitz war er

Gefangener vor einem Befehlshaber
Kupferstich von G. F. Schmidt, 1760

geflohen, bei Chotusitz hatte er erst im zweiten Teil der Schlacht eingegriffen. Jetzt, vom Tage von Hohenfriedberg an, verbreitete sich sein Feldherrnruhm über die Welt.

Die Preußen verloren 900 Gefallene und 3600 Verwundete; knapp ein Zehntel ihrer Armee. Österreicher und Sachsen hatten 13 000 Mann an Toten und Verwundeten zu beklagen; dazu kam ein Verlust von 7000 Gefangenen. Fast ein Drittel ihrer Streitkräfte war dahin. Die Preußen eroberten sechsundsiebzig Fahnen, sieben Standarten und über sechzig Kanonen. Am schmerzlichsten für die Alliierten war, daß mehr als zweihundert kriegserfahrene Offiziere in preußische Gefangenschaft geraten waren, darunter vier Generäle. Einer von ihnen war der Kommandierende der österreichischen Kavallerie, der tapfere General Graf Berlichingen. Er wütete darüber, daß ihn ausgerechnet Ziethens Husaren erwischt hatten, und rief: »Von solchem Pack muß ich mich gefangennehmen lassen? Von den lumpigen preußischen Husaren, die bei Mollwitz durch die Lappen gingen, als sie den ersten Ungarn sahen?« Obwohl er verwarnt wurde, setzte er seine Beschimpfungen der preußischen Reiterei so lange fort, bis ihm ein Ziethenhusar ein paar Ohrfeigen verabreichte. Der General verlor seinen Dreispitz, dann seine Perücke und fiel schließlich selbst zu Boden. Als er sich später bei Friedrich beschwerte, lachte der: »Sie sehen, Graf, mit meinen Husaren ist nicht zu spaßen.«

Die niederschlesische Landbevölkerung, die den Donner der Schlacht bei Hohenfriedberg hörte, betete auf den Knien für den Sieg des preußischen Heeres. Zwei Tage später umringten zweitausend bewaffnete Bauern den König und baten ihn um die Erlaubnis, alle Katholiken im Lande totschlagen zu dürfen. »Die Bibel gebietet uns«, lächelte Friedrich sie an, »unsere Feinde zu lieben und die zu segnen, die uns fluchen.« Das überzeugte sie, und sie gingen friedlich nach Hause.

Nach Breslau kam die Kunde von Friedrichs Sieg durch sechzehn blasende Postillone, die unter Trompetengeschmetter in die Straßen der schlesischen Hauptstadt einritten. Die protestantische und jüdische Bevölkerung Breslaus war außer sich vor Freude, während die Katholiken die Köpfe hängen ließen. Einige Tage später wurden die eroberten sechsundsiebzig Fahnen und sieben Standarten eingebracht. Alle Straßen, durch die der Zug sich bewegte, quollen über von jubelnden Massen. Auf einer der Fahnen stand, in Silber gestickt, Maria Theresias Namenszug. Ein katholischer Bürger trat heran, küßte wehmütig das blutdurchtränkte Seidentuch und ging still davon.

»Diese Sache war die beste, die ich je gesehen habe«, schrieb Friedrich am Abend der Schlacht an den Alten Dessauer. Und in seinen Generalprinzipien vom Kriege urteilte er drei Jahre später, 1748, über die preußische Armee von Hohenfriedberg: »Ich habe Offiziere gesehen, die lieber starben als wichen; ich habe Soldaten beobachtet, die in ihrer Mitte keinen mehr dulden wollten, der Schwäche zeigte; ich habe Offiziere und Soldaten gesehen, die sich – schwer verwundet – weigerten, ihren Platz zu verlassen. Mit solchen Truppen könnte man die ganze Welt bändigen, wären die Siege uns selbst nicht ebenso verhängnisvoll wie unseren Feinden.«

So stolz Friedrich auf seine Soldaten war, er sah keinen Grund, zu triumphieren und wieder übermütig zu werden. »Ich setze den Krieg nur fort, um mir den Frieden zu sichern«, sagte er zu Podewils, als er einen kurzen Abstecher nach Breslau machte. Und an seinen alten Lehrer Duhan schrieb er am 14. Juni: »Sie sind Philosoph, und Sie wünschen mir Glück zu einer gewonnenen Schlacht? Daran erkenne ich Sie gar nicht. Viele Menschen, die hundertmal größer sind als ich, haben größere und vollständigere Siege errungen. Flüchtiges Glück darf einen Menschen nicht stolz machen.«

Das österreichisch-sächsische Heer, das über das Gebirge nach Ostböhmen geflüchtet war, bezog ein festes Lager im Raum Pardubitz. Es war noch 40 000 Mann stark; fünftausend Soldaten waren auf dem Rückzug desertiert. Friedrich setzte einen Teil seiner Armee zum Alten Dessauer in Marsch, der mit einem Truppenkontingent bei Magdeburg und Dessau stand, um Sachsen im Auge zu behalten. Unmittelbar nach Hohenfriedberg hatte der Preußenkönig die diplomatischen Beziehungen zum Dresdner Hof abgebrochen, mit der Feststellung, wenn die Sachsen schon auf Österreichs Seite kämpften, so sei es doch eine durch nichts gerechtfertigte

Provokation und Aggression gewesen, in sein Land Schlesien einzufallen. Er forderte den Dessauer auf, an der sächsischen Grenze Stärke zu demonstrieren, und zog selbst mit der Hälfte seiner Armee den Österreichern nach.

Die befestigte Stellung der Alliierten bei Pardubitz war unangreifbar. Friedrich hatte aus seinen Fehlern des vergangenen Jahres gelernt: Er versagte sich weiträumige Operationen im böhmischen Raum und bezog mit seiner kleinen Armee ein Beobachtungslager bei Chlumetz, in nächster Nähe des Feindes. Er zügelte sein ungeduldiges Temperament, verharrte unbeweglich in der Defensive. Beide Armeen standen sich so ein Vierteljahr Gewehr bei Fuß gegenüber; nur die leichten Reiterschwärme beider Seiten lieferten sich hin und wieder Scharmützel. Die Preußen hatten das schlechtere Los. Die katholische Bevölkerung war ihnen feindlich gesinnt, und so war an eine Verpflegung aus dem Lande nicht zu denken. Alle fünf Tage rollte ein großer Nachschubtransport aus dem Heeresmagazin Schweidnitz heran, der von Ziethens Husaren gegen die ungarische Kavallerie des Generals Nadasdy verteidigt werden mußte. »Wir schlagen uns nicht übel um Heu und Lorbeeren«, schrieb ein preußischer Offizier nach Hause. Die österreichische Heerführung spekulierte darauf, daß es den Preußen wie im vergangenen Jahr gehen würde, daß sie eines Tages von allein – infolge anhaltender Verpflegungsschwierigkeiten – nach Schlesien abziehen müßten.

In diesen drei Monaten militärischer Untätigkeit und politischer Ungewißheit verlor Friedrich seine beiden besten Freunde. Am 24. Mai war Jordan gestorben, aber der König hatte davon erst nach der Schlacht bei Hohenfriedberg erfahren. Er nahm die Nachricht auf, als ob die Sonne in seinem Leben erloschen sei. An Maupertuis schrieb er: »Ich habe Ihren Brief, der mir Ihre baldige Abreise von Paris nach Berlin ankündigt, erhalten. Diese Mitteilung war mir ein Trost, dessen ich dringend bedurfte angesichts des Verlustes, den ich durch den Tod meines armen Freundes Jordan erlitten habe. Dieser Tod ist für mich ein furchtbarer Schlag.«

Am 13. August starb Keyserlingk. Podewils übermittelte die Nachricht dem König, der am 22. August antwortete: »Ich bin mehr tot als lebendig seit dem Eingang Ihrer Todesanzeige. In drei Monaten verliere ich meine beiden besten Freunde, die Männer, die mir von allen, die ich kenne, am meisten zugetan waren. Nun bin ich fremd in Berlin, ohne Verbindungen, Bekannte und wahre Freunde. Ich gestehe Ihnen, daß dieser Schlag mich niederschmettert, daß mir die Kraft fehlt, ihm zu widerstehen.« Wenige Tage später wandte er sich an Frau von Camas, die Oberhofmeisterin der Königinmutter Sophie Dorothea. Friedrich hatte die mütterliche Frau seit seinen Kindertagen ins Herz geschlossen und schrieb ihr nun: »Das letzte Mal, als ich Ihnen schrieb, war meine Seele recht ruhig. Ich sah das Unglück nicht voraus, das mich niederwerfen sollte. Ich habe in weniger als drei Monaten meine beiden treuesten Freunde verloren . . .« Er betrachtete die Miniaturbildnisse von Jordan und Keyserlingk, die auf seinem Tisch standen, und weinte. Schließlich fügte er hinzu: »Ich werde mich bei meiner Rückkehr nach Berlin fast einsam in der eigenen Heimat fühlen.« Als einer seiner Generaladjutanten ins Zelt trat, blickte er auf und sagte: »Wir gewinnen Schlachten und erobern Städte, aber Jordan und Keyserlingk wecken wir nicht auf. Ohne sie ist mir das Leben ein Jammertal.«

Die Totenklage des Königs um Jordan und Keyserlingk offenbarte die zweite, die eigentliche und wahre Natur eines Mannes, der sich nach außen gern zynisch, hochfahrend und distanziert gab. Gewiß, der Hochmut, der durch nichts zu brechende Stolz, gegen den schon der Vater so schrecklich gewütet hatte, das Erbe seiner arroganten welfischen Mutter, war ein untrennbarer Bestandteil seines Wesens, seiner Charakterstruktur. Und niemals, bis zu seinem letzten Tage, würde Friedrich ihn preisgeben. Doch hinter dieser stahlglänzenden Fassade verbarg sich ein höchst empfindsames, leicht erregbares Gefühlsleben. Das Herz dieses jungen Mannes gierte nach Freundschaft, Liebe, Zärtlichkeit, nach dem also, was ihm in seiner Kindheit und Jugend so wenig zuteil geworden war. Sein ständig waches Mißtrauen, das ihm seit den Konflikten mit dem Vater eingeimpft war, bewog ihn, sein Inneres vor der Welt zu verschließen. Öffnete er es jedoch einem Menschen, dann klammerte er sich geradezu verzweifelt an diese Freundschaft. Zerriß der Tod solche Bindungen, so wurde er bis in die Grundfesten erschüttert. Er durchlitt furchtbare Weinkrämpfe, sein Nervensystem verkrampfte sich fast bis zum Kollaps, und in der hochempfindsamen, sentimentalischen Sprache seiner Zeit ergoß sich der Strom seiner endlosen Klagen.

Der unerwartete Tod der beiden Freunde – denn sowohl Jordan als auch Keyserlingk waren ja noch nicht alt gewesen – befestigte in dem dreiunddreißigjährigen König die Auffassung, daß er noch zehn, höchstens fünfzehn Jahre zu leben habe. In diesen düsteren Monaten reifte er sichtlich. Am 24. September griff er zur Feder und schrieb einen für seinen Seelenzustand bezeichnenden Brief an Duhan: »Bedenken Sie nur, wie unglücklich ich bin, da ich beinahe zur gleichen Zeit meinen guten Jordan und meinen lieben Keyserlingk verloren habe. Sie waren meine Familie, und jetzt fühle ich mich verwaist.« Friedrich lehnte sich zurück, überflog noch einmal Duhans letzten Brief und fuhr fort: »Ich weiß sehr gut, wieviel ich von den Artigkeiten annehmen darf, die Sie mir geschrieben haben. Fürchten Sie nicht, daß mich das eitel machen wird. Nur der Tod entscheidet über den Ruf der Staatsmänner. Und da ich wahrscheinlich nicht Zeuge sein werde von dem, was man am nächsten Morgen, wenn ich meinen letzten Seufzer ausgehaucht habe, über mich sagen wird, so begnüge ich mich damit, meine Pflicht zu tun und mich sehr wenig um das Urteil des Publikums zu kümmern, das in demselben Augenblick wechselt und das tadelt, was es eben noch angebetet hat.«

Politik und Diplomatie ruhten auch in den drei Monaten des militärischen Abwartens nicht. Die Hauptbewegung ging von England aus. Das britische Parlament zeigte wenig Lust, endlos weiter an Österreich, an Sachsen, an Sardinien Subsidien zu zahlen, ohne daß die geringsten Erfolge sichtbar wurden. Warum und zu welchem Zweck hatte denn England die Quadrupelallianz auf die Beine gestellt? In erster Linie natürlich, um seinen Hauptkonkurrenten, Frankreich, niederzuringen. Der Preußenkönig war nur insofern von Bedeutung gewesen, als man durch seinen Sturz Versailles treffen konnte. Aber was war geschehen? Friedrich hatte die österreichisch-sächsische Übermacht geschlagen, und die Franzosen – der Bedrohung durch Karl von Lothringen enthoben – hatten die Gelegenheit benutzt, mit versammelten Kräften die Briten bei Fontenay zu besiegen, die Städte Brügge und Gent und große Teile Flanderns zu besetzen. Das traf die Briten am Nerv. Was ging sie letztlich Schlesien an? War es nicht besser, auf Maria Theresia Druck auszuüben, sich mit Friedrich zu verständigen, um dann – des Zweifrontenkrieges ledig – die Spitze des Schwertes auf Frankreichs Brust richten zu können?

So eilten die britischen Diplomaten im Juli und August geschäftig hin und her. Ihr Vorschlag lautete, dem preußischen König das zu garantieren, was er im Breslauer Frieden bekommen hatte, also Schlesien; und zwar unter der einzigen Bedingung, daß er sich vertraglich verpflichtete, dem Manne Maria Theresias bei der anstehenden Kaiserwahl seine Stimme zu geben. Friedrich war damit einverstanden. Im Grunde hatte ihn ja die Kaiserfrage nie besonders interessiert, und seit dem Tode Karls VII. war er sich allmählich darüber klargeworden, daß er auf Dauer nicht in der Lage war, den Herzenswunsch Maria Theresias nach der Kaiserkrone zu durchkreuzen. Bekam er eine internationale Garantie für seinen Besitzstand in Schlesien, so war er ohne weiteres bereit, seine Kurstimme dem Haus Habsburg zu geben. Ende August war er sich darüber mit London einig.

Aber nun machten die Briten ihre Erfahrungen mit dem unbeugsamen Stolz der Königin von Ungarn. Maria Theresia war nicht bereit, noch einmal vertraglich auf Schlesien Verzicht zu leisten. »Eher will ich meinen Unterrock verlieren als Schlesien«, erklärte sie aufgebracht. Der Sieg von Hohenfriedberg hatte kaum Eindruck auf sie gemacht. Wie lange würde sich »der böse Mann« aus Berlin schon in Böhmen halten können? Hatte er nicht auch im vorigen Jahr klein beigeben müssen? Sie zog ihren wankelmütigen Beratern und Generälen Korsettstangen in die Seele. Als der britische Gesandte in Wien, Mr. Robinson, sie bestürmte, nun endlich Kompromisse zu schließen und mit Berlin zum Vertrag zu kommen, rief sie aus: »Wenn ich wüßte, daß ich morgen mit dem preußischen König Frieden schließen müßte, würde ich ihm doch noch heute abend eine

Schlacht liefern!« Was für ein Verhängnis, daß Friedrich in seinem Leben auf zwei gleich große, unerschütterliche Gegenspieler traf: den Soldatenkönig und Maria Theresia! Auf Kompromißbereitschaft der Königin von Ungarn durften weder er noch die Engländer hoffen.

Am 13. September 1745 erfolgte die Kaiserwahl Franz von Lothringens – gegen die Stimmen Preußens und der Pfalz –, und kurz darauf fand die feierliche Krönung in Frankfurt am Main statt. Maria Theresia kam persönlich zu ihrem höchsten Glückstag, und ihr natürlicher Charme bezauberte die ganze Stadt. Noch viele Jahre später schwärmte die Frau Rat Goethe ihrem Sohn Wolfgang vor, wie der gekrönte Kaiser durch die festlich geschmückten Straßen geschritten sei und lächelnd zu seiner Frau hochgeschaut habe, die von einer Balustrade aus stolz auf ihn herabblickte, ein über das andere Mal »Vivat« rief, ihm Handküßchen zuwarf und fröhlich in die Hände klatschte.

Ende September mußte sich Friedrich II. zum Rückmarsch nach Schlesien entschließen. Die Nachschubprobleme der preußischen Armee waren immer drängender geworden. Maria Theresia hatte mit ihren Durchhalteparolen ganz offensichtlich recht behalten. Das österreichisch-sächsische Heer folgte den Preußen dicht auf dem Fuße. In der Nacht zum 30. September besetzte es eine Hügelstellung bei Soor, die das Lager der Preußen überhöhte, ja beherrschte. Die Verbündeten marschierten mit 40 000 Mann auf und blickten über eine Schlucht hinweg auf die Zelte der preußischen Armee, die nur 22 500 Mann stark war. Fürst Lobkowitz, einer der österreichischen Generäle, sah auf die Preußen verächtlich herab. Er drehte sich zu Prinz Karl um und meinte, »daß solches Tröppel Menschen in einer Stunde wie in einem Schnupftuch genommen sein müßte«. Prinz Karl zog die Stirn kraus und empfahl ihm dringend, »die Zipfel von seinem Schnupftuch fest zuzuhalten, daß ihm nicht einer oder gar mehrere davonkämen«. Er, Lobkowitz, habe die Preußen noch nicht kennengelernt.

Friedrich hätte eine Schlacht in dem ungünstigen Gelände von Soor gern gemieden, sah aber, daß ihm die Alliierten schon zu dicht auf den Hals gekommen waren. Beim Abmarsch seines kleinen Heeres mußte er mit einem Überfall rechnen, dem seine Truppen – in Marschkolonne – nicht gewachsen sein würden. Selber zum Angriff zu schreiten bedeutete, vom Tal her gegen eine fast doppelte Übermacht anzurennen, die zudem wohlgeordnet auf beachtlichen Höhenlinien stand. So kam also alles auf einen ausgeklügelten Aufmarsch an. Es galt, möglichst unbemerkt einen Schwerpunkt an Kavallerie und Infanterie zu bilden, um einen Teil der feindlichen Front überwältigen zu können. Eine halbe Stunde lang dauerte es, bis sich die Bataillone und Schwadronen in die gewünschte Stellung schoben. Die österreichische Artillerie veranstaltete Scheibenschießen nach den aufmarschierenden Preußen. Friedrich verlor sein Pferd »Annemarie«, dem eine österreichische Granate den Kopf abriß. Viel schlimmer war, daß das feindliche Artilleriefeuer ganze Gruppen von Infanteristen niedermähte. Endlich war es soweit: Der König hatte seine Armee in breiter Front aufmarschieren lassen, und der Feind mußte den Eindruck haben, daß er überall – auf beiden Flügeln und im Zentrum – gleich stark war. In Wahrheit jedoch hatte Friedrich auf seinem rechten Flügel – von Hügeln verdeckt – eine beachtliche Massierung an Kavallerie und Infanterie vollzogen. Friedrich schob sein Perspektiv zusammen, mit dem er noch einmal die feindliche Aufstellung gemustert hatte. Es konnte losgehen, und die Preußen würden – wie bei Hohenfriedberg – die Schlacht in zwei Takten schlagen, mit dem Präludium auf dem rechten Flügel.

Die Schlacht bei Soor, am 30. September 1745, war kriegsgeschichtlich gesehen ein Unikum. Alles daran war verkehrt: die Verbündeten waren um das Doppelte überlegen, und die Preußen griffen an; die Österreicher und Sachsen standen auf den Höhen, und die preußischen Linien mußten bergan keuchen; das Gelände war eigentlich nur für Infanterie ideal, aber Friedrich setzte auf den Schock massierter Kavallerieangriffe. Auf seinen Befehl hin stürzte sich Feldmarschall von Buddenbrock plötzlich mit fünfundzwanzig preußischen Schwadronen am rechten Flügel auf fünfzig feindliche Schwadronen. Die preußischen Reiter mußten die Hügel hinauf attackieren; an der Spitze die Eliteregimenter Gensdarmes, Gardeducorps und die Breslauer Kürassiere. Die österreichische Kavallerie fand es zu mühsam, ihnen bergab entgegenzureiten, blieb stehen und empfing den heranstürmenden Feind mit Karabinerfeuer. Das war ein Fehler. Karabiner trafen ohnehin nur auf kürzeste Entfernung. Aber vor allem, auch hier galt die Devise: Wer zuerst attackierte, hatte psychologisch schon gewonnen. Und so ging es im Handumdrehen: das erste und zweite österreichische Reitertreffen wurden geworfen, das dritte mit in die Flucht gerissen. Unmittelbar neben der Kavallerie stürmten sechs preußische Bataillone, Gewehr über, die Berge hinauf. Sie kamen nicht durch und mußten zurück. Die Österreicher setzten unter Vivatrufen auf Maria Theresia nach und liefen in die geschlossenen Pelotonsalven des zweiten preußischen Infanterietreffens, das auf fünfundsiebzig Meter Entfernung feuerte. Die österreichische Infanterie machte fluchtartig kehrt, und damit war der rechte Flügel der Verbündeten über den Haufen geworfen.

Im Zentrum hielten sich Sachsen und Österreicher glänzend. Auch hier griffen die Preußen an, konnten aber nicht reüssieren. Doch was nützte das? Nur was auf dem rechten Flügel geschah, zählte. Und als sich zwei Kürassierregimenter des siegreichen rechten preußischen Flügels flankierend auf das österreichische Zentrum warfen, da war die Schlacht bei Soor entschieden. Prinz Karl mußte mit seiner zerzausten Armee den Rückzug antreten. Friedrich wollte den überraschenden Sieg zur Verfolgung nützen. Er jagte zur siegreichen Reiterei seines rechten Flügels und schrie:

»Marsch, vorwärts, drauf!« Aber niemand hörte auf ihn; er schrieb später selbst darüber: »Ich wurde mit Vivat Victoria! und unaufhörlichen Rufen empfangen. Ich rief immer ›Marsch‹, aber niemand wollte marschieren. Ich ärgerte mich, ich schlug, ich schimpfte – und ich denke, ich verstehe zu schimpfen, wenn ich wütend bin –; aber ich konnte diese Kavallerie keinen Schritt vorwärts bringen. Sie war trunken vor Freude und hörte mich nicht.« (Fügen wir der Gerechtigkeit halber hinzu, daß seine Reiter mit vollem Recht »trunken« waren und vor Freude alles um sich her vergaßen. Was sie vollbracht hatten, grenzte ans Wunderbare.)

Die preußische Armee hatte 1000 Gefallene, 3000 Verwundete und 500 Vermißte zu verzeichnen. Die Verluste der Verbündeten betrugen 1000 Gefallene, 4000 Verwundete und 3000 Gefangene. Jede der beiden Streitkräfte hatte etwa zwanzig Prozent ihrer jeweiligen Gesamtstärke eingebüßt. »Die Schlacht war schrecklich«, schrieb Friedrich noch am selben Abend an Podewils. Am nächsten Tag erließ er einen Tagesbefehl an seine siegreiche Armee, in dem es hieß: »S. K. M. lassen allen Offiziers und Soldaten für die besondere Bravour, die Treue und den guten Willen danken, so dieselben abermals in dieser Bataille bewiesen haben.« Danach besuchte er die Lazarettzelte, in denen die Verwundeten stöhnten.

Während der Schlacht hatten der österreichische Pandurenoberst Trenck und der Husarengeneral Nadasdy mit mehreren tausend ungarischen Reitern das preußische Lager, im Rücken der kämpfenden Armee, überfallen. Sie erbeuteten Friedrichs gutgefüllte Geldschatulle mit über zehntausend Talern, seine Flöten, seine beiden Windspiele und nahmen seinen Kabinettssekretär Eichel gefangen. Zwei Tage später schrieb der König an seinen Kammerdiener Fredersdorf nach Berlin. Am Schluß des Briefes hieß es: »Meine ganze Equipage ist zum Teufel. Annemarie (das Pferd) ist thod, der Champion und die Biche (die beiden Windspiele) sind auch thod gehauen, Eichel, Müller und Lesser (alle drei aus seiner Kanzlei) sind noch nicht aufgefunden. Wehrstu hier gewesen, ich hätte gewiß nichts verloren. Aber Du kennst den dummen Rietzen (Kammerdiener), der sich gar nicht zu helfen weiß. Und ich hatte so gefährliche Umstände auf dem Hals, daß ich ohnmöglich daran denken konnte. Sei Du nur geruhig; helffe der Himmel weiter. Gott bewahre Dir.« Da Fredersdorf nicht Französisch verstand, mußte der König ihm deutsch schreiben. Er tat dies phonetisch, nach dem Gehör, ohne im geringsten auf Rechtschreibung und Grammatik Rücksicht zu nehmen. Am 9. Oktober schickte er noch einen Zettel an Fredersdorf: »Es hat bei Soor schärfer gegangen als niemalen, und ich bin in der Suppe gewest bis über die Ohren. Sistu wohl, mir tut keine Kugel was! Mache doch meine Sachen alle in Berlin, wie ich sie haben will, und werde bald gesund. Gott bewahre Dir.«

Wenn Friedrich gehofft hatte, bei seinen Feinden durch den Sieg bei Soor den Wunsch nach Frieden zu wecken, so sah er sich bald bitter enttäuscht. Es war wie nach Hohenfriedberg: Maria Theresia zeigte sich gänzlich unbeeindruckt. Im Gegenteil, sie sah die konkrete Chance, in den nächsten drei Monaten, bis zum Ende des Jahres 1745, den preußischen König doch noch zu Boden schlagen zu können. Dieser Optimismus gründete nicht nur in ihrer seelischen Standfestigkeit, sondern beruhte darüber hinaus auf einer sorgfältigen Analyse der politischen Lage. Gewiß, England drängte zum Frieden mit Preußen; und natürlich konnte man die Briten nicht offen vor den Kopf stoßen. Aber man fühlte sich in Wien durchaus in der Lage, ihre Demarchen hinhaltend zu behandeln. Sachsen dagegen stand treu und fest zum Bündnis mit Österreich, und Rußland – das war der entscheidende Punkt – näherte sich immer mehr der österreichischen Politik an, ja, es zeigte deutliches Interesse, sich in die deutschen Angelegenheiten direkt einzumischen. Was der österreichischen Politik völlig entging, war die epochemachende, geradezu umwälzende Tatsache, daß von dieser Zeit, 1745, an das russische Riesenreich aktiv an die Stelle der früheren polnischen Großmacht trat und zielstrebig damit begann, sein erdrückendes Gewicht in die Waagschale der deutschen und europäischen Politik zu werfen. Insofern markierte das Jahr 1745 einen der tiefsten Einschnitte in die Geschichte des Abendlandes! Niemand – außer Friedrich – bemerkte diese dramatische Veränderung des europäischen Kräftegewichts.

Der Preußenkönig hatte am 11. Oktober nach Berlin geschrieben, von seiner Ruhmbegierde sei er gründlich geheilt. Er gab der Hoffnung Ausdruck, Österreich habe »sein letztes Gift verspritzt«, es werde sich nun nicht länger den Londoner Friedensbemühungen verschließen. Er begab sich in der Erwartung nach Berlin, bald in Friedensverhandlungen eintreten zu können. Am 28. Oktober stellte er bestürzt fest, daß sich im Staatsschatz nur noch 2300 Taler befanden. Er befahl, den berühmten Silbernen Chor und alles Silbergerät des Berliner Schlosses nachts heimlich in die Münze zu schaffen. Er stand unmittelbar vor dem Bankrott.

Anfang November wurde ihm klar, daß der Krieg weitergehen würde, daß seine Intimfeindin, Maria Theresia, mitnichten an einen Ausgleich dachte. Friedrich war niedergeschmettert. »Das heißt nicht leben!« klagte er seinem Minister Podewils. »Lieber jeden Tag tausendmal sterben als sein Leben in solcher Unruhe, in solcher Dauerkrisis verbringen zu müssen.« Inzwischen hatte Zarin Elisabeth eingegriffen und gegenüber Wien und Dresden ein Machtwort gesprochen. Sie verkündete, sie habe nichts gegen eine Wiedereroberung Schlesiens einzuwenden, und die Unverletzlichkeit Sachsens würde ihrerseits garantiert; aber ein Vorgehen gegen die altpreußischen Staatsgebiete, gegen die Mark Brandenburg, läge nicht im russischen Interesse. Mit einem Schlage war klar, daß Rußland ein Mitspracherecht für den deutschen Raum ostwärts der Elbe in Anspruch nahm. Die Höfe zu Wien und Dresden kuschten sofort. Sie beschlossen, nicht – wie ursprünglich geplant – ihren militärischen Stoß von Süden und Westen auf Berlin zu richten, sondern sich damit zu begnügen, die Lausitz zu besetzen, um so Schlesien von der Mark Brandenburg zu trennen.

Die Zarin wandte sich auch, durch ihren Gesandten, in gebieterischem Ton an Friedrich. Sie ließ ihm erklären, eine preußische Offensive gegen die sächsische Armee und einen Stoß auf Dresden würde Rußland als Provokation betrachten. Das war genau die falsche Sprache, um mit Friedrich zu verhandeln. Er fürchtete nichts mehr als das Eingreifen der russischen Riesenmacht; gewiß. Kam man ihm aber mit Drohungen, dann gab er seinen Attentismus, seine Politik des Abwartens, preis und entschloß sich zur Selbstinitiative. Er konnte nicht anders; so war seine Natur. Bevor ihm andere über den Hals kamen, wollte er ihnen lieber selbst zuvorkommen. Dennoch überlegte er angestrengt, wie er Rußland gegenüber den Schein des Angegriffenen wahren könne.

Am 18. November war Friedrich wieder bei seiner Armee. Er rückte bis zum Flüßchen Bober, an die sächsische Grenze, vor, enthielt sich aber aller weiteren Unternehmungen. Er betrieb sein Spiel mit äußerster Behutsamkeit und Delikatesse, lag mit seiner Armee auf der Lauer und wartete ab, ob die Österreicher tatsächlich in die Lausitz einfallen würden. Am 22. November erhielt er die Nachricht, daß die österreichische Armee die Oberlausitz betreten habe. Damit hatte der Feind ihm einen »Liebesdienst« erwiesen und sich selbst ins Unrecht gesetzt. Schon am nächsten Tag griff er überraschend ein sächsisches Korps beim Dorf Katholisch-Hennersdorf an. Der Kampf dauerte zwei Stunden, dann waren die Sachsen aus dem Dorf vertrieben. Sie ließen 1000 Gefangene in den Händen der Preußen zurück, die einen Verlust von dreißig Gefallenen und sechzig Verwundeten zu verzeichnen hatten.

Dieser blitzschnelle Schlag raubte der feindlichen Heerführung den Atem, nahm ihr die operative Initiative. Prinz Karl resignierte und zog sich mit seiner Armee aus der Lausitz nach Böhmen zurück. Dort verlor er kostbare Tage mit Hin- und Hermärschen. Friedrich seinerseits trieb den Alten Dessauer an und bombardierte ihn mit Drohbriefen, nun sogleich mit seiner Armee energisch die Sachsen anzupacken und stracks auf die Hauptstadt Dresden vorzugehen. Der alte Feldherr scheute wie ein Pferd vor der Hürde. Langsam und umständlich rückte er gegen Dresden, während Prinz Karl sich von Süden her ebenfalls der sächsischen Metropole näherte. Doch es reichte gerade noch. Als Fürst Leopold am 15. Dezember bei Kesselsdorf auf die sächsische Armee stieß, stand Prinz Karl mit seinen österreichischen Streitkräften nur noch zwei Meilen entfernt, bei Zehista.

Der Alte Dessauer hätte die Sachsen, aus dem Anmarsch heraus, in der linken Flanke packen und aufrollen können. Aber er dachte gar nicht daran; vom Operieren verstand er nichts. Ganz methodisch marschierte er mit seinen 30 000 Preußen in einer einzigen langen Linie zum Frontalangriff gegen 30 000 Sachsen unter dem Befehl des Generals Graf Rutowski auf. Als alles exakt auf der befohlenen Position stand, faltete der Alte Dessauer die Hände, sprach ein kurzes Stoßgebet und befahl seinen Truppen: »In Jesu Namen, Marsch!«

Die Schlacht bei Kesselsdorf verlief nach antiquierten Gesetzen; ähnlich wie die bei Mollwitz. Noch einmal triumphierten Drill und Exaktheit des Soldatenkönigs. Die preußischen Bataillone marschierten, wie mit dem Lineal ausgerichtet, über den knirschenden Schnee gegen die feuerspeienden, überhöhten Linien der Sachsen an. Alle hundert Schritt machten sie halt, gaben geschlossene Pelotonsalven ab, schulterten das Gewehr und marschierten wieder vorwärts. Die Sachsen machten ihnen das Vorgehen zur Hölle. Der Alte Dessauer stürzte sich persönlich in das Kampfgetümmel und hieb, unterstützt von einem Dragonerregiment, die Sachsen reihenweise nieder. Sein jüngster Sohn, Prinz Moritz, ließ sich von seinen Grenadieren auf den Schultern durch den vereisten Zschonengrund tragen und schrie immer wieder: »Es geht, es geht!« Und es ging tatsächlich. In kleinen Trupps von dreißig oder fünfzig Mann kletterten und schlitterten die Preußen die eisglatten Anhänge hinauf, auf denen die Sachsen standen, gaben eine Salve ab und stürzten sich mit dem blanken Bajonett in den Feind.

Um fünf Uhr nachmittags, als die Sonne unterging, war alles vorbei. Die Preußen hatten die gesamte sächsische Stellung genommen, und Rutowski zog sich mit seinen schwer angeschlagenen Truppen auf die böhmische Grenze zurück. Die preußischen Verluste an Toten und Verwundeten betrugen 4800 Mann. Die Sachsen hatten 3600 Gefallene und Verwundete zu verzeichnen; 6500 Mann fielen den Preußen als Gefangene in die Hände. Am nächsten Tag traf Friedrich auf dem Schlachtfeld ein, ging entblößten Hauptes auf den Alten Dessauer zu und umarmte ihn im Angesicht seiner Truppen. Am selben Abend schrieb er an Fredersdorf: »Du wirst wissen wollen, was hier passiert ist. Wihr haben gestern bei Kesselsdorf vielle Leutte verlohren. Aber die säcksische Armee ist fast gänzlich zu Grunde gerichtet. Morgen kommen wihr nach Dresden ... Mihr jammern die Tohten und die Blessierten unendlich! Aber es ist doch besser, es sieht bei Dresden so aus als bei Berlin.«

Am 18. Dezember marschierten die Preußen in Dresden ein. Sie wurden von der Einwohnerschaft mit Jubel empfangen. Die sächsischen Mädchen hakten sich bei den blumengeschmückten preußischen Grenadieren unter. Bei diesem erstaunlichen Empfang mag ein kräftiger Schuß Opportunismus im Spiel gewesen sein. Entscheidend war jedoch das religiöse Moment, dessen Bedeutung für die Mitte des 18. Jahrhunderts nicht aus dem Auge gelassen werden darf. Bereits in der sächsischen

Lausitz hatte Friedrich bemerkt, daß dort alles »mehr preußisch als sächsisch« gesinnt war. Und die protestantische Einwohnerschaft von Dresden hatte dem eigenen Fürstenhause nie den Übertritt zum Katholizismus verziehen.

Friedrich tat alles, die Dresdner bei Laune zu halten. Er machte der Familie des Kurfürsten einen Höflichkeitsbesuch, ging in Theater- und Opernaufführungen und ließ die Stadt abends festlich illuminieren. Das alles war ganz nach dem Herzen des fröhlichen Dresdner Völkchens. Und die schlauen Sachsen revanchierten sich denn auch, indem sie die Oper »Arminius« aufführten. Jedermann verstand diese elegante Anspielung auf die Befreiung Deutschlands durch einen Volkshelden.

Am Tage der Kesselsdorfer Schlacht war ein Schreiben des britischen Gesandten am Dresdner Hof bei Friedrich eingetroffen, in dem es hieß, die Stimmung für einen Friedensschluß sei jetzt auch bei Österreichern und Sachsen günstig. Am Abend seines Einzugs in Dresden antwortete der Preußenkönig, er sei jederzeit zu einem Frieden auf der Basis des Status quo ante, also bei Erhaltung seines schlesischen Besitzstandes, bereit. »Will die Kaiserin endlich zum Frieden mit mir kommen, so bin ich einverstanden.« Stelle sie jedoch unzumutbare Bedingungen, »so halte ich mich für berechtigt, meine Ansprüche zu erhöhen«.

Das war eine leere Drohung. Friedrich benötigte den Frieden wie das tägliche Brot. In seinem Staatsschatz befanden sich noch ganze 15 000 Taler. Der Herbst hatte eine Mißernte gebracht, die Getreidepreise stiegen ins Unerschwingliche, in Preußen drohte eine Hungersnot. Nach außen zeigte der junge König die heiterste Laune, stürzte sich häufig in den Trubel der Dresdner Geselligkeit. Innerlich quälten ihn Sorgen. Würde seine Todfeindin in Wien nun endlich zu einem Kompromiß bereit sein? Er hatte große Zweifel und war froh, daß er vor kurzem noch in Versailles um eine größere Subsidienzahlung nachgesucht hatte.

Bei alledem wußte der König nicht einmal, wie sehr der künftige Friede an einem seidenen Faden hing. Seit Oktober waren – unter sächsischer Vermittlung – geheime Kontakte zwischen Frankreich und Österreich im Gange. Friedrich war davon nicht unterrichtet worden. Ein Sondergesandter Maria Theresias, Graf Harrach, konferierte in den Tagen vor der Kesselsdorfer Schlacht mit dem französischen Gesandten am Dresdner Hof. Die Gespräche nahmen einen günstigen Verlauf. Dann traf die Kunde vom preußischen Sieg bei Kesselsdorf in Dresden ein, und sofort schraubte der französische Unterhändler seine Forderungen höher. Zwei Tage später endeten die französisch-österreichischen Verhandlungen ergebnislos. Nun griff der britische Gesandte ein, polemisierte gegen einen Akkord mit Frankreich und brachte Graf Harrach mit Podewils zusammen, der eigens nach Dresden gekommen war. Mit Podewils kam Harrach zügig voran. So hatte Friedrich die Wendung der Dinge letztlich sich selbst, dem Kesselsdorfer Sieg und seiner unüberwindlichen Armee zu verdanken.

Die Franzosen bekamen bald Wind von den Gesprächen zwischen Harrach und Podewils. Jetzt taten sie alles, um noch im letzten Moment querzuschießen. Am 24. Dezember empfing Friedrich seinen Sekretär und Vorleser Darget, der ihm im Auftrag des französischen Botschafters Valory, dessen Sekretär Darget früher gewesen war, einen persönlichen Brief König Ludwigs XV. zu überbringen hatte. Es kam zu einer denkwürdigen Unterredung, über die Darget seinen französischen Auftraggebern ausführlich berichtete:

Darget, der die Weisung hatte, nach Kräften zu schmeicheln, beglückwünschte den König zu seiner glänzenden Lage, von allen Seiten umworben zu sein. Nachdem er, Friedrich, nun der Held Deutschlands geworden sei, liege es doch in seiner Hand, einen allgemeinen Frieden zwischen sämtlichen kriegführenden Mächten zu vermitteln und zum »Pazifikator Europas«, zum Friedensstifter des Kontinents zu werden.

Friedrich nickte: »Das gebe ich Ihnen gern zu, mein lieber Darget. Aber das ist eine zu gefährliche Rolle.« Der König nahm eine Prise aus der Schnupftabakdose und fuhr fort: »Verstehen Sie doch: Ein einziges Mißgeschick kann mich ins Verderben stürzen! Mir steht der Gemütszustand, in dem ich mich bei meiner letzten Abreise aus Berlin befand, noch zu deutlich vor Augen, um mich dergleichen noch einmal auszusetzen. Hätte mich das Glück verlassen, was wäre dann? Eh? Ich wäre ein Monarch ohne Thron, und meine Untertanen sähen sich der grausamsten Unterdrückung ausgesetzt. Nein, mein Lieber, in der Politik heißt es immer: Schach dem König! Das ist nun einmal so. Aber ich, ich will endlich meine Ruhe haben.«

Darget gab so schnell nicht auf. Er stellte dem König mit bewegenden Worten vor Augen, daß Österreich sich niemals damit abfinden würde, ihn im Besitz Schlesiens zu belassen.

Friedrich stand auf und sprach im Auf- und Abgehen: »Nun, die anderen mögen tun oder lassen, was sie wollen. Die Zukunft«, er zuckte die Schultern, »sie steht nicht in menschlicher Macht. Was ich erobert habe, habe ich. Und die Österreicher? Sie haben Angst vor meiner Armee, und«, fügte er lächelnd hinzu, »sie fürchten mein Glück! Ich glaube, ich kann sicher sein, daß sie mich während der zwölf Lebensjahre, auf die ich etwa noch rechne, in Ruhe lassen werden.« Er blieb an der Fensterfront stehen und wandte sich plötzlich um: »Mein Gott, soll ich denn niemals mein Leben genießen? Und liegt nicht darin mehr Größe, für das Glück seiner Untertanen als für die Ruhe Europas zu sorgen?!« Der König kam zurück und stellte sich dicht vor Darget: »Glauben Sie mir: Künftig greife ich keine Katze mehr an, außer um mich selbst zu verteidigen!« Er schwieg eine Weile, die Hände auf dem Rücken und auf den Fußspitzen wippend.

Dann sagte er: »Ich wiederhole Ihnen, Darget: Ich weiß zu gut, in welchem Zustand ich gewesen bin! Jetzt würde ich mich nicht mehr rühren, selbst wenn ich den Prinzen Karl vor den Toren von Paris sähe . . .«

Darget warf schnell ein: »Und uns, die Franzosen, würden Majestät mit derselben Gleichgültigkeit vor den Toren von Wien sehen?«

Friedrich sah ihn an: »Das schwöre ich Ihnen!« Sein Blick ging über Darget hinweg zum Fenster: »Was sind wir armen Menschenkinder, daß wir Projekte schmieden, die so viel Blut kosten?! Nein, wir wollen leben und leben lassen . . .«

Einen Tag später, am 25. Dezember 1745, kam es zum Dresdner Frieden zwischen Preußen, Österreich und Sachsen. (Am folgenden Tag traf ein staubbedeckter Kurier aus Wien in Dresden ein, der Graf Harrach den Befehl brachte, nicht mit Preußen, sondern mit Frankreich abzuschließen! Doch er kam glücklicherweise einen Tag zu spät.) Die Friedensbestimmungen lauteten: Friedrich II. gibt in seiner Eigenschaft als Kurfürst von Brandenburg nachträglich seine Kurstimme dem bereits gewählten und gekrönten Kaiser Franz I. und erkennt dessen Gemahlin, Maria Theresia, als »Kaiserin-Königin« an. Dafür bleibt er ungeschmälert im Besitz Schlesiens und der Grafschaft Glatz. Beide Staaten garantieren sich gegenseitig ihren Besitzstand; Preußen jedoch nur die deutschen Besitzungen Österreichs. Sachsen wird von den Preußen geräumt und zahlt an Berlin eine Million Taler.

Dem Frieden von Dresden zufolge gewann Friedrich nicht einen einzigen Quadratmeter. Alles blieb so, wie es im Breslauer Frieden von 1742 festgelegt worden war. Friedrich hatte – oberflächlich betrachtet – nichts gewonnen. Im Gegenteil, Maria Theresia hatte ihren Willen durchgesetzt und ihrem Mann nach vielen Rückschlägen endlich die deutsche Kaiserkrone verschafft. Aber Friedrich hatte seine Beute behalten, hatte Schlesien mit Erfolg verteidigt. An die zehntausend seiner Soldaten hatten in zwei Kriegen dafür ihr Leben lassen müssen. Rund fünfzehntausend hatten eine Zeitlang in den Lazaretten gelegen. Manche von ihnen waren zu Invaliden geworden. Soviel hatte das Streben nach Größe und Ruhm gekostet.

Am Tage des Friedensschlusses beantwortete Friedrich einen Brief Ludwigs XV., der seine Bitte um Subsidien mit der maliziösen Bemerkung abgeschlagen hatte, niemand könne dem preußischen König besser helfen als er sich selbst. Nun schrieb ihm Friedrich zurück, genau diesen Rat habe er befolgt und es deshalb für das Beste gehalten, mit Österreich einen separaten Frieden zu schließen.

Die preußische Armee räumte in wenigen Tagen Sachsen. Auf Befehl des Königs wurde mit großer Gewissenhaftigkeit verfahren. Die beschlagnahmten Gelder wurden zurückerstattet, die aus den Zeughäusern requirierten Kanonen wurden zurückgebracht. Am 27. Dezember brach Friedrich selbst von Dresden nach Berlin auf.

Was mag ihn auf dieser Fahrt durch die verschneite sächsisch-märkische Landschaft bewegt haben? Welche Gedanken schossen durch seinen Kopf? Vor fast genau fünf Jahren, im Dezember 1740, war er ausgezogen zum großen Abenteuer, zum »Rendezvous des Ruhms«. In diesen fünf Jahren hatte er drei Jahre Krieg geführt. Er war in fünf großen Schlachten Sieger geblieben. Aber er hatte mehrmals am Rand des Abgrunds gestanden und in den Rachen der Vernichtung geblickt. Der Name seines Staates, Preußen, war nun aller Welt geläufig. Im »Heiligen Römischen Reich Deutscher Nation« gab es hinfort *zwei* Großmächte: neben Österreich noch sein Preußen. Das kam einer Revolutionierung der politischen Verhältnisse in Mitteleuropa gleich! War er zum Zerstörer des Reiches geworden? Darüber brauchte er sich keine Skrupel zu machen. Dieses Reich war seit hundert Jahren, seit 1645, nur noch ein Schatten seiner selbst gewesen, Spielball und Schlachtfeld auswärtiger Mächte. Vor hundert Jahren hatte sein Urgroßvater, der Große Kurfürst, das arme, rückständige Brandenburg emporgerissen, es allmählich vom Objekt zum Subjekt der Politik gemacht. Damit hatte alles begonnen. In diesen hundert Jahren hatte sich Brandenburg-Preußen zäh und ausdauernd nach oben gekämpft, hatte die reicheren, glücklicheren Kurfürstentümer in der norddeutschen Tiefebene, Sachsen und Hannover, hinter sich gelassen. Hannover war nur noch ein klägliches Anhängsel Britanniens, Sachsen ein hilfloser Satellit Österreichs. Er, Friedrich, hatte mit seinem Staat ein Vakuum gefüllt.

Am 29. Dezember, am frühen Nachmittag, näherte sich Friedrichs Kalesche Berlin. Die Einwohnerschaft seiner Hauptstadt war in höchster Erregung, so wie damals, als sie am 1. Juni 1740 den jungen Monarchen erwartet hatte. Die Berliner hatten schwarzgesehen, als der König Mitte März Berlin verlassen hatte, um sich zur Armee zu begeben, und viele von ihnen hatten ›gemeckert‹. Wollte denn dieser unberechenbare Fritz niemals Frieden machen? Erst die Siege von Hohenfriedberg und Soor hatten in der Stadt einen Stimmungsumschwung bewirkt. Auf einmal galt es etwas in der Welt, ein »Preuße« zu sein.

Hundert blasende Postillone ritten dem offenen Wagen voran, in dem Friedrich mit seinen beiden Brüdern August Wilhelm und Heinrich saß. Die Berliner Kaufmannschaft begleitete den König zu Pferde, und am Cottbusser Tor hörte er zum ersten Mal den Zuruf »Vivat Friedrich der Große«. Die Straßen Berlins wogten von jubelnden Menschen, aus den Fenstern der Häuser winkten Frauen und Mädchen mit farbigen Tüchern und klatschten begeistert in die Hände. Während der Fahrt wurde der königliche Wagen fast mit Lorbeerkränzen zugedeckt. Je näher er dem Schloß kam, desto häufiger sah man Transparente mit der Inschrift »VIVAT FRIDERICUS MAGNUS«. Durch die jubelnden Volksmassen auf dem Lustgarten mußte im Schritt gefahren werden. Vor dem Schloßportal stieg Friedrich aus. Er nahm den Dreispitz ab, dankte nach allen Seiten

Am Abend erstrahlte die preußische Hauptstadt in festlichem Lichterglanz. Durch die Hauptstraßen der Stadt zog eine ausgelassene Menschenmenge. Immer wieder hieß es: »Es lebe Friedrich der Große.« Und dazwischen rissen die Berliner freche Witze über Maria Theresia und den armen Prinzen Karl von Lothringen. Im Schloß versammelte sich eine glänzende Festversammlung, die auf den König wartete, um ihm ihre Huldigungen darzubringen. Die Zeit verging, und der König kam nicht.

Friedrich hatte das Schloß heimlich verlassen. Er ging, in seinen dunkelblauen Feldmantel gehüllt und nur von einem Adjutanten begleitet, langsam über die Schleusenbrücke und am Spreekanal entlang. War er sich in diesem Augenblick bewußt, daß er am heutigen Tage einen neuen Namen erhalten hatte, daß ihn nicht nur sein Volk, sondern bald die ganze Welt »Friedrich der Große« oder »Le grand Frédéric« nennen würde? Machte ihn das stolz? War das der Ruhm, nach dem er so begierig seine Arme gebreitet hatte? Oder sagte ihm sein kritischer Verstand, daß er diesen ehrenvollen Namen weniger seinen Siegen als seiner Mäßigung verdankte? Denn nicht Maria Theresia hatte er besiegt, sondern sich selbst, als er die Grenzen des Möglichen erkannte und als er den Träumen der Jugend für immer den Abschied gab.

Friedrich bog in die Adlerstraße ein. Vor der Nr. 7 machte er halt und bat den Adjutanten, auf ihn im Hausflur zu warten. Dann stieg er zwei Treppen hinauf und ließ sich von der Wirtin, die vor Aufregung kein Wort herausbrachte, zum Zimmer seines ehemaligen Lehrers Duhan führen. Er trat ein und nahm den Dreispitz ab: »Bon soir, Duhan.« Er streifte den Feldmantel ab und trat an das Bett seines alten todkranken Lehrers.

4. Trompeten und Violinen

Der aufgeklärte Absolutismus 1746–1756

Am 2. Januar 1746 – kaum war er aus Dresden zurückgekehrt – rief Friedrich seine Sekretäre zum Diktat. Er stand an einem Fenster des Berliner Schlosses und blickte auf den zugefrorenen Spreekanal hinab, dessen Eisfläche das Sonnenlicht widerspiegelte. Er diktierte, über die Schulter gewandt: »Ich befehle und erinnere die Kriegs- und Domänenkammer Pommerns hiermit ebenso gnädig wie allen Ernstes, nunmehr und noch in diesem Jahr die Veranstaltungen wegen des Finow-Kanals zu treffen, und zwar dergestalt, daß gedachter Kanal unfehlbar und ganz und gar fertig und in vollkommen brauchbarem Zustand sein wird. Ich werde keine weiteren Einwendungen dagegen annehmen, vielmehr um den 1. Mai herum selbst dorthin kommen und nachsehen, ob alles fertig und im Stande ist.« Das, dachte er, würde wohl die Herren Beamten auf Trab bringen, die sich in den letzten eineinhalb Jahren an den Gedanken gewöhnt hatten, der König sei weit – irgendwo in Böhmen, Mähren oder Schlesien – und könne sich doch nicht um alles selbst kümmern. Er nahm eine Schnupftabaksprise und fuhr fort: »Übrigens will ich hoffen, daß endlich etwas mit dem Ausbau des Swine-Hafens passiert, worüber ich von der Pommerschen Kammer demnächst ausführlichen Bericht erwarte.«

Das mochte genügen. Fürs erste. In wenigen Tagen würde sich im Staat Preußen herumgesprochen haben, daß der König wieder da war, daß sein Auge den geringsten Defekt entdeckte. Es würde ein heilsamer Schrecken für die Bürokratie sein, wenn seine Reise- und Inspektionspläne bekannt wurden. Die Rädchen der Staatsmaschinerie liefen nur in dem gewünschten Rhythmus, wenn der Maschinenmeister persönlich an Ort und Stelle nach dem Rechten sah.

Die Sekretäre eilten davon, und Friedrich drehte sich um. In einem der reichversilberten Wandspiegel sah er sich selbst. Nachdenklich betrachtete er sein Spiegelbild.

Der preußische König stand auf der Höhe seiner geistigen und physischen Kraft. Er war noch nicht einmal vierunddreißig Jahre alt; nach den Begriffen der Antike also ein ›Juventus‹, ein junger Mann. Dennoch war sein Name schon von den Steppen Asiens bis zur Küste des Atlantik, von den eisigen Regionen Skandinaviens bis zu den sonnigen Gestaden Siziliens in aller Munde. Er war schon damals der berühmteste Berliner, den es je gab.

Sein Erscheinungsbild war noch weit von dem des späteren »Alten

Fritzen« entfernt. Friedrich kleidete sich in Röcke von feinstem Schnitt, nach der neuesten Pariser Mode. Er bevorzugte Galakleider aus Gold-, Samt- und Silberstoffen, an denen kleine Brillantknöpfe glitzerten. An Hals und Handgelenken kräuselten sich zarte Batistspitzen. Sein Hut, sein schwarzer Dreispitz, war mit weißen Straußenfedern geschmückt; von der weiß gepuderten Perücke, die an beiden Schläfen nachlässig gelockt war, hing ein kurzer, mit schwarzen Seidenbändern eingedrehter Galanteriezopf über den Rücken. An der linken Hand trug er zwei kostbare Solitärbrillanten, am Zeigefinger der Rechten einen funkelnden Chrysopas aus Schlesien. Gesicht und Bauch hatten den Babyspeck von 1740 verloren. Sah man vom militärischen Habitus der Stiefel und Sporen ab, so bot der junge König das Bild eines eleganten, modischen Kavaliers.

Friedrich trat an ein zierliches Rokokotischchen, auf dem kostbare, mit Brillanten besetzte Tabaksdosen standen. Er nahm eine davon auf und sah sein eigenes Konterfei, mit Pastellfarben gemalt und in Emaille eingelegt. Er lächelte. Der Ruhm? Was war das schon? »Man hat mich nicht gekannt, bevor ich lebte. Man braucht mich nicht zu kennen, wenn ich tot bin«, murmelte er vor sich hin. Er dachte an Jordan und an das Gedicht über den Ruhm, das er, Friedrich, ihm vor drei Jahren gewidmet hatte. Die erste Strophe fiel ihm wieder ein:

»Als ich geboren ward, ward ich der Kunst geboren,
Die heiligen neun Schwestern reichten mir die Brust,
Und für des Herrschers Hochmut schien dies Herz verloren,
Das voller Mitleid war und kindlich unbewußt.
Die ganze Welt war mir ein Garten duft'ger Blumen,
Die voller Zärtlichkeit mein durstig Aug' umfing,
Und Kränze wand ich, streute Vögeln Krumen,
Und dachte Mädchen, wo ich stand und ging.«

Wie war doch alles anders gekommen. Nun, den Ruhm, was immer das sein mochte, er hatte ihn inzwischen zur Genüge gekostet. Was würde der Friede ihm bringen? Er vermutete: Arbeit. Er zuckte die Schultern. Gab es denn überhaupt Besseres? Er selbst hatte einmal an Jordan geschrieben: »Du hast absolut recht, wenn Du glaubst, daß ich viel arbeite. Ich tue es, um zu leben; denn nichts sieht dem Tode ähnlicher als Müßiggang.« In diesem Sinne also! Er beschloß, in diesem Jahr viel zu reisen, um alle Winkel seines Staates kennenzulernen.

Auf einer dieser Reisen, im Juli 1746, begegnete ihm die Vergangenheit. Plötzlich standen wieder die Zeiten vor seinem Auge, als er – nach der Katastrophe von Küstrin – Chef des Infanterieregiments geworden war, das in Ruppin und Nauen garnisonierte, als er dreiundzwanzig Jahre alt war, als seine Offizierskameraden und er selbst in wildem Übermut den

Bürgern die Fenster eingeschmissen und ihren Töchtern die Tugend streitig gemacht hatten. Das alles war nun schon ein Dutzend Jahre her, und bei dem Gedanken daran, was inzwischen aus ihm geworden war, befiel ihn ein ironisches Lachen. Abends schrieb er an seinen ältesten Bruder, August Wilhelm: »Heute habe ich in Ruppin und Nauen Station gemacht, wo ich an die Streiche und Verirrungen meiner Jugend erinnert wurde. Ich sah förmlich, wie sich all die ehrbaren Bürger untereinander ins Ohr flüsterten: ›Unser guter König ist doch der größte Narr in seinen Staaten. Wir, und unsere Fenster noch mehr, kennen ihn und wissen, was er wert ist. Jetzt kann man doch, Gott sei Dank, heile Fensterscheiben behalten, seitdem der Narr von hier ausgezogen ist, um der Königin von Ungarn die Fenster einzuwerfen.‹ Mein Gott, wie sehr meine Eigenliebe durch diese Gedächtnisrede erniedrigt wurde! Doch befolgte ich das Beispiel der klugen Pudel: Ich schüttelte mich und ging von dannen. Ich sagte mir, daß ein Prophet nirgends weniger gilt als in seinem Vaterland.«

Im Herbst desselben Jahres wurden die diplomatischen Beziehungen mit dem Kaiserhof zu Wien wiederaufgenommen. Der König instruierte seinen Gesandten dahingehend, er solle sein Verhalten in Wien nach den physikalischen Gesetzen des Echos richten: würde man ihm grob oder arrogant begegnen, dann solle er mit der gleichen Münze heimzahlen, käme man ihm höflich und liebenswürdig entgegen, dürfe er sich darin nicht übertreffen lassen. Gegen Ende des Jahres beschäftigte er sich mit einigen Denunziationen. Es wurden ihm Bürger angezeigt, die ihn öffentlich beschimpft oder verlästert hatten. Friedrich ließ seinen Justizminister von Cocceji kommen und machte ihm ein für allemal klar, wie er solche Fälle behandelt wissen wollte: »Wenn dumme oder unvernünftige Leute über mich herziehen, dann soll daraus keine Affäre gemacht werden. Einfach, weil es unter meinem Niveau ist, mich damit zu beschäftigen. Und auch wenn jemand meine Mitarbeiter, Minister oder Beamte, angreift, finde ich das mehr verachtens- als strafenswert. Sofern es sich nicht um Dinge handelt, die den Staat selbst betreffen!«

An den aufgeklärten Toleranzideen des Königs hatten die beiden Kriege um Schlesien also nichts geändert. Aber sein Ton war in den langen Monaten des Kriegs- und Militärdienstes schärfer, ungeduldiger, autoritärer geworden. Die Ironie blieb, die Höflichkeitspolitur bröckelte allmählich ab. Als das Magdeburger Konsistorium, die landesfürstliche Behörde für kirchliche Angelegenheiten, sich aus religiösen Bedenklichkeiten weigerte, der Verheiratung eines Bürgers mit der Witwe seines Bruders zuzustimmen, diktierte Friedrich: »Das Konsistorium zu Magdeburg besteht aus Eseln! Ich als Vikar Jesu Christi und Erzbischof von Magdeburg befehle hiermit, daß die beiden sofort zu verehelichen sind.« Bereits ein Jahr zuvor hatte er den Feldpredigern der beiden protestantischen Glaubensgemeinschaften, der Lutheraner und der Reformierten, eine kurze, drastische

Anweisung geschickt, worin er sich die langen, umständlichen Gnadensgebete für den König und seine Familie verbat. Kurz und bündig hätten sie sich auf die Standardformel zu beschränken: »Insonderheit empfehlen wir Dir, lieber Gott, Deinen Knecht, unsern König.«

Offensichtlich war es gar nicht so einfach, im rückständigen Königreich Preußen einen aufgeklärten Absolutismus zu praktizieren. Die staatspolitische Situation war kompliziert: Oben, an der Spitze der Gesellschaftspyramide, stand ein Fürst, der – ausgehend von den praxisfernen Ideen der Philosophen – entschlossen schien, eine ›Kulturrevolution von oben‹ in seinem Land und an dessen Bewohnern zu vollziehen, ihnen ein neues aufgeklärteres Bewußtsein zu oktroyieren. Unten dagegen, an der Basis, existierten gesellschaftliche Strukturen und ein politisches Un-Bewußtsein, die in zwei Jahrhunderten erstarrt und verkrustet waren, die jedem Veränderungsvorhaben ein betonhaftes Beharrungsvermögen entgegensetzten. Eben jetzt gerade ging in Frankreich einer der bedeutendsten Köpfe des Jahrhunderts, der Baron Montesquieu, daran, sein bahnbrechendes Buch »L'esprit des lois« (»Vom Geist der Gesetze«) zu verfassen, das letztlich der Überwindung des fürstlichen Absolutismus und der Emanzipation des Bürgertums galt. Das war das Endziel. Montesquieu ließ aber keinen Zweifel daran, wie notwendig – als historische Übergangsphase – der »aufgeklärte Absolutismus« war und daß Aufklärung (der Menschen) zunächst einmal nichts anderes als Erziehung (des Volkes) sein könne.

Nichts machte Friedrich mehr Schwierigkeiten als der Versuch, seine Preußen zum Kartoffelanbau zu erziehen. Eine derart profane Frage hätte fast zu innenpolitischen Unruhen und Volksaufläufen geführt. Auch hier war sein Vater, der Soldatenkönig, Vorreiter gewesen. Mit seinem praktischen Hausvaterverstand hatte er frühzeitig erkannt, daß diese Knollenpflanze, die bis dahin ostwärts der Elbe unbekannt gewesen war, auch in einem ärmlichen, lockeren Sandboden gut gedeihen konnte, und so hatte er eines Tages die Kartoffelpflanze – als bestaunenswerte Rarität – für den öffentlichen Garten des Berliner Krankenhauses kommen lassen. Die Botaniker der Hauptstadt und die Bauern Brandenburgs hatten ein furchtbares Geschrei erhoben: bei der fremdartigen Kartoffel handle es sich um eine gesundheitsschädliche Giftpflanze! Friedrich ging nach Beendigung des Ersten Schlesischen Krieges, ab 1743, konsequent daran, den Kartoffelanbau in der Mark Brandenburg, in Pommern und in Schlesien mit staatlichen Mitteln zu fördern. Der Widerstand der Behörden und der bäuerlichen Basis versteifte sich. Das Generaldirektorium stellte sich quer und schrieb an den König, »daß die Einführung des Kartoffelanbaus unausbleiblich Hungersnöte heraufbeschwört, weil der Getreideanbau dadurch vermindert wird«. Friedrich, außer sich über soviel Unverstand, schaltete die Kirche als letzte wegweisende Autorität des frommen Landvolkes ein. Von allen Kanzeln wurde nun, auf seinen Befehl hin, über die

Abfahrt aus einem Hafen
Nach einer Zeichnung von Daniel Chodowiecki in Kupfer gestochen von Schleuen, 1774

Segnungen und Unbedenklichkeiten der neuen Speisefrucht gepredigt. Wo das nicht half, wurden königliche Landreiter ausgeschickt, unter deren barscher Aufsicht Bauern die umstrittenen Knollen in die Erde setzen mußten. Den Siebenjährigen Krieg hätte Friedrichs Armee nie überstanden, wenn nicht in diesen zehn Friedensjahren von 1746 bis 1756 der Kartoffelanbau in Preußen gewaltige Fortschritte gemacht hätte. Und als dann 1771/72 infolge von Mißernten eine schreckliche Hungersnot in Deutschland ausbrach, vermochten die Menschen diese Katastrophe nur mit Hilfe umfangreicher Kartoffellieferungen aus Preußen zu überstehen.

Also vorwärts, voran: mit Befehlen von oben! Anfang 1747 begann der Ausbau der Hafenstadt Swinemünde, nachdem der König ein Jahr lang die pommerschen Behörden angetrieben hatte. Durch die Entstehung Swinemündes erlangte das weiter landeinwärts gelegene Stettin überhaupt erst handelspolitische Bedeutung. Gleichzeitig wurde der Ausbau des Finow-Kanals vorangetrieben, durch den Havel und Spree, die beiden Flüsse Berlins, mit der Oder verbunden wurden. Der Plauensche Kanal sollte dieselbe Funktion nach Westen, als Verbindungsglied zwischen Havel und Elbe, übernehmen.

Am 8. Juli 1747 begannen die gewaltigen Arbeiten zur Kultivierung des großen Oderbruchs, das durch alljährliche Überschwemmungen am Unterlauf der Oder entstanden war. 1200 Arbeiter und ebenso viele Soldaten rückten mit Hacke und Spaten an. Der Soldatenkönig hatte sich schon mit diesem Projekt beschäftigt. Aber der Kostenvoranschlag war enorm hoch gewesen, und Friedrich Wilhelm hatte über die Entwürfe geschrieben »für meinen Sohn Friedrich«. Der packte jetzt die Sache an. Er stieß dabei auf den erbitterten Widerstand der Adligen und der Bauern, die zu ihrem eigenen Glück und Fortschritt gezwungen werden mußten, denn die Urbarmachung bedeutete ja, daß sie anstelle brodelnder Brüche und Sümpfe festes Land für Siedlungs- und Weidezwecke erhielten. Friedrich mußte Truppen und Landgendarmen einsetzen! In sechs Jahren wurde das Riesenwerk vollendet. 1753 hatte der Staat 360 000 Morgen neues Land gewonnen. Neben den alten Besitzern konnten neue Pächter angesiedelt werden. Bald waren vierzig neugegründete Dörfer entstanden, in denen 6000 Zuwanderer wohnten. Friedrich ließ vom Oderdamm aus befriedigt seinen Blick über das aufblühende Land schweifen: »Hier wurde ein Fürstentum ohne Schwertstreich erworben.«

Der junge König blieb unablässig bemüht, auch im Innern seines Staates ›ökonomische Eroberungen‹ zu machen. Preußen war dünn besiedelt; in Pommern und in der Mark Brandenburg gab es immer noch weite Landstriche, die seit den Schreckensjahren des Dreißigjährigen Krieges wüst und unfruchtbar lagen. So galt es Kolonisten anzuwerben, insbesondere aus dem außerpreußischen Deutschland. Diese Leute erhielten auf Staatskosten etwas Vieh, freies Holz für den Hausbau, wurden für mehrere Jahre von allen Steuern befreit und brauchten sich nicht dem Militärdienst zu stellen. In den fünfzehn Jahren von 1740 bis 1755 wuchs die Bevölkerung der altpreußischen Provinzen um 450 000 Menschen, also um zwanzig Prozent.

Es ging ihm dennoch alles viel zu langsam vonstatten. Sein Vater hatte es doch leichter gehabt. Der hatte seinen Willen mit dem Buchenknüppel durchgesetzt. Er, Friedrich, würde Probleme haben, seine aufgeklärten Ideen in die politische Praxis, in die rauhe Wirklichkeit umzusetzen.

Nicht lange nach seinem fünfunddreißigsten Geburtstag erlitt er einen leichten Schlaganfall. Friedrich kümmerte sich nicht viel darum. Wenn ihm jemand gesagt hätte, daß er noch vierzig Jahre leben würde, hätte er ihn ausgelacht. Er war ja seit langem davon überzeugt, daß er nicht alt werden würde; und die Länge eines Lebens maß sich in seinen Augen nicht nach Jahren, sondern nach Taten. Zu rasch nahm er seine tägliche Arbeit wieder auf. Der unvermeidliche Rückfall hätte ihn fast das Leben gekostet. Der Frühling, der diesmal schon Mitte April begann, führte zu völliger Genesung.

Am 1. Mai 1747 – die Sonne lachte an diesem Tag über dem märkischen Land, die Temperaturen waren fast schon sommerlich – standen die Bürger und Bürgerinnen der Stadt Potsdam Spalier an den Straßen, durch die sich ein Zug von bunten Reitern, glänzenden Equipagen und lustig klirrenden Küchenwagen bewegte: vom Schloß bis vor die Tore der Stadt. Auf einem Weinberg in der nächsten Umgebung, eine halbe Fußstunde vom Stadtzentrum entfernt, weihte der König mit einem Festmahl von zweihundert Gedecken sein neues Sommerschloß ein.

Vier Jahre zuvor, am 24. Augsut 1743, in der kurzen Friedensspanne zwischen den beiden Schlesischen Kriegen, hatte Friedrich diesen Hügel zum ersten Mal bestiegen und unter freiem Himmel sein Mittagbrot verzehrt. Es war ein Landausflug gewesen, wie so viele andere. Nach dem Essen hatte er sich erhoben und die Umgebung betrachtet. Er war hingerissen, ja begeistert gewesen, als sein Blick langsam über die Havellandschaft glitt: Flüsse und Seen, Wälder und Wiesen, Buchten und kleine Inseln breiteten sich paradiesisch vor ihm aus. Hier war ein Landstrich, schön und träumerisch wie das Feenreich von Rheinsberg oder die verwunschene Grafschaft Ruppin. Alles war reich gegliedert: neben Glienicke an der Havel erhob sich der Babelsberg, zwischen Wasser und Wald schmiegte sich das Fischerdörfchen Caputh. Hier, so hatte er damals beschlossen, sollte sein neues Rheinsberg entstehen; weit genug – etwa eine Tagesreise – vom Trubel Berlins entfernt, und zugleich in unmittelbarer Nähe seiner zweiten Residenzstadt, Potsdam.

Knobelsdorff war beauftragt worden, den Bau des Sommerschlosses auszuführen, nach einer Idee des Königs, die dieser Anfang 1744 mit einer temperamentvollen Handskizze zu Papier gebracht hatte. Was Friedrich vorschwebte, war im Grunde nichts anderes als ein geschmackvolles Gartenhäuschen, ein Acht-Zimmer-Landhaus mit einem ovalen Speisesaal als Mittelpunkt. Vier Zimmer, so hatte Friedrich auf der Skizze vermerkt, sollten für ihn reserviert sein; die anderen vier waren für Gäste gedacht.

Die Bauzeit betrug drei Jahre, und es hatte manchen Konflikt zwischen dem König und seinem Architekten gegeben. Knobelsdorff, ein entschiedener Anhänger des strengen Klassizismus, hatte sich damit abgefunden, daß sein königlicher Freund darauf bestand, einen schwungvollen Barockstil mit den heiteren, verspielten Formen des Rokoko zu verbinden. Aber aus wohlerwogenen architektonischen Gründen hatte er darauf beharrt, dem Schlößchen ein Obergeschoß aufzusetzen und die ganze Anlage auf einem erhöhten Sockel zu errichten. Mit alledem war er durchaus im Recht gewesen; aber Friedrich, eigensinnig und unbelehrbar, hatte auf seinen eigenen Vorstellungen bestanden.

So entstand ein Schloß, an dem eigentlich alles – von den Maßstäben der Zunft her – verkehrt und falsch war: die Gesamtanlage erwies sich als zu niedrig und flachgedrückt (weil es am Obergeschoß mangelte), und der Anblick des Schlößchens von weit her, in der verlängerten Perspektive, erschien geradezu vermurkst und halbiert (weil der anhebende Unterbau fehlte). Schließlich stellte sich mit der Zeit heraus, daß die offizielle Vorderseite des Schlosses, die Knobelsdorff mit klassizistischen Kolonnaden in Gestalt eines offenen Halbkreises geschmückt hatte, womit er tatsächlich einen schweren architektonischen Mißgriff beging, von niemandem zur Kenntnis genommen wurde; die private, rokokoverspielte Rückfront des Schlößchens, zum Garten gelegen, wurde die eigentliche Attraktion der Anlage.

Aus der Summe aller dieser architektonischen Fehler ergab sich das entzückendste Lustschlößchen der Welt. Friedrich hatte recht behalten. Sein starrsinniger Wunsch, das Gebäude niedrig anzulegen, um die Einheit von Innenräumen und Gartenterrasse zu gewährleisten, hatte zu einer originellen Silhouette geführt, die auch nach 250 Jahren noch ohne Beispiel ist. Wenn man unterhalb der Terrassen und Weinspaliere steht, im Park, in der Nähe der Wasserfontäne, sieht man in der Tat das Schlößchen nur halb angeschnitten. Für jeden Kameramann ein Alptraum. Aber niemand möchte auf diesen ›unvollkommenen‹ originellen Anblick verzichten, der einem einzigen Blick das exzentrische, genialische Wesen seines Schöpfers offenbart. Und niemand der Millionen Besucher aus aller Welt käme auf die Idee, das Schloß von der Vorderfront aus zu besichtigen. Dort kauft man, bei einem Portier, Eintrittsbilletts und Ansichtskarten; dann aber eilt man, ohne zu zögern, in den Park und wendet sich, den Atem anhaltend, der bezaubernden Rückfront zu. Selbst der profanste, phantasieloseste Charakter vermag sich kaum der Halluzination zu erwehren, daß sich die Flügeltüren öffnen und der König auf die Terrasse tritt.

Eine erstaunliche Geschichte. Friedrichs Sieg über Knobelsdorff und alle architektonischen Gesetze sollte sich als typisch für ihn erweisen: im Detail voller Schrulligkeiten und gravierender Fehler – aber in der Gesamtheit ein Triumph der Originalität, des blitzartigen Einfalls, der hinreißenden Idee. Sanssouci, das kleine Landhaus auf dem Weinberg bei Potsdam, war im Grunde gar kein Schloß, es war ein Gartenpavillon, es war ein verspieltes und verziertes Gartenhäuschen auf märkischem Sand geworden.

Friedrich schritt glücklich durch die fertiggestellten Räume, deren Wände und Decken Pesne ausgemalt hatte. Nirgendwo, in allen seinen Schlössern, Berlin, Charlottenburg, Potsdam und jetzt Sanssouci, würde man jemals heroische oder allegorische Darstellungen seiner Schlachten und Siege, seines Herrscherlebens zu sehen bekommen. Er unterschied sich auch darin von allen anderen Fürsten Europas. Wohin das Auge blickte, sah man graziöse Heiterkeit oder antikische Harmonie. Den lichtdurchfluteten Speisesaal mit seinen korinthischen Säulen schmückten Statuen von François Adam. Auch die Bildsäule der Flora hatte Adam geschaffen, die nun die oberste Terrasse krönte. Hier, neben der Blumengöttin, wolle er dereinst begraben werden, sagte Friedrich, und er fügte hinzu: »Quand je serai là, je serai sans souci!« (»Wenn ich dort bin, werde ich ohne Sorge sein!«) Am Ende seines Rundgangs betrat er das kreisrunde Bibliothekszimmer, das seinem Wunsch gemäß in allen Details dem Rheinsberger Turmgemach entsprach, in dem er die glücklichsten Stunden seines Lebens über den geliebten Büchern verbracht hatte. Er ließ sich nieder und träumte sich in die Vergangenheit zurück.

So war nun sein neues Rheinsberg, sein »Sanssouci« entstanden. Über sechs großflächigen Terrassen erhob sich ein durchsichtiges Sommerhaus mit lichten Flügeltüren und weiten Fenstern, so daß Schloß und Natur zu einer harmonischen Einheit verschmolzen waren. Friedrich hatte seinen Traum wahr gemacht. Er hatte nun sein ›Italien‹ oder sein ›Griechenland‹, diese gesegneten, durch die Antike verklärten Landschaften, die er niemals in seinem Leben betreten und mit eigenen Augen sehen sollte. Was Milliarden Fotos von Millionen Touristen heutzutage niemals einfangen oder gar wiedergeben können, der Preußenkönig hatte es sich selbst geschaffen: die steingewordene Idee eines Paradieses von Geist und Natur. Beglückt griff er im Bibliothekszimmer zur Feder – die Türen standen weit offen, die Florentiner Spitzenvorhänge bauschten sich leicht im Wind – und schrieb:

»Dort auf des Hügels luft'ger Spitze,
Wo weit das Auge schwelgt in freien Sichten,
Ließ sich der Bauherr zum erhabenen Sitze
Mit Fleiß und Kunst das Haus errichten.«

Mit Fleiß und Kunst. Den Fleiß hatten die Handwerker und Maurer, die Ingenieure und Stukkateure aus Berlin und Potsdam dazu gegeben. Für die Kunst zeichneten Knobelsdorff, Pesne und Adam verantwortlich. Vom königlichen Bauherrn, Friedrich, stammten Idee und Geld. Und bald wurde das kleine Schlößchen ›Ohne Sorge‹ zur weltweiten Legende, war der Name Friedrichs ohne die Silhouette von Sanssouci nicht mehr zu denken. »Von Potsdam aus wurde Preußen aufgebaut; von Sanssouci aus durchleuchtet«, urteilte Theodor Fontane ein Jahrhundert später, und er zog in diesem kargen, kurzen Satz das Werk des Vaters, des Soldatenkönigs, und des Sohnes, Friedrichs des Großen, zu einer geistigen Einheit zusammen.

Von 1747 an wurde Sanssouci zum ständigen Sommeraufenthalt des preußischen Königs. Jedes Jahr, von Mai bis November, verbrachte er die warmen Tage auf dem Weinberg bei Potsdam; von November bis April residierte er im Potsdamer Stadtschloß (lediglich in der Karnevalszeit, vom 24. Dezember bis zu seinem Geburtstag, dem 24. Januar, hielt er sich in Berlin auf). Hier, in Sanssouci, bildete sich der charakteristische Lebensstil heraus, den man bald »fritzisch« nannte und den er nie mehr – mit Ausnahme der Jahre 1756 bis 1762 – ändern sollte.

Friedrich war passionierter Frühaufsteher. Im Sommer ließ er sich um vier, im Winter um fünf Uhr wecken; ja, in den Tagen vom 21. bis 23. September, an denen jedes Jahr die Herbstmanöver der Potsdamer und Berliner Garnison stattfanden, sah man ihn bereits um drei Uhr auf den Beinen. Während der Kammerhusar die kleine Waschschüssel bereitstellte, öffnete Friedrich die Flügeltür zur Terrasse von Sanssouci. Er atmete tief die frische Morgenluft.

In der Nacht zuvor war die für den König bestimmte Post aus Berlin eingegangen, so daß die Kabinettsräte, die sämtlich in Potsdam wohnten, schon um 4.15 Uhr bei Friedrich eintreten konnten, um ihm die Postsendungen vorzulegen. Bis dahin war bereits, ohne fremde Hilfe, die Morgentoilette beendet worden, hatte sich der König Hemd und Kniehose angezogen und einen jener reichbestickten Samtröcke übergeworfen, die ihm seine Mutter oder seine Schwestern geschenkt hatten und an die er so gewöhnt war, daß sie niemals ausgetauscht werden durften. Jetzt kamen die Kammerdiener herein, in glänzenden silberfarbenen Livreen, und begannen damit, seinen Haarzopf mit schwarzen Seidenbändern zu flechten und die Perücke mit weißem Kreidestaub zu bepudern. Währenddessen beschäftigte sich der König, nachdem er sein kurzgeschnittenes, rötlichblondes Haar gebürstet hatte, mit der Post. Briefe, die mit fürstlichen oder adligen Wappen geschmückt waren, las er selbst, alle anderen ließ er sich auszugsweise vortragen. Nach jedem Brief erhielt einer der Kabinettsräte sofort Anweisungen für die Anfertigung eines Exzerptes, das dem König nach Beendigung des Frühstücks zur Prüfung vorgelegt werden sollte. Es gab auch Briefe, die er zurückhielt, um sie selbst zu beantworten; in äußerst seltenen Fällen kam es vor, daß er ein Schreiben wütend in den Kamin warf.

Waren die Postsachen erledigt und die Kabinettsräte wieder gegangen, um sich unverzüglich in einigen Nebenräumen an die Arbeit zu machen, setzte sich Friedrich die Perücke auf und zog seine Stiefel an. Es waren Reitstiefel, die niemals gewichst oder poliert werden durften, weshalb sie in den ersten Wochen bräunlich-rötlich schimmerten. Vor allem aber mußten sie bequem an den Füßen sitzen; ein Kammerhusar hatte sie deshalb schon mehrere Tage lang ›eingelaufen‹. Danach setzte der König den Dreispitz auf, einen weichgeriebenen schwarzen Filzhut mit weißen Straußenfedern, den er den ganzen Tag, auch in den Zimmern des Schlosses, aufbehielt und nur zu den Mahlzeiten ablegte.

So angetan, bot er einen höchst seltsamen Anblick: auf dem Kopf den schwarzen Dreispitz, am Körper einen eleganten Samtrock (entweder von dunkelblauer oder zimtbrauner Farbe), an den Füßen rohlederne Reitstiefel. In diesem komischen Aufzug nahm er die knappen Tagesrapporte der militärischen Adjutanten entgegen und ließ sich die Listen der Fremden vorlegen, die tags zuvor in Berlin und Potsdam eingetroffen waren, deren

Namen, Stand und Reisezweck man an den Stadttoren sehr sorgfältig registriert hatte. Mit größter Neugierde studierte Friedrich diese Aufstellungen, während er im Stehen mehrere Gläser Wasser und eine Unmenge von Tassen mit starkem schwarzem Kaffee oder kochendheißer Schokolade konsumierte. Auf dem Tisch standen Kristallschalen mit erlesenem Obst, wovon er hin und wieder mit spitzen Fingern probierte. Ein Kammerhusar öffnete eine Tür, und hereinsprangen zwei kostbare Windspiele, die sich mit zitternden Flanken an den König schmiegten. Friedrich setzte sich und streichelte seine Lieblinge, denen er zärtliche Namen wie »Biche« oder »Alkmene« gegeben hatte. Das Schloßpersonal hatte die Hunde mit »Sie« anzureden (»Biche, setzen Sie sich!« oder »Alkmene, seien Sie nicht so unartig!«). Wenn eines der Tiere sich aufrichtete und ihm die Pfoten auf die Schultern legte, war Friedrich zu Tränen gerührt. Dann griff er schnell zu einer seiner prachtvollen brillantbesetzten Tabaksdosen und nahm eine kräftige Prise.

Nach dem Frühstück nahm Friedrich die Querflöte und ging, von seinen Windspielen begleitet, ein bis zwei Stunden lang in den vier Räumen, die ihm zur Verfügung standen, immer hin und her. Er phantasierte frei vor sich hin, oder er blieb im Musikzimmer, vor dem Notenpult, stehen und übte besonders schwierige Passagen. Dabei durfte ihn niemand stören; in seinen Briefen behauptete er gern, daß ihm in diesen verträumten Morgenstunden oft die besten Einfälle kämen. Inzwischen war es dann soweit, daß die Kabinettsräte wieder eintraten und ihm die Exzerpte vorlegten, denn die Zeit drängte: bis zum Nachmittag mußten schon die Reinschriften angefertigt sein. Jeder Briefschreiber erhielt Antwort in der Sprache, in der er sich an den König gewandt hatte; sei es nun in Deutsch oder in Französisch. Unumstößliches Gesetz war, daß jeder Brief noch am selben Tag beantwortet wurde. Schon nach wenigen Jahren war im Königreich Preußen bekannt, daß man von diesem Monarchen entweder sofort Antwort bekam oder niemals (dann hatte das Kaminfeuer eingegriffen).

Waren diese Prozeduren vorüber, dann zog Friedrich sich an. In den ersten fünf Jahren Sanssouci, bis 1752, bedeutete das, daß er den Samtrock auszog und über ein Spitzenjabot ein reichverziertes Galakleid aus Taft oder Brokat streifte, das nach der neuesten Pariser Mode geschnitten war und nach unseren heutigen Begriffen wie ein eleganter Übermantel aussah. Später, nach seinem vierzigsten Geburtstag, trug er fast nur noch Uniform, den einfachen blauen Uniformrock seiner Infanterie mit gelben oder roten Aufschlägen, silbernen Achselschnüren und dem Schwarzen Adlerorden auf der linken Brust. So zeigte er sich auch täglich um elf Uhr auf der Wachtparade, zu der jeweils ein Potsdamer Regiment oder sein Leibgardebataillon antrat. Die Besichtigung dauerte nur eine knappe halbe Stunde, brachte aber die Soldaten und mehr noch die Offiziere in starken Schweiß, da die Kompanien und Bataillone mit ihren Exerzierübungen ständig in angespannter Bewegung blieben. Bei keinem Wetter fiel diese Parade aus, und oft schallte Friedrichs helle Stimme über den Exerzierplatz, wenn er den Bataillonschef beiseite schob und selber die Kommandos gab. Ohne eine Art von Abschied riß der König plötzlich sein Pferd herum und galoppierte noch eine halbe Stunde durch die Parkanlagen von Sanssouci.

Punkt zwölf Uhr setzte sich Friedrich mit seinen Gästen zu Tisch im ovalen Speisesaal des Schlosses, dessen Flügeltüren weit offenstanden. Bereits am frühen Morgen hatte der Küchenchef seinen Speisezettel dem König vorgelegt, der häufig eigenhändig Menüänderungen vornahm. Gut essen war Friedrichs Leidenschaft. An Delikatessen durfte es niemals fehlen. Bei Noël, seinem französischen Küchenchef, bedankte er sich mit einem Gedicht von fünfzehn Strophen, in dem es hieß:

»Wieviel Pasteten hast Du schon gemeistert,
Wieviele Braten kunstgerecht gespickt!
Mit wieviel leckren Füllseln uns erquickt,
Wovon mein Hof, gar oft nur zu begeistert,
Wird angenehm gekitzelt und bestrickt!
Fruchtbarer Autor köstlicher Gerichte –
Noch unerschöpft von hundert Gastereien –,
Die Schüsseln, die Du fertigst, sind Gedichte
Und stehen jedem andern Koch im Lichte,
Um einzig Dir die Palme zu verleihen.«

Noël wußte natürlich, wie er den Beifall seines königlichen Arbeitgebers erringen konnte. Friedrich bevorzugte kochendheiße, stark gewürzte, gepfefferte Speisen, die den Gaumen kitzelten (und nachher schwer im Magen lagen). Dazu trank er französischen oder ungarischen Tafelwein, am liebsten leichten Mosel. Vom Champagner nahm er höchstens ein Glas, da dieser seine Magensäure reizte, und Rheinwein, der ihm zu ›trocken‹ war, haßte er förmlich.

Friedrich war ein mäßiger Trinker. Die Würze des Mahls war ihm das lockere Geplauder, das geistreiche oder frivole Gespräch mit seinen Gästen. Wer nicht französisch sprach, mußte stumm zuhören; es fiel kein deutsches Wort bei Tisch. Die Tafelrunde von Sanssouci, die bald weltberühmt wurde und die später Menzel mit seinem Gemälde unsterblich gemacht hat, ahmte das Vorbild des antiken Gastmahls nach. Und ganz gewiß war das Potsdamer Sommerschlößchen in solchen Stunden ein Hort der Heiterkeit, der Bildung, des Esprits, der guten Laune. Aus den offenen Flügeltüren des Speisesaals klangen Scherze und Bonmots, perlten Gelächter und das Klirren feingeschliffener Pokale. Ein antikes Elysium auf dem kargen Sandboden der Mark Brandenburg! Die Gesprächsthemen waren jedoch äußerst ›gemischt‹. Man sprach stundenlang über Kunst und Wissenschaft, über Religion und Philosophie (nie über Politik!), aber dazwischen wurden Anekdoten erzählt und Witze gerissen, zweideutig, schlüpfrig, frivol, nicht selten aus der Analsphäre, so daß die Anwesenheit von Damen ganz undenkbar gewesen wäre.

Nach dem Mittagsmahl, das oft drei Stunden dauerte, erschienen wieder die Kabinettsräte mit ihren Reinschriften, die Friedrich, bevor er unterzeichnete, noch einmal gründlich durchlas. Daran schloß sich gewöhnlich ein Spaziergang, auf dem er den Gärtner neben sich hatte und mit ihm über die Ausgestaltung der Gartenanlagen, insbesondere über den Obstanbau, diskutierte. Regnete es, so tobte er mit seinen Windspielen und den Pagen durch die Zimmer des Schlosses. Er lachte laut und fröhlich (was man sonst nie von ihm hörte), kniff die Pagen, daß sie quiekten, und zuckte die Schultern, wenn in dem Tumult ein kostbares Porzellanstück zu Bruch ging. Von sechzehn bis achtzehn Uhr zog sich der König in sein Arbeitszimmer zurück, um an seinen schriftstellerischen Werken zu feilen oder diplomatische Korrespondenz zu erledigen. In diesen beiden Stunden herrschte absolute Ruhe auf der Höhe von Sanssouci.

Von achtzehn bis neunzehn Uhr fand im Musikzimmer das tägliche Flötenkonzert statt, das bald ebenso zur internationalen Berühmtheit wurde wie die Tafelrunde. Zugelassen waren zu diesen Konzerten ausschließlich Personen, von denen Friedrich wußte, daß sie etwas von Musik verstanden; das galt auch für die prinzlichen Herrschaften und für die Angehörigen der königlichen Familie. Alles stand hinter den Rokokostühlen, bis der König eintrat, dann nahm man ohne weitere Umstände Platz. Friedrich spielte auf der Querflöte mehrere Stücke, zum Teil eigene Kompositionen, wobei ihn Quantz, Benda oder Bach (ein Sohn des großen Komponisten und Leipziger Thomaskantors) begleiteten. Quantz hatte als einziger das Recht zu applaudieren, was er aber oft unterließ, womit er seinen königlichen Freund, dem er schon aus der Kronprinzenzeit und aus Rheinsberger Tagen eng verbunden war, absichtlich ärgerte. Nach dem übereinstimmenden Urteil dieser hochqualifizierten Fachleute spielte Friedrich die sanften, sentimentalen Passagen, wie sie sich gerade im Adagio boten, mit einer kaum zu übertreffenden Meisterschaft, mit einer Empfindungs- und Ausdruckskraft, welche die Anwesenden zu Tränen bewegen konnte. Bei den schnelleren Tempi, beispielsweise einem Allegro oder Allegretto, kam er dagegen leicht aus dem Takt, was seine Begleiter in höchste Verlegenheit und stumme Verzweiflung brachte. Quantz zog dann indigniert die Augenbrauen nach oben und hustete verstimmt. Friedrich, wenn ihm eine Passage gänzlich danebenging, geriet schnell in Wut, die beiden Stirnfalten erschienen über der Nasenwurzel, er packte die unschuldige Flöte und brach sie – mit für seine zartgliedrigen Hände erstaunlicher Kraft – in zwei Stücke. Quantz, der dann für Ersatz zu sorgen hatte, weigerte sich bald, das umsonst zu tun, und verlangte hundert Dukaten für eine neue Flöte. Fortan beherrschte Friedrich sich besser.

Im Winter, in Berlin, trat der Opernbesuch an die Stelle des Konzertabends. Um 17. 30 Uhr füllte sich das Parkett mit Generälen, Offizieren und höheren Beamten, eine Viertelstunde später nahmen die Mitglieder der königlichen Familie und des Adels sowie das diplomatische Korps ihre Plätze in den Logen des Ersten Ranges ein. Punkt achtzehn Uhr betrat ein Kammerhusar das Parkett und stellte auf eine Brüstung neben dem Orchester zwei silberne Leuchter, auf denen er die Kerzen entzündete. Im obersten Rang stießen sechzehn Trompeter in ihre Fanfaren. Der König trat ein und nahm den Hut ab. Er stand im Parkett und verneigte sich gegen die Loge, in welcher die Königin saß, die ihm, hinter ihrem Fächer, mit leichtem Kopfsenken dankte. Dann nahm er ein Opernglas und musterte angelegentlich die Ränge. Das dauerte ziemlich lange. Danach verneigte er sich gegen das Parkett und nahm auf einem gepolsterten Stuhl Platz, der sechs Schritte vom Kapellmeister entfernt stand. Nach einigen Minuten feierlicher Stille begann die Musik.

In Sanssouci folgte auf die Konzertstunde die Abendtafel, an der es noch ausgelassener und gewagter als mittags zuging. Doch je weiter der Uhrzeiger vorrückte, desto ernster und tiefgründiger wurden die Gespräche. Der Sinn oder Unsinn des menschlichen Daseins: nie konnte Friedrich in diesem Punkt ein Ende finden, immer blieb er der skeptische und wißbegierige Enkel seiner Großmutter, der schönen Sophie Charlotte, die Leibniz mit ihren nimmermüden Fragen, mit ihrem Forschen nach dem »Warum des Warum« enerviert hatte. Sehr spät erst, manchmal gegen Mitternacht, verlosch der Kerzenglanz hinter den Fenstern und Flügeltüren auf dem Weinberg von Sanssouci.

Friedrich regierte seinen Staat Preußen nach der Devise: »Alles für das Volk – nichts durch das Volk.« Er hielt am königlichen Absolutismus, an der persönlichen Selbstregierung, wie sie sein Vater vorgelebt hatte, konsequent fest. Er empfand sich ganz aufrichtig als »erster Diener seines Staates«, aber er war keinen Augenblick gewillt, die Existenz dieses Staates auf eine breitere Grundlage zu stellen und das Volk zur Mitarbeit aufzurufen. Die gesamte Staatsmaschinerie, das Funktionieren sämtlicher Teile und Glieder derselben, alles stand nur und ausschließlich auf seinen beiden Augen, hing einzig und allein an seinem Willen, seinen Weisungen.

Wie kann man sich das erklären? In seiner Kronprinzenzeit hatte er ja, vor allem in den Forderungen des »Antimachiavell«, durchaus der individuellen Freiheit des Staatsbürgers das Wort geredet, ja, er hatte der Republik die Palme der vernünftigsten und gerechtesten Staatsform zuerkannt. Das Zusammenleben der Menschheit in ihren Staatsverbänden beruhte nach seinem Verständnis auf einem Gesellschaftsvertrag, der jedem einzelnen den größtmöglichen Nutzen erbringen und damit zugleich der Allgemeinheit zur Wohlfahrt dienen sollte. Eine durch Gott und die Kirche verordnete Hierarchie, wie sie das Mittelalter behauptet und der sich das Individuum in blindem Gehorsam, quasi selbstlos zu unterwerfen hatte, lehnte er strikt ab. Aber das alles galt nur im philosophischen, im abstrakten Bereich. Die Praxis sah anders aus.

Friedrich hatte sich in Europa umgeschaut, und wo er auch hinblickte, erschien ihm die parlamentarische Herrschaftsform – also die Regierungsbeteiligung des Adels oder der reichen Bourgeoisie – schädlich für das Allgemeinwohl, für die Interessen des Staates. Was war aus Schweden und was aus Polen geworden? Noch ein Jahrhundert zuvor waren beide Länder europäische Großmächte gewesen. Inzwischen hatten Adelscliquen das jeweilige Königtum entmachtet und beide Staaten so tief heruntergebracht, daß sie im Innern gesellschaftspolitisch verfaulten und nach außen zu willenlosen Objekten fremder Großmächte denaturiert waren. Und wie sah es in Holland aus? Einst das fortschrittlichste Land Europas, das unerreichte Vorbild Brandenburg-Preußens, wehrhaft, trotzig, selbst von Frankreich und England höchlichst respektiert, hatte das Land sich zu einer bloßen Kaufmannsrepublik gewandelt, deren Stimme und Einfluß im europäischen Konzert immer schwächer wurde und die nur noch von der Gnade wechselnder Koalitionen lebte.

Es war dies die Einschätzung eines Fürsten, der von dem Ehrgeiz getrieben war, seinen Staat mächtig und unabhängig zu machen. In diesem Licht gesehen mochten die Beispiele Schwedens, Polens und Hollands in der Tat schrecken; zu einer bedeutenden Rolle vermochten sich diese drei ehemaligen Großmächte nie wieder emporzuschwingen. Aber selbst ohne Berücksichtigung des Machtstandpunktes hatte Friedrich unter den Bedingungen seiner Zeit, der Mitte des 18. Jahrhunderts, nicht unrecht. Von einem echten Gesellschaftsvertrag oder gar von ›Volksherrschaft‹ konnte weder in diesen Ländern noch in England, dem Mutterland des Parlamentarismus, die Rede sein. Die gesellschaftliche Omnipotenz lag in jedem Falle bei der hauchdünnen Schicht einiger steinreicher und einflußreicher Familien, die mit unumschränkter Gewalt ihre Völker regierten. In England und Holland lag das Wesen der Herrschaftsausübung in einer Art von ›historischem Kompromiß‹ zwischen Adel und Bourgeoisie, die miteinander auf Kosten des Fürstentums halbe-halbe gemacht hatten. Diese Entwicklung war zwingend und unvermeidlich gewesen, seitdem das jeweilige Bürgertum durch den Handel mit Flotten, Rohstoffen und Kapitalien allmählich in die Lage gekommen war, dem Fürsten und der landsässigen Aristokratie seine Bedingungen zu diktieren. In beiden Ländern hatte der ›Klassenkampf‹ zu einem Punktsieg der Bourgeoisie geführt, wobei die breite Masse des Volkes materiell in England so gut wie nichts, in Holland nur wenig profitiert hatte, während juristisch ohnehin alles beim alten blieb, an eine Emanzipation des einzelnen vor dem Gesetz auch nicht im entferntesten zu denken war.

Im Preußen Friedrichs gab es kein politisch und gesellschaftlich bedeutendes Bürgertum. Preußen war ein reiner Agrarstaat; in allen Bereichen der Industrie und des Handels noch immer unterentwickelt. Es hatte keine Flotten, keine überseeischen Gebiete, kaum Rohstoffe und schon gar kein Kapital, mit dem sich innenpolitische Macht erwirtschaften ließ. Von irgendeiner Initiative, mitzuregieren, vom Untertanen zum Staatsbürger zu werden, war im ganzen Lande nichts zu spüren. Seine Bewohner waren seit Jahrhunderten an ein patriarchalisches Regiment gewöhnt und sehnten sich nach Geborgenheit, was zugleich Verantwortungslosigkeit hieß. Wenn Friedrich seinen rückständigen Staat vorwärtsbringen wollte, so war er ausschließlich auf sich selbst und seinen reformierenden Willen angewiesen. Demgemäß instruierte er seinen voraussichtlichen Nachfolger, den Prinzen August Wilhelm, in Preußen tue der König alles selbst, und die anderen seien lediglich dazu da, in den einzelnen Bereichen des Staates den Willen des Monarchen in die Tat umzusetzen.

Der Staat, er wurde von Friedrich zum verpflichtenden Ethos stilisiert, er umschloß die Summe aller Einzelinteressen. Und der König war nichts anderes als der höchste Beamte oder Angestellte des Staates. »Diesem schuldet der Fürst Rechenschaft über die Steuern, die er erhebt, um ihn durch seine Truppen zu schützen, um die Würde der Krone aufrechtzuerhalten, Dienste und Verdienste zu belohnen, eine Art Ausgleich zwischen den Belasteten und den Begünstigten herzustellen, Unglücklichen ihr Los zu erleichtern und endlich im allgemeinen Staatsinteresse freigebig sein zu können.« Wenn der König, der also sein eigener Regierungschef, sein eigener Premierminister war, dies alles nach bestem Wissen und Gewissen bedenken und bewirken wollte, dann mußte er auch von allem Kenntnis haben: »Finanzen, Politik und Heerwesen sind untrennbar. Es genügt nicht, daß eines dieser Glieder gedeiht; sie müssen alle in gleicher Weise gesund sein.«

Aber der König stand ja nicht im luftleeren Raum. Unter ihm existierte die überkommene Gesellschaftspyramide: Adel – Bürgertum – Bauernschaft. Friedrich dachte nicht daran, an dieser Struktur, die sich in Jahrhunderten herausgebildet hatte, zu rütteln. Nicht ändern, sondern bessern, hieß seine Devise. Wenn Europas aufgeklärte Intelligenz ihm 1740 so enthusiastisch zugejauchzt hatte, weil sie von ihm eine ›Revolution von oben‹ erwartete, so hatte sie gänzlich die Realitäten der Zeit übersehen. Friedrich sah sie; sein praktischer Verstand sezierte sie messerscharf. Er wußte, wo er ›revolutionär‹ sein *durfte* und wo er ›konservativ‹ sein *mußte*. Diese Zwiespältigkeit, dieser scheinbare Widerspruch in seinem Königtum, verwirrte seine Zeitgenossen und verwirrt die Nachwelt bis heute. Dabei war es doch so zwingend einfach: Kraft seiner absolutistischen, unangefochtenen Machtstellung und gerüstet mit dem Waffenarsenal der Aufklärung mochte er umstürzend wirken im Bereich des Überbaues, also in dem des Bewußtseins, der Glaubens- und Gewissensfreiheit, der Kultur, des Geschmacks, der Sitten und der Gesetze. Was dagegen den Unterbau anbetraf, die Gesellschaftsstruktur, die Innen-, Wirtschafts- und Sozialpolitik also, mußte er – bei Strafe des Untergangs seines Staates – eisern an dem festhalten, was nun einmal da war, was real existierte.

Das Gesellschaftssystem des 18. Jahrhunderts bestand in Ungleichheit; in allen Ländern der damaligen Welt. Das wußte Friedrich nur zu gut. Daran etwas zu ändern, mochte künftigen Generationen vorbehalten sein. Seine Aufgabe war es, zu sorgen, daß Ungleichheit nicht auch noch Ungerechtigkeit bedeutete.

Darum hat er sich bemüht; insbesondere gegenüber dem zahlreichsten Stand seiner Gesellschaft: den Bauern. Seit zweihundert Jahren, seit der blutigen Niederschlagung des Großen Deutschen Bauernkrieges im Jahre 1526, lebten die Bauern kaum besser als das liebe Vieh; ja, in vielerlei Hinsicht schlechter. Sie waren die Enterbten und Entrechteten der Nation. Nichts galt als schimpflicher und verächtlicher, als ein ›dummer Bauer‹ zu sein. Bauer war gleichbedeutend mit Analphabet. Und so geduckt, geprügelt und geknechtet war diese übergroße Mehrheit des Volkes, daß sie niemals an ihren Sklavenketten rüttelte. Der Bauer trottete hinter seinem Pflug wie der Ochse im Geschirr. Er war dazu da, hart zu arbeiten, damit die anderen sich ernähren konnten, und Steuern zu zahlen, damit sich andere vergnügen mochten. Sich mit einem Bauern zu unterhalten, wäre niemandem eingefallen; der Bauer hätte auch – bei seiner Unwissenheit – kaum eine vernünftige Antwort geben können. Er durfte zufrieden sein, wenn er Befehle erhielt, ohne daß die Peitsche auf seinem Rücken tanzte. Und das Schlimmste von allem: Die Bauern waren an diesen Zustand derart gewöhnt, daß sie sich eine Änderung ihrer Lebensumstände gar nicht vorstellen konnten.

Das alles galt mitnichten für die freien Bauern Ostfrieslands und nur sehr eingeschränkt für die in Cleve, Ravensberg, Mark und Minden; also in den westdeutschen Gebieten des preußischen Staates. Dort hatten weder Bauernkrieg noch Dreißigjähriger Krieg gewütet. Doch im Osten Deutschlands sah es anders aus. Der Dreißigjährige Krieg hatte zur Entvölkerung ganzer Landstriche geführt, und für den adligen Großgrundbesitzer wurde es zu einer Existenzfrage, die Bauern zu Knechten und Landarbeitern auf seinen Gütern zu machen, wollte er nicht die Felder aus Mangel an Arbeitskräften brachliegen und das Vieh verhungern lassen. Diese Frondienste für den adligen Gutsherrn umfaßten fünf oder sechs Tage in der Woche. Man kann sie getrost als eine Art Zwangsarbeit, ja Sippenhaft bezeichnen, denn die Verpflichtung zu Frondiensten erstreckte sich auch auf die Kinder des Bauern, die ohne Genehmigung ihres Gutsherrn weder das Dorf verlassen noch sich verehelichen durften. Der Adlige war den Bauern gegenüber Arbeitgeber, Richter und Polizeichef in einem.

Am 20. Mai 1748 schrieb Friedrich an das Generaldirektorium: »Da ich darauf bedacht bin, dem Lande in jeder Beziehung aufzuhelfen, so ist mir bekannt, daß zu den Dingen, die zu hart sind, die grausamen Frondienste gehören, welche die Bauern tun müssen und bei denen nichts als Verderben herauskommt. Deshalb soll in jeder Provinz und in jedem Kreis darauf gesehen werden, ob man es nicht so einrichten könnte, daß die Bauern in der Woche nur drei, höchstens vier Tage dienen müssen. Das wird zwar ein großes Geschrei verursachen; aber für den Bauern ist es fast nicht auszuhalten, wenn er sechs Tage oder fünf in der Woche dienen muß.«

Mit diesem Reformversuch von 1748 stieß der König bald auf den geschlossenen Widerstand des gesamten preußischen Adels. Als er zu erkennen gab, daß er die Frontage der Bauern am liebsten auf zwei pro Woche herabsetzen würde, hagelte es Proteste der adligen Gutsbesitzer. Besonders in Pommern und in der Mark Brandenburg versteifte sich der Widerstand der Junker. Wenn die Frondienste auf Befehl des Königs eingeschränkt würden, so drohten sie, könnten sie keine königlichen Dienste mehr annehmen und auch ihre Söhne nicht mehr zum Heer schicken, da dann akuter Mangel an Arbeitskräften bestünde und sie auf den Höfen alles selbst machen müßten. Es war die reine Erpressung! Und es war auch kein Wort daran wahr. Denn die pommerschen Stände erklärten ungeniert, daß ein Bauer, wenn er nur noch die Hälfte der Frondienste zu leisten habe, dann eben auch die Hälfte seines Landbesitzes an den Adligen abtreten müsse. Das Argument des ›Arbeitskräftemangels‹ entlarvte sich damit selbst als Zwecklüge.

Friedrich wich vor diesem Widerstand zurück. Wollte er das reibungslose Funktionieren seines Staates und seiner Armee gewährleisten, so durfte er sich mit der Gesellschaftsklasse, die ihm die ›Funktionäre‹, also die Beamten und die Offiziere, stellte, unter keinen Umständen anlegen. Er befahl also dem Generaldirektorium, sich der Sache »mit mehrerem Menagement«, sprich: sehr vorsichtig anzunehmen, und damit blieb der große Reformversuch von 1748 schon im Anfangsstadium stecken.

Friedrich suchte nun nach Wegen geringeren Widerstandes. Dazu bot sich Niederschlesien an. Auch hier mußten die Bauern fünf oder sechs Tage die Woche Frondienst leisten. Theoretisch konnten sie aber, wenn ihnen die Sache unerträglich wurde, die ihnen erblich übertragenen Höfe verlassen; allerdings nur unter der Bedingung, daß sie einen gleichwertigen Ersatzmann stellten und eine Ablösungssumme zahlten, die ganz im Belieben und in der Willkür des Gutsherrn stand. Hier setzte der König sehr geschickt an, indem er die Ablösesumme auf höchstens zehn Prozent des Vermögens festsetzte. Darüber hinaus verordnete er, daß der Weggang eines Mannes nicht verweigert werden durfte und sogar ohne Lösegeld zu erfolgen hatte, wenn der Betreffende vom Gutsherrn mißhandelt worden war, wenn er anderenorts Aussicht auf ein besseres Grundstück hatte oder wenn er in den Staatsdienst treten wollte.

Vor allem aber hatte Friedrich freie Hand auf den Domänen, also den Staatsgütern, und in den königlichen Amtsdörfern. Hier konnten ihm die Junker nicht hineinreden. Und dieser Landwirtschaftssektor war bedeutend, wenn auch von Provinz zu Provinz ganz unterschiedlich. In der Kurmark beispielsweise waren von zweitausend Dörfern sechzig Prozent in Junkerhand. In Ostpreußen dagegen waren von viertausend Dörfern nur zwanzig Prozent in adligem Besitz. Auf das gesamte preußische Staatsgebiet ostwärts der Elbe gesehen, waren etwa fünfundzwanzig Prozent der Bodenfläche in den Händen der Krone. Und hier gelang die Reform von 1748 vollständig. Sämtliche Pachtverträge wurden erneuert, die Festsetzung der Frondienste auf höchstens drei Tage die Woche begrenzt, die Dauer der Verträge auf sechs Jahre reguliert, nach deren Ablauf sie wiederum zu denselben Bedingungen um weitere sechs Jahre verlängert werden mußten. Bereits 1754 war diese segensreiche Reformtätigkeit erfolgreich abgeschlossen.

In jüngster Zeit ist es Mode geworden, Friedrichs Bemühen um die Verringerung der Frondienste und um die Aufhebung der Leibeigenschaft seiner Bauern in Verdacht zu bringen. Historiker und vor allem Soziologen in der gesamten Bundesrepublik haben nachweisen wollen, daß Friedrich ein Mann des Adels war. Das war er sicherlich, weil er ein Mann des Staates war. Ohne die gesellschaftliche Kaderelite des Junkertums hätte er ein halbes Jahrhundert vor dem Ausbruch der bürgerlichen Revolution nicht einen Tag regieren können. Wahr ist aber, daß der König in den sechsundvierzig Jahren seiner Regierungszeit immer wieder versuchte, dem von ihm hochgeschätzten Adel klarzumachen, daß das Junkertum von einer Abschaffung der bäuerlichen Leibeigenschaft durchaus profitieren würde. Das ist ihm nicht gelungen. Doch Ruhe gelassen hat es ihm nicht. Noch wenige Tage vor seinem Tode schrieb er nach Tilsit über die dortigen Bauern: »Sie sollen keine Sklaven sein!« Am klarsten brachte er seine Einstellung zum Ausdruck, als er am 16. April 1754 an den Großkanzler Cocceji schrieb: »Die Sklaverei der in Pommern noch üblichen Leibeigenschaft erscheint mir so hart und ist von so üblem Effekt für das ganze Land, daß ich wohl wünschte, daß solche wohl aufgehoben und, zum Besten des Adels selbst, auf eine gute Art gänzlich abgeschafft werden könnte.«

Um die Jahreswende 1748/49 tat Friedrich den zweiten Schritt zur Verbesserung der Lebensbedingungen der Bauern. An die Kurmärkische Kammer schrieb er aus Berlin: »Dieweil bislang verschiedene Beamte die Bauern mit Stockschlägen übel tractiret haben, ich aber dergleichen Tyrannei gegen die Untertanen durchaus nicht gestatten werde, so will ich, daß, wenn forthin einem bewiesen werden kann, daß er einen Bauern mit dem Stock geschlagen habe, ersterer sodann alsofort und ohne Gnade sechs Jahre auf die Festung kommen soll . . .« Was in der Kurmark gang und gäbe war, war natürlich auch in allen anderen Provinzen des Staates an der Tagesordnung. Also schrieb der König an seinen Justizminister Cocceji aus Potsdam: »Ich habe wiederholt bemerkt, daß die Edelleute und Gerichtsobrigkeiten ihre Untertanen, wenn sie sich etwas zuschulden kommen ließen, mit derart grausamen und barbarischen Strafen belegen lassen, daß dieselben entweder um ihre Gesundheit kommen oder landesflüchtig werden. Ich werde solches Unwesen nicht länger dulden und auf Zuständen beharren, wie sie sich unter gesitteten Völkern geziemen . . .«

Friedrich rechnete auch hier mit dem Widerstand der Junker, und er sollte sich darin nicht täuschen. In den nächsten vierzig Jahren erneuerte und verschärfte er immer wieder die Prügelverbote, appellierte er an das humane Empfinden der Rittergutsbesitzer. Alles vergeblich. Die Junker glaubten, daß Schläge nur für einen ›Mann von Ehre‹ eine Schande und daß Prügel das beste Stimulans zu fleißiger Arbeit seien. Es mag sogar sein, daß sie darin nicht ganz unrecht hatten. Die Bauernklasse des östlichen Preußen mußte erst einmal fünfzig Jahre durch die allgemeine Schulpflicht und durch die allgemeine Wehrpflicht des Kantonreglements gehen, bevor sich das Niveau ihres primitiven Bewußtseins hob, bevor sich ihr Ehrgeiz auf mehr richtete als auf den Genuß von Bier und Branntwein und auf das Prügeln ihrer Frauen und Kinder. Auf den Domänen und in den königlichen Amtsdörfern aber setzte sich der König mit seinen aufgeklärten Humanitätsprinzipien durch. Auch dazu bedurfte es ständiger und drastischer Nachhilfe seinerseits. Auf Inspektionsreisen befragte er denn auch die Bauern nach dem Benehmen der Pächter. Erfuhr er, daß der Betreffende seine Bauern »plackte« und »traktierte«, so verfügte er, daß dieser Beamte, »wenn er auch sonst gut gewirtschaftet und korrekt bezahlt hat, aus dem Amte gejagt« und daß ein anderer, korrekter Pächter an seine Stelle gesetzt wurde.

Was die gezielte Herabsetzung der Frondienste und die bessere Behandlung der Bauern anging, konnte Friedrich nur in dem Sektor reüssieren, der der Verfügungsgewalt der Krone unterstand. Ein drittes Grundprinzip seiner Bauernpolitik aber paukte er für den Gesamtstaat durch: nämlich das Verbot des »Bauernlegens«, also der Enteignung bäuerlichen Besitztums durch den landgierigen Adel. Es ging ihm dabei sowohl um humanitäre als auch um gesellschaftspolitische Gesichtspunkte. Zur Erhaltung und Festigung des Staatsverbandes wünschte er eine wohlverstandene Balance zwischen den einzelnen Ständen, insbesondere zwischen der Bauernklasse und dem Grundadel. Jeder Stand sollte das Seine zum Wohl des Ganzen tun, nach der preußischen Staatsdevise »suum cuique« (»Jedem das Seine«). Er selbst sagte dazu: »Der König soll das Gleichgewicht zwischen

Bauer und Edelmann erhalten, so daß sie einander nicht zugrunde richten. Den Bauern ist zu verwehren, daß sie Grund und Boden des Adels aufkaufen; der Adel ist am Bauernlegen zu hindern. Denn die Bauern können nicht als Offiziere in der Armee dienen, und die Edelleute vermindern durch Einziehung von Bauernland die Zahl der Einwohner und der Landwirte.« In diesem Punkt kannte er keinen Spaß, und hier war er auch nicht geneigt, auf den Standesdünkel der Junker Rücksicht zu nehmen. In der Tat hörte das Bauernlegen in Preußen beinahe schlagartig auf, während beispielsweise in Mecklenburg und im schwedischen Teil Pommerns die Bauernhöfe in den nächsten fünfundsechzig Jahren fast gänzlich verschwanden und in adligen Besitz übergingen.

Gleichgewicht oder Balance zwischen Bauernschaft und Junkertum hieß aber nicht, daß Friedrich im geringsten gesonnen war, eine adelsfeindliche Politik zu betreiben, wie sie in Ansätzen bei seinem Vater zu beobachten gewesen war. Ganz im Gegenteil. Der Kampf zwischen Fürstenmacht und Ritterstand, den der Große Kurfürst und der Soldatenkönig geführt hatten, war in Preußen längst zugunsten der Krone entschieden. Der Dünkel des Adels, der Egoismus des Ständewesens und der Sondergeist des Provinzlertums waren längst besiegt; die Junker hatten vor der Allgewalt des Königtums kapitulieren müssen. Und noch 150 Jahre später ließ Theodor Fontane in seinem »Stechlin« mit feinem historischem Gespür die märkischen Adligen darüber murren, daß die Hohenzollern ihnen mit allen Ehrenbezeugungen und glänzenden Auszeichnungen nur kümmerliche Trostpflaster aufgeklebt hätten, um die totale Unterwerfung des Junkerstandes unter den Staat zu kaschieren.

Friedrich setzte auf Versöhnung mit der Junkerklasse. Er erkannte den Adel als ersten Stand in seinem Staat an, was er ja ohnehin seit Jahrhunderten gewesen war. Seine philosophische Erkenntnis, »daß hohe Geburt nur eine Chimäre ist und daß alle Menschen gleich sind, wenn sie sich nicht durch Verdienste hervortun«, opferte er bewußt dem Staatsinteresse, wie er es verstand. In der Aristokratie sah er »die Grundlagen und Säulen des Staates«. Wenn sie bereit war, sich dem Willen des Königs zu unterwerfen, so war er willens, ihre Prärogativen nicht anzutasten. Die Junker stellten ihm die Beamtenschaft und das Offizierskorps, waren also die Berufskader seiner inneren und äußeren Politik, die er – bei dem geringen Bewußtsein und niedrigem Bildungsstand der Bürger oder Bauern – nirgendwo anders hätte finden können.

So gab es im friderizianischen Staat für den Adligen nur zwei in Betracht kommende Berufe: den des Beamten bzw. Offiziers und den des Gutsbesitzers. Sollte das ganze Gefüge nicht ins Wanken kommen, dann mußte der adlige Grundbesitz konserviert werden, wie es andererseits galt, das Bauernland und den bürgerlichen Gewerbebetrieb vor den Zugriffen der Junker zu schützen. Dieses Gesellschaftssystem beruhte auf einer scharfen Trennung aller Einwohner des Staates nach Standes- und Berufsklassen. Die gegenseitige Sonderung war so streng, daß man beinahe von einer indischen Kastengesellschaft sprechen könnte. Das ging bis zur Kleiderordnung. Federhut und Degen waren und blieben dem Adligen vorbehalten. Fanden Feste in den königlichen Schlössern statt, zu denen auch Bürgerliche eingeladen wurden, so war – wenn es sich um Bälle und Redouten handelte – der scharlachrote Domino ausschließlich den Angehörigen des Adels gestattet. Durch den Saal gezogene Schranken bewahrten die vornehme Gesellschaft davor, sich mit den einfachen Leuten ›gemein‹ machen zu müssen (die aber doch diejenigen waren, die dem Staat die meisten Steuern zahlten). Ehen zwischen Adligen und Bürgerlichen galten als Verstoß wider alles Herkommen und wider die guten Sitten.

Die Städte, in denen die dritte Gesellschaftsklasse, die der Bürger, lebte, waren in Friedrichs Augen eigentlich nur größere Handwerksgenossenschaften, deren Produktion und Umsatz es von Staats wegen zu fördern galt. Von einer freien Selbstverwaltung der preußischen Städte konnte keine Rede sein. Der Soldatenkönig hatte die Vorrechte des städtischen Patriziats rücksichtslos abgeschafft und die Kommunen unter die strenge Beaufsichtigung der Krone gestellt. Die wenigen reichen Familien, die jahrhundertelang die Herrschaft in den Städten ausgeübt und das Vermögen der Gemeinden als ihr Privateigentum betrachtet hatten, waren zähneknirschend zu Kreuze gekrochen. Zwar blieben Bürgermeister und Rat pro forma erhalten. Aber den Bürgermeister ernannte der König, und die Ratsherren wurden vom Staat besoldet. Von Selbstverwaltung, liberaler Marktwirtschaft oder freier Konkurrenz konnte also in Preußens Städten nicht gesprochen werden. Was aber für die Patrizierfamilien ein Abstieg war, erwies sich sehr bald als Befreiungstat für die mittleren und niederen Schichten der städtischen Bevölkerung, die unter der Willkür und Habgier der patrizischen Oligarchien lange genug gelitten hatten.

Während ein adliger Landrat in den Dörfern nach dem Rechten sah, beaufsichtigten königliche Steuerräte die städtischen Gemeinden. Meist kamen diese Herren aus dem Juristenstand, und jeder von ihnen hatte sechs bis fünfzehn Städte zu kontrollieren, was ohne weiteres möglich war, da in Ostelbien – abgesehen von Berlin, Königsberg und Breslau – nur winzige Ackerbürgerstädte existierten. Ein solcher Steuerrat war der unge-

Nächste Seite oben: Scherer an der Garnhaspel
Nach einer Zeichnung von Daniel Chodowiecki in Kupfer gestochen von Krüger, 1774

Nächste Seite unten: Klöpplerin, Spulerin, Spinnerin
Nach einer Zeichnung von Daniel Chodowiecki in Kupfer gestochen von Krüger, 1774

krönte König seiner Gemeinden. Er berichtete direkt an den Monarchen, und von seinen Berichten hingen Wohl und Wehe der jeweiligen Kommune ab. Der Steuerrat unterbreitete dem König sogenannte Tabellen, die bereits Friedrich Wilhelm I. eingeführt hatte und aus denen man mit einem Blick das Plus und das Minus ersehen konnte. Diese Tabellen wurden natürlich häufig ›frisiert‹, und Friedrich – ungeachtet seines latenten Mißtrauens – ist nur allzu oft diesen schönfärberischen Bilanzen aufgesessen. Es sah eben damals mit Erfolgsberichten an Vorgesetzte nicht anders aus als heutzutage.

Immerhin, der König hielt auch und gerade die allmächtigen Steuerräte unter dem Druck seiner ständigen Kontrolle. Immer wieder ermahnte er sie, den barschen Umgangston mit den Bürgern abzulegen, ständig schärfte er ihnen ein, mit den Bürgermeistern und Ratsherren ein kollegiales Verhältnis herzustellen. Er blieb zeitlebens bemüht, die Macht der Steuerräte in ihre Schranken zu weisen, und seine Randbemerkungen auf Berichten und Gesuchen derselben sprachen eine deutliche Sprache: »Er ist impertinent zu den Bürgern.« – »Er spielet den Minister.« – »Er hält sich für zu gut, mit dem Bürgermeister, dem Ratsherrn oder dem Bürger, mit denen er doch zu sprechen hat, umzugehen.« – »Wenn Er von einer Stadt zur anderen reist, hat Er einen Train bei sich, daß man Ihn für einen Feldmarschall ansehen könnte.« – »In den Städten sieht Er nur darauf, daß Er ein gutes Quartier hat und daß Er vom Magistrat reichlich bewirtet wird; dann ist in der Stadt alles gut.«

Insgesamt erwies sich Friedrichs Gesellschaftspolitik als staatserhaltend und konservativ. Das galt insbesondere für den Adel und für die Städte. Seine Bauernpolitik war reformfreundlich, konnte sich aber nur auf einem Viertel des preußischen Staatsgebiets auswirken. Humanitätsideale und Staatspolitik standen sich gegenseitig im Wege. Die Praxis erwies sich oft als stärker denn die Theorie. Mit dem Kopf war dieser König seiner Zeit um fünfzig Jahre oder mehr voraus; mit der Hand suchte er behutsam und ausgleichend das Bestehende zu erhalten und zu bessern.

Dennoch waren seine Adels- und seine Bauernpolitik von kulturrevolutionärer Bedeutung. Das ostelbische Junkertum, wie es Friedrich ursprünglich vorfand, es war nicht nur der ärmste, sondern auch der ruppigste und ungeschliffenste Adel Europas (von den polnischen Schlachtschitzen einmal abgesehen). Es waren Leute gewesen, brutal, roh und unbeleckt, die nichts als ihren blanken Eigennutz im Sinn gehabt hatten. Aber was wurde durch Friedrichs Wirken daraus! Indem er ihnen das gab, was er ›Ehre‹ nannte und was wir heute mit ›Bewußtsein‹ bezeichnen würden, schuf er einen Adelstypus, der für zwei Jahrhunderte das Staunen der Welt wurde. Mochte man Preußen bewundern oder hassen, der adlige preußische Beamte, der adlige preußische Offizier wurde zu einer weltbekannten Figur, wie sie sonst nur noch England mit seinem ›Gentleman‹ hervorgebracht hat. Ohne diese von Friedrich polierte und erzogene Gesellschaftsschicht wäre der kometenhafte Aufstieg Preußens niemals zustande gekommen. Die Bauern wiederum zahlten diesem König ihre Dankesschuld ab, als sie sich 1813 für ihren eigenen Staat und gegen die Fremdherrschaft erhoben, als sie im Geiste Friedrichs zu den preußischen Fahnen eilten und in den Landwehren ihre Wundertaten bei Großbeeren und Dennewitz, an der Katzbach und bei Wartenburg vollbrachten. Diese einfachen Leute des Landvolkes waren nicht von den Ideen eines Zeitalters, sondern von den Taten eines Königs beeindruckt worden. Sie schwärmten nicht von ›Freiheit‹ oder ›Emanzipation‹, sondern erinnerten sich daran, daß Friedrich dem Vater das Bruch trockengelegt oder der Mutter einen Webstuhl geschenkt hatte. Die Bürger in den kleinen Städten Preußens waren diejenigen, die von Friedrichs Politik am wenigsten profitierten. Gewiß hob sich durch sein unermüdliches persönliches Beispiel die Arbeitsmoral, verbesserte sich infolge seiner gezielten Einwanderungspolitik ausländischer Fachleute auch das produktionstechnische Niveau. Aber erst die Auswirkungen der Französischen Revolution und die Steinschen und Hardenbergschen Reformen verankerten die dritte Säule der Gesellschaftsstruktur, das Bürgertum, fest auf preußischem Grund und Boden.

Das Leben des einfachen Mannes im 18. Jahrhundert war bestimmt, war gekennzeichnet durch das Wirken der ›Obrigkeit‹, also der Herrschenden, mochte es sich dabei nun um einen Kaiser, einen König, ein Parlament oder eine Adelsclique handeln. In jedem Falle war er der ›Untertan‹, von dem blinder Gehorsam und fatalistische Unterwerfung unter jedwede Willkür von oben erwartet wurde. Die ideologische Absicherung solcher Zustände erfolgte durch die Kirchen, deren Priester dem Volk unaufhörlich versicherten, daß jede Obrigkeit durch Gott eingesetzt und daß es die heilige Pflicht eines jeden Christenmenschen sei, sich klaglos und willig dareinzuschicken.

Lebte ein solcher Untertan beispielsweise in Polen, so hatte er praktisch den Status eines Sklaven der Antike. Er war Leibeigener eines Schlachtschitzen, eines polnischen Adligen, er war verkauf- und vertauschbar, und es gab nirgendwo im Lande eine höhere Instanz, an deren Gerechtigkeitssinn er hätte appellieren können. Wie aber sah es im ›aufgeklärten‹ Frankreich aus? Vierzig Prozent des gesamten Landes waren im Besitz der Aristokratie; dreißig Prozent gehörten der mächtig aufstrebenden Bourgeoisie. Diese beiden Stände schmarotzten rücksichtslos auf Kosten des armen Mannes, des Bauern und des Kleinbürgers, und das absolutistische Königtum von Versailles tat nichts, ihnen durch Gesetze Einhalt zu gebieten.

In Frankreich konnte jeder Bürger, vor allem jeder *arme* Bürger, von der Straße weg verhaftet werden. Irgendein beliebiger Kanzlist brauchte nur einen ihm mißliebigen Namen in das vorgefertigte Formular der königlichen Behörden einzusetzen, und der Betroffene wanderte unverzüglich und auf unabsehbare Zeit ins Gefängnis, in die Bastille. Derartige »Freibriefe« sind uns erhalten geblieben:

> »Herr . . . Ich sende Euch diesen Brief, um Euch zu befehlen, in mein Schloß Bastille den Herrn . . . einzuliefern und ihn dort festzuhalten, bis auf neuen Befehl von meiner Seite. Außerdem bitte ich Gott, daß er Euch, Herr . . ., in seinen heiligen Schutz nehme. Geschrieben am: . . .
> Louis.«

Das war Willkürherrschaft in Reinkultur. Erst der Sturm auf die Bastille machte 1789 dem Despotismus des französischen Königtums ein Ende (um dann sogleich in den bürokratischen Zentralismus und bourgeoisen Imperialismus Napoleons umzuschlagen).

Und wie sah es zu damaliger Zeit im ›fortschrittlichen‹ England aus? Dort hatte sich die Londoner Großbourgeoisie mit dem Landadel zusammengeschlossen, das Königtum entmachtet und eine allgewaltige Parlamentsherrschaft errichtet. Doch diese Demokratie war nichts anderes als eine Oligarchie, also eine Herrschaft der Wenigen. Von drei Millionen mündigen Einwohnern des Landes waren nur zehn Prozent wahlberechtigt. Die Parlamentssitze wurden zu festen Preisen unter den Reichen verschachert. Preßkommandos der Royal Navy streiften täglich durch die Gassen der Städte und zwangen die Passanten mit Gewalt zum Dienst auf Englands Flotten. Vier Fünftel des gesamten Landes gehörten siebentausend Adligen. Die englischen Arbeiter lebten schlechter als die Sklaven des Altertums und wurden mit ihren Arbeitsstellen zusammen in freier Marktwirtschaft verkauft. Ein englischer Bischof erklärte: »Das Volk hat mit den Gesetzen nichts zu tun als ihnen zu gehorchen!«

Die Wirtschaft lag in den Händen der Londoner Großbourgeoisie. Die britische Verwaltung befand sich in der Hand des Landadels und war Sache ehrenamtlicher Friedensrichter. Der Friedensrichter war aber immer ein adliger Großgrundbesitzer. Mit der Justiz stand es nicht besser. Ihr Allheilmittel war nach wie vor die Todesstrafe. Auf über hundert Verbrechensarten stand der Strang. Der Strafvollzug war geradezu barbarisch. Den sogenannten Hochverrätern wurden bei lebendigem Leibe die Gedärme herausgerissen; die toten Körper gevierteilt.

Wie waren die gesellschaftlichen Zustände im machtlosen, zersplitterten Deutschen Reich? Da war beispielsweise Herzog Karl Eugen von Württemberg, derselbe, dem Friedrich um die Jahreswende 1743/44 im Berliner Schloß eingeschärft hatte, die Wohlfahrt des Volkes den eigenen Vergnügungen vorzuziehen und die Menschen in seinem Land glücklich zu machen. Karl Eugen, inzwischen Herrscher geworden, schlug die Lehren des Preußenkönigs sogleich in den Wind. Getreu dem Beispiel der französischen Despotie erklärte er: »Das Vaterland bin ICH.« Er exerzierte eine brutale Fürstenherrschaft, überzog ganz Württemberg mit einer gnadenlosen Bürokratie und saugte das Land für seine pompöse Hofhaltung aus. Alle Volksrechte, die durch eine althergebrachte Verfassung verbrieft waren, wurden von ihm ignoriert und zu Boden getreten. Es gab weder Gesetz noch Gerechtigkeit. Seine Landeskinder zwang er zum Soldatendienst in Übersee. Dafür erhielt er von 1752 bis 1756 vom französischen Hof die phantastische Summe von eineinhalb Millionen Livres.

Das Heilige Römische Reich Deutscher Nation, es war im 18. Jahrhundert, wenn es denn überhaupt etwas Reales war, nichts als das organisierte Chaos. Im gesamten Reichsgebiet lebten damals etwa vierundzwanzig Millionen Menschen. Diese Masse vegetierte in 2400 Städten, 3000 Marktflecken, 100 000 Dörfern und ca. 40 000 Rittersitzen und Einzelhöfen. In dreihundert »souveräne« Territorien zerfiel dieses merkwürdige Reich: in geistliche und weltliche Kurfürstentümer, Fürstentümer, Herzogtümer, Mark- und Landgrafschaften, Erzbistümer, Bistümer, Abteien, Reichsgrafschaften, Reichsfreiherrnschaften, Reichsstädte, Reichsstädtchen etc.

Dieses Reich war die Karikatur eines Staatsgebildes. An ihm war nichts heilig, und in seinen Grenzen lebte vom Bewußtsein her mitnichten eine Deutsche Nation. Der Kaiser war ein bloßer Popanz – der Reichstag zu Regensburg eine machtlose Klatschstube – das Reichskammergericht eine Institution der Nichterledigung – die Reichskasse ein Vakuum – die Reichsarmee ein trauriger Witz. In den meisten Lebensbereichen dieses Scheinstaates herrschte eine unbeschreibliche Verkommenheit. Vieles war verknöchert, versteinert, verfault. Die höheren Stände waren verausländert, die unteren verdummt und geknechtet. Der Adel war entweder zum Hoflakaientum oder zum Krautjunkertum degeneriert. Der Bürger war ein horizontaler Spießer; der Bauer ein besitzloser Sklave. Die Kirchen – ganz gleich, ob katholisch oder evangelisch – waren in reinem Formalismus erstarrt und sahen ihre Hauptaufgabe in der Bewahrung und Absegnung des Gegebenen, mochte es auch in seiner Erbarmungswürdigkeit zum Himmel schreien. In diesem rückständigen Reich waren Muckertum und Untertanengeist Trumpf. Und das Schlimmste war – darin ganz anders als in Frankreich und England – die staatliche Zersplitterung, diese unerträgliche Kleinstaaterei, die den Geist der Deutschen zum Provinzlertum deformierte. Es gab im damaligen Deutschland keinen ›Duft der großen weiten Welt‹; es gab nur einen Kirchturmhorizont. Tausende von Grenzen und Zollschranken zerteilten und zerschnitten das Land der Deutschen.

Auch in Preußen wurden die einfachen Leute von den Steuerbeamten und Kontrolleuren in unerträglicher Weise belästigt. Die Speicher aller mit Lebensmitteln handelnden Personen, also der Bäcker, Fleischer, Mühlenbesitzer, wurden wöchentlich einmal einer Inspektion unterworfen, um ihre Vorräte zu berechnen und die Akzise (die staatliche Besteuerung der Konsumgüter) festzusetzen. Näherte sich ein Bauernwagen dem Stadttor, so wurde er von der Wache angehalten, und der Bauersmann mußte die Anzahl seiner Zugtiere kontrollieren und sich amtlich bescheinigen lassen, damit weder ein Pferd noch ein Ochse unversteuert in der Stadt bleiben konnte. Die Städte erstreckten sich ja nicht wie heutzutage frei ins Land, sondern waren mit Mauern und Stadttoren umgeben. Kam ein Reisender an ein solches Tor, so hatte er meist einen langwierigen Aufenthalt zu gewärtigen; sein Name, seine sonstigen Personalien, sein Reisezweck, seine Barschaft: alles wurde erfragt, kontrolliert und visitiert. Jeder Fracht- und Reisewagen wurde an den Stadttoren durchsucht, die Warenballen und Kisten versiegelt und auf den städtischen Packhof gebracht, wo sie nur in Gegenwart königlicher Visitatoren geöffnet werden durften.

Am 20. Juni 1750 traf der Kandidat Linsenbarth an einem der Berliner Stadttore ein. Er kam aus Thüringen. Dort hatte er auf den Gütern des Grafen Werthern als Hauslehrer gelebt. Wenn er bereit gewesen wäre, die Kammerjungfer der Frau Gräfin zu heiraten, hätte ihm das gräfliche Paar eine gute Pfarrstelle im nächsten Dorf gegeben. Der aufrechte und ungeschickte Linsenbarth hatte das abgelehnt und flugs sein Ränzel geschnürt, um der Ungnade der Frau Gräfin zu entgehen. Hoffnungsfroh hatte er sich auf den Weg in die preußische Hauptstadt gemacht, denn er glaubte, sich in Berlin seinen Lebensunterhalt mit Privatstunden verdienen zu können. Sein ganzes zusammengespartes Vermögen trug er bei sich, lauter Nürnberger Batzen (ein Batzen entsprach etwa vier Kreuzern) im Werte von vierhundert Reichstalern.

Mit all seiner Habe mußte er sogleich nach strengem Verhör am Stadttor zum Packhof, wo sein gesamtes Geld kurzerhand beschlagnahmt wurde. Der König von Preußen, so wurde ihm bedeutet, habe schon vor mehreren Jahren die Einfuhr fremder Währungen verboten, und er, der Kandidat Linsenbarth, unterstehe sich, seine Nürnberger Batzen in die preußische Residenz einschleppen zu wollen. »Contrebande! Contrebande!« schnauzte ihn der königliche Visitator an. Linsenbarth, zutiefst erschrocken, entschuldigte sich mit seiner Unwissenheit. Er käme aus Thüringen, viele Meilen Wegs daher, und er hätte unmöglich wissen können, was der König von Preußen in seinen Ländern verboten habe.

Der Packhofinspektor:

»Das ist keine Entschuldigung! Wenn man in eine solche Residenz reist und daselbst verbleiben will, muß man sich vorher genau nach allem erkundigen und wissen, was für Geldsorten im Schwange sind, damit man nicht durch Einbringung verrufener Münzen in Gefahr kommt.«

Kandidat Linsenbarth:

»Ja, aber was soll ich denn nun anfangen? Sie nehmen mir ja mein ganzes Geld weg! Wie und wovon soll ich denn leben?«

Der Packhofinspektor:

»Das ist Sein Problem! Da muß Er sehen, wie Er zurechtkommt!«

Es half alles nichts; das Geld des armen thüringischen Schulmeisters blieb beschlagnahmt. Ein Stadtknecht brachte sein Gepäck auf einer Schubkarre in die Jüdenstraße, in den Gasthof Zum weißen Schwan, schmiß seine Sachen herunter und forderte vier Groschen Lohn. Aber Linsenbarth hatte ja keinen Pfennig mehr. Es kam zu einem lautstarken Streit. Schließlich schlurfte der Wirt des Gasthauses heran. Als er sah, daß Linsenbarth ein großes Federbett, einen Koffer voller Wäsche und einen Sack voller Bücher bei sich hatte, bezahlte er den Stadtknecht und gab Linsenbarth eine kleine Stube zum Hof hinaus. Er sagte zu dem Kandidaten, dort könne er wohnen; Essen und Trinken würde er ihm geben, bis seine Sache geregelt sei.

Bis Mitte August wohnte Linsenbarth nun im Gasthof Zum weißen Schwan, keinen Heller in der Tasche, schwitzend und zitternd vor Angst und Ungewißheit. Die Behörden ließen nichts von sich hören. Endlich faßte er Mut und trat an einen gewissen Advokaten B. heran, der regelmäßig im Gasthof verkehrte und mit den Fuhrleuten Geschäfte abwickelte. Linsenbarth schilderte dem Advokaten seine verzweifelte Lage und versprach ihm einen Louisdor (also ein Goldstück), wenn er ihm zu seinem Recht verhülfe. Kaum hörte der Advokat das Wort »Louisdor«, so packte er Linsenbarth am Arm, eilte mit ihm zur Straße Unter den Linden, trat mit ihm in ein prächtiges Haus und ließ sich von einem Bediensteten bei einem der Minister des Generaldirektoriums melden.

Der Advokat (mit tiefer Verbeugung):

»Es ist wahr, daß der König die Batzen verboten hat; sie sollen bei uns in Preußen nicht gelten. Aber das kann der Fremde ja nicht wissen! Und außerdem geht das königliche Edikt nicht so weit, den Leuten ihr Geld, ihre Batzen, gleich wegzunehmen.«

Der Minister (mit lauter Stimme):

»Ach, mein Herr, seid Ihr der Mann, der meines Königs Mandate durchlöchern will, wie?! Ich höre, Ihr habt Lust auf die Hausvogtei (auf das Stadtgefängnis), ja? Redet nur weiter! Ihr sollt sogleich zu der Ehre gelangen.«

Im Augenblick war der Advokat verschwunden, und der Kandidat Linsenbarth stand auf der Straße dieser großen, fremden Stadt, in der er keinen Menschen kannte, und wußte weder aus noch ein.

Endlich gab ihm jemand den Rat, man müsse sich – wenn man in Preußen etwas erreichen wolle – direkt an die königliche Majestät wenden. Er, Linsenbarth, müsse also nach Potsdam gehen und eine Denkschrift bei sich haben, die aber kurz sein und doch alles Wesentliche enthalten müsse. Der Kandidat erschrak. Der Preußenkönig erschien ihm fast so hochgestellt wie Gott der Allmächtige. Aber da er keine Hoffnung mehr hatte, so hatte er auch keine Wahl. Er faßte sich ein Herz, und was nun geschah, hat er selbst berichtet:

Sobald das Stadttor aufgeschlossen worden war, ging ich, ohne nur einen Pfennig Geld in der Tasche zu haben (o, der Verwegenheit!), nach Potsdam. Dort war ich auch so glücklich, den König zum ersten Mal zu sehen. Er war auf dem Schloßplatz beim Exerzieren seiner Soldaten. Als dieses vorbei war, ging er in den Schloßgarten, und die Soldaten liefen auseinander. Vier Offiziere aber blieben auf dem Platz und spazierten auf und nieder. Ich wußte vor Angst nicht, was ich machen sollte, und holte meine Papiere aus der Tasche. Das waren die Denkschrift, zwei Zeugnisse und mein thüringischer Paß. Das sahen die Offiziere, kamen gerade auf mich zu und fragten, was ich da für Briefe hätte. Ich zeigte sie ihnen willig und gern. Als sie sie gelesen hatten, sagten sie: »Wir wollen Ihm einen guten Rat geben. Der König ist heute extra gnädig und ganz allein in den Garten gegangen. Gehe Er ihm auf dem Fuße nach. Er wird glücklich sein.« Das wollte ich nicht; die Ehrfurcht war zu groß. Da griffen sie zu. Einer nahm mich beim rechten, der andere beim linken Arm. Fort, fort in den Schloßgarten! Als wir nun dahin kamen, so suchten sie den König auf. Er war bei einem Gewächshaus mit den Gärtnern und hatte uns den Rücken zugewandt. Ich mußte stille stehen, und die Offiziere fingen an leise zu kommandieren: »Den Hut unter den linken Arm! – Den rechten Fuß vor! – Die Brust heraus! – Den Kopf in die Höhe! – Die Briefe aus der Tasche! – Mit der rechten Hand hoch gehalten! – So steht!« Sie gingen fort und sahen sich öfter um, ob ich auch würde so stehen bleiben. Ich merkte wohl, daß sie ihren Spaß mit mir trieben, stand aber wie eine Mauer voller Furcht. Die Offiziere waren kaum aus dem Garten hinaus, da sah der König die Maschine in ihrer ungewöhnlichen Positur dastehen. Er tat einen Blick auf mich, und es war, als wenn mich die Sonne durchstrahlte. Er schickte einen Gärtner, die Papiere abzuholen, und ging dann mit ihnen in einen anderen Gang, wo ich ihn nicht sehen konnte. Kurz darauf kam er wieder zurück, hatte die Papiere in der linken Hand aufgeschlagen und winkte damit, näher zu kommen. Ich hatte das Herz und ging gerade auf ihn zu. O, wie allerhuldreichst redete mich der große Monarch an: »Tja, mein lieber Thüringer, Er wollte in Berlin durch fleißiges Informieren der Kinder sein Brot verdienen, und sie haben ihn beim Visitieren seiner Sachen sein mitgebrachtes Thüringer Brot weggenommen! Es ist ja wahr, die Batzen sollen in meinem Lande nicht gelten. Aber sie hätten auf dem Packhof sagen sollen: ›Ihr seid ein Fremder und kennt das Verbot nicht. Wohlan, wir wollen den Beutel mit den Batzen versiegeln, gebt solche wieder nach Thüringen und laßt Euch andere Sorten schicken.‹ Das wäre korrekt gewesen. Aber nicht wegnehmen! Na, gebe Er sich zufrieden. Er soll sein Geld cum interesse zurückerhalten. Aber, mein lieber Mann, Berlin ist schon ein gefährliches Pflaster! Sie verschenken da nichts.« Mit diesen Worten ging der König von mir weg, war aber kaum sechs bis acht Schritte gegangen, so sah er sich nach mir um und gab ein Zeichen, daß ich mit ihm gehen solle. Und so ging das Examen an:

Der König: Wo hat Er studiert?

Ich: Ew. Majestät, in Jena.

Der König: Unter welchem Prorektor ist Er eingeschrieben worden?

Ich: Unter dem Professor Theologiae Dr. Förtsch.

Der König: Was waren denn sonst noch für Professoren an der theologischen Fakultät?

Ich: Budaeus, Danz, Weißenborn und Walch.

Der König: Hat Er denn auch fleißig Biblica gehört?

Ich: Beim Budaeo.

Der König: Das ist der, der mit dem Professor Wolff so lange Krieg hatte?

Ich: Ja, Ew. Majestät, es war . . .

Der König: Was hat Er denn sonst noch für Kollegien gehört?

Ich: Ethica und Exegetica bei Dr. Förtsch, Hermeneutika und Polemika bei Dr. Walch, Hebraica beim Dr. Danz, Homiletica bei Dr. Weißenborn, pastorale et morale beim Dr. Budaeo.

Der König: Ging es denn zu seiner Zeit noch so toll in Jena her wie ehemals, als die Studenten sich ohne Unterlaß miteinander katzbalgten, woher der bekannt Vers stammt: Wer von Jena kommt ungeschlagen, der hat von großem Glück zu sagen?

Ich: Diese Unsinnigkeit ist ganz aus der Mode gekommen, und man kann dort jetzt wie auf anderen Universitäten ein ruhiges und stilles Leben führen . . .

Und so schlug die Kirchturmuhr eins. »Nun muß ich fort«, sagte der König, »sie warten mit der Suppe.« Als wir aus dem Garten kamen, waren die vier Offiziere noch auf dem Schloßplatz. Sie gingen mit dem König ins Schloß hinein, und keiner kam wieder zurück. Ich blieb auf dem Schloßplatz stehen, hatte in siebenundzwanzig Stunden nichts genossen, nicht einen Dreier für Brot bei mir und war in einer vehementen Hitze vier Meilen im Sande gewatet. Da war es wohl eine Kunst, das Heulen zu verbeißen! In dieser Bangigkeit meines Herzens kam ein Kammerhusar aus dem Schlosse und fragte: »Wo ist der Mann, der mit meinem König im Garten war?« Ich antwortete: »Hier!« Er führte mich ins Schloß, in ein großes Gemach, wo Pagen, Lakaien und Husaren waren. Der Husar brachte mich an einen kleinen Tisch, der war gedeckt, und darauf stand eine Suppe, ein Gericht Rindfleisch, eine Portion Karpfen mit einem Gartensalat, eine Portion Wildbret mit einem Gurkensalat, Brot, Messer,

Gabel, Löffel, Salz; alles war da. Der Husar präsentierte mir einen Stuhl und sagte: »Die Essen, die hier auf dem Tisch stehen, hat Ihm der König auftragen lassen und und befohlen, Er soll sich satt essen, sich an Niemanden kehren, und ich soll servieren. Nun also, frisch dran!« Ich war sehr betreten und wußte nicht, was zu tun sei. Am wenigsten wollte es mir in den Sinn, daß des Königs Kammerhusar mich bedienen sollte. Ich bat ihn, sich zu mir zu setzen. Als er sich weigerte, tat ich endlich, wie er gesagt hatte. Ich ging frisch dran, nahm den Löffel und fuhr tapfer ein. Der Husar nahm das Fleisch vom Tisch und setzte es auf die Kohlenpfanne. Ebenso tat er mit Fisch und Braten und schenkte Wein und Bier ein. Ich aß und trank mich recht satt. Das Konfekt, einen Teller voll großer, schwarzer Kirschen und einen Teller voller Birnen, packte ein Bedienter in Papier und steckte es mir in die Tasche, damit ich auf dem Rückweg eine Erfrischung hätte. Und so stand ich denn von meiner königlichen Tafel auf, dankte Gott und dem Könige von Herzen, daß ich so herrlich gespeiset worden.

Der Kandidat Linsenbarth war nun also gesättigt, und der Kammerhusar des Königs räumte den Tisch ab. In diesem Augenblick trat ein Sekretär ein, überreichte Linsenbarth ein verschlossenes Reskript des Königs an den Packhof, gab ihm seine Zeugnisse und den Paß zurück und zählte ihm fünf Dukaten und einen Friedrichsdor auf den Tisch, als Handgeld des Königs für die Rückfahrt nach Berlin. Dann brachte er ihn auf den Schloßplatz zu einem königlichen Proviantwagen und sagte zu den Kutschern: »Ihr Leute, der König hat befohlen, Ihr sollt diesen Fremden mit nach Berlin fahren, aber kein Trinkgeld von ihm nehmen.« So brauchte also Linsenbarth nicht durch den Sand der Mark Brandenburg zurückzuwaten.

Als der thüringische Schulmeister in Berlin ankam, ging er sogleich zum Packhof und überreichte dort das Reskript des Königs. Was dann geschah, schilderte Linsenbarth so: »Der Oberste erbrach es. Bei Lesung desselben verfärbte er sich, er wurde bald bleich, bald rot, schwieg still und gab es dem zweiten. Dieser nahm eine Prise Schnupftabak, räusperte und schneuzte sich, setzte eine Brille auf, las es, verfärbte sich, schwieg still und gab es weiter.« Der dritte Packhof-Beamte stellte dem Kandidaten Linsenbarth eine Quittung über 400 Reichstaler aus und zahlte ihm sofort den Gegenwert in brandenburgischen Münzsorten auf den Tisch; ohne jeden Abzug. Dann wurde ein Stadtknecht beauftragt, Linsenbarth in die Jüdenstraße zu begleiten und im »Weißen Schwan« seine Schulden zu bezahlen. Dafür bekam er vierundzwanzig Taler, und wenn das nicht reichte, sollte er zurückkehren und mehr holen. (Es reichte aber, denn Linsenbarth, dieser brave sparsame Mann, hatte in acht Wochen nur 10 Taler, 4 Groschen und 6 Pfennige verzehrt). Der Kandidat beendete seinen Bericht mit den Worten: »Das war es also, was der König gemeint hatte, als er sagte, ich solle mein Geld ›cum interesse‹ wiederbekommen. Der Packhof mußte meine Schulden bezahlen!«

Es gibt kein Dokument aus jener Zeit, das uns Friedrich und die Verhältnisse seines Staates besser und plastischer schildert als dieser Bericht des thüringischen Kandidaten Linsenbarth, der sich danach als Hauslehrer der Apothekersfamilie Rose in Berlin niederließ und bei dessen Tode man das Tagebuch fand, in dem er sein ungewöhnliches Erlebnis aufgezeichnet hatte. Wie ein Film läuft die Erzählung vor uns ab. Kein Goethe oder Kleist hätte sie facettenreicher und zugleich naiver, wahrheitsgetreuer vor uns ausbreiten können. Warum der Bericht in dem berühmten Friedrich-Buch, das Kugler und Menzel 1840 herausbrachten, in das Jahr 1766 verlegt wurde, bleibt unerfindlich. Die Geschichte spielte sich im August 1750 ab, als Friedrich achtunddreißig Jahre alt war, auf dem Zenit der Friedensepoche von 1746 bis 1756.

Man sieht alles vor sich wie in einem Filmstreifen: die lästige Kontrolle am Stadttor Berlins – das barsche, hochmütige Gehabe der Beamten auf dem Packhof – die Gerissenheit und Unterwürfigkeit des Advokaten – das hochfahrende Wesen des königlichen Ministers – den halb gutmütigen, halb schmierig-berechnenden Wirt im Weißen Schwan der Jüdenstraße – die endlose Sandwüste der armen Mark Brandenburg unter der sengenden Augusthitze – die übermütigen, burschikosen Offiziere des Bataillons Leibgarde auf dem Potsdamer Schloßplatz neben der Garnisonkirche, deren Turmglocke gerade ein Uhr schlägt. Es ist ein Genrebild pars pro toto, ein Ausschnitt für das Ganze. Und dann sieht man Friedrich, den König: wie er mißtrauisch die Denkschrift nimmt und erst einmal in einen Nebengang des Gartens geht, um sich unbeobachtet ein Bild vom Anliegen des Bittstellers zu machen – wie er die Unterhaltung mit dem Thüringer durch ein witziges Bonmot einleitet (»Brot verdienen, Brot verlieren«) – wie er ihn dann examiniert und bis aufs Hemd ausfragt – wie er noch vor dem Essen, obwohl »die Suppe wartet«, Zeit findet, ein Reskript an den Packhof zu diktieren, während Linsenbarth im Speisesaal der Bedienten das zu essen bekommt, was auch der König ißt – wie er seine Pappenheimer, die Berliner Kutscher, kennt, denen er ausdrücklich untersagen läßt, ein Trinkgeld anzunehmen. Und schließlich ahnen wir, was in seinem Reskript gestanden haben muß, wenn wir zusammen mit unserem braven Schulmeister erleben, wie die barschen Visitatoren des Packhofs abwechselnd blaß und rot werden, wie sie sich verdattert schneuzen und wie es ihnen die Sprache verschlägt. Sie werden das nie wieder tun, denn sie müssen Linsenbarths Schulden aus ihrem Etat bezahlen! Und zum Schluß sehen wir, wie sie schleunigst zur Vernunft kommen und nun endlich ihre Pflicht tun.

Vernunft und Pflicht, das war es, was Friedrich autoritär, durch Beispiel und Befehl, den Bewohnern seines Staates – diesen unbeleckten, rohen, ruppigen Preußen – zum neuen Lebensinhalt machte. Aufklä rung – anders würde man diesen König völlig mißverstehen – hieß im Sinne Friedrichs erst einmal: Erziehung.

So wenig Friedrich geneigt war, auf den Gebieten der Wirtschafts- und Sozialordnung, in der Gesellschaftspolitik, in der Verwaltung des Staates überhaupt, umstürzend und revolutionierend aufzutreten, so sehr er bemüht blieb, das, was der Vater geschaffen hatte, unangetastet zu lassen, zu konsolidieren und lediglich mit behutsamer Hand zu bessern, so entschlossen war er andererseits, in seinem Staat eine umwälzende Justizreform zu vollziehen. Je älter er wurde, desto mehr wuchs zwar sein Respekt vor den praktischen Leistungen des Soldatenkönigs, der doch – wie der Sohn mehr und mehr erkennen mußte – der eigentliche Schöpfer der preußischen Staatsordnung gewesen war. »Die Rechtspflege aber«, so schrieb er, »war unter der vorigen Regierung so schlecht, daß es gründlicher Abhilfe bedurfte. Das Volk hatte sich gewöhnt, die Gesetze zu umgehen; schamlos trieben die Advokaten ihren Handel mit Treu und Glauben. Allezeit gewann der Reiche seinen Prozeß gegen den Armen. Die gesamte Gesetzgebung mußte umgestaltet und von lästigen unnützen Förmlichkeiten befreit werden.«

Was solche »unnützen Förmlichkeiten« damals bedeuteten, kann sich heute niemand mehr vorstellen. Die Justizapparate der europäischen Länder jener Zeit waren nicht nur korrupt bis ins Mark, sondern in der Abwicklung der Prozeßwege total verschlampt. Es genügt, sich nur einmal zu vergegenwärtigen, daß im Jahre 1772 beim Reichskammergericht zu Wetzlar 61 233 Prozesse seit Jahren oder Jahrzehnten ›anhängig‹, das heißt unerledigt waren, um sich ein Bild der damaligen Rechtszustände machen zu können.

Friedrich steuerte drei grundsätzliche Ziele an:

1. Entwirrung und Vereinfachung der Prozeßordnung in sämtlichen preußischen Provinzen
2. Hebung des Richtertums und des Advokatenstandes auf ein aufgeklärtes Niveau
3. Aufstellung eines Allgemeinen Preußischen Landrechts in deutscher Sprache, das für alle Staatsbürger, gleich welchen Standes, verständlich und verbindlich sein sollte.

Friedrich tat einen glücklichen Griff, als er beschloß, sich vorerst zu beschränken und mit der Entwirrung bzw. Modernisierung der Prozeßordnungen zu beginnen. Es gab dafür drei günstige Voraussetzungen: Zum einen war es in den letzten fünf Jahren gelungen, Preußen gänzlich von der Zuständigkeit der Reichsgerichte zu befreien; selbst Kaiser Franz I., der Gemahl Maria Theresias, bestätigte am 31. Mai 1746 das unbedingte »Privilegium de non appellando«, womit die preußischen Gerichte endlich von allen höheren Reichsinstanzen unabhängig waren. Zum zweiten

Verhandlung vor Gericht
Kupferstich von Daniel Chodowiecki, 1770

machte man gerade in jener Zeit mit der althergebrachten Unsitte Schluß, die Prozeßakten den juristischen Fakultäten der Universitäten zur Begutachtung einzusenden, was stets jahrelange Verzögerungen und fast niemals praktische Erhellungen zur Folge hatte. Und schließlich, drittens, fand der König in seinem Justizminister Samuel von Cocceji eine kongeniale Natur, einen der berühmtesten Rechtsgelehrten seiner Zeit, der wissenschaftliche Gelehrsamkeit mit dem Feuereifer des Reformers verband.

Diesen Herrn von Cocceji, der mit seinen siebenundsechzig Jahren noch das Temperament eines Jünglings hatte, schickte Friedrich 1747 erst einmal in die pommersche Hauptstadt Stettin. Cocceji fand dort eine Unordnung vor, »dergleichen wohl niemals bei einem Collegio der Welt vorgekommen«, wie er grimmig nach Berlin berichtete. In sieben Monaten erledigten er und seine Mitarbeiter in den Regierungsbezirken Stettin und Köslin 3028 Prozesse, die seit Jahren verschleppt worden waren. Dieses Wunderwerk gelang durch zwei Kunstgriffe: Zuerst einmal – das war bis dahin völlig unbekannt gewesen – bemühte man sich um eine ›gütliche Einigung‹ der prozessierenden Parteien. Zum zweiten, wenn dieser Versuch fehlschlug, setzte man an die Stelle der weitläufigen schriftlichen Verfahren, die sich Jahre, manchmal Jahrzehnte hingezogen hatten, die mündliche Verhandlung vor dem zuständigen Richter. Nach demselben Modell brachten Cocceji und sein Beraterstab anschließend in Berlin 1346 Prozesse innerhalb von drei Monaten zum Abschluß.

In einem Jahr fast 4400 Prozesse erledigt! Das war ein unerhörter Fortschritt für die damalige Gesellschaft. Der König war mehr als zufrieden. Er ernannte Cocceji zu seinem Großkanzler, machte ihn zum Freiherrn und verlieh ihm den Schwarzen Adlerorden. In sieben Jahren, von 1747 bis 1754, vollbrachte Cocceji ein titanenhaftes Reformwerk: Nachdem er in Pommern und in den Marken Ordnung geschafft hatte, kamen Cleve, Ostfriesland, Schlesien; Ostpreußen, Magdeburg und Halberstadt an die Reihe. Bald war ein unübersehbarer Wust jahrzehntealter Prozesse aufgearbeitet; aus den Gerichtshöfen wurde der alteingefahrene Schlendrian verbannt; die Gerichtsverfassung Preußens war entscheidend vereinfacht worden; alle Provinzen des Staates hatten sich Coccejis neue Prozeßordnung zum Modell genommen. Nachdem der Großkanzler 1755 gestorben war, schrieb Friedrich: »Er war ein Mann von unbestechlich geradem Charakter, dessen Tugend, dessen Redlichkeit der besten Zeiten der Römischen Republik würdig gewesen wäre. Gelehrt und vorurteilsfrei, schien er dazu bestimmt, als Gesetzgeber für das Glück seiner Mitmenschen zu wirken.«

Friedrichs Anspielung auf die Zeiten der Römischen Republik kam nicht von ungefähr. Als Kronprinz hatte er die Abhandlung eines gewissen Barons Montesquieu gelesen, die den Titel trug: »Betrachtungen über die Ursachen des Aufstiegs und des Niederganges Roms«. Friedrich war tief beeindruckt gewesen und hatte gesagt: »Dies ist die Quintessenz aller philosophischen Gedanken, die der menschliche Geist über römische Geschichte hervorbringen kann.« Seitdem waren die Fragen des Rechtswesens und der Gesetzgebung für ihn die entscheidenden Kriterien einer aufgeklärten Staatspolitik. Das heißt, durch Montesquieu war ihm bewußt geworden, daß Rechtsfragen eminent politische Fragen waren. Denn die Gesetze – das war eine der Grunderkenntnisse der Aufklärung – wurden ja nicht von Gott, sondern von den Menschen und da wiederum von den Herrschenden gemacht. Konkret politisch bedeutete das: ein Staat konnte nur gut sein, wenn seine Gesetze gut waren; und die Weisheit, die Weitsicht eines Herrschers ließ sich am ehesten an seinen Gesetzen ablesen.

Fragt man nach der Grundmaxime friderizianischen Königtums, so genügt es nicht, von ›Macht‹ oder von ›Dienen‹ zu sprechen. Friedrichs Ehrgeiz, seinen Staat groß und unabhängig zu machen, Preußen also einen ›aufrechten Gang‹ in der Welt zu verschaffen, und sein berühmter, vielzitierter Satz »Ich bin der erste Diener meines Staates« bleiben in ihrer Aussage unvollständig, solange man nicht Friedrichs Bekenntnis hinzufügt: »Am längsten haben die Gesetze bestanden, deren Urheber auf das Gemeinwohl bedacht waren!« Das hieß, Kraft und Überlebenschance eines Staates hingen in erster Linie am Geiste seiner Rechtsprechung und Gesetze, und die Qualität dieses Geistes maß sich ausschließlich am Nutzen der Gesetzgebung für die Wohlfahrt des gesamten Volkes.

In diesem Sinne schuf Friedrich den ersten Rechtsstaat Europas. Ausgerechnet Preußen, eines der rückständigsten Gebiete des Reiches und des Kontinents, wurde zum Hort der Gesetzlichkeit und der Gerechtigkeit! 1752 schrieb der König sein erstes politisches Testament nieder. Darin hieß es: »Vor Gericht müssen die Gesetze sprechen, und der Souverän (der Herrscher) muß schweigen.« Dieser Satz, ehern, wie in Lettern gegossen, wurde zwei Jahrhunderte lang immer wieder zitiert, viel bejubelt, als weise Selbstbeschränkung des königlichen Absolutismus gepriesen. Der Satz ging aber weiter. Friedrich hatte bereits am 31. Dezember 1746 erklärt: »Am allerwenigsten ist unsere Intention, unseren gedrückten Untertanen den Zutritt zum königlichen Thron zu verwehren.« Dabei blieb er, und insofern schränkte er die berühmte Sentenz wieder ein, als er in seinem Testament mit Blick auf die Justizbürokratie fortfuhr: »Man darf mit den Pflichtvergessenen kein Erbarmen haben: die Stimme der Witwen und Waisen fordert Vergeltung, und Sache des Fürsten ist es, die Beamten zu ihrer Pflicht anzuhalten und streng gegen die vorzugehen, die seine Autorität mißbrauchen und das öffentliche Vertrauen unter dem Vorwand von Recht und Gerechtigkeit täuschen. Gerade gegen solche Art von Pflichtvergessenheit muß ich die äußerste Strenge anraten. Denn der Herrscher macht sich gewissermaßen zum Mitschuldigen an den Verbrechen, die er unbestraft läßt.«

Mit anderen Worten: Der Rechtsstaat Preußen beruhte hinfort auf der Unabhängigkeit der Gerichte, die aber unter der Aufsicht des Königs standen, der sich als »Anwalt der Armen« verstand. Darin lag gewiß ein Vorbehalt, der dem königlichen Absolutismus zugute kam, der aber andererseits – was wichtiger war – der Sache des Volkes diente. Friedrich wußte schließlich, daß noch auf lange Zeit hinaus selbst die vorbildlichsten Beamten, die aufgeklärtesten Richter aus den gehobenen, aus den gebildeten Ständen und nicht aus dem Volke kommen würden. Es galt also, sich – notfalls selbst den Gerichten gegenüber – zum Anwalt der Armut zu machen.

Der König empfahl, Diebstahl nicht mehr mit Gefängnis zu bestrafen. Er schrieb: »Sollten die Armen nicht mit Recht sagen können: Warum hat man denn kein Mitleid mit unserem beklagenswerten Zustand? Wäret Ihr barmherzig, wäret Ihr menschlich, so würdet Ihr uns helfen in unserem Elend, und wir würden nicht stehlen.« Der Dieb als Produkt seiner sozialen Umwelt, seiner ökonomischen Verhältnisse! Das war umstürzend für die damalige Zeit, das hieß, Karl Marx und die Milieutheorie um mehr als hundert Jahre vorwegnehmen. Und Friedrich drängte denn auch darauf, die Diebe nicht mehr einzusperren, sondern zu zwingen, den Bestohlenen den doppelten Wert des Geraubten zurückzuerstatten.

Berücksichtigung sozialer Verhältnisse, Anwendung humaner Strafmethoden, das waren die wesentlichen Grundsätze friderizianischer Justizpolitik. Mit Nachdruck verwandte sich Friedrich für die unehelichen Mütter, die von der damaligen Gesellschaft geächtet, oft in Schande und Elend gestürzt wurden. Durfte man Kindsmörderinnen, die doch nur ein Opfer himmelschreiender Verhältnisse waren, grausam bestrafen? Genügte es, öffentliche Findelhäuser für Waisenkinder mit Geld zu unterstützen? »Wäre es nicht viel besser«, fragte Friedrich, »das Übel mit der Wurzel auszurotten und so viele arme Geschöpfe, die jetzt elend umkommen, zu erhalten, indem man die Folgen einer unvorsichtigen und flatterhaften Liebe nicht mehr mit Schande bedeckt?«

Friedrich war immer geneigt, Kriminalsprüche seiner Gerichte, die auf Todesstrafe lauteten, von sich aus zu mildern. Selbst die den Straßenräubern nach internationalem Brauch allgemein zuerkannte Verurteilung zum Tode wandelte er häufig in lebenslange Freiheitsstrafen um. Zu verstehen war das alles nur vor dem Hintergrund des Menschenbildes dieses Königs, das er selbst mit folgenden Worten umriß:

»Sich einbilden, daß die Menschen sämtlich Teufel
sind, und sie mit Grausamkeit verfolgen, das wäre
das Wahngesicht eines scheuen Menschenhassers.
Voraussetzen, daß die Menschen alle Engel sind,
und ihnen die Zügel schießen lassen, das wäre
der Traum eines törichten Kapuzinermönchs.
Glauben, daß sie alle weder gut noch schlecht sind –
ihre guten Handlungen über den Wert lohnen –
ihre schlechten unter dem Maß strafen –
Nachsicht üben gegen ihre Schwächen –
und Menschlichkeit haben gegen alle –:
das heißt handeln, wie ein vernünftiger Mensch soll.«

Der Baron Montesquieu, der 1748 sein epochemachendes Buch »Vom Geist der Gesetze« veröffentlichte, sagte zu einem seiner Freunde, die Könige würden sein Buch wohl als letzte oder überhaupt nicht lesen; einen einzigen König aber gäbe es auf Erden, der es gelesen und verstanden habe: das sei Friedrich, der Preußenkönig. Und Voltaire, als er 1750 nach Preußen kam und sich ein Bild vom Umfang und Geist der friderizianischen Justizreform machen konnte, nannte seinen preußischen Freund und Gönner den »Salomo des Nordens«.

Am 10. Juli 1750 traf Voltaire in Potsdam ein. Friedrich unterbrach sofort seinen Exerzierdienst und eilte dem Dichterfürsten mit ausgebreiteten Armen entgegen.

Jahrelang hatte sich der preußische König darum bemüht, das französische »Weltgenie« an seinen Hof zu verpflichten. Unablässig waren die Briefe hin- und hergeflogen, von beiden Seiten gespickt mit Liebeserklärungen und geistreichen Schmeicheleien. Voltaire war immer ausgewichen, und es hatte auch nicht an Warnungen gefehlt, die französische Landsleute an Friedrich herangetragen hatten: Voltaire sei ein Genie, aber er habe einen schlechten, boshaften Charakter. Friedrich hatte lachend die Schultern gezuckt: »Ich brauche sein Französisch; was kümmert mich seine Moral?« und hatte seine Angebote gesteigert. Dann, im September 1749, war Voltaires geliebte Freundin, die Marquise du Châtelet, mit vierundvierzig Jahren am Kindbettfieber gestorben. Der Dichter-Philosoph war verzweifelt gewesen. Mit fünfundfünfzig Jahren war er sich plötzlich greisenhaft und vereinsamt erschienen. Mit dem französischen Hof hatte er sich total überworfen; an mächtigen Gönnern und Wohltätern war niemand mehr vorhanden. So hatte er schließlich doch beschlossen, auf Friedrichs Liebeswerben einzugehen.

Voltaire hatte sich mit vollem Recht gesagt, daß ein Kopf wie er seinen Preis wert sei und daß ein König, wolle er einen Sprachlehrer, Lektor oder Gesellschafter von der allerhöchsten Qualität für sich engagieren, dafür auch etwas Erkleckliches aufwenden müßte. Friedrich, der sonst mit dem Pfennig rechnete, hatte Voltaire alles bewilligt: viertausend Taler Reisegeld, fünftausend Taler Gehalt, freie Wohnung, freie Tafel im Schloß, eine reichverzierte Equipage und den Titel eines preußischen Kammerherrn. Die Aussicht, einen Mann von Weltruf an seinem Hof zu haben, hatte Friedrichs Eitelkeit maßlos geschmeichelt. Als Voltaire schließlich sehr witzig geschrieben hatte: »Ew. Majestät haben mir Pillen (Geldangebote) geschickt, die sehr gut gewirkt haben. Wenn Sie mir aber eine halbe Elle von Ihrem schwarzen Bande schicken wollten, so würde mir das noch größere Dienste tun«, hatte Friedrich hell aufgelacht und Voltaire auch noch den begehrten Orden Pour le mérite verliehen, der am schwarzen Band um den Hals getragen wurde. Voltaire war eben für ihn der unübertreffliche Verfasser der »Henriade«; als Dramatiker stellte er ihn neben Corneille und Racine; als Epigrammatiker hielt er ihn für die größte Kapazität seit den Zeiten der Antike; kurz, Voltaire verkörperte in seinen Augen die Epoche Ludwigs XIV., des »Sonnenkönigs«, die er nächst der des Kaisers Augustus für die glücklichste und aufgeklärteste der Menschheitsgeschichte hielt.

Und nun war der große Mann da; lebte er — an Friedrichs Seite — in Potsdam und Berlin. Voltaire war entzückt, ja hingerissen vom preußischen Monarchen und von seiner neuen Umgebung. In seinem ersten Brief nach Frankreich schrieb er: »Ich komme in Potsdam an: die großen blauen Augen des Königs, sein holdseliges Lächeln, seine Sirenenstimme, seine fünf Schlachten, sein ausgesprochenes Gefallen an der Zurückgezogenheit und an der Arbeit, an Versen und an Prosa, endlich Freundlichkeiten, um den Kopf schwindeln zu lassen, eine entzückende Unterhaltungsgabe, Freiheit im Verkehr, volles Vergessen der Majestät, eine Aufmerksamkeit, die schon von seiten eines Privatmannes bestricken würde – das alles hat mich verzückt! Ich ergebe mich ihm aus Leidenschaft, aus Verblendung und ohne zu vernünfteln . . .«

Natürlich war jedes Wort davon auch Berechnung. Voltaire wollte Frankreich und seiner Machtelite hinreiben: Seht her, so hat man mich in Preußen empfangen, so behandelt mich ein wahrer König! Aber selbst wenn man diesen Hymnus der Begeisterung und Verzauberung um die Hälfte reduziert, bleibt der Brief ein erstaunliches historisches Dokument. Denn Voltaire war ja nicht irgendwer, sondern der Mann mit dem schärfsten, ironischsten Blick des Jahrhunderts. Das also hatte das Genie Friedrichs in wenigen Jahren aus dem halbbarbarischen Preußen gemacht, daß ein Geist wie der Voltaires ausgerechnet in Berlin und Potsdam ins Schwärmen geriet! Und drei Wochen später schrieb Voltaire, in seinem funkelnden Stil, das Schönste, was je über das Preußen Friedrichs formuliert worden ist:

> »Nun bin ich hier an diesem einst so ungastlichen Orte, der heute durch die Künste verschönert, durch den Ruhm geadelt ist. 150 000 siegreiche Soldaten, keine Advokaten, Oper, Schauspiel, Philosophie, Dichtkunst, ein Held, der Philosoph und Dichter in einem ist. Ja: Größe und Anmut, Grenadiere und Musen, Trompeten und Violinen, geistvolle Gastmähler, Geselligkeit – und Freiheit! Wer sollte es glauben? Und doch ist alles die reine Wahrheit!«

Mehrere Monate lang war Voltaire der Abgott der Berliner und Potsdamer Gesellschaft. Man flocht ihm Lorbeerkränze. Prinzen und Prinzessinnen, Generäle, Gesandte und Minister schwärmten um einen Mann, dessen Ruf über die ganze Welt verbreitet war und den der König nun vor allen anderen auszeichnete. Friedrich behandelte Voltaire als persönlichen Freund, und man hätte glauben können, daß er keine Minute ohne seine Gesellschaft auskommen konnte. Ob man sich nun in Berlin, in Potsdam, in Sanssouci aufhielt, Voltaire wohnte immer in unmittelbarer Nähe des Königs. Als Wilhelmine, die Markgräfin von Bayreuth, zu Besuch kam, traf man sich stundenlang zu dritt, und nun blitzte es von Bonmots, übertraf ein Aperçu das andere. Fest folgte auf Fest, und Voltaire schrieb: »Man sollte glauben, daß man hier nur im Vergnügen lebt.« Ganz Preußen huldigte dem französischen Dichter-Philosophen, dessen Eitelkeit und

Ruhmbegierde endlich volle Erfüllung fanden. Und Voltaire revanchierte sich. Sein Esprit, seine kulturelle Überlegenheit verfeinerten den Berliner Umgangston und den Stil der Festlichkeiten. Alles sprach natürlich nur französisch mit ihm. Er arrangierte Theateraufführungen, auch seiner eigenen Stücke, in denen er selber chargierte, und der preußische Hof applaudierte ihm enthusiastisch.

Mittags und abends nahm Voltaire an der Tafelrunde von Sanssouci teil: »An keinem Orte der Welt sprach man so frei über alle Arten des menschlichen Aberglaubens, nirgends wurden sie mit soviel Spott und Kritik behandelt als bei den Soupers des Königs von Preußen. Gott wurde repektiert; alle diejenigen, die in seinem Namen die Menschen betrogen, wurden verurteilt.« Friedrich gestattete dem berühmten Franzosen eine fast unbegrenzte Freiheit und Vertraulichkeit in den Gesprächen und Diskursen. Überschritt Voltaire doch einmal die unsichtbare Grenze der königlichen Autorität und zeigten sich über Friedrichs Nasenwurzel die gefürchteten, steilen Stirnfalten, dann stand Voltaire auf und sagte – den Zeigefinger in komischem Ernst erhoben – zur übrigen Gesellschaft: »Stille, meine Herren! Seine Majestät, der König von Preußen, ist soeben eingetreten!« Dann mußte Friedrich lachen, und alles war wieder in der heitersten Laune.

Voltaire ging seinem ›Beruf‹, den König in die Feinheiten der französischen Sprache einzuführen, seine Gedichte und seine Prosa zu korrigieren, mit großem Eifer und Verantwortungsbewußtsein nach. Seine Klugheit sagte ihm, daß er einem Mann wie Friedrich nicht mit Halbheiten kommen durfte. Er hielt nie mit seiner Kritik zurück, wenn er auch geschickt genug war, sie mit liebenswürdigen Komplimenten zu garnieren. Einem Freund in Paris berichtete er, der König mache gute Verse, sobald er sich die Mühe mache, sie in Ruhe zu überarbeiten; gewöhnlich schreibe er jedoch zu hastig. Friedrichs französische Prosa fand bald seine volle Anerkennung. Später schrieb er über diese Tätigkeit als Lektor und Korrektor des Königs: »Ich habe ihm meine Zeit und mein Vermögen zur Verfügung gestellt. Drei Jahre lang muße ich ihm als Lehrer schriftlich und mündlich alle Tage in den Dingen meines Berufes Unterricht erteilen.« Das war allerdings nur zur Hälfte wahr. Daß Voltaire sich das Geld, das ihm Friedrich zahlte, bei seinen eminenten Geistesgaben und seinem internationalen Ruf leicht hätte anderenorts verdienen können, ist unbestreitbar richtig. Aber die Arbeitszeit, die er dem Preußenkönig opfern mußte, betrug – wie Voltaire selbst bekundete – nur eine Stunde am Tag.

Vier Monate war alles eitel Freundschaft und Harmonie, leuchtete das Doppelgestirn Friedrich–Voltaire im schönsten Glanz über der Landschaft an Havel und Spree. Aber im November schrieb Voltaire an seine Nichte in Paris: »Die Soupers des Königs sind köstlich. Vernunft, Freiheit, Geist umwalten sie; aber, aber ... Mein Leben ist frei und beschäftigt. Oper und Schauspiel, Studieren und Vorlesen; aber, aber . . . Berlin ist großartig und besser angelegt als Paris. Paläste und Theater, freundliche Königinnen, liebenswürdige Prinzessinnen, reizende Hoffräulein; aber, aber . . . Mein liebes Kind, das Wetter wird nachgerade etwas kalt.«

Es war aber weniger der kalte preußische Winter, der allmählich heranrückte und nun Voltaire die Stimmung verdarb, sondern es war ein peinlicher gesellschaftlicher Skandal, den er selbst verursacht hatte. Voltaire, der neben Vernunft Vermögen am höchsten schätzte, ließ sich in leichtsinnige Wuchergeschäfte mit dem Berliner Juden Hirsch ein, die ihm einen Profit von sechstausend Talern abwerfen sollten. Die Sache hätte durchaus gutgehen können, wenn nicht Voltaire und Hirsch versucht hätten, sich bei dem Geschäft gegenseitig übers Ohr zu hauen. Die Angelegenheit wurde bekannt, und bald klatschte ganz Berlin darüber. Voltaire mußte vor Gericht, und sein jüdischer Kompagnon beschuldigte ihn überdies noch, ihn durch die Vertauschung echter gegen falsche Brillanten betrogen zu haben. (Wer von beiden im Recht war, wurde nie ganz aufgeklärt.) Der zweiundzwanzigjährige Lessing, der damals in Berlin studierte und Voltaires Schriftsätze an das Gericht vom Französischen ins Deutsche übersetzte, kalauerte über den Skandal:

»Um kurz und gut den Grund zu fassen,
Warum die List
Dem Juden nicht gelungen ist,
So heißt die Antwort ungefähr:
Herr V. war ein größerer Schelm als er.«

Friedrich verfolgte den Eklat mit gerunzelter Stirn.

»Voltaire betrügt den Juden!« schrieb er an seine Schwester Wilhelmine, und daraus klang eher noch Spott oder Belustigung als Zorn. Doch je länger sich die Prozessiererei zwischen Hirsch und Voltaire hinzog, desto mehr fürchtete er um sein eigenes Ansehen; er war indigniert. Als dann endlich ein Vergleich geschlossen wurde, atmete er auf. Am 28. Februar 1751 schrieb er Voltaire: »Ich hoffe, Sie werden künftig weder mit dem Alten noch mit dem Neuen Testament prozessieren! Vergleiche, wie Sie einen abgeschlossen haben, lassen immer einen Flecken auf dem guten Ruf zurück.« Hätte er es bei diesen halbironischen Sätzen bewenden lassen, wäre alles erledigt gewesen. Aber nun bekam Voltaire zum ersten Mal die Tatze des Königstigers zu spüren, als Friedrich fortfuhr: »Es schickt sich nicht, daß der Name des größten französischen Genies mit dem des Juden Hirsch zusammen genannt wird. Das schreibe ich Ihnen nach meinem gesunden deutschen Menschenverstand, ohne die Wahrheit durch Komplimente und zweideutige Worte zu verhüllen. Ziehen Sie eine Lehre daraus.«

Das war die Sprache eines Königs, und nicht mehr die eines Gleichgestellten. Voltaire blieb noch zwei Jahre in Berlin und Potsdam, als hochgeehrter Gast und täglicher Gesprächspartner Friedrichs. Aber es war doch ein haarfeiner Riß entstanden, der nie mehr gänzlich heilen sollte. Die gegenseitige Unbefangenheit war dahin. Dennoch hätte ein regelrechter Bruch vermieden werden können, wenn nicht Voltaire 1752 einen neuen Skandal provoziert hätte.

Seit langem schon hatte er sich über Pierre de Maupertuis, seinen französischen Landsmann, den Friedrich zum Präsidenten der Berliner Akademie ernannt hatte, lustig gemacht. Maupertuis, der als erster Forschungsreisender die Abplattung der Erde an ihren Polen nachgewiesen und sich dadurch einen internationalen Namen erworben hatte, war ein ebenso gelehrter wie eitler Mann, der ständig neue, meist schrullige Ideen in die Welt setzte. So schlug er vor, ein tiefes Loch bis zum Mittelpunkt der Erde zu graben, um deren Beschaffenheit im Innern festzustellen. Damit nicht genug, plädierte er dafür, den Patagoniern die Schädel zu öffnen, um das Vorhandensein der menschlichen Seele im Gehirn nachweisen zu können. Oder er erklärte allen Ernstes, sämtliche Krankheiten ließen sich heilen, wenn man die Patienten mit Pech überzöge, um schädliche Ausdünstungen zu verhindern. Man kann sich vorstellen, wie die Spottlust Voltaires durch diesen Unsinn ständig neue Nahrung erhielt.

Nun verkündete Maupertuis mit großem Trara, daß er ein neues physikalisches Gesetz entdeckt habe, wonach die Natur sich immer, bei allen ihren Schöpfungen und Experimenten, mit dem geringsten Kraftaufwand begnüge. Das holländische Akademiemitglied Samuel König wies in einer öffentlichen Entgegnungsschrift darauf hin, daß dies nichts Neues sei, daß dem Philosophen Leibniz der Ruhm dieser Entdeckung gebühre. Es kam zu einem erbitterten Gelehrtenstreit. Niemand genoß das mehr als Voltaire, dem Maupertuis' Freundschaft mit Friedrich seit eh und je ein Grund der Eifersucht gewesen war. So verfaßte er einen satirischen Aufsatz unter dem Titel »Die Geschichte des päpstlichen Leibarztes Akakia«, in dem er Maupertuis mit der ganzen Sauce seines brillanten, boshaften Witzes übergoß. Das war was für Friedrich! Er lachte Tränen, als Voltaire ihm das Libell (so nannte man damals Schmähschriften) vorlas. Er verbot aber dem Dichter aufs Schärfste, die Satire zu veröffentlichen. Voltaire, tief in seinem Autorenstolz verletzt, versprach zwar, der königlichen Weisung Folge zu leisten, brach aber bald sein Wort und ließ die Schrift heimlich in Dresden mit dem Druckort Leyden erscheinen; er wollte den Verdacht auf Samuel König lenken. Im Handumdrehen zirkulierte das witzig-hämische Pasquill auch in Berlin, und der Präsident der königlichen Akademie sah sich nun dem öffentlichen Spott ausgesetzt.

Es kam zu heftigen Auseinandersetzungen zwischen dem König und Voltaire, der sich dazu bequemen mußte, in Friedrichs Gegenwart einen

Revers zu unterzeichnen, sich in Zukunft ehrenhaft und anständig zu betragen. Eine schmerzhafte Demütigung für den ersten Schriftsteller des Jahrhunderts, die sich aber Voltaire durch sein unfaires Betragen selbst zugezogen hatte. Dabei hätte es der König bewenden lassen sollen. Doch Maupertuis lag ihm mit seinen Klagen und Beschwerden ständig in den Ohren, und so verfügte Friedrich denn, den »Doktor Akakia« auf offener Straße, dicht neben Voltaires Wohnung, von Henkershand verbrennen zu lassen, worüber die Berliner Zeitungen auch noch ausführlich berichten mußten.

Voltaire fühlte sich aufs tiefste gekränkt. Er begann, seine Gelder heimlich nach Frankreich zu transferieren. Ein schwedischer Diplomat, der ihn Ende 1752 sah, berichtete nach Paris: »Ich habe Voltaire in der Nähe gesehen und kann versichern, sein Los ist nicht beneidenswert. Er sitzt den ganzen Tag allein auf seinem Zimmer, nicht aus eignem Trieb, sondern aus Not, und nachher speist er mit dem König, auch mehr aus Not als aus eignem Trieb.« Voltaire bat den König um Urlaub für eine Badekur in Plombières und versprach, im Herbst wieder zurückzukehren. Es war ein letzter Versuch, die Stimmung seines Gönners zu erkunden. Friedrich antwortete am 16. März 1753 kühl und verletzend: »Es war nicht nötig, daß Sie eine Badereise nach Plombières, von der Sie behaupten, Sie hätten Sie nötig, zum Vorwande nahmen, um Ihren Abschied zu verlangen. Sie können aus meinem Dienste ausscheiden, wann immer es Ihnen gut dünkt. Ehe Sie jedoch abreisen, wollen Sie mir bitte Ihre Anstellungsurkunde, den Kammerherrnschlüssel, den Orden und den Ihnen anvertrauten Band Gedichte zurücksenden lassen.«

Das war kleinlich und entschieden unter Friedrichs Niveau. Mit der Rückforderung seiner Gedichte war der König im Recht; sie waren nicht für die Öffentlichkeit bestimmt und konnten wegen ihres delikaten Inhalts, der auch einige gekrönte Häupter Europas betraf, zu politischem Schaden für den preußischen Staat führen. Die Forderung nach Rückgabe des Kammernherrnschlüssels und des Ordens Pour le mérite jedoch verriet Friedrichs Wunsch, den ehemaligen Freund zu verletzen.

Eine Woche nach Erhalt dieses Schreibens reiste Voltaire aus Berlin ab, ohne den Rückgabeforderungen des Königs Folge zu leisten. Es kam noch zu den peinlichsten Verwicklungen. Friedrich, der mit Recht fürchtete, Voltaire würde von seinen vertraulichen Gedichten öffentlich Gebrauch machen, ließ ihn in Frankfurt am Main festhalten und mehrere Wochen unter Hausarrest stellen, bis endlich der Gedichtband gefunden und unter Beschlag genommen wurde. Es war das würdelose Ende der interessantesten Begegnung der Weltgeschichte.

Ein Jahr später, im Frühjahr 1754, rächte sich Voltaire in Frankreich mit bösartigen, intimen »Enthüllungen« über den Privatmann Friedrich. Genüßlich berichtete er, wie der Preußenkönig ihn angehimmelt und ihm des öfteren die Hände geküßt habe, andererseits unterstellte er Friedrich homoerotische Neigungen, behauptete, der König goutiere Damenbeine nur dann, wenn sie behaart seien, und seinen Pagen kneife er gern in den Po. Das Ganze war nicht nur äußerst geschmacklos und weit unter dem Niveau des Dichters, es war ein Schlag ins eigene Gesicht. Denn die europäische Öffentlichkeit reagierte mit unverhüllter Schadenfreude über die erlittene Demütigung wie auf die eigenverschuldete Selbstentlarvung Voltaires, ja in Frankreich sah er sich dem allgemeinen Spott und der Lächerlichkeit preisgegeben. Friedrich seinerseits reagierte mit der zynischen Bemerkung: »Man nimmt eine Zitrone, preßt sie aus und wirft sie weg.«

Und doch konnten Friedrich und Voltaire, die beiden größten und intelligentesten Männer des 18. Jahrhunderts, nicht voneinander lassen. Bereits ein Jahr später schon schrieb Voltaire erneut an den König. Damit wurde ein Briefwechsel wiederaufgenommen, der sich noch vierundzwanzig Jahre fortspann, bis zum Tode Voltaires im Jahre 1778. Und Friedrich zeigte wahrhaft »Größe und Anmut«, wie sie ihm Voltaire bescheinigt hatte: So schnell und leidenschaftlich er aufbrausen, so verletzend und kalt er reagieren konnte, zu langanhaltender Rachsucht, zu kleinlichem Nachtragen war er nicht fähig. Zwanzig Jahre nach den peinsamen Vorfällen mit dem Juden Hirsch und dem Präsidenten Maupertuis, im März 1771, setzte er Voltaire und sich selbst das schönste Denkmal, als er einem Geburtstagsschreiben ein Gedicht beifügte, in dem er den Ruhm des sechsundsiebzigjährigen Freundes besang:

»Wie sind Dir Anmut noch und Feuer eigen,
Dein Abend überglänzt Dein Morgenrot.
Sonst heißt das Alter unsre Sinne schweigen;
Lust, Reize, Gaben raubt sein Machtgebot.
Doch Deine Stimme blieb so zart und weich,
Zum Grimm der Toren, selbst im Greisenalter.
Der Geist Voltaires, obwohl an Wintern reich,
Ist leicht beschwingt noch wie ein Maienfalter.«

Voltaires Abgang im Frühjahr 1753 riß eine kaum zu schließende Lücke in den Freundeskreis von Sanssouci. Es war eine reine Männergesellschaft, in der niemals ein Frauenlachen erklang. Die Beziehungen Friedrichs zu seiner Frau, der Königin Elisabeth Christine, waren ab 1741 sehr schnell zur völligen Gleichgültigkeit erkaltet. Nachdem er 1747 Sanssouci bezogen hatte, klagte sie in tiefer Bekümmernis: »Glücklich, wer einmal dort sein könnte! Aber nicht all der Prunk zieht mich an, sondern der treue Gebieter, der den Ort bewohnt. Warum mußte sich alles so wandeln? Warum mußte ich die frühere Gnade und Güte einbüßen?« Nur ein einziges Mal, während des Siebenjährigen Krieges, als Friedrich im Felde stand, wagte sie es, ihren Fuß in das Potsdamer Lustschlößchen zu setzen und auf den Spuren dessen zu wandeln, den sie so aufrichtig und ergeben liebte und den sie doch nie verstanden hat.

Friedrichs Beziehungen zum weiblichen Geschlecht beschränkten sich jetzt auf Bekundungen platonischer Liebe und Zuneigung. In seinem Briefwechsel mit den beiden Erzieherinnen seiner Kindheit, Frau von Rocoulle und Frau von Camas, die inzwischen alte Damen geworden waren, äußerte sich liebevolle Fürsorge, ja fast kindliche Verehrung; doch von einem erwähnenswerten Gedankenaustausch war keine Rede. Umgekehrt war seine Korrespondenz mit der Kurfürstin von Sachsen und der Herzogin von Gotha, zwei hochgebildeten Frauen, von Geist und Gedankenschärfe geprägt; doch fehlte jeder Zug von menschlicher Verbundenheit. Seine Schwestern, so muß man sagen, hielt er sich weitgehend vom Leibe. Die kluge Ulrike, mit der er gern korrespondierte, war ohnehin weit weg in Stockholm. Mit Wilhelmine, der Markgräfin von Bayreuth, hatte es aus politischen Gründen während des Zweiten Schlesischen Krieges Verstimmungen gegeben. Beide, Friedrich und Wilhelmine, hatten es als Erwachsene nicht leicht miteinander; beide waren sich entschieden zu ähnlich. In beiden waren Stolz und Empfindlichkeit, Verstand und Esprit gleich stark ausgeprägt. Beide hatten, als echte Berliner Kinder, von Natur eine scharfe Zunge mitbekommen. Als jedoch Wilhelmine 1748 und 1750 Sanssouci besuchte, stellte sich das alte vertraute Geschwisterverhältnis wieder her. Friedrich konnte ebenfalls niemals vergessen, was ihm diese Schwester in den düsteren Jahren seiner Kindheit und Kronprinzenzeit gewesen war. Als er ihr 1754 seinen Gegenbesuch in Bayreuth machte, wo er sie zum letzten Mal in seinem Leben sah, war die alte schwärmerische Liebe wieder zu neuer Glut entflammt. »Ich muß Dich verlassen«, klagte er in seinem Abschiedsbrief, »aber mein Herz bleibt bei Dir.«

Seine Brüder und Neffen kamen häufiger zu Besuch; aber sie hielten sich in respektvoller Entfernung vom König. Das war Friedrichs Schuld. Er hielt sie allzu streng – wie der Vater, der Soldatenkönig –, gab ihnen wenig Geld und trieb sie ständig zur Arbeit und Pflichterfüllung an. Kamen sie auf Friedrichs Einladung nach Potsdam, so erhielten sie wenige Tage später den Besuch eines Adjutanten, der ihnen das Bedauern des Königs ausdrückte, daß seine illustren Gäste schon so bald wieder abreisen müßten. Nur Prinz Heinrich, vierzehn Jahre jünger als Friedrich, machte eine Ausnahme: Ihm hatte der König 1744 Rheinsberg geschenkt, und außerdem bezog Heinrich die glänzenden Einkünfte der Johanniterkomturei Sonnenburg. Friedrich hatte den Neunzehnjährigen am Ende des Zweiten Schlesischen Krieges zum Generalmajor ernannt und hielt ihn für das größte Talent unter allen Generälen der preußischen Armee. Allein, mit allen Wohltaten und Auszeichnungen, mit denen er Heinrich überhäufte, fand er doch bei diesem weder Zuneigung noch Dank. Der Prinz fühlte sich seinem ältesten Bruder an Stolz und Verstandesgaben durchaus ebenbürtig, und damit hatte er recht. Für die seelischen Qualitäten Friedrichs, der ja nicht nur – wie Heinrich – Verstandesmensch war, sondern voller Empfindsamkeiten steckte, ein weiches, schwärmerisches Naturell hatte und vor Temperament und Leidenschaften nur so dahinbrauste, brachte der jüngere Bruder keinerlei Verständnis auf. Er blieb immer eifersüchtig auf Friedrichs Ruhm und trug schwer daran, im Schatten der Krone stehen zu müssen.

Näher als die Geschwister standen dem König die selbsterwählten Freunde. »Ein wahrer Freund ist eine Himmelsgabe«, sagte er. Und wie er selbst den Freundeskreis an der Tafel von Sanssouci einschätzte, gab er mit den Zeilen kund:

»Für mich verdient den allerhöchsten Preis
Ein kleiner, aber auserwählter Kreis,
Der fröhlich unserm Geist Erholung beut,
Geplauder, das die Fragen leicht berührt
Und doch zu tieferer Erkenntnis führt,
Bei dem man gern, doch nicht gewöhnlich lacht,
Wo nicht ein hingeworfnes Wort dich reut,
Weil gift'ge Zungen voller Niedertracht
Es anders deuten, als du dir gedacht . . .«

Vom alten Rheinsberger Freundeskreis war nur noch der Venezianer Francesco Algarotti zur Stelle, den Friedrich bald nach seiner Thronbesteigung in den Grafenstand erhoben hatte. Algarotti war ein ungemein witziger, frivoler Kopf, mit dem der König »von Geometrie, von Poesie, von allen Wissenschaften und allen Spielereien« reden konnte. »Er hat viel Feuer, viel Lebhaftigkeit, viel Weichheit und sagt mir ungemein zu.« Der Italiener ersetzte den verstorbenen Jordan als wandelndes Konversationslexikon und ließ sich – nach langem Zieren – 1748 dazu gewinnen, als Kammerherr fest in Friedrichs Dienst zu treten.

Witz und Geist waren nach Friedrichs Meinung ausschließliches Besitztum der Franzosen, und so konnte es nicht wundernehmen, daß die französischen Tafelgenossen in Sanssouci dominierten. Pierre de Maupertuis, der Präsident der Akademie, war der erste unter ihnen. Solange sein Todfeind, Voltaire, in Potsdam weilte, ließ er sich nur selten sehen; danach wurde der Brillenträger ein häufiger und gern gesehener Gast in Sanssouci. Neben ihm glänzte der Arzt la Mettrie, ein etwas wirres, überspanntes Genie. Wegen seiner atheistischen Streitschriften gegen Kirche und Klerus hatte er seine Heimat verlassen müssen, was ihn dem König natürlich besonders empfahl. Schwer tat sich anfangs der Marquis d'Argens, ein ehemaliger französischer Offizier von ungeheurer Körperlänge, ziemlich schmuddelig in seinem Äußeren und stets auf das Lächerlichste um seine kostbare Gesundheit besorgt. Doch mit der Zeit erkannte Friedrich, daß er in d'Argens nicht nur einen gebildeten Mann, sondern aufrichtigen Charakter und wahren Freund gefunden hatte. Das galt auch für den berühmten Mathematiker d'Alembert, den Friedrich gar zu gern in seinen Kreis gezogen hätte. Doch d'Alembert lehnte die königlichen Angebote freundlich dankend ab und erhielt sich seine persönliche Unabhängigkeit. Der Briefwechsel zwischen Friedrich und ihm, der alle Gebiete der Politik und Philosophie umfaßte, gehört zu den erlesenen Korrespondenzen der Weltliteratur und währte bis 1783, bis zum Tode d'Alemberts.

Sicherlich war dieser Freundeskreis der intelligenteste und geistreichste Europas. Dennoch hatte er etwas Zweifelhaftes, Gekünsteltes, Fragwürdiges an sich. Alle diese sogenannten Freunde waren ja schließlich Angestellte des Königs. Sie wurden von Friedrich bezahlt – übrigens nicht sehr glänzend – und mußten ihm jederzeit zu Diensten sein. Wer Urlaub machen wollte, hatte zu fragen, und bekam nicht selten eine abschlägige Antwort. Konnte man da wirklich von ›Freundschaft‹ reden? Das Tabakskollegium des Soldatenkönigs, das Friedrich als junger Mann so verachtet hatte, war im Grunde viel demokratischer und aufrichtiger gewesen. Der Vater hatte keinen anderen Ehrgeiz gehabt als den, dort als Obrist des Leibregiments mit den anderen Obristen seiner Armee zu verkehren, und zwar als Kamerad unter Kameraden, als ein einfacher Kerl, der für ein paar rauhe, herzliche Stunden sein Königsein vergessen konnte. Friedrich aber blieb immer, auch in der Tafelrunde oder beim Flötenkonzert, der König. Er mochte scherzen, lachen, lästern, wie er wollte, es umgab ihn doch ständig ein unsichtbarer Bannkreis fürstlicher Distanz. Das war das Erbe der hochmütigen welfischen Mutter. Der Vater, Friedrich Wilhelm, hatte ja schon dem halbwüchsigen Kronprinzen vorgeworfen, er sei nicht »leutselig«, sei nicht »populär« und spräche mit niemandem als mit Leuten vom Hofe. Was Friedrich auch Schönes über seinen Freundeskreis von Sanssouci schreiben mochte, wahre Freundschaft konnte doch immer nur auf echter Gleichheit beruhen.

Es ist schon bemerkenswert, daß Friedrich eine solche Freundschaft keinem seiner französischen Tischgenossen, sondern zwei schottischen Edelleuten gewährte. 1747 gelang es ihm, den hochbewährten General James Keith aus russischen Militärdiensten abzuwerben und ihn für seine Armee zu gewinnen. Er machte ihn sofort zum Feldmarschall, hat ihn immer in Ehren gehalten und rühmte nach der Schlacht bei Hochkirch, in der Keith fiel, seine »Biederkeit des Herzens, die anmutigen Umgangsformen und seine heldenmütige Tapferkeit am Tage der Schlacht«.

James Keith wurde zu einem ständigen Gast an Friedrichs Tafelrunde.

Seinem älteren Bruder George, Lord Marishal von Schottland, der als Anhänger der Stuarts in der Verbannung leben mußte, berichtete er über Friedrich: »Er hat mehr Geist und Witz, als daß ich es mit dem meinen schildern könnte, und spricht über die verschiedensten Dinge gründlich und sachkundig. Er hat eine Anzahl von Leuten, mit denen er ganz ungezwungen, fast wie ein Freund, verkehrt, aber keinen Günstling. Gegen seine Umgebung zeigt er eine natürliche Höflichkeit.«

Von dieser Schilderung beeindruckt, siedelte der fast sechzigjährige Lord Marishal nach Potsdam über, wo ihn Friedrich mit offenen Armen empfing. Gegen keinen Menschen – ausgenommen seine Mutter – verhielt sich der König so respektvoll und fürsorglich wie gegen diesen George Keith. Er machte ihn zum Gesandten in Paris, dann zum Gouverneur von Neuchâtel und schenkte ihm schließlich ein Häuschen im Schloßgarten von Sanssouci, so daß er ihn täglich um sich haben konnte. In Keiths Gegenwart mußte sich alles mäßigen; auch der König. Der Lord bedeutete den spottlustigen französischen Literaten mit freundlich-ernster Miene, er, Keith, habe niemals in seinem Leben die kleinste Tugend ins Lächerliche gezogen. Und Friedrich? Er nahm die Lehren des schottischen Edelmanns an. Je älter er wurde, desto mehr sollte er gewahr werden, daß Witz und Esprit wohl doch nicht alles waren, daß Charakter und Zartgefühl höher standen.

Und lebenlanges Zartgefühl bewies Friedrich in seinem Umgang mit Fredersdorf, seinem früheren Kammerdiener aus Rheinsberger Tagen, den er nach der Thronbesteigung zu seinem Ersten Kämmerer und Schatzmeister gemacht hatte. Als Fredersdorf 1750 eine begüterte Dame heiratete, verschaffte ihm der König noch zusätzlich eine großzügige Dotation. Friedrich hatte auch allen Grund zur Dankbarkeit; denn niemand diente ihm hingebungsvoller und treuer als Fredersdorf, der – wenn er in seinen Briefen vom Eigentum des Königs redete – grundsätzlich nur von dem »unsrigen« sprach. Auch Fredersdorf hatte, wie d'Argens, einen Gesundheitstick und fand seine Hauptbeschäftigung darin, einen Arzt nach dem anderen zu konsultieren. Der König beobachtete die Fredersdorfschen Marotten und Gesundheitsexperimente mit großer Besorgnis und machte ihm immer wieder neue Diätvorschläge. Friedrichs Briefe an seinen Freund und Kämmerer, von denen dreiundvierzig erhalten blieben, wurden in Deutsch abgefaßt, da Fredersdorf nicht Französisch konnte. Sie sind in reinstem Berliner Jargon und in der allerkühnsten Orthographie geschrieben:

August 1753
»Ich freue mihr, daß es sich mit dihr bessert. Wenn Cothenius (der Arzt) kommen wirdt, so wollen wihr wieder Consilium halten. Ich habe einen Vorschlag, aber auf meine Hörner nehme ich ihn nicht. Habe nuhr so lange Geduldt. Gott bewahre dihr.«

März 1754
»Du mußt dich durchaus nicht mehr schinden lassen . . . Glaube mihr, ich verstehe mehr von Anathomie und Medicin wie du . . . Meine bayerische Köchin berühmt sich, daß sie dihr in der Chur hat, zwischendurch gebrauchstu Lachmann, und wer weiß, wie viel andere Dokters. Ich mus dihr die reine Wahrheit sagen: du führst dihr wie ein ungezogener Fant auf . . . Du wirst mihr zwingen, deine Leute in Eid und Flicht zu nehmen, auf daß sie mihr gleich angeben müssen, wenn ein neuer Doktor kömmt oder dihr Medicin geschicket wirdt . . . Gott bewahre dihr.«
April 1754
»Wenn heute gegen Mittag die Sonne scheinet, so werde ich ausreiten. Komm doch ans Fenster, ich wollte dihr gerne sehen. Aber das Fenster muß feste zubleiben, und in der Kammer muß stark Feuer sein . . . Ich wünsche von Herzen, daß es sich von Tage zu Tage mit dihr bessern möge. Gestern habe ich deine Besserung celebrirt mit zwei Bouteillen Ungarischen Wein . . . Gott bewahre dihr.«
Mai 1754
»Du wirst schimpfen. Ich glaube, daß gestern für hundertachtzig Taler Kirschen gegessen wurden. Ich werde mir eine liederliche Reputation machen . . . Es freuet mich recht sehr, daß es mit dihr gut gehet, und ich hoffe nun, daß es von Dauer sein wirdt . . . Man saget in Berlin, die Astrua (italienische Sängerin) wäre wieder rappelköppisch. Sie hat aber ihren Accord (Vertrag), und den muß sie einmal halten . . . Die Opernleute sind solche Canaillenbagage, daß ich sie tausendmal müde bin . . . Gott bewahre dihr.«

Zu den engsten Vertrauten des Königs gehörten schließlich die drei Geheimen Kabinettsräte, die täglich um ihn waren und ihm bei der Arbeit zur Hand gingen. Sie hatten schon unter dem Soldatenkönig im Dienst gestanden, und ohne ihre intimen Kenntnisse und Erfahrungen in allen Zweigen der Verwaltung wäre es Friedrich unmöglich gewesen, sich in wenigen Wochen in die Regierungsgeschäfte einzuarbeiten und einen geradezu nahtlosen Übergang in der Regententätigkeit zu vollziehen. Die Kabinettsräte Eichel und Schuhmacher galten als besonders verschwiegen und kompetent. Aber auch der Kriegszahlmeister Köppen bewährte sich; er war der einzige, der – abgesehen vom König – einen Gesamtüberblick über den Etat und die Finanzquellen des preußischen Staates hatte.

Die Kabinettsräte waren ohne Ausnahme bürgerlicher Herkunft, hatten ursprünglich als Subalternbeamte begonnen und sich im Laufe der Jahre nach oben gedient. Ihre Bedeutung und ihr Einfluß sind bis auf den heutigen Tag gröblich unterschätzt worden. Gewiß behandelte Friedrich sie wie bessere Sekretäre, indem er alles selbst diktierte und letztlich alles selbst entschied. Aber sie hatten ja ein ausgedehntes Vortragsrecht und gingen dem Monarchen bei seinen Entschließungen unmittelbar zur Hand. In jedem Fall rangierte ihre Bedeutung weit über der aller Minister des Generaldirektoriums. Und sowohl die Minister als auch die auswärtigen Gesandten waren sich dessen wohl bewußt. Wer in irgendeiner politischen Frage Einfluß auf den Herrscher zu nehmen gedachte, bemühte sich um private Kontakte mit ihnen. Doch abgesehen von Kabinettsrat Galster, der 1774 unter dem Vorwurf des Vertrauensbruchs und der privaten Bereicherung entlassen wurde, ist es niemandem gelungen, sich einen der sechzehn Kabinettsräte, die Friedrich während seiner Regierungszeit dienten, gefügig oder dem König abspenstig zu machen. Sie waren und blieben, im wahrsten Sinne des Wortes, das »Geheimkabinett« des preußischen Königs, und ihr nimmermüdes, verschwiegenes Wirken kann für das Gedeihen des preußischen Staates gar nicht hoch genug veranschlagt werden.

Der Bedeutendste von ihnen und zugleich der engste Mitarbeiter des Königs war August Friedrich Eichel. Seine Stellung könnte man am besten mit der eines geheimen Kabinettschefs vergleichen. Wenn überhaupt, dann hörte Friedrich auf seinen Rat. Als Eichel in der Schlacht bei Soor von den Österreichern gefangengenommen worden war, tat der König alles, um ihn schnell auszutauschen und bald wieder an seiner Seite zu haben. Eichel, der durch Friedrichs Vermittlung reich geheiratet hatte und damit auch finanziell unabhängig war, wurde – wegen seines beträchtlichen Einflusses auf den König – von Ministern, Diplomaten und Bittstellern förmlich überlaufen. Der Justizminister von Cocceji sicherte sich Eichels Unterstützung, als er einen harten Kampf mit der konservativen Beamtenschaft um den Sieg seiner kühnen Justizreform zu bestehen hatte, und August Friedrich Eichel wandte den fortschrittlichen Ideen Coccejis sein lebhaftestes Interesse zu. Als er im Frühjahr 1768 starb, beklagte Friedrich tief den Verlust dieses unersetzlichen, treu ergebenen Mannes.

Man schätzt, daß jährlich 6000 bis 12 000 Kabinettsordres abgefaßt wurden, deren Kopien man sammelte und in chronologisch geordneten Foliobänden des Geheimen Archivs des Generaldirektoriums aufbewahrte. Auch auf seinen zahlreichen Inspektionsreisen durch die Provinzen des preußischen Staates unterbrach Friedrich seine Regierungsarbeit nicht. Täglich mußten ihm die eingegangenen Briefe und Depeschen aus Potsdam nachgesandt werden. Konnten die Kabinettsräte dann für ein paar Tage aufatmen, so stürzte vermehrte Arbeit auf sie, wenn der König zurückkehrte und nach den Notizen, die er sich fortwährend auf der Reise in seinem Taschenbuch gemacht hatte, eine Flut von neuen Weisungen diktierte.

»Ein König«, sagte Friedrich, »ist der geborene Anwalt der Armen und Bedrängten; seine Pflicht und Schuldigkeit ist es, ihnen niemals sein Ohr zu entziehen.« Keinen Tag ließ er davon ab, mit Hilfe seiner Kabinettsräte ausführliche Antworten auf Eingaben, Berichte, Beschwerden und Bittschriften zu geben. Lange nach seinem Tode wurden seine witzigen, kurzen Randbemerkungen populär, als das Preuß'sche Urkundenbuch veröffentlicht wurde. Dadurch entstanden die bekannten Friedrich-Anekdoten, die ein schiefes, völlig unzutreffendes Bild von seiner Arbeitsweise vermittelten. Denn die kurze, schneidende Randbemerkung war durchaus die Ausnahme. Normalerweise ging der König auf alles mit dem größten Ernst und der detailliertesten Gewissenhaftigkeit ein, und es wird für alle Zeiten ein nicht zu lösendes Rätsel bleiben, woher er die Kraft und den nie versagenden Mut zu dieser Sisyphosarbeit nahm.

Das Volk wußte es. Und kein Geringerer als Gotthold Ephraim Lessing war es, welcher der öffentlichen Meinung einen ebenso dokumentarischen wie poetischen Ausdruck verlieh, als er 1767 sein Schauspiel »Minna von Barnhelm« schrieb. Lessing, der Friedrichs Staat aus eigener Anschauung sehr genau kannte und immer ein scharfer Kritiker der preußischen Bürokratie blieb, löste ja mit seiner »Minna« nicht nur die französische Typenkomödie durch das deutsche Charakterlustspiel ab. Weit über alle formalen und dramaturgischen Fragen erhob sich die inhaltliche Aussage des Stückes. Seine Hauptfigur, der preußische Major von Tellheim, wurde von den Zeitgenossen mit Jubel und Zustimmung aufgenommen. Man empfand es als durchaus wahrhaftig, auf der Bühne einen preußischen Offizier zu sehen, der – in all seiner unverschuldeten Not und Bitterkeit, schließlich der Verzweiflung nahe – letztlich doch niemals die Überzeugung verliert, einem König zu dienen, der sich gewiß nicht mild und lieblich gab, der aber doch immer Symbol für Pflichterfüllung und Gerechtigkeit blieb.

So heiter und unbekümmert sich Friedrich im Friedensjahrzehnt auch gab, wenn er der Tafelrunde von Sanssouci präsidierte oder beim abendlichen Flötenkonzert phantasierte, die Sorge um den Bestand seines Staates, um die Erhaltung des Gleichgewichts und des Friedens verließ ihn nie. Mochten die Violinen noch so zart über dem fröhlichen Weinberg bei Potsdam klingen, im Hintergrund vernahm sein nervöser, hellwacher Sinn das leise, metallene Schmettern von Trompeten, und er wußte: es waren Kriegstrompeten.

In den beiden Jahren 1749 und 1750 herrschte Windstille in Europa; kriegerische Verwicklungen waren nirgendwo in Sicht. Aber Friedrich traute dem Frieden nicht. Das Verhältnis mit Österreich blieb gespannt. Zwischen Wien und Berlin zirkulierten gereizte Noten, in denen sich beide Seiten über die auf Schlesien eingetragenen Schulden und über den Waren-Durchgangsverkehr stritten. Das war aber eher nebensächlich. Entscheidend war, daß Maria Theresia in den Jahren 1749 bis 1756 ihren

Staat von Grund auf reformierte, und zwar ganz bewußt und konsequent nach dem Vorbild des friderizianischen Modells. Die Finanzen wurden in Ordnung gebracht, das Heer reorganisiert und vermehrt, vor allem aber entstanden neue Rüstungsfabriken mit einem beträchtlich vermehrten Ausstoß an Infanteriewaffen und schwerer Artillerie. In etwa war Friedrich davon unterrichtet. An seinem vierzigsten Geburtstag, am 24. Januar 1752, sagte er: »Österreich bezahlt seine Schulden. Es wird in einigen Jahren unabhängig von fremden Subsidien sein und aus eigener Kraft handeln können.«

Woher wußte er das? Die Diplomatie des 18. Jahrhunderts war ein einziges Spioniersystem, die Gesandten und Botschafter der einzelnen Staaten waren nebenbei auch hochbesoldete Spione ihrer Monarchen. Jeder Hof versuchte, die Beamten und Diplomaten der anderen Höfe zu bestechen, jeder war bemüht, die Pläne der anderen frühzeitig auszukundschaften. Friedrich besaß zwei vorzügliche Informationsquellen solcher Art: Seit 1747 bestand ein Liebesverhältnis zwischen einer preußischen Kastellanstochter und dem Legationssekretär Weingarten an der österreichischen Gesandtschaft in Berlin, wodurch Friedrich laufend in die Geheimnisse des österreichischen Botschafters Puebla eingeweiht wurde. 1752 gelang es dem preußischen Gesandten von Maltzahn in Dresden, einen gewissen Friedrich Wilhelm Menzel zu bestechen, der als Kanzlist in der Geheimen Kabinettskanzlei des sächsischen Hofes tätig war. Menzel erhielt eine Anzahlung von 100 Talern, und der Kabinettsrat Eichel schickte aus Potsdam ein riesiges Schlüsselbund, so daß der Spion bald in der Lage war, die Schränke der Geheimkanzlei aufzuschließen. Er entnahm die Depeschen der sächsischen Regierung an die Höfe von Petersburg und Wien, ließ die Originale schnell von den preußischen Gesandtschaftssekretären Pleßmann und Benoit kopieren und legte sie wieder an Ort und Stelle. Vier Jahre lang betrieb er dieses Spiel, wofür er insgesamt 3000 Taler erhielt. Friedrich bekam auf diese Weise einen tiefen Einblick in das, was zwischen seinen Nachbarhöfen vorging.

Argwöhnisch verfolgte er das intime Einvernehmen zwischen den beiden Kaisermächten Rußland und Österreich. Aber da er sich ja noch im Bündnis mit Frankreich befand, schien ihm das Gleichgewicht noch einigermaßen gewährleistet. Im Mai 1753 erfuhr er jedoch über Weingarten, daß der bisherige österreichische Gesandte in Paris, Graf Kaunitz, bei seiner Abberufung nach Wien von der Marquise de Pompadour, der Mätresse des französischen Königs, das unbedingte Versprechen erhalten habe, Frankreich werde Österreich nirgendwo Schwierigkeiten machen und sich in Mitteleuropa ganz ruhig verhalten. Was sollte das heißen? Wenn die jahrhundertealte Feindschaft zwischen Wien und Paris zu Ende gehen sollte, dann war die Stellung Preußens aufs höchste gefährdet.

Ein halbes Jahr später forderte die Londoner Regierung ihre Kolonisten in Kanada und Nordamerika auf, jedem weiteren französischen Vordringen in diesen Gebieten mit Waffengewalt zu begegnen. Im Sommer 1754 kam es zu den ersten bewaffneten Auseinandersetzungen, bei denen sich ein gewisser George Washington auf britischer Seite hervortat. Im Juni 1755 griff ein englisches Geschwader vor der amerikanischen Küste drei französische Linienschiffe an, von denen es zwei eroberte. Kurz darauf erfuhr Friedrich von einem Gespräch, das der Leiter der österreichischen Außenpolitik, Graf Kaunitz, mit dem britischen Gesandten in Wien geführt hatte. Der Gesandte wollte vorfühlen, in welchem Umfang England in einem neuen Krieg mit Frankreich auf österreichischen Beistand rechnen konnte. Kaunitz hatte ihm erklärt, Österreich könne England am besten helfen, wenn es nicht nur verteidige (beispielsweise die belgische Nordseeküste), sondern wenn es angreife. Auf die erstaunte Gegenfrage des Gesandten »Wie denn das?« hatte er ausgerufen: »Na, durch einen Angriff auf Preußen!«

Friedrich war aufs äußerste alamiert. Was braute sich da zusammen? Am 21. Oktober 1755 schrieb er an seinen Gesandten in Paris, Knyphausen: »Werden in Frankreich wirklich Rüstungen zu Lande und zu Wasser vorgenommen, und wird der Truppenbestand vermehrt? Wie denkt die Frau von Pompadour über England? Ist sie noch gereizt gegen die Briten oder nicht? Wie benehmen sich die französischen Minister gegen den österreichischen Gesandten? Und wie ist dessen Stellung bei Hofe?«

Man sieht, Friedrichs hochentwickelter politischer Instinkt trieb ihn um, sagte ihm, daß international etwas im Schwange sei und daß er seine diplomatische Stellung – so oder so – befestigen müsse. Bereits im Spätsommer 1755 waren die Briten an ihn herangetreten. Staatssekretär Lord Holderness hatte, als er von dem Kaunitzschen Ausruf erfuhr, in London gesagt: »Unser Gegenstand ist Frankreich, Österreichs Gegenstand ist offensichtlich Preußen.« Diese Diskrepanz der Interessenlage hatte die englische Regierung veranlaßt, sich von ihrem altbewährten Bundesgenossen Österreich abzuwenden und dem Preußenkönig Avancen zu machen. Friedrich ließ die Engländer ein halbes Jahr lang kommen und zierte sich etwas. Er wußte, was William Pitt, der bedeutendste englische Politiker, in London gesagt hatte: »Amerika wird in Deutschland erobert!« Dann, plötzlich, Mitte Januar 1756, entschied er sich und stimmte dem Vertrag von Westminster zu, in dem sich beide Staaten, England und Preußen, verpflichteten, keiner fremden Macht den Ein- oder Durchmarsch für Norddeutschland zu gestatten. Hannover schien dadurch gegen die Franzosen, Preußen gegen die Russen gedeckt. Die bestehenden Allianzverhältnisse, vor allem Preußens mit Frankreich, sollten auf Friedrichs ausdrücklichen Wunsch davon nicht tangiert werden.

Das, so kann man sagen, kam einem außenpolitischen Erdbeben gleich. England nicht mehr mit Österreich, sondern mit Preußen verbündet! Und die Franzosen, aufs tiefste gekränkt, reagierten sogleich darauf, indem sie am 1. Mai mit Österreich in Versailles ein Defensivbündnis schlossen, in dessen Geheimartikeln sie für den Fall, daß der Preußenkönig Österreich angriff, dem Wiener Kaiserhof Waffenhilfe und die Rückeroberung Schlesiens versprachen.

Die zweite Sensation, der Vertrag von Versailles, übertraf die erste, den Vertrag von Westminster, noch bei weitem. Europa war wie betäubt, man sprach aufgeregt von einem »Umsturz der Koalitionen«. Und die Aufregung hat sich bis heute nicht gelegt. Alle Welt pries und preist das hervorragende diplomatische Geschick des Grafen Kaunitz, der in jahrelangen, unerschütterlichen Bemühungen den ehemaligen Todfeind Frankreich auf Österreichs Seite zog. (Mit vollem Recht; das war wirklich eine Glanzleistung, die höchstens noch ein Bismarck zustande gebracht hätte.) Und alle Welt schalt und schilt den Preußenkönig, der mit dem Westminstervertrag seinen größten außenpolitischen Fehler begangen hätte; und diese Kritik ist gerade von den preußischen Historikern und Friedrichbewunderern immer wieder erneuert und selbst von einer solchen außenpolitischen Kapazität wie Otto von Bismarck gestützt worden.

Aber war es wirklich ein Fehler? Hat Friedrich sich – auf den Gesamtzusammenhang gesehen – wirklich verrechnet? Zuzugeben ist, daß einer seiner Hauptbeweggründe für den Vertrag mit England die Erwartung war, dadurch Rußland, das von britischen Subsidien lebte, neutral stellen zu können. Diese Rechnung ist nicht aufgegangen, und in diesem Punkt ist Friedrich ohne Frage eine schwere Fehlkalkulation unterlaufen. Zuzugeben ist weiter, daß er Frankreich keineswegs provozieren wollte und daß er sich noch längere Zeit der Hoffnung hingegeben hat, der Hof von Versailles würde von einem direkten Bündnis mit Wien zurückschrecken. Auch darin hat er sich getäuscht. Aber alles dies war absolut zweitrangig vor der Wahl: England oder Frankreich! Nur in dieser Frage lag die Entscheidung für den großen Weltkampf, der unmittelbar bevorstand. Soeben, im Mai 1756, hatte England Frankreich den Krieg erklärt; für eine der beiden Seiten mußte Friedrich optieren.

Es ist ein weitverbreiteter Irrglaube, daß Friedrich unter allen Umständen und zu allen Zeiten auf ein Bündnis mit Frankreich fixiert war. Seine geistigen und kulturellen Sympathien spielten für sein außenpolitisches Kalkül nicht die geringste Rolle. Spätestens seit 1750 war Friedrich sich völlig darüber im klaren, daß das Frankreich Ludwigs XV. und der Pompadour ein Koloß auf tönernen Füßen war. Die weltberühmte französische Armee hatte ihn schon bei den ersten Schlesischen Kriegen enttäuscht. Jetzt wurden die französischen Streitkräfte aus akuter Geldnot auch noch verringert, während Österreich und Rußland planmäßig aufrüsteten. Die französischen Finanzen waren völlig zerrüttet, die Bevölkerung murrte vernehmlich wegen des aberwitzigen Steuerdrucks, der fortschreitenden Geldentwertung und der sprunghaft nach oben schnellenden Getreidepreise. Die Armen wurden immer ärmer, die Reichen immer reicher. Vierzig Jahre vor dem Ausbruch der Französischen Revolution erkannte Friedrich mit durchdringendem Blick, daß der Bourbonenstaat im Innern von tiefer Fäulnis angefressen und daß er nach außen ein schwankendes, seiner selbst nicht mehr vertrauendes Gebilde war.

Und dagegen England? Bereits seit seinem Regierungsantritt, 1740, hatte Friedrich klar zu erkennen gegeben, daß die britische Krone für Preußen der erste und beste Verbündete sein könne. Da England nicht bereit gewesen war, ihn im Falle Schlesiens gegen Österreich zu unterstützen, hatte er notgedrungen auf die französische Karte gesetzt. Jetzt war er genau darüber unterrichtet, welchen ungeheuren inneren Aufschwung England in den letzten fünf Jahren vollzogen hatte, wie sehr sich in der High-Society des Inselreiches alle Kräfte und Energien zur großen Auseinandersetzung mit Frankreich um Kanada, Amerika und Ostindien zugespitzt und zum Willensentschluß geformt hatten. Sein Gesandter in London hatte ihm geschrieben, das gesamte englische Volk sei bereit und willens, mit den Franzosen um die Weltherrschaft in Übersee zu kämpfen. England war in jeder Hinsicht kriegsbereit: psychologisch, finanziell und maritim. Hier stand die stärkste Macht der Welt in nationaler Geschlossenheit bereit, mit Zähnen und Klauen zu fechten, während in Frankreich die Macht der Krone unaufhaltsam zerfiel, das Volk um Frieden, Wohlfahrt und Brot flehte und die Bourgeoisie nach Reformen, Profit und Emanzipation gierte.

Das alles sah Friedrich, oder besser: er begriff es instinktiv. Und aus tiefem Instinkt heraus verbündete er sich mit der potentesten Großmacht seiner Zeit. Mit Frankreich an der Seite und England, Rußland und Österreich gegen sich hätte er den kommenden Krieg nie durchstehen können. Die vielgefürchtete Militärmacht Frankreich hat ihm im Siebenjährigen Krieg kaum Kopfschmerzen bereitet. Als er den hannoverisch-britischen Truppen seinen General Prinz Ferdinand von Braunschweig, den zweitgrößten Feldherrn des Jahrhunderts, zur Verfügung stellte, konnte er die legendäre Macht der Bourbonen praktisch vergessen.

Nein, Friedrich, der sich in Details irrte, traf im Januar 1756 mit der Westminster-Konvention, vielleicht mehr aus Ahnung als aus Vernunft, die richtige Wahl. Im Grunde war er, Friedrich, es, der den »Umsturz der Koalitionen« herbeiführte! Und in jedem Fall hat er die listig-durchtriebenen Einkreisungspläne des Grafen Kaunitz schon in diesem Augenblick entwertet: Wien verband sich mit der absteigenden, Berlin mit der aufstrebenden Macht.

Am 19. Mai las Maria Theresia, die Kaiserin-Königin, den Vertrag von Versailles. Sie lehnte sich zurück und sagte mit freudigem Lächeln, noch nie habe sie einen Pakt mit so »vergnügtem Herzen« unterschrieben. Und dazu muß etwas gesagt werden: Es gibt kaum eine Herrscherpersönlichkeit der letzten Jahrhunderte, der die Nachwelt so zahlreiche Kränze der Liebe und Verehrung geflochten hat wie Maria Theresia. Vor allem die preußischen Historiker, die Friedrich-Apologeten, konnten sich nicht genug darin tun, der Kaiserin-Königin ihre Reverenz zu erweisen. Zweifellos sprach das für die Courtoisie der Preußen. Und es ist ja auch wahr, daß Maria Theresia eine bewunderungswürdige Frau war. Aber genauso wahr ist, daß sie eine starrsinnige und unbelehrbare Revanchistin war. Sie hatte doch zweimal, im Breslauer wie im Dresdner Frieden, feierlich auf Schlesien verzichtet. Galt das nun, oder galt es nicht? Wollte sie Frieden oder Krieg? Daß sie Friedrich nicht mochte, daß sie ihn als »bösen Mann« oder – besonders gern – als »das Ungeheuer« bezeichnete, war verständlich und angesichts des schlesischen Raubes ihr gutes Recht. Nur, ihr unbeugsamer Racheentschluß bezog sich gar nicht auf Schlesien – Schlesien war nur, bewußt oder unbewußt, Vorwand –, sondern richtete sich gegen die Großmachtstellung Preußens. Seit 1749 bemühte sie sich, Friedrich unter europäische Polizeiaufsicht zu stellen, wie man es mit einem gemeinen Verbrecher macht. Und ihre ganze Diplomatie richtete sich auf die Einkreisung Preußens. Das war eine negative, destruktive Politik, vergleichbar jener der Siegermächte von 1919, die die Weimarer Republik einkreisten und unter Polizeiaufsicht stellten, womit sie Adolf Hitler kreierten und den II. Weltkrieg vorbereiteten. In diesem Sinne trug Maria Theresia eine entscheidende Mitverantwortung für den Ausbruch des Siebenjährigen Krieges.

Die Hauptkriegstreiberin gegen Friedrich aber war die Zarin Elisabeth von Rußland. Am 20. Mai bekam der preußische König ein vertrauliches Papier des Wiener Gesandten in Petersburg zu Gesicht, das Menzel in Dresden entwendet hatte. Darin stand: Rußlands Plan gegen Preußen sieht vor, daß Österreich ganz Schlesien und die Grafschaft Glatz zurückbekommt, während sich Rußland Ostpreußen nimmt, um es gegen Kurland und Semgallien an Polen einzutauschen, das sowieso schon von Rußland abhängig ist. Nach Beginn der Kriegsoperationen sollen auch Sachsen und Schweden über Preußen herfallen, wofür Sachsen dann das Gebiet um Magdeburg und Schweden Preußisch-Pommern erhalten sollen. Von Friedrichs Staat würde dann nur noch die Kurmark Brandenburg übrigbleiben.

Mitte Juni – Friedrich weilte gerade in Magdeburg – konnte er auch Österreichs Stellungnahme zu diesen Vorschlägen lesen: »Rußland kann versichert sein, daß wir alles tun werden, um seine großen Ideen auszuführen, und daß alles, was der Schwächung des Preußenkönigs dient, von uns mit Freuden ergriffen wird.« Es käme aber erst einmal darauf an, den Einkreisungsring um Preußen zu schließen und eine Annäherung zwischen Rußland und Frankreich herbeizuführen. Deshalb sei es nicht klug, noch im Sommer 1756 – wie man es in Petersburg wünsche – gegen Friedrich loszuschlagen, sondern man empfehle dringend, den Anschlag auf das Frühjahr 1757 zu verschieben. »Inzwischen kommt alles darauf an, das Spiel gut zu verdecken und den Verdacht, welchen England und Preußen schon hegen, zu kaptivieren, folglich unser Vorhaben bis zum wirklichen Ausbruch streng geheimzuhalten.«

Die »großen Ideen« der beiden Kaiserhöfe bestanden also in der Absicht, Preußen zu vernichten; darüber konnte sich niemand, am wenigsten Friedrich, täuschen. Mitte Juni begannen Österreich und Preußen gleichzeitig mit Rüstungsvorbereitungen. Hatte man es sich in Wien doch anders überlegt? Wollte man dem russischen Druck nachgeben und noch 1756 zum Angriff übergehen? Darüber wurde Friedrich Anfang Juli aufgeklärt, als er von seinem Gesandten in Wien, Klinggräffen, einen hellsichtigen Bericht erhielt: »Niemand hier will Eure Majestät angreifen, weil man dann allein und ohne Verbündete dastände. Sondern man will Eurer Majestät die Rolle des Angreifers aufbürden und sammelt zu diesem Zweck Vorwände aller Art, um dann dem Publikum weismachen zu können, daß Preußen den Frieden gebrochen habe. Denn man ist hier zu allem fähig.«

Die begrenzten österreichischen Rüstungsmaßnahmen und Truppenverschiebungen waren also keineswegs defensiver Natur, sondern hatten den Zweck, den preußischen König zu provozieren und zu Fehlentscheidungen zu verlocken, ohne daß Österreich selbst eine offensive Rolle übernehmen mußte. In Wien rechnete man nicht damit, daß Friedrich von sich aus angriff. Aber man wollte bewirken, daß er mobilisierte und daß er sich dadurch finanziell erschöpfte. Vor allem sollte die europäische Öffentlichkeit gegen ihn in Harnisch gebracht werden.

Friedrich wurde aktiv und verfaßte eine Denkschrift für den englischen Hof. Der wichtigste Satz lautete: »Das Gleichgewicht unter den Großmächten und im Deutschen Reich ist aufgehoben.« Was sollte das heißen? War dies für die britische politische Mentalität berechnet? Oder entsprach es Friedrichs eigener politischer Sicht?

Beides war der Fall. Bereits als Kronprinz, 1737/38, hatte er eine politische Denkschrift unter dem Titel »Considérations sur l'état présent du corps politique de l'Europe« verfaßt, die für den Londoner Hof bestimmt war und in der zum ersten Mal von einer Art Gleichgewichtsprinzip für Europa die Rede war. Friedrich kannte die englischen Vorstellungen der Gleichgewichtspolitik, der »balance of power«, die von der Grundvorstellung ausgingen, die jeweils stärkste politische Großmacht durch den Zusammenschluß aller übrigen Staaten unter Englands Führung zu bekämpfen. Jetzt, 1756, heizte er die britischen Befürchtungen vor einer französischen Universalmonarchie kräftig an, indem er schrieb: »Wo Zwistigkeiten sind, Frankreich entscheidet über sie. Will man Krieg führen, Frankreich macht mit. Gilt es, Friedensverträge zu schließen, Frankreich gibt das Gesetz und wirft sich zum obersten Schiedsrichter der Welt auf.« Friedrich wußte natürlich, daß die britische Gleichgewichtspolitik nichts anderes als ein Ausfluß des britischen Nationalegoismus war. Europa sollte uneinig, vielgestaltig und zersplittert gehalten werden, um England das Schiedsrichteramt über den Kontinent und freie Hand auf den Weltmeeren zu geben. Im Grunde genommen war es eine nichteuropäische oder gar antieuropäische Konzeption. Das konnte Friedrichs Interesse nicht sein. Und so entwickelte er mit der Zeit eine eigene Gleichgewichtsdoktrin, die auf einer doppelten Balance beruhte: Gleichgewicht in Europa zwischen den Großmächten (zu denen auch Preußen gehörte) und Gleichgewicht im Reich zwischen Wien und Berlin.

Der britische Gesandte Mitchell redete auf den König ein, Ruhe zu bewahren. Da Österreich mit Frankreich nur ein Verteidigungsbündnis habe, solle er Maria Theresia die Rolle des Angreifers überlassen und ihr auf diese Weise Frankreichs Hilfe entziehen. Das klang klug, war aber natürlich in Londons Interesse gesprochen, wo man zwar entschlossen war, die Franzosen in Übersee auf breiter Front anzugreifen, aber wenig Neigung hatte, auch in Norddeutschland, in Hannover, mit ihnen kämpfen zu müssen. So konnte man auf der sicheren Insel denken. Friedrich aber fühlte den Strick der Einkreisung um den Hals, und so antwortete er Mitchell am 23. Juli (die gefürchteten Stirnfalten über der Nasenwurzel): »Wie, mein Herr? Was sehen Sie in meinem Gesicht? Glauben Sie, daß meine Nase dazu geschaffen ist, Nasenstüber hinzunehmen? Bei Gott, ich werde sie mir nicht gefallen lassen! Maria Theresia will den Krieg. Gut, sie soll ihn haben.«

Dennoch wünschte Friedrich, Wien den Schwarzen Peter zuzuschieben. Er beauftragte Klinggräffen, Maria Theresia nach Sinn und Zweck der österreichischen Truppenbewegungen zu befragen, die seit Anfang Juni im Gange waren. Am 26. Juli erklärte die Kaiserin in einer Audienz, sie habe diese Maßregeln zu ihrer Sicherheit und zur Verteidigung ihrer Verbündeten getroffen und wolle niemandem damit schaden. Sie leugnete also die Truppenkonzentrationen in Böhmen nicht! Am 2. August las Friedrich Klinggräffens Bericht, fertigte Mobilmachungsbefehle für die schlesischen und pommerschen Regimenter aus und schrieb sofort einen zweiten Brief nach Wien, an seinen Gesandten. Er fühle sich durch Österreichs Maßnahmen bedroht und frage also, ob die Kaiserin ihm mündlich oder schriftlich, aber in jedem Falle verbindlich, zusichern wolle, Preußen weder 1756 noch 1757 anzugreifen. Dann fuhr er fort: »Ich muß wissen, ob wir im Krieg oder im Frieden leben! Die Entscheidung lege ich in die Hände der Kaiserin. Erhalte ich eine Antwort im Orakelstil, so hat die Kaiserin sich selbst alles zuzuschreiben, was aus dem stillschweigenden Eingeständnis all der Pläne folgt, die sie mit Rußland gegen mich geschmiedet hat.«

Am 25. August las Friedrich Klinggräffens Bericht über seine Audienz am Wiener Hof. Die Kaiserin hatte hoheitsvoll erklärt, ein Offensivbündnis zwischen der Zarin und ihr existiere nicht. (Das entsprach formal durchaus den Tatsachen.) Im übrigen wolle sie auf die preußische Anfrage nichts weiter erwidern, da deren Form und Inhalt sie nötigen würden, aus den Schranken der Mäßigung herauszutreten. Friedrich lachte laut auf, als er das las, und schrieb an seinen Generalleutnant und Schwager, den Prinzen Ferdinand von Braunschweig: »Die Antwort ist nichts wert!« Er befahl ihm, mit der Avantgarde der preußischen Armee am 29. August die sächsische Grenze zu überschreiten.

Das war der Entschluß zum Präventivkrieg. Friedrich war der Meinung, »besser praevenire als praeveniri« (also: besser selbst zuvorkommen als sich zuvorkommen lassen). Er war nicht gewillt, bis zum nächsten Frühjahr zu warten, um sich dann von einer übermächtigen Koalition Bedingungen stellen oder sich militärisch überwältigen zu lassen. Der Sommer ging allerdings schon zur Neige. Aber wenn er schnell losschlug, hatte er das Überraschungsmoment auf seiner Seite. Vor allem: Er konnte handstreichartig Sachsen besetzen! Das würde ihn zur Offensive gegen Böhmen befähigen und seine Hauptstadt, Berlin, an die das sächsische Territorium bis auf wenige Kilometer heranreichte, aus der Schußlinie bringen.

Friedrichs Entschluß löste Entsetzen aus. Wie, wollte er mit vier Millionen Preußen gegen achtzig Millionen Feinde, gegen Rußland, Österreich, Frankreich, ziehen? »Ein Verrückter!« rief König Ludwig XV. in Versailles aus. »Der Tamerlan von Potsdam«, rieb sich Kaunitz vergnügt die Hände, weil Friedrich ihm nun in das feingesponnene Netz zu stolpern schien. »Die größte Mächtekombination Europas, die Öffentlichkeit der ganzen Welt wird gegen uns sein«, warnten die Brüder in Potsdam. Minister Podewils schrieb aus sorgenvollem Herzen an Eichel: »Die ersten Fortschritte und Erfolge werden ohne Zweifel brillant sein. Aber angesichts der großen Feindesmacht und zu einer Zeit, da der König dann isoliert und aller fremden Hilfe beraubt ist, wird vielleicht noch ein Tag kommen, wo er dessen gedenken wird, was ich ihm immer wieder warnend vor Augen gestellt habe.« Voltaire meldete sich und prophezeite Friedrich den »Untergang seines Ruhmes« als Philosoph und Friedensfürst. Friedrich antwortete postwendend, daß er das Glück des Friedens wahrlich den Schrecken des Krieges vorziehe und er Voltaire von Herzen wünsche, daß er sich in sicherer Zurückgezogenheit der Ruhe des Weisen erfreuen könne. Er schloß:

»Doch ich, umdräuet von Verderben,
Muß kühn dem Sturm entgegenziehn,
Als König denken, leben, sterben.«

Wußte Friedrich, der sich von Verderben bedroht sah, wirklich, welchen

Sturm er auslöste, welches Wagnis er einging? Am 26. August schrieb er an seinen ältesten Bruder: »Ich bin unschuldig an diesem Kriege. Ich habe alles getan, um ihn zu vermeiden. Aber wie groß auch die Friedensliebe sein mag, Ehre und Sicherheit dürfen ihr nicht geopfert werden.«

Heute wissen wir durch die historische Forschung, daß er den Krieg wirklich nicht gewollt hat. In diesem Sinne trifft ihn keine Kriegsschuld. Eine ganz andere Frage ist, ob er nicht in Ruhe hätte abwarten können. Vor 1757 konnte sich keine feindliche Armee gegen ihn in Bewegung setzen. Und die Russen, die Hauptkriegstreiber (wie sich aus angelsächsischen Forschungen in den russischen Staatsarchiven nach dem II. Weltkrieg ergeben hat), sie hätten gewiß 1757 Ostpreußen überfallen und besetzt; aber vor 1758 hätten sie mit ihren Armeen, die auf die langen Etappenwege durch Polen angewiesen waren, niemals in Pommern oder der Mark Brandenburg erscheinen können. Was aber konnte nicht in ein, zwei Jahren alles an der diplomatischen Front geschehen? Andererseits, von Preußens unglücklicher Mittellage her gesehen, konnte die Zeit kaum Verbesserungen, eher nur Verschlechterungen für die geostrategische Lage Friedrichs bewirken, und das Überraschungsmoment hätte ihm dann nicht mehr zur Verfügung gestanden.

Daß ihm erneut der Ruf des »Aggressors«, eines »Friedensbrechers« sicher war, daran zweifelte Friedrich nicht; und der Gedanke daran war ihm unbehaglich. Er suchte keine Abenteuer mehr, auch nicht das »Rendezvous des Ruhms«. Seine Eitelkeit, sein Ehrgeiz waren in den Schlachten der beiden Schlesischen Kriege dahingeschmolzen, die Schrecken und Risiken eines Krieges waren ihm nur zu bewußt. Aber er war machtlos gegen seine Doppelnatur: Klugheit und Kalkül wichen zurück, wenn sich sein stolzer Charakter, sein leidenschaftliches Temperament erhoben. 1742 hatte er in einem Brief an Podewils »Mäßigung und Milde« zur außenpolitischen Maxime des preußischen Staates erklärt. Zehn Jahre lang, von 1746 bis 1756, hatte er sich daran gehalten, keinerlei Großmachtambitionen verfolgt und sich beinahe so defensiv wie sein Vater verhalten. Doch Mäßigung und Milde galten nicht mehr, wenn »Ehre und Sicherheit« auf dem Spiel standen.

Der Antagonismus seiner Natur lag noch tiefer begründet. Sanssouci war in den stillen Friedensjahren nicht nur ein Hort der Heiterkeit, eine Idylle der Friedfertigkeit gewesen. Die Fassade der Harmlosigkeit täuschte die Welt darüber hinweg, daß Friedrich »toujours en vedette«, also immer auf dem Posten war, daß er ständig argwöhnte, der Friede könne für Preußen doch nur eine Art Waffenstillstand sein. Niemals vergaß er, daß das Mächtegewicht in Deutschland und Europa durch die Annexion Schlesiens entscheidend verändert worden war. Mochte er noch so sehr Philosoph und Reformfürst sein, auf dem Rebenhügel von Sanssouci lagerte doch immer der Königstiger. Gewiß nicht im Sinne der eleganten Raubkatze von 1740. Aber grimmig und zähnefletschend, wenn irgendwer in der Welt Anstalten machen sollte, ihm seine Beute zu entreißen, ihm seine Unabhängigkeit und Größe zu beschneiden, für deren Gewinn er soviel riskiert hatte.

Nein, Friedrich war nicht der Mann, der sich »Nasenstüber« geben ließ. Er gab sie – wenn es sein mußte – lieber selbst. So ging er in das größte Abenteuer seines Lebens.

Am 28. August 1756 berichtete der englische Gesandte, Sir Andrew Mitchell, aus Potsdam nach London: »Heute morgen zwischen vier und fünf Uhr verabschiedete ich mich vom König. Er ging zur Parade, stieg zu Pferde und ließ einige Exerzierübungen machen. Dann marschierte er an der Spitze seiner Truppen nach Beelitz, von wo er morgen das sächsische Gebiet betreten will.«

5. Um Sein oder Nichtsein

Der Siebenjährige Krieg 1756–1763

Am 29. August 1756 zieht Friedrich mit seinen Truppen in einen Krieg, in dem es nicht um Schlesien oder Sachsen, um Böhmen oder Mähren geht, sondern um Sein oder Nichtsein des preußischen Staates. Niemand hat den Ursprung und den Sinn dieses Krieges jemals schärfer umrissen als 1759 der hellsichtige dänische Kriegsminister Graf Bernstorff:

»Dieser Krieg ist entbrannt nicht um ein mittelmäßiges oder vorübergehendes Interesse, nicht um ein paar Waffenplätze oder kleine Provinzen mehr oder weniger, sondern um Sein oder Nichtsein der neuen Monarchie, die der preußische König mit einer Kunst und Schlagfertigkeit in die Höhe gebracht hat, welche die eine Hälfte Europas überrascht und die andere getäuscht haben. Der Krieg ist entstanden, um zu entscheiden: ob diese neue Monarchie bestehen bleiben wird – ob das Deutsche Reich *zwei* Häupter haben soll – und ob der Norden Deutschlands einen Fürsten besitzen wird, der aus seinen Staaten ein Lager und aus seinem Volk ein Heer gemacht hat und der, wofern man ihm Muße läßt, seine Staatsgründung abzurunden und zu befestigen, als Schiedsrichter der großen europäischen Angelegenheiten dastehen und das Gleichgewicht der Mächte balancieren wird.«

Friedrich, wie Mitchell nach London berichtet hat, reitet an der Spitze seiner Armee in diesen Krieg. Er bleibt nicht zu Hause in seinem Schloß, wie die anderen Fürsten Europas, und er läßt nicht Generäle oder Marschälle für sich Krieg führen. Er ist der König-Connétable, wie man damals sagt: er ist sein eigener Feldherr. Er zieht ins Feld und verläßt seine Residenzstadt Berlin, und er wird sie – abgesehen von zehn Tagen im Januar 1757 – sechseinhalb Jahre nicht mehr wiedersehen. Er führt einen Krieg gegen fünf Staaten (Österreich, Frankreich, Rußland, Schweden sowie Sachsen-Polen), worunter sich mit Österreich, Frankreich und Rußland die drei größten und mächtigsten Monarchien Europas befinden. Vier Millionen Preußen gegen achtzig Millionen Alliierte! Bald wird sich auch das »Heilige Römische Reich Deutscher Nation« gegen ihn stellen und eine westdeutsche Reichsarmee gegen Preußen mobilisieren. Es ist das größte Wagnis aller Zeiten. Es kann nach menschlicher Voraussicht nur mit Friedrichs Vernichtung, nur mit Schimpf und Schande für die Preußen enden.

Der Preußenkönig ist vierundvierzig Jahre alt und steht in voller Manneskraft. Die eleganten französischen Galaröcke hat er abgelegt; er trägt nur noch seine Felduniform: auf dem Kopf den dreieckigen schwarzen Filzhut, ohne Stickereien und Straußenfedern, um den Hals die weiße Kragenbinde seiner Infanterie, am Körper einen langen dunkelblauen Rock mit besponnenen Knöpfen, den der Schwarze Adlerorden ziert, an den Händen beigefarbene schweinslederne Stulpenhandschuhe, gelblich-rötliche Stulpenstiefel über schwarzsamtenen Kniehosen, an der linken Seite den Degen. Wenn er zu Pferd steigt, schnallt er Sporen an.

Seine Feldarmee ist 150 000 Mann stark. Sie wird sich mit 450 000 Feinden messen müssen: 180 000 Österreichern, 120 000 Russen, 100 000 Franzosen, 30 000 Mann Reichstruppen, 20 000 Schweden (die 18 000 Sachsen nicht gerechnet). Hinter der dreifachen Übermacht an feindlichen Soldaten steht die Wirtschafts- und Finanzkraft beinahe des gesamten Kontinents.

Die preußische Feldarmee besteht aus: fünfzig Infanterieregimentern mit insgesamt 110 000 Mann, fünfundzwanzig schweren Kavallerieregimentern (Kürassieren und Dragonern) mit etwa 20 000 Reitern, zehn leichten Kavallerieregimentern mit ca. 15 000 Husaren und fünf Regimentern Feldartillerie mit etwa 5000 Mann. Ungefähr zwanzig Prozent dieser Armee sind Söldner, also Angeworbene; die Masse des Heeres setzt sich aus Landeskindern zusammen, die bereits im Knabenalter in ihren jeweiligen Kantonen »enrolliert« (eingeschrieben) wurden, jedes Jahr zwei Monate in der Friedensarmee gedient haben und nun – für den Krieg mobilisiert – unter den Fahnen stehen.

Diese Armee von 1756 ist einzigartig. Sie ist nicht mehr – wie 1740 – das Produkt des Soldatenkönigs. Sie ist in zehnjähriger Friedensarbeit von Friedrich durchgearbeitet, reorganisiert und auf die Spitze militärischer Vollkommenheit getrieben worden. So, wie sie jetzt unter Friedrichs Befehl über die Grenze Sachsens marschiert, präsentiert sie sich in ihren bunten Uniformen gleich einem farbenprächtigen Gemälde, in dem das Preußisch-Blau dominiert. Vor den Regimentern und Bataillonen flattern seidengestickte Fahnen mit der Inschrift »pro gloria et patria«, die stolz von adligen Junkern getragen werden. Werden sie, vor Beginn des Marsches, an den angetretenen Linien vorbeigeführt, so erweist ihnen die ganze Armee Ehrerbietung: die Infanterie präsentiert, die Kavallerie senkt die Säbel, die Offiziere neigen die Spontons, die vereinigte Feldmusik des Heeres ertönt, und der König zieht seinen Dreispitz.

Die Infanterie trägt preußische Grenadier- und Füsilierhauben, weiche farbige Mützen, an denen vorn, über der Stirn, hohe gelbe Blechschilder angebracht sind, die den einzelnen Mann größer und furchteinflößender erscheinen lassen, als er wirklich ist, und beim Angriff, im Sonnenschein, dem Feind sieghaft entgegenblitzen. Jedes Regiment hat sechs bis acht Trommler; die Grenadierbataillone verfügen zusätzlich noch über Pfeifer, die auf silberglänzenden kurzen Querflöten spielen. Wenn die Truppe

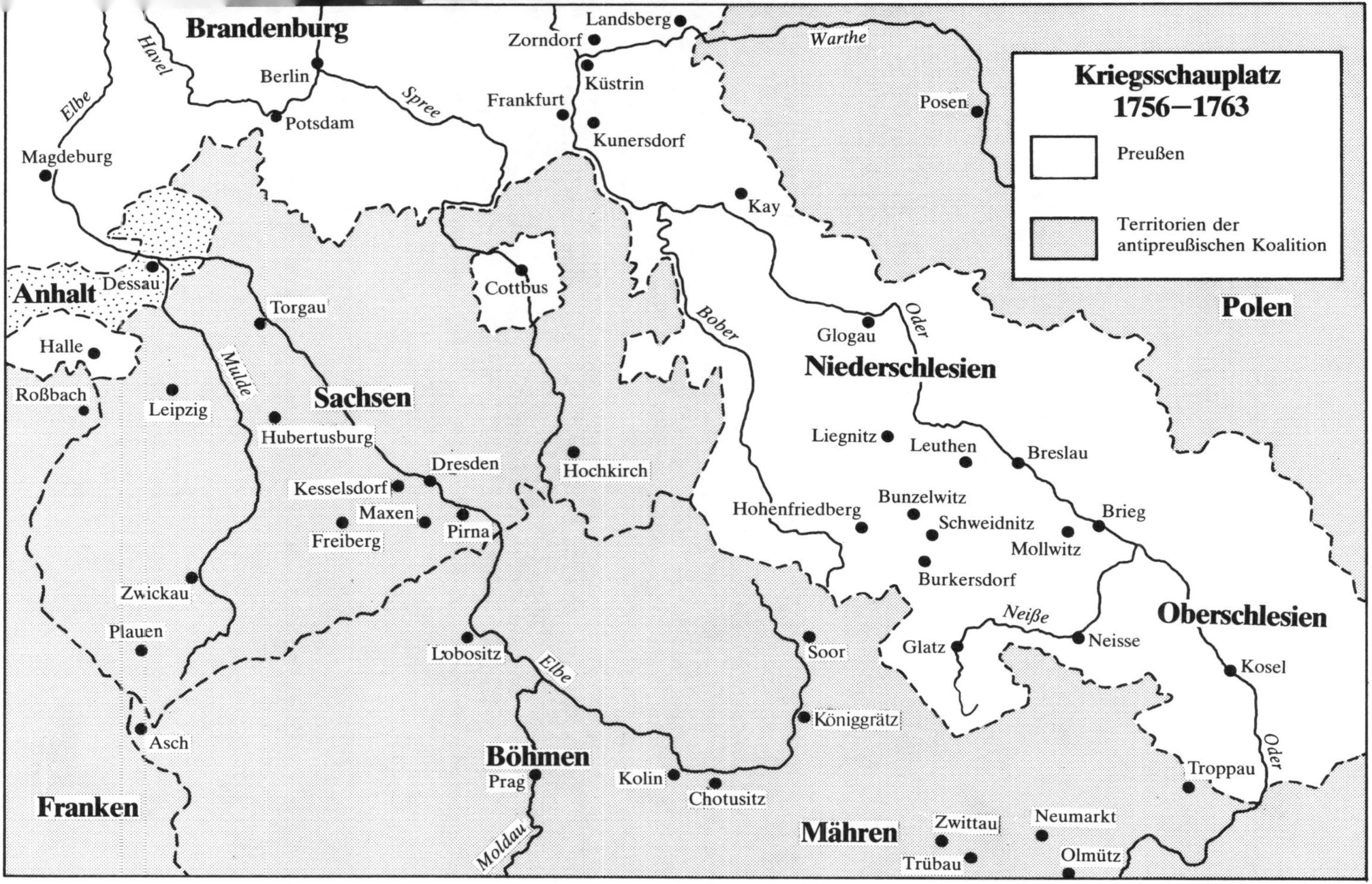
Kriegsschauplatz
1756–1763
Preußen
Territorien der antipreußischen Koalition
Brandenburg
Berlin
Potsdam
Magdeburg
Elbe
Havel
Spree
Landsberg
Zorndorf
Küstrin
Frankfurt
Kunersdorf
Warthe
Posen
Kay
Polen
Anhalt
Dessau
Halle
Roßbach
Leipzig
Torgau
Mulde
Sachsen
Hubertusburg
Cottbus
Bober
Glogau
Oder
Niederschlesien
Liegnitz
Leuthen
Breslau
Dresden
Hochkirch
Kesselsdorf
Maxen
Pirna
Freiberg
Hohenfriedberg
Bunzelwitz
Schweidnitz
Mollwitz
Brieg
Burkersdorf
Zwickau
Plauen
Lobositz
Elbe
Neiße
Neisse
Glatz
Oberschlesien
Soor
Kosel
Königgrätz
Asch
Böhmen
Prag
Kolin
Chotusitz
Troppau
Oder
Franken
Moldau
Mähren
Zwittau
Neumarkt
Trübau
Olmütz

beim Marsch oder beim Avancieren fromme protestantische Choräle anstimmt, fallen Pfeifen und Trommeln rhythmisch in die Melodie ein.

Vor den Kavallerieregimentern leuchten silberne Adler oder seidenbestickte Standarten. Die Kürassiere tragen blitzende Brustpanzer. Die Leibhusaren sitzen auf tigerfarbenen Decken, die mit Sternbildern geschmückt sind. Die Kürassierregimenter führen silberne Pauken und Trompeten mit sich, die Dragoner wie die Infanterie messingbeschlagene Trommeln. Das Artilleriekorps hat eine türkische Janitscharenmusik und einen Wagen mit großen Heerpauken.

Die Bewaffnung der Infanterie besteht aus der Muskete, dem damaligen Gewehr. Diese Muskete gilt bei der preußischen Armee als »Braut des Soldaten« und muß wie ein Kleinod behandelt werden. Alle Einzelteile, vom Lauf über das Schloß bis zum Holzschaft, müssen täglich entstaubt, eingefettet und poliert werden. Zum Laden der Muskete, die ein Vorderlader ist, wird ein eiserner Ladestock benutzt. Ein Peloton Infanterie kann mit den Musketen in der Minute vier Salven abgeben, was damals unbestrittener Weltrekord ist. Beim Marschieren, beim Biwakieren, beim Schießen und Attackieren: immer haben die preußischen Grenadiere oder Füsiliere (leichte Infanterie) das Bajonett aufgepflanzt; die Preußen sind die ersten, die dem Bajonett eine solche Bedeutung geben.

Die Kavallerie ist mit dem Pallasch, einem schweren Säbel, ausgerüstet, der die Angriffswaffe der preußischen Reiterei ist. Friedrich hat durchgesetzt, daß jeder Reiter daneben noch einen Karabiner und eine Pistole mit sich führt, um im abgesessenen Gefecht auch infanteristisch kämpfen zu können. Bei der Attacke dienen die Schußwaffen nur zum Einzelkampf. Im Gegensatz zu den Österreichern und Franzosen, deren Kavallerieregimenter auch geschlossene Pistolensalven abgeben, greift die preußische Reiterei nur mit dem blanken Säbel an.

Die Artillerie verfügt über leichte Feldkanonen, die sechsmal in der Minute feuern, schneller also als die Infanterie, da der Ladevorgang unkomplizierter ist. Friedrich hat aber auch Haubitzbatterien eingeführt, die im indirekten Schuß feuern, also feindliche Bereitstellungen hinter Hecken und Büschen oder auch in Dörfern erreichen können. Der Artillerist trägt wie der Infanterist einen blauen Rock und an der Seite einen leichten Säbel, mit dem er sich selbst und sein Geschütz gegen durchgebrochene feindliche Reiter verteidigen soll.

Alles in dieser Armee ist durchorganisiert; bis zur letzten Kleinigkeit. Wenn sie marschiert, so geschieht das in drei parallelen Kolonnen: Auf der (ungepflasterten) Landstraße rumpeln die Kanonen, die Haubitzen und die Munitionsfuhrwerke. Dahinter folgen die Proviantwagen, eine bewegliche Feldbäckerei und die Kriegskasse der Armee. Jedes Armeekorps von 30 000 Mann führt eine »Feldapotheke« mit sich, die 150 Ärzte und Feldschere, zehn sechsspännige Apothekerwagen und fünfzehn vierspännige Nachschubfuhrwerke umfaßt sowie eine Pionierabteilung mit dreißig kupfernen Pontons, die dem Schiffsbrückenbau dienen. Links oder rechts daneben, auf sandigen Feldwegen, marschiert die Infanterie in Bataillonskolonnen. Sie hat strengen Befehl, die Äcker und Felder der Bauern zu schonen. Eine dritte parallele Kolonne besteht aus den Packpferden, die in langen Reihen einzeln hintereinander von Pferdeknechten geführt werden. Die Pferdelasten sind mit Wolldecken verhangen, auf denen die jeweilige Regimentsnummer steht, so wie das auch auf allen Wagen und Karren der Armee der Fall ist. Dieser dreifache Heerwurm ist von einer Wolke leichter Kavallerie umgeben, die nach allen Seiten aufklärt und die Armee vor Überfällen schützt. Generalstabsoffiziere haben die Marschrouten im voraus auf 1000-Schritt-Distanzen exakt ausgemessen, so daß Infanterie, Kavallerie und Artillerie niemals ihre Wege kreuzen, wodurch Stockungen entstehen könnten. Keine Armee der Welt marschiert so schnell und ausdauernd wie die preußische.

Das schwerste Marschlos hat der Infanterist. Neben seiner langen Muskete und dem Tornister trägt er am Koppel, über den Hüften, Patronentaschen mit sechzig scharfen Patronen und über der Schulter einen Sack mit mindestens sechs, höchstens zwölf Pfund Brot. Unter seiner Grenadier- oder Füsiliermütze rinnt ihm der Schweiß in Strömen übers Gesicht und in die weiße Kragenbinde über dem wundgescheuerten Hals. Seine übrige Ausrüstung – zwei Wolldecken, ein Kochkessel, eine Feldflasche, ein Beil, ein Feldspaten und eine Hacke – werden auf den Regimentswagen mitgeführt.

Bezieht die Armee am Nachmittag ihr Lager, so kampiert sie kompanieweise in Zelten. Jede Kompanie schläft in sechsunddreißig Zelten: vier für die Offiziere, zwei für die Stabsunteroffiziere, sechsundzwanzig für die Mannschaften (wovon jeweils sechs in einem Zelt liegen) und vier für ein Dutzend Soldatenweiber, die warme Mahlzeiten zubereiten und die Wäsche der Kompanie waschen. Die Artilleristen schlafen bei ihren Kanonen, die schwere Reiterei hat größere Zelte, die Husaren bauen sich Strohhütten oder kampieren unter freiem Himmel neben ihren Gäulen, ständig zu schnellem Aufsitzen bereit.

Bunte Feldflaggen kennzeichnen im Lager die einzelnen Reviere der Regimenter und Bataillone, so daß jeder im Handumdrehen zu seiner Einheit findet. Jede Kompanie hat vor ihrem Lagerbezirk die Musketen in zwei Gewehrpyramiden aufgestellt, die bei Regen mit Zeltplanen abgedeckt werden. Jedes Bataillon hat sich einen Lagerplatz geschaffen, auf dem die Trommeln aufgetürmt sind und die Fahne unter Doppelposten steht. Jedes Infanterieregiment stellt vier Feldkanonen um sein Lagerrevier auf, bei denen starke Feldwachen postiert sind. Hinter jedem Regimentsrayon befindet sich eine sogenannte Brandwache von vierzig Mann, die Lagerpolizei und Feuerwehr in einem ist und auch ein Auge auf mutmaßliche

Deserteure hält. Ganz in der Nähe liegen die viereckigen Kochplätze der Soldaten. Auf der anderen Seite des Lagerbezirks sind rechteckige tiefe Gruben ausgehoben, Latrinen, über die hölzerne ›Donnerbalken‹ gelegt sind. Sie werden dem allgemeinen Blick entzogen, indem man Büsche und Sträucher um sie pflanzt.

Das Hauptquartier der Armee befindet sich im nächsten Dorf. In einem der Bauernhäuser schläft der König; in den umliegenden Gebäuden seine engere Umgebung. Jedes Infanterie- oder Kavallerieregiment hat einen jungen Offizier in das Hauptquartier detachiert, der sich bei ständig gesatteltem Pferd bereithalten muß, Befehle des Generalstabs an seine Einheit zu überbringen. Alles, was sich in diesem Dorf aufhält, wird aus der königlichen Küche verpflegt, wobei das Essen für alle gleich ist. Hier wimmelt es von Troßknechten, Marketendern, Gauklern und zweifelhaften Damen. Aus den Bauernhäusern hört man den ganzen Tag Musik, Gelächter und das Knallen der Spielkarten. Es wird reichlich dem Bacchus und der Venus geopfert, wie ein mitmarschierender Offizier berichtet. Vor der Kate des Königs drängen sich Adjutanten, Ordonnanzoffiziere, Melder, Überläufer, Spione und Gefangene, die zum Verhör gebracht werden.

Die preußische Armee leidet – als einzige ihrer Zeit – niemals materielle Not. Neben der transportablen Kriegskasse, die immer wohlgefüllt ist, marschiert eine »Feldbäckerei« mit, die siebenhundertfünfzig Feldbäcker unterhält. Das Nachschubwesen verfügt über 50 000 Pferde, die hauptsächlich aus dem Ausland angekauft sind, um den eigenen Pferdebestand zu schonen, und 25 000 Pferdeknechte. (Insgesamt umfaßt der Bestand der preußischen Armee etwa 100 000 Gäule.) Nicht einmal ein Feldpostamt ist vergessen worden.

Jede Kompanie hat ihren Schuster, ihren Schneider, und sie hat auch einen eigenen Fleischer, der das Vieh einkauft und für ein paar Pfennige Sold an die Soldaten verteilt. Die Infanterie hat Zimmerleute und Büchsenmacher, die Kavallerie Schmiede und Sattler, die Artillerie Wagenbauer und Stellmacher. Alle sind Soldaten, tragen Waffen und sind vom normalen Dienst befreit, solange nicht gekämpft wird. Bei jeder Kompanie befindet sich ein Waffen- und ein Bekleidungs-Unteroffizier sowie ein Fourier mit zwei Gehilfen, dessen Aufgabe das Proviant- und das Quartierwesen ist. Jedem Offizier steht ein Bursche zu, der ihn im Lager bedient, ihn aber auch im Gefecht begleitet.

Der preußische Soldat, gefräßig wie jeder Landser, kennt keinen Hunger. Er wird besser und regelmäßiger verpflegt als die Mannschaften aller anderen kriegführenden Armeen. Pro Tag stehen ihm zwei Pfund Brot zu, das er selbst – für drei bis sechs Tage im voraus – bei sich führt. Die preußischen Brotkolonnen arbeiten in drei Abteilungen: eine hält sich im Lager auf, die zweite ist zum nächsten Magazin unterwegs, die dritte befindet sich, voll beladen, auf der Rückfahrt zum Lager, und sobald sie dort eintrifft, setzt sich die erste Abteilung sofort wieder Richtung Magazin in Bewegung. So wird auch frisches Gemüse herangeschafft, das von den Fourieren in Städten und Dörfern eingekauft wird, und es mangelt fast niemals daran, weil die Bürger und Bauern die prompte Barzahlung schätzen. Während es ständig Schwierigkeiten macht, genügend Fourage, Heu für die Pferde, aufzutreiben, ist an Speck für den Soldaten kein Mangel. Friedrich hat überdies angeordnet, daß jedem Mann pro Woche ein Pfund Rindfleisch zusteht, wofür ganze Rinderherden aufgekauft und herangetrieben werden, und bald wird sich zeigen, daß es dieses wöchentliche Pfund Rindfleisch ist, das die Soldaten der feindlichen Armeen oft zum Überlaufen zu den Preußen veranlaßt.

Die preußische Armee ist ein frommes Heer. Friedrich hat Feldprediger sämtlicher Konfessionen einheitlich uniformiert und sorgt – gemeinsam mit seinem Oberfeldprediger Balke – dafür, daß die Generäle und Offiziere die Feldprediger respektieren. Jeden Morgen und jeden Abend findet ein Feldgottesdienst von fünfzehn Minuten statt. Dem Feldprediger dienen zwei übereinandergestellte Trommeln als Altar; alles, vom General bis zum einfachen Mann, steht entblößten Hauptes im Kreis und gedenkt des Allmächtigen. Zu Beginn eines Feldgottesdienstes erklingt aus aller Munde der wehrhafte Luther-Choral »Ein feste Burg ist unser Gott«, dann hält der Feldprediger die Andacht, danach vereinigen sich Pauken und Trompeten, Trommeln und Pfeifen zum mächtigen »Te Deum«. Jede Religionsgemeinschaft zelebriert ihren eigenen Feldgottesdienst, und niemals wird es in der preußischen Armee gestattet sein, eine Konfession – so schwach sie auch zahlenmäßig vertreten sein mag – zu diskreditieren. Lutheraner, Kalvinisten, Katholiken und selbst Griechisch-Orthodoxe leben als Feldprediger unter der schirmenden Toleranz des Königs freundschaftlich miteinander.

Ist der Feldgottesdienst beendet und setzt sich das Heer wieder in Bewegung, so erklingt der Dessauer-Marsch aus dem Jahre 1705, und die Truppe, froh, das alte, zertrampelte Lager verlassen zu können, singt dazu: »So leben wir, so leben wir, so leb'n wir alle Tage . . .« Unter Trommel- und Pfeifenklang wird zügig marschiert. Korporale und Wachtmeister kommandieren hochroten Gesichts: »Linken – Rechten, Linken – Rechten!« Vor den Bataillonen flattern die bunten Fahnen im Wind, an den Füßen der Grenadiere und Füsiliere bilden sich die ersten Blasen.

Mit dieser Armee zieht Friedrich in einen Krieg, der sieben endlose Jahre dauern wird.

1756

Wenige Kilometer von Potsdam entfernt beginnt das Territorium des Kurfürstentums Sachsen. Wenn Friedrich gegen Österreich Krieg führen will, hat er keine Wahl; er muß sich Sachsens bemächtigen. Sachsen, das bedeutet für ihn: die fast unerschöpflichen Finanzquellen eines wohlhabenden, hochentwickelten Industrielandes – die Benutzung der schiffbaren Elbe, um das nach Böhmen vordringende Heer mit Nachschub versorgen zu können – die kürzesten und gangbarsten Wege von der Mark Brandenburg zu den schlesischen Grenzfestungen – ein hochwertiges Faustpfand für den Fall von Friedensverhandlungen.

Die Kaltschnäuzigkeit und Brutalität, mit der Friedrich mitten im Frieden in das Gebiet seines Nachbarn einmarschiert, verschafft ihm zwar das operative Überraschungsmoment, doch zugleich setzt es ihn vor der Weltöffentlichkeit ins Unrecht. Offensichtlich hat der König mit einem sächsischen Widerstandswillen überhaupt nicht gerechnet und ist in dieser Fehlkalkulation von seinem Freund, dem hochintelligenten General von Winterfeldt, bestärkt worden, der ihm nach einem Kuraufenthalt in Karlsbad berichtete, die sächsischen Offiziere seien alle voller Enthusiasmus für den ruhmreichen Preußenkönig.

In Sachsen marschiert die Hauptarmee in Stärke von 70 000 Mann ein, die 210 Geschütze mit sich führt. Von Schlesien aus dringt Feldmarschall Schwerin mit 30 000 Mann und 90 Geschützen nach Böhmen vor. Weitere 30 000 Soldaten stehen in Ostpreußen unter dem Kommando des Feldmarschalls von Lehwaldt gegen eine russische Invasion bereit. Knapp 10 000 Mann verbleiben in Pommern, um die Provinz gegen russische oder schwedische Unternehmungen zu schützen. Gut 10 000 Soldaten verteilen sich auf die westdeutschen Gebiete Preußens, mit Front gegen ein mögliches französisches Vorgehen.

Am 6. September stehen die Preußen vor Dresden; drei Tage später besetzen sie die sächsische Hauptstadt kampflos. Der Kurfürst-König von Sachsen-Polen, August III., ist auf die Festung Königstein an der Elbe retiriert. Sein auf 20 000 Mann verstärktes Heer hat am 2. September ein festes, schwer zu erstürmendes Lager zwischen Pirna und dem Königstein bezogen. Friedrich schließt es so eng ein, daß bereits ab 15. September alle Zufuhren abgeschnitten sind, und läßt am selben Tag seine Vortruppen die böhmische Grenze überschreiten, wodurch der Kriegszustand mit Österreich faktisch wird.

Der Preußenkönig hält sich seit dem 10. September in Dresden auf. Er bewohnt ein Haus in einem Garten der Vorstadt und überläßt der Kurfürstin und deren Familie das Schloß. Feldmarschall von Keith muß der hohen Dame seine ehrerbietige Aufwartung machen. Friedrich hält offene Tafel vor dem Dresdner Publikum und zeigt sich gegen jedermann von seiner liebenswürdigsten Seite. Um den überzeugungstreuen Protestanten Sachsens zu schmeicheln, besucht er die Gottesdienste und macht den Geistlichen Präsente. In einem Manifest an die Bewohner des Landes läßt er erklären, daß er nicht in feindlicher Absicht nach Sachsen gekommen sei, sondern dasselbe nur in »Depot« nehme und nach abgewendeter Gefahr sofort wieder räumen werde. Das alles hält ihn jedoch nicht davon ab, fast mit Gewalt das Dresdner Geheimarchiv aufbrechen zu lassen. In drei Säcken werden vierzig Aktenbände nach Berlin abtransportiert, damit man sich dort an die Arbeit machen kann, ein Manifest für die europäische Öffentlichkeit zu erstellen, das Friedrichs aggressives Vorgehen rehabilitieren soll. Tatsächlich ist man in Berlin in der Lage, anhand der Dresdner Geheimakten die Einkreisungspolitik gegenüber Preußen lückenlos zu dokumentieren; aber der erwünschte Nachweis bestehender Offensivbündnisse gegen Friedrich gelingt nicht. Diese Angriffsverträge bestehen ja auch formal noch gar nicht, sondern werden nun, durch Friedrichs Initiative, erst ausgelöst. Wäre es nicht doch besser gewesen, noch ein Jahr in Ruhe abzuwarten? Die europäische Öffentlichkeit jedenfalls zeigt sich von Friedrichs Kriegsmanifest wenig beeindruckt; nur im pragmatisch denkenden England, wo man die vorbereitenden Schachzüge einer erdrosselnden Einkreisungspolitik sehr genau abzuschätzen weiß, erzielt es ein günstiges Echo.

Fast einen ganzen Monat verliert Friedrich mit fruchtlosem Warten auf die Kapitulation der eingeschlossenen Sachsen. Die Zeit arbeitet für die Österreicher, die blitzschnell eine Armee von 35 000 Mann unter Feldmarschall von Browne aus dem Inneren Böhmens heranführen. Maria Theresia hat Pferde aus ihrem eigenen Marstall geschickt, damit die Kanonen und die Pontonwagen bespannt werden können. Der gesamte österreichische und böhmische Adel wetteifert darin, diesem hochherzigen Beispiel zu folgen. Friedrich schreibt an den Befehlshaber seiner Vortruppen: »Festgestanden und auf der Hut! Heiterkeit und Klugheit, mein Lieber! Und wir jagen den Teufel aus der Hölle – falls einer drin sitzen sollte.« Schließlich eilt er selbst zu seinem Armeekorps, das in Nordböhmen steht, und am 1. Oktober kommt es bei Lobositz an der Elbe zur ersten blutigen Schlacht des neuen Krieges, während die Sachsen – in Friedrichs Rücken – eingeschlossen bleiben.

30 000 Preußen stehen bei Lobositz 35 000 Österreichern gegenüber, und auf beiden Seiten feuern jeweils einhundert Kanonen. Bis zur Mittagszeit liegen dichte Schwaden von Herbstnebel über dem Schlachtfeld, und keiner vermag die Stärke des anderen richtig einzuschätzen. Als der Nebel sich endlich hebt, befiehlt der Herzog von Bevern, der den linken preußischen Flügel kommandiert, seinen Infanteristen, den Feind mit dem blanken Bajonett anzugreifen. »Unsere geborenen Preußen und Brandenburger packen die Panduren wie Furien«, berichtet einer der Teilnehmer. Sie treiben die österreichische Infanterie in blutigen Nahkämpfen Mann gegen Mann aus unübersichtlichen Weinbergen. Das Städtchen Lobositz wird mit Haubitzen beschossen, schließlich auch erstürmt. Aber das österreichische Gros steht unerschüttert hinter dem Modlbach. Erst am nächsten Tag tritt Feldmarschall Browne den Rückzug an.

Jede Seite hat etwa 3000 Mann an Toten und Verwundeten zu beklagen. »Nie haben meine Truppen solche Wunder an Tapferkeit getan, seitdem ich die Ehre habe, sie zu kommandieren«, schreibt Friedrich noch auf dem Gefechtsfeld. Aber auch die Österreicher haben sich in der ersten Schlacht des Krieges glänzend geschlagen. Maria Theresia ist nicht müßig geblieben. In den letzten sieben Jahren ist das österreichische Heer reorganisiert und zu einer furchtgebietenden Streitmacht geformt worden. »Das sind die alten Österreicher nicht mehr«, geht es in der preußischen Armee von Mund zu Mund.

Die Schlacht bei Lobositz besiegelt das Schicksal der eingeschlossenen sächsischen Armee. Friedrichs Sieg auf dem Schlachtfeld vereitelt die Vereinigung der österreichischen und sächsischen Heere. Am 10. Oktober sind alle Vorräte der Belagerten aufgebraucht. Drei Tage lang hungern die Sachsen erbärmlich, die Pferde fressen einander die Schwänze ab, das Pulver ist vom unaufhörlichen Regen aufgeweicht. Als die sächsischen Generäle ihrem Kurfürst-König von Kapitulation reden, bekommen sie zu hören: es sei einfach eine Schande, sich einem schwächeren Gegner ergeben zu wollen, sie sollten gefälligst den Feind attackieren und durchbrechen, er, als Oberbefehlshaber, würde die Schmach einer Kapitulation niemals überleben. Aber August III. sitzt wohlbehalten und trocken auf der Feste Königstein und hält glänzende Tafel. Den Offizieren seiner halbverhungerten Armee hat er bei strenger Strafe verboten, Rehe und Hirsche im Wald zu schießen, weil das Wildbret für seine Küche reserviert bleiben muß. Am 14. Oktober nehmen die sächsischen Generäle schließlich Kapitulationsverhandlungen auf; es gibt keinen anderen Weg mehr.

Es ist empörend, wie Friedrich die brave sächsische Armee behandelt. Er hat fünf kostbare Wochen durch ihr zähes Ausharren verloren, und der ganze Angriffsfeldzug gegen Böhmen, der auf dem Überraschungsmoment aufgebaut war, ist nun für dieses Jahr ins Wasser gefallen. Das läßt er die armen Sachsen spüren. Er bewilligt zwar Neutralität für den Königstein, so daß August III. nicht in Gefangenschaft gehen muß, und schickt auch die Fahnen und Standarten an den sächsischen Hof in Dresden zurück. Ebenso läßt er die Offiziere gegen ihr Ehrenwort, in diesem Krieg nicht mehr gegen die Preußen zu dienen, frei. Doch die Mannschaften werden mit Gewalt in die preußische Armee gezwungen und müssen auf ihn schwören. Die Reiter verteilt man auf die preußischen Kavallerieregimenter, wo sie sich in den nächsten Jahren durchaus bewähren werden, aber die Infanterie wird in zehn geschlossenen Regimentern komplett übernommen; sie bekommt nur preußische Fahnen und Kommandeure. Mit Drohungen und Stockschlägen werden die sächsischen Landser zur Eidesleistung gezwungen; doch nur wenige von ihnen sprechen die vorgesagte Schwurformel nach. Was denkt sich Friedrich dabei? Glaubt er, weil die Sachsen Protestanten sind, sie würden gesinnungslos die Fahnen wie die Hemden wechseln? Ein Jahr später werden zwei Drittel von ihnen desertiert und die grimmigsten Kämpfer in den feindlichen Reihen sein.

Ende Oktober ist der Feldzug des Jahres 1756 zu Ende; alle preußischen Kontingente, auch das Armeekorps Schwerins, räumen schrittweise Böhmen und ziehen sich nach Sachsen und Schlesien zurück. Friedrichs Überraschungspläne sind – von der Besetzung Sachsens abgesehen – gescheitert. Anstatt konzentrisch auf Prag vorzugehen und dort mit 60 000 oder 80 000 Mann eine Entscheidungsschlacht gegen die Österreicher zu schlagen, hat Friedrich sich sechs Wochen lang durch die Sachsen aufhalten lassen. In Böhmen steht nun, am Ende des Jahres, kein Preuße mehr. Das verdankt Maria Theresia weniger ihrem eigenen Heer als der aufopfernden Standhaftigkeit der Sachsen.

Inzwischen ist auch der Propagandakrieg in voller Schärfe entbrannt. Kaiser Franz I., der Gemahl Maria Theresias, hat den Reichsfürsten Friedrich in einem offenen Schreiben aufgefordert, »von seiner unerhörten, höchst frevelhaften und sträflichen Empörung abzulassen und still und ruhig nach Hause zu gehen«. Am 19. September hat er sich in seiner Eigenschaft als kaiserliches Reichsoberhaupt an die preußischen Offiziere und Soldaten gewandt, sie aufgerufen, »ihren gottlosen Herrn zu verlassen, seine entsetzlichen Verbrechen nicht zu teilen« und sie in aller Form ihres Eides auf den preußischen König entbunden. An Friedrich selbst ergeht nun die ernste Mahnung, sich nicht der Reichsrebellion schuldig zu machen und sich ungesäumt den Verfügungen des Wiener Reichshofrats zu unterwerfen.

Das alles ist mehr als lächerlich. Denn Franz I. und Maria Theresia sind schließlich selbst Partei in dem neuen Krieg, und der Reichshofrat ist natürlich ein willenloses Instrument in ihrer Hand. Kaiser Franz hat seinerseits die Reichsgesetze verletzt, als er die preußischen Truppen zum Ungehorsam aufrief, ohne den preußischen König vorher zu hören. Und Maria Theresia? Hat sie nicht selbst erst vor kurzem, im Zweiten Schlesischen Krieg, die Reichsrebellion gegen den Deutschen Kaiser, gegen Karl VII., betrieben und sogar dessen Stammland Bayern besetzt? War sie es nicht gewesen, die sich als erster Reichsfürst in der neueren deutschen Geschichte mit Waffengewalt gegen Kaiser und Reich empört hatte?

In Dresden zirkuliert unter dem Publikum eine Streitschrift, die die berechtigten Ansprüche des preußischen Königs auf Böhmen nachweist. Es ist ein Machwerk aus der Kanzlei des Grafen Kaunitz, und es soll Friedrichs Ländergier dokumentieren. Der König lacht, als er es in die Hand bekommt, aber er läßt es dann doch von Henkershand auf den Straßen und Plätzen der sächsischen Hauptstadt verbrennen. Zur selben Zeit tagt der Reichstag und diskutiert den Beschluß, gegen Preußen und seine deutschen Verbündeten – Hannover, Kassel, Gotha, Braunschweig, Anhalt und Lippe – die Reichsacht zu verkünden. Die protestantischen Stände verhindern das durch ihren Widerspruch. Aber die Mehrheit beschließt die »Reichsexekution« gegen Preußen, und das bedeutet die sofortige Mobilisierung einer west- und süddeutschen Reichsarmee.

Zu Ende des Jahres 1756 gilt Friedrich als ein verlorener, von allen Seiten verlassener Mann. Valory schreibt dazu: »Der König will in seinen Untergang rennen, der mir unfehlbar scheint.« Die Prophezeiung Voltaires, Friedrich würde seinen weltweiten Ruhm als Philosoph und Aufklärungsfürst verlieren, hat sich in wenigen Monaten erfüllt. Abgesehen von England verurteilt ganz Europa ihn als Aggressor und Friedensbrecher. Der Feldzug gegen Österreich ist gescheitert, und der Einkreisungsring um Preußen zieht sich nun stählern zusammen.

Am ersten Weihnachtsfeiertag besucht Mitchell den König und überbringt ihm die furchtbarste Hiobspost: Zarin Elisabeth hat sich endgültig entschlossen, mit Österreich gegen Preußen zu marschieren und dafür 120 000 Mann ins Feld zu stellen! Österreich soll Schlesien einschließlich Glatz bekommen, Magdeburg wird an Sachsen fallen, Polen wird sich Ostpreußen nehmen und dafür Kurland an die Zarin abtreten, die Schweden, wenn sie mitmachen, erhalten Stettin und Teile Pommerns. Was bleibt dann noch von Preußen übrig? Nichts als die Mark Brandenburg mit der Hauptstadt Berlin.

Friedrich erkennt in diesen Tagen, in welche Falle er sich selbst mit seinen schnellen Entschlüssen manövriert hat. »Man muß zugeben, daß die Aussichten für das kommende Jahr sehr kritisch sind, und ich vor allem werde mich gegen das Schicksal und die Vorbereitungen meiner Feinde anstemmen müssen«, schreibt er. Der Ausdruck »Schicksal« verrät, daß er begriffen hat, es wird diesmal auf Leben und Tod gehen. Und das Wort »Vorbereitungen«, in Zusammenhang mit seinen Feinden, zeigt an, daß er offensichtlich zu früh losgeschlagen hat, daß es möglicherweise falsch war, den anderen zuvorzukommen, statt sie kommen zu lassen.

Am 4. Januar 1757 trifft der König in Berlin ein, wo er sich zehn Tage aufhalten wird. Sein erster Besuch gilt der Königin-Mutter, Sophie Dorothea; er ahnt nicht, daß er sie zum letzten Mal sieht. Er studiert seine Kassenbücher und stellt fest, daß die paar Monate Kriegführung bereits vier Millionen Taler verschlungen haben. Wenn das Jahr 1757 zwölf Millionen kosten wird – und damit muß er mindestens rechnen –, dann wird er mit seinen Ersparnissen geradeso hinkommen. Am Ende des Jahres wird kein Pfennig mehr im preußischen Staatsschatz sein, und das sind niederschmetternde Aussichten.

Die Sonne ist untergegangen. Rings um Preußen ziehen sich schwarze Gewitterwolken zusammen. In dieser Situation blitzt zum ersten Mal das auf, was spätere Geschlechter verlegen und ratlos »das Wunder des Hauses Brandenburg« nennen werden. Je aussichtsloser und verzweifelter die Lage ist, desto härter und entschlossener reagiert Friedrich. Am 12. Januar verfaßt er eine geheime Instruktion für den Minister von Finckenstein, in der es heißt: »Wenn ich getötet werden sollte, müssen die Staatsgeschäfte ohne die geringste Änderung fortgeführt werden. Niemand darf bemerken, daß sie sich in anderen Händen befinden. Wenn ich das Unglück hätte, in feindliche Gefangenschaft zu fallen, so verbiete ich hiermit, auf meine Person die geringste Rücksicht zu nehmen; am allerwenigsten darf man auf das achten, was ich etwa aus der Gefangenschaft schreibe. Meine Minister und Generäle mache ich mit ihrem Kopf dafür verantwortlich, daß man für meine Befreiung weder eine Provinz noch Lösegeld bietet. Man muß vielmehr den Krieg fortsetzen und alle Vorteile benutzen, ganz so, als hätte ich niemals in der Welt existiert. Zum Zeichen, daß dies mein wohlerwogener fester Wille ist, unterschreibe ich dies eigenhändig und drücke mein Siegel darauf. Den 12. Januar 1757.«

Mit dieser Geheiminstruktion, die erst hundert Jahre später veröffentlicht und allgemein bekannt wird, erweist Friedrich sich als Republikaner altrömischen Zuschnitts. Denn wenn seine Person gegenüber dem Staat, dem Gemeinwesen, keine Rolle mehr spielt, wenn sie selbst bei Unglück, Gefangenschaft und Tod nicht in Betracht gezogen werden darf, dann heißt es, daß die »res publica«, die allgemeine Sache, zur obersten Maxime allen Handelns wird, daß die *Institution* des Staates der *Person* des Monarchen übergeordnet ist. Mit diesem Befehl setzt Friedrich seine philosophischen Überzeugungen aus der Rheinsberger Zeit in die politische Tat um.

Im Frühjahr 1757 schnappt der Einkreisungsring um Preußen endgültig zusammen. Zuerst schließt Schweden sich der feindlichen Mächtekoalition an; es wird 22 000 Mann an der pommerschen Küste landen. Dann kommt es zum formellen Offensivbündnis zwischen Österreich und Frankreich. In Versailles verpflichten sich die Franzosen gegenüber Maria Theresia, daß sie nach dem Sieg über Friedrich nicht nur Schlesien erhalten soll, sondern auch das brandenburgische Fürstentum Krossen. Sachsen wird nicht nur Magdeburg, sondern auch noch Halberstadt bekommen. Die Ansprüche Polens, Rußlands und Schwedens werden bestätigt. Die westdeutschen Besitzungen Friedrichs, vor allem die Herzogtümer Cleve und Mark, sollen an das Haus Wittelsbach fallen. Zum Lohn wird Frankreich die österreichischen Niederlande, das heutige Belgien, kassieren. Man wird keinen Frieden mit Preußen schließen, bevor es nicht feierlich seiner Teilung und Zerstückelung zugestimmt hat. Es ist im Grunde die Forderung nach bedingungsloser Kapitulation.

Damit ist das eingetreten, was Friedrich selbst vor fünfzehn Jahren als größte Gefahr für Preußen definiert hat. Damals, am 21. Juni 1742, hatte er an Podewils geschrieben: »Das Schlimmste, was uns in Zukunft geschehen könnte, wäre ein Bündnis zwischen Frankreich und der Königin von Ungarn.« Dieses Bündnis ist jetzt perfekt. Friedrich hatte damals hinzugefügt, daß Preußen in einem solchen Fall quasi automatisch Rußland und

England auf seiner Seite haben würde. Das hat jedoch nicht funktioniert; das russische Riesenreich hat sich der Versailler Verschwörung gegen Preußen angeschlossen.

Der einzige Lichtblick, der in diese Zeit fällt, die mit jedem Monat neue Feinde gegen Friedrich hervorbringt, ist eine Rede William Pitts, die er am 18. Februar vor dem Unterhaus in London hält. Amerika, bekräftigt er noch einmal, wird in Deutschland verteidigt. Und wenn Preußen fällt, dann wird Frankreich in der Lage sein, seine gesamte Macht gegen die britische Weltstellung zu wenden, die Kanalküste zu besetzen und die Engländer aus Amerika und Ostindien zu vertreiben. Er fordert 200 000 Pfund Sterling für die Verteidigung Hannovers und die Aufstellung einer norddeutsch-britischen Armee von 50 000 Mann gegen die aggressionslüsternen Franzosen. Das Parlament bereitet Pitt stehende Ovationen und bewilligt seine Anträge. Pitt hat selbstverständlich nur das nationale britische Interesse im Auge, wenn er kurz danach an Mitchell über Friedrich schreibt: »Ich hege die dankbarsten Gefühle der Verehrung und des Eifers für diesen Fürsten, der als das unerschütterliche Bollwerk Europas dasteht gegen das mächtigste und boshafteste Bündnis, das jemals die allgemeine Unabhängigkeit bedroht hat.« Und doch hat er, in einem tieferen historischen Sinne, recht: In dem kommenden Titanenkampf wird es auch darum gehen, ob die reaktionärsten Mächte des Jahrhunderts – Frankreich, Österreich und Rußland – obsiegen und den geschichtlichen Fortschritt, den England und Preußen verkörpern, zum Stillstand bringen werden.

Tiefernst begibt Friedrich sich wieder zu seiner Armee nach Sachsen. An seine Schwester Amalie schreibt er: »Epochemachende Ereignisse stehen bevor. Vor der letzten Entscheidung heißt es, ein grausiges Glücksspiel bestehen. Man braucht an nichts zu verzweifeln, muß aber auf jeden Ausgang gefaßt sein. Für uns gibt es nur Tod oder Sieg. Eines von beidem ist uns gewiß.«

1757

Mitte April bricht Friedrich mit vier Armeekorps in Böhmen ein. Er hat es eilig. Er will die Entscheidung gegen die Österreicher erzwingen, bevor ihm Russen, Schweden, Franzosen und Reichstruppen auf den Hals kommen können. Deshalb hat er zwei Drittel seiner Feldarmee, etwa 100 000 Mann, zum Schlag gegen die habsburgische Macht zusammengefaßt.

Friedrich exerziert hier das vor, was ihm Helmuth von Moltke neunzig Jahre später, 1866, unter der Devise »Getrennt marschieren – vereint schlagen« nachmachen wird. Sternförmig dringen seine Korps von allen Seiten in Böhmen vor, und der Gegner reagiert hilflos, weiß sich keinen anderen Rat, als seine dislozierten Verbände auf die feste Stellung bei Prag zurückzuziehen. Genau das hat Friedrich gewollt. Er hat die strategische Initiative an sich gerissen und zwingt den Österreichern eine Verteidigungsschlacht auf.

Im Morgengrauen des 6. Mai stehen sich 65 000 Preußen und 62 000 Österreicher ostwärts Prags in Schlachtordnung gegenüber. Die preußischen Regimenter sind von Eilmärschen ausgepumpt. Friedrich und sein Berater, General von Winterfeldt, sind für sofortigen Angriff aus der fließenden Bewegung, um den Österreichern den Atem zu nehmen. Auch der greise Feldmarschall von Schwerin, der zuerst Bedenken geltend macht, stimmt schließlich zu: »Frische Eier – gute Eier!« Und so geht es vorwärts. Die preußische Kavallerie unter dem Husarengeneral von Ziethen wirft zu Beginn der Schlacht die Reiterei des rechten feindlichen Flügels über den Haufen. Aber die Infanterie der Österreicher steht wie eine Mauer. Sie wird von Maria Theresias Schwager, Prinz Karl von Lothringen, kommandiert, den der erfahrene, umsichtige Feldmarschall Browne berät. General von Winterfeldt führt vierzehn preußische Bataillone durch knietiefe Sümpfe gegen eine undurchdringliche Wand aus österreichischem Gewehr- und Kartätschenfeuer. Winterfeldt wird am Hals getroffen und stürzt bewußtlos aus dem Sattel. Seine Bataillone weichen. Da sprengt Feldmarschall von Schwerin, der Sieger von Mollwitz, heran, den seine Soldaten »Vater« nennen. Er ergreift aus der Hand eines Junkers die Fahne seines Regiments und ruft: »Heran, meine Kinder.« Alles avanciert von neuem. Nach wenigen Metern wird Schwerin von fünf Kartätschenkugeln getroffen und sinkt leblos zu Boden. Unter den Preußen breitet sich Entsetzen aus. »Schwerin ist tot!« so geht der Schreckensruf von Bataillon zu Bataillon.

In der höchsten Krisis der Schlacht erkennt Friedrich, daß in der österreichischen Front eine Lücke klafft. In meisterhafter Ausnutzung der Lage faßt er achtzehn Bataillone zusammen und wirft sie in die feindliche Bresche. (Im Jahre 1805 wird Napoleon Bonaparte das dem Preußenkönig bei Austerlitz mit Erfolg nachmachen.) Dieser Stoß reißt die österreichische Abwehrfront auseinander. Die preußischen Musketiere stürmen die feindlichen Stellungen mit dem Ruf: »Rache für Vater Schwerin!« Der Bruder des Königs, Prinz Heinrich, und sein Schwager, Prinz Ferdinand von Braunschweig, vollbringen mit ihren Truppen Wundertaten. Die Österreicher fliehen in die Festung Prag, die von den Preußen gegen Abend eingeschlossen wird.

Preußen und Österreicher haben gleich schwere Verluste zu verzeichnen: 12 000 bis 13 000 Mann, also zwanzig Prozent der jeweiligen Armeestärke. So blutig ist im 18. Jahrhundert noch niemals gestritten worden. »Am Tage von Prag«, klagt Friedrich später in seinen Denkwürdigkeiten, »stürzten die Säulen der preußischen Armee. Der Verlust an gedienten Offizieren und aktiven Soldaten konnte während des Krieges nie mehr ganz ersetzt werden. So viel kostbares Blut machte den Lorbeer des Sieges welken.«

Dennoch, für einen Augenblick glaubt Friedrich, nach diesem überwältigenden Sieg, alle operativen Trümpfe in seiner Hand zu haben. Böhmen liegt ihm zu Füßen. 50 000 Österreicher, unter ihnen der Prinz von Lothringen und Feldmarschall Browne, sind in Prag eingeschlossen und sehen einer unnachgiebigen Belagerung durch die Preußen entgegen. Wie lange werden sie sich halten können? Fünf Wochen? Sechs Wochen? Um dann – aus Lebensmittelmangel – vor dem Preußenkönig kapitulieren zu müssen, wie vor einem halben Jahr die Sachsen bei Pirna? Friedrich jedenfalls, so erwartet alle Welt, kann auf Wien marschieren und Maria Theresia seinen Frieden diktieren.

Währenddessen eilt die Kunde von der Prager Schlacht durch Europa und macht auf die Zeitgenossen tiefsten Eindruck. In Wien bricht Panik aus. Generäle und Minister streiten sich über die Ursachen des Unglücks. Die Archive werden verpackt und versiegelt, um sie nach Ungarn zu bringen. Im katholischen West- und Süddeutschland herrschen Furcht und Schrecken. Als der preußische Oberstleutnant von Mayr mit einer wilden Schar von 1500 Freiwilligen in das fränkische Gebiet einbricht und überall – im Bambergischen wie im Nürnbergischen – verbreiten läßt, der König folge ihm mit 20 000 Mann auf dem Fuße (wovon kein Wort wahr ist), beeilt sich alles, ihm zu Willen zu sein und seine finanziellen Forderungen zu befriedigen. Die Kurfürsten von Bayern und Mainz, die in französischem Sold stehen, schicken Abgesandte in das Lager von Prag und bitten flehentlich um Gewährung der Neutralität. In Württemberg kommt es zu Meutereien der Truppen. Von 3200 Mann laufen 2800 davon; sie wollen nicht gegen den protestantischen Preußenkönig kämpfen. Selbst in Paris, wo der Krieg gegen Friedrich äußerst unpopulär ist, jubelt man über die Affäre von Prag.

In Norddeutschland feiert man den Sieg des Preußenkönigs mit Dankgottesdiensten. Von Stettin bis Frankfurt am Main, von Emden bis Breslau jubeln die Protestanten. Nirgendwo jedoch schlägt die Flamme des Enthusiasmus so hoch wie in England. Die Londoner Presse stilisiert Friedrich zum Helden des Jahrhunderts. Lord Holderness schreibt am 30. Mai an Mitchell über die britische Friedrich-Begeisterung: »Männer, Weiber, Kinder singen sein Lob. Auf allen Straßen und Plätzen geben sich ausgelassene Freudenbezeugungen kund. Der König von Preußen ist der Abgott des Volkes geworden!«

Während Europa ihn feiert, erwartet Friedrich ungeduldig die Kapitulation von Prag. Er macht hier denselben schweren Fehler wie im Herbst 1756 vor Pirna. In dem Bestreben, in seinem Rücken klare Verhältnisse zu schaffen, bevor er seine Angriffsstrategie fortsetzt, versäumt er kostbare Zeit: sechs Wochen damals vor Pirna, sechs Wochen jetzt vor Prag.

Natürlich, seine Mittel sind begrenzt; sein Feldheer von ursprünglich 150 000 Mann ist auf eine Vielzahl von Aufgaben zersplittert. 13 000 hat er vor Prag verloren – 50 000 Mann sind durch die weiträumige Belagerung der Festung gebunden – 30 000 stehen in Ostpreußen – 20 000 in Pommern und in den westdeutschen Gebieten – 27 000 Mann schließlich decken in Sachsen und Böhmen die Verbindungswege. Es bleibt ihm ein Korps von 30 000 Soldaten, und das ist ihm zu wenig für einen Entscheidungsstoß.

Was Friedrich lange Zeit nicht ahnt und auch nicht wahrhaben will: Die Österreicher rücken mit einer Ersatzarmee von 45 000 Mann heran! Und diese Streitmacht steht unter dem Befehl eines Mannes, der in Kürze und in den folgenden Jahren des Krieges zum Alptraum des Preußenkönigs werden soll. Graf Leopold von Daun, seines Zeichens österreichischer General, einundfünfzig Jahre alt, ist derjenige, der in den Jahren von 1749 bis 1756 die kaiserliche Armee reorganisiert und kampfbereit gemacht hat. Auf seinen Vorschlag hin hat Maria Theresia die Militärakademie in Wiener Neustadt begründet, auf der ein fähiger Offiziersnachwuchs heranwächst. Daun, der aus einer berühmten Soldatenfamilie stammt, ist kriegserfahren und militärwissenschaftlich gebildet. Er ist zäh, unerschrocken, gewissenhaft und bedächtig. Mit einem Wort: er ist ein Methodiker. Und so hat er auch Friedrichs Heerführung im Zweiten Schlesischen Krieg gründlich studiert. Er weiß, daß der Preußenkönig ein ungeduldiger Feldherr ist, der zu schnellen Offensivstößen neigt und dabei notfalls auch schwerwiegende Geländehindernisse ignoriert.

Am 12. Juni erfährt Friedrich, daß Daun mit seiner Entsatzarmee langsam heranrückt und bereits in der Nähe von Kolin steht. Der König hat nur 30 000 Mann zur Verfügung. Aber ist er je vor einer feindlichen Übermacht zurückgeschreckt? Und hat er nicht in acht Schlachten bisher seine Gegner immer geschlagen? »Da lag es in der menschlichen Natur«, schreibt später der britische Gesandte Mitchell, »daß er von der Tapferkeit seiner Armee und von seinem eigenen Feldherrntalent die höchste Meinung hatte und mit einiger Überhebung auf seine Feinde blickte.« Friedrich, dem die Zeit zwischen den Händen zerrinnt, überträgt Prinz Heinrich den Oberbefehl über die Belagerungsarmee von Prag und eilt General Daun entgegen.

Am frühen Morgen des 18. Juni ergibt Kavallerieaufklärung, daß die Österreicher »in fast unübersehbaren Linien« auf einer Hügelkette unweit Kolin stehen, die hart südlich der sogenannten Kaiserstraße verläuft. Sie stehen dort mit 45 000 Mann und 150 Kanonen. Daun wird Friedrich nicht den Gefallen tun – so wie es Prinz Karl von Lothringen bei Hohenfriedberg zu seinem Unheil getan hat – und in die Ebene herabsteigen. Er gräbt sich mit seiner Armee förmlich ein. Seine Stellung ist praktisch unangreifbar.

Friedrich, entschlossen, alles auf eine Karte zu setzen, faßt einen brillanten Plan: Seine Armee von 30 000 Mann, mit 75 Kanonen, wird direkt vor der Front der Kaiserlichen auf der großen Heerstraße entlangziehen, als wenn sie vor den Österreichern eine Parade aufführt. Die Spitze seiner Heereskolonne (sechzehn Bataillone unter den Generälen von Hülsen und von Tresckow) wird plötzlich – wenn sie die rechte feindliche Flanke erreicht hat – rechtsum machen und sich mit gefälltem Bajonett auf den Feind stürzen. Das Gros der Armee, unter Prinz Moritz von Anhalt-Dessau und General von Manstein, wird nur zum Schein eigene Angriffsabsichten demonstrieren, sich aber in Wahrheit dem Gegner ›verweigern‹ und sich auf der Kaiserstraße immer weiter nach rechts verschieben, so daß die Preußen an der Einbruchstelle ständig stärker werden, während ein Frontalangriff auf die Höhenstellung vermieden wird. Dieser Schlachtplan ist von geradezu artistischer Originalität und Kühnheit. Es wird auf seine exakte Ausführung ankommen.

Und zuerst geht alles glänzend. Hülsen und Tresckow brechen tief in die rechte feindliche Flanke ein und erobern zwei schwere österreichische Batterien. General Daun erwägt bereits den Rückzugsbefehl. Doch Prinz Moritz und General Manstein lassen sich vom Störfeuer vorgeschobener Kroatendetachements irritieren, machen zu früh rechtsum und greifen frontal gegen die Höhenstellungen an. Die Preußen stürmen in den Tod! Leutnant von Prittwitz, ein Teilnehmer der Schlacht, berichtet: »Die Kanonen wurden abgeprotzt, die Gewehre aufgenommen, die Säbel entblößt, das Treffen formiert, und dann erschallte von allen Seiten her das Donnerwort ›Marsch, Marsch!‹. Nachdem solches geschehen, ging es unter Trommelschlag und Musik im starken Tritt gerade auf den Feind los, der uns erwartet und sich in die gehörige Fassung gesetzt hatte. Kaum war das Regiment einige Schritte vorgerückt, so empfingen wir auch schon die Wirkung der feindlichen Geschütze. Und als wir näher kamen, wurden wir mit Kartätschenkugeln dermaßen begrüßt, daß ganze Haufen der Unseren zur Erde gestreckt niedersanken.«

Der Frontalangriff führt zu einem Blutbad. Die Bataillone der Preußen zerfasern im Trommelfeuer der österreichischen Artillerie. 6500 feindliche Reiter stürzen sich mit geschwungenen Säbeln auf die weichenden Regimenter des linken preußischen Flügels. Der unermüdliche und unverwüstliche Ziethen kann nicht eingreifen, denn er ist blutend und bewußtlos zu Boden gesunken. An seiner Stelle bewährt sich ein Oberst von Seydlitz, der sich mit zwei Kürassierregimentern immer wieder der feindlichen Übermacht entgegenwirft. Vergeblich. Friedrich selbst sprengt zwischen die fliehenden Bataillone. In höchster Verzweiflung schreit er sie an: »Ihr Racker, wollt Ihr denn ewig leben?!« Einer der zurückhastenden Grenadiere antwortet ihm: »Fritze, für acht Groschen ist es heute genug!« Der König sammelt etwa vierzig Mann um eine Fahne und führt sie unter dumpfem Trommelschlag dem Feind entgegen. Niemand schließt sich an; allmählich bleiben auch die Tapfersten zurück. Friedrich reitet mit gezogenem Degen, nur begleitet von einem Adjutanten, weiter gegen den Feind, bis Major Grant heranjagt und ruft: »Sire, wollen Sie denn die Batterie allein nehmen?« Es ist alles umsonst. So weit der König blickt, sieht er seine Bataillone zertrümmert oder fliehen. In diesem Augenblick erscheint das Erste Gardebataillon auf dem Schlachtfeld; die Elite- und Lehrtruppe der Armee. In höchster Not kommt noch einmal der Vater dem Sohn zu Hilfe! Die »Potsdamer Wachtparade« deckt den Rückzug wie auf dem Exerzierplatz. Als bewegten sie sich unter den Augen des Soldatenkönigs, schnurgerade ausgerichtet, Gewehr über, so marschieren sie im feindlichen Feuer rückwärts. Dreimal werden sie von feindlicher Kavallerie eingeschlossen. Dreimal machen sie Front, dreimal machen sie sich mit geschlossenen Salven Luft. Die Österreicher resignieren und verzichten auf eine Verfolgung der Preußen.

Die Niederlage von Kolin ist verheerend. Friedrich hat 12 000 Mann an Toten und Verwundeten verloren, vierzig Prozent seines fechtenden Armeekorps. Die Verluste der Österreicher betragen 9000 Mann, zwanzig Prozent der Daunschen Streitmacht. Der Rückzug geht auf Nimburg. Auf einer Rast tritt ein schnauzbärtiger Dragoner mit Quellwasser in seinem Hut an Friedrich heran: »Trinken Majestät doch und laß Bataille Bataille sein!« Während der König gierig trinkt, fährt er fort: »Die Kaiserin kann auch mal eine Schlacht gewinnen, davon wird uns der Teufel nicht holen. Aber unser Herrgott lebt noch! Und der kann uns schon wieder den Sieg geben.« Friedrich wendet sich zu seinem Adjutanten um: »Wissen Sie nicht, daß jeder Mensch Rückschläge erfährt? Ich glaube, das ist jetzt mein Los.« Am Abend trifft er die Reste des Ersten Gardebataillons und ruft ihnen zu: »Kinder, Ihr habt heute einen schlimmen Tag gehabt!« Die Grenadiere murren, sie seien schlecht geführt worden. Die Stimmung der Truppe ist miserabel.

Zur selben Stunde erklingt aus dem Zelt des Prinzen Heinrich, im Belagerungsring vor Prag, das Klirren von Sektkelchen. Der jüngere Bruder feiert mit seinem Stab die Niederlage des Königs, die ein staubbedeckter Adjutant soeben gemeldet hat. »Phaeton ist gestürzt!« ruft Heinrich triumphierend aus. (Phaeton, der Leuchtende, ist nach der griechischen Göttersage ein Sohn des Sonnengottes Helios. Als ihm sein Vater einmal erlaubt hatte, den Sonnenwagen zu lenken, setzte er dabei in seinem Hochmut die Erde in Brand und wurde von Zeus durch einen Blitzstrahl in den Fluß Eridanos geschleudert.) So aberwitzig wütet in dieser Familie der Haß, daß ein preußischer Prinz die Katastrophe seines Königs mit Champagner feiert! Heinrich, in seiner rasenden Eifersucht auf den Bruder, trägt Friedrich denselben Haß entgegen, mit dem dieser einst seinem Vater begegnete.

Am Nachmittag des 19. Juni trifft der König bei seiner Belagerungsarmee vor Prag ein. Er hat sechsunddreißig Stunden zu Pferde gesessen und ist völlig erschöpft. Angesichts der Truppen beherrscht er sich. Aber in seinem Quartier, einem Pfarrhaus, bricht er zusammen. Heinrich findet ihn auf einem Strohsack liegend und sich den Tod wünschend. Am nächsten Tag hebt der König die Belagerung Prags auf, und die preußische Armee rückt in vorzüglicher Ordnung, mit klingendem Spiel und flatternden Fahnen, nach Norden ab.

Auf dem Marsch wütet Friedrich innerlich gegen sein Schicksal. Er begreift, daß Kolin mehr als eine verlorene Schlacht, daß sein Nimbus der Unbesiegbarkeit für immer verloren ist. Hätte er bei Kolin gesiegt, so wäre er in der Lage gewesen, die Hannoveraner und Briten gegen die Franzosen zu verstärken und sich mit dem Gros der Armee nach Osten gegen die Russen zu wenden. Oder er wäre als Sieger vor Wien erschienen. Die deutschen Reichsfürsten hätten in seinem Hauptquartier Schlange gestanden, um den Frieden oder wenigstens die Neutralität zu erbitten. Überall hätten die preußischen Heere die Offensive ergriffen. Jetzt sind sie in die Defensive gedrängt und wissen nicht, gegen welchen der heranrückenden Feinde sie sich zuerst wenden sollen. Friedrich hat noch eine Armee von 67 000 Mann bei sich. Es ist unmöglich, sich damit in Böhmen gegen das Heer des Feldmarschalls Daun, der 83 000 Mann hat, erfolgreich zu behaupten. Der Rückzug nach Sachsen aber bedeutet, daß alle Pläne des Königs für einen Blitzkrieg und für einen schnellen Friedensschluß zuschanden geworden sind. Wie lange dieser Krieg noch dauern wird, steht in den Sternen. Der moralische Eindruck der preußischen Katastrophe in Europa ist niederschmetternd, und alle Feinde Friedrichs jubeln.

Aus Leitmeritz schreibt Friedrich tiefgebeugt an den Marquis d'Argens, den Freund aus den glücklichen Tagen von Sanssouci: »Wäre ich bei Kolin gefallen, so befände ich mich jetzt in einem Hafen, in dem ich keine weiteren Stürme zu fürchten hätte. Aber ich muß auf dem bewegten Meere weiterfahren, bis mir ein kleiner Fleck Erde das Glück gewährt, das ich in diesem Leben nicht finden konnte . . .« Am 28. Juni schreibt er an Lord Keith, Fortuna habe ihm den Rücken gewandt, und zwar mit Recht, denn sie sei ein Weib, und er, Friedrich, sei nicht galant. Dann fährt er fort: »Ich hätte mehr Infanterie nehmen sollen; aber große Erfolge, mein lieber Lord, erzeugen oft zu großes Selbstvertrauen. Was sagen Sie zu dieser Völkerverschwörung gegen den Marquis de Brandenbourg? Der Große Kurfürst würde sich wundern, seinen Urenkel gegen Rußland, Österreich, Frankreich und fast ganz Deutschland zugleich im Kampfe zu sehen! Ich weiß nicht, ob es mir Schande machen würde, da zu unterliegen; sicherlich aber wird es meinen Feinden keinen Ruhm bringen, mich zu besiegen.«

Zwei Tage danach trifft ihn die Nachricht, daß seine Mutter, Sophie

Dorothea, in Berlin gestorben ist; im Alter von einundsiebzig Jahren. Friedrich ist wie betäubt. Drei Tage lang läßt er niemanden zu sich; die Posten vor der Tür hören den König schluchzen. Am vierten Tag bittet er Mitchell zu Besuch. Drei Stunden lang geht er auf und ab, immer wieder von Weinkrämpfen geschüttelt, erinnert sich der Kinder- und Jugendzeit, und daran, wie die Mutter ihn immer beschützt hat. Dann schreibt er an Prinzessin Amalie: »Meine liebe Schwester, alles Unglück trifft mich auf einmal. O, meine teure Mutter! Großer Gott, ich werde nicht mehr den Trost haben, sie zu sehen. O Gott, o Gott, welches Verhängnis für mich! Ich bin mehr tot als lebendig. Vielleicht hat der Himmel unsere liebe Mutter hinweggenommen, damit sie nicht das Unglück unseres Hauses sieht.«

In diesen Wochen zerbricht Stück für Stück die heitre, optimistische Seele dieses Königs. Und Schlag auf Schlag treffen die Hiobsbotschaften ein. Am 30. August ist Feldmarschall Lehwaldt in Ostpreußen, bei Groß-Jägersdorf, von den Russen geschlagen worden. 25 000 Preußen haben dort gegen 75 000 Russen unter dem Fürsten Apraxin gefochten. Jede Seite hat 5000 Mann verloren, und jetzt ist das preußische Armeekorps auf dem Rückzug nach Westen. Am 8. September kommt es zur Konvention von Kloster Zeven: Der britische Befehlshaber in Hannover, der völlig unfähige Herzog von Cumberland, läßt sich von den siegreichen Franzosen zu einem Neutralitätsabkommen zwingen; die hannöversche Armee scheidet damit aus dem Kampf aus, und Friedrichs Westflanke ist weit aufgerissen. Die Schweden fallen in die Uckermark ein, stehen nur noch wenige Kilometer vor Berlin. Der Krieg scheint sich seinem Ende zuzuneigen, und Friedrichs Untergang scheint beschlossen.

Am 9. September weiht der König Voltaire brieflich in seine Todesgedanken ein: »Ich bin weit davon entfernt, Cato oder Kaiser Otho zu verdammen. Für Otho war der schönste Augenblick seines Lebens der seines Todes! Man muß für sein Vaterland kämpfen, für sein Vaterland fallen, wenn man es dadurch retten kann. Aber wenn man das nicht kann, dann ist es schimpflich, zu überleben.« Voltaire antwortet, Friedrich dürfe sich nicht Cato und Otho zum Vorbild nehmen. Die Welt werde sagen, er habe aus Gewissensbissen wegen seines ungerechten Krieges Selbstmord begangen. (Der Hieb sitzt!) Er, Friedrich, habe doch in Frankreich noch einen allerletzten Rettungsanker. Der König solle sich an das Beispiel des Großen Kurfürsten halten, »der deshalb nicht geringere Achtung genoß, weil er einige seiner Eroberungen wieder herausgeben mußte«. Friedrich werde auch dann noch genügend Länder behalten, »um einen sehr ansehnlichen Rang in Europa einzunehmen«. Wie schlecht doch Voltaire den Preußenkönig kennt, und wie wenig er von ihm weiß! Im Unglück, in der Niederlage wird Friedrich niemals zu Kompromissen bereit sein; nur nach Siegen. Aber Voltaires Antwort ist nicht als Trost gedacht; seine Zeilen sind maliziös und atmen eine perfide Rache. An d'Argental schreibt er gleichzeitig: »Glauben Sie wirklich, ich interessierte mich für den König von Preußen? Davon bin ich weit entfernt. Es kitzelt mein Rachegefühl, einen König zu trösten, der mich malträtiert hat. Hoffentlich verschaffen mir die Franzosen bald noch mehr Gelegenheit, ihn ›trösten‹ zu können.«

Friedrich sieht keine Chance mehr, einen Ausweg aus der Krisis zu finden. Dem Minister von Finckenstein schreibt er, »ich halte unsere Sache für verzweifelt, besser gesagt, für verloren; mir bleiben keine Hilfsmittel mehr, und wir müssen jeden Tag auf neues Unglück gefaßt sein«. Solch neues Unglück ereilt ihn, als Versailles in ungezogener und überheblicher Form seine Friedensfühler zurückweist, die er Anfang September ausgestreckt hat. Seine letzte Hoffnung hat getrogen.

An d'Argens schickt er eine Epistel:

»Mein Freund, mit mir ist's aus, der Würfel fiel,
Zum Sterben müde stehe ich am Ziel.
Im Herzen Stille, schreit' ich freudig zu,
Mit festem Blick, dem Ziel der großen Ruh',
der Friedensfreistatt, wo ich sicher bin . . .«

Er klagt, daß alle seine Helden dahin seien, daß ihm seine Siege keinen Gewinn gebracht hätten, und daß er nun auch die letzte Hoffnung verloren habe. Dann schließt er:

»D'Argens, leb' wohl! Betracht' es und gestehe:
Dies Bild ist wahr, und recht ist's, daß ich gehe.
Doch denke nicht, daß aus dem großen Nichts
Des Grabes ich mich eitel sehn',
Im Schimmer des Verklärungslichtes
Zu erstehn.
Nur eine Bitte sei dem Freund vergönnt,
Das fleht mein Lied:
Solang dir noch des Lebens Flamme brennt,
Wenn ich längst schied,
Von jedes neuen Lenzes Blütensegen
Sollst einen vollen Strauß, in Treue du,
Von Myrten und von Rosen niederlegen
Da, wo ich ruh'.«

Am 14. Oktober erscheint der Kroatengeneral Hadik mit viertausend wilden Reitern vor den Mauern Berlins. Vor dem Schlesischen Tor kommt es zum Kampf mit zwei Bataillonen Berliner Landmiliz, die aber das Weite suchen, als ihr Kommandeur, der Major von Tesmar, im Nahkampf fällt.

Hadik begnügt sich mit 200 000 Talern Brandschatzung, welche die Berliner Bürgerschaft in vierundzwanzig Stunden aufbringen muß, zieht sich dann aber schnell in Richtung auf die Lausitz zurück. Er hat sich vom Berliner Magistrat noch zwei Dutzend, mit dem preußischen Staatswappen gestempelte Damenhandschuhe mitgeben lassen, die er Maria Theresia als Siegespreis verehrt. Doch als man in Wien hocherfreut das Päckchen öffnet, stellt man fest, daß ihm die witzigen Berliner einen Streich gespielt haben: es sind ausnahmslos linke Damenhandschuhe.

Am 16. Oktober trifft der König in Leipzig ein, denn er hat beschlossen, sich nach Westen, gegen die Franzosen zu wenden. Die Leipziger Universität schickt ihm vier Professoren, die den Preußenkönig bewillkommnen sollen. Friedrich disputiert mit ihnen über Philosophie und Geschichte. Dann bittet er Professor Gottsched zu sich, der als Dichter und Gelehrter bei den deutschen Intellektuellen in hohem Ansehen steht. Gottsched, siebenundfünfzig Jahre alt, gebürtiger Ostpreuße, lebt seit 1724 in Leipzig und gilt als einer der führenden deutschen Aufklärer. Er kämpft für die Wiedergeburt der deutschen Sprache, die er von ihrem spätbarocken Schwulst befreien will. Im Gespräch mit Friedrich bricht er eine Lanze nach der anderen für die Ebenbürtigkeit der deutschen Literatur. Der König zitiert ihm französische Verse, preist ihre Eleganz, ihren feinen Geschmack im Vergleich zur Rauheit und Umständlichkeit des deutschen Idioms. Gottsched hält ihm tapfer stand. Klinge das deutsche Wort »Liebe« nicht unendlich viel lieblicher und gemütvoller als das dumpfe französische »l'amour«? Als Friedrich, sichtlich beeindruckt, schweigt, wird Gottsched angriffslustiger: Die deutschen Schriftsteller bekämen nicht genug Unterstützung und Aufmunterung, weil der Adel und die Höfe in Deutschland zu viel Französisch und zu wenig Deutsch verstünden. »Das ist wahr«, antwortet der König. »Ich habe von Jugend an kein deutsches Buch gelesen; und ich spreche das Deutsche nur wie ein Kutscher. Aber jetzt bin ich ein alter Kerl von fünfundvierzig Jahren und habe keine Zeit mehr, es zu lernen . . .«

Vierzehn Tage später wird der Professor noch einmal zu Friedrich gerufen. Beide tauschen Gedichte aus, die sie sich in der Zwischenzeit gewidmet haben. Gottsched bedankt sich für die Aufmerksamkeit des Königs und schreibt an seinen Kollegen, Professor Flottwell, in Königsberg: »Nun, was dünket Ihnen, werter Freund, von dieser langen Unterredung eines Königs, eines Helden, der in solchen Umständen ist? Der gleich beim Verlassen des Reisewagens nach mir fragt? Der, da sich unsere Ratsherren und Handelsleute im Vorsaal befinden und um Audienz nachsuchen, sich mit einem Professor von Dingen unterhält, die nur bei der größten Muße für Fürsten gehören? Und das alles mit einer solchen Munterkeit des Geistes, als ob er sonst gar nichts zu denken hätte . . .«

Mag Friedrich auch Zerstreuung in der Disputation mit Gelehrten suchen, die Nachrichten von den Kriegsschauplätzen bleiben niederschmetternd. In Ostpreußen wüten die Russen wie leibhaftige Teufel. Sie plündern, verheeren und verbrennen das Land. Sie schänden Frauen und Mädchen, ermorden Bürger und Bauern. Im Hessischen benehmen sich die siegreichen Franzosen kaum besser. Zwar bemüht sich ihr Befehlshaber, der ritterliche Marschall d'Etrées, das Schlimmste zu verhüten. Doch Oberkriegsrat Foulon, der später während der Französischen Revolution unter dem Fallbeil enden wird, überzieht das gedemütigte Land mit einer Orgie von Plünderungen und Erpressungen. Schlimmer noch hausen die Franzosen in Westfalen und Hannover unter dem Oberbefehl des Herzogs von Richelieu. Wohlhabende Bürger werden gefoltert, um Brandschatzungen zu erzwingen, Mütter und Töchter von der betrunkenen Soldateska vergewaltigt. Richelieu selbst bereichert sich derart schamlos, daß er sich nach seiner Rückkehr in Paris einen glänzenden Palast errichten kann, den die spottlustigen Pariser »Pavillon d'Hannovre« taufen. Der Herzog von Cumberland, Georgs II. Sohn, der sich beim blutigen Rachefeldzug gegen schottische Aufrührer den Beinamen »der Fleischer« erworben hat, sieht dem allen gelassen zu; seine hannöversche Armee ist durch die Konvention von Kloster Zeven ohnehin kaltgestellt.

In dieser höchsten Bedrängnis geschieht ein Wunder: Das Volk, die Basis, eilt Friedrich zu Hilfe. In Pommern haben die schwedischen Invasoren die Untertanen von ihrem Eid auf den Preußenkönig entbunden; sie fordern die Bevölkerung auf, gemeinsame Sache mit ihnen zu machen. Ein Aufschrei der Entrüstung ist die Folge. Die pommerschen Landstände versammeln sich unaufgefordert und beschließen, auf eigene Kosten eine Landmiliz von 5000 Mann aufzustellen, sie zu kleiden und zu bewaffnen. Überall in der Provinz bilden sich Partisanenhaufen, die den Kleinkrieg gegen die schwedischen Eindringlinge beginnen. Die märkischen Stände folgen dem pommerschen Beispiel. In Magdeburg und Halberstadt entstehen zwei Regimenter freiwilliger Landmilizen. Was man seit den Zeiten des Großen Kurfürsten nicht mehr erlebt hat und den Gepflogenheiten des 18. Jahrhunderts diametral widerspricht, geschieht jetzt in Preußen: Die Bewohner des Landes erheben sich ohne Befehl der Obrigkeit und führen auf eigene Faust den Volkskrieg gegen die Okkupanten. In Minden, in den Grafschaften Mark und Ravensberg, machen sich die Bauernsöhne auf den Weg nach Brandenburg oder Sachsen, um sich als Freiwillige zu Friedrichs Fahnen zu melden. Der König ist sprachlos. Ein solches Verhalten paßt nicht in sein Bild des desinteressierten, passiven Untertanen. Zehn Jahre später wird er ihrer mit den Worten gedenken: »Während des letzten Krieges haben sich die Bauern freiwillig gemeldet, um Soldaten zu werden und für das Vaterland zu kämpfen. Was haben die alten Römer Schöneres getan?«

Als Friedrich im Spätsommer 1756 ins Feld rückte, bestand die Armee zu etwa zwanzig Prozent aus geworbenen Ausländern. Jetzt, nach der Katastrophe von Kolin, stehen im preußischen Heer fast nur noch Landeskinder unter den Fahnen; die Söldner sind in den Schlachten bei Lobositz, Prag und Kolin gefallen oder massenweise desertiert. Friedrich führt nun eine norddeutsche Nationalarmee an! Seine Rekrutierungsgebiete sind Schlesien, Brandenburg, Pommern, Mecklenburg, das Magdeburgische, Anhalt, der Saalekreis, Thüringen und Sachsen. Es ist das Territorium der ehemaligen DDR plus Schlesien, mit etwa dreißig Prozent der damaligen gesamtdeutschen Bevölkerung.

Mehr als ein halbes Jahrhundert vor den Befreiungskriegen von 1813/15, den ersten Nationalkämpfen der Deutschen, erhebt sich im preußischen Heer des Siebenjährigen Krieges der Geist des Patriotismus, dem die Dichter Gleim und Ewald von Kleist in ihren zeitgenössischen Soldatenliedern literarischen Ausdruck geben.

Ende Oktober lichtet sich das Dunkel um Friedrich. In Leipzig erreicht ihn die Nachricht, daß die Russen Ostpreußen wieder geräumt haben, daß Feldmarschall Lehwaldt – von dieser Heuschreckenplage befreit – seine Truppen nach Pommern geworfen hat und dort die Schweden zu Paaren treibt. Und endlich wagen sich auch die Franzosen und Reichstruppen in seine Nähe und setzen sich bei Weißenfels und Merseburg, an der Saale und Halle, fest. Sofort erhält der Herzog von Bevern den Befehl, mit dem Gros der Armee, etwa 445 000 Mann, Sachsen und Schlesien defensiv gegen die Österreicher zu decken. Friedrich selbst wendet sich mit einem Korps von 22 000 Mann seinen westlichen Gegnern zu und steht ihnen am 5. November beim Dorf Roßbach gegenüber.

Die kombinierte feindliche Armee, unter dem Befehl des französischen Prinzen de Soubise und des österreichischen Feldmarschalls Prinz zu Sachsen-Hildburghausen, besteht aus 33 000 Franzosen und 11 000 Mann Reichstruppen, insgesamt aus 44 000 Mann. Sie ist also doppelt so stark wie Friedrichs Armeekorps. Dennoch hat der Preußenkönig keine andere Wahl als anzugreifen. Seit Kolin befindet er sich in der strategischen Defensive, operiert er auf der »inneren Linie«. Wenn er nicht von der feindlichen Übermacht zermalmt werden will, muß er aus seiner Zentralstellung Sachsen heraus blitzartige Ausfälle machen und den Feind vereinzelt schlagen, um seine Vereinigung zu gewaltigen Heerkörpern zu verhindern.

Friedrich setzt auf seine schlachtenerprobte Kavallerie und faßt 5500 Reiter unter dem Befehl seines jüngsten Generalmajors, Friedrich Wilhelm von Seydlitz, zusammen. Seydlitz, sechsunddreißig Jahre alt, ist in Kalkar in der Grafschaft Cleve als Sohn eines Dragoneroffiziers geboren. Schon als Jüngling eilt ihm die Legende eines tollkühnen Reiters voraus. Bei Kolin hat er sich besonders ausgezeichnet und ist vom König auf dem Schlachtfeld zum General ernannt worden. Aber niemand, so sagt ein zeitgenössischer Bericht, »neidete ihm dieses Glück, da es ein sehr anständiger Mann ist, der bereitwillig jedermann einen Dienst erweist und von seiner Beförderung mit der größten Bescheidenheit spricht. Er behauptet, daß der König hundert andere in seiner Armee habe, die eher belohnt zu werden verdienten als er.« Diese Bescheidenheit ist sympathisch, aber unangebracht, denn Seydlitz entpuppt sich in wenigen Wochen als der genialste Reiterführer des Jahrhunderts. Wo immer er erscheint, fliegen ihm die Herzen der Soldaten zu. Seine persönliche Tapferkeit, sein kühles Augenmaß, seine Höflichkeit und Liebenswürdigkeit gegen jedermann machen ihn in Kürze zum preußischen Reitergott, zum Liebling der Soldaten. »Sein Hut, sein Kollet, seine Stiefel und Reithosen – alles wurde nachgeahmt. Soviel Beyfall, Bewunderung und Freundschaft erwarb er sich, er, der bey der Gabe, einnehmend anzureden, noch überdem wohlgestaltet war und mit Grazie daherritt«, berichtet ein Augenzeuge. Dieser Mann, der sich durch seine unstillbare Liebe zu den Frauen und zum Wein früh zugrunde richten wird, steht auf der Höhe seiner Manneskraft, und Friedrich hat erkannt, welchen Trumpf er mit Seydlitz, der selbständig führen will und nicht auf Befehle wartet, in der Hand hält.

Am späten Vormittag des 5. November setzt sich die verbündete Armee von Franzosen und Reichstruppen unter dem Klang von Hörnern und Trompeten in Bewegung. Siegessicher marschieren sie auf das preußische Lager zu, wissen sie doch, daß sie um das Doppelte überlegen sind. Friedrich läßt sie kommen. Als sie nahe genug sind, um 14.30 Uhr, werden die Zelte des preußischen Lagers so plötzlich abgebrochen, »als hätte man sie bei einer Theateraufführung mittels einer Schnur zum Einsturz gebracht«. Vierzig Minuten später eröffnen preußische Haubitzbatterien aus verdeckten Hügelstellungen das Feuer auf die in der Ebene dahinziehenden Alliierten. Währenddessen hat Seydlitz achtunddreißig Schwadronen Kavallerie hinter den Höhen unbemerkt in die Flanke des Feindes geführt. Plötzlich schleudert er, zum Zeichen des Angriffs, seine Tonpfeife in die Luft, und auf sein lautes »Marsch, Marsch!« hin stürzt sich die preußische Kavallerie wie eine donnernde Lawine auf den Feind, reitet ihn über den Haufen und zersprengt ihn vollständig. In diesem Augenblick setzt Friedrich seine Infanterie in Marsch, die unverzüglich mit dem Bajonett attackiert. Seydlitz aber, der die feindliche Kavallerie in alle Winde zerstreut hat, hält im tobenden Gewimmel der Schlacht seine Regimenter so eisern in der Hand, daß er im rechten Augenblick die Verfolgung bremst, mit seinen Schwadronen kehrt macht und sich in den Rücken der feindlichen Infanterie stürzt, die nun, von vorn und hinten angegriffen, die Waffen wegwirft und in wilder Flucht auseinanderstiebt.

Es ist ein überwältigender Sieg, der in wenigen Stunden erfochten wurde. Die Preußen zählen 500 Mann an Toten und Verwundeten. Die Alliierten haben das Zwanzigfache, 10000 Mann, verloren, davon die

Hälfte an Gefangenen. Friedrich ernennt Seydlitz auf dem Schlachtfeld zum Generalleutnant und heftet ihm den Schwarzen Adlerorden an die Brust.

Der Sieg bei Roßbach verschafft dem Preußenkönig Rückenfreiheit, und für fünf weitere Kriegsjahre wird er an seiner Westfront Ruhe haben. Für den Augenblick aber sind die strategischen Auswirkungen gering. Friedrich selbst wird in seiner Geschichte des Siebenjährigen Krieges nüchtern feststellen, Roßbach habe ihm nur die Freiheit verschafft, neue Gefahren in Schlesien aufzusuchen. Um so tiefgreifender, ja revolutionärer sind die Folgen der Schlacht im geistigen, im kulturellen Bereich der Zeit. Friedrich wird jetzt für sein Jahrhundert zur überragenden Heldengestalt.

Für die Deutschen, das hat kein Geringerer als Goethe bezeugt, wird Roßbach zur Geburtsstunde ihres Nationalgeistes. Der Sieg über die französische Armee, die 120 Jahre lang als die erste Europas und als unüberwindlich galt, beseitigt mit einem Schlag den Minderwertigkeitskomplex der Deutschen gegenüber der westlichen Nachbarnation. 120 Jahre lang hatte Frankreich in Europa dominiert, hatte es in Deutschland das Sagen gehabt, war das Französische die Sprache der Gebildeten gewesen, hatten französische Sitte und Kultur den allgemeinen Geschmack diktiert. Deutschlands Intellektuelle hatten sich im Staub der Unterlegenheit gewunden. Vergeblich hatte dieser und jener daran erinnert, daß das Reich der Deutschen siebenhundert Jahre lang die Vormacht des Abendlandes gewesen war, daß Deutschland im 15. und 16. Jahrhundert als das schönste und wohlhabendste Land Europas gegolten hatte, daß das Volk der Mitte in Gestalt des ostdeutschen Kolonisators, des hanseatischen Kaufherrn und des Reformators Martin Luther die Avantgarde der frühbürgerlichen Emanzipation gestellt hatte. Die Entdeckung Amerikas und die namenlose Katastrophe des Dreißigjährigen Krieges hatten die stolze Entwicklung Deutschlands zunichte gemacht und das deutsche Volk politisch wie kulturell zu einer Quantité négligeable erniedrigt. Jetzt, durch Friedrichs Sieg, erhebt sich das deutsche Selbstbewußtsein gleich einem Phönix aus der Asche, wird aus einem verkümmerten Nationalgefühl ein stolzgeschwellter Nationalsinn, entdeckt das Volk der Deutschen seine eigene Identität.

Friedrichs Sieg bei Roßbach wird so zu einer kulturrevolutionären Tat außerordentlichen Ranges. An diesem Tag werden recht eigentlich Goethe und Schiller »geboren«. An diesem Tag entsteht in Lessings Kopf der Gedanke seiner »Minna von Barnhelm« mit der fritzischen Figur seines Majors von Tellheim. Von diesem Tag an beginnt man überall in Deutschland wieder deutsch zu denken, deutsch zu sprechen, deutsch zu schreiben. Roßbach, darf man ohne Übertreibung sagen, ist die Wiege der deutschen Nationalliteratur, die in fünfzig Jahren die erste der Welt sein wird. Bis in die letzte Hütte fällt der Glanz dieses Tages. Im Volksmund wird aus der »Reichsarmee« schnell die »Reißausarmee«. Auf den Gassen singt man:

»Und kömmt der große Friederich,
Und klopft nur auf die Hosen,
So läuft die ganze Reichsarmee,
Panduren und Franzosen.«

Wie der Blitz verbreitet sich die Kunde von Roßbach über die halbe Welt: nach Italien und Spanien ebenso wie in die Türkei und selbst nach Amerika. Überall wird sie als Freudenbotschaft empfunden. »Friedrichs Siege sind unsere Siege!« schwärmt in Boston ein Prediger auf der Kanzel. In den Kirchen Rhode Islands feiert man den preußischen Herrscher als »königlichen Kometen« und als »neuen Arminius«. Benjamin Franklin, der große Staatsmann und Aufklärer Amerikas, der 1776 die Unabhängigkeitserklärung unterzeichnen wird, schreibt über Friedrich: »Die drei mächtigsten Monarchien, und Schweden noch dazu, auf seinem Rücken! Keiner Großmütigkeit als seiner könnte es je in den Sinn kommen, das zu ertragen; kein Mut als seiner, der davon nicht erdrückt würde; und nur seine Tapferkeit, Fähigkeit und Einsatzbereitschaft sind dem gewachsen.«

In der protestantischen Schweiz bilden sich Bürgervereine mit Friedrichs Namen. In Genf lebt ein Schuster, der seine Frau jedesmal verdrischt, wenn die Preußen eine Niederlage erleiden, und ihr die schönsten Geschenke macht, wenn Friedrich siegt. Ja, selbst in Frankreich jubelt man dem Preußenkönig zu. Die ehrliebende französische Nation fühlt sich durch die Niederlage bei Roßbach nicht betroffen. Das Volk gönnt der höfischen Kamarilla diese Blamage. Als bekannt wird, daß die Marquise von Pompadour ihrem Günstling, dem Prinzen Soubise, einen Trostbrief geschrieben und seine Ernennung zum Feldmarschall bei Ludwig XV. durchgesetzt hat, biegt sich ganz Paris vor Lachen.

In England löst die Nachricht von Roßbach wahre Begeisterungsstürme aus. Vor dem Unterhaus erklärt Lord Hardwicke, der preußische König vereinige in sich die Eigenschaften, die die größten Fürsten Europas auszeichneten: die Großmut und militärische Begabung Gustav Adolphs mit dem Genie des Großen Kurfürsten. Das »Scotts Magazine« stellt Friedrich über Julius Cäsar:

»You came, saw, you overcame, Caesar,
't was bravely done;
But Frederick twice has done the same,
And double laurels won.«

Zwei Monate später, im Januar 1758, wird Friedrichs sechsundvierzigster Geburtstag in England begeisterter gefeiert als der Geburtstag des eigenen Herrschers. In London erstrahlen die Straßen in glänzenden Illuminationen. Fliegende Händler machen die besten Geschäfte mit Bierkrügen, Tellern und Kaffeekannen, auf denen Friedrichs Porträt prangt. Fast in jedem Haus hängt ein Bild des Helden von Roßbach mit dem charakteristischen dreieckigen Hut und dem Zopf.

Das Merkwürdige, ja geradezu Komische ist, daß Friedrich selbst von diesem Welttaumel gänzlich unberührt bleibt und daß er, der nun zum kulturellen Befreier Deutschlands geworden ist, auch weiterhin ein »Französling« sein wird, wie ihn der Vater verächtlich genannt hat. Zwar schreibt er an d'Argens am 15. November zornig über die französische Soldateska: »Sie haben Grausamkeiten begangen wie die Panduren! Es sind nichtswürdige Spitzbuben. Die Erbitterung, die sie gegen mich zeigen, ist schmachvoll. Aus einem Freunde, der ihnen sechzehn Jahre lang ergeben war, haben sie mich zum unversöhnlichen Feinde gemacht.« Dennoch behandelt er die gefangenen französischen Offiziere mit großer Courtoisie und gestattet ihnen freien Bewegungsspielraum in Berlin (wo sie sich indessen so frech und anmaßend betragen, daß man sie schnell wegschaffen und auf die Feste Magdeburg bringen muß); und im Leipziger Lazarett tröstet er den schwerverwundeten französischen General Custine mit so herzlichen Worten, daß der in all seinen Schmerzen unter Tränen ausruft: »Ach, Sire, Sie sind größer als Alexander! Dieser quälte seine Gefangenen; Sie aber gießen Balsam in ihre Wunden.«

In diesen Tagen, Mitte November, trifft Friedrich eine der glücklichsten und wohltätigsten Entscheidungen seines Lebens. Nachdem William Pitt in London ans Ruder gekommen ist, sind für den »Fleischer«, den unfähigen Herzog von Cumberland, die Tage seines Oberbefehls in Norddeutschland gezählt. Die schmachvolle Konvention von Kloster Zeven wird in aller Form widerrufen. Es gilt nun, einen Mann zu finden, der die Begabung hat, einen selbständigen Parallelkrieg in Nordwestdeutschland zu führen und den übermächtigen Franzosen erfolgreich Schach zu bieten. Friedrich gibt dafür einen seiner talentiertesten Generäle, den Prinzen Ferdinand von Braunschweig, frei. Der sechsunddreißigjährige Ferdinand, ein Bruder des regierenden Herzogs von Braunschweig und der preußischen Königin Elisabeth Christine, wird so Oberbefehlshaber einer etwa 50000 Mann starken Armee von Hannoveranern, Hessen, Braunschweigern und Bückeburgern, zu der bald auch preußische Regimenter stoßen. Und nicht lange Zeit wird vergehen, und Europa wird in diesem Prinzen den größten Feldherrn des Jahrhunderts nach Friedrich erblicken. Als preußischer Generalleutnant in allen taktischen und organisatorischen Fragen bestens geschult, kriegserfahren, wissenschaftlich gebildet, verbinden sich Energie und Charakterstärke in ihm mit einem freundlichen Temperament und großer Herzensgüte. Kein Feldherr geht kameradschaftlicher mit dem einfachen Mann um als Ferdinand. Kühne Angriffslust und bedächtige Zurückhaltung machen ihn zu einem idealen Armeeführer. Friedrich und Georg II., die beiden verbündeten Könige, lassen ihm auf seinem Kriegsschauplatz völlig freie Hand. Und Ferdinand, klug beraten von seinem Sekretär Westphalen, der eine Art Generalstabschef des Prinzen ist, wird von nun an den zahlenmäßig weit überlegenen Franzosen energisch Paroli bieten und einen Ergänzungskrieg zu Friedrichs Schlachten liefern, ohne den der Preußenkönig niemals überstehen könnte.

Friedrich hat solche Entlastung dringend nötig, denn aus Schlesien erreichen ihn Katastrophenmeldungen. Am 22. November hat der Herzog von Bevern in der Nähe von Breslau mit 28 000 Mann und 70 Kanonen den Österreichern eine Schlacht geliefert, die ihn mit 84 000 Mann und 210 Kanonen frontal attackierten. Und obwohl sich die preußischen Regimenter glänzend geschlagen haben – jede Seite meldet am Abend etwa 7000 Tote und Verwundete –, ist es ihnen unmöglich gewesen, der dreifachen Übermacht standzuhalten. Zwei Tage später wird der Herzog von Bevern auf einem Patrouillenritt gefangengenommen, und am selben Tag ergibt sich Breslau, die schlesische Hauptstadt, den Österreichern. Jetzt scheint Schlesien für Friedrich verloren. Von Breslau aus stellen die Österreicher in der gesamten Provinz die alte Verfassung und Verwaltung wieder her, nehmen die Bürgermeister, Beamten und Räte in die Pflicht; die Schlesier, die als preußische Soldaten gefangengenommen wurden, dürfen frei nach Hause gehen. Die katholische Anhängerschaft des Hauses Habsburg übernimmt in Breslau die Regierungsgeschäfte.

Wo sind jetzt die Früchte des Roßbacher Sieges? Thüringen ist befreit, aber Schlesien dafür verloren! Friedrich marschiert mit einer winzigen Streitmacht von 12 000 Mann im Gewalttempo durch Sachsen nach Osten, Schlesien entgegen. Er reitet neben den Kolonnen und beißt die Zähne zusammen. Aus einem Marschquartier schreibt er an seinen Bruder, Prinz Heinrich, der mit 30 000 Mann zurückbleibt, um Sachsen zu decken: »All' dies Unglück hat mich nicht niedergedrückt. Ich gehe geradeaus meinen Weg nach dem Plan, den ich mir vorgezeichnet habe.« Am 3. Dezember stößt er mit seinen 12 000 Mann auf die 21 000 niedergeschlagenen, besiegten Soldaten der Bevernschen Armee, die der unverwüstliche Generalleutnant von Ziethen heranführt.

Zwei Tage später kommt es zu der weltberühmten Schlacht bei Leuthen. Aber was sich in den achtundvierzig Stunden *vor* der Schlacht abspielt, ist eine beispiellose Präsentation von Psychologie und Kunst der Menschenführung, wie sie außer diesem König kein Feldherr je zustande gebracht hat. Friedrich betreibt regelrechte ›Seelenmassage‹, und jedes Mittel ist ihm recht, die tiefe Depression der Bevernschen Armee zu überwinden. Er selbst wird später darüber schreiben: »Man faßte die

Offiziere bei ihrem Ehrgefühl, rief ihnen die Erinnerung an frühere Siege zurück und suchte durch jede Art von Erheiterung die traurigen Eindrücke zu verwischen, die sie kürzlich empfangen; sogar des Weines bediente man sich, um die gesunkenen Lebensgeister zu wecken.«

Die Offiziere sollen sich also Mut antrinken. Doch dabei bleibt es nicht. Friedrich geht durch die Zeltreihen und spricht mit den einfachen Soldaten. Hier kommt ihm sein ›Kutscherdeutsch‹ zustatten; die Grenadiere und Füsiliere verstehen seine unkomplizierte, drastische Ausdrucksweise, drängen sich um ihn, fassen seinen Rock an, sagen »du« zu ihm und nennen ihn »Fritze«. Friedrich weiß natürlich, daß auch der Kampfgeist der Mutigsten durch den Magen geht, und so läßt er unter den Truppen auf eigene Kosten Speck, Branntwein und Bier verteilen. Die farbenprächtigen Erzählungen derjenigen, die bei Roßbach dabei waren und die nun in allen Einzelheiten berichten, wie die Franzosen und Reichstruppen davonliefen (die Offiziere sprechen ironisch von einer »bataille amusante«), bewirken überdies, daß die Stimmung in wenigen Stunden umschlägt.

Höhepunkt dieser psychologischen Kampagne ist am 3. Dezember abends Friedrichs Ansprache an seine Generäle. Der preußische Offizier von Retzow, dessen Vater als General an dieser Besprechung teilnimmt, hat sie aufgezeichnet. Es ist dies die zugleich bewegendste und geschickteste Ansprache vor einer Schlacht, die in den Annalen der Weltgeschichte überliefert ist. Jedes Wort des Königs ist von bestrickender Ehrlichkeit und entwaffnender Offenherzigkeit, zugleich aber auch von erlesener Berechnung und Schmeichelei. Hier wird Menschenkenntnis und Menschenführung auf die letzte Spitze getrieben, und dies angesichts einer Perspektive, die bei realistischer Betrachtungsweise nur Tod und Schande bedeuten kann. Friedrichs denkwürdige Worte lauten:

> »Sie wissen, meine Herren, daß es dem Herzog von Lothringen gelungen ist, Schweidnitz zu erobern, den Herzog von Bevern zu schlagen und sich Breslaus zu bemächtigen, während ich gezwungen war, den Fortschritten der Franzosen und Reichsvölker Einhalt zu tun. Ein Teil von Schlesien und die Hauptstadt der Provinz mit allen Kriegsvorräten sind dadurch verlorengegangen. Meine Widerwärtigkeiten wären aufs höchste gestiegen, setzte ich nicht ein unbegrenztes Vertrauen in Ihren Mut, Ihre Standhaftigkeit und Ihre Vaterlandsliebe, die Sie bei so vielen Gelegenheiten bewiesen haben. Es ist fast keiner unter Ihnen, der sich nicht durch eine große ehrenvolle Handlung ausgezeichnet hätte, und ich schmeichle mir daher, Sie werden auch jetzt nichts an dem mangeln lassen, was der Staat von Ihrer Tapferkeit zu fordern berechtigt ist. Die Entscheidung rückt heran. Ich würde glauben, nichts getan zu haben, ließe ich die Österreicher im Besitz von Schlesien. Lassen Sie es sich also gesagt sein: Ich werde gegen alle Regeln der Kunst die beinahe dreimal stärkere Armee des Prinzen Karl angreifen, wo ich sie finde! Es

ist hier nicht die Frage von der Anzahl der Feinde noch von der Stärke ihrer auserwählten Stellung. Alles dies, so hoffe ich, wird die Herzhaftigkeit meiner Truppen und die richtige Befolgung meiner Dispositionen zu überwinden wissen. Ich muß diesen Schritt wagen, oder es ist alles verloren! Wir müssen den Feind schlagen oder uns alle vor seinen Batterien begraben lassen. So denke ich, so werde ich handeln.«

An dieser Stelle macht Friedrich eine Pause und blickt langsam in die Runde. Dann fährt er mit freundlicher Stimme fort:

»Bitte, machen Sie diesen meinen Entschluß allen Offizieren und Soldaten der Armee bekannt und schärfen Sie jedermann ein, daß ich mich für berechtigt halte, unbedingten Gehorsam zu fordern. Wenn Sie übrigens bedenken, daß Sie Preußen sind, werden Sie sich gewiß dieses Vorzugs nicht unwürdig machen wollen. Sollte aber einer unter Ihnen sein, der davor zurückschreckt, die letzte Gefahr mit mir zu teilen, der kann noch heute seinen Abschied erhalten, ohne den geringsten Vorwurf von mir zu erleiden.«

Friedrich hält inne. Alles schweigt tief betroffen, bis der Major von Billerbeck ausruft: »Das müßte ja ein infamer Hundsfott sein!« Friedrich lächelt und nimmt wieder das Wort:

»Schon im voraus war ich davon überzeugt, daß mich keiner von Ihnen verlassen würde. Ich rechne also auf Ihre Hilfe und auf den Sieg. Sollte ich fallen und Sie für Ihre Verdienste nicht belohnen können, so muß es das Vaterland tun. Gehen Sie nun in das Lager und wiederholen Sie den Regimentern, was Sie von mir gehört haben.«

Die Generäle und Stabsoffiziere sind zutiefst bewegt. Sie wollen auf den König zugehen und ihm die Hand geben. Doch sie prallen wie von einem Peitschenhieb getroffen zurück, als Friedrich mit schneidender Stimme sagt:

»Noch eins, meine Herren. Das Regiment Kavallerie, das sich nicht gleich, wenn es befohlen wird, unaufhaltsam in den Feind stürzt, lasse ich nach der Schlacht absitzen und mache es zu einem Garnisonsregiment. Das Bataillon Infanterie, das – es treffe, worauf es wolle – auch nur zu stocken anfängt, verliert die Fahne und das Seitengewehr, und ich lasse ihm die Litzen von der Montur schneiden. Nun leben Sie wohl, meine Herren! In kurzem haben wir den Feind geschlagen, oder wir sehen uns niemals wieder.«

Es ist unglaublich und einfach bodenlos. Jedes Wort dieser Rede ist sorgsam kalkuliert, jeder Satz penibel berechnet auf die Psyche der Zuhörer. Und das alles eingebettet in den Strom einer hinreißenden Beredsamkeit. Das ist noch nicht dagewesen und wird es nie wieder geben. Friedrich spricht ja nicht wie Cäsar oder Alexander vor einer Armee oder wie Hitler und Goebbels vor einer Massenkundgebung, sondern vor einem auserlesenen Kreis von knorrigen, schwierigen, selbstbewußten Truppenbefehlshabern. Diese alten Haudegen sind nicht leicht zu beeindrucken. Friedrich gelingt es! In Windeseile verbreiten sich des Königs Worte im preußischen Lager. Sturmerprobte Soldaten sieht man »wie Kinder weinen«, und ein anderer Zeitgenosse berichtet: »Die alten Krieger, die so manche Schlacht unter Friedrich II. gewonnen hatten, reichten sich wechselseitig die Hände, versprachen einander treulich beizustehen, und beschworen die jungen Leute, den Feind nicht zu scheuen, vielmehr, seines Widerstandes ungeachtet, ihm dreist unter die Augen zu treten.«

Am Abend des folgenden Tages reitet Friedrich durch das Lager. Er spricht ein pommersches Regiment an: »Nun, Kinder, wie wird es morgen aussehen? Der Feind ist doppelt so stark wie wir . . .« Die Soldaten antworten: »Das laß nur gut sein, Fritz. Es sind ja keine Pommern dabei! Und Du weißt doch, was die können . . .« Der König lacht: »Ja, freilich weiß ich das! Sonst könnte ich die Schlacht nicht riskieren . . . Nun schlaft wohl. Morgen haben wir also den Feind geschlagen oder wir sind alle tot.« Das Regiment antwortet (und dreht dabei seine Worte um): »Jawohl, tot oder die Feinde geschlagen!« Im Weiterreiten trifft er auf westdeutsche Freiwillige und spricht mit ihnen. Einer der Grenadiere sagt: »Wir werden unseren Eid nicht brechen, sondern Gott und dem König getreu sein!«

Am 5. Dezember, bei Tagesanbruch, setzt sich die 33 000 Mann starke preußische Armee in Bewegung. Die Feldmusik spielt einen Choral, und die Armee fällt ein:

»Gib, daß ich tu mit Fleiß, was mir zu tun gebühret,
Wozu mich Dein Befehl in meinem Stande führet,
Gib, daß ich's tue bald, zu der Zeit, da ich soll,
Und wenn ich's tu, so gib, daß es gerate wohl.«

Friedrich reitet neben den Kolonnen und weiß, daß er Soldaten mit einem derart hohen Bewußtseins- und Motivationsstand notfalls in die Hölle führen könnte. Er winkt einen Rittmeister mit fünfzig Husaren zu sich heran: »Er und seine Leute sollen mir zur Deckung dienen. Er verläßt mich nicht und gibt acht, daß ich nicht der Kanaille in die Hände falle, versteht Er? Falle ich, so bedeckt Er den Körper sogleich mit dem Mantel und läßt einen Wagen holen. Er legt den Körper in den Wagen und sagt niemand ein Wort. Die Schlacht geht weiter, und der Feind – der wird geschlagen.«

Die Österreicher stehen mit 66 000 Mann und 200 Kanonen vor dem Dorfe Leuthen in einer Frontbreite von sechs Kilometern. Sie sind doppelt so stark wie die anrückenden Preußen. Friedrich beschließt nach gründlicher Rekognoszierung des Geländes, hier bei Leuthen noch einmal seine ›schiefe Schlachtordnung‹ anzuwenden, mit der er vor einem halben Jahr, bei Kolin, ein so entsetzliches Fiasko erlebt hat. Das heißt, er befiehlt dem Gros seiner Armee, hinter einigen Hügelketten nach Süden abzumarschieren, um dem Feind in die linke Flanke zu kommen, während andere preußische Verbände vor dem Zentrum und dem rechten Flügel der Österreicher einen Angriff simulieren, aber sich dem Gegner letztlich ›verweigern‹ sollen. Der König hat die Koliner Lektion begriffen: Das komplizierte Schlachtmanöver kann nur gelingen, wenn nicht der geringste Fehler im Aufmarsch passiert. Er zügelt sein nervöses Temperament, reitet immer wieder die einzelnen Kolonnen und Treffen ab, weist die Kommandeure persönlich in ihre Angriffsziele ein. So vergehen Stunden. Aber der Zeitverlust lohnt sich; die österreichische kaiserliche Armeeführung fällt auf Friedrichs Demonstrationen herein und verschiebt immer mehr Reserven auf den rechten Flügel, auf den es gar nicht ankommt. Endlich, um dreizehn Uhr, schreiten die Preußen mit gefälltem Bajonett zum Angriff. Ein Freikorporal des Avantgarderegiments von Meyerinck beschreibt sein Erlebnis: »Man kann sich nichts Vortrefflicheres und Regulaireres der Welt vorstellen als den Anblick von dieser kleinen Anhöhe: Voran die ganze Kayserliche Armee, über deren Menge das forschende Auge ermüdet, und hinter uns, die Front gegen den Feind, die ganze preußische Armee in Schlachtordnung. Unsere Armee avancierte mit klingendem Spiele en Parade. Die Ordnung war ebenso vortrefflich als irgend bey einer Revue zu Berlin; die Armee bewegte sich unter den Augen ihres großen Monarchen.«

Die preußische Infanterie bricht tief in die linke Flanke der Österreicher ein. Hier bewährt sich auch Friedrichs neues Artilleriesystem; er läßt die bespannten Geschütze im überschlagenen Einsatz mit der Infanterie zusammen vorgehen und sie batterieweise Stellungswechsel vornehmen. Jetzt endlich begreift die österreichische Heerführung ihren schweren Fehler und wirft Reserven vom rechten auf den linken Flügel. Gegen sechzehn Uhr kommt es zu furchtbaren Straßenkämpfen im Dorf Leuthen. Das fränkische Regiment von Roth verteidigt die Friedhofsmauer unnachgiebig gegen Friedrichs Grenadiere. Der Kommandeur des preußischen 3. Gardebataillons stutzt. Einer seiner Kompaniechefs, Hauptmann von Möllendorf, ruft ihm zu: »Hier ist nichts zu bedenken!« Als der Kommandeur immer noch unentschlossen bleibt, schreit Möllendorf: »Ein anderer Mann her! Leute, folgt mir!« und stürmt mit dem Bataillon den Kirchhof. Gegen siebzehn Uhr – die Dezembersonne ist bereits im Untergehen – bringt eine stürmische preußische Kavallerieattacke die letzte Entscheidung. Die Österreicher fliehen.

Die Preußen haben 11 000 Mann an Toten und Verwundeten verloren, die Österreicher das Doppelte, 22 000 Mann und 130 Kanonen. Der Sieg basiert in erster Linie auf Friedrichs genialem Schlachtplan, den die Truppe mit höchster Präzision in die Praxis umgesetzt hat. Er beruht weiter auf dem vorbildlichen Zusammenwirken aller Waffengattungen der preußischen Armee: die Infanterie hat zum ersten Mal ihre Munitionswagen mit ins Gefecht geführt und damit einen fast pausenlosen Feuerkampf unterhalten können; die Artillerie hat sich als eine äußerst mobile Truppe auf dem Schlachtfeld erwiesen; die Kavallerie hat demonstriert, sich verweigert und schließlich, im entscheidenden Augenblick, attackiert, als habe man sie an unsichtbaren Fäden gelenkt. Aber all das allein hätte nicht gereicht: Ausschlaggebend ist der Geist einer Armee, die nur noch aus Landeskindern besteht und weiß, wofür sie kämpft.

In der Nacht reitet Friedrich mit einer Handvoll Bataillone weiter vor, quer durch die feindlichen Vorpostenketten, in das nächstgelegene Städtchen Lissa und nimmt im Schloß Quartier, das voller österreichischer Generäle und Stabsoffiziere ist, die gemütlich beim Abendessen sitzen. Der König, nur von einem Adjutanten begleitet, zieht den Hut: »Bon soir, messieurs. Gewiß konnten Sie mich hier nicht vermuten. Kann man hier auch noch mit unterkommen? Aber ich möchte nicht, meine Herren«, fährt er lächelnd fort, »daß Ihre Behaglichkeit noch weiter gestört wird. Ihre Wohnungen im Schloß behalten Sie. Meine Offiziere werden schon anderweitig unterkommen.« Der König bietet seinen verblüfften Gastgebern, die ihn leicht gefangennehmen könnten, freundlich aus seiner Schnupftabaksdose an. Währenddessen treten immer mehr preußische Generäle ein, so daß Friedrich erstaunt fragt: »Wie kommen Sie denn alle hierher?« Man führt ihn an ein Schloßfenster und stößt es auf: Durch die Nacht dringt Waffenklirren und der Marschtritt näherkommender Regimenter. Darüber hört man die Feldmusik und einen mächtigen Choral aus zwanzigtausend Kehlen. Die preußische Armee hat auf dem Schlachtfeld ohne Befehl das Gewehr aufgenommen, um ihrem König zu folgen, und singt den Choral »Nun danket alle Gott«. Tief ergriffen wendet Friedrich sich um. Doch dann zuckt es schon wieder in seinen Mundwinkeln. Er faßt den Schloßbesitzer, Baron Mudrach, am Arm und fragt: »Können Sie Pharao spielen?« Der Baron zögert mit der Antwort; er weiß nicht, worauf der König hinaus will. Der schaut ihm groß ins Gesicht: »Nun, dann wissen Sie ja, was va banque ist. Das habe ich heute gespielt.«

Am 20. Dezember kapituliert Breslau mit einer Besatzung von 17 000 Österreichern. Ganz Schlesien ist von feindlichen Deserteuren überschwemmt, die das Weite suchen. Von der Riesenarmee, die rund 90 000 Mann umfaßt hatte, führt Prinz Karl noch 36 000 demoralisierte Soldaten über die böhmische Grenze zurück. Schlesien, bis auf Schweidnitz, ist befreit, und Friedrich bezieht in Breslau sein Winterquartier. Am 22. Dezember schreibt er an seinen Bruder Prinz Heinrich: »Jetzt haben wir Genugtuung für alle Schmach. Die Reputation unserer Armee ist völlig wiederhergestellt. Das war ein Feldzug, der für drei gelten kann! Aber mehr kann mein erschöpfter Körper nicht leisten. Seit acht Tagen quält mich die Kolik, mir fehlen Schlaf und Appetit, doch trage ich Krankheit und Erschöpfung leichten Herzens, denn unsere Sachen stehen gut.«

So schreibt er, um Optimismus und Zuversicht zu verbreiten. Aber in seinem Innern ist er weit entfernt vom Übermut früherer Tage. Er glaubt nicht mehr an Fortuna, jenes wankelmütige Weib, zu dem er nicht »galant« genug war. Er ist auf alles gefaßt. Über die Ruhmsucht seiner Jünglingszeit kann er nur die Schultern zucken. »Ihre Freundschaft verleitet Sie zu Übertreibungen«, antwortet er am 26. Dezember auf einen schmeichelhaften Glückwunschbrief d'Argens'. »Mit Alexander verglichen bin ich nur ein alberner Knabe und fühle mich nicht wert, Cäsars Schuhriemen zu lösen. Nein, lieber Freund, Sie werden mich so wiederfinden, wie ich Sie verlassen habe. Denn die Dinge, die sich von weitem so glänzend ausnehmen, sind in der Nähe besehen oft sehr klein. Die Not, die Mutter aller Erfindungen, hat mich gelehrt, verzweifelte Mittel gegen verzweifelte Gefahren zu ersinnen.«

Friedrich hat die Franzosen, Reichstruppen und Österreicher aus dem Land getrieben. Er hat die Katastrophen von Kolin und Breslau bei Roßbach und Leuthen repariert. Aber an der Gesamtkriegslage hat er nichts ändern können. Der Vernichtungswille seiner Feinde ist ungebrochen. Preußen bleibt eingekreist, und im kommenden Jahr muß er mit der russischen Dampfwalze rechnen. England hat ihm vier Millionen Taler angeboten, und im Januar soll der Subsidienvertrag unterschrieben werden. Aber dann wird noch ein dreiviertel Jahr vergehen, bis er über die Finanzmasse faktisch verfügen kann. Sein eigener Staatsschatz ist fast leer: er hat noch 1,5 Millionen Taler. Drei Tage vor Jahresende schreibt er an Heinrich: »Bei allem Ruhm, den wir geerntet haben, sind wir doch nur Bettelhelden. Wir brauchen Geld, und ich will, weil es sein muß, lieber feindliches Land als meine armen Untertanen treten. Dauert der Krieg noch lange, so muß ich Straßenraub treiben, um meine Truppen zu bezahlen.«

So endet das denkwürdigste Jahr des Siebenjährigen Krieges, 1757. Friedrichs Name ist nun in der ganzen zivilisierten Welt zur Legende geworden. Die beiden Häuser des britischen Parlaments hallen von seinem Ruhm wieder. Selbst in Paris, berichtet ein Zeitgenosse, »gibt es mehr Preußen als Franzosen«. In Deutschland singt das Volk: »Wohl von Berlin ein tapfrer Held / regiert nebst Gott jetzt in der Welt.« Das atemberaubende Drama dieses Jahres, das ewige Auf und Ab, Hin und Her, der ständige Wechsel von Sieg und Niederlage, die übermenschliche Kraft, mit welcher der Preußenkönig das Verhängnis bezwungen hat, beflügeln die Phantasie der Völker. Kein begnadeter Dichter, kein Tragödienschreiber hätte die Launen und Irrwege des Schicksals spannender aufbereiten können. Und in Breslau sitzt nun ein Mann, dem alles zujubelt und der doch für sich und seinen Staat kaum noch Hoffnung sieht, der fröstelnd auf den Dezemberschnee starrt und sich vor der Zukunft fürchtet.

Johann Wolfgang Goethe hat in »Dichtung und Wahrheit« dem dramatischsten Jahr der deutschen Nationalgeschichte (vor 1945) einen ebenso realistischen wie poetischen Nachruf gewidmet:

»Das Jahr 1757, das wir noch in völlig bürgerlicher Ruhe verbrachten, wurde dessen ungeachtet in großer Gemütsbewegung verlebt. Reicher an Begebenheiten als dieses war vielleicht kein anderes. Die Siege, die Großtaten, die Unglücksfälle, die Wiederherstellungen folgten aufeinander, verschlangen sich und schienen sich gegenseitig aufzuheben. Immer aber schwebte die Gestalt Friedrichs, sein Name, sein Ruhm, in kurzem wieder oben. Der Enthusiasmus seiner Verehrer ward immer größer und belebter, der Haß seiner Feinde bitterer, und die Verschiedenheit der Ansichten, welche selbst Familien zerspaltete, trug nicht wenig dazu bei, die ohnehin schon auf mancherlei Weise voneinander getrennten Bürger noch mehr voneinander zu isolieren.«

1758

Am 24. Januar 1758, an seinem sechsundvierzigsten Geburtstag, erfährt Friedrich durch Eilkurier, daß das russische Heer, das erst im Oktober Ostpreußen geräumt hatte, schon wieder auf dem Vormarsch gegen Königsberg ist. Diesmal nicht unter Fürst Apraxin, sondern unter Graf Fermor. Der überraschende Rückzug der Russen war auf das Eingreifen des Großfürsten Peter, eines Friedrich-Bewunderers, zurückzuführen gewesen, dessen Einfluß inzwischen jedoch wieder konterkariert worden ist. Der frühe Operationsbeginn der russischen Armee läßt das Schlimmste für das neue Jahr erwarten. Wie viele Monate kann es noch dauern, bis die Lawine aus dem Osten das Kerngebiet des preußischen Staates, Brandenburg und Berlin, erreicht?

Das Sturmjahr 1757 hatte sechs große Schlachten gebracht: Prag, Kolin, Groß-Jägersdorf, Roßbach, Breslau, Leuthen; drei Siege, drei Niederlagen für die Preußen. Friedrich hat etwa 50 000 Mann, ein Drittel seiner alten aktiven Armee, eingebüßt. Die Verluste der Alliierten belaufen sich auf 65 000 bis 70 000 Mann. Aber welche Menschenreserven stehen ihnen zur Verfügung! Daß sich Schweidnitz noch in feindlicher Hand befindet, ist schon unangenehm genug. Viel schlimmer ist, daß sich in Böhmen wiederum eine gewaltige österreichische Streitmacht unter Feldmarschall Daun sammelt. Am 9. Februar schreibt der König an seine Schwester Wilhelmine: »Diese Schurken von Kaiserinnen und Königen zwingen mich, dieses Jahr noch auf dem Seile zu tanzen. Ich tröste mich darüber in der Hoffnung, dem einen oder anderen mit der Balancierstange kräftige Schläge auf die Nase geben zu können. Aber wenn dies geschehen ist, muß man wirklich zum Frieden kommen. Welche Opfer an Menschen! Welche entsetzliche Schlächterei! Nur schaudernd denke ich daran. Wie dem aber auch sei, man muß sich ein ehernes Herz anschaffen und sich auf Mord und Gemetzel einstellen . . .«

Nirgendwo zeigt sich am Horizont ein Silberstreif von Friedenshoffnung. Friedrich hat sich zwar Ende Dezember in einem persönlichen Schreiben an Maria Theresia gewandt und ihr zum Frieden geraten, doch die Kaiserin hat den Schock der Niederlage von Leuthen schnell überwunden und feuert ihre Generäle zu energischer Kriegführung an. Rußland ist ohnehin die treibende Kraft gegen Preußen. Die schwedische Adelspartei dringt auf Fortführung des Krieges; denn im Falle eines Friedensschlusses würden die französischen Subsidien in jährlicher Höhe von sechs Millionen Livres, die natürlich nicht dem Volk, sondern der Aristokratie zugute kommen, entfallen. Der Kurfürst von Bayern, der Herzog von Württemberg, die anderen westdeutschen Reichsstände, sie alle stehen ausnahmslos im Sold Frankreichs und tun nur das, was Versailles wünscht. Und Versailles selbst? Der französische Staat steht kurz vor dem finanziellen Bankrott, das Volk am Rande einer Hungersnot. Frankreich ist kaum noch in der Lage, Wien in dem vertraglich vereinbarten Umfang Unterstützungsgelder zu zahlen. Wäre es nicht vernünftig, mit dem Preußenkönig Frieden zu schließen? Oder, noch besser, im Streit zwischen Wien und Berlin die eigene ›Neutralität‹ zu proklamieren, um Maria Theresia zum schnellen Friedensschluß zu bewegen und Frankreichs Kräfte auf den Kampf in Übersee gegen die Briten konzentrieren zu können? Doch die herrschende Clique um die Marquise de Pompadour befürchtet für einen solchen Fall das Überwechseln Österreichs ins englische Lager. Frankreich wird den sinnlosen Krieg gegen Preußen also weiterführen.

Auch Friedrich bleibt keine Wahl. Er muß weiter zu Felde ziehen, und sei es bis an das Ende seiner Tage. Seit dem Unglück von Kolin hat sich sein Aussehen verändert. Sein Gesicht ist hagerer geworden; die Nase tritt schärfer hervor. Nur die blitzenden blauen Augen erinnern noch an den lebhaften, gewinnenden Menschen von einst. Seine Figur ist abgemagert. Das Tabakschnupfen ist zur nervösen Leidenschaft geworden, und die dunkelblaue Felduniform ist über und über mit braunem Schnupftabak besprenkelt.

Am 13. März meldet sich der neue Vorleser im Breslauer Schloß bei ihm: der dreiunddreißigjährige Schweizer Heinrich Alexander de Catt, ein liebenswürdiger, gebildeter junger Mann von der Universität Utrecht, den Friedrich 1755 auf einer Reise durch die Niederlande kennengelernt hatte. Der Titel »Vorleser« ist nur offizieller Vorwand. Der König braucht keinen geschwätzigen Gesprächspartner, sondern einen geduldigen Zuhörer. Und dieser Zuhörer muß ein blendendes Gedächtnis haben, muß vielseitig gebildet sein, so daß er Friedrichs Monologe im Feldquartier aufzeichnen und der Nachwelt hinterlassen kann. De Catt also als Medium für Friedrichs Nachruhm! So wie Voltaire einst des Kronprinzen Vorruhm kreiert hat. Der junge de Catt erfüllt auch die Erwartungen. Seine Tagebuchaufzeichnungen über die Gespräche mit dem König werden – neben Friedrichs Gedichten – die interessanteste und aufschlußreichste Quelle für die Seelen- und Charaktergeschichte des Preußenkönigs bieten, die bis heute noch nicht ausgeschöpft ist. Aber bezeichnend ist, welches Risiko Friedrich mit diesem gezielten ›Coup‹ eingeht: Napoleon Bonaparte wird seine berühmten Gespräche auf St. Helena post festum führen, als er die historischen Geschehnisse und eigenen Entschlüsse im nachhinein trefflich zurechtrücken und interpretieren konnte. Adolf Hitler wird seine Bormann-Monologe im März und April 1945 diktieren, wenige Wochen vor seinem Freitod, also ebenfalls aus der Rückschau, mit der unverkennbaren Absicht des Nachbesserns. Aber nun Friedrich dagegen! Vom März 1758 bis Juli 1760 spricht er beinahe täglich mit de Catt, mitten während der dramatischen Kriegsereignisse, oft am Vorabend großer Geschehnisse. Er weiß nicht, wenn er mit seinem »Vorleser« plaudert, was am nächsten Tag sein wird, ob er sich nicht mit seinen Gedanken, Hoffnungen, Erwartungen, Prophetien unsterblich blamieren wird. Er läuft bewußt ein kühnes, unkalkulierbares Risiko, das vor oder nach ihm niemand eingegangen ist. So entstehen die aufregendsten und bewegendsten Gesprächsprotokolle, die man in der Weltliteratur kennt.

Der erste Dialog, am 13. März, lautet:

Friedrich: »Ah, guten Abend, mein Herr! (Er nimmt den Dreispitz ab) Guten Abend! Ich freue mich, Sie begrüßen zu können! (Beide haben sich seit drei Jahren nicht gesehen.) Hätten Sie mich wiedererkannt?«

de Catt: »Ja, Sire, sofort.«

Friedrich: »Und woran?«

de Catt: »An Ihren Augen!«

Friedrich: »Aber ich bin abgemagert . . .«

de Catt: »Das ist wahr. Aber es ist erstaunlich, wie Sie so viele Strapazen zu ertragen vermögen.«

Friedrich: »Ja, die Anstrengungen sind außerordentlich groß, mein Lieber. Ich führe ein Hundeleben . . .«

In der zweiten März-Hälfte erhält Friedrich gute Nachrichten vom westlichen Kriegsschauplatz. Die Feldherrnkunst des Prinzen Ferdinand von Braunschweig beginnt sich auszuwirken. Unterstützt von 8000 Preußen manövriert er mit seiner nordwestdeutschen Armee die Franzosen so geschickt aus, daß sie sich über den Rhein zurückziehen. Der Preußenkönig hat den Rücken frei und beginnt seine eigenen Operationen damit, daß er am 1. April die Festung Schweidnitz einschließen läßt. Acht Tage später beginnt das preußische Bombardement.

Friedrich wartet auf die Kapitulation der Festung (wie vor Pirna und wie vor Prag). Er hat sein Hauptquartier im Kloster Grüssau aufgeschlagen und liest in diesen Wochen Cäsar, Tacitus und Plutarchs »Heldenleben«. Er korrigiert seine Geschichte der beiden ersten Schlesischen Kriege und sagt zu de Catt: »Ich beurteile mich selbst mit möglichster Strenge, mein Lieber. Ich weiß und gestehe es offen, daß wir alle Don Quichottes sind und schwere Fehler machen . . .« Er spricht mit seinem Vorleser auch über Maria Theresia: »Sie ist zwar meine Feindin und fügt mir viel Schaden zu. Aber ich muß ihr Gerechtigkeit widerfahren lassen, wie sie es verdient: Man sieht selten solche Fürstinnen wie sie.« Er plaudert mit de Catt über seine Schnupfleidenschaft: »Ich kann diesen spanischen Tabak nicht entbehren; es ist eine eingewurzelte Gewohnheit. Ich besudele mir dabei Gesicht und Kleidung. Wie widerlich das ist! Nicht wahr, ich sehe ein bißchen wie ein Schwein aus? Gestehen Sie es nur!« de Catt, etwas verlegen: »Ich gebe zu, Sire, daß Ihr Gesicht und ihre Uniform stark mit Tabak bedeckt sind . . .« Friedrich lacht: »Nun, mein Herr, das gerade nenne ich ›ein bißchen wie ein Schwein aussehen‹! Wenn meine gute Mutter noch lebte«, er wird ernst und seufzt, »ja, mein Lieber, dann wäre ich sauberer. Meine zärtliche Mutter ließ mir jedes Jahr ein Dutzend Hemden mit hübschen Manschetten nähen, die sie mir nachschickte. Jetzt, nach ihrem unersetzlichen Verlust, sorgt niemand mehr für mich – aber rühren wir diese Saite nicht an! Guten Abend, mein Herr, und gute Nacht!«

Niemals wird Friedrich anders als im Ton innigster Anhänglichkeit und Verehrung von seiner Mutter sprechen. Aber je länger dieser schreckliche Krieg dauert, desto öfter wird er sich seines Vaters erinnern. Eines Tages erzählt er de Catt: »Ich habe einen seltsamen Traum gehabt, und ich weiß nicht, wie das zugeht, ich habe sehr häufig dieselben Träume. Mir träumte also, mein Vater sei des Nachts mit sechs Soldaten in mein Zimmer gekommen. Er befahl ihnen, mich zu binden und nach Magdeburg auf die Festung zu schaffen. ›Aber, warum nur?‹ fragte ich meine Schwester von Bayreuth. ›Weil Sie Ihren Vater nicht genug lieb gehabt haben!‹ antwortete sie. Und ich erwachte schweißgebadet . . .«

Dieser Traum gibt ihm Veranlassung, de Catt von seinem Vater zu berichten: »Welch schrecklicher Mann! Aber auch welch gerechter, kluger und sachkundiger Mann! Sie können sich nicht vorstellen, welche Ordnung er in alle Verwaltungszweige gebracht hat. Kein Fürst erreichte ihn in der Fähigkeit, in die geringsten Einzelheiten einzudringen. Und er drang in sie ein, um, wie er sagte, alle Teile der Staatsverwaltung auf den höchsten Grad der Vollkommenheit zu bringen. Nur durch seine Sorgen, seine unermüdliche Arbeit, seine von peinlichster Gerechtigkeit erfüllte Politik, seine große und bewundernswerte Sparsamkeit und die strenge Manneszucht, die er in dem von ihm geschaffenen Heer einführte, nur dadurch sind meine bisherigen Leistungen ermöglicht worden.«

Was für ein Nachruf auf den ungeliebten, einst so tödlich gehaßten

Vater! Ein Vierteljahrhundert nach den düsteren Tagen von Küstrin erhält der Soldatenkönig von seinem ältesten Sohn die Anerkennung, um die er sich zu seinen Lebzeiten vergeblich mühte. Hat Friedrich Wilhelm, nach so langer Zeit, nun doch in seinem Sohn gesiegt? Immer wieder wird Friedrich in den folgenden Kriegsjahren vom Vater träumen und de Catt davon erzählen. Im Unglück, in den Schreckensjahren dieses Krieges, wird der Vater wieder mächtig, erhebt sich sein Bild, Rechenschaft heischend, vor dem träumenden Auge des Sohnes.

Wenn Friedrich bedenkliche Nachrichten erhalten hat, wenn er Depressionen seines weichen, sensiblen Gemüts niederzwingen muß, geht er stundenlang in seiner einfachen Stube auf und ab und deklamiert in französischer Sprache aus den Tragödien des großen Racine. Dieser Racine ist sein Lieblingsdramatiker, dessen Stücke er in ganzen Partien auswendig beherrscht. Einmal deklamiert er so begeistert und laut, daß der wachhabende Kammerhusar, der sich gerufen glaubt, ins Zimmer stürzt, wo er vom König, der solche Störungen haßt, zu allen Teufeln gewünscht wird. »Wirklich, mein Herr«, sagt der beleidigte Kammerhusar, als er aus dem Zimmer des Königs kommt und zufällig de Catt trifft, »ich war nicht wenig erschrocken! Ich glaubte tatsächlich, der Verstand Seiner Majestät habe gelitten (er tippt sich mit dem Zeigefinger an die Stirn). Wenn das so weitergeht, so fürchte ich sehr, daß das kein gutes Ende nimmt. Wie er umherging! Wie er schrie! . . .«

Friedrich bevorzugt die Tragödien, die Racine in den Jahren von 1667 bis 1677 geschrieben hat: »Andromaque« – »Britannicus« – »Bérénice« – »Mithridate« – »Iphigénie en Aulide« – »Phèdre«. Er nimmt eine Prise Tabak und rezitiert voller Begeisterung:

»Berauscht Euch der Gedanke nicht wie Wein,
Wohltäter eines großen Volks zu sein?
O köstlich Glück, wie es kein schönres gibt,
Ein Volk zu führen, das Euch herzlich liebt . . .«

Er bricht in Tränen aus und ruft dem eintretenden de Catt zu: »Ich kann nicht weiter! Dieser Racine zerreißt mir das Herz!«

Ist es ein Wunder, daß Friedrich Racine so über die Maßen liebt? Er bewundert Corneille nicht weniger, hält ihn sicher für den größten der französischen Theaterklassiker. Aber Racine geht ihm zu Herzen: er verbindet Größe mit Anmut. Corneille wie Racine verherrlichen strenge Willensnaturen. Aber bei Racine mischt sich in den stoischen Heroismus der Heldengestalten die sensible Menschlichkeit weicher, empfindsamer Herzen.

Am 18. April kapituliert Schweidnitz vor den Preußen. Und nun geschieht etwas, womit niemand gerechnet hat: Friedrich marschiert mit seiner Armee von 55 000 Mann nicht nach Böhmen, gegen Feldmarschall Daun, sondern nach Mähren gegen die Festung Olmütz, deren Einschließung am 20. Mai vollendet ist. Dieser Zug nach Mähren ist später von der militärischen Fachkritik herb getadelt worden. Er wird als sein größter operativer Fehler während des Siebenjährigen Krieges betrachtet. Zu Recht?

Friedrich selbst hat später seine Beweggründe erläutert. Es sei ihm nicht um Olmütz gegangen, sondern vielmehr darum, die Österreicher an einem weit abgelegenen Punkt so zu binden und zu beschäftigen, daß die Hauptgefahr gebannt werden konnte: die Vereinigung der Österreicher mit den Russen, von denen man erwarten mußte, daß sie in spätestens zwei Monaten in der Mark Brandenburg oder in Schlesien auftauchten. Im übrigen habe er gehofft, durch die Wegnahme von Olmütz, einer Art Außen- und Vorposten von Wien, Maria Theresia derart zu beeindrucken, daß sie sich endlich einem Kompromißfrieden geneigt zeigte.

Der eigentliche Grund für Friedrichs operatives Verfahren liegt tiefer: Er hat seine Angriffsstrategie aufgeben müssen. Im Spätsommer 1756 und im Frühjahr 1757 hatte er noch von Sieg und Entscheidung geträumt, von kurzem ›Blitzkrieg‹ und von schnellem Friedensschluß. Der unerwartete Kriegsverlauf machte alle diese Hoffnungen zunichte. Jetzt, im Mai 1758, befindet sich der Preußenkönig in der strategischen Defensive. Sein scheinbarer Offensivstoß auf die österreichische Festung Olmütz ist in Wahrheit nichts anderes als ein Ausfall mit begrenztem Ziel aus der belagerten Festung Preußen.

Als Defensivmaßnahme ist die Belagerung von Olmütz denn auch von operativem Erfolg gekrönt. Maria Theresia erschreckt sich zwar nicht (kann sie überhaupt etwas schrecken?), aber die österreichische Feldarmee bleibt in Böhmen und Mähren gebunden, wagt es nicht, Friedrich zu ignorieren und auf Berlin zu marschieren und den russischen Verbündeten an der Oder die Hand zu reichen. Wenn einer das Jahr 1758 strategisch verpatzt, dann ist es nicht Friedrich, sondern Feldmarschall Daun.

Dafür begeht Friedrich schwerwiegende Fehler bei den Belagerungsmaßnahmen. 1742 hat er Olmütz geradezu handstreichartig besetzt, und er will einfach nicht glauben, daß aus Olmütz in den verflossenen sechzehn Jahren eine formidable Festung geworden ist. Er mischt sich in die Belagerungsdetails ein und macht dem Obristen von Balbi, der gerade Schweidnitz so erfolgreich belagert hat, die unsinnigsten Vorschriften. So muß die Artillerie mit verringerter Ladung feuern, was bedeutet, daß sie die Festungswälle nicht erreichen kann. Oder er läßt falsche Laufgräben anlegen, so daß seine Infanterie unter flankierendes Feuer der Österreicher gerät. Es zeigt sich, daß das militärische Allroundgenie Friedrichs versagt, wenn es um Belagerungsoperationen geht.

Das königliche Hauptquartier liegt im Dorf Schmirsitz. Am 16. Mai spielt sich folgende Szene zwischen Friedrich und de Catt ab:

Friedrich: »Ach, guten Tag, mein Lieber! (zum eintretenden Vorleser) Raten Sie mal, was ich gerade berechne . . .«

de Catt: »Ihre Schätze.«

Friedrich: »Ach, ich habe keine mehr. Das Wenige, was ich hatte, ist fast erschöpft. Also, raten Sie!«

de Catt: »Sie berechnen vielleicht, wieviel Sie während dieses Krieges schon ausgegeben haben . . .«

Friedrich: »Daß weiß ich nur zu genau; das brauche ich nicht zu berechnen. Also Mut, raten Sie weiter!«

de Catt: »Sie können so viele Dinge berechnen, daß man es kaum erraten kann . . .«

Friedrich: »Nun also, ich berechnete gerade, wieviele Minuten ich schon gelebt habe, und ich sitze schon eine Stunde über dieser Rechnung. Welche Summe! Und wieviele verlorene Augenblicke! Diese Zeit, die dahinflieht, ohne jemals stillzustehen, diese Zeit, die unsere Tage, Stunden, Minuten hinwegführt, diese Zeit wird mit Gleichgültigkeit hingenommen, ohne daß man ihrer so recht achtet. Und doch schreit uns die Natur bei jeder Gelegenheit ins Ohr: ›Ihr Sterblichen, nützt die Zeit! Und beschleunigt die Flucht Eurer Tage nicht noch durch eitle Nichtigkeiten!‹ Nicht wahr, mein Lieber?«

Friedrich berichtet de Catt dann über sein Selbststudium als Kronprinz und König, spricht über das, was er alles in seinem Leben gelesen hat. Plötzlich wechselt er das Thema:

Friedrich: »Ich habe übrigens auch die Übungen nicht ganz vernachlässigt, die dem Körper Kraft, Geschicklichkeit und Anmut verleihen. Ich habe tanzen gelernt, und ich tanze für meine Verhältnisse ziemlich gut. Zur Not könnte ich sogar Luftsprünge machen.«

Der König führt de Catt fünf oder sechs Luftsprünge vor. Er muß sich etwas ausruhen, um zu Atem zu kommen, dann wiederholt er sie. Er fordert de Catt auf, ein paar Menuettschritte zu machen. Er reicht ihm die Hand, und beide tanzen einige vorgeschriebene Figuren.

Friedrich: »Welch ergötzliches Schauspiel für den Marschall Daun und den Prinzen Karl, wenn sie sähen, wie ihr Feind in einer Bauernstube Kreuzsprünge übt und Herrn Catt lehrt, der Vorschrift gemäß und mit mehr Anmut die Hand zu reichen!«

Der König lacht, bis ihm die Tränen in den Augen stehen und er sich den Bauch halten muß.

Friedrich: »Bin ich nicht verrückt, mein Lieber? Was sagen Sie zu mir? . . .«

Am 30. Juni, nach sechswöchiger Belagerung, ereignet sich bei der Ortschaft Domstädtl ein folgenreicher Zwischenfall. Ein riesiger Nachschubtransport von viertausend Wagen, den neuntausend junge Rekruten aus dem Brandenburgischen und Pommerschen begleiten, wird dort in gebirgigem Gelände von dem kühnsten aller österreichischen Feldherren, dem General Laudon, überfallen und praktisch aufgerieben. Die Preußen, die sich verzweifelt zur Wehr setzen, verlieren 2400 Mann und sechs Kanonen sowie fast den gesamten Transport an Kriegsmaterialien und Lebensmitteln. Lediglich 250 Wagen erreichen das Lager des Königs vor Olmütz, darunter glücklicherweise die siebenunddreißig Gespanne, auf denen sich die Gelder der Kriegskasse befinden. Damit ist das ganze Olmützer Unternehmen gescheitert. Wenn Friedrich nicht seine Soldaten in den Laufgräben Hungers sterben lassen will, dann muß er sofort die Belagerung abbrechen und den Rückzug nach Schlesien antreten.

Nach Schlesien? Daun wird mit seiner Riesenarmee die Pässe sperren; er wartet schon lange darauf, daß Friedrich ihm in die Arme läuft oder daß der Preußenkönig den gesamten Belagerungspark vor Olmütz preisgeben muß. Nichts von alledem geschieht. Friedrich zeigt wieder einmal, daß er immer dann am größten ist, wenn es gilt, eine Scharte auszuwetzen und eigene Fehler wiedergutzumachen. Er ordnet einen meisterhaften strategischen Rückzug an: Zuerst wird Daun getäuscht. Friedrich schickt dem preußischen Kommandanten der Festung Neisse mittels Feldjäger einen schriftlichen Befehl, alle notwendigen Vorbereitungen für die Aufnahme der retirierenden Armee zu treffen. Der Feldjäger fällt – wie vorgesehen – in die Hände der österreichischen Patrouillen, und Daun beschließt nach Lektüre des falschen königlichen Befehls, mit seinem Heer die Pässe bei Troppau zu besetzen. Genau das hat Friedrich gewünscht, denn nun steht ihm der Weg nach Königgrätz offen, wo sich die Hauptmagazine der Österreicher befinden. Die zweite Täuschung des Feindes besteht darin, daß er am Tage des Abzugs von Olmütz die Festung noch vierundzwanzig Stunden lang nachhaltig bombardieren läßt, so daß seine Armee Zeit findet, das umfangreiche Belagerungsgerät und die Brückenpontons in Sicherheit zu bringen. Als Daun seinen Irrtum bemerkt, hat Friedrich bereits einen Vorsprung von zwei Tagen herausmarschiert, hat er selbst den gewaltigen Geschützpark der Belagerungsartillerie an sich ziehen können. Am 15. Juli erreicht er mit seiner Armee wohlbehalten Königgrätz, beschlagnahmt die feindlichen Verpflegungsmagazine und sieht sich aller Nachschubsorgen enthoben.

Friedrich weiß sehr wohl, daß er vor Olmütz Fehler begangen hat. Wie so oft hat er sich von seinem Temperament, seiner nervösen Ungeduld hinreißen lassen, seinen Kommandeuren dreinzureden, sie unnötig anzutreiben, alles besser wissen zu wollen. Er spricht darüber mit de Catt: »Wissen Sie, ich führe alles ins Feld, was mir an Überlegung zur Verfügung steht, um die Erregung des ersten Augenblicks zu dämpfen, die bei mir oft sehr heftig ist. So lange diese Heftigkeit des ersten Augenblicks andauert, hüte ich mich sorgfältig, Entscheidungen zu treffen über das, was ich sehe, was ich höre und was mir hat die Galle überlaufen lassen.

Ungeachtet aller guten Vorsätze kann ich aber diese anfängliche Erregung nicht immer meistern, und in diesem Falle begeht der Herr zuweilen Dummheiten, deretwegen er sich in die Finger beißt! Nein, mein Lieber, irgend jemand hat mal gesagt, es sei eine Torheit, von seinen Fehlern zu sprechen. Ich dagegen sage, es ist eine Torheit, die eigenen Fehler nicht einzugestehen . . .« Mit diesen wenigen Sätzen umreißt Friedrich seine Fähigkeit zur Selbstkritik, die ihn – mehr als alles andere – zum »Großen« gemacht hat.

Am 9. August trifft die preußische Armee, die ihren Rückzug von Olmütz so glänzend bewerkstelligt hat, auf schlesischem Boden, bei Landeshut, ein. Der König erfährt, daß Graf Fermor mit einem Heer von 50 000 Russen in vollem Anmarsch auf die Oder ist. Jetzt rollt die Lawine aus dem Osten heran! Friedrich muß nun seine Streitkräfte aufsplittern: 40 000 Mann bleiben in Schlesien, Prinz Heinrich wird mit 30 000 Soldaten Sachsen decken, Graf Dohna, der mit 18 000 Mann die Schweden in Stralsund belagert, wird zur Oder abberufen, um sich den Russen entgegenzustellen, der König selbst wird sofort mit 15 000 Kämpfern aufbrechen und Dohna zu Hilfe eilen.

In zehntägigen Gewaltmärschen erreicht Friedrich mit seinem Korps die Stadt Küstrin an der Oder, jenen düsteren Ort, in dem Kattes Haupt fiel. Er berichtet de Catt von den furchtbaren Tagen des Jahres 1730 und schließt mit den Worten: »Mein Freund, wir wollen nicht mehr vom Vergangenen sprechen, sondern wollen uns mit der Gegenwart beschäftigen, die mir noch verhängnisvoller werden kann als jene. Ich habe, weiß Gott, viel Kummer in meinem Leben gehabt. Aber ist man nicht überhaupt geschaffen, um zu leiden? Und was ist denn dieses Leben, das man so zärtlich liebt? Es ist ein Rauch, der verweht . . .«

Der König gerät außer sich, als er von den russischen Greueltaten erfährt. Sengend und plündernd, vergewaltigend und mordend sind die Russen durch Pommern und die Neumark herangezogen; hinter ihren Heereskolonnen blieb eine Wüstenei zurück. Am 15. August hat Fermor damit begonnen, Küstrin mit glühenden Kugeln zu beschießen. Die Provinzstadt, achtzig Kilometer von Berlin entfernt, ist nun in einen Aschenhaufen verwandelt. Eine völlig sinnlose Tat, da Fermor angesichts des Dohnaschen Korps an eine Belagerung oder Erstürmung Küstrins gar nicht denken konnte. Alles ist niedergebrannt. Die Einwohner Küstrins irren halbnackt in den Wäldern umher. Und obwohl Graf Fermor nun mit barbarischer Strenge gegen seine eigenen Truppen vorgeht, um die notdürftigste Disziplin wiederherzustellen, wird die brandenburgische Zivilbevölkerung erneut Opfer der unmenschlichen Soldateska.

Schluchzend und hilfeflehend drängt sich die heimatlose Stadt- und Landbevölkerung um ihren König, der ihnen bestürzt antwortet: »Kinder, ich habe nicht früher kommen können, sonst wäre das Unglück nicht geschehen.« Er läßt den Bürgern von Küstrin zweihunderttausend Taler auszahlen. Seine Truppen schäumen vor Wut. »Vater Fritz«, schreien sie ihm zu, »seien Sie unbesorgt. Wir werden diese Schurken niedersäbeln und keinen Pardon geben!« Das findet Friedrichs Billigung. Als ihm gefangene Kosaken und Baschkiren vorgeführt werden, droht er mit dem Krückstock: »Mit solchem Gesindel muß ich mich herumschlagen!«

Friedrich überschreitet mit seinen 33 000 Soldaten die Oder und verbringt eineinhalb Tage damit, die russischen Stellungen zu erkunden. Graf Fermor hat seine 50 000 Russen beim Dorf Zorndorf so glänzend aufgestellt, daß ein preußischer Flankenangriff unmöglich ist. So bleibt nur ein frontales Vorgehen gegen eine erdrückende Übermacht. Friedrich befiehlt General Dohna, mit dem rechten preußischen Flügel lediglich zu demonstrieren und sich dem Feind vorläufig zu »versagen«. Er selbst rückt am Morgen des 25. August mit seinem linken Flügel tiefgestaffelt gegen die russischen Linien vor. Ein protestantischer Pfarrer auf russischer Seite sieht die Preußen kommen: »Majestätisch schön, und dabei in stiller ruhiger Ordnung zogen sie heran. Das entsetzliche Lärmen der preußischen Trommeln hörten wir schon, ihre Feldmusik konnten wir noch nicht unterscheiden. Aber in feierlichem Marsche kommen sie immer näher. Jetzt hören wir ihre Hautboisten, sie spielen ›Ich bin ja Herr in Deiner Macht!‹ Wer fühlen kann, wird es nicht unglaublich finden, daß in meinem nachherigen Leben diese Melodie stets die innigsten Regungen der Wehmut hervorgebracht hat.«

Die Preußen brechen in die feindlichen Stellungen ein. Aber die russischen Grenadiere weichen nicht. Fermor wirft starke Reserven auf seinen rechten Flügel und erweist sich als flexibler Taktiker. Die Russen kämpfen wie die Berserker. Die preußische Infanterie, an den russischen Massen verzweifelnd, beginnt zu wanken. Hinter ihr hält Seydlitz mit dreißig Schwadronen. Der König jagt einen Adjutanten nach dem anderen zu ihm, um ihn zum Einhauen aufzufordern. Seydlitz rührt sich nicht, zieht gleichmütig an seiner Tonpfeife. Der Generaladjutant des Königs jagt heran: der General soll sofort attackieren, oder er wird seinen Kopf verlieren! Seydlitz klopft seine Pfeife aus und antwortet: »Sagen Sie dem König, *nach* der Schlacht steht ihm mein Kopf zur Verfügung. *In* der Schlacht aber muß er mir erlauben, von demselben noch zu seinem Dienste Gebrauch zu machen.«

Endlich, am frühen Nachmittag, als Fermors Reserven erschöpft sind, wirft Seydlitz sich mit seinen Schwadronen auf den Feind. Es ist genau der richtige Augenblick. Die preußische Kavallerie wütet mit geschwungenen Säbeln in den zusammengedrängten russischen Massen. Es ist ein Blutbad sondergleichen. Die Russen lassen sich niedersäbeln, ohne einen Schritt zurückzugehen. Nun greift auch Dohnas rechter Infanterieflügel an, unterstützt von Seydlitz' Dragonern und Kürassieren. Verbissen, von

Abschnitt zu Abschnitt, kämpfen sich die preußischen Grenadiere vor. Die russische Infanterie beginnt sich zurückzuziehen. Die russischen Kanoniere schießen bis zum letzten Augenblick, lassen sich teilweise an den Geschützen niederhauen. Ein preußischer Leutnant berichtet: »Ich traf jetzt auf eine Batterie von zwölf Kanonen. Die Russen flohen, was sie konnten, und die Leute, die bei den Kanonen waren, krochen unter dieselben und ließen sich massakrieren. Nur ein einziger schöner Kerl hielt eine mit dem russischen Adler bestickte Fahne in der Hand und stand unbeweglich. Ich rief ihm ›Pardon‹ zu, und da er mit dem Kopf schüttelte, hob ich meinen Säbel, um ihm einen gewaltigen Hieb zu versetzen, als er plötzlich die Fahne stecken ließ, unter die Kanone kroch und nun auch massakriert wurde. Ich nahm jetzt die Fahne und rief ›Victoria, Burschen! Victoria! In Gottes Namen immer weiter. Es wird bald ein Ende haben!‹ Und so ging es fort.«

Erst bei sinkender Dämmerung endet die Schlacht, die den ganzen Tag gedauert hat. Die Preußen haben 11 000 Mann an Toten und Verwundeten sowie 25 Kanonen eingebüßt. Die Verluste der Russen betragen 16 500 Mann und 100 Kanonen. Am übernächsten Tag zieht sich die russische Armee, die ein Drittel ihrer Gesamtstärke verloren hat, ins Polnische zurück. Für dieses Jahr ist die Gefahr aus den Weiten des Ostens gebannt.

An Wildheit und Brutalität haben die Kämpfe bei Zorndorf alles bisher Dagewesene in den Schatten gestellt. Die Schlacht glich, wie Friedrich an Voltaire schreibt, »einer der Schauertragödien, wo niemand am Leben bleibt als der Lampenputzer«. Der Leutnant von Prittwitz beobachtet die Verwundeten: »Sie kamen von allen Richtungen, teils auf Händen und Füßen gekrochen, teils mit Krücken unter den Armen, welches Musketen waren, deren Kolben sie unter die Schulter genommen hatten. Die hin und wieder existierenden, mit Wasser angefüllten Schlammpfützen dienten ihnen dazu, ihren Durst zu stillen . . . Alle Augenblicke präsentierten sich mir neue Ansichten des Entsetzens. Ich sah Stellen, wo die Kavallerie gemetzelt hatte und Menschen und Pferde untereinander lagen, wobei mir die Wut, die in den Gesichtern der Gebliebenen noch zu bemerken war, am meisten auffiel.« Ein anderer preußischer Leutnant, von Hülsen, sieht Friedrich: »Ich fand den König vor seinem Zelte stehend, vor welches man die erbeuteten Fahnen aufgepflanzt hatte. Ein herrlicherer Anblick läßt sich nicht denken! Der König war mit dem General von Seydlitz. Auf seinem Gesicht war noch der Schweiß und Staub des vorigen Tages. Ich werde diesen Anblick in meinem Leben nicht vergessen. Unweit von des Königs Zelte wurde in einem anderen mit den gefangenen russischen Generälen traktirt, vermutlich wegen der Greuel, welche die Truppen angerichtet hatten. Denn ich hörte verschiedene Male das Wort ›Mordbrenner!‹ aussprechen, und wie heftig man disputierte.«

Friedrich wendet sich nach dem Sieg über die Russen sofort gegen die

Österreicher. Sie stehen mit einer gewaltigen Armee von 80 000 Mann unter dem Befehl des Feldmarschalls Daun in der Südostecke Sachsens, bedrohen also Dresden ebenso wie Breslau. In der Nähe der Ortschaft Hochkirch, zwischen Hügeln und Wäldern, bezieht der Preußenkönig mit 32 000 Soldaten eine sehr exponierte Stellung: nur 450 Meter von den feindlichen Vorposten entfernt! Feldmarschall Keith warnt ihn bei Besichtigung der Stellungen eindringlich: »Wenn uns die Österreicher hier ruhig lassen, verdienen sie gehangen zu werden.« Übermütig spottet Friedrich: »Wir müssen hoffen, daß sie sich mehr vor uns als vor dem Galgen fürchten!« Ziethen, Seydlitz, Prinz Moritz von Anhalt-Dessau bestürmen ihn, das Lager zu wechseln. Alles vergeblich. Es ist, als ob ihn eine selbstmörderische Lust ergriffen hätte, dem Feind, der »dicken Exzellenz von Kolin«, wie er Daun nennt, in aussichtsloser Lage herausfordernd die Stirn zu bieten. In Wahrheit ist es aber weder Trotz noch Übermut, sondern es ist die Furcht, der vorsichtige Daun könnte wieder einer Schlacht aus dem Wege gehen, die Friedrich zu diesem Wagnis bestimmt. Er will den Feldzug von 1758 schnellstens beenden, und das geht nur, wenn er die Österreicher zum Schlagen zwingt.

Und sie tun ihm den Gefallen, und sie schlagen ihn. Am 14. Oktober, um fünf Uhr morgens (die Glockenschläge vom Kirchturm des Dorfes Hochkirch sind für die Österreicher das Angriffssignal) fallen sie bei Nacht und Nebel von allen Seiten in dichten Kolonnen über die schlafenden Preußen her. »Die Österreicher, gleichsam wie aus der Erde hervorgestiegen, mitten unter den Fahnen der Preußen, im Heiligtum ihres Lagers! Einige hundert wurden in ihren Zelten erwürgt, noch ehe sie die Augen öffnen konnten; andere liefen halb nackt zu ihren Waffen«, berichtet ein Zeitgenosse.

Ein fünfstündiger wütender Kampf tobt nun in den engen Gassen von Hochkirch. Die Preußen wehren sich wie die Teufel gegen die feindliche Übermacht. Feldmarschall Keith fällt im Straßenkampf, Prinz Moritz gerät schwerverwundet in die Hände der Österreicher, dem jüngsten Bruder der Königin Elisabeth Christine reißt eine Kanonenkugel den Kopf ab. Friedrichs Pferd wird getroffen; direkt neben ihm sinkt Major von Haugwitz verwundet zu Boden. Das zweite Bataillon des Regiments Markgraf Karl hat sich auf dem Friedhof von Hochkirch eingeigelt und wehrt stundenlang Massen österreichischer Infanterie ab. Schließlich befiehlt der Bataillonskommandeur, Major Simon von Langen, den Ausbruch mit dem blanken Bajonett. Fast alles fällt. Major von Langen, der mit dem Degen in der Hand ficht, wird elfmal verwundet, bevor er zur Erde stürzt und in Gefangenschaft gerät.

Friedrichs Armee entgeht nur um ein Haar der totalen Einkesselung und Vernichtung. Das Hauptverdienst daran hat der unermüdliche Generalleutnant von Ziethen, der seinen Husaren gegen Friedrichs Anordnungen befohlen hat, auch nachts die Pferde gesattelt zu halten, und der mit seinen Schwadronen vom ersten Augenblick des Überfalls an immer wieder wütende Attacken gegen die Flanken der vorstürmenden Österreicher reitet. Doch gegen neun Uhr morgens müssen sich die letzten, zerhauenen Bataillone der Preußen aus Hochkirch zurückziehen. »Viele alte Officiere dieses sieggewohnten Haufens«, heißt es in einem zeitgenössischen Bericht, »hatten so hohe Begriffe von kriegerischer Ehre, daß sie durchaus der Übermacht nicht weichen wollten, und unter das Schwerdt des Feindes fielen. Andere mußte man halb mit Gewalt vom Schlachtfeld schleppen, weil sie einen so unglücklichen Tag nicht zu überleben, sondern lieber zu fallen wünschten.«

Jede Seite hat in dem mörderischen, nächtlichen Duell etwa 8000 Mann verloren. Gleich hinter Hochkirch ordnet Friedrich seine Regimenter wieder und stellt sich erneut zum Kampf bereit. Aber obwohl Feldmarschall Daun nun über eine dreifache Übermacht verfügt, zieht er sich mit seinen jubelnden Truppen in das Lager zurück und läßt die Preußen ungeschoren. Er ist nicht bereit, mit Friedrich in der Ebene zu kämpfen, und er bleibt seinem Grundsatz treu, daß man einem geschlagenen Feind goldene Brücken zum Rückzug bauen soll.

Ganz Wien steht vor Begeisterung Kopf, als die Nachricht vom Sieg bei Hochkirch eintrifft. Der österreichische Adel sammelt beträchtliche Geldsummen, die dem siegreichen Daun zur Verfügung gestellt werden, damit er seine Güter entschulden kann. Die dankbare Kaiserin läßt ihm zu Ehren eine Gedenkmünze schlagen, und Papst Clemens XIII. schickt ihm aus Rom, als Anerkennung für die Bezwingung des preußischen Ketzerkönigs, einen geweihten Hut und Degen.

Friedrich scheint kühl und gelassen auf die Niederlage zu reagieren: »Daun hat uns aus dem Schach gelassen; das Spiel ist noch nicht verloren.« Aber das sind Worte, die für seine Umgebung und für die Armee bestimmt sind. Zu de Catt äußert er sich unter vier Augen ganz anders: »Wie viele brave Leute verliere ich, mein Freund, und wie verabscheue ich dieses Handwerk, zu dem der blinde Zufall mich von Geburt an verdammt hat! Aber ich habe etwas bei mir, um das Stück zu beenden, wenn es mir unerträglich werden sollte.« Er öffnet seinen Kragen und zieht unter dem Hemd eine kleine, ovale vergoldete Dose hervor. »Hier, mein Freund, ist alles, was man braucht, um dem Trauerspiel ein Ende zu machen.« Er öffnet die Dose und zeigt de Catt achtzehn kleine Kugeln. »Diese Pillen sind Opium. Die Menge reicht völlig hin, um einen zu jenem düsteren Gestade zu befördern, von dem es keine Rückkehr gibt.« Er verabschiedet de Catt, setzt sich nieder und schreibt an Lord Keith, dem er den Heldentod seines Bruders meldet. Er schließt mit den Versen:

»Oft wähnt ich Reich und Leben zu verlieren,
Doch niemals je vermochte das Geschick,
Das soviel Fürsten gegen mich vereint,
Zum Gegenstand des Mitleids mich zu machen.
Doch löset es der Freundschaft heilig Band,
Dann, teurer Lord, schlägt es mich grausam nieder:
Achill selbst war nicht gänzlich unverwundbar.«

Zwei Tage später trifft die Nachricht ein, daß seine Lieblingsschwester Wilhelmine, Markgräfin von Bayreuth, am Tag der Schlacht von Hochkirch an Lungenschwindsucht gestorben ist. Als de Catt bei ihm eintritt, findet er den König in Tränen aufgelöst, von heftigen Weinkrämpfen geschüttelt. Minutenlang kann Friedrich nicht sprechen. Dann umarmt er de Catt und sagt: »Meine Schwester ist verloren für mich, ohne Wiederkehr, mein Lieber. Ich werde sie niemals wiedersehen! Das ist der entsetzlichste Schlag, der mich treffen konnte. Ich verliere alles, was mir teuer ist. Meine Verluste folgen Schlag auf Schlag; ein Verlust fällt stets mit einem anderen zusammen. Ach, wie bald werde ich weder Freunde noch Verwandte haben! Der Tod nimmt mir alles. Mein Leben ist sehr unglücklich.« De Catt zieht sich erschüttert zurück. Vier Tage lang läßt Friedrich niemanden zu sich.

Die erste positive Nachricht seit langer Zeit erreicht den König aus Pommern. Graf Fermor hat sich nach dem Debakel von Zorndorf mit 25 000 Mann in den Raum um Königsberg zurückgezogen, um dort sichere Winterquartiere zu nehmen. Ein Streifkorps von 8000 Mann hat er abgezweigt und nach Hinterpommern entsandt, um sich der wichtigen Hafenstadt Kolberg zu bemächtigen. Die preußische Besatzung besteht aus 860 Invaliden, 120 gefangenen Sachsen, vierzehn Kanonieren, drei Unteroffizieren und zwei pensionierten Kapitänen. Auch der Kommandant der Stadt, Major von der Heyde, ist ein Invalide. Aber die Einwohnerschaft, die Bürger und Handwerker, ja selbst die Frauen und Mädchen, alles eilt der kleinen Besatzung zu Hilfe und verteidigt die Stadt auf den Festungswällen. Die Kolberger geben ihrer Zeit ein Beispiel an demokratischer Vaterlandsliebe, das sie fünfzig Jahre später unter einem gewissen Major von Gneisenau gegen Napoleon Bonaparte wiederholen werden. Kolberg hält sich. Die Russen werden, ungeachtet ihrer zehnfachen Überzahl, abgeschmettert und treten den Rückmarsch nach Osten an.

Auch Friedrich ist erfolgreich. Die unbegreifliche Passivität Dauns gestattet es ihm, einen Blitzmarsch nach Schlesien durchzuführen und die belagerten Festungen Neisse und Kosel zu entsetzen. Die Österreicher ziehen sich fluchtartig zurück. Ganz Schlesien ist wieder frei. Daun, nachdem er noch einen vergeblichen Handstreich auf Dresden versucht hat, resigniert und verläßt mit seiner Riesenarmee von 72 000

Mann das sächsische Territorium, geht nach Böhmen zurück, bezieht Winterquartiere und begibt sich selbst zur Berichterstattung nach Wien.

Friedrich, der sein Hauptquartier wieder in Breslau nimmt, schreibt am 23. November an Lord Keith: »Unser Feldzug ist zu Ende. Auf beiden Seiten ist kein anderer Erfolg zu verzeichnen als der Verlust vieler braver Männer, das Unglück vieler armer Soldaten, die für immer Krüppel geworden sind, der Ruin so mancher Provinzen, die Beraubung, Plünderung und Niederbrennung einiger blühender Städte. Derartige Taten, lieber Lord, flößen dem menschlichen Gefühl Entsetzen ein.«

In der Tat, nach zweieinhalbjährigem blutigem Kampf ist nichts entschieden. Friedrichs ursprüngliche Blitzkriegpläne sind 1756 und 1757 im böhmischen Sand zerronnen. Seit eineinhalb Jahren kämpft er mit dem Rücken an der Wand und schlägt nur um sich, Hieb auf Hieb, Stich auf Stich, um sich die von allen Seiten herandrängenden Gegner vom Leibe zu halten. Aber auch die übermächtige Feindkoalition hat nichts erreicht, ist einfach nicht imstande, den preußischen Widerstand zu brechen, den kleinen zähen Mann aus Berlin niederzuringen. Neun furchtbare Schlachten haben in den vergangenen achtundzwanzig Kriegsmonaten stattgefunden. Die Verluste der Preußen an Toten, Verwundeten und Vermißten beziffern sich bislang auf 70 000 Mann, die der Gegner auf 105 000. Das ist an sich unbegreiflich, steht doch der Feindkoalition das Dreifache an Soldaten zur Verfügung, müssen doch die Preußen auf den Schlachtfeldern durchschnittlich im Verhältnis 1:2 kämpfen. Der Feldzug 1758 endet mit einem unbefriedigenden Patt, mit einem Unentschieden gegenseitiger Erschöpfung.

Wenn jemand den wahren Stand der Dinge erkennt, so ist es Friedrich. Er macht sich nichts vor. Zwei Tage vor Heiligabend antwortet er dem Marquis d'Argens, der zur Zeit in Hamburg weilt, auf ein Gratulationsschreiben: »Ich danke Ihnen für die Lobsprüche, die Sie mir hinsichtlich meines Feldzuges übermittelten. Wenn ich auch – ebenso wie meine Soldaten – entsetzliche Anstrengungen auszustehen hatte, so haben wir doch kein Lob verdient. Die Sache ging soso, und die Entscheidung, die mitnichten erfolgt ist, bleibt weiterhin der Zukunft vorbehalten.« Er hustet schrecklich, denn er hat sich auf der Fahrt von Dresden nach Breslau eine Bronchitis zugezogen, und fährt fort: »Ich habe dieses Leben satt. Der ewige Jude kann nicht müder geworden sein als ich. Ich habe alles verloren, was ich auf Erden am meisten liebte und achtete. Ich bin von Unglücklichen umgeben, denen ich nicht helfen kann. Noch immer stehen mir das Elend unserer blühendsten Provinzen sowie die schauderhaften Taten vor Augen, die eine Bande, nicht von Menschen, sondern von Bestien, verübt hat. In meinen alten Tagen bin ich fast zu einem Theaterkönig herabgesunken.« Er denkt nach, lächelt vor sich hin und taucht die Feder ein: »Essen Sie Austern und Taschenkrebse in Hamburg, leeren Sie die Pillenkästen der Apotheken, schließen Sie Ihr Zimmer hermetisch ab, und vergessen Sie einen armen, von Gott verwünschten Mann nicht, der dazu verdammt ist, bis in alle Ewigkeit Krieg zu führen . . .«

Es gibt keine Friedenshoffnung. Zwar hat der geniale Ferdinand von Braunschweig die Franzosen schon am 23. Juni bei Krefeld ungeachtet ihrer beträchtlichen Übermacht schwer aufs Haupt geschlagen, und die französischen Steuerkommissare sind demgemäß nicht in der Lage, Westfalen und Hannover auszurauben. Auch sieht Frankreich sich nicht mehr imstande, den Österreichern zwölf Millionen Livres im Jahr zu zahlen, sondern muß die Summe auf 3,6 Millionen kürzen. Nicht einmal für die 10 000 Bayern und Württemberger im französischen Sold reicht das Geld. Dennoch bringt Kaunitz einen neuen Vertrag zustande, der am 30. Dezember 1758 zwischen beiden Mächten, Österreich und Frankreich, paraphiert wird und das alte Kampfziel, die Bezwingung Preußens, neu festschreibt.

Gegen Jahresende sagt Friedrich zu seinem Minister von Finckenstein: »Unglücklicherweise scheint es so, daß wir noch nicht am Ende unserer Arbeiten sind. Wir haben zu viele Feinde, als daß wir gegen sie eine Überlegenheit gewinnen könnten. Ganz Europa stürzt sich auf uns. Es scheint in der Mode, unser Feind zu sein, und ein Ehrentitel, zu unserem Verderben beizutragen . . . Wenn wir auch noch einige Schläge, die man gegen uns führt, abwehren können, so werden wir am Ende doch unterliegen! Eine traurige Mutmaßung, von der ich wünsche, daß sie sich nicht erfüllen möge.«

1759

Am 2. Januar schreibt Friedrich an Lord Keith: »Sollte durch die Eifersucht Spaniens und Österreichs ein Krieg in Italien entstehen, so hilft mir das wenig. Ich muß mich allein auf meinen Degen und meine gerechte Sache verlassen! Vielleicht bringt der Zufall, der so oft unerwartete Dinge herbeiführt, auch mir irgendein glückliches Ereignis. Geschieht das nicht, so muß ich dennoch meine Schuldigkeit tun.«

Wenn der König sich auf seinen »Degen« stützen will, also auf seine Armee, dann muß er nötiger als alles andere Geld herbeischaffen. Zwar hat er inzwischen die britischen Subsidien im Wert von vier Millionen Talern erhalten, und er läßt aus den Goldbarren die doppelte Summe schlagen. Aber wenn er den Feldzug des Jahres 1759 auf achtzehn Millionen Taler Kriegskosten berechnet, dann fehlen ihm immer noch zehn Millionen. Sein eigener Staat ist gänzlich ausgeblutet, er kann und will der preußischen Bevölkerung keine weiteren Lasten aufbürden. Also werden die besetzten bzw. verbündeten Gebiete – Sachsen, Mecklenburg und die anhaltischen Fürstentümer – geschröpft. Friedrich geht dabei erbarmungslos vor. Allein die reiche Handelsstadt Leipzig muß 300 000 Taler aufbringen. Als die Stadtväter dies für unmöglich erklären, läßt er eine Gruppe reicher Kaufleute verhaften und so lange bei Wasser und Brot schmachten, bis die Summe endlich hinterlegt ist. Das gibt ein großes Geschrei; und die Sachsen beten täglich zu Gott, daß dieser verfluchte Krieg ein baldiges Ende nimmt. Ein sächsisches Dokument aus jener Zeit stellt aber ausdrücklich fest, »daß die Bedrückung der Österreicher und Reichstruppen in Sachsen alle Herzen von ihnen abwenden und man öffentlich sagt, daß man lieber die ordentliche Last der Preußen als den abscheulichen Druck der Befreier tragen will. Denn mit einzelnen Ausnahmen, die allerdings vorkamen, hielten die Preußen überall strengste Manneszucht und verfuhren bei Eintreibung der Kontributionen mit gewissenhafter Pünktlichkeit und möglichster Berücksichtigung der Vermögensverhältnisse des Einzelnen.«

Aber auch die sächsischen und mecklenburgischen Kriegssteuern reichen noch nicht aus. Friedrich greift zum bedenklichen Mittel der Münzverschlechterung. Konkret heißt das, daß aus einer Mark feinen Silbers statt vierzehn Talern zwanzig Taler geprägt werden; und zwar unter preußischem Wappen und mit der falschen Jahresbezeichnung 1753. Wenn es dabei geblieben wäre, hätte sich der Schaden in Grenzen gehalten. Doch bald wird man aus der Silbermark 33 und schließlich sogar 45 Taler schlagen. Das Unternehmen läuft auf eine indirekte Ausplünderung der Bevölkerung, insbesondere der wohlhabenden Schichten, hinaus, verschafft aber dem Preußenkönig beachtliche finanzielle Hilfsmittel: er wird bis Kriegsende immer »flüssig« bleiben.

In der Tat hat Friedrich keine andere Wahl. Seine Feinde – Österreicher, Russen, Franzosen, Schweden, die Reichsstände – werden mindestens 360 000 Mann für den neuen Feldzug auf die Beine stellen. Soll die Partie nicht von vornherein aussichtslos sein, so müssen 120 000 Soldaten unter Preußens Fahnen zusammengebracht, zum großen Teil neu bekleidet, ausgerüstet und bewaffnet werden. Erstaunlicherweise gelingt das dem Preußenkönig. Aber wie sieht der Ersatz aus, den er in seine Reihen einstellen muß! Zusammengelaufenes Gesindel aus aller Herren Länder, Gepreßte und Geworbene, sächsische, russische und österreichische Kriegsgefangene, die zwangsweise vereidigt werden und von denen doch jeder weiß, daß sie beim ersten scharfen Schuß desertieren werden. Die alte Qualität der preußischen Armee, mit der sie jeder anderen Europas überlegen war, ist dahin. Nach Prag und Kolin hatte der König die zusammengeschmolzenen Kader an Berufssoldaten durch ein begeistertes Aufgebot an Landeskindern ersetzen können. Jetzt, nach Zorndorf und Hochkirch, nach einem Verlust von zwanzigtausend Elitesoldaten, ist die friderizianische Armee kaum noch wiederzuerkennen.

Mit solchen Truppen ist es besser, in der Defensive zu verharren. Und Friedrich liegt denn auch mit dem Gros seiner Armee die erste Jahreshälfte nur auf der Lauer. Alles, was er noch tun kann, besteht in der Verteidigung seiner Zentralstellung Brandenburg–Sachsen–Schlesien und in der Verhinderung einer Vereinigung der russischen und österreichischen Heere. »Bisher haben meine Feinde niemals gemeinschaftlich gehandelt«, schreibt er an d'Argens, »so daß ich den einen nach dem anderen schlagen konnte. In diesem Jahr wollen sie gleichzeitig losbrechen. Wenn ihnen das gelingt, dann können Sie meine Grabschrift anfertigen.«

Von Untätigkeit ist jedoch keine Rede. Kleinere preußische Korps beunruhigen den Feind unablässig, und der König gibt seinen Generälen die Sporen. »Er soll gegen Naumburg und Bunzlau vorgehen«, feuert er am 3. April den Generalmajor von Puttkammer an, »um den Feind dort wegzujagen. Ob Er meinet, daß Er mit 1500 Pferden nur dastehet, um sich in die Hosen zu kratzen? Er soll um sich greifen und nicht faulenzen!« Und einen Monat später heißt es in einem Schreiben an Seydlitz: »Mir nur von allem berichtet, mein lieber Seydlitz. Ich lauere wie eine Katze auf die Maus!« Prinz Heinrich braucht solche Anfeuerungen nicht. Er führt sein Armeekorps tief nach Böhmen, in den Rücken des Daunschen Heeres, überfällt die Magazine der Österreicher und nimmt ihnen die Fourage weg. Auf seinen Streifzügen vernichtet oder erbeutet er Verpflegungsvorräte, von denen 50 000 Soldaten und 25 000 Pferde ein halbes Jahr lang hätten ernährt werden können.

Maria Theresia kritisiert mit herben Worten die Passivität ihrer Generäle, die immer nur auf die Russen verweisen, die noch nicht herangekommen seien. Ohne den eisernen Willen dieser Frau hätte Österreich längst Frieden geschlossen. Friedrich urteilt am 13. Mai, in einem Gespräch mit de Catt, über sie: »Ungeachtet allen Ärgers, den sie mir zugefügt hat, muß ich zugeben, daß diese Fürstin sehr achtenswert ist durch ihre Sittenreinheit. Es gibt wenig Frauen, welche ihr in dieser Hinsicht gleichen. Die meisten sind Huren. Maria Theresia verabscheut die Huren; sie läßt sie einsperren, besonders wenn sie sie im Verdacht hat, daß sie es auf ihren Gatten abgesehen haben. (Diese Bosheit kann er sich nicht verkneifen!) Maria Theresia ist sehr strebsam und hat Talente auf mehr als einem Gebiete; ich muß ihr darin Gerechtigkeit widerfahren lassen.«

In diesem Monat Mai liest Friedrich viermal den Voltaire-Roman »Candide« und sagt zu de Catt: »Das Böse trägt in dieser Welt über das Gute den Sieg davon!« In seinem Innern ist ein unaufhaltsamer Umwertungsprozeß im Gange. Noch hält er nach außen die Fassade des temperamentvoll-interessierten Fürsten aufrecht. Wie es in Wahrheit um ihn steht, schildert er am 28. Mai dem Marquis d'Argens: »Fast weiß ich nicht mehr, ob es ein Sanssouci in der Welt gibt; der Ort sei, wie er wolle, für mich paßt dieser Name nicht mehr. Kurz, ich bin alt, traurig und verdrießlich. Von Zeit zu Zeit blickt noch ein Schimmer meiner ehemaligen guten Laune hervor; aber das sind Funken, die geschwind erlöschen, weil die Glut fehlt, die ihnen Dauer geben könnte. Ich rede aufrichtig mit Ihnen: Sähen Sie mich, Sie würden keine Spur von dem, was ich ehemals war, erkennen. Sie würden einen alten Mann sehen, der zu ergrauen anfängt, die Hälfte seiner Zähne verloren hat, ohne Frohsinn, Feuer, Lebhaftigkeit . . .«

Anfang Juli landen zehntausend britische Soldaten in Emden, darunter zwei Regimenter Schotten. Zusammen mit seiner nordwestdeutschen Armee und fünftausend Preußen, die Friedrich zu ihm detachiert hat, sieht sich Ferdinand von Braunschweig nun in der Lage, den heranrückenden französischen Heeresmassen nachhaltigen Widerstand zu leisten. Am 31. Juli schlägt er mit 35 000 Soldaten bei Minden eine französische Armee von 45 000 Mann, die zwanzig Prozent ihres Bestandes an Toten, Verwundeten und Gefangenen einbüßt. Der Sieg von Minden ruft in Deutschland eine ähnliche Sensation wie die Schlacht bei Roßbach vor zwei Jahren hervor. In dem erbeuteten Gepäck der Franzosen findet man Befehle des französischen Kriegsministers Belle Isle, ganz Hessen und Westfalen in eine Wüstenei zu verwandeln. Jetzt müssen die Franzosen Fersengeld geben und diese Landstriche räumen.

Wie ein Blitz verbreitet sich diese Nachricht vom glänzenden Sieg Ferdinands. Aber Friedrich erfährt zur selben Zeit, daß die Russen ein preußisches Armeekorps von 28 000 Mann und 50 Kanonen, dem sie selbst 40 000 Soldaten und 200 Geschütze entgegensetzen konnten, am 23. Juli bei Kay, unweit der Oder, geschlagen haben. Von vier Uhr nachmittags bis in die Nacht dauerte der wütende Kampf. Die Russen verloren 5000, die Preußen 7000 Mann.

Der König läßt Prinz Heinrich und 40 000 Soldaten in Schlesien zurück. Seine Aufgabe ist es, die Provinz gegen die 70 000 Köpfe starke Daunsche Armee zu verteidigen, die an der böhmischen Grenze demonstriert. Friedrich selbst eilt an die Oderfront, um Berlin, seine Hauptstadt, zu decken, und übernimmt den Befehl über eine Armee von 48 000 Mann und 140 Kanonen. Er ist entschlossen, die Russen nicht nur zu schlagen, sondern zu vernichten. Aber dazu muß er gegen eine beträchtliche Übermacht kämpfen, denn zu den 35 000 Russen unter General Ssaltykow, die zweihundert Kanonen mit sich führen, hat sich der österreichische General Laudon mit 25 000 Mann und 80 Kanonen gesellt, so daß nun eine vereinigte Streitmacht von 60 000 Soldaten vor den Toren der Stadt Frankfurt an der Oder steht, sechzig Kilometer vor Berlin.

Am 12. August kommt es, bei glühender Hitze, zur mörderischen Schlacht bei Kunersdorf. Die Russen haben Verschanzungen aufgeworfen, die einer Festung gleichkommen, und ihre Artillerie zu Mammutbatterien zusammengefaßt. Dennoch stürmen die preußischen Bataillone den Mühlberg, zertrümmern die linke Flanke der russischen Heeresaufstellung und erbeuten neunzig Geschütze. Die Schlacht scheint gewonnen. Friedrich fertigt einen Kurier nach Berlin ab mit der Meldung an seine Frau:

»Madame, wir haben soeben die Russen aus ihren Verschanzungen geworfen. In zwei Stunden erwarten Sie die Nachricht von einem glorreichen Sieg!« Seydlitz, der bisher mit seiner Kavallerie das Laudonsche Korps in Schach gehalten hat, beschwört den König, es genug sein zu lassen; die Russen würden – nach ihren gräßlichen Verlusten – schon von allein abziehen. Aber Friedrich fährt ihn an: »Er soll in des Teufels Namen angreifen!« Seydlitz gehorcht, zieht seine Schwadronen von Laudon ab und attackiert das russische Zentrum. Der Kampf wütet unentschieden. Plötzlich erscheint die Laudonsche Kavallerie im Rücken der Preußen! Das ist zuviel für die fritzischen Grenadiere. Seit zwei Uhr morgens auf den Beinen, in glühender Augustsonne stundenlang marschierend und stundenlang fechtend, nun nach allen Seiten im Kampf, schmilzt ihr Widerstandswille dahin. Seydlitz, ihr Reitergott, wird blessiert vom Schlachtfeld getragen. Es gibt kaum noch einen unverwundeten Offizier.

Friedrich versucht, den Rückzug aufzuhalten. Offizieren, die ihn in Sicherheit bringen wollen, ruft er zu: »Wir müssen alles tun, die Schlacht wiederzugewinnen! Ich muß hier so gut wie Ihr meine Schuldigkeit tun.« Zwei Pferde sind ihm schon unterm Leibe erschossen worden. Eine Musketenkugel zerschmettert ein goldenes Etui, das er in der Westentasche trägt, und verursacht eine Prellung am Oberschenkel. Der König sammelt mehrere Bataillone und Schwadronen um sich und wirft zwei russische Regimenter im Gegenangriff. Umsonst. Seine Umgebung fragt er: »Gibt es denn heute keine verwünschte Kugel für mich?!« Die letzten Preußen ziehen sich langsam zurück. Der Husarenunteroffizier Velten ruft seinem Schwadronschef, Rittmeister von Prittwitz, zu: »Herr Rittmeister, da steht der König!« Friedrich steht auf einem Sandhügel und blickt stumm auf das Schlachtfeld. Er hat den Degen vor sich in den Sand gestoßen, die Arme über der Brust gekreuzt; neben ihm hält ein Page sein Pferd. Als Prittwitz heransprengt, sagt er zu ihm: »Prittwitz, ich bin verloren.« Der Rittmeister schreit zurück: »Nein, Sire, das soll nicht geschehen, so lange noch ein Atem in uns ist!« Prittwitz schießt mit der Pistole einen Kosakenkommandeur vom Pferd, dann bricht die kleine Schar von zweihundert Mann, den König in der Mitte, durch die siegestrunkene feindliche Kavallerie und entfernt sich nach Norden.

Es ist keine Niederlage, es ist eine Katastrophe. Auch die Alliierten haben schwere Verluste erlitten: 13 000 Russen und 2000 Österreicher. Aber Friedrich hat praktisch seine Armee verloren: 20 000 Mann sind tot, verwundet oder vermißt, weitere 20 000 Soldaten sind versprengt oder davongelaufen, jedenfalls nicht mehr aufzufinden. Friedrich erreicht gegen Abend das Dorf Detscher und kommt in einer zerstörten Bauernhütte unter. Auf einem Bündel Stroh sitzend schreibt er an den Minister von Finckenstein: »Diesen Morgen um 11 Uhr habe ich den Feind angegriffen. Wir haben ihn auf den Judenkirchhof von Frankfurt zurückgeworfen. Alle meine Truppen haben Wunder getan, aber dieser Kirchhof kostete uns unzählige Opfer. Unsere Leute gerieten in Verwirrung. Dreimal habe ich sie gesammelt. Endlich war ich selbst in Gefahr, gefangen zu werden, und mußte retirieren. Mein Rock ist von Kugeln durchlöchert. Zwei Pferde wurden mir erschossen. Mein Unglück ist, daß ich noch lebe. Alles flieht. Ich bin nicht mehr Herr meiner Truppen. Man wird wohl tun, in Berlin auf seine Sicherheit zu denken. Ich habe keine Hilfsmittel mehr und glaube, offen gesagt, daß alles verloren ist. Ich werde den Untergang meines Vaterlandes nicht überleben. Adieu für immer!«

Was soll das heißen: »Adieu für immer«? Trägt er sich mit dem Gedanken, seinem Leben ein Ende zu setzen? Wir wissen es nicht genau. Aber das wissen wir, daß Friedrich, in den schrecklichen Tagen nach Kunersdorf, seelisch und körperlich zusammenbricht. Er überträgt General von Finck den Oberbefehl über die Heerestrümmer und ist drei Tage für niemanden zu sprechen. Er ist wie vom Blitz gefällt. Er starrt tränenlos vor sich hin, oder er windet und krümmt sich vor Rheumaschmerzen. Es ist ein regelrechter Kollaps; Körper und Geist weigern sich, die endlose Marter nervlicher Belastungen länger zu tragen. Was Küstrin 1730 nicht vermocht hat, bewirkt 1759 Kunersdorf: Friedrich liegt am Boden! Er kann nicht mehr, ist zur Aufgabe bereit.

Doch bereits vier Tage nach der Schlacht, am 16. August, steht er wieder auf. An Prinz Heinrich schreibt er: »Als ich Dir mein Unglück meldete, schien alles verloren. Auch jetzt ist die Gefahr noch sehr groß. Aber sei überzeugt, so lange ich die Augen offen habe, werde ich tun, was in meinen Kräften steht, den Staat zu erhalten, wie es meine Pflicht ist.« In einem Brief an d'Argens heißt es: »Wir haben Unglück gehabt, und zwar durch meine Schuld.« Er kündigt dem Marquis an, daß er, Friedrich, den Entschluß gefaßt habe, Berlin mit Zähnen und Klauen zu verteidigen. »Ich werfe mich meinen Feinden entgegen. Ich will meine Hauptstadt retten oder mein Leben opfern. Das ist, denke ich, ein standhafter Entschluß. Für den Ausgang freilich kann ich nicht garantieren.«

Was ist geschehen? Welches Wunder hat sich ereignet, daß Friedrichs Energie sich in wenigen Tagen erneuert, daß er sich aus der schwersten Paralyse seines Daseins erhebt und sofort zu neuem Kampf bereit ist? Er selbst erklärt es, als er vierzehn Tage später, am 1. September, an Heinrich schreibt: »Ich verkündige Dir das Mirakel des Hauses Brandenburg! Während der Feind bereits über die Oder gegangen war und nur noch eine zweite Schlacht zu wagen brauchte, um den Krieg zu beenden, ist er über Müllrose nach Lieberose marschiert« (also in fünfzehn Tagen ganze dreißig Kilometer, und zwar weg von Berlin, in Richtung Cottbus).

Das ist unbegreiflich. Die alliierte Armee, die 45 000 Mann stark ist und 190 Kanonen mitführt, steht bereits westlich der Oder, nur noch vierzig Kilometer von Berlin entfernt, und hat 20 000 bis 25 000 deprimierte und derangierte Preußen vor sich, die alles in allem über 38 Geschütze verfügen. Die Verbündeten brauchen sie nur beiseite zu fegen, Berlin zu besetzen, das sie im Handstreich, ohne Blutvergießen nehmen können, sich dort – gestützt auf die umfangreichen Vorräte der preußischen Hauptstadt – für den Winter einzurichten und abzuwarten; weiter nichts als abzuwarten. Was bleiben dann dem Preußenkönig noch für Möglichkeiten?! Statt dessen zieht die verbündete Armee nach Süden ab, Richtung Schlesien.

Wie kann man sich das erklären? Kunersdorf war auch für die Russen ein schwerer Aderlaß. Nach der Schlacht stöhnt Ssaltykow: »Noch einen solchen Sieg, und ich muß die Nachricht davon allein mit dem Stab in der Hand nach Petersburg bringen. Der preußische König verkauft seine Niederlagen teuer!« Die russischen Generäle weigern sich stur, auf Berlin zu marschieren, wozu sie Laudon unaufhörlich drängt. Wollen sie denn überhaupt Friedrich und Preußen vernichten, wie es den Österreichern vorschwebt? Liegt das im russischen Staatsinteresse? Zarin Elisabeth will lediglich Ostpreußen haben, um es gegen polnische Gebiete zu vertauschen, und der Thronfolger, Großfürst Peter, ist ein Friedrich-Bewunderer, dem nichts am Debakel seines verehrten Vorbildes liegt. Man ist also im Lager der siegreichen Alliierten uneinig, und dazu kommt der psychologische Schrecken, den Friedrichs Ruf der Unnachgiebigkeit und Unbezwinglichkeit selbst jetzt, nach Kunersdorf, immer noch verbreitet. So beschließen Daun und Ssaltykow in Guben, bei einem persönlichen Treffen, Berlin zu vergessen, gemeinsam nach Schlesien zu ziehen, die Festung Neisse zu stürmen und dann in Schlesien Winterquartiere zu nehmen.

Nicht einmal dazu kommt es. Denn die russischen Generäle sorgen sich um die Verproviantierung ihrer Armee. Als ihnen Daun großzügig finanzielle Unterstützung verspricht, antwortet Ssaltykow unwirsch: »Meine Soldaten essen kein Geld!« Und so zieht sich schließlich die russische Armee sang- und klanglos nach Osten, nach Polen, zurück.

Die russische Heerführung hat für dieses Verhalten herben Tadel von seiten ihrer Verbündeten einstecken müssen. Aber zu Recht? Österreicher und Preußen operieren praktisch nur auf dem eigenen Territorium: die einen in Böhmen und Mähren, die anderen in Brandenburg, Sachsen und Schlesien. Beide bewegen sich ständig in der Nähe ihrer Versorgungsbasen. Geht der eine mal nach Schlesien oder Sachsen vor, hält er doch enge Verbindung mit seinen Heeresmagazinen; stößt der andere nach Böhmen oder Mähren vor, sucht er doch seine Nachschubwege ins eigene Hinterland nie preiszugeben. Für die russische Armee jedoch beträgt die Entfernung von Breslau bis Königsberg, wo sich ihre wichtigste Versorgungsbasis befindet, in der Luftlinie fünfhundert Kilometer. Aus diesem logistischen Handikap erklärt sich das vorsichtige Operieren und Taktieren der russischen Heerführung während des gesamten Krieges.

Gleich nach Kunersdorf hatte Friedrich seinem Gouverneur in Dresden,

General von Schmettau, geschrieben: »Ich bin außerstande, Ihnen Hilfe zu senden. Wenn der Feind etwas gegen Dresden unternehmen sollte, müssen Sie sehen, ob es Mittel für Sie gibt, sich zu halten. Geht das nicht, so sehen Sie zu, daß Sie eine vorteilhafte Kapitulation erhalten . . .« Schmettau hält sich an den zweiten Teil des Briefes und übergibt Dresden am 9. September dem Feind, nachdem er für seine kleine Besatzung von 3500 Mann freien Abzug erhalten hat. Er rettet dem König große Vorräte an Lebensmitteln und Munition, bringt auch den Staatsschatz von 5600000 Talern in Sicherheit. Friedrich empfindet den Verlust Dresdens schlimmer als Kunersdorf. Seinen eigenen Rat an Schmettau hat er vergessen. Er entläßt den General ungnädig aus seinen Diensten und schreibt ihm zum Abschied: »Es ist Ihnen ergangen, wie es meinen Generälen gewöhnlich geht: in dem Augenblick, wo ihnen Haltung nottut, verlieren sie sie.« Ungerechter und undankbarer kann man sich über die preußische Generalität, die seit dreieinhalb Jahren Gut und Blut für ihren König gibt, wirklich nicht äußern.

Diese Monate August bis November 1759 sind in mehrfacher Hinsicht außergewöhnlich. Einerseits sind sie gekennzeichnet durch den staunenerregenden Heroismus, mit dem Friedrich das militärische Unglück und das schwere Gichtleiden, das ihn wochenlang bewegungsunfähig macht, durchsteht und niederzwingt. Andererseits signalisieren sie die schwerste Krisis in Friedrichs Heerführung und Strategie. Er macht Fehler auf Fehler. Am 13. November trifft er bei der Armee in Sachsen ein, und als man ihm berichtet, die Österreicher machten Anstalten, sich nach Böhmen zurückzuziehen, ruft er sofort aus: »Ha, ha! Sie riechen mich schon! Nun soll den Daun der Teufel holen!« Prinz Heinrich stellt ihm mit ernsten Worten vor, daß jede Offensivaktion ein psychologischer und taktischer Fehler wäre; man brauche nur abzuwarten. Angesichts der fortgeschrittenen Jahreszeit würden die Österreicher schon von allein abziehen, und dann könne man auch ohne Risiken Dresden zurückgewinnen. Es kommt zu einem heftigen Wortwechsel zwischen den Brüdern. Friedrich, der später sagen wird »Heinrich ist der einzige Feldherr, der während des ganzen Krieges keinen Fehler gemacht hat«, setzt sich über alle Bedenken hinweg. Er will den Österreichern keine goldenen Brücken zum Abmarsch bauen, er will sie zur Schlacht stellen! Um ihnen die Rückzugspässe nach Böhmen zu sperren, schickt er ein Korps von 12000 Mann unter General von Finck nach Maxen, in den Rücken der Daunschen Armee. Alles bestürmt ihn, den Befehl rückgängig zu machen; ohne Erfolg. Daun kesselt Finck mit 36000 Mann ein, und am 21. November müssen die Preußen vor der dreifachen Übermacht die Waffen strecken.

Nach Kay und Kunersdorf sind der Verlust Dresdens und die Kapitulation von Maxen irreparable Katastrophen. Dresden und Maxen gehen eindeutig auf das Schuldkonto des Königs. Die Armee weiß das. Wie reagiert sie? De Catt erlebt es am 23. November, zwei Tage nach Maxen, als Daun mit seiner Armee heranrückt, sich beide Heere in Schlachtordnung gegenüberstellen und die Artillerien zu feuern beginnen. Er berichtet darüber: »Als ich durch die erste Linie eilte, hörte ich ein allgemeines Schreien. Ich fragte den Grafen Henckel, einen sehr angesehenen Offizier des Regimentes Prinz von Preußen, was das zu bedeuten hätte. ›Das sind Freudenausbrüche‹, sagte er, ›es ist das Verlangen, zu kämpfen. Wenn sie doch nur herankämen! Wir werden sie als gute Preußen empfangen. Heute muß sich alles entscheiden. Wir müssen unsere Rache haben. Siegen oder sterben für unseren Fritz!‹ Siegen oder Sterben – das war der allgemeine Ruf.«

Eine Schlacht findet nicht statt. Daun ›riecht‹ tatsächlich, daß Friedrich in persona bei seiner Armee anwesend ist, und er ist nicht erpicht darauf, mit diesem unberechenbaren König-Feldherrn die Klinge zu kreuzen; er fürchtet ihn. Dennoch bleibt die Frage, wie Friedrich, dieser erfahrene und durchtriebene Heerführer, ein derartig leichtfertiges Unternehmen wie das bei Maxen anordnen konnte. Eine Teilantwort findet man in einem Brief vom 17. September an d'Argens: »Ich befinde mich in einem strategischen Dreieck: die Russen stehen mir zur Linken, Daun zur Rechten und die Schweden im Rücken. Nun bitte ich Sie, da schränken Sie sich auf einen Verteidigungskrieg ein! Gerade im Gegenteil. Ich behaupte mich nur dadurch, daß ich alles angreife, was ich angreifen kann, und mir kleine Vorteile verschaffe, die ich so viel als möglich zu vermehren suche.«

Analysiert man diese aufschlußreichen Sätze, so erweist sich, daß der Streit, den die Gelehrten und die Militärfachleute vor und nach dem I. Weltkrieg um die Frage führen werden, ob Friedrich ein Mann der Vernichtungs- oder der Ermattungsstrategie war, am Kern der Sache vorbeigeht (die geistreiche Diskussion war höchst überflüssig). Der Preußenkönig tummelt sich auf *beiden* Feldern: wenn es möglich scheint, den Feind zu vernichten (bei Prag oder Kunersdorf), dann sucht er mit allen Mitteln dieses Ziel zu erreichen; wenn es dagegen angebracht scheint, den Gegner zu ermatten (in den ersten Jahreshälften 1758 und 1759), dann operiert er eben aus der Defensive. Das entscheidende Kriterium seiner Feldherrnschaft ist etwas ganz anderes: ist das seiner persönlichen Energie, seines stürmischen Temperaments. Im Gegensatz zu Ferdinand, Heinrich, Daun, hervorragenden Generälen, deren Größe darin besteht, daß sie die jeweils existierenden Verhältnisse sorgfältig analysieren und sich ihnen in ihrer Taktik geschmeidig anpassen, will Friedrich immer die Verhältnisse zwingen. Hindernisse sucht er nicht zu umgehen, sondern zu beseitigen. Daraus resultiert, daß fast immer die Initiative bei ihm liegt, daraus resultieren aber auch seine schweren Fehler. Anders als bei Ferdinand, Heinrich und Daun wird seine Feldherrnschaft häufig von menschlichen Empfindungen überlagert, mischen sich seine Nervosität, seine innere

Unruhe und Ungeduld, Ausbrüche seines Temperaments und seiner jähen Eingebungen in die operativen Entschlußfassungen. Er bleibt niemals kühl. Und er ist niemals berechenbar. Seine Hitze, seine Übereilung haben schlimme Irrtümer zur Folge. Aber selbst in diesen Irrtümern bleibt er allen anderen immer einen Schritt voraus. Denn seine Fehler sind gewissermaßen nur die Vorstufen siegreicher Korrekturen, genialer Revisionen. Man könnte fast sagen, daß Niederlagen auf ihn eine stimulierende Wirkung haben, daß sie seine geistige Kreativität beflügeln, ihn zu einer Steigerung seiner Produktivität, seiner Ideen und Taten anspornen. Hätte Friedrich die methodischen und umsichtigen Qualitäten eines Heinrich oder Daun besessen, er hätte gewiß keine Schlacht verloren, aber er hätte diesen endlosen Krieg niemals durchstehen können.

Das Jahr 1759 hat sich als Unglücksjahr erwiesen. Kay, Kunersdorf, Dresden, Maxen: diese Namen bezeichnen die Stationen einer ununterbrochenen Kette schwerster Niederlagen. Hätten Ferdinand und Heinrich nicht so glänzend operiert, es gäbe keinen einzigen Erfolg der preußisch-britisch-hannöverschen Seite zu registrieren. Das Erstaunliche ist jedoch, daß sich die militärpolitische Lage im großen und ganzen kaum verändert. Die Franzosen sitzen nach wie vor am Rhein und lecken die Wunden, die Ferdinand ihnen geschlagen hat. Die Russen sind hinter dem östlichen Horizont verschwunden, als sei ihr Auftreten nur ein (grausiger) Spuk gewesen. Die Schweden sind lästig, aber nach wie vor lächerlich. Nur die Österreicher haben mit der Inbesitznahme Dresdens eine strategische Vorentscheidung erzwungen, die Friedrichs Existenz ernsthaft gefährden kann. Er sieht sich nicht mehr in der Lage, seiner Armee bequeme Winterquartiere in der sächsichen Residenz und im südlichen Sachsen zu verschaffen.

Ist kein Friede in Sicht? Auch für Frankreich ist 1759 ein Katastrophenjahr gewesen. Der schmerzhaften Niederlage von Minden folgte der Verlust der kanadischen Hauptstadt Quebec. Die französische Flotte wurde von den Briten zweimal entscheidend geschlagen. So ist man in Versailles durchaus zu Gesprächen und Friedenssondierungen bereit. Friedrich dringt in London unablässig auf Friedensverhandlungen; seine Anregungen finden bei der britischen Regierung einen positiven Widerhall. Er schreibt an den Minister von Finckenstein, er wünsche sich »eine Salbe für die Brandwunde«, und philosophiert über einen eventuellen Austausch seiner rheinischen Besitzungen gegen Mecklenburg oder Westpreußen. Aber das sind alles nur Finessen, um sich interessant zu machen und seine bedenkliche Lage zu verschleiern. Kabinettsrat Eichel weiß, daß sein Monarch nichts anderes als Frieden will. Allerdings, er wird seinerseits keinen Quadratmeter abtreten, und wenn er noch zehn oder zwanzig Jahre Krieg führen müßte. Daran läßt er in London und Hannover nicht den geringsten Zweifel.

England und Preußen regen einen allgemeinen Friedenskongreß noch im Dezember 1759 an. Ludwig XV. windet sich; mit den Briten würde er sofort Frieden schließen; was Preußen angeht, schreckt er vor einem offenen Bruch mit Wien zurück. Maria Theresia beantwortet den Konferenzvorschlag in verletzender Form mit einer einfachen Empfangsbescheinigung. Der Petersburger Hof treibt zur Fortsetzung des Krieges und erneuert das Militärbündnis mit Österreich, um den Preußenkönig, »diesen Feind der öffentlichen Ruhe«, endlich zu Boden zu werfen. Der Krieg geht endlos weiter.

Friedrich, von Dresden ausgeschlossen, nimmt sein Hauptquartier in Freiberg. Am 16. Dezember schildert er dem Marquis d'Argens seine Lage: »Schwierigkeiten, Verlegenheiten und Gefahren umringen mich von allen Seiten. Wenn ich nun die Treulosigkeit des Glücks, von der ich in diesem Feldzug so viele Beweise erhalten habe, dazu rechne, so darf ich mich in meinen Unternehmungen nicht auf Fortuna verlassen; auf meine Kräfte auch nicht. Also bleibt nur der Zufall übrig, und meine Hoffnung gründet sich allein auf die Verkettung entfernter Ursachen . . .«

Aber welche Art von »Verkettungen« sollte das sein, die ihm zur Rettung ausschlagen könnte? Maria Theresia hält mit unbeugsamem Willen die kriegsmüden Österreicher bei der Stange. Mit Rußland ist kein vernünftiges Wort zu sprechen. Der Hof von Versailles richtet sich selbst mit seiner Entschlußlosigkeit zugrunde. Und die Deutschen? Die öffentliche Meinung im Reich droht gegen Friedrich umzuschlagen. Seit Kay und Kunersdorf zittert alles in sklavischer Furcht vor der Macht der Alliierten. Seit Maxen ist der Ruhm der preußischen Waffen lädiert. Friedrich beginnt mit der Abfassung einer »Ode an die Deutschen«, die in seinen Augen an ihren eigenen Ketten schmieden, indem sie sich zu Satelliten des Auslands erniedrigen und ihr Vaterland den Fremden als Kampfpreis bieten:

»Ihr trätet gern Borussia in den Staub,
Frankreich und Schweden muß Euch Hilfe senden,
Dem wilden Russen bietet Ihr's zum Raub,
Ihr Armen grabt das Grab mit eignen Händen.
Ihr gebt dahin das Land und seine Rechte,
Fremdlingen dienet Ihr als deutsche Knechte.
Wie werdet Ihr es einst beweinen,
Daß Ihr der stolzen Feinde Heer
Mit eigner Hand geschärft den Speer.
Der Fremde wird's nie redlich meinen!«

Friedrich sieht dem Jahr 1760 ohne Hoffnung entgegen. In der Silvesternacht schreibt er seinem Bruder Heinrich: »Der Kummer zehrt an meinem Herzen. Besonders entmutigt es mich, daß ich mit allen meinen Mitteln am Ende bin und keine Hilfsquellen mehr finde.«

1760

Als Friedrich am 24. Januar seinen achtundvierzigsten Geburtstag begeht, erinnert nichts mehr an den heiter-strahlenden König von Sanssouci. Er hat sich völlig verwandelt; ist in dreieinhalb Kriegsjahren zum alten Mann geworden. Er leidet unter Podagra, der Fußgicht, und fast am ganzen Körper unter Gelenkrheumatismus. Wahrscheinlich sind seine Zahnwurzeln von Eiterherden unterwandert; aber diese Zusammenhänge kennt man damals noch nicht. Die Schmerzen haben ihn krummgezogen. Man sieht ihn nie mehr ohne Krückstock. Auch sein Charakterbild verändert sich. Die verwirrende, faszinierende Doppelnatur des Preußenkönigs, jenes geradezu dialektische Nebeneinander von Heiterkeit und Härte, von kindlicher Schwärmerei und blitzender Ironie, verflüchtigt sich mehr und mehr. In den nächsten zwei, drei Jahren wird der »Alte Fritz« entstehen, die scherenschnittartige Silhouette eines originellen, eindimensionalen Menschenbildes (das sich seinen Zeitgenossen und der Nachwelt so unvergeßlich einprägen sollte).

Nicht verändert hat sich sein Tagesablauf. Er steht, auch in seinem Kriegshauptquartier, täglich um sechs Uhr auf, liest als erstes die eingegangene Post und diktiert seinen Schreibern die Antworten. Daran schließt sich die Befehlsausgabe an die Offiziere. Das alles ist bis neun Uhr abgetan. Dann spielt er eine Stunde auf der Querflöte, und von zehn bis zwölf Uhr schreibt er: persönliche Briefe, Befehle, Denkschriften, Teile seiner Memoiren, Gedichte, Satiren. Das Mittagessen dauert – anders als in Sanssouci – nur eineinhalb Stunden. Regelmäßige Tischgäste sind seine Adjutanten und der britische Gesandte Mitchell, mit dem Friedrich das Gespräch fast ausschließlich bestreitet. Bis sechzehn Uhr schreibt er wieder. Dann kommt de Catt, und mit ihm plaudert der König bis acht Uhr abends. Die letzten Stunden vor Mitternacht gehören der Lektüre. Je länger der Krieg dauert, desto mehr tritt die französische Literatur in den Hintergrund, erobern sich die Werke des klassischen Altertums ihren Platz.

Bis Ende April behält Friedrich sein Hauptquartier in Freiberg, im Sächsischen. Er benutzt die Zeit, um seine Armee zu reorganisieren, so gut es eben geht. Die Reihen des preußischen Heeres sind gelichtet. Seit Beginn des Krieges hat der preußische König etwa fünfundsiebzig Prozent seines ursprünglichen aktiven Offizierskorps verloren: von 5600 Offizieren annähernd 4200, davon ein Drittel gefallen. Vierzig Generäle bzw. Feldmarschälle stehen auf der Verlustliste. Ein Infanterieregiment zählt statt zweiundfünfzig etatmäßiger Offiziere höchstens dreizehn. Aber selbst das ist nur möglich, indem man vierzehn- oder fünfzehnjährige Buben aus den Kadettenhäusern holt und zu Leutnants ernennt. Ein Augenzeuge urteilt über diese Kinder-Offiziere: »Ungeachtet ihrer edlen Geburt unter der Muskete erzogen, zu grober Kost gewöhnt und durch Wachtdienst in Frost und Hitze abgehärtet, waren sie mit allen Teilen des Dienstes vertraut und voll hoher Begriffe von kriegerischer Ehre.« Bei den Preußen sieht es jetzt also wie bei den Briten aus, auf deren Flotten zwölf- oder dreizehnjährige Midshipmen (Fähnriche) als Offiziere Dienst tun. Am 26. April erzählt Friedrich seinem Vorleser de Catt eine bezeichnende Geschichte: »Ich bin heute morgen viel umhergelaufen. Ich habe alle meine Truppen ordnungsgemäß untergebracht. Was haben sie doch leiden müssen während des ganzen vorigen Feldzuges und besonders seit dem vergangenen November bis zu diesem Augenblick! Mich haben ihre Leiden lebhaft gerührt . . . Bei diesem Rundgang bin ich einem ganz kleinen Offizier begegnet. ›Sie sind noch recht jung‹, habe ich zu ihm gesagt; ›sind Sie denn schon trocken hinter den Ohren?‹ Ohne die Fassung zu verlieren, antwortete mir dieses Endchen Mann, indem er mir fest in die Augen blickt: ›Sire, an Jahren bin ich jung; aber mein Mut ist alt.‹ Diese Antwort hat mir gefallen. Ich glaube, er wird ein tüchtiger Mann werden.« Während er das erzählt, sieht er vor seinem Fenster ein paar Kinder-Offiziere Versteck spielen. Er ruft de Catt: »Kommen Sie schnell her, mein Lieber! Sehen Sie nur diese kleinen Buben! Welche Kinderei!«

Die Alliierten zögern mit dem Beginn der Operationen. Vielleicht wäre in diesem Jahr kaum etwas geschehen, wenn nicht ein großartiger Mann die Bühne beträte: Gideon Ernst Freiherr von Laudon. Der dreiundvierzigjährige österreichische General, der sich bereits bei Hochkirch und Kunersdorf glänzend hervorgetan hat, führt zum ersten Mal ein selbständiges Armeekommando. Bei den Wiener Volksmassen und bei Kaiserin Maria Theresia genießt der rothaarige, wortkarge Mann, der für seine Vorgesetzten immer ein schwieriger und eigenwilliger Untergebener ist, seit dem Triumph von Kunersdorf die größte Popularität. Und kaum, daß er seinen Armeebefehl übernommen hat, tut er etwas, was die österreichische Heerführung seit vier Jahren versäumt hat: er trägt den Krieg von sich aus in Feindesland, nach Schlesien.

Bei dem Städtchen Landeshut steht der zweiundsechzigjährige preußische General de la Motte Fouqué, ein persönlicher Freund Friedrichs, der in den glücklichen Rheinsberger Tagen Großmeister des geheimnisumwitterten Bayard-Ordens war, mit einer kleinen Streitmacht von 8000 Mann, um – auf ausdrücklichen Befehl des Königs – diesen wichtigen Straßenknotenpunkt bis aufs äußerste zu verteidigen und die Verbindung zwischen den preußischen Armeen in Schlesien und Sachsen aufrechtzuerhalten. Am 23. Juni greift ihn Laudon mit 32 000 Mann von allen Seiten zugleich an. Acht Stunden lang setzen sich die hoffnungslos unterlegenen Preußen zur Wehr, bis sie ihr letztes Pulver verschossen haben, 600 Mann gefallen und 1800 Soldaten verwundet sind. Die österreichische und sächsische Kavallerie wütet gräßlich unter den Preußen, die sich nicht mehr wehren können. Fouqué liegt unter seinem Pferd, hat zwei Wunden am Kopf und eine in der Schulter. Sein Reitknecht Trautschke wirft sich über ihn, fängt die Säbelhiebe der rasenden Feinde auf und schreit: »Wollt Ihr denn den kommandierenden General umbringen?!« Obrist Voit von den österreichischen Dragonern sprengt heran und rettet den schwerverwundeten Fouqué. Er läßt sein bestes Pferd bringen und bittet Fouqué, es zu besteigen. Fouqué: »Ich werde das schöne Sattelzeug mit meinem Blut beschmieren!« Obrist Voit: »Dann wird es mit dem Blute eines Helden gefärbt!« Ein einziger österreichischer Offizier beleidigt den preußischen General. Das gesamte Laudonsche Offizierskorps entschuldigt sich vielmals bei Fouqué. Der zuckt die Schultern: »Lassen Sie ihn sprechen, meine Herren. Das geht so im Kriege. Heute mir, morgen dir!« Fouqué wird nach Wien gebracht, wo man ihn mit größter Auszeichnung behandelt. Er spricht dort jedoch mit solcher Begeisterung von seinem König und mit soviel Haß gegen Österreich, daß man ihn auf die Festung Karlstadt in Kroatien transportiert, wo er bis zum Friedensschluß bleiben muß.

Vier Wochen später nimmt Laudon die Festung Glatz. Dann stürmt er mit seiner Armee bis vor die Tore von Breslau. Wenn ihm dieser Handstreich ebenfalls gelingt, dann ist Schlesien für Friedrich verloren. Laudon schließt mit einer verstärkten Armee von 50000 Mann die schlesische Hauptstadt ein, in der sich 3000 Preußen befinden, von denen nur ein Drittel zuverlässig ist, während sich 9000 österreichische Gefangene fast ungehindert in der Stadt bewegen. Kommandant von Breslau ist der Generalmajor Bogislav Friedrich von Tauentzien, ein querköpfiger Pommer, der bereits unter dem Soldatenkönig gedient hat und sich bei Kolin auszeichnete, als er stur und unerschütterlich den Rückzug der Armee deckte. Sein nachmaliger Sekretär, der berühmte Lessing, urteilt über Tauentzien: »Wäre der König so unglücklich geworden, den Rest seiner Armee unter einem Baum versammeln zu müssen, General von Tauentzien hätte gewiß unter diesem Baum gestanden.«

Laudon läßt Tauentzien wiederholt zur Übergabe auffordern. Vergeblich. Schließlich läßt er ihm in höchstem Zorn sagen, im Falle einer Erstürmung Breslaus werde nicht das Kind im Mutterleibe verschont werden. Tauentzien läßt antworten: »Ich bin nicht schwanger, und meine Soldaten sind es auch nicht!« Am 1. August beginnt die Beschießung Breslaus mit Brandbomben und Granaten. Gleichzeitig stürmt Laudons Armee. Fünf Tage lang hält Tauentzien stand. Dann zieht Laudon eilig ab. Prinz Heinrich kommt mit einer Entsatzarmee.

Der König erzählt de Catt, daß ihm sein Vater nachts im Traum erschienen sei. Schweißgebadet sei er, Friedrich, in seinem Bett hochgefahren und habe gerufen: »Habe ich es gut gemacht, Vater?« Und der Vater habe geantwortet: »Sehr gut!« Zwei Tage später spricht Friedrich zu seinen Generälen und sagt ihnen, daß er wieder aktiv werden und angreifen wolle. Der einundsechzigjährige Husarengeneral Hans Joachim von Ziethen vollführt darauf mehrere Luftsprünge. Er faßt einen der Generäle an der Hand, und die beiden betagten Herren hopsen in der Luft herum und rufen dazu im Takt: »Es lebe unser guter – unser lieber – unser großer König!«

Friedrich marschiert nach Dresden. Was Laudon bei Glatz gelungen ist, denkt er, wird auch ihm mit Dresden gelingen. Aber es geht ihm wie Laudon mit Breslau: die österreichische Besatzung denkt nicht an Übergabe. Nun läßt der König Dresden, eine der schönsten deutschen Barockstädte, beschießen. Ein Zeitgenosse berichtet: »Viele der vornehmsten Straßen brannten von einem Ende bis zum anderen, und wo man hinblickte, stürzten die Häuser ein . . .« Die Preußen bemerken, daß österreichische Offiziere von der berühmten Kreuzkirche aus mit Ferngläsern beobachten. Friedrichs Artillerie beschießt den Turm, und die Kreuzkirche stürzt in Flammen nieder. Bald liegen sechs Kirchen in Trümmern, 416 Häuser und öffentliche Gebäude brennen aus, 115 werden beschädigt. Die österreichische Besatzung bricht in die Keller ein und plündert. Die alliierten Befehlshaber der Stadt verweigern die Kapitulation. Bei einem österreichischen Ausfall verliert das Regiment Bernburg, das schon vom Alten Dessauer aufgestellt und gedrillt wurde, ein paar Kanonen, die der Feind vernagelt. Friedrich rast vor Wut und belegt das Regiment mit einer Strafe, die in der preußischen Heeresgeschichte kein Beispiel hat: den Soldaten wird das Seitengewehr (also das Bajonett) genommen, den Offizieren werden die Silbertressen von den Hüten geschnitten. Das gesamte Offizierskorps des Regiments verlangt tief empört den Abschied, den der König ungnädig verweigert.

Die Belagerung Dresdens endet mit einem Fiasko. Friedrich zieht mit seiner Armee ab, nach Schlesien, um die drohende Vereinigung der Russen, die durch Polen wieder herangekommen sind, mit den Österreichern zu durchkreuzen. Dieser Marsch ist einzigartig in der Militärgeschichte. Friedrich marschiert mit 30000 Mann, und vor und hinter ihm marschieren die Österreicher unter den Generälen Daun, Laudon und Lascy mit 80000 Mann. Der König hat diese merkwürdige Operation später in seinen Werken anschaulich beschrieben: »Ein Fremder, der die Bewegungen dieser Armeen beobachtete, hätte sie gut für eine einzige halten können: österreichische Vorhut, preußische Hauptarmee, österreichische Nachhut.«

In der Nähe von Liegnitz beschließen die österreichischen Generäle, den Sack zuzumachen und den Preußenkönig mit seiner gesamten Armee zu vernichten. Tatsächlich ist Friedrich an der Katzbach von drei Seiten eingekreist, das Zahlenverhältnis beträgt 8:3 zugunsten der Österreicher, und so soll Laudon das preußische Lager von Osten her angreifen, während Daun von Südwesten her die Vernichtung vollenden wird. Mit alledem rechnet Friedrich, aber er weiß nicht, daß der kühne Laudon sich einen nächtlichen Überfall à la Hochkirch ausgedacht hat.

Am 15. August, um drei Uhr morgens, schläft Friedrich, in seinen blauen Feldmantel eingewickelt, neben einem Wachfeuer. Der Husarenmajor von Hund sprengt plötzlich heran, und es kommt zu folgendem Dialog:

Der Major: »Wo ist der König? Wo ist der König?«

Friedrich: »Was ist los?«

Der Major: »Der Feind ist da! Er hat alle meine Vorposten zurückgeworfen und ist noch 400 Schritte entfernt!«

Friedrich: »Halte Er ihn so lange als möglich auf!«

Laudon hat also in aller Stille, bei Nacht und Nebel, die Katzbach überschritten und steht jetzt unmittelbar vor dem preußischen Lager. Friedrich alarmiert blitzschnell seine Armee, läßt 18 000 Mann unter Ziethen gegen Daun stehen und wendet sich mit 12 000 Mann gegen Laudon, der ihn mit 24 000 Mann anpackt. Friedrich fragt den Oberst, der den ersten Gegenangriff zu führen hat: »Wie wird es gehen, Schenkendorf?« »Ich will mal die Burschen fragen«, antwortet der und ruft seinem Regiment zu: »Grenadiere, was meint Ihr? Werdet Ihr wie ehrliche Kerle fechten?« Die Grenadiere schreien: »Na klar, wenn Sie uns anführen!« Schenkendorf läßt avancieren.

Dreimal führt Laudon seine Armee gegen die preußischen Linien. Dreimal wird er zurückgeworfen. Das gedemütigte Regiment Bernburg bringt die letzte Entscheidung. Es tritt ohne Befehl zum Gegenangriff an. General von Bülow sprengt heran und ruft dem Regimentskommandeur zu: »Aber gnädiger Herr, wo will Ihr Regiment hin? Um Gottes willen, halten Sie doch Ihre Leute in Ordnung!« »Aber«, berichtet ein Fähnrich, der mitstürmt, »da halfen kein Rufen und Befehlen mehr. Die drei Bataillone Bernburg stürzten sich vorwärts und betäubten sich selbst, die Generalität und den Feind mit dem schrecklichen Geschrei: ›Ehre oder Tod!‹ Die Bernburger durchbrachen die österreichischen Linien.« Nach der Schlacht gibt Friedrich dem Regiment Bernburg seine Auszeichnungen zurück. Die alten Grenadiere schütteln ihm die Hand.

Zwei Stunden hat das Ringen gedauert, dann ist Laudon vollständig geschlagen. Er verliert 8000 Mann, ein Drittel seiner Armee, sowie 82 Kanonen und 23 Fahnen. Die preußischen Verluste betragen 3000 Soldaten. Daun hat zu spät eingegriffen und konnte gegen den unerschütterlichen Ziethen nicht vorankommen. Niemals während des ganzen Krieges besaß die österreichische Heerführung eine derartige zahlenmäßige und taktische Überlegenheit wie bei Liegnitz! Die meisterliche Improvisationskunst, mit der Friedrich auf Laudons gefährlichen Überraschungscoup reagiert und die Trennung der beiden österreichischen Heeresteile ausnutzt, schlägt seinen Feinden die größte Vernichtungschance aus der Hand. Wenige Tage später vereinigt er sich mit Prinz Heinrich bei Breslau, die Russen ziehen sich von der Oder nach Polen zurück und Daun bringt sich mit seiner gewaltigen Armee, die immer noch 72 000 Mann zählt, im Grenzgebirge in Sicherheit.

Der Sieg bei Liegnitz ist der erste preußische Erfolg nach eineinhalb Jahren unaufhörlicher Niederlagen: Kay, Kunersdorf, der Verlust Dresdens, Maxen, Landeshut, Glatz, die erfolglose Belagerung Dresdens. Den Russen ist die Kunde der Liegnitzer Schlacht ganz furchtbar in die Glieder gefahren. Einer ihrer Offiziere ruft aus: »Das muß ja wie bei Zorndorf gewesen sein!« Friedrichs Feldherrngenie leuchtet so strahlend wie einstmals bei Roßbach und Leuthen. Aber was besagt dieser taktische Sieg für die strategische Gesamtlage? Der Einkreisungsring hat sich nicht gelockert.

Daß der preußische König sich über seine wahre Lage mitnichten täuscht, können wir aus den Briefen ersehen, die er im August an Marquis d'Argens schreibt. Zwei Tage nach der Schlacht heißt es ironisch: »Mein lieber Marquis, ›Gott ist in den Schwachen!‹, wie der alte Bülow, der sächsische Gesandte in Berlin, jedesmal sagte, wenn die Kurprinzessin wieder in gesegneten Umständen war. Ich wende diesen schönen Spruch auf unsere Armee an.« Elf Tage später, am 18. August, schreibt er in tiefem Ernst die unvergeßlichen Worte: »Ich werde am langsamen Feuer gebraten. Man behandelt mich wie einen Körper, den man verstümmelt, indem man ihm täglich ein Glied abhaut. Der Himmel stehe uns bei! Wir bedürfen seiner Hilfe. Bitte, reden Sie nicht von meiner Person. Es ist nicht nötig, daß ich lebe, wohl aber, daß ich meine Pflicht tue.« Und am 27. August analysiert er kühl und illusionslos seine Lage: »Unter anderen Verhältnissen hätte die Schlacht bei Liegnitz den Feldzug entschieden. Jetzt ist es nur eine leichte Schramme, die wir dem Feind beigebracht haben. Nur ein großer vollständiger Sieg kann unser Schicksal wenden . . . Ich bin entschlossen, meine Pflicht zu tun. Aber es ist eine Herkulesarbeit, die mir auferlegt wird, noch dazu in meinem Alter, in dem meine Kräfte abnehmen, meine Gebrechlichkeit zunimmt und sogar die Hoffnung mich oft verläßt. Sie können sich von den Gefahren, welche den Staat bedrohen, keine rechte Vorstellung machen. Ich kenne sie; aber ich verberge sie.«

Der September bringt eine freudige Botschaft, und wieder steht sie unter dem Namen: Kolberg. Mit 8000 Mann belagern die Russen unter General Demidow zu Lande das kleine pommersche Städtchen, während eine russisch-schwedische Flotte von dreißig Linienschiffen von See aus bombardiert. Und wieder ist es der Major von der Heyde, der mit ein paar Invaliden und mit den Bürgern der Stadt Kolberg erfolgreich verteidigt. Als der preußische General Werner mit ein paar frechen Husarenregimentern zum Entsatz erscheint, fliehen die Feinde zu Lande wie zu Wasser Hals über Kopf. Die Tatsache, daß das Volk freiwillig zu den Waffen greift und sich selbst verteidigt, ruft einen unbeschreiblichen Eindruck bei den Zeitgenossen hervor. Die Provinz Pommern läßt zu Ehren des Majors von der Heyde eine Medaille schlagen, mit der Inschrift: Res similis fictae! (»Eine Tat gleich einem Märchen«). Und Friedrich läßt eine Gedenkmünze prägen, die Heyde und Werner auf der einen Seite, die Stadt Kolberg auf der anderen zeigt.

Kolberg ändert jedoch nichts an der Gesamtkriegslage. Und wenn es den Alliierten auch nicht gelungen ist, das kleine Städtchen in Hinterpommern zu bezwingen, so gewinnen sie dafür jetzt die preußische Hauptstadt, Berlin. Am 3. Oktober erscheint General Tottleben mit russischen Verbänden auf den Rollbergen, unmittelbar vor dem Kottbusser Tor. Es gibt zwar eine Stadtmauer an dieser Stelle, die aber nur mit leichten Kanonen bestückt ist und von ungeübter Berliner Stadtmiliz verteidigt wird. Seydlitz und Feldmarschall Lehwaldt, die in der Hauptstadt ihre Verwundungen ausheilen, führen einen Gegenangriff an, der das russische Korps zurückdrängt. Aber am 9. Oktober stehen 27 000 Russen und 15 000 Österreicher unter General Lascy vor den Toren der Stadt. Soll man die Hauptstadt einem feindlichen Bombardement aussetzen? Nein, die schwache preußische Garnison von 14 000 Mann zieht sich einige Kilometer in die Feste Spandau zurück, und Berlin selbst wird von den Alliierten kampflos besetzt.

Friedrichs Hauptstadt in den Händen der Feinde! Glücklicherweise erweist sich der einundfünfzigjährige russische General von Tottleben, ein gebürtiger Sachse, als umgänglicher Mann. Er ernennt den Brigadier Bachmann, einen Deutschen in russischen Diensten, zum Stadtkommandanten, und das Wunder geschieht, daß es ausgerechnet die russischen Truppen sind, die strenge Disziplin halten. Ja, es kommt zu Straßenkämpfen zwischen den Alliierten, weil die Russen den Berliner Bürgern zu Hilfe eilen und sie vor der Plünderungswut der österreichischen Soldateska schützen. Immerhin, Tottleben verlangt von der Stadt vier Millionen Taler an Kriegskontributionen, und erst dem selbstlosen Einsatz und der aufopferungsvollen Tätigkeit des Berliner Kaufmannes Gotzkowsky, der bei den Russen einen guten Ruf genießt, weil er sich nach der Schlacht bei Zorndorf mildtätig ihrer Verwundeten annahm, gelingt es, die Summe auf 1,9 Millionen Taler herunterzuhandeln.

Am 10. Oktober hausen die Österreicher wie die Barbaren in den Schlössern Charlottenburg und Schönhausen: die Gemälde werden zerschnitten, die Tapeten heruntergerissen, die Antikensammlungen vernichtet, die Standbilder umgestürzt und geköpft. Das ist Lascys Werk. Der österreichische General Esterházy rettet die Ehre seiner Armee, indem er Sanssouci und das Potsdamer Stadtschloß vor der Wut der Plünderer bewahrt. Einen Tag später heißt es plötzlich »Friedrich kommt!«, und bei den Alliierten breitet sich Panik aus. Noch in derselben Nacht rückt Lascy mit seinen Österreichern ab. Die Russen ziehen am 12. Oktober davon. Die Stadt Berlin bietet dem Brigadier Bachmann, der seine Russen in strenger Ordnung hielt, ein Dankgeschenk von 10 000 Talern an. Bachmann lehnt mit den Worten ab: »Ich fühle mich durch die Ehre, drei Tage lang Stadtkommandant von Berlin gewesen zu sein, reichlich belohnt. Wenn das Schicksal der Stadt durch die gute Manneszucht der russischen Truppen erleichtert wurde, so ist das nicht mein Verdienst. Der Dank gebührt meiner Herrscherin, der Zarin, nach deren Befehlen ich handelte.« Dieses ritterliche Wort entspricht nicht den Tatsachen: Elisabeth schäumt in Petersburg, als sie von der großmütigen Behandlung der preußischen Hauptstadt erfährt.

Friedrich, der Prinz Heinrich geschickt hat, Berlin zu befreien, sieht sich in einer aussichtslosen Lage. Fast das gesamte sächsische Territorium ist inzwischen in den Händen der Österreicher und der Reichstruppen. Wenn es ihm nicht noch vor Wintereinbruch gelingt, diesen Zustand zu ändern, dann wird er mit seinen Soldaten in der Gegend um Magdeburg Winterquartiere beziehen müssen, und dann hat er nicht nur Sachsen, sondern praktisch auch Schlesien und Brandenburg verloren, dann ist er nicht einmal mehr der »Marquis von Brandenburg«, zu dem ihn seine Feinde degradieren wollen, dann ist er nur noch eine Art Festungskommandant von Magdeburg.

Er beißt die Zähne zusammen. Er übt sich im Ertragen des Unerträglichen. In dieser Seelenverfassung sitzt er in seinem Quartier und schreibt am 28. Oktober an d'Argens einen seiner berühmtesten Briefe: »Nie wird ein Augenblick kommen, der mich nötigt, einen nachteiligen Frieden zu schließen. Keine Beredsamkeit der Welt soll mich dahin bringen, meine eigene Schande zu unterzeichnen. Entweder lasse ich mich unter den Trümmern meines Vaterlandes begraben, oder wenn auch dieser Trost dem Schicksal, das mich verfolgt, noch zu süß erscheint, so werde ich meinem Unglück ein Ziel setzen, sobald ich nicht mehr die Kraft fühle, es zu ertragen. Nach diesen Grundsätzen habe ich gehandelt und werde ich handeln. Die Ehre soll mein einziger Leitstern bleiben! Nachdem ich die Jugend meinem Vater, die männlichen Jahre meinem Vaterland geopfert habe, glaube ich berechtigt zu sein, über mein Alter selbst zu verfügen. Ich bin, mein lieber Marquis, fest entschlossen, in diesem Feldzug alles zu wagen und die verzweifeltsten Dinge zu unternehmen, um zu siegen oder ein ehrenvolles Ende zu finden.« Er lehnt sich zurück, überdenkt das Geschriebene und fährt fort: »Die Mark Brandenburg hat existiert, solange die Welt besteht. Sie wird auch nach meinem Tode weiter bestehen und wird etwas schlechter oder etwas besser regiert werden.« Er nimmt eine Tabakprise und taucht von neuem die Feder ein: »Alle meine Freunde, meine liebsten Verwandten habe ich verloren; das Unglück verfolgt mich in jeglicher Gestalt. Ich habe nichts zu hoffen, meine Feinde werden mich verhöhnen, und schon denkt ihr Stolz mich unter die Füße zu treten. Aber ich rufe mit dem Dichter (Voltaire) aus:

Quand on a tout perdu, quand on n'a plus d'espoir,
La vie est un opprobre, et la mort un devoir.
(Wenn alles uns verläßt, wenn selbst die Hoffnung bricht,
Dann wird das Leben Schimpf, dann wird der Tod zur Pflicht.)«

Wenn d'Argens diesen erschütternden Brief, dieses Dokument äußerster Selbstüberwindung lesen wird, dann steht Friedrich bereits mit seinen Truppen Daun gegenüber. Er sucht mit allen Mitteln die Schlacht, und der österreichische Feldmarschall hat von Maria Theresia persönlich die strengsten Weisungen erhalten, dem Schlagabtausch mit dem »Ungeheuer« nicht mehr auszuweichen. Die Kaiserin hat ihn im voraus ihrer unwandelbaren Gnade versichert, falls er geschlagen werden sollte. Doch damit braucht Daun nicht zu rechnen: Er steht mit 60 000 Mann bei Torgau an der Elbe auf einer verschanzten Höhenstellung, die unangreifbar ist (dieser Daun ist und bleibt ein Meister der Geländeausnutzung!), und er hat die größte Artilleriekonzentration des gesamten Krieges zustande gebracht, er hat seine Abwehrlinien mit rund dreihundert Geschützen gespickt.

Am 2. November ruft Friedrich seine Generäle zur Ansprache zusammen. Aber was für ein Unterschied zur berühmten Rede, die er vor drei Jahren bei Leuthen gehalten hat! Kein Psychologisieren, kein Schmeicheln, kein Aufstacheln, kein Appell an das Ehrgefühl mehr. Kurz, kalt und trocken sagt er: »Meine Herren, ich werde morgen Daun angreifen. Ich weiß, er ist in guter Stellung; aber er ist auch in einem Sack eingeschlossen. Wenn ich ihn schlage, so ist seine ganze Armee gefangen, oder sie wird in der Elbe ersäuft. Werden wir dagegen geschlagen, so gehen wir alle zugrunde; und ich zuerst. Dieser Krieg dauert mir zu lange. Er muß auch Ihnen langweilig werden. Wir wollen ihn also morgen endigen.« Dann macht er auf dem Absatz kehrt und nimmt den alten Ziethen beiseite.

Friedrich hat einen tollkühnen Plan entwickelt. Er wird es machen, wie es die Österreicher mit ihm bei Liegnitz machen wollten: er wird sie von zwei Seiten, von Norden und Süden, zugleich angreifen. Daß die Österreicher bei Liegnitz damit ein Fiasko erlitten, schreckt ihn nicht. Sie hatten damals 80 000 gegen 30 000 Mann; er ist weit unterlegen und muß 48 000 Preußen gegen 60 000 Österreicher führen. Aber er vertraut auf den Furor, auf den Angriffselan seiner Soldaten, auf seine eigene Führungskunst, und auf seinen Mitfeldherrn, den unverwüstlichen, in Dutzenden von Schlachten erprobten alten Ziethen.

Wenn die preußische Armee in Seydlitz ihren »Reitergott« sieht, so ist Ziethen für sie der »Husarenvater«. Der skurrile kleine Mann mit dem furchtbar häßlichen Gesicht unter der zottigen Pelzmütze, den krummen

Säbelbeinen, den blitzenden Goldringen in den Ohrläppchen, seinen wieselflinken braunen Augen, ist längst zur Legende im preußischen Heer geworden. Die Soldaten lieben ihn. Ziethen ist ein scharfer Gegner jeder Prügelstrafe (er wird übrigens nach dem Krieg ein großmütiger und sozial gesinnter Gutsherr werden). Ein Zeitgenosse berichtet, »ein böses Wort von ihm macht mehr Eindruck als fünfzig Prügel«. Er ist tief gläubig und hat es sich schon als junger Mann, nach einigen schlimmen Trunkexzessen, abgewöhnt, im Dienst einen einzigen Schluck Alkohol zu trinken. Er hat seine wilden Husaren erzogen, in voller Karriere vom Pferd herab ein Taschentuch von der Erde aufzuheben oder einem anderen Reiter die Mütze vom Kopf zu schlagen. Theodor Fontane wird diesen merkwürdigen Mann hundert Jahre später mit vollem Recht und feinem Gespür zu seiner Lieblingsfigur küren und ihm in seinem schönsten Gedicht den »Ziethen aus dem Busch« nennen. Wie Seydlitz der geniale Lenker der schweren Schlachtenkavallerie ist, so ist Ziethen der begnadete Avantgardenführer, der unbestrittene Meister des Kleinkrieges in der preußischen Armee. Er ist allerdings kein Stratege. Alles Abstrakte oder Theoretische ist ihm ein Greuel. Im Frieden hat er sich mit dem König angelegt, als er ihm bei einem Planspiel ins Gesicht sagte: »Mein Kopf kann sich nicht mit dem leeren Raum beschäftigen – ich muß den Gegenstand tatsächlich vor mir haben. Mich inspirieren und beeindrucken nur Tatsachen. Dann weiß ich, was zu tun ist, und tue es.« Ziethen ist die Inkarnation des brandenburgischen Menschenschlages: phantasielos, nüchtern, zäh und unerschütterlich. Er soll nun mit 20 000 Mann Daun von Süden packen, während der König mit 28 000 Soldaten einen Umgehungsmarsch ausführen und die Österreicher von Norden anfallen wird.

Am 3. November kommt es zur Schlacht bei Torgau. Friedrich vollzieht mit seinem Korps, wie geplant, den Umgehungsmarsch, und die Grenadiere quälen sich bei sintflutartigem Wolkenbruch und unaufhörlichem Gewitter durch Wälder und Sümpfe. Gegen Mittag hört man aus Süden Kanonenfeuer. Nervös ruft Friedrich aus: »Mein Gott, Ziethen greift schon an, und wir sind noch anderthalb Meilen entfernt! Wie kann das enden?!« Überhastet führt er zehn Grenadierbataillone zum Sturm. Daun hat das Umgehungsmanöver erkannt und an seiner nördlichen Abwehrfront die Artillerie massiert. Der preußische Angriff erstickt in Blut. Auch ein zweites Offensivunternehmen scheitert. Eine feindliche Kartätschenkugel trifft Friedrichs Brust. Der pelzgefütterte Rock mildert den Aufschlag; aber der König erhält eine schwere Quetschung. Er ringt nach Atem. Der Schock preßt ihm Tränen aus. Er stürzt vom Pferd, erhebt sich aber sofort und droht seiner Umgebung mit dem Krückstock: »An meinem Leben liegt heute am wenigsten! Jeder tue seine Pflicht. Wehe denen, die sie nicht tun!« Er ist gänzlich verzweifelt. Ganz offensichtlich hat er zu früh angegriffen. Seine Truppen verbluten sich, sein Armeekorps kommt gegen die Österreicher keinen Schritt voran. Es gibt eben damals keine Kommunikation durch Funk oder Feldtelefon. Er hat keine Ahnung, was mit Ziethen ist. Auf der anderen Seite der Front wendet sich Feldmarschall Daun lächelnd an Friedrichs gefangengenommenen Adjutanten von Pirch: »Nun also, Ihr Herr ist geschlagen worden! Was wird jetzt aus ihm werden?!« Daun fertigt Siegesbotschaften nach Wien ab.

Was ist mit Ziethen? Der Husarengeneral hat sich mehrere Stunden mit Lascy, Dauns Unterfeldherrn, herumkanoniert und darauf gewartet, daß die österreichische Südfront, unter dem Schock des nördlichen preußischen Angriffsstoßes, Wirkung zeigt. Als eine feindliche Kanonenkugel einem preußischen Kürassier den Kopf abreißt, ruft er seinen Leibhusaren zu: »Kinder, der hat einen sanften Tod!« Unerschütterlich hält er vor den Linien seines aufmarschierten Korps. Am Nachmittag, die Sonne ist schon untergegangen, und der Abend senkt sich allmählich auf das Schlachtfeld, wird das Geschützfeuer im Norden schwächer. Friedrichs Angriff muß gescheitert sein. Jeder andere General hätte sich schnellstens vom Feind abgesetzt. Aber nicht Ziethen! Er läßt seine Regimenter gegen Dauns Abwehrlinien avancieren. Die Kanonen brüllen durch die Nacht. Die Grenadiere fassen sich im dunkeln, beim Nahkampf, gegenseitig an die Mützen (preußisches Blech oder österreichisches Bärenfell?), um Freund und Feind unterscheiden zu können. Daun hört die Preußen von allen Seiten heranstürmen, denn auch Friedrichs Armeekorps greift nun noch einmal an. Dumpf hallt der Rhythmus der preußischen Angriffstrommeln über das nächtliche Schlachtfeld. Fassungslos wendet sich Daun an Pirch: »Ja, was soll denn das bedeuten? Will Ihr König heute das ganze Weltall vertilgen?!« Er ist am Fuß verwundet und gibt die Rückzugsbefehle. Die Österreicher retirieren im Schutz der Nacht über die Elbe. Friedrich, der bereits die Disposition für den nächsten Tag diktiert, um die unentschiedene Schlacht zu erneuern, erfährt, daß seine Armee einen großen Sieg errungen hat. Die österreichische Übermacht ist schwer geschlagen.

16000 Mann, ein Drittel seiner Armee, hat Friedrich an Toten und Verwundeten verloren. Daun hat 18000 Soldaten und 50 Kanonen eingebüßt. Am nächsten Morgen sprengt Ziethen an den aufmarschierten Linien der preußischen Armee entlang. Er reißt die Pelzmütze vom Kopf, wirft sie in die Luft und fängt sie in vollem Galopp wieder auf. Die Soldaten umarmen sich. Sie schwenken die Waffen, sie schreien: »Es lebe der König! Es lebe unser Fritz! Es lebe Ziethen, der König der Husaren!«

Die nördliche Hälfte Sachsens ist nun wieder in preußischer Hand. Ein Überraschungsvorstoß auf Dresden mißlingt. Am 18. November schreibt Friedrich an Frau von Camas: »Wir waren ganz aufgebläht von unserem Sieg und sind wie die Narren gelaufen, um zu sehen, ob wir die Österreicher aus Dresden hinauswerfen könnten. Sie haben uns aber von der Höhe ihrer Stellung auf den Bergen ausgelacht. Da bin ich denn wieder wie ein kleiner Junge sachte zurückgegangen, um meinen Ärger in einem der verwünschtesten Dörfer Sachsens zu verbeißen . . .« Er lacht bitter auf: »Ich schwöre Ihnen, es ist ein Hundedasein. Kein Mensch außer mir und Don Quijote hat so gelebt. Diese unaufhörlichen Geschäfte, diese stete Unruhe haben mich so alt gemacht, daß Sie Mühe haben werden, mich wiederzuerkennen. Auf der rechten Seite sind mir die Haare völlig grau geworden, meine Zähne werden mürbe und fallen aus. Mein Gesicht ist voll von Runzeln wie ein Frauenkleid von Falten, der Rücken krumm wie ein Fiedelbogen, und mein Inneres so traurig und niedergeschlagen wie die Seele eines Trappisten . . .«

Die militärische Lage gegen Ende des Jahres hat sich stabilisiert: Sachsen – bis auf den Raum um Dresden – befindet sich wieder in preußischer Hand. In Schlesien entsetzt General von Goltz mit 12 000 Mann die kleine Festung Kosel, so daß sich die österreichischen Truppen über das Grenzgebirge nach Mähren und Böhmen zurückziehen müssen, um in den Besitz sicherer Winterquartiere zu gelangen; nur die Grafschaft Glatz bleibt von Laudon besetzt. Brandenburg wird – bis auf Teile der Neumark – von den Russen wieder geräumt. In Pommern bleiben die beiden wichtigsten Städte, Stettin und Kolberg, in preußischem Besitz; in den übrigen Bezirken der Provinz führen die beiden Husarengeneräle Belling und Werner mit jeweils 5000 Mann einen nachhaltigen Kleinkrieg gegen die russischen und schwedischen Okkupanten. In Niedersachsen, Westfalen und Hessen hat Ferdinand von Braunschweig während des ganzen Jahres mit wechselnden Erfolgen und Mißerfolgen gegen die weit überlegenen Franzosen gerungen; er hat sie einigermaßen in Schach gehalten. Von dort droht Friedrich keinerlei Gefahr.

Der Preußenkönig verordnet neue Kriegssteuern für Sachsen, die anhaltischen Fürstentümer, Mecklenburg und Thüringen. Mit unbarmherziger Strenge treibt man diese Forderungen ein. Im Winter 1760/61 werden die Lasten, die Friedrich den eigenen, den verbündeten und den besetzten Ländern auferlegt, schlechthin unerträglich. Luise-Dorothea, Herzogin von Sachsen-Gotha, eine glühende Bewunderin und bevorzugte Briefpartnerin des Preußenkönigs, redet Friedrich ernsthaft ins Gewissen. »Thüringen«, antwortet er ihr, »schuldet mir noch 400 000 Taler Kontribution und 150 000 Taler für Lieferungen. Einige Geiseln, die man auf Ehrenwort entließ, haben sich aus dem Staube gemacht. Dadurch bin ich zur äußersten Strenge genötigt. Denn ich bin arm und ruiniert, und doch fordert jeder Tag seine Ausgaben, die sich beständig vermehren. Ich bin so weit herunter wie einst Heinrich IV. (König von Frankreich), der einen Freund um Geld bat, weil er kein ganzes Hemd, keinen Sattel und kein Pferd mehr hatte und seinen Diener nicht bezahlen konnte. Da muß ich es schon machen wie der heilige Crispin, der den Reichen das Leder stahl, um den Armen Schuhe daraus zu machen! Nun kennen Sie die Quelle, aus der so manche Härten und Ungerechtigkeiten fließen, zu denen die blanke Not mich treibt.«

Sein Winterquartier nimmt Friedrich wieder in Leipzig. Fast täglich hat er seine beiden Freunde d'Argens und Mitchell um sich. Er läßt die königliche Hauskapelle mit Graun und Benda kommen, greift sogar selbst wieder zur geliebten Querflöte. Der bekannte Gründer der Berliner Singakademie, Fasch, ist unter denen, die abends mit dem König musizieren. Fasch erkennt Friedrich kaum wieder: »Er hat sich gar sehr verändert; mit gebeugter Körperhaltung, alt und zusammengesunken aussehend. Die fünf Jahre schwerer Kriegsarbeit haben ihm einen düster-melancholischen Ausdruck gegeben, der zu seiner früheren feurigen Lebhaftigkeit einen schmerzlichen Kontrast bildet und ihn fast greisenhaft erscheinen läßt.«

Am Silvesterabend tritt d'Argens bei ihm ein. Er findet Friedrich auf dem Boden sitzend, gerade dabei, seine Windspiele zu füttern. Mit einem Stöckchen hält er Ordnung und schiebt den Hunden ihre Bissen zu. D'Argens bleibt wie angewurzelt stehen. Dann schlägt er die Hände zusammen: »Wie werden sich die fünf europäischen Großmächte, die sich wider den Marquis de Brandenbourg verschworen haben, jetzt den Kopf zerbrechen, was der Preußenkönig gerade tut. Sie werden glauben, er arbeitet an einem gefährlichen Feldzugsplan, oder er sammelt die Fonds, um genug Geld zu haben, oder er organisiert neue Magazine für seine Infanterie und Kavallerie. Nichts von alledem! Er sitzt auf der Erde und füttert seine Hunde.«

1761

Der Siebenjährige Krieg, der eigentlich »Erster Weltkrieg« heißen müßte, ist inzwischen, nach viereinhalb Kriegsjahren, militärisch wie politisch völlig sinnlos geworden. Wer immer die Verantwortung für seine Entstehung tragen mochte (Zarin Elisabeth, Maria Theresia, die Pompadour und – nicht zuletzt – Kaunitz), wer immer ihn formal ausgelöst hatte (Friedrich der Große), es ist nun gleichgültig geworden angesichts des nicht enden wollenden Elends der betroffenen Völker, aber auch angesichts der Tatsache, daß keine Seite in der Lage ist, eine militärische Entscheidung in Mitteleuropa zu erzwingen. Wenn Krieg auch damals noch keineswegs als verbrecherische Sache, sondern als ein legitimes, ja ruhmvolles Mittel der Politik gilt, jetzt, Anfang 1761, muß man eine Kriegsschuld der Regierungen konstatieren. Es wäre ihre moralische und politische Pflicht gewesen, nun Schluß zu machen, dem Krieg schleunigst ein Ende zu bereiten. England und Preußen sind dazu ohne weiteres bereit. Dem Preußenkönig steht das Wasser bis zum Halse. Von ihm kann man jederzeit einen Friedensschluß auf dem ›status quo ante‹, also zu den Vorkriegsbedingungen, haben. Aber die beiden kaiserlichen Frauen, Elisabeth und Maria

Theresia, die noch nie die unvorstellbaren Schrecken eines Schlachtfelds oder eines Lazaretts mit eigenen Augen gesehen haben, verweigern nach wie vor jeglichen Kompromiß. Bezeichnend ist, wie das Volk darauf reagiert. In Deutschland entsteht damals ein Lied, das die Kaiserin-Königin Maria Theresia mit rührenden Worten beschwört, doch endlich Frieden zu machen:

»Nun beschließe deinen Krieg!
Kaiser-Königin!
Gib dir selbst den schönsten Sieg!
Werde Siegerin!
Überwinde dich und gib
Menschlichkeit Gehör!
Habe deine Völker lieb!
Opfere nicht mehr!

Williger war nie ein Feind,
Feinden zu verzeihn;
Schneller nie ein Menschenfreund,
Ausgesöhnt zu sein.
Nie ein größrer Feind der Schlacht
Und der Heldentat:
Als der Mann, der deine Macht
Überwunden hat!«

Das ist zumindest die allgemeine Stimmung im protestantischen Deutschland nördlich der Mainlinie; auch in Württemberg. Doch der wohlmeinende Appell verhallt ungehört. Wie hatte Maria Theresia vor zwanzig Jahren, Ende 1741, an General Kinsky geschrieben?: »Alle meine Heere sollen eher vernichtet werden als daß ich etwas abtrete . . . Schont das Land nicht, um es zu erhalten! . . . Ich verschließe mein Herz jeglichem Mitleid . . .« Friedrich macht sich denn auch keinerlei Illusionen über das, was er von Wien zu erwarten hat. Er verhärtet sich immer mehr und läßt im Februar, als ›Revanche‹ für die Verwüstung des Schlosses Charlottenburg, das sächsische Schlößchen Hubertusburg plündern. Von einem Kavalierskrieg im Stile des 18. Jahrhunderts ist keine Rede mehr. Die Auseinandersetzung nimmt fast schon die barbarischen ideologischen Formen an, unter denen zwei Jahrhunderte später, im 20. Jahrhundert, gekämpft werden wird.

Im eigenen Lager rührt sich Opposition gegen den Preußenkönig. Die Offiziersfronde um Prinz Heinrich macht Friedrich für die Fortdauer des Krieges verantwortlich. Der Prinz vermag den Haß gegen seinen berühmten Bruder kaum zu zügeln. Was daran so unangenehm berührt, ist die

Tatsache, daß er ihn niemals offen gegenüber Friedrich zeigt, der ihm – wie keinem anderen seiner Brüder – unbegrenztes Vertrauen entgegenbringt, sondern daß er heimlich, hinter dem Rücken des Königs, intrigiert. Bereits am 10. November 1759, nach der Katastrophe von Kunersdorf, hatte er eigenhändig unter einen Brief seines Bruders geschrieben: »Ich verlasse mich keineswegs auf seine Mitteilungen. Sie sind ebenso widersprechend und unzuverlässig wie sein ganzer Charakter. Er ist es, der uns in diesen grausamen Krieg verwickelt hat, aus dem nur die Tapferkeit der Generäle und Soldaten heraushelfen kann.« Heinrich ist um so verbitterter, als die Stimmung des einfachen Volkes in Preußen deutlich zu seinen Auffassungen kontrastiert. Der Prinz und Teile der höfischen Gesellschaft in Berlin befürworten lebhaft einen Separatfrieden mit Frankreich, auch um den Preis größerer territorialer Opfer, während der kleine Mann in den Dörfern und in den Städten Friedrich gerade deshalb bewundert und verehrt, weil er den verhaßten Ausländern, den Franzosen und Russen, Widerstand leistet. So trifft aus der Grafschaft Mark ein langer Zug junger Bauernsöhne in Friedrichs Hauptquartier ein, die sich freiwillig zu den Fahnen melden. »Unsere Väter«, erklären sie, »haben uns hergeschickt, und wir haben dem König auch etwas mitgebracht!« Ihr Sprecher öffnet einen Beutel, in dem silberne und goldene Taler schimmern.

Das Geld wie auch die Freiwilligen kann Friedrich gut gebrauchen. Seine Feinde stellen noch einmal ein Riesenaufgebot ins Feld: 150 000 Österreicher, 125 000 Franzosen, 125 000 Russen, 30 000 Mann Reichstruppen und 20 000 Schweden. Zusammen also 450 000 Soldaten. Das ist eine dreifache Übermacht gegen die 100 000 Mann starke Armee Friedrichs und die 50 000 Soldaten Ferdinands von Braunschweig. Der Qualitätsstandard der preußischen Truppen ist, im sechsten Kriegsjahr, weiter abgesunken; die Schlachten bei Liegnitz und Torgau haben 20 000 Mann der letzten Kerntruppen gefordert. Die preußische Armee ist jetzt, im Sommer 1761, um nichts schlechter, aber auch um nichts besser als alles, was ihr auf der Feindseite gegenübersteht. Schlimmer als all dies trifft Friedrich die Nachricht vom Tode Georgs II., des englischen Königs, der Ende 1760 mit siebenundsiebzig Jahren gestorben ist. Nun wird auch Pitt bald fallen und durch Lord Bute ersetzt werden, der einen Frieden mit Frankreich auf Preußens Kosten anstrebt.

Derartigen Spekulationen tritt Friedrich sofort entgegen, indem er seinem Gesandten in London, Knyphausen, ein geharnischtes Schreiben zukommen läßt. Knyphausen, so fordert der König, solle den Briten sofort und »ohne Umschweife« klarmachen, daß er niemals daran denken würde, in eine Landabtretung einzuwilligen, und daß er von seinen Verbündeten erwarte, ihn nicht im Stich zu lassen. Er gibt sich keinen Täuschungen hin: Wenn er Glück hat, wird er noch in diesem Jahr die britischen Subsidien erhalten; im nächsten Jahr sicher nicht mehr. Doch als seine Vertreter in

London ihn bedrängen, doch vernünftig zu sein, dem britischen Druck nachzugeben und in einige Landabtretungen einzuwilligen, da sonst die Gefahr völliger Isolation Preußens entstünde, trifft sie Friedrichs Antwort wie eine Degenklinge: »Lernen Sie besser Ihre Pflicht, und wissen Sie, daß es Ihnen mitnichten zukommt, mir derart untaugliche, derart impertinente Ratschläge zu geben . . . Sie mögen wissen, daß ich mich niemals gegen den Frieden versteifen werde! Aber ich will ihn auf eine Weise abschließen, die meiner Würde entspricht und die keine Erniedrigung kennt.«

Man kann sich leicht ausmalen, wie die preußischen Residenten in London bei der Lektüre dieser Sätze rot anlaufen, sich räuspern und schneuzen, sich gegenseitig den Brief verlegen zuschieben. Es geht ihnen jetzt so, wie es vor einem Jahrzehnt den Berliner Packhof-Visitatoren im Falle des Kandidaten Linsenbarth ging. Für alle Kriegführenden aber bedeutet es, daß mit einem Nachgeben des Preußenkönigs niemals zu rechnen ist. Vielleicht wird er im nächsten oder übernächsten Jahr keine Armee mehr zusammenbekommen. Dann wird er eben zum Partisanenkrieg übergehen und sich an die Spitze seiner Freibataillone setzen. Dieser über- und unmenschliche Wille Friedrichs, sich zu behaupten, ist das wahre »Wunder des Hauses Brandenburg«.

Am 15. August gelingt den Österreichern und Russen das, was sie seit 1758 vergeblich erstrebt haben: Bei Jauer in Schlesien vereinigen sie sich unter dem russischen Feldmarschall Buturlin und dem österreichischen General Laudon zu einer gewaltigen Streitmacht von 150 000 Mann, der Friedrich nur 50 000 Soldaten entgegenstellen kann. Damit ist das eingetreten, was er immer zu hindern suchte! Und damit ist ihm das Mittel der offenen Feldschlacht entwunden, das er ansonsten in höchster Not gebrauchte. Gegen eine dreifache Übermacht kann er bei dem fragwürdigen Zustand seiner Armee unmöglich bestehen.

In dieser Krisis erweist es sich, daß Friedrich nicht nur – wie Heinrich gern stichelt – ein Mann des ungestümen Angriffsverfahrens ist, ein Hasardeur, der auf dem Schlachtfeld leichtsinnig va banque spielt. Was er jetzt tut, ist sein genialster ›Trick‹, zeigt ihn als Meister der strategischen Defensive: Einige Kilometer nordwestlich der Festung Schweidnitz, beim Dorfe Bunzelwitz, bezieht er eine Stellung, von der aus er sämtliche Verbindungsstraßen der Provinz logistisch im Griff hat. Ein geeigneterer Punkt läßt sich in ganz Schlesien nicht finden: die Verbindungslinie von Breslau nach Böhmen liegt ebenso unter seiner Kontrolle wie die von Sachsen nach Oberschlesien; der Oder steht man hier ebenso nahe wie den Flüssen Bober und Neiße. Fünfundsiebzig Stunden lang läßt Friedrich seine Armee ohne Pause schanzen, bei Tag und bei Nacht, und am vierten Tag erhebt sich auf den Hügeln bei Bunzelwitz, umgeben von Wäldern, Teichen und Bächen, eine uneinnehmbare Festung, die aus dem Boden gestampft wurde. Die Dörfer Jauernigk, Bunzelwitz, Zeschen und Peterwitz sind in feuerspeiende Forts verwandelt. Sämtliche Straßen und Feldwege, die zum preußischen Lager führen, liegen im sich überkreuzenden Feuerbereich sämtlicher Batterien. Vier Hügel im Lagerbezirk sind in weittragende Artilleriebastionen umgewandelt. Auf engstem Raum sind 200 Geschütze zu einer überwältigenden Feuerkraft zusammengefaßt. Wo es keine natürlichen Geländehindernisse gibt, erheben sich siebenundzwanzig feste Schanzen oder staffeln sich kilometerweit Palisaden und Anlagen von Spanischen Reitern, über die kein Vorwärtskommen ist. Vor den Verschanzungen ziehen sich Gräben und Wolfsgruben entlang, die mit Pulver und Granaten angefüllt sind, um jederzeit gesprengt werden zu können. Ein Angriff auf diese Stellung muß Hekatomben von Menschenleben kosten.

Bei Bunzelwitz erhebt sich Friedrichs Feldherrntum zur höchsten Vollendung. Hätte er sich in einer Festung einschließen lassen, beispielsweise Breslau oder Schweidnitz, wäre er unbeweglich gewesen, hätte keinen Zugriff auf die Verbindungswege der Alliierten gehabt, wäre es möglich geworden, ihn langsam auszuhungern. Im Lager von Bunzelwitz steht er sprungbereit mit einer Feldarmee, die jederzeit wieder operieren kann, behält er die Verbindung zur Festung Schweidnitz, aus der er Nachschub bezieht, bedroht er seinerseits die Nachschubwege der Feinde, die nun – rings um das preußische Lager – auf freiem Feld kampieren müssen und bald unter der glühenden Sommerhitze ebenso wie unter unlösbaren Transportschwierigkeiten leiden werden. Friedrichs Armee steht Nacht für Nacht unter Waffen (er hat also seine Lehren aus Laudons nächtlichen Überfällen bei Hochkirch und Liegnitz gezogen!), und der König selbst schläft auf einem Strohbündel bei den Geschützen.

Friedrichs Stimmung während des wochenlangen Ausharrens in Bunzelwitz ist niedergeschlagen. Seinen Truppen zeigt er ein zuversichtliches Antlitz, teilt alle ihre Entbehrungen wie ein einfacher Feldsoldat, und so oft wie möglich sucht er das Gespräch mit dem einfachen Mann. An d'Argens schreibt er: »Ich habe gelernt zu leiden, ohne ungeduldig zu werden. Nichts wird das Innerste meiner Seele ändern, und ich werde meinen Weg gehen und tun, was ich für nützlich und ehrenvoll halte . . . Leben Sie wohl, mein lieber Marquis. Ich werde Ihnen wieder schreiben; ich weiß nicht, wann, und ich weiß nicht, von wo. In diesen Verhältnissen muß man die unerschütterliche Stirn eines Philosophen und den Gleichmut der Stoiker zeigen. Die spekulative Philosophie taugt nur dazu, unsere Neugierde zu nähren; diejenige, die sich auf das praktische Handeln bezieht, ist die einzig nützliche. Ich empfehle sie Ihnen, indem ich Sie inzwischen bitte, die Karikatur eines militärischen Philosophen, der Sie sehr liebt, nicht zu vergessen.«

Nun ist dieser Mann also zu dem geworden, wovon er schon mit sechzehn Jahren, als er mit seinem Vater in Dresden weilte, träumte: zu

Friedrich, dem Philosophen! Er erhofft nichts mehr, er glaubt nichts mehr, er verspricht sich nichts mehr. Er ist im Fegefeuer, und er erwartet nichts als Höllenqualen. Tiefer kann ein Mensch nicht sinken. Aber zugleich kann kein Mensch höher steigen. Der Gang durch den Feuerofen macht Friedrich unverwundbar. Der Verzicht auf jedwede Hoffnung hämmert die Seele zu Eisen, verwandelt Schwäche in Stärke.

Nach drei Wochen, am 9. September, sind die Russen es leid, länger zu schmachten. Feldmarschall Buturlin zieht mit 50 000 Mann nach Polen ab und läßt nur 20 000 Soldaten bei Laudon zurück. Das ist das klägliche Ende der Affäre Bunzelwitz. Auch Laudon, mit seinen 100 000 Mann, resigniert. Er befiehlt den Abmarsch seiner Truppen.

Dennoch, das Jahr 1761 endet schlecht für Friedrich – ungeachtet seines großartigen Abwehrerfolges bei Bunzelwitz. Am 1. Oktober nimmt Laudon überraschend und handstreichartig die Festung Schweidnitz, und am 16. Dezember muß Kolberg nach tapferster Gegenwehr durch Major von der Heyde vor den Russen kapitulieren. Das bedeutet, daß die Österreicher im südlichen Teil Schlesiens und die Russen im östlichen Pommern Winterquartiere beziehen können. Die südlichen Teile Sachsens mit Dresden sind ohnehin in der Hand des Marschalls Daun. Alle diese Gebiete fallen für die Rekrutierung und Steuereintreibung aus, auf die Friedrich dringend angewiesen ist, wenn er auch im folgenden Jahr eine Armee ins Feld stellen will. Es ist deshalb kein Wunder, daß er die ersten Wintermonate in Breslau völlig zurückgezogen lebt, ernstester Stimmung ist, kaum Gäste an seiner Mittagstafel empfängt und nicht einmal die geliebte Querflöte anrührt, die ihm doch immer in allem Unglück sein einziger Trost gewesen ist.

Von einem Zusammenbruch des Preußenkönigs kann jedoch keine Rede sein. Die tiefe seelische Krisis, in der er sich monatelang nach Kunersdorf befand, wiederholt sich nicht. Er ist innerlich über alles hinaus. Er hat das Unerträgliche fünf Jahre ertragen, ohne zu zerbrechen, und jetzt gibt es nichts mehr, was ihn noch wahrhaft erschüttern könnte. Er kapselt sich von der Umwelt ab, geht kaum noch unter Menschen und hält Zwiesprache mit den Toten. Er hat es aufgegeben, in die Zukunft blicken zu wollen, und schreibt an d'Argens beinahe gleichgültig: »Was aus mir diesen Winter noch werden soll, weiß ich selbst nicht. Verlassen Sie sich nicht auf meine Kräfte. Ich bin auch nur ein Mensch und nicht, wie Sie zu denken scheinen, eine Art von Vorsehung.«

Seine militärische Lage ist prekär; aber daran hat er sich inzwischen gewöhnt. Seine westliche Flanke jedenfalls ist frei. Ferdinand von Braunschweig hat mit 60 000 Soldaten fast 100 000 Franzosen in der zweitägigen Schlacht bei Villinghausen, in der Nähe von Hamm, geschlagen. Die preußische Armee hat in diesem Jahr kaum blutige Verluste gehabt, da Friedrich größere Schlachten und Gefechte vermied. Ja, so prekär es um den Mannschaftsersatz steht, die Qualität der preußischen Truppen beginnt sich allmählich zu heben, und der König kann hoffen, daß er das preußische Heer wieder zu einer scharfen Waffe schmieden wird, wenn ihm die Feindkoalition nur eine längere Feldzugspause gewährt.

Andererseits erhält er jetzt die Nachricht, daß Lord Bute es tatsächlich durchgesetzt hat, dem Preußenkönig für 1762 die Hilfsgelder zu streichen. Der britische Minister glaubt, damit Friedrich zwingen zu können, Landabtretungen in Schlesien zuzustimmen (Verzicht auf Oberschlesien und die Grafschaft Glatz), wodurch sich möglicherweise eine Kompromißbereitschaft Maria Theresias erkaufen ließe. Die Herrscherin in Wien ist jedoch von solchen Erwägungen weit entfernt. Sie ist siegesgewiß und sieht für das kommende Jahr die endgültige Niederzwingung des Berliner »Monstrums« voraus. Sie entläßt sogar 20 000 Mann ihrer Truppen in der Überzeugung, daß die Preußen im nächsten Sommer der kombinierten österreichisch-russischen Heeresmacht keinerlei ernsthaften Widerstand entgegenzusetzen vermögen.

Als das neue Jahr 1762 anbricht, schreibt Friedrich an d'Argens aus Breslau: »Lust und Freude haben hier ihren Wohnsitz nicht aufgeschlagen. Nur die jungen Leute amüsieren sich, weil sie nicht an die Zukunft denken . . . Leipzig war im Vergleich mit diesem Winter ein wahrer Carneval. Wir leben in traurigen Zeiten und in einer verzweifelten Lage. Ich selbst gleiche dem Helden eines Trauerspiels; stets in Gefahr, stets dem Untergang nahe. Und dennoch, lieber Marquis, wollen wir noch auf eine günstige Wendung der Dinge hoffen.«

1762–1763

Im Januar 1762 wird Friedrich fünfzig Jahre alt. Für seine Soldaten ist er bereits »Vater Fritz« oder auch »der Alte Fritz«. Er blickt auf fünfeinhalb Kriegsjahre zurück und hat sich angewöhnt, die Händel der Welt nur noch mit Ironie und Verachtung zu beurteilen. Besser als jedes andere Dokument gibt davon ein Gedicht Zeugnis, mit dessen Abfassung er in diesen Januartagen beginnt:

»Zwei große Köter, haßerfüllt,
Ganz ausgehungert und voll Gier nach Beute,
Zerfleischten sich um Speisereste wild,
Die ein Bedienter auf die Straße streute.
Man sah das Blut aus ihren Schnauzen quellen,
Fern an das Ohr der Straßengänger drang
Ihr lautes Kläffen und ihr wütend Bellen.
Da kommt ein grober Kerl des Wegs entlang.
Er sieht sie kämpfen, nimmt den Stock zur Hand

Und schwingt ihn über beiden kampfbereit,
Dann prügelt er schon los, von Wut entbrannt,
Und schlägt sie windelweich, indes er schreit:
›Vierbeiniges Gezücht! Könnt ihr nicht hören?!
Könnt ihr euch nicht von dannen scheren?‹
Da spricht, schon im Begriff davonzujagen,
Voll Zorn der eine Hund: ›Du wilder Mann,
Zwei wahre Helden sind's, die du geschlagen!
Auf Erden hier – gedenke stets daran –
Treibt jeder sein Geschäft, so gut er kann.
Wenn Lebewesen in den Streit geraten:
Um Knochen kämpfen Hunde, ihr um Staaten.‹
MORAL:
Die bittre Not treibt Hunde in den Streit;
Doch uns Chimären und die Eitelkeit.«

Von Petersburg her weht das Gerücht heran, Zarin Elisabeth sei schwer erkrankt. Zwischen Friedrich und de Catt kommt es zu folgendem Gespräch:

Friedrich: »Sie werden sehen, mein Lieber, daß sie nicht stirbt und daß ich weiter kämpfen muß. Ich gehe eine Wette ein, daß sie wieder gesund wird.«

de Catt: »Und ich wette, Sire, daß sie in Frieden sterben wird.«

Friedrich: »Nun gut, um was wollen wir wetten?«

de Catt: »Wie es beliebt, Sire.«

Friedrich: »Gut. Wenn ich verliere, so werde ich Ihnen ein Geschenk machen. Wenn ich gewinne, so werden Sie mir geben, was Sie wollen.«

Am 19. Januar erfährt Friedrich, daß Zarin Elisabeth am 5. Januar im Alter von dreiundsechzig Jahren gestorben ist. Er läßt de Catt rufen und macht ihm eine tiefe Verbeugung: »Mein Herr, die Zarin ist tot! Hier haben Sie meine Gabe, ihre Grabschrift, und damit bin ich meiner verlorenen Wette ledig.« Er bleibt äußerst skeptisch, was die möglichen Folgen des Todesfalles angeht. Am 20. Januar schreibt er dem Prinzen Heinrich: »Über die Konsequenzen läßt sich noch nichts Bestimmtes sagen. Aber jedenfalls kommt uns die Zeit zustatten, die man in Petersburg benötigen wird, einen neuen Operationsplan aufzustellen.«

Immerhin, eine seiner beiden Todfeindinnen ist nicht mehr am Leben. Elisabeth, die »Messalina des Nordens«, wie sie Friedrich boshaft nannte, hat ihm schwer zu schaffen gemacht. Von Natur aus eigentlich mild und gutmütig gesinnt, wenn auch unglaublich verschwenderisch (bei ihrem Tode fand man 15 000 ungetragene kostbare Kleider) und dem Wodka und den »Mannskerlen« fast bis zur Paralyse verfallen (monatelang lag sie nur betrunken im Bett und war zu keiner Unterschrift zu bewegen), hatte sie doch mit großer Hartnäckigkeit eine zielstrebige, imperialistische Politik verfolgt. Preußen und Friedrich waren für sie nur Scheingegner gewesen. In Wahrheit bereitete sie Rußland darauf vor, eines Tages Polen zu schlucken (deshalb die Eroberungen Ostpreußens und Kolbergs, die zur Einkreisung Polens von Norden dienten!) und ein entscheidendes Mitspracherecht über Deutschland als Ganzes wahrzunehmen. Um diesen beiden ehrgeizigen Zielen näher zu kommen, hatte sie unbarmherzig auf Friedrich eingeschlagen. Ihr Nachfolger, Großfürst Peter, ein Sohn der ältesten Tochter Peters des Großen, gedenkt alle diese Ziele seiner Vorgängerin weiterzuverfolgen; aber nicht *gegen*, sondern *mit* Preußen.

Friedrich bleibt sehr zurückhaltend in seinen Erwartungen. Am 16. Februar schreibt er d'Argens: »Sie wollen Ereignisse wissen, die sich noch gar nicht entwickelt haben. Bislang habe ich nur gehört, daß die Messalina des Nordens gestorben ist und daß mir ihr Nachfolger sehr geneigt sein soll. Das ist alles, was ich weiß; mehr nicht. Allem Anschein nach wird dieses Ereignis einen Separatfrieden zwischen Rußland und Preußen herbeiführen, aber keinen allgemeinen. Die Österreicher werden den Krieg fortsetzen, bis sie ihren letzten Sou ausgegeben haben.«

Seine Voraussage bestätigt sich in jeder Hinsicht. Zar Peter III. gibt eine Woche später, am 23. Februar, den auswärtigen Höfen bekannt, daß er mit dem Königreich Preußen Frieden schließen wird, und am 5. Mai kommt es zu einem Friedens- und Freundschaftsvertrag zwischen beiden Staaten, dem sich zwei Wochen später das Königreich Schweden anschließt. Friedrich ist natürlich hochbeglückt darüber, daß aus dem russischen Todfeind nun ein mächtiger Bundesgenosse wird, während er sich über den Friedensschluß mit Schweden ganz wegwerfend äußert: »Ich weiß im Grunde gar nichts von einem Krieg mit Schweden. Eigentlich sollte sich Belling (der Husarenanführer), der mit ihnen Händel hatte, auch mit ihnen vertragen.« Doch Maria Theresia zeigt sich von alledem wenig beeindruckt. Sie kann an eine ›Wendung der Dinge‹ nicht glauben. Sie will es auch nicht wahrhaben, als General Tschernyschew auf Befehl seines Zaren mit 20000 Russen von Laudons Armee zu den Preußen übergeht. Als der russische Heerführer mit seinem Stab nach Breslau kommt, um dem neuen Verbündeten, dem Preußenkönig, seine Aufwartung zu machen, halten die gefangenen österreichischen Offiziere, die es dort in großer Zahl gibt, das Ganze für eine Komödie und erklären, das seien gar keine echten Russen, man habe preußische Offiziere in russische Uniformen gesteckt, um die Österreicher zu täuschen.

Der Krieg geht also weiter. Am 24. Juni schlägt Ferdinand von Braunschweig die Franzosen bei Wilhelmstal, in Niederhessen, aufs Haupt. In Versailles welken die letzten Siegeshoffnungen. Friedrich seinerseits läßt rücksichtslos rekrutieren, in seinen eigenen Provinzen, in Sachsen, Mecklenburg, Thüringen und den anhaltischen Fürstentümern, so daß er im

Juni 120 000 Mann unter den Waffen hat. Zum ersten Mal seit 1756 ist er fast gleich stark mit den Österreichern, deren Feldarmee 150 000 Mann umfaßt.

Im Juli beginnt der preußische König mit einer Armee von 80 000 Mann seine Operationen in Schlesien gegen Feldmarschall Daun, der von Laudon das Kommando übernommen hat. Er ist zur Schlacht entschlossen und plant auch eine Verwendung der 20 000 Russen unter Tschernyschew. Da trifft die Nachricht ein, daß Zar Peter am 5. Juli vom Thron gestoßen wurde und daß seine Gemahlin Katharina, die Friedrich einst nach Rußland verheiratet hatte, die Zügel der Machtausübung an sich gerissen hat. Friedrich ist wie betäubt von diesem Schlag und schreibt am 18. Juli an seinen Minister von Finckenstein: »Ich teile Ihnen die sehr traurige Neuigkeit von der Entthronung des Kaisers von Rußland mit. Die Kaiserin ist zur Regentin ernannt worden, und der General Tschernyschew hat soeben den Befehl erhalten, sich von meiner Armee zu trennen . . . Urteilen Sie über die Verlegenheit, in der ich mich befinde, jetzt mitten im Verlauf unserer Operationen, die uns die größten Hoffnungen gaben.«

Friedrich schickt sofort seinen Flügeladjutanten, den Grafen Schwerin, zu Tschernyschew und läßt ihn zu sich bitten. Dann entfaltet er noch einmal den ganzen Zauber seiner liebenswürdigen Verführungskunst, mit der er einst so brillierte. Er bittet den Russen, seinen Abmarsch um drei Tage aufzuschieben, so daß die Österreicher, wenn er, Friedrich, sie angreift, vom neuen Wandel der Dinge nichts ahnen. Tschernyschew schmilzt unter seinen Worten und ruft aus: »Machen Sie mit mir, was Sie wollen, Sire! Ich setze dabei mein Leben aufs Spiel. Aber hätte ich zehn Leben zu verlieren, ich gäbe sie hin, um Ihnen zu zeigen, wie sehr ich Sie verehre und liebe.«

Am 21. Juli morgens spricht Friedrich zu seinen Generälen. Er macht nicht viele Worte, sondern erklärt, er werde den gut verschanzten Daun auf den Burkersdorfer Höhen angreifen: »Heute muß es biegen oder brechen!« Und die Preußen greifen an. Sie greifen an wie in ihren besten Zeiten, stürmen mit Todesverachtung die Höhenrücken hinauf, über Wälle, Gräben und Gruben, schleppen die leichten Feldkanonen auf den Schultern mit und werfen die Österreicher aus ihren Stellungen. Unter Verlust von 3500 Toten, Verwundeten und Gefangenen zieht sich Daun auf das böhmische Grenzgebirge zurück. Nur die Festung Schweidnitz und die Grafschaft Glatz bleiben noch in österreichischer Hand, sonst ist Schlesien befreit.

Der Sieg bei Burkersdorf hat mehr psychologische als militärische Bedeutung. Die preußische Armee hat ihre innere Krisis überwunden, sie ist wieder schlagfähig, wie in früheren Zeiten. Ganz Europa blickt mit fassungslosem Staunen auf den zähen, kleinen Mann aus Berlin, der einfach nicht unterzukriegen ist. Friedrich läßt Tschernyschew seinen herzlichen Dank aussprechen und übersendet ihm ein kostbares Geschenk. Der Russe sagt zu dem Grafen Schwerin: »Ihr König hat mich für die ganze Welt unbrauchbar gemacht! Nie wieder werde ich einen Mann finden, den ich so lieben und hochschätzen könnte wie Friedrich den Großen.« Er zieht mit seinen Truppen nach Polen ab. Inzwischen hat Friedrich zu seiner Beruhigung erfahren, daß die neue Zarin den Friedensvertrag mit Preußen einhalten wird.

Jetzt drängt der König auf weitere militärische Erfolge. Und sie fallen Schlag auf Schlag. Am 9. Oktober muß Schweidnitz, die letzte Bastion der Österreicher in Schlesien, kapitulieren. Und der arme Feldmarschall Daun, der legendäre Sieger von Hochkirch, bekommt nun die Unbeständigkeit der Masse zu spüren: Ganz Wien schäumt vor Wut bei den niederschmetternden Nachrichten aus Schlesien. Für alles wird der Oberkommandierende verantwortlich gemacht. Auf den Straßen erscheinen Karikaturen, die Daun mit einer Schlafmütze zeigen. Seine Frau wird bei ihren Ausfahrten vom Pöbel mit Schlafmützen und Straßenkot beworfen. Friedrich drängt seinen Bruder, Prinz Heinrich, auch in Sachsen offensiv vorzugehen und die überlegene Macht der Österreicher und Reichstruppen anzugreifen. Der wiedergenesene Seydlitz unterstützt den Prinzen bei den Vorbereitungen aufs glänzendste. Am 29. Oktober 1762 findet bei Freiberg die letzte Schlacht des Siebenjährigen Krieges statt und endet mit einem preußischen Sieg. »Der Feind«, berichtet Heinrich seinem Bruder vom Schlachtfeld, »leistete hartnäckigen Widerstand. Aber nach dreistündigem Kampf mußte er sich aus allen Punkten zurückziehen. Seydlitz hat die größten Dienste geleistet. Als die Kavallerie nicht zur Aktion kommen konnte, stellte er sich an die Spitze der Infanterie und verrichtete Wundertaten.« Friedrich antwortet: »Ihre Nachricht, mein lieber Bruder, hat mich verjüngt! Gestern war ich sechzig, heute bin ich achtzehn.«

Wie im Osten, so im Westen. Am 2. November kapituliert die französische Besatzung von Kassel. Wenig später kommt es zum Vorfrieden zwischen England und Frankreich, womit alle Kampfhandlungen auf dem nordwestdeutschen Kriegsschauplatz erlöschen. Frankreich ist zu Tode erschöpft. Die Idee des französischen Königtums ist für immer diskreditiert und wird in siebenundzwanzig Jahren unter dem Fallbeil der bürgerlichen Revolution enden. Voltaire kommentiert das Kriegsende mit den Worten: »Frankreich hat in sechs Jahren Krieg *mit* Österreich mehr an Geld und Menschen verloren als durch alle Kriege *gegen* Österreich in einem Zeitraum von zweihundert Jahren.«

Endlich, nach der Niederlage von Freiberg, lenkt auch Maria Theresia ein, und am 27. November kommt es zum Waffenstillstand zwischen Österreich und Preußen. Am 30. Dezember 1762 treten im Schlößchen Hubertusburg die Friedensbevollmächtigten zusammen: für Preußen der Geheime Legationsrat von Hertzberg, für Österreich der Hofrat von

Collenbach und für Sachsen der Geheimrat von Fritsch. Der preußische König stellt keine Gebietsforderungen, ist aber auch nicht bereit, über Landabtretungen zu verhandeln. Maria Theresia bietet größere Geldsummen für die Grafschaft Glatz, muß aber bald die Aussichtslosigkeit ihrer Bemühungen erkennen. Am 15. Februar 1763 wird der Hubertusburger Friede unterschrieben:

In Artikel 1 entsagen die Vertragschließenden feierlich aller öffentlichen oder heimlichen Feindseligkeiten gegeneinander. In Artikel 2 gewähren sie sich gegenseitig volle und ewige Verzeihung für alles, was während des Krieges geschehen ist. Beide Seiten verzichten auf Reparationsforderungen. Österreich bestätigt die Friedensschlüsse von 1742 und 1745, so daß ganz Schlesien, einschließlich der Grafschaft Glatz, bei Preußen verbleibt. Maria Theresia garantiert Friedrich den Besitz seiner gesamten Länder, während Friedrich seinerseits der Kaiserin-Königin nur ihre deutschen Länder garantiert. In einem Geheimartikel verpflichtet der Preußenkönig sich, dem Erzherzog Joseph, dem ältesten Sohn Maria Theresias, seine Kurstimme bei der Wahl zum Deutschen Kaiser zu geben.

Friedrich schreibt noch am selben Tag an seine Schwester Ulrike, Königin von Schweden: »Liebe Schwester, nun ist also, Gott sei Dank, der Friede in Europa wiederhergestellt. Möge er lange dauern . . .« Zu Hertzberg sagt er: »Es ist doch ein gutes Ding um den Frieden, den wir geschlossen haben. Aber man muß sich das nicht merken lassen!« Das Maskenspiel der Diplomatie und Politik geht also unverdrossen weiter. Als ihn einer seiner Adjutanten mit den Worten »Sire, das ist sicher der schönste Tag in Ihrem Leben« beglückwünscht, sieht er ihn durchdringend an: »Der schönste Tag im Leben ist der, an dem man es verläßt.«

Österreicher, Reichstruppen und Preußen räumen Sachsen. Friedrich verzögert den Abmarsch. Er läßt die Soldaten ermuntern, noch schnell möglichst viele sächsische Mädchen zu heiraten und nach Preußen mitzunehmen. (Schon damals galt der Spruch »In Sachsen, in Sachsen, wo die hübschen Mädchen auf den Bäumen wachsen«.) Täglich läßt er sich mit sichtlicher Befriedigung die Listen der Jungvermählten vorlegen. »Menschen«, hatte der Vater einst gesagt, »erachte ich für den größten Reichtum eines Landes.«

Am 6. März schreibt Friedrich an Frau von Camas: »Ich hoffe Sie also wiederzusehen, mein gutes Mütterchen. Ich hoffe Sie ebenso wohl zu finden, wie ich Sie verlassen habe. Was mich betrifft, so werden Sie mich gealtert sehen. Ich bin grau wie ein Esel, verliere alle Tage einen Zahn und bin halb lahm von der Gicht. Aber Ihre Nachsicht wird die Schwächen des Alters ertragen, und wir werden von den alten Zeiten reden . . . Ach, mein liebes Mütterchen, wie sehr ich Berlin fürchte und die Lücken, die ich dort finden werde.«

Am 30. März abends, nach einer längeren Inspektionsreise durch

Schlesien, kehrt Friedrich nach sechsjähriger Abwesenheit in seine Hauptstadt heim. (Er hat Berlin seit Mitte Januar 1757 nicht mehr gesehen.) Die Berliner, die den ganzen Tag vergebens auf ihren König gewartet haben, beschaffen sich abends Fackeln und begleiten den Wagen mit lauten Freudenrufen. Friedrich befiehlt Umwege zu fahren und erreicht, ohne erkannt zu werden, das Berliner Schloß.

Am nächsten Tag begibt sich Friedrich nach Charlottenburg in das Schloß, in dem er vor dreiundzwanzig Jahren, 1740, die ersten Regierungswochen als strahlender junger König, als »roi charmant« und bewunderter Reformfürst verbrachte. Er hat Musiker und Sänger bestellt, die in der Schloßkapelle ein Te Deum seines alten Konzertmeisters Johann Gottlieb Graun aufführen sollen. Alles erwartet den königlichen Hofstaat zur Sieg- und Friedensfeier. Friedrich kommt ohne Begleitung. Er will allein sein. Er nimmt in der Kapelle Platz und gibt das Zeichen zum Beginn. Als der Chor den Lobgesang zur Ehre Gottes anstimmt, stützt er weinend das Gesicht in die Hände.

Der Krieg, der nun zu Ende war, dauerte 77 ½ Monate oder sechseinhalb Jahre. Seine Kampf- und Schlachtfelder erstreckten sich von Kanada und Ostindien bis an die Grenzen Ostpreußens und der Slowakei. Zwei Kaiserreiche (Österreich und Rußland) und vier Königreiche (England, Frankreich, Schweden, Preußen) waren in ihn verwickelt. Hauptkampfplatz war – wie es Pitt vorausgesagt hatte – Deutschland, das Territorium des machtlosen, zersplitterten Deutschen Reiches. Es war der erste Weltkrieg in der neueren Geschichte der Völker.

Die preußische Armee Friedrichs des Großen kämpfte in sechzehn großen Schlachten, von denen acht Siege und acht Niederlagen waren. In zehn dieser Schlachten kommandierte Friedrich, von denen er sieben gewann und drei verlor. In diesen sechzehn Schlachten büßte jede Seite etwa 160 000 Mann an Toten und Verwundeten ein.

Die schwersten Verluste des Krieges trafen die preußische Zivilbevölkerung. Sie verlor etwa 400 000 Menschenleben; fast zehn Prozent der gesamten Einwohnerschaft. In Mitteldeutschland, also im Magdeburgischen und Manslebenschen, war die Zahl der Kriegsopfer gering: 7000 Menschen, etwa zwei Prozent der Bevölkerung. Größere Kampfhandlungen hatte es dort nicht gegeben. In den westdeutschen Besitzungen, in denen die Franzosen gehaust hatten, betrug die Verlustrate an Menschenleben 63 000, etwa zwölf Prozent. Auch in Schlesien, jener Provinz, in der die Zerstörungen an Gebäuden weitaus am höchsten lagen, hielten sich die Einbußen an Menschen erstaunlicherweise in Grenzen: 50 000 Tote, etwa dreieinhalb Prozent der Einwohnerschaft. Preußen und Österreicher hatten sich bei ihren zahlreichen Kampfhandlungen sichtlich bemüht, die Bevölkerung zu schonen. In Pommern, der Mark Brandenburg und in

Ostpreußen, wo die russische Armee Krieg geführt hatte, überstiegen die Blutopfer alle Vorstellungen der damaligen Zeit: 280000 Menschen, etwa vierzehn Prozent der Bevölkerung. (Auch nach modernen Begriffen sind diese Verluste exorbitant und kommen einem Genozid gleich: sie entsprächen einem Verlust von 11 ½ Millionen Ziviltoten der Deutschen im II. Weltkrieg.)

Gewaltig waren die finanziellen Opfer, die die Völker erbringen mußten. Frankreich richtete sich mit 700 Millionen Livres an Kriegskosten vollständig zugrunde. Sechseinhalb Jahre lang verschlangen sie genau ein Drittel der französischen Staatseinkünfte. Österreich ächzte nun unter einer Staatsschuld von 100 Millionen Reichstalern. Nur das arme Preußen stand bei Kriegsende mit einem Schatz von 30 Millionen Talern finanziell glänzend da! Es hätte noch eineinhalb Jahre weiter Krieg führen können. Friedrich hatte sich als Finanzgenie entpuppt. 120 Millionen Taler betrugen seine Kriegskosten. Davon brachte er 60 Millionen Taler, also die Hälfte, aus eigenen Mitteln auf (Staatsschatz, Anleihen, Besteuerungen, Staatsmonopolen). 40 Millionen Taler preßte er aus den besetzten Gebieten heraus (Sachsen, Vorpommern, Mecklenburg, Thüringen). 30 Millionen Taler brachten ihm die englischen Subsidien ein. 20 Millionen Taler gewann er aus drei Münzverschlechterungen bzw. Geldabwertungen. So verfügte er Anfang 1763 über eine unberührte Reserve von 30 Millionen Talern.

Der Siebenjährige Krieg von 1756 bis 1763 sah am Ende vier große Verlierer:

Frankreich war dermaßen ruiniert, daß eine Staatskatastrophe oder ein gesellschaftlicher Umsturz nur noch eine Frage der Zeit sein konnte.

Schweden, das ein Jahrhundert lang europäische Großmacht gewesen war, verlor für alle Zeit jede außenpolitische Bedeutung.

Sachsen-Polen schied aus der Reihe selbständiger Mächte aus und verfiel zum Manipulationsobjekt fremder Staaten.

Österreich büßte seine bis dahin unbestrittene Vormachtstellung in Deutschland und Mitteleuropa ein.

Es gab aber auch vier große Gewinner. Das waren England, Preußen, Rußland und die deutsche Nation.

England wurde für 150 Jahre zur ersten Macht der Erde, zur Beherrscherin der Weltmeere und zum führenden Industrie- und Handelsstaat unter den Völkern.

Preußen hatte seine europäische Großmachtstellung, die ihm Friedrich im Jahre 1745 verschafft hatte, zäh und unerschütterlich behauptet.

Rußland, diese einstmals halbbarbarische Macht in den Weiten des Ostens, hatte sich einen Platz im Konzert der europäischen Großmächte erkämpft und beanspruchte von nun an volles Mitspracherecht über die Geschicke des Kontinents.

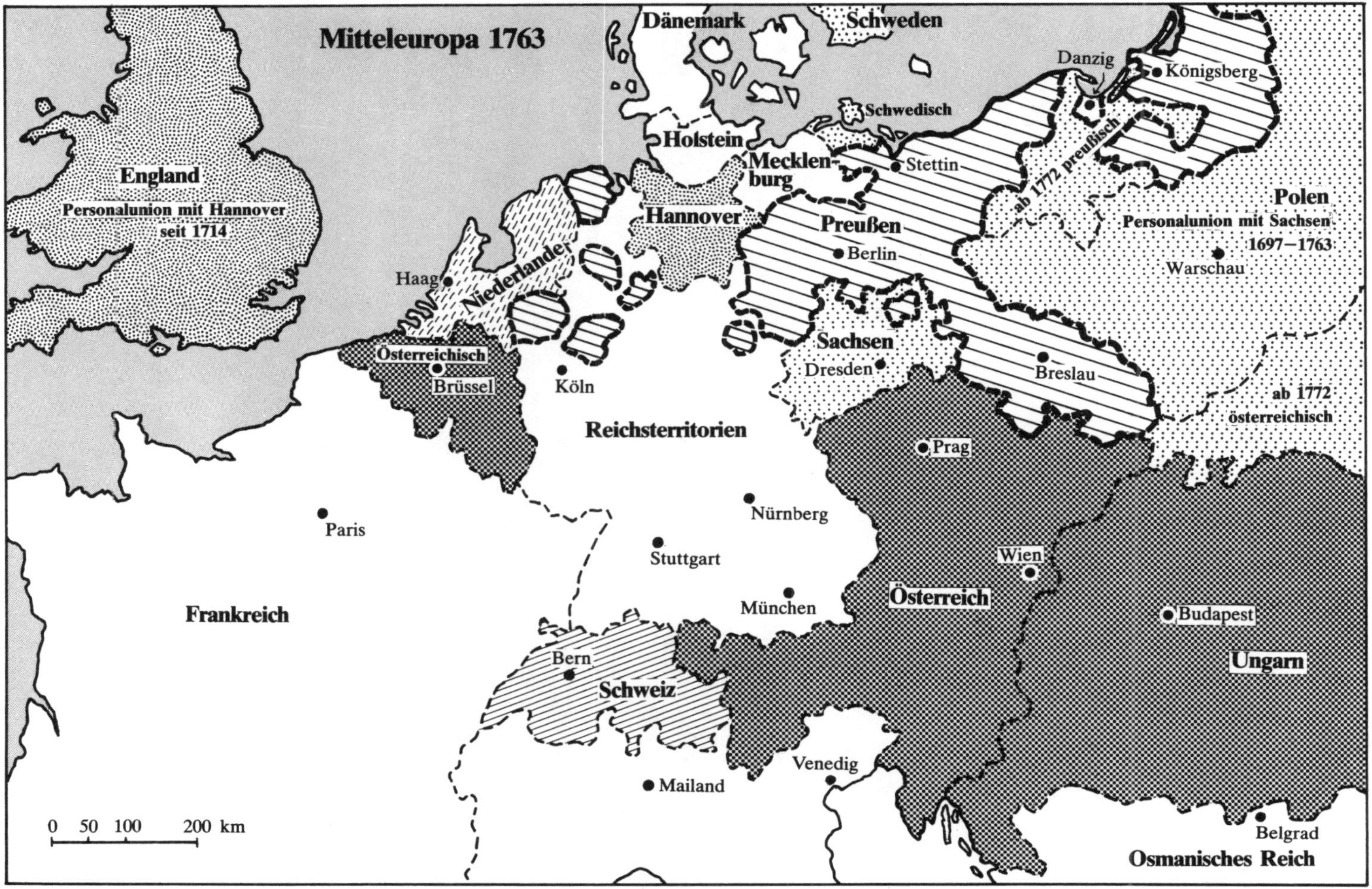
Mitteleuropa 1763
England
Personalunion mit Hannover
seit 1714
Dänemark
Schweden
Schwedisch
Holstein
Mecklenburg
Hannover
Preußen
Danzig
Königsberg
Stettin
ab 1772 preußisch
Polen
Personalunion mit Sachsen
1697–1763
Warschau
Berlin
Haag
Niederlande
Österreichisch
Brüssel
Köln
Sachsen
Dresden
Breslau
ab 1772
österreichisch
Reichsterritorien
Prag
Paris
Nürnberg
Stuttgart
Wien
Frankreich
München
Österreich
Budapest
Bern
Schweiz
Ungarn
Venedig
Mailand
0 50 100 200 km
Belgrad
Osmanisches Reich

Die deutsche Nation, die von 1645 bis 1745 eigentlich gar nicht existent gewesen war, fand in Friedrich ihr kulturelles Selbstbewußtsein, in Preußen ihren nationalen Kristallisationspunkt wieder, und von nun an stand sie für beinahe zweihundert Jahre als Subjekt auf der Szene der Weltpolitik.

Friedrich der Große aber, der keinen Quadratkilometer Land gewonnen hatte, war zum Mythos der Völker geworden. Er, seine Armee und sein Volk hatten der größten Mächtekombination des Jahrhunderts getrotzt. Sie hatten den Kampf um Sein oder Nichtsein bestanden.

6. Dienst am Staate

Der »Alte Fritz« von 1763–1786

Am 30. März 1763 herrschte in dem kleinen Flecken Taßdorf, wenige Meilen vor den östlichen Stadttoren Berlins, ein ungewöhnliches Leben und Treiben. Aus der ganzen Umgebung waren Bauern, Knechte, Weiber, Kinder zusammengeströmt – manche von ihnen waren schon am frühen Morgen aufgebrochen – und drängten sich nun erwartungsvoll in der Nähe des Dorfteiches. Alle blickten auf den Dorfschulzen und den Pfarrer, die gemeinsam die Vorspannpferde besichtigten, neben denen festlich herausgeputzte Bauernburschen standen. Die Stimmung war aufs höchste gespannt, denn es hieß, der König kehre aus dem Krieg nach Berlin heim und würde in Taßdorf noch einmal die Pferde wechseln.

Plötzlich – es war inzwischen schon Nachmittag geworden – preschte ein Feldjäger ins Dorf. Er sprang vom Pferd, sagte, der König würde jeden Augenblick eintreffen, inspizierte die Bauern mit den Wassereimern, die die Räder der königlichen Kutsche begießen sollten, stürzte ein Glas Bier hinunter und jagte auf einem neuen Pferd weiter in Richtung Berlin. Fünf Minuten später erschien eine Kutsche im Dorf, in der Friedrich, Prinz Ferdinand und der General Lentulus saßen. Der Wagen hielt, und die Bauern schoben sich langsam, mit Weibern und Kindern, an das Gefährt heran. Sie wollten ihren König sehen.

Das war er also, leibhaftig, der berühmte König Fritz, von dem sie in den letzten sieben Jahren Wunderdinge vernommen hatten. Vor eineinhalb Monaten war der Friede zu Hubertusburg geschlossen worden. Aber dieser König war nicht – wie das jeder andere Potentat getan hätte – nach Hause in seine goldblinkenden Lustschlösser geeilt, um sich nach diesem endlosen Krieg erst einmal zu amüsieren und zu entspannen, sondern er hatte eine sechswöchige, strapaziöse Reise durch seine Provinz Schlesien gemacht, um überall nach dem Rechten zu sehen. Und jetzt war er da und fragte mit seiner hellklingenden Stimme »Wo sind wir hier?«, und der Dorfschulze verneigte sich tief und sagte: »In Taßdorf, Majestät.« Der König blickte um sich, schnitt alle Begrüßungsansprachen mit einer Handbewegung ab und winkte Herrn von Nüßler, den Landrat des Niederbarnimschen Kreises, zu sich heran.

Friedrich: »Woran fehlt es in diesem Kreis am meisten?«
von Nüßler: »An Saatkorn und Pferden.«
Friedrich: »Saatkorn kann Er haben; Pferde hab ich nicht.«

von Nüßler: »Majestät haben aber anderen Kreisen, in Schlesien, ausrangierte Pferde der Artillerie überlassen . . .«

Friedrich fixierte den Landrat scharf mit seinen übergroßen blauen Augen und fragte ihn nach dem Namen.

von Nüßler: »Ich bin der Nüßler. Majestät haben mich vor dem Krieg bei der schlesischen Grenzregulierung beschäftigt . . .«

Friedrich: »Der Nüßler? – Ja, ja, jetzt kenn ich Ihn! – Höre Er: Bringe Er mir alle Landräte der Kurmark in drei Tagen nach Berlin aufs Schloß zusammen. Da wollen wir weitersehen . . .«

Drei Tage später, am 2. April, erschienen die brandenburgischen Landräte auf dem Schloß. Sie hatten Nüßler zu ihrem Sprecher gewählt, der nun dem König in allen Details schilderte, wie das Land und seine Bewohner unter den russischen Mordbrennereien und Plünderungen gelitten hatten. Friedrich hörte zu und unterbrach schließlich den Landrat, indem er sagte: »Höre Er, hat Er Crayon (einen Bleistift)? Nun, so lasse Er sich von jedem dieser Herren ausführlich diktieren, wieviel sein Kreis an Saat- und Brotkorn, an Ochsen, Pferden und Kühen bedarf. Aber nur zur äußersten Notdurft, meine Herren! Denn allzu viel kann ich nicht geben. Übermorgen erwarte ich dann das Verzeichnis.«

Während die Landräte davoneilten, ließ Friedrich sich ächzend an einem Rokoko-Schreibtisch nieder. Er blätterte in den Notizbüchern, die er während der Schlesienreise mit Zahlen, Daten, statistischen Angaben gefüllt hatte. Die Windspiele kamen herein und schmiegten sich an seine Reitstiefel. Er blickte vor sich hin und dachte an die sieben Jahre, die er verloren hatte.

Der Preußenkönig zählte jetzt einundfünfzig Jahre. Aber er sah aus wie ein uralter Mann. Die Falten im Gesicht wirkten wie mit dem Messer eingekerbt. Der Mund war noch schmaler geworden; das bezaubernde Lächeln, mit dem der junge Friedrich einst die Welt bestrickt hatte, erschien kaum noch auf seinen Lippen. Wären die riesigen blauen (Basedow-)Augen nicht gewesen, niemand hätte ihn wiedererkannt. Seine angeborene Kurzsichtigkeit hatte sich während der letzten Jahre verstärkt. Aber es lag sicher nicht nur daran, daß sein früher so elegantes äußeres Erscheinungsbild nun fast schlampig oder zigeunerhaft wirkte. Das Blau seines Uniformrocks war verblichen, die lange hellfarbene Weste, die er seit den Kriegsjahren unter der Uniform trug, war über und über mit den Flecken seines spanischen Schnupftabaks bedeckt. Er hielt sich schlecht, ganz gebückt, von den unerträglichen Gicht- und Rheumaschmerzen krummgezogen. Sein schwarzer Stock mit der feinziselierten silbernen Krücke war nicht mehr Schmuckgegenstand, sondern die unentbehrliche Stütze eines greisenhaftes Mannes.

So hinfällig, ja zerbrechlich der alte dünne König auch wirken mochte, sein Inneres, seine Seele hatte der Krieg zu Stahl gehämmert. Friedrich war immer selbstbewußt und hochfahrend gewesen; schon als Halbwüchsiger und als Kronprinz. Jetzt, nach sieben Jahren Krieg, sprach er kurz und scharf, in der entschiedenen Sprache eines Soldaten. Seine sprichwörtliche Liebenswürdigkeit blitzte nur noch selten auf. Die ungeheure Bitterkeit, mit der die Feindmächte ihn bekämpft hatten, war nicht spurlos an ihm vorübergegangen. Sie hatte auch sein Herz verbittert. Das endlose Ringen mit der gewaltigen Übermacht – hatte er es nicht dadurch bestanden, daß er dem chaotischen Durcheinander seiner Gegner einen einzigen diktatorischen Willen entgegengesetzt hatte? Friedrich war weniger denn je geneigt, Widerspruch zu dulden. Den Rest seines Lebens würde er mit Friedensarbeit verbringen; aber seine Preußen würden gehorchen müssen wie im Krieg.

Die wundervollen Friedenstage von Sanssouci waren vorüber, und sie würden niemals wiederkommen. Er bewohnte wieder sein entzückendes Sommerschloß, und von einem Tag auf den anderen wurde auch der alte Lebensrhythmus erneuert, schliffen sich die täglichen Gewohnheiten wieder ein, wie sie eh und je gewesen waren. Aber die Tafelrunde erreichte nicht den alten Glanz. Heiterkeit, Frivolität und Übermut waren dahin. Auch das abendliche Flötenspiel wurde beschwerlich. Dem König fielen die Zähne aus. Am liebsten ging er noch in die Bildergalerie; gewöhnlich von elf bis zwölf Uhr vormittags. War er schlechter Laune, knallte er die Tür laut hinter sich zu, und das hieß, daß er um keinen Preis gestört werden wollte. Dann ging er langsam auf und ab, betrachtete seine 172 Gemälde. Es waren fast ausschließlich italienische, niederländische und französische Maler vertreten. Immer wieder blieb er vor seinen liebsten Bildern stehen: Correggios »Leda, mit ihren Gespielinnen badend« und »Jo, von einer Wolke umarmt«. Er träumte sich in ein besseres Leben und in ein besseres Land. Klassische Harmonie und graziöse Heiterkeit: an ihnen erbaute sich der schönheitshungrige Sinn dieses Königs. War die Stunde um, kratzte einer seiner Lieblingshunde, Biche oder Alkmene, an der Tür: Essenszeit.

Friedrich kaufte nach dem Siebenjährigen Krieg kaum noch Gemälde. Er war zum Pfennigfuchser geworden und gönnte sich selbst – wenn man vom guten Essen und seinem immensen Schnupftabakverbrauch absah – nichts. Sein Geiz sollte mit der Zeit sprichwörtlich werden. Bis auf eine Ausnahme: Gleich nach Kriegsende befahl er die Errichtung eines pompösen Prachtschlosses, das in nächster Nähe von Sanssouci aus dem Boden gestampft wurde. Das »Neue Palais« verschlang mehrere Millionen Taler.

Gewiß diente der Schloßbau, der an der Westseite des Sanssouciparks entstand und sich über sechs Jahre (1763–1769) hinzog, auch der Arbeitsbeschaffung für die Proletarier und Handwerker Berlins bzw. Potsdams. Ganze Bataillone von Maurern, Malern, Tischlern, Dekorateuren, Steinmetzen und Bildhauern rückten an. Aber es war hinausgeworfenes Geld, um das es bitter schade war, das er dringend für sozialpolitische Zwecke hätte verwenden können. Denn das Prunkschloß von 240 Metern Länge, mit einer 55 Meter hohen Kuppel, 300 Sandsteinfiguren, 200 Putten und mehr als 200 Wohn- und Repräsentationsräumen entsprach allem möglichen, nur nicht Friedrichs Stil- und Lebensgefühl.

Warum ließ er es dann bauen? Friedrich selbst hat das Neue Palais ironisch als »Fanfaronade« bezeichnet, und darin liegt die Antwort: Auch dieser überflüssige Schloßbau war eine staatspolitische Maßnahme! Die Welt sollte sehen, daß Preußen – nach dem Aderlaß des Krieges – finanziell keineswegs am Ende war. Das Neue Palais war eine bewußte und beabsichtigte Prahlerei vor Europa.

Die ersten Pläne für das Schloß hatte noch Georg Wenzelslaus von Knobelsdorff entworfen, mit dem Friedrich damals, 1743, über Sanssouci gestritten hatte. Die Ausführung des Baues lag in den Händen des Architekten Karl von Gontard. Und auch mit ihm gab es Ärger, als der König ihm Verschwendung der Gelder vorwarf. Gontard vermochte sich glänzend zu rechtfertigen, und Friedrich sagte zu ihm: »Höre Er, Gontard, ich habe Vorurteile und Mißtrauen immer verabscheut. Jetzt bin ich selbst ihr Opfer geworden. Und wie ich gestehen muß, geschieht es mir leider oft! Bewahre Er mir seine Freundschaft . . .«

Auf der Kuppel über dem Neuen Palais erheben sich heute noch drei allegorische Frauengestalten, die eine goldene Königskrone tragen. Friedrich pflegte, wenn er Gästen sein neues Schloß zeigte, mit dem Krückstock auf die Damengruppe zu zeigen: »Das sind die drei Stützen meines Reiches: Elisabeth, die Pompadour und Maria Theresia.« Dann lachte er. So war das Neue Palais, Friedrichs einziges Prestigeobjekt, eigentlich nichts anderes als ein boshafter königlicher Witz.

Der Soldatenkönig hatte im Jahr die karge Summe von 150 000 Talern für sich und seinen Hofstaat verbraucht: 72 000 Taler an Hand- und Reisegeldern, 78 000 Taler für die Bedürfnisse des Hofes. Friedrich hatte das Beispiel übernommen. Beim Regierungsantritt hatte er den Betrag allerdings um fünfzig Prozent erhöht. Jetzt, als »Alter Fritz«, wie ihn nun alle Welt nannte, begnügte er sich mit 120 000 Talern im Jahr für seinen persönlichen Verbrauch; das waren etwa 0,5 Prozent des jährlichen Haushalts im Königreich Preußen.

Seine fixe Idee war das Wachsen und Gedeihen des preußischen Staatsschatzes. Daran maß er die Stärke und Unabhängigkeit seines Landes. Beim Tode des Großen Kurfürsten hatte dieser Schatz 3 bis 3,5 Millionen Taler betragen. Der Soldatenkönig hatte ihn verdreifacht. Als Friedrich König wurde, fand er 10 Millionen Taler im Staatsschatz vor, und ohne diese enormen Ersparnisse seines Vaters hätte er niemals sein schlesisches Abenteuer unternehmen und den Weg in die Weltgeschichte antreten können. Das vergaß er nicht. Als der Siebenjährige Krieg begann, befanden sich 17 Millionen Taler im Schatz. Die ersten eineinhalb Jahre Kriegführung hatten sie völlig aufgezehrt. Dann hatten sich die Kriegskosten auf durchschnittlich 20 Millionen Taler pro Jahr nach oben geschraubt. 30 oder 40 Millionen Taler mußte man also immer parat haben, um für alles gewappnet zu sein. Der alte Friedrich war entschlossen, sich eine solche ›Reserve für alle Fälle‹ auch in Zukunft nicht verkümmern zu lassen. Niemals mehr sollte Preußens Großmachtstellung auf die Gewährung fremder Subsidien angewiesen sein. Und was den Wiederaufbau des Landes anging, das sechseinhalb Jahre unter der Kriegsfurie gelitten hatte, lautete die königliche Devise konsequent: alles aus eigener Kraft.

Nach wenigen Monaten kannte Friedrich den vollständigen Umfang der preußischen Kriegsverluste. Er unterschied zwischen Menschenopfern und Materialschäden. Durch Belagerungen, Niederbrennungen und Artilleriebeschuß waren in den Gebieten, in denen sich der Krieg vornehmlich abgespielt hatte – in Schlesien, Pommern und der Mark Brandenburg – 21 000 Gebäude vernichtet worden: in Schlesien 13 500, davon 5500 in den Städten, in Pommern und Brandenburg 7000 Häuser auf dem flachen Land und 500 in den beiden Städten Kolberg und Küstrin. Die Opfer an Menschenleben verteilten sich sehr unterschiedlich auf die einzelnen Landschaften:

Landschaften des Königreiches	Einwohnerzahl 1756	Einwohnerzahl 1763	Verluste (in %)
Brandenburg	850 000	730 000	120 000 (14 %)
Ostpreußen	750 000	660 000	90 000 (12 %)
Pommern	400 000	330 000	70 000 (17,5 %)
Schlesien	1 400 000	1 350 000	50 000 (3,5 %)
Mitteldeutschland	350 000	343 000	7 000 (2 %)
Westliche Gebiete	530 000	467 000	63 000 (12 %)

Der König entschloß sich zu einem umfassenden »Retablissement« seines Staates, und unter diesem französischen Terminus ist das gewaltige Aufbauwerk, das er in dreieinhalb Jahren (also in der Hälfte der Kriegszeit) durchpeitschte, in die Geschichte eingegangen. »Retablissement« heißt exakt übersetzt: Wiederinstandsetzung. Und genau in diesem Wortsinne ist Friedrichs Leistung historisch einzuordnen. All das, was der junge

König von 1740 bis 1756 im Innern seines Staates in Angriff genommen hatte, war als wirkliches Reformwerk zu verstehen gewesen: als eine umsichtige, ebenso entschlossene wie elastische Politik des grundsätzlichen Besserns, eben des Reformierens. Davon jetzt nichts mehr! Der Alte Fritz war in den Schlachten des Siebenjährigen Krieges konservativ geworden. Nur keine Experimente, lautete seine staatspolitische Devise. Reformvorhaben oder gar Neuerungen standen nicht mehr zur Debatte. Wiederinstandsetzung (»Retablissement«), das hieß für Friedrich, Preußen so schnell wie möglich wieder auf den Stand von 1756 zu bringen und die Kriegsschäden, die ihm die »verfluchten« Feinde geschlagen hatten, in Gänze zu beseitigen, so, als habe der Krieg niemals stattgefunden.

Das Retablissement war also keine Fortsetzung seines glänzenden Reformwerkes aus der Zeit vor dem Krieg. Es hatte keine offensive oder avantgardistische Note. Der König wollte vielmehr durch einen Kraftakt sondergleichen die sieben sinnlosen Kriegsjahre auslöschen, die seine vorausgegangene zehnjährige Friedensarbeit weitgehend zunichte gemacht hatten. Es war ein defensives Konzept des Trotzes und der Verbissenheit. Man könnte es auch eine ›Korrektur der Geschichte‹ nennen. Es war weniger in die Zukunft gerichtet als an der Vergangenheit orientiert. Selbstverständlich sollte es dem Lande und den Bewohnern zugute kommen.

Und das gelang vollständig. Gleich nach Friedensschluß entließ Friedrich 40000 Mann aus der Armee, also jeden dritten seiner Soldaten. Die Männer eilten in ihre Heimatdörfer und nahmen wieder die Pflugschar in die Hand. Pflügen und Ackern konnte man damals aber nur mit Pferden – es gab ja noch keine Landmaschinen –, und so wurde der Landwirtschaft entscheidend geholfen, als der König kurz darauf 35000 Artilleriepferde der Armee ausmusterte und kostenlos den Gemeinden bzw. Gütern überließ. Seiner Hauptstadt Berlin hatte er schon in den letzten Kriegsjahren zwei Millionen Taler als Ersatz für die Kontributionszahlungen an die Alliierten zur Verfügung gestellt. Bis Ende 1763 schüttete er weitere sechs Millionen Taler, zwanzig Prozent des Staatsschatzes, an die Provinzen aus, um in einer erneuten Wiedergutmachungsphase die dringendsten Kriegsschäden zu beseitigen und die Wirtschaftsräder Preußens wieder in Schwung zu setzen.

Nächste Seite oben: Der Weber
Nach einer Zeichnung von Daniel Chodowiecki in Kupfer gestochen von Krüger, 1774

Nächste Seite unten: Der Tuchhändler
Nach einer Zeichnung von Daniel Chodowiecki in Kupfer gestochen von Schleuen, 1774

1
3
2
4

Im Frühjahr 1764 begannen die eigentlichen, höchst kostspieligen Wiederinstandsetzungsarbeiten. Friedrich verwandelte seinen Staat in eine einzige große Baustelle. Überall hörte man Hammer und Meißel klingen. Rastlos trieb der König seine Beamten und Bewohner an, die Hände zu rühren. Auf nimmermüden Inspektionsreisen durch Schlesien, Pommern und die Mark Brandenburg überzeugte er sich selbst vom Fortgang aller Tätigkeiten. Bereits nach zweieinhalb Jahren, am 24. Oktober 1766, konnte er an Voltaire schreiben: »Wollen Sie den ganzen Umfang der Verwüstungen kennen lernen, die der fanatische Ehrgeiz der Feinde in meinem Lande angerichtet hat, so mögen Sie wissen, daß ich in Schlesien 8000, in Pommern und der Neumark 6500 Häuser habe wiederaufbauen müssen, was nach Newton und d'Alembert 14500 menschliche Behausungen ergibt.« Ein Jahr später, im Herbst 1767, war das gigantische Werk vollendet, waren 21000 zerstörte Gebäude neu errichtet.

Seine zweite Sorge galt der »Peuplierung«, den Bevölkerungsproblemen. Preußen hatte in sieben Kriegsjahren – die Verluste der Armee eingerechnet – etwa 450000 Menschenleben eingebüßt. Jeder zehnte Preuße hatte also die Katastrophenjahre nicht überstanden. Der Geburtenüberschuß lag im 18. Jahrhundert, infolge hoher Kindersterblichkeit und geringer Lebenserwartung, niedrig. Hier konnte nur eine Fortführung der Kolonisationstätigkeit helfen, die Friedrich bereits von 1743 bis 1755 mit Erfolg betrieben hatte. Damals waren etwa 120000 Einwanderer ins Land gezogen worden. Jetzt steigerte der König die Immigrationsbemühungen noch. Das verschlang enorme Summen. Sämtliche Einwanderer mußten mit Geld und Vieh unterstützt werden. Darüber hinaus mußte der Staat die notwendigen Wohngebäude, Siedlerstellen, ja ganze Dörfer für die Neuankömmlinge errichten.

Die Hauptansiedlung erfolgte in Schlesien und in Ostpreußen; in geringerem Ausmaß in der Neumark. 1771 befahl Friedrich, innerhalb von vier Jahren 200 neue Dörfer in Schlesien zu erbauen, wobei jedes Dorf etwa für fünfhundert Köpfe berechnet war. Ein solcher Riesenauftrag war nicht zu bewältigen; es mangelte dafür ebenso an Arbeitskräften wie an Baumaterialien. Immerhin, fünf Jahre später standen 175 neue Dörfer fix und fertig in der Provinz und boten Platz für 75000 Bewohner. In der Neumark wurden kleinere Dörfer konzipiert, die jeweils für 100 bis 140 Bewohner gedacht waren. Auch hier schossen 150 neue Dörfer aus dem Boden, die 18000 Einwanderern eine neue Heimat gaben.

Es war ein mühseliges Werk, die weiten, dünnbesiedelten Landstriche Preußens zu bevölkern. Aber in zwölf Jahren, bis zum Jahre 1775, gelang es Friedrich tatsächlich, die Kriegsverluste der Bevölkerung völlig wettzumachen: Pommern, Brandenburg, Schlesien, die mitteldeutschen und die westdeutschen Gebiete erreichten nach Kopfstärke den Vorkriegsstand von 1756; in Ostpreußen wurde die Zahl sogar um 20000 überschritten. Das

Der Hausbau
Nach einer Zeichnung von Daniel Chodowiecki in Kupfer gestochen von Schuster, 1774

wäre ohne die ›innere Kolonisation‹ nicht möglich gewesen, ohne die Einwanderung von ca. 240 000 Ausländern, die in ihrer übergroßen Mehrheit aus den deutschen Reichsterritorien und aus dem nördlichen Böhmen nach Preußen kamen. Rechnet man die beiden Friedensphasen zusammen, so wanderten während der gesamten Regierungszeit Friedrichs des Großen annähernd 360 000 Ausländer nach Preußen ein (acht Prozent der Gesamtbevölkerung), für die rund eintausend neue Dörfer angelegt wurden.

In dreieinhalb Jahren die Kriegsruinen zu beseitigen – und das ohne die technischen und industriellen Hilfsmittel von heute –, in einem Dutzend Jahren den biologischen Substanzverlust von etwa zehn Prozent der Bevölkerung wieder auszugleichen, das waren nicht nur staunenerregende Leistungen dieses energiegeladenen und ständig anfeuernden Monarchen, das waren auch unbestreitbare Wohltaten, die dem ganzen Lande, allen Gesellschaftsklassen, aber insbesondere der Landwirtschaft zugute kamen. Von diesem Zeitpunkt an begann – ungeachtet der ungelösten Leibeigenenfrage – der unaufhaltsame Aufstieg der ostdeutschen Landwirtschaft, der in den kommenden 150 Jahren die ostelbischen Gebiete an die Spitze der deutschen Agrarentwicklung führte. Ohne Friedrichs Aufbau- und Erziehungswerk aus der Zeit des Retablissements wäre es ausgeschlossen gewesen, daß beispielsweise die ostpreußischen Bauern und Landwirte, die 1945 nach Westen fliehen mußten und ins Sächsische, Thüringische, Hessische oder gar nach Bayern kamen, den Eindruck hatten, unterentwickelte Gebiete zu betreten.

Die städtische Bevölkerung Preußens profitierte dagegen kaum von der Retablissementpolitik. Das Konzept des ›geschlossenen Handelsstaates‹, das Friedrich von seinem Vater übernommen und in der ersten Hälfte seiner Regierungszeit so virtuos gehandhabt hatte, erwies sich nun von Jahr zu Jahr mehr als reformbedürftig. Die unmittelbar nach dem Friedensschluß getroffenen Anordnungen zur Hebung des bürgerlichen Handels und der städtischen Industrien erbrachten nicht die gewünschten Ergebnisse. Natürlich bemerkte der König das. Am 26. September 1766 forderte er deshalb das Generaldirektorium auf, sich in grundsätzlicher Form über die Ursachen der Mißerfolge zu äußern. Zwei Minister machten sich an die Arbeit und wiesen nach, daß der schleppende Geschäftsgang der preußischen Wirtschaft nicht nur durch die Fülle der Kriegsschäden und der negativen Folgen der Münzverschlechterungen zu erklären sei, »sondern hauptsächlich dadurch, daß dem Handel die Freiheit entzogen ist, deren er zu seinem Gedeihen bedarf«. Das war kaum verhüllte Kritik an der staatsdirigistischen Wirtschafts- und Handelspolitik des Monarchen. Und Friedrich empfand es auch so. Außer sich vor Zorn schrieb er unter den Bericht: »Ich erstaune über der impertinenten Relation, so Sie mir schikken. Ich entschuldige die Minister mit ihrer Ignorance. Aber die Malice und Korruption des Konzipienten muß exemplarisch bestraft werden; sonsten bringe ich die Kanaillen niemals in die Subordination.«

Mit diesem Kasernenhofton schlug er natürlich jeden Ansatz zur Opposition nieder; aber er erstickte damit zugleich jede Bereitschaft zur Eigeninitiative, so selten sie auch im damaligen Preußen sein mochte. Der aufgeklärte Absolutismus Friedrichs des Großen wandelte sich nach dem Siebenjährigen Krieg in einen wohlmeinenden Despotismus! Des Königs Bestreben war ohne jeden Zweifel auf die Wohlfahrt seines Landes gerichtet. Die preußischen Untertanen sollten endlich fähig werden, sich von den industriellen Erzeugnissen des Auslands unabhängig zu machen, sie sollten ihre eigene Produktion nicht nur vermehren, sondern auch verbessern, um so ›Weltniveau‹ zu erreichen. Sie sollten lernen, sich weitgehend selbst zu versorgen, und sollten darüber hinaus die Ausfuhr ihrer Waren ins Ausland steigern, um fremdes Geld ins Inland zu ziehen und so den Nationalreichtum zu erhöhen, den Friedrich in erster Linie am Besitz harter Währungen, also am Devisenbestand, maß.

Es waren dies ›staatsdirigistische‹ oder ›staatssozialistische‹ Auffassungen, die bis 1756 für das preußische Entwicklungsland durchaus angemessen und in ihren Auswirkungen höchst segensreich gewesen waren. Friedrich sah jedoch nicht – oder wollte nicht sehen –, daß die sprunghaften Fortschritte im industriell-technischen Bereich und im internationalen Warenverkehr eine Neuorientierung der Wirtschaftspolitik verlangten. Vor allem aber erkannte er nicht, daß sich das Bewußtsein seiner Bevölkerung zu ändern begann. Gewiß war Preußen immer noch ein armer Agrarstaat, ohne Flotte, ohne begütertes Bürgertum und ohne Kapitalien. Doch gerade seine, Friedrichs, Taten im Krieg hatten den Preußen ein ungeheures, vorher nie gekanntes Selbstbewußtsein gegeben! Dieselben Menschen, die bis 1745 noch jedem Franzosen oder Engländer mit blöder Ungeschicklichkeit und Unterwürfigkeit begegnet waren, empfanden es jetzt als eine Ehre und Auszeichnung, Preußen sein zu dürfen. Seit Roßbach und Leuthen fühlte sich jeder preußische Staatsbürger einem Franzosen oder Briten mindestens ebenbürtig, einem Österreicher oder Russen weit überlegen. Es ist eine merkwürdige Ironie der Geschichte, daß der Schöpfer des Preußentums und des preußischen Selbstbewußtseins die Konsequenzen seiner eigenen heroischen Leistungen gar nicht wahrnahm. Friedrich verstand nicht, daß das stärkste Wirtschaftskapital eines Staates im Bereitschaftskapital eines Volkes bzw. seiner führenden Schichten besteht. In Preußen regten sich allmählich Kräfte, die danach strebten, Eigenverantwortung zu übernehmen, ohne ›väterliche‹ Gängelung von oben. Friedrich sah die Anzeichen der heraufkommenden bürgerlichen Epoche nicht. Er blieb, auch in der Wirtschaftspolitik, bei ›Befehl und Gehorsam‹. Das spätfriderizianische Preußen präsentierte sich der Welt als patriarchalische Arbeitsmonarchie.

Zum Mangel an Freizügigkeit für die Eigeninitiative selbstbewußer Staatsbürger kam das bis zum Extrem getriebene System der geschlossenen Grenzen und hohen Zollschranken. Auch nach der Erwerbung Schlesiens und Ostfrieslands (später noch Westpreußens) blieb Preußen ein Staat der endlosen Grenzen. Es gab keinen Ort im ganzen Land, der weiter als vier Meilen von einer Grenze entfernt lag. Die sächsische Grenze reichte beispielsweise fast bis an die Stadtmauern Potsdams heran; die polnischen Grenzen schoben sich schmerzhaft zwischen Pommern und Ostpreußen; die mittel- und westdeutschen Gebiete bestanden fast mehr aus Grenzlinien denn aus Flächeninhalt. Alle diese Grenzen mußten Tag und Nacht bewacht werden, und die Grenzbeamten hatten alle Hände voll zu tun, die Ein- und Ausfuhr bestimmter Waren zu kontrollieren oder gar zu verhindern. Im Land selbst existierten Zollgrenzen zwischen den einzelnen Provinzen, und an jedem Stadttor standen Kontrolleure, die es mit den Handels- und Geschäftsleuten wie mit dem armen Kandidaten Linsenbarth trieben. Wer sollte da Lust haben, etwas wirtschaftlich zu unternehmen, also als selbständiger ›Unternehmer‹ sein bescheidenes Kapital, seine Zeit und eventuell gar noch seine Freiheit zu riskieren? Das Kennzeichen

Der Wagenbauer
Nach einer Zeichnung von Daniel Chodowiecki in Kupfer gestochen von Schleuen, 1774

Preußens in dieser Epoche war eigentlich nicht das des Militärstaates, wie es so oft behauptet worden ist und noch behauptet wird. Die preußische Armee, die Friedrich bald nach dem Krieg auf 150 000 Mann vermehrte, stand ja in Friedenszeiten nur mit einem Drittel ihrer Sollstärke unter Waffen; und davon waren nur 20 000 Landeskinder, während 100 000 Soldaten fast das ganze Jahr über nach Hause beurlaubt waren. Darin unterschied sich Preußen sogar vorteilhaft von den anderen Großmächten jener Zeit. Viel prägnanter – und für die Menschen unangenehmer – war, daß dieses Preußen niemals aufhörte, ein Staat der Grenz- und Zollschikaneure zu sein.

Andererseits, der staatliche Dirigismus, mit dem Friedrich seine Bevölkerung zugleich kontrollierte wie engagierte, blieb nicht gänzlich ohne positive Auswirkungen. Anfang der achtziger Jahre, also knapp zwei Jahrzehnte nach Kriegsende, betrug der Wert der jährlichen preußischen Ausfuhr fünfzehn Millionen Taler, während der der Einfuhr bei zwölf Millionen Talern lag. Das war schon ein beachtlicher Fortschritt an sich, denn zu Zeiten des Soldatenkönigs waren die Importe stets höher als die Exporte gewesen. Natürlich, nach internationalem Vergleichsmaßstab nahm es sich bescheiden aus, wenn der Gesamtumsatz des jährlichen preußischen Handelsverkehrs 27 Millionen Taler ausmachte. In England betrug die entsprechende Ziffer 200 Millionen Taler, und in Frankreich 135 Millionen. England war damals allen anderen Ländern weit voraus. Aber Frankreich? Es zählte fünfundzwanzig Millionen Einwohner, fünfmal mehr als Preußen. Und der preußische Handelsumsatz betrug exakt ein Fünftel des französischen! An der Kopfzahl gemessen war mit Frankreich also schon Gleichstand erreicht.

Bewies Friedrich in Teilbereichen seiner ökonomischen Politik eine unglückliche Hand – so in der Nachahmung des französischen Regieunwesens oder in dem berüchtigten Kaffee-Edikt vom 21. Januar 1781 über die Errichtung von staatlichen Kaffeebrennereien, womit er den Kaffeeschmuggel unterbinden und mißverstandenen englischen Beispielen nacheifern wollte –, so erwiesen sich seine staatlichen Leitungs- und Lenkungsprinzipien doch auf anderen Sektoren der Volkswirtschaft als überaus effizient. Als Schlesien beispielsweise 1740 preußisch geworden war, arbeiteten dort ganze zehn Bergwerke. Bis 1786, dem Ende seiner Regierungszeit, vermehrte Friedrich die Anzahl der Bergwerke auf fünfzig. Von entscheidender Bedeutung für diesen Erfolg war es, daß der König 1777 den weitgereisten und hocherfahrenen Freiherren von Heinitz an die Spitze der schlesischen Bergwerksverwaltung stellte, die dadurch eine zentrale Zusammenfassung und Gesamtleitung erhielt. Bei Friedrichs Tod waren bereits 47 Hochöfen und 185 Eisenhämmer in Betrieb, die einen jährlichen Gesamtertrag von 600 000 Talern erwirtschafteten. Denselben Jahresumsatz produzierte die westfälische Eisenindustrie in den westdeutschen preußischen Staatsgebieten. Der König bewirkte diesen Aufschwung, indem er den westfälischen Bergleuten Militärfreiheit gewährte und dadurch sicherstellte, daß es niemals an Arbeitskräften mangelte. Als er Anfang der siebziger Jahre die Ruhr ausbaggern und schiffbar machen ließ, reüssierte auch der westfälische Kohlebergbau. Seine Produktion vervierfachte sich von 1740 bis 1786.

Von alledem profitierte der Staat und damit letzten Endes auch die Gesamtheit der preußischen Bevölkerung. Zwei Aktivitäten des Königs sicherten ihm jedoch die besondere Dankbarkeit des kleinen Mannes, des armen Volkes in Preußen: seine organisatorischen Maßnahmen zur Begründung und Befestigung des Magazinwesens und sein persönliches Engagement bei der Urbarmachung von Sümpfen und Brüchen. Hier offenbarte sich Friedrichs eminentes Verwaltungstalent, hier zeigte sich aber auch, wie nützlich die harte Schule des Vaters gewesen war, der ihm in den Küstriner Jahren für immer eingebleut hatte, das Große im Kleinen zu suchen, jedes Detail so ernst wie den Gesamtzusammenhang zu nehmen.

Fast alle Länder Europas wurden damals in periodischen Abständen von furchtbaren Hungersnöten heimgesucht. Friedrich sorgte dafür, daß überall in seinen Provinzen neben den Armee-Magazinen, in denen der Kornbedarf für einen möglichen Feldzug seines Heeres aufgespeichert lag, auch sogenannte Land-Magazine für die Bevölkerung existierten. Lagen die Getreidepreise infolge günstiger Ernten niedrig, so ließ der König große Massen an Brot- und Saatkorn aufkaufen und in den Landmagazinen einlagern. So beispielsweise im Jahre 1769, als die Ernte überaus reichhaltig ausfiel. In den folgenden Jahren 1770 bis 1772 gab es in Deutschland infolge schlechter Witterungsverhältnisse katastrophale Mißernten. Friedrich ließ die Magazine öffnen und an die Bedürftigen Brot- und Saatkorn zu Niedrigstpreisen verkaufen, während er gleichzeitig die Getreideausfuhr für einen begrenzten Zeitraum aufs strengste verbot, um Wucherern und Spekulanten das Handwerk zu legen. Während in ganz Deutschland Hungersnöte ausbrachen, blieb Preußen davon verschont; ja, der König sah sich in der Lage, mit staatlichen Getreidelieferungen der notleidenden Bevölkerung in den deutschen Reichsterritorien und Nachbarstaaten zu Hilfe zu kommen. Der bekannte Schriftsteller und Buchhändler Friedrich Nicolai, ein Freund Lessings und Moses Mendelssohns, erklärte damals, jetzt erst hätten viele Menschen begriffen, daß der Preußenkönig nicht nur ein genialer König-Feldherr, sondern auch ein treusorgender Landesvater sei.

Daß Friedrichs wiederholt ausgesprochene Maxime, ein König müsse der ›Sachwalter der Armen‹ sein, nicht bloße Rhetorik war, manifestierte sich nicht nur in seiner armenfreundlichen Magazinpolitik, sondern auch in der Praxis, die er bei der Urbarmachung unkultivierter Landstriche verfolgte. Gewiß profitierten auch die adligen Gutsbesitzer davon. Friedrich achtete jedoch argwöhnisch darauf, daß das neukultivierte Land, das den Sümpfen, Brüchen und Morästen abgewonnen wurde, in erster Linie den Einwanderern und kleinen selbständigen Bauern zugute kam. (Nach 1763 nötigte er die Gutsherren ganz allgemein dazu, bäuerliche Besitzungen, die sie während des Krieges und der Abwesenheit ihrer männlichen Bewirtschafter in ihre Güter einbezogen hatten, wieder herauszurücken und den kleinen Landwirten zurückzugeben.) Der Vater hatte schon das Havelländische Luch trockengelegt. Friedrich war diesem Beispiel 1747 mit der Urbarmachung des Oderbruchs gefolgt. Sofort nach Kriegsende, 1763, verfügte er umfangreiche Kultivierungsarbeiten an Netze und Warthe, in der Gegend von Landsberg, Driesen und Friedeberg. Sechs Jahre später, 1769, ließ er ausgedehnte Bruchflächen in Pommern und auf der Insel Usedom trockenlegen. Bereits 1771 waren diese Arbeiten abgeschlossen. 1774 rief er eine ihm persönlich unterstellte Immediatkommission ins Leben, die einen umfassenden Plan zur Melioration (Landverbesserung) des preußischen Gesamtstaates ausarbeitete. Zwei Jahre später begannen die Kultivierungsarbeiten am Dossebruch, im Amtsbezirk Fehrbellin. Wiederum mußte Friedrich – wie 1747 im Oderbruch – staatlichen Zwang anwenden, um den Widerstand des reaktionären Landvolks zu brechen. Nach weiteren zwei Jahren waren 15000 Morgen Land gewonnen, auf denen 25 neue Dörfer mit 1500 Ansiedlern Platz fanden.

Am 23. Juli 1779 brach Friedrich um fünf Uhr morgens von Potsdam auf, um sich einen persönlichen Eindruck von den neuentstandenen Verhältnissen in der Fehrbelliner Gegend zu verschaffen. Während dieser Inspektionsfahrt begleitete ihn der zuständige Oberamtmann Fromme, der die Gespräche mit dem König aufzeichnete und das Manuskript an seinen Onkel, den berühmten sächsischen Dichter Johann Wilhelm Ludwig Gleim, sandte. Es ist ein Zeitdokument, das ebenso charakteristisch für den friderizianischen Regierungsstil ist wie das Tagebuch des thüringischen Kandidaten Linsenbarth. Es läßt den Leser die Denkprozesse und inneren Reflexionen Friedrichs wie unter der Großaufnahme einer Filmkamera verfolgen. Das Gespräch zwischen König und Fromme, der links neben der Kutsche Friedrichs ritt, verlief so:

König: »Haltet Ihr mehr Vieh als Euer Vorfahr?«

Fromme: »Ja, Majestät. Auf diesem Vorwerk halte ich 40, auf allen Vorwerken 70 Kühe mehr.«

König: »Das ist gut! Die Viehseuche ist doch nicht hier in der Gegend?«

Fromme: »Nein, Majestät.«

König: »Habt Ihr die Viehseuche früher hier gehabt?«

Fromme: »Ja.«

König: »Braucht nur fein fleißig Steinsalz, dann werdet Ihr die Viehseuche nicht wieder bekommen.«

Fromme: »Ja, Majestät, das gebrauche ich auch. Aber Küchensalz tut beinahe denselben Dienst.«

König: »Nein, das glaubt nicht! Ihr dürft das Steinsalz nicht kleinstoßen, sondern müßt es dem Vieh so hinhängen, daß es daran lecken kann.«

Fromme: »Ja, es soll geschehen.«

König: »Sind hier sonst noch Verbesserungen zu machen?«

Fromme: »O ja, Majestät. Hier liegt die Kremmensee. Wenn die abgegraben würde, so bekämen Sie 1800 Morgen Wiesenwachs, auf denen Kolonisten angesetzt werden könnten, und dann würde die ganze Gegend hier schiffbar, was dem Städtchen Fehrbellin und der Stadt Ruppin ungemein aufhelfen würde.«

König: »Na, sagt es meinem Geheimrat Michaelis. Der Mann versteht's . . .«

Fromme: »Es soll geschehen, Majestät.«

König: »Hat der General von Ziethen auch bei der Abgrabung des Bruchs gewonnen?«

Fromme: »O ja. Die Meierei hier rechts hat er gebaut und eine Kuhmolkerei angelegt, was er nicht gekonnt hätte, wenn das Bruch nicht entwässert worden wäre.«

König: »Das ist mir lieb . . . Wie heißt der Beamte zu Alten-Ruppin?«
Fromme: »Honig.«
König: »Wie lange ist er schon da?«
Fromme: »Seit Trinitatis.«
König: »Seit Trinitatis? Was ist er vorher gewesen?«
Fromme: »Canonicus.«
König: »Canonicus? Canonicus? Wie führt der Teufel zum Beamten den Canonicus?«
Fromme: »Majestät, er ist ein junger Mensch, der Geld hat und es sich zur Ehre rechnet, bei Ihnen Beamter zu sein.«
König: »Warum ist aber der Alte nicht geblieben?«
Fromme: »Er ist gestorben.«
König: »So hätte doch die Witwe das Amt behalten können?«
Fromme: »Sie ist in Armut geraten.«
König: »Durch Frauenwirtschaft?«
Fromme: »Majestät verzeihen, sie wirtschaftete gut! Allein, die vielen Unglücksfälle haben sie zu Grunde gerichtet; die können den besten Wirt zurückwerfen. Ich selber habe vor zwei Jahren das Viehsterben gehabt, und ich habe keinerlei Remission vom Staat erhalten. Ich kann auch nicht wieder vorwärtskommen . . .«
König: »Mein Sohn, heute habe ich Schaden am linken Ohr; ich kann nicht gut hören.«
Fromme: »Ja, das ist eben das Unglück, daß der Geheimrat Michaelis auch diesen Schaden hat . . .«
Der Amtmann blieb etwas zurück. Er fürchtete, daß der König diese Bemerkung übelnehmen könnte. Friedrich lehnte sich jedoch aus dem Wagenfenster und sah sich nach Fromme um.
König: »Na, Amtmann, vorwärts! Bleibt beim Wagen! Aber seht Euch vor, daß Ihr nicht unglücklich werdet! Sprecht nur laut, ich verstehe recht gut!«
Der Wagen fuhr durch das Dorf Protzen, wo der König den alten Husarengeneral von Ziethen »recht zärtlich« begrüßte. Auf der Weiterfahrt aß Friedrich Butterbrote und Pfirsiche und setzte danach das Gespräch mit dem Oberamtmann fort.
König: »Eure Untertanen müssen recht gut im Stande sein?«
Fromme: »Ja, Majestät. Ich kann aus dem Hypothekenbuch nachweisen, daß sie an fünfzigtausend Taler Kapital haben.«
König: »Das ist gut! So müßt Ihr sie auch immer erhalten!«
Fromme: »Ja, es ist recht gut, Majestät, daß der Untertan Geld hat. Aber er wird dann auch übermütig, so wie die hiesigen Untertanen, die mich schon siebenmal verklagt haben, um vom Hofdienst befreit zu werden.«
König: »Na, sie werden wohl auch Ursache dazu gehabt haben!«

Fromme: »Verzeihen Sie gnädigst, aber es ist eine Untersuchung gewesen. Und es wurde befunden, daß ich die Untertanen nicht gedrückt, sondern immer Recht gehabt und sie nur zu ihrer Schuldigkeit angehalten habe. Dennoch bleibt die Sache, wie sie ist: Die Bauern werden nie bestraft! Majestät geben den Untertanen immer Recht! Und der arme Beamte muß Unrecht haben.«

König: »Mein Sohn, es wird wohl so sein, daß Ihr zum Schluß doch immer Recht bekommt. Ich glaube, Ihr werdet wohl Eurem Departementsrat viel Butter, Kapaunen und Puters schicken!«

Fromme: »Nein, Majestät, das geht nicht . . .«

König: »Wohin verkauft Ihr Eure Butter, Kapaunen und Puters?«

Fromme: »Nach Berlin.«

König: »Warum nicht nach Ruppin?«

Fromme: »Die meisten Bürger halten soviel Kühe, wie sie zu ihrem Aufwand benötigen. Und der Soldat ißt alte Butter; der kann die frische nicht bezahlen.«

König: »Aber Eure Kapaunen und Puters könnt Ihr doch nach Ruppin bringen?«

Fromme: »Beim ganzen Regiment sind nur vier Stabsoffiziere; die brauchen nicht viel. Und die Bürger leben nicht delikat. Sie danken Gott, wenn sie Schweinefleisch haben.«

König: »Ja, da habt Ihr Recht. Die Berliner, die essen gern was Delikates . . . Na, macht mit den Untertanen, was Ihr wollt. Nur drückt sie nicht!«

Während der Hubertusburger Friedensverhandlungen, im Februar 1763, schrieb Friedrich an das Generaldirektorium, daß er »die Aufrechterhaltung der Schulen im Lande und die gute Ordnung in ihnen zum Hauptaugenmerk« seiner Friedenspolitik machen werde. Ein halbes Jahr später, im August 1763, erschien ein »Landschulreglement« für die evangelischen Schulen Preußens, das Pfarrer Hecker, der als Prediger in der Berliner Dreifaltigkeitskirche wirkte, ausgearbeitet hatte. Zwei Jahre darauf, 1765, folgte ein Landschulreglement für die katholischen Schulen Preußens, das von einem schlesischen Abt verfaßt worden war. Friedrich selbst ließ von 1763 bis 1765 insgesamt 251 katholische Schulen in Schlesien errichten, denen in den nächsten vier Jahren, bis 1769, noch einmal 249 katholische und 250 evangelische Schulen folgten. Also 750 Schulen in sechs Jahren, in einer einzigen Provinz! Man kann sich Vergleichbares selbst heute nicht vorstellen.

Das war die eine, die überaus glänzende Seite der friderizianischen Schulpolitik. Aber was nützten noch so viele Schulen, wenn es kein Geld zur Besoldung der Lehrer gab? Von den 600 Schulmeistern der Kurmark hatten nur fünfzig ein jährliches Einkommen, das bei 100 Talern und mehr lag, also als auskömmlich bezeichnet werden konnte. Vierhundert Lehrer verfügten nur über 50 bis 100 Taler pro Jahr; 150 Lehrer brachten es noch nicht einmal auf fünf Taler jährlich. Der Grund war darin zu suchen, daß man im 18. Jahrhundert einen regulären Lehrerberuf noch nicht kannte. Das Schulwesen unterstand seit Jahrhunderten der kirchlichen Aufsicht, und eigentlich hätten die Dorfpfarrer zugleich die Dorflehrer sein müssen. Davon konnte aber nur in seltenen Fällen die Rede sein; man konnte von Glück sprechen, wenn der Pfarrer dem Küster die Schulaufsicht übertrug. Häufig wälzten die Kirchenleute die ungeliebte und mühselige Aufgabe auf den Dorfschneider oder auf den Kuhhirten ab. Als Friedrich 1771 den fähigen Minister von Zedlitz mit der obersten Aufsicht über das preußische Schulwesen betraute, mußte der die strengsten Verbote dagegen erlassen, das Lehramt nebenbei, neben einem Handwerk, auszuüben. (Lediglich in Schlesien blieb den Lehrern das Schneiderhandwerk gestattet.) Immer wieder mußte er Dekrete erlassen, daß es den Dorfschulmeistern verboten sei, ein Handwerk zu betreiben oder die Ehefrau damit zu beauftragen, den Kindern Schulunterricht zu erteilen, wie es auf den Dörfern gang und gäbe war. Ja, Zedlitz sah sich genötigt, gegen die »Bierlümmel« Front zu machen, gegen die Kneipen- und Schankwirte, die nebenbei durch Schulunterricht noch ein paar Taler hinzuverdienten. Er untersagte allen Lehrern »das Bier- und Branntweinschenken, das Handeln oder das Aufwarten in den Kretschamen (Dorfkneipen) mit Musik«. Dorfschullehrer, das war eben immer eine ungeliebte Tätigkeit gewesen, an der niemand großes Interesse hatte und für die auch von Staats wegen kaum Geld da war.

Friedrich Wilhelm I., der Vater, war der erste Monarch Europas gewesen, der bereits 1717 eine Art von allgemeiner Schulpflicht dekretiert hatte. Er hatte verordnet, daß die Kinder im Sommer zweimal wöchentlich, im Winter täglich in die Schule gehen sollten. Damit hatte er schon weitgehend auf die Bedürfnisse der werktätigen Bevölkerung Rücksicht genommen, die in ihren Kindern unentbehrliche und billige Arbeitskräfte sah. Natürlich hatte niemand gewagt, den Anordnungen des königlichen »Berserkers« offen Widerstand zu leisten. Aber Bauern, Handwerker, Gutsbesitzer, Pfarrer: alles verschwor sich zur indirekten Sabotage. Die kulturrevolutionäre Initiative des Soldatenkönigs scheiterte weitgehend an der Obstruktion der Basis.

Friedrich schrieb am 17. September 1772: »Die Sorge für die Erziehung ist ein wichtiger Gegenstand, den die Fürsten nicht vernachlässigen sollten und den ich bis auf die Dörfer ausdehne. Er ist das Steckenpferd meines Alters.« Das klang gut und war auch ganz im Sinne der Aufklärung gedacht. Der König war davon überzeugt, daß man die Menschen durch gute Erziehung bessern und anspornen könne. Es fehlten jedoch alle praktischen Voraussetzungen, um die Theorie in die Praxis umzusetzen. Anfang der siebziger Jahre sah es beispielsweise in der Kurmark so aus, daß in 1000 von 2000 Dörfern die Küster nebenberuflich Schulunterricht erteilten. Nur in 1560 Dörfern gab es überhaupt Schulgebäude. 337 Dörfer besaßen überhaupt keine Schule, und in 103 Dörfern fand nur Winterunterricht statt. Friedrich paukte zwar, teilweise mit Brachialgewalt, den Bau von Schulen durch. Doch grundlegenden Wandel hätte er nur schaffen können, wenn er große Geldsummen für den Lehrerberuf ausgeworfen hätte. Dazu war er nicht bereit. Als er 1779 zu den Hilfsmaßnahmen griff, die Invaliden aus dem Siebenjährigen Krieg für den Lehrerstand vorzuschlagen – »denn die Leute verdienen es, untergebracht zu werden, weil sie ihr Leben und ihre Gesundheit für das Vaterland gewagt haben« –, da war es ein Schlag ins Wasser: Von 3443 Invaliden befand das Königsberger Konsistorium nach einer einwöchigen Prüfung nur drei für geeignet, den Beruf des Schulmeisters auszuüben.

Es wäre eine schiefe Betrachtungsweise, die beiden Preußenkönige – Vater und Sohn – für die Unvollkommenheiten des damaligen Schulwesens verantwortlich zu machen. Der Widerstand der bäuerlichen Bevölkerung war zwar stillschweigend, aber immens. Daran hätte sich nur etwas ändern lassen, wenn die Kirche mit ihrer unbestrittenen Autorität auf den Dörfern eingegriffen und die Krone in ihrem erzieherischen Bemühen unterstützt hätte. Doch das Gegenteil war der Fall. Jahrhundertelang war es so gewesen, daß die Kirche für die pädagogische Beeinflussung der Massen allein verantwortlich gewesen war. Und die Kirchenhierarchie sah in der Lenkung der Köpfe wie in der Formung der Seelen ihr eigentliches Feld und wichtigstes Vorrecht. In diesem Punkt hatte sie weder ein Mitspracherecht der Herrscher noch des Adels geduldet. Sie bestimmte allein, was der junge, heranwachsende Mensch lernen oder nicht lernen sollte. Eifersüchtig achteten die Kirchenfunktionäre darauf, daß der Staat sich nicht zu sehr in die Volkserziehung einmischte, daß keine ›Verweltlichung‹ des Unterrichts eintrat. Wenn der König massenweise Schulgebäude errichten ließ, so ließ sich das nicht verhindern. Doch das Unterrichtswesen als solches blieb bezeichnenderweise Sache des geistigen Departments, und jeder Pfarrer behielt in seinem Kirchspiel die oberste Schulaufsicht. Nach den Anordnungen des Königs sollte jeder Dorfpfarrer in der Woche mindestens vier Unterrichtsstunden persönlich erteilen. Aber Minister von Zedlitz klagte immer wieder darüber, daß die geistlichen Herren es mit ihren Pflichten nicht genau nähmen, daß sie sich für einen Schulbesuch zu gut dünkten. Immerhin, in den letzten sechs Jahren seiner Regierungszeit erreichte es Friedrich allmählich, daß in den meisten Dörfern seines Staates an fünf Tagen in der Woche Schulunterricht stattfand.

Der König erkannte den Krebsschaden wohl. Er wünschte lebhaft, die dogmatische, von mittelalterlichem Geist geprägte Herrschaft der Kirchen über das Schul- und Erziehungswesen zu brechen. Weniger in den Dorfschulen, deren Aufrechterhaltung ohne kirchlichen Beistand praktisch unmöglich war, als vielmehr in den Gymnasien und Universitäten der Städte. Wenn ein Geistlicher in der Philosophie unterrichte, meinte er sarkastisch, dann sei das ebenso, als wenn ein Jurist einen Offizier in der Kriegführung unterweisen wolle. Aber mit solchen Intentionen eilte er den real existierenden Verhältnissen um ein halbes Jahrhundert voraus. Jetzt eben erst, in den letzten Lebensjahren des Königs, begannen auf den städtischen Gymnasien zaghafte Versuche, den Schülern die griechische Sprache anhand der hellenischen Originalautoren beizubringen und nicht mehr mit Hilfe des Neuen Testaments, wie es seit eintausend Jahren üblich gewesen war.

In Berlin, Breslau und Königsberg, den geistigen Zentren des Königreiches Preußen, rührten sich die ersten emanzipatorischen Bestrebungen eines aufgeklärten Bürgertums. Da von politischer Mitverantwortung unter dem Zepter eines absolutistischen Herrschers noch keine Rede sein konnte, entfaltete sich die Privatinitiative einzelner fortschrittlicher Bürger um so mehr auf dem Terrain der Pädagogik, der Volkserziehung, was den ungeteilten Beifall des Monarchen fand. Der ehemalige Prediger Hecker, der 1763 das Landschulreglement ausgearbeitet hatte, begründete in Berlin, unweit des Brandenburger Tores, die erste Realschule in Preußen, und bald eröffnete er auch eine Realschulbuchhandlung, die zum Publikumsschlager wurde. Friedrich sprach ihm brieflich seine besondere Anerkennung aus. Meierotto übernahm im Jahre 1775 die Leitung des Joachimstalschen Gymnasiums und führte moderne Lehrmethoden ein, die sich an den Erkenntnissen der Philosophie und nicht mehr an den Dogmen der Theologie orientierten. Im selben Jahr wurde das »Gymnasium zum grauen Kloster« gegründet, dessen Ruhm sich bald in ganz Deutschland verbreiten sollte. Friedrich sah das alles mit Wohlgefallen, griff aber selbst in die Entwicklung kaum ein. (Er plädierte lediglich des öfteren für die Förderung des Gesangsunterrichts an den Schulen.) Was die Universitäten seines Landes anging, so tat er nichts für sie und nichts gegen sie. Er verhielt sich völlig passiv. Etwas Besseres konnte der Forschung allerdings kaum widerfahren; denn die Einflußnahme eines absolutistischen Staates auf die Wissenschaften hätte nur bedenkliche Folgen zeitigen können. Im Jahre 1781 veröffentlichte Immanuel Kant in Königsberg sein bahnbrechendes Werk »Kritik der reinen Vernunft«, das das gesamte wissenschaftliche Denken und Leben der Epoche veränderte. Kant vermochte es zu schreiben, weil sein König die Vernunft zum Katalysator des menschlichen Fortschritts erklärt hatte. Und er konnte sieben Jahre später die »Kritik der praktischen Vernunft« veröffentlichen, sein zweites großes Hauptwerk, in welchem er das Pflichtethos in den Mittelpunkt der sittlichen Weltordnung stellte, weil sein König ihm und allen anderen Preußen die Pflichterfüllung vorgelebt hatte.

Daß Friedrich so geringen persönlichen Anteil am geistigen Leben und

Erwachen seines Volkes nahm, erwies deutlich, wie sehr er sich im Fegefeuer des Siebenjährigen Krieges verwandelt hatte. Der feurige Kultur- und Fortschrittsenthusiasmus des Kronprinzen und des jungen Königs, wo waren sie geblieben? Bereits in den letzten Kriegsjahren, 1761 oder 1762, hatte Friedrich sich mehr und mehr von seiner Mitwelt abgekapselt, hatte er die Verbindungsstränge zum waltenden Zeitgeist gekappt. Der alte König zog sich in sich selbst zurück, und das hieß, daß er sich im geistigen Raum seiner ersten vierzig, fünfzig Lebensjahre einigelte. So blieb er auch ganz seiner französischen Bildung verhaftet, gegen die einst der Vater vergeblich gewütet hatte. Daß rings um ihn her eine regelrechte Explosion des kulturellen Geistes seiner Nation erfolgte, nahm er nicht wahr. Er bemerkte nichts von Lessings dramatischen Werken und von Goethes lyrischen Gedichten. Er wußte nichts von Lessings »Minna von Barnhelm« (1767) und der darin enthaltenen Preußenverherrlichung, er ahnte nicht, daß Lessings »Nathan der Weise« (1779) eine dichterische Frucht seiner, Friedrichs, Toleranzpolitik den Konfessionen gegenüber war, und die ungeheure Erregung, die Goethes Briefroman »Die Leiden des jungen Werther« (1774) im deutschen Volk auslöste, blieb ihm gänzlich verborgen. Er hätte solche seelischen Exaltationen, die das Gesetz der Zucht und der Form sprengten, auch nicht gebilligt. Er blieb ein unwandelbarer Verehrer der französischen Literatur, und wenn er an die deutsche Sprache dachte, dann fielen ihm jene schrecklichen Bandwurmsätze ein, mit denen er sich als Kind gequält hatte, während Duhan dabeisaß und überlegen lächelte.

1777 begann Friedrich mit einer umfangreichen Abhandlung über die deutsche Sprache, die drei Jahre später veröffentlicht wurde und einen Entrüstungssturm der deutschen Intellektuellen auslöste, der sich bis heute nicht gelegt hat. Natürlich schrieb er diesen Essay »Über die deutsche Literatur« in französischer Sprache, und natürlich bezog sich seine Kritik auf eine bereits zurückliegende Literaturepoche. Seinen Zeitgenossen erschien die Abhandlung wie ein Totalverriß nationalen Geistesstrebens. Doch was er über die deutsche Sprache der vergangenen zweihundert Jahre schrieb, war so falsch nicht. Das herrliche Lutherdeutsch war ja im siebzehnten und achtzehnten Jahrhundert zu einem bezopften Bürokratenstil umständlichster Art verkommen, und Friedrich hatte einfach recht, wenn er urteilte:

»Werfen wir einen Blick auf unser Vaterland. Ich höre da eine Sprache reden, die jedes Reizes ermangelt, und die jeder nach seiner Laune willkürlich handhabt. (In Friedrichs Augen ein schwerer Verstoß gegen Formen und Regeln!) Ich höre wahllos gebrauchte Termini. Man vernachlässigt die passendsten und ausdrucksvollsten Worte, und der eigentliche Sinn geht in einem Meer von Nebensachen unter. Ich suche eifrig, unsern Homer, Virgil, Anakreon, Horaz, Demosthenes, Cicero, Thukydides, Titus Livius zu entdecken; ich finde nichts. Meine Mühe ist verloren. Seien wir doch aufrichtig und gestehen wir geradeheraus, daß bisher die schönen Wissenschaften auf unserem Boden nicht gediehen sind.«

Entsprach das nicht den Tatsachen? Einzuschränken bliebe nur, daß der König die letzten fünfzehn Jahre deutscher Geistesentwicklung seit Ende des Siebenjährigen Krieges nicht wahrgenommen hatte. Was jedoch die zweihundert Jahre anbetraf, die vorausgegangen waren, konnte man nicht schneidender und nicht treffender als Friedrich urteilen:

»Man muß mit der Vervollkommnung der deutschen Sprache beginnen. Sie hat es nötig, gefeilt, gehobelt und durch geschickte Hände gehandhabt zu werden. Klarheit ist die erste Regel, die sich die vor Augen halten müssen, die reden und schreiben, wenn es sich darum handelt, seine Gedanken in Bilder zu fassen und seine Ideen durch Worte auszudrücken. Wozu dienen die schärfsten, glänzendsten Gedanken, wenn man sie nicht verständlich macht? Viele unserer Schriftsteller gefallen sich in einem verworrenen Stil, sie häufen Parenthese über Parenthese, und oft findet man erst am Ende einer Seite das Wort, von dem der Sinn des ganzen Satzes abhängt . . .«

Das war eine unwiderlegliche Fachkritik, geschrieben von einem glänzenden Stilisten, dessen Prosa ja bereits Voltaire bewundert hatte. Friedrich erhob Forderungen, denen er selbst in seinen hinreißend formulierten Briefen aufs schönste nachkam. Freilich, alles, was aus seiner Feder floß, war in Französisch geschrieben. Und so bäumte sich der Nationalstolz der deutschen Intellektuellen, die gerade an die größte Selbstemanzipation und Kulturrevolution ihres Volkes gingen, beleidigt auf. In ihrer aufrichtigen Entrüstung kreideten sie dem königlichen Verfasser die Passagen seines Essays an, in denen er über die jüngste Literaturentwicklung schrieb und in denen er sich durch seine skurrilen Vorurteile wirklich blamierte: »Da geht jetzt ein sogenannter Götz von Berlichingen in Berlin über die Bretter, eine erbärmliche Nachahmung der englischen Stücke, und das Parterre klatscht Beifall, es fordert mit Entzücken die Wiederholung dieser abgeschmackten Plattheiten . . . Die widerwärtigen Shakespeareschen Komödien gibt man bei uns in deutschen Übersetzungen, und das Publikum freut sich dieser lächerlichen Possen, die sich kaum für die Wilden in Canada schicken würden . . .«

Das war natürlich komisch. Es dokumentierte, daß Friedrichs Kulturverständnis, daß sein literarischer Geschmack in der ersten Hälfte seines Jahrhunderts steckengeblieben war. Aber darüber konnte man leicht hinwegsehen – und souveräne Köpfe wie Goethe taten das auch –, wenn man sich den bewegenden Prophetien zuwandte, die der Preußenkönig den Deutschen ins Stammbuch der Zukunft schrieb:

»Man fängt jetzt an wahrzunehmen, daß sich eine Umwandlung der Geister vorbereitet. Der nationale Ruhm macht sich vernehmlich. Man wetteifert, sich zur Höhe seiner Nachbarn zu erheben, und will sich den Weg zum Parnaß (dem Sitz der Musen) wie den zum Nachruhm bahnen ... Wer zuletzt kommt, überholt bisweilen seine Vorgänger! ... Wir werden unsere klassischen Schriftsteller haben. Jeder wird sie lesen, um davon Nutzen zu haben. Unsere Nachbarn werden Deutsch lernen, die Höfe werden es mit Vergnügen sprechen, und es kann dahin kommen, daß unsere fein und vollendet gewordene Sprache sich aus Vorliebe für unsere guten Schriftsteller von einem Ende Europas bis zum anderen verbreitet. Diese schönen Tage unserer Literatur sind noch nicht gekommen; aber sie nahen sich. Ich kündige sie an. Sie sind im Begriffe zu erscheinen. Ich werde sie nicht mehr sehen; mein Alter verbietet mir diese Hoffnung. Ich bin wie Moses: Ich sehe das gelobte Land von ferne, aber ich werde es nicht betreten ...«

Was kann es Bewegenderes geben als dieses Kulturtestament eines französisch denkenden und sprechenden Königs an seine deutsche Nation? Werden davor nicht alle pathetischen Aufrufe oder markigen Worte, die man in den Jahrhunderten danach an die Deutschen richtete, zu Makulatur? Ein Jahr später schrieb Friedrich an den fünfunddreißigjährigen Schriftsteller Karl Philipp Moritz, der bald durch seinen vierbändigen autobiographischen Roman »Anton Reiser« bekannt werden sollte: »Schrieben alle deutschen Dichter wie Ihr mit soviel Geschmack, und herrschte in ihren Schriften eben der Verstand und Geist, der aus den beigelegten beiden Briefsammlungen spricht, so würde ich bald meine landesväterlichen Wünsche erfüllt und die deutschen Schriftsteller an Würde und Glanz den auswärtigen den Rang streitig machen sehen. Eure drei Schriften eröffnen mir dazu eine optimistische Perspektive, sie haben meinen völligen Beifall; und ich ermuntere Euch zu weiterer Vervollkommnung der vaterländischen Sprache ...«

Johann Wolfgang Goethe, dessen Theaterstück »Götz von Berlichingen« Friedrich in seiner Abhandlung über die deutsche Literatur so geringschätzig beurteilt hatte, schrieb das klassische Schlußurteil über Friedrichs Verdienste um das deutsche Selbstbewußtsein und um die deutsche Kultur:

»Der erste wahre und höhere eigentliche Lebensgehalt kam durch Friedrich den Großen und die Taten des Siebenjährigen Krieges in die deutsche Poesie. Die Preußen und mit ihnen das protestantische Deutschland gewannen dadurch für ihre Literatur einen Schatz, welcher der Gegenpartei fehlte und dessen Mangel sie durch keine nachherige Bemühung hat ersetzen können ... An den großen Begriff, den die Preußen von ihrem Könige hegen durften, bauten sie sich erst heran, und dies desto eifriger als derjenige, in dessen Namen sie alles taten, ein für allemal nichts von ihnen wissen wollte. Die Abneigung Friedrichs gegen das Deutsche war für die Herausbildung des deutschen Literaturwesens ein Glück. Man tat alles, um sich vor dem König bemerkbar zu machen; nicht etwa um von ihm *ge*achtet, sondern nur um *be*achtet zu werden.«

In die zweite Hälfte der Regierungszeit Friedrichs des Großen fiel ein außenpolitisches Ereignis, das unter dem Stichwort »1. Teilung Polens« in die Geschichtsbücher einging. Was war geschehen?

Ein halbes Jahr nach Beendigung des Siebenjährigen Krieges, am 5. Oktober 1763, starb August III., König von Polen und Kurfürst von Sachsen, derselbe, den Friedrich 1756 auf der Feste Königstein belagert und der seiner hungernden Armee damals das Wildbret verweigert hatte. Zwei Monate später folgte ihm sein Sohn, Kurfürst Christian von Sachsen, in den Tod, und die polnische Königskrone war damit vakant. Da alle Großmächte Europas seit langem gern ihre Finger in die polnische Omelette steckten, war eine äußerst gefährliche Situation entstanden. Der Primas des polnischen Reiches, der bis zur Neubesetzung des Thrones verfassungsgemäß die Regierungsgeschäfte wahrnahm, erließ ein Sendschreiben an die Schlachta, den Adel des Landes, in dem er eilends den polnischen Reichstag einberief und mit der prophetischen Warnung schloß: »Das Inland und das Ausland sehen den Verfall, ja den Untergang unseres Vaterlandes als gewiß an und sind nur darüber verwundert, daß es bis jetzt überhaupt noch bestanden hat. Unser Reich ist bankrott. Der Starke tut, was er will, der Schwache findet keinen Rechtsbeistand. Unsere Grenzen stehen ringsum jedem Feinde offen. Es gibt kein Heer zur Verteidigung, und es ist kein Geld für eine Armee vorhanden. Polen muß entweder ein Raub seiner Feinde oder, sich selbst überlassen, eine tatarische Wüste werden.«

In der Tat, dieses Königreich Polen war eine Karikatur seiner selbst, ganz ähnlich dem »Heiligen Römischen Reich Deutscher Nation«. Die beiden großen Völker der Deutschen und Polen lebten seit einhundert oder zweihundert Jahren in mittelalterlichen Reichsgebilden, die hinter der modernen staatlichen Entwicklung Europas, wie sie sich besonders in England, Frankreich, Spanien, Schweden vollzogen hatte, hoffnungslos zurückgeblieben waren. Auf deutschem Boden hatten sich als Folge des Reichsvakuums inzwischen die beiden mächtigen Territorialstaaten Österreich und Preußen herausgebildet. In Polen existierte seit 1572 das System einer sogenannten »Adelsrepublik«. Es war das nichts anderes als das organisierte Chaos. Der polnische Adel hatte das Königtum entmachtet, indem er Polen zu einem »Wahlreich« erklärte. Es gab also keine erbliche Königswürde mehr, so daß der Reichstag, die Versammlung des Adels, die Königswahl übernahm. Man schätzt, daß sich sieben Prozent des polnischen Volkes damals als »Adlige« bezeichneten (König Johann Sobieski machte beispielsweise 1683 seine gesamte Kavallerie mit einem einzigen Federstrich zu »Edelleuten«); aber diese zahlreiche Privilegiertenklasse vertrat mitnichten die wahren Interessen der Nation. Im polnischen Riesenreich, in dem etwa vierzig Prozent Nichtpolen lebten (Ukrainer, Weißrussen, Litauer, Deutsche), gab es kaum ein Bürgertum, und die Masse des Volkes entbehrte – nach dem Urteil eines polnischen Königs – »aller Rechte der Menschheit«. Sie bestand aus den leibeigenen Sklaven der Schlachta. Jeder dieser ausbeuterischen Adligen hatte seit 1718 das gesetzlich verbriefte Recht des liberum veto (polnisch »Nie poz walam«), dieses »köstlichen Augapfels polnischer Freiheit«, was in der politischen Praxis nichts anderes bedeutete, als daß jedes Reichstagsmitglied mit seinem Veto jeden Mehrheitsbeschluß des Reichstages zu Fall bringen und die Versammlung damit sprengen konnte, was denn auch regelmäßig geschah. Von »Gesetz und Ordnung« konnte in Polen niemand mehr sprechen.

Solange Rußland noch nicht zur Großmacht erstarkt war, hatte dieses Tohuwabohu schlecht und recht existieren können (zu Lasten des einfachen polnischen Volkes natürlich). Seit 1745 jedoch stand Polen unter dem unbarmherzigen Druck des ständig wachsenden russischen Einflusses. Während des Siebenjährigen Krieges marschierten die russischen Heere durch polnisches Territorium, als wenn es sich um eroberte Provinzen handelte. Jetzt, nach den beiden Todesfällen des sächsischen Königshauses, war die ehrgeizige Zarin Katharina entschlossen, Polen ohne große Umstände zu einem Vasallenstaat Rußlands zu machen. Im Herbst 1764 setzte sie durch, daß einer ihrer vielen Liebhaber, Stanislaus Poniatowsky, ein junger, schöngliedriger Edelmann aus dem Litauischen, zum polnischen König gekrönt wurde. Das war natürlich nur eine Farce; über die Marionettenfigur Stanislaus hoffte Katharina die Polen lenken zu können. Doch das erwies sich sehr bald als Irrtum. Der polnische Adel rebellierte und bildete bewaffnete »Konföderationen«, um dem russischen Einfluß Paroli bieten zu können. Ohne lange zu fackeln, ließ Katharina ihre Truppen nach Westen marschieren. Die Polen verließen sich auf französische und türkische Hilfe, leisteten militärischen Widerstand und wurden fürchterlich geschlagen. Warschau und Krakau wurden erobert, zwei Erzbischöfe verhaftet und nach Sibirien verschleppt. Den polnischen Gefangenen wurden entweder beide Arme abgesäbelt, oder man grub sie zu Hunderten bis zum Hals in die Erde ein, und die Russen mähten ihnen mit Sensen die Köpfe ab. Frankreich tat so gut wie gar nichts für seine polnischen Sympathisanten, die Türkei allerdings erklärte am 30. Oktober 1768 dem Zarenreich den Krieg (selbstverständlich nicht den armen Polen zuliebe, sondern um Rußlands Verstrickung in die polnischen Wirren zum eigenen Vorteil auszunutzen).

Friedrich verfolgte die polnischen Ereignisse vier Jahre lang mit höchster Besorgnis. Er hatte zwei Ziele im Auge: 1) seinem Staat unter allen Umständen den Frieden zu erhalten, 2) durch nichts, aber auch gar nichts, das Bündnis mit Rußland zu gefährden, das er am 11. April 1764 nach langen Mühen zustande gebracht hatte. Bereits in seinem Testament von 1752 hatte er seinen Nachfolgern eingeschärft, daß ein gutes Verhältnis zu Rußland für Preußen lebensnotwendig sei. Die Erfahrungen des Siebenjährigen Krieges hatten ihn in der Überzeugung bestärkt, daß die stärkste Überlebensgarantie Preußens nur in einem Bündnis mit der großen Macht des Ostens gesucht werden könne. In zwei persönlichen Zusammenkünften mit seinem Bewunderer, Kaiser Joseph II., dem ältesten Sohn und Mitregenten Maria Theresias, war er allen österreichischen Liebeswerbungen höflich ausgewichen, um nicht das Bündnis mit Rußland zu gefährden. So war auch die »polnische Frage« für ihn nichts anderes als eine preußisch-russische Frage.

Wie stellte sich ihm, um die Jahreswende 1770/71, die Lage dar? Die Konföderierten waren hoffnungslos geschlagen, Polen blieb von russischen Truppen besetzt, König Stanislaus war eine willenlose Puppe in den Händen der Zarin, das polnische Reich war weitgehend ein Satellit Rußlands. Der Krieg gegen die Türkei, der den Russen große Anfangserfolge gebracht hatte, drohte Österreich mit hineinzuziehen, das keineswegs gewillt war, die Moldau und die Walachei (das heutige Rumänien) dem russischen Einfluß zu überlassen. Kam es zu einem solchen Konflikt, dann mußte Preußen seinem Bündnisvertrag gemäß auf die Seite Rußlands treten, und dann war in Kürze der nächste verheerende Weltkrieg da.

Wie konnte man diese Katastrophe bannen? Wie war es möglich, sich einerseits die russische Freundschaft zu erhalten, ohne sich andererseits mit den Österreichern schlagen zu müssen? Und wie konnte man schließlich die russischen imperialistischen Pläne durchkreuzen, ganz Polen einzustecken und die Macht des Zarentums bis an die preußischen Grenzen vorzuschieben?

All diese Ziele – Verhütung eines Krieges, Erhaltung der russischen Freundschaft, Verhinderung eines Konflikts mit Österreich, Zurückdrängung der zaristischen Ambitionen – in einen Verbund zu bringen, schien eine Unmöglichkeit. Wie aber, wenn man – durch geschickte preußische Machinationen – Petersburg und Wien gemeinsam auf Polen lenkte, wenn man ihrem unersättlichen Länderappetit das polnische Kotelett servierte, von dem sich Preußen dann eventuell auch eine Scheibe abschneiden konnte? War dies nicht der einzige Weg, den kriegerischen Zusammenstoß zwischen Rußland und Österreich zu blockieren und gleichzeitig – durch die Einschaltung Österreichs und Preußens – den russischen Machtanspruch in Polen zu kanalisieren, ja zu begrenzen?

So etwa müssen Friedrichs Gedanken gelaufen sein. Er glaubte, in der Lösung der polnischen Frage das »Ei des Kolumbus« gefunden zu haben, um allen seinen Besorgnissen und Verlegenheiten entkommen zu können. Aber er hielt sich jahrelang bedeckt. Er hatte ganz offensichtlich aus seinen Fehlern in der Vergangenheit gelernt und zügelte mit eisernem Willen sein ungestümes Temperament.

Dieses geduldige, lauernde Abwarten zahlte sich aus. Ende 1770 besetzten die Österreicher, unter Vorspiegelung zweifelhafter Rechtsansprüche, mitten im Frieden mehrere polnische Starosteien in der Zips. Sie begannen damit, Grenzsteine mit dem österreichischen Adler zu errichten und die Untertanen nach ihren Gesetzen zu besteuern. Als kurz darauf Prinz Heinrich zu einem Staatsbesuch nach Petersburg kam, fragte ihn die Zarin auf einer Abendgesellschaft schelmisch lächelnd: »Warum sollten sich andere nicht auch etwas nehmen?« Das hieß im Klartext, warum sollten Rußland und Preußen es nicht ebenso mit den Polen machen wie Österreich? Damit war das Stichwort gefallen, auf das Friedrich so lange gewartet hatte, und noch besser: er hatte es nicht einmal selber aussprechen müssen! Jetzt kam die Sache ins Rollen, und am 5. August 1772 beschlossen die drei Großmächte in einem feierlichen Vertrag, sich gemeinsam der polnischen Beute zu bedienen. Rußland nahm sich ca. 1900 Quadratmeilen mit 1 800 000 Einwohnern, Österreich ca. 1350 Quadratmeilen mit 2 700 000 Einwohnern, und Preußen erhielt etwa 650 Quadratmeilen mit 500 000 Menschen.

Damit war Polen genau zweihundert Jahre nach Installierung des »Wahlreiches« zum Opfer seiner eigenen Schwäche und Desorganisation geworden. Die prophetischen Worte des polnischen Primas' von Ende 1763 »Polen muß entweder ein Raub seiner Feinde, oder, sich selbst überlassen, eine tatarische Wüste werden« hatten sich erfüllt. Aber hatte man den Polen wirklich einen Teilungsvertrag auferlegt, wie man es in den Geschichtsbüchern lesen kann? Davon konnte im Ernst keine Rede sein. Das großimperiale Polen blieb bestehen und erstreckte sich immer noch von Posen bis Kiew, von Riga bis Czernowitz. Es wurde gewiß verkleinert, mußte erhebliche Gebietsverluste hinnehmen. Es erging ihm etwa so wie 1919 dem Deutschen Reich, dem mit dem Diktat von Versailles große Gebietsverluste aufgezwungen wurden. Aber niemand hat deswegen bis heute Versailles einen »Teilungsvertrag« genannt. Die Bevölkerung wurde 1772 nicht befragt. Die Großmächte zwangen Polen ihren Willen auf, ohne Berücksichtigung nationaler Gesichtspunkte. Von fünf Millionen Bewohnern, die Polen verlor, waren etwa zwei Millionen Polen (davon gingen ca. 1 500 000 an Österreich, ca. 340 000 an Rußland und ca. 160 000 an Preußen); die Mehrheit der Bevölkerung in den abgetrennten Gebieten bestand aus Russen, Ukrainern, Letten und Deutschen.

Die Höfe Europas nahmen das Ereignis sehr gelassen hin. Die britische Regierung zeigte sich gänzlich desinteressiert. Ihr war es nur darum zu tun gewesen, daß Preußen nicht die deutsche Handels- und Hafenstadt Danzig bekam, über die England seinen Holz- und Getreidehandel mit dem Osten abwickelte. Was die Franzosen anbetraf, so mußte Polen die Erfahrung machen, daß es immer verloren war, wenn es sich auf Versprechungen Frankreichs verließ; in Versailles rührte man keinen Finger. Maria Theresia, das muß zu ihrer Ehre gesagt werden, war die einzige, die sich gegen den Handel stemmte und ihrem Sohn, Joseph II., und dem Kanzler Kaunitz nachdrücklich davon abriet. Unter den Vertrag setzte sie zwar ihre Unterschrift, schrieb aber dazu: »Placet, weil so viele große und gelehrte Männer es wollen. Wenn ich aber schon längst tot bin, wird man erfahren, was aus dieser Verletzung von allem, was bisher heilig und gerecht war, hervorgehen wird.« Der Preußenkönig, als er davon erfuhr, spottete wenig galant: »Sie weint, aber sie nimmt!«

Friedrichs Rolle in der polnischen Affäre wurde später von seinen Feinden und Freunden kritisch ausgeleuchtet. Für die einen blieb er immer der »Spiritus rector«, der Anstifter der ganzen Sache, die anderen sahen in ihm schlimmstenfalls einen »Mitläufer« und schoben Russen wie Österreichern die Verantwortung zu. Weder das eine noch das andere ist haltbar. Der Preußenkönig hatte unzweifelhaft als erster die Idee; er war nur vorsichtig und klug genug, anderen die Artikulation und die Initiative zu überlassen. Aber hatte er überhaupt eine Wahl? In seinen Memoiren hat er die polnische Frage ganz richtig in den europäischen Gesamtzusammenhang gestellt: »Meine Stellung war sehr delikater Natur. Das Anwachsen der ohnehin schon furchtbaren russischen Macht lief meinen Interessen entgegen. Und doch war ich durch den Allianzvertrag genötigt, der Zarin Hilfstruppen zu schicken, wenn sie von Österreich angegriffen wurde. Ich mußte also entweder meine Bündnisverpflichtungen erfüllen oder auf den Vorteil verzichten, den mir das Bündnis bringen sollte. Neutral zu bleiben, das wäre das allergefährlichste gewesen; Österreich und Rußland hätten dann leicht zu meinen Lasten Frieden schließen können, und eine gänzliche Isolierung Preußens wäre die Folge einer so fehlerhaften Handlung gewesen.« Er löste die Quadratur des Kreises, indem er sich einerseits Rußland – über Polen – verpflichtete und andererseits Rußland – in Polen – entgegentrat. Seine Maxime lautete: »Ich werde immer der Freund der Russen sein; aber niemals ihr Sklave!« In politische Praxis umgesetzt hieß das: Machten die Russen einen Schritt nach Westen, so schob Friedrich – in aller Freundschaft – Österreich und Preußen einen Schritt nach Osten.

Daß er das Verhalten der drei östlichen Großmächte selbst nicht für moralisch hielt, geht aus seiner Bemerkung zu Hertzberg hervor, die ganze Sache sei zur Erhaltung des europäischen Friedens zwar unumgänglich gewesen, aber »auf eine Ausführung der Berechtigung wollen wir uns nicht weiter einlassen«. Voltaire schrieb ihm am 18. November 1772: »Sire, der Gedanke der Teilung Polens soll, so sagt man, von Ihnen ausgegangen sein. Ich glaube es, weil dieser Gedanke genial ist!« Und er fügte zynisch hinzu: »Wenn es beim Nachbarn brennt, geht man in sein Haus und mischt sich in seine Angelegenheiten.« Friedrich selbst erklärte in seinen Memoiren mit der für ihn typischen Offenheit und Rücksichtslosigkeit: »Der Ausbruch des Krieges zwischen den Türken und den Russen veränderte das ganze politische System in Europa. Ich hätte sehr ungeschickt oder sehr dumm sein müssen, eine so *vorteilhafte* Gelegenheit nicht zu nutzen. Und so gelang es mir, durch Unterhandlungen und Intrigen, meinen Staat für die Verluste zu entschädigen, die er während des Krieges erlitten hatte, und das polnische Preußen mit meinen alten Provinzen zu vereinigen.« Da war er also wieder, der Friedrich von 1740, der seine Minister mit der dämonischen Frage »Wenn man im *Vorteil* ist, soll man ihn ausnutzen, oder nicht?« so maßlos verblüfft hatte. Aber diesmal, zweiunddreißig Jahre später, war er nicht einfach losmarschiert, sondern hatte beobachtet und gelauert, seine »Intrigen« gesponnen und raffiniert abgewartet, bis ihm das begehrte Pfand quasi von selbst in den Schoß fiel.

Dieses Pfand bestand aus drei verschiedenen Gebieten: dem Bistum Ermland und der Elbinger Gegend, die als Enklaven in Ostpreußen lagen und unter polnischer Lehnshoheit standen – Pommerellen oder Westpreußen (ohne die beiden Städte Danzig und Thorn), das die polnischen Könige dem Deutschen Ritterorden entrissen hatten – und dem Netzedistrikt oder »Kleinpreußen« mit der Hauptstadt Bromberg, herausgetrennt aus dem eigentlichen Großpolen. Abgesehen von etwa zehntausend Juden lebten in diesen Gebieten Deutsche und Polen, bunt durcheinandergemischt. Das Ermland und die Elbinger Gegend mit ca. 120 000 Bewohnern waren rein deutsch besiedelt. Im eigentlichen Westpreußen lebten etwa 280 000 Menschen, von denen 35 Prozent Polen waren, während der Netzedistrikt ca. 100 000 Einwohner hatte, davon 62 Prozent polnischer Nationalität. Zusammengerechnet ergab das eine Zahl von rund 500 000 Menschen, davon ca. 32 Prozent Polen (alles ohne Danzig und Thorn berechnet).

Friedrichs westpreußische »Beute« nahm sich unscheinbar aus: Von den 3900 Quadratmeilen, die sich die Großmächte angeeignet hatten, bekam er nur ein Sechstel, und von den fünf Millionen Bewohnern dieser Gebiete fiel ihm gar nur ein Zehntel zu. Dennoch war er mehr als zufrieden. Die Erwerbung Westpreußens schloß die geographische Lücke zwischen Pommern und Ostpreußen; zum ersten Mal in seiner Geschichte besaß Preußen, von seinen mittel- und westdeutschen Territorien abgesehen, ein zusammenhängendes Staatsgebiet, erstreckte es sich in ungeteilter Ländermasse von der Elbe bis an die Memel. Sein Herrscher aber nannte sich von nun an nicht mehr König *in*, sondern König *von* Preußen.

Es ließe sich ein umfangreiches Buch über die immense Kulturarbeit schreiben, die Friedrich in den vierzehn Jahren von 1772 bis 1786 im Westpreußischen vollbrachte. Zwölfmal hat er die neue Provinz persönlich inspiziert; jedes Jahr im Juni. Vier Millionen Taler verwandte er allein für die Kultivierung der Domänenwirtschaften. Nach zweihundert Jahren polnischer Verwaltung war ihr Zustand unvorstellbar: »Rindvieh- und

Schafställe zur Unterbringung des Viehs sind nicht vorhanden, die Pächter können also kaum Tiere halten, und der Acker kommt aus Mangel an Düngung immer mehr aus der Natur. Die Dienstleute gehen wegen fehlender Wohnungen weg.« In den Städten sah es nicht besser aus. Über Kulm an der Weichsel notierte Friedrich: »Die Stadt hat wohl gute Stadtmauern und große Kirchen, aber an den Straßenzügen sieht man nur die Keller der Häuser, die dort einstmals standen. Auf dem Marktplatz befinden sich 40 Häuser, von denen 28 ohne Türen, Dächer, Fenster und Besitzer sind. Bromberg existiert im gleichen Zustand. Man wird kaum glauben, daß ein Schneider in diesem unglücklichen Land eine Seltenheit ist.« Das waren die Folgen einer verheerenden Pest, die siebzig Jahre zuvor in Westpreußen gewütet hatte. Nichts war in der Zwischenzeit geschehen; das Land befand sich im Zustand der Barbarei. Aber auch Friedrich handelte in einem Falle wie ein Barbar: Die herrliche Marienburg, früher Hauptsitz des Deutschen Ritterordens und Meisterwerk der gotischen Architektur im nördlichen Europa, verwandelte er in eine Kaserne, und aus dem prächtigen Rittersaal ließ er acht Kolonistenwohnungen machen. Der gotische Baustil galt ihm und seinen Zeitgenossen als vorsintflutlich. Den geschmacksrevolutionierenden Aufsatz des jungen Goethe über die deutsche Baukunst des Mittelalters von 1772 kannte er nicht; er hätte ihn wohl auch nicht verstanden.

Insgesamt mußten 1200 Gebäude in Westpreußen erneuert werden, und nach sechs Jahren, 1778, war das Werk bereits vollbracht. Die jährliche Gesamteinnahme sämtlicher westpreußischer Städte (mit Ausnahme Elbings) betrug 1772 etwas über 28 000 Taler, während sich die Schuldenlast auf 234 000 Taler belief. Vierzehn Jahre später hatten sich die Jahreseinnahmen vervierfacht, und vom Schuldenberg war ein Viertel abgetragen. Der Stadt Elbing, die bis 1786 ihren Umsatz im Getreidehandel verzwanzigfachte, gelang es sogar, sechzig Prozent ihrer Schuldverpflichtungen abzubauen. Die Stadt Bromberg, der Mittelpunkt des Netzedistrikts, zählte beim Einmarsch der Preußen 600 Bewohner; bis 1786 verfünffachte sich die Einwohnerzahl. In der abenteuerlich kurzen Zeit von drei Jahren ließ Friedrich den Bromberger Kanal graben, der die Oder über die Flußsysteme der Netze und Brahe mit der Weichsel verband. Ein Jahr später wurde die Nogat ausgebaggert und zu einem schiffbaren Strom gemacht. Elbing wurde durch einen Seitenkanal mit der Nogat verbunden.

Friedrich vollbrachte in Westpreußen ein regelrechtes Wirtschaftswunder. Doch erstreckte sich seine Kultivierungsarbeit mitnichten nur auf den Bereich der Ökonomie. 1772 existierten in Pommerellen zweihundert Schulen; bis 1786 wurde ihre Anzahl verdoppelt. Im Netzedistrikt, wo die sozialen und kulturellen Verhältnisse jeder Beschreibung spotteten, gab es 1772 bei etwa 100 000 Einwohnern nur 32 Lehrer. Bis 1778 erweiterte sich der Lehrerstand auf 270, bis 1786 auf 422 Köpfe.

Was Friedrichs Einstellung zur polnischen (und jüdischen) Bevölkerung Westpreußens anging, gibt es eine Fülle härtester Äußerungen. Einem Bromberger Kammerdirektor schrieb er: »Er muß mit den Polen keine Komplimente machen, denn dadurch werden sie noch mehr verdorben. Er muß vielmehr scharf darauf achten, daß sie den Ordres gehörig nachleben!« Mit nationaler, religiöser oder gar rassischer Voreingenommenheit hatte das nichts zu tun. Ihm waren alle Staatsbürger gleich lieb, wenn sie nur fleißig und strebsam waren. Hätte ihm der Sultan eine halbe Million Türken als Einwanderer zur Verfügung gestellt, Friedrich hätte sie mit Kußhand genommen, um mit ihnen Berlin, Brandenburg, Pommern oder Westpreußen zu bevölkern, und er hätte ihnen Moscheen und Koranschulen gebaut. Darüber hat er sich des öfteren ganz eindeutig geäußert. Auf den Polen prügelte er verbal herum, weil sie keinerlei Zucht und Arbeitsdisziplin besaßen. Von den Juden schätzte er diejenigen, die in den Städten wohnten und sich dort – mit den Deutschen zusammen – als Kulturträger erwiesen hatten, während er die andere Hälfte, die sogenannten Kaftan- oder Handelsjuden auf dem platten Land, als »unnützes Packzeug« verfluchte. In seinen religiösen und kulturellen Grundüberzeugungen wurde niemand angetastet (während jenseits der Grenze, in Polen, alle Griechisch-Orthodoxen und Protestanten unnachsichtig verfolgt wurden), ja, der König bestand nachdrücklich darauf, daß seine Beamtenschaft in Westpreußen der polnischen Sprache mächtig sein mußte.

Friedrichs aufsehenerregendste Tat in den neuerworbenen Gebieten bestand jedoch in der rigorosen Aufhebung der Leibeigenschaft. Bereits wenige Wochen nach Inbesitznahme des Landes, am 28. September 1772, ließ er die Bauernbefreiung auf sämtlichen königlichen Domänen verkünden. Ein Jahr später zwang er auch die adligen Großgrundbesitzer, auf die Leibeigenschaft ihrer bäuerlichen Untertanen zu verzichten. Auf den polnischen Adel brauchte er eben keine politischen Rücksichten zu nehmen! Hier, im Kolonialland Westpreußens, konnte er seine Aufklärungsideale verwirklichen, ohne das Staats- und Gesellschaftsgefüge in Gefahr zu bringen. Und hier vermochte er seinem altpreußischen Junkertum zu demonstrieren, wie man alteingefahrene Verhältnisse mit Erfolg reformieren und humanisieren konnte: Er ordnete an, daß die Anzahl der Frontage, die bisher zwanzig bis fünfundzwanzig im Monat betragen hatte, sofort auf fünf pro Monat herabzusetzen und festzuschreiben sei. Es ist kein Wunder, daß sich gerade Westpreußen und Ostpreußen 1807 bis 1813 als die preußischen Kernprovinzen erweisen sollten, in denen sich der Geist des patriotischen Widerstands gegen den napoleonischen Imperialismus am leuchtendsten erhob. Die umfassende Kulturarbeit der beiden Preußenkönige – des Vaters in Ostpreußen und des Sohnes in Westpreußen – trug in der Zukunft reiche politische Früchte.

Die Erwerbung Westpreußens war ein unblutiger Erfolg der friderizianischen Außenpolitik. Aber sechs Jahre später, 1778, fünfzehn Jahre nach Ende des Siebenjährigen Krieges, zog Friedrich noch einmal ins Feld: wieder gegen Österreich. Es kam zum »Bayerischen Erbfolgekrieg«, aber in Wahrheit handelte es sich um die vierte militärische Machtprobe zwischen Österreich und Preußen.

Diesmal ging die Aggression nicht von Berlin, sondern von Wien aus. Am 30. Dezember 1777 starb Kurfürst Max Joseph von Bayern. Drei Wochen später marschierten die Österreicher unter Vorspiegelung angeblicher Erbansprüche mit 16 Bataillonen, 20 Schwadronen und 80 Kanonen in Niederbayern ein, das sie bis zur Linie Straubing–Kelheim in Besitz nahmen. Bereits am 31. Januar 1778 fand die Erbhuldigung für das Haus Österreich statt, zu der aber nur wenige bayerische Ständevertreter erschienen, die widerwillig den ihnen abgenötigten Eid leisteten. Das Bauernvolk in den Dörfern ballte haßerfüllt die Faust in der Tasche; einzelne versprengte Österreicher wurden aus dem Hinterhalt niedergemacht.

Den Konflikt hatte der junge, ehrgeizige Kaiser Joseph II. ausgelöst. Er hatte dafür – unter der fachlichen Beratung des Fürsten Kaunitz – den günstigsten Moment gewählt: England und Frankreich hatten alle Hände voll mit dem Aufstand der Kolonien in Amerika zu tun, und Rußland befand sich immer noch in Querelen mit der Türkei. In Wien glaubte man, vor jeder ausländischen Einmischung sicher zu sein. Friedrich war jedoch vom ersten Tage des österreichischen Einmarsches an entschlossen, einer beträchtlichen Machterweiterung des Hauses Habsburg im Deutschen Reich nicht tatenlos zuzusehen. Er mobilisierte sein Heer und begab sich im April 1778 ins Feldlager an der böhmischen Grenze. Sein Bruder, Prinz Heinrich, bestürmte ihn, sich militärisch passiv zu verhalten: Die Österreicher würden schon von sich aus kompromißbereit werden und Preußen für die Okkupation Niederbayerns ein territoriales Äquivalent anbieten. Friedrich antwortete ihm unnachgiebig und im Ton schärfster politischer Klarsicht: »Es handelt sich hier nicht um Erwerbungen oder um Vergrößerung, sondern darum, ein für allemal den Ehrgeiz der Österreicher zu zähmen, damit ihre Autorität in Deutschland nicht despotisch wird. Also werde ich alle Vorschläge zu Erwerbungen, die sie mir vielleicht machen, rundweg ablehnen, fest entschlossen, den Degen nicht in die Scheide zu stecken, ehe sie ihre Usurpationen zurückgegeben haben.« Er wollte alles in der Welt, nur keinen Krieg. Aber was es auch kosten mochte, hier ging es um sein Lebenswerk: um die Erhaltung des Machtgleichgewichts zwischen Preußen und Österreich in Deutschland, das er 1740 bis 1745 mit der Eroberung Schlesiens erkämpft und auf der Basis der Gleichberechtigung stabilisiert hatte.

Anfang Juli 1778 eskalierten die Spannungen zum offenen Krieg. Der

König und Prinz Heinrich rückten mit zwei Armeekorps in Böhmen ein, um Joseph II. zur Rücknahme seiner Truppen aus Bayern zu zwingen. Schließlich standen sich insgesamt 360 000 Österreicher und Preußen mit jeweils 1500 Geschützen kampfbereit gegenüber. Glücklicherweise kam es weder zu Schlachten noch zu Belagerungen. Die Preußen sprachen von einem »Kartoffelkrieg«, die Süddeutschen nannten ihn den »Zwetschgenrummel«, weil sich die beiderseitigen Streifkorps hauptsächlich um Verpflegung, um Kartoffeln und Pflaumen, schlugen. Die Sachsen standen diesmal mit 21 000 Mann auf preußischer Seite. Den Österreichern fehlten Bundesgenossen, und in ihrem Hinterland rumorten die wütenden Bayern.

Maria Theresia, die die Aggression ihres Sohnes heftig mißbilligt hatte, unternahm alles, um einen vierten Waffengang mit dem »Unmenschen« aus Berlin zu unterbinden. Immer wieder wandte sie sich über ihre Tochter Marie Antoinette, Frankreichs Königin, an den Hof von Versailles, um eine französische Vermittlung zustande zu bringen. Ludwig XVI. hatte jedoch am 13. März 1778 in London erklären lassen, daß Frankreich die rebellischen Vereinigten Staaten von Nordamerika anerkenne, womit der Krieg zwischen den Briten, die gegen die aufständischen Kolonien kämpften, und den Franzosen, die mit den Amerikanern sympathisierten, unvermeidlich geworden war. Der französische Hof sah sich zu seinem Bedauern nicht in der Lage, direkt in die deutschen Händel einzugreifen. Maria Theresia verstärkte ihre Bemühungen, Österreichs Isolation zu durchbrechen, und rief die Zarin um Hilfe. Tief bekümmert klagte sie: »Die Schuld ist auf unserer Seite! Wir trachten nach unrechtem Gut und hoffen dasselbe zu erlangen, indem wir dem König von Preußen die Lausitz als Köder hinhalten.«

In der Tat hatte Joseph II. dem preußischen König Teile der Lausitz angeboten (also Teile des sächsischen Kurfürstentums), wenn dieser sich bereit erklärte, die österreichische Okkupation in Bayern anzuerkennen. Vergeblich. Friedrich dachte keinen Augenblick an Nachgeben. Er steckte sich hinter den russischen Hof, und im Oktober 1778 formulierte Katharina II. eine Erklärung, in der sie Wien empfahl, sich in den bayerischen Erbfolgestreitigkeiten zu mäßigen. Widrigenfalls drohte sie damit, daß Rußland sich »zum Schutze der deutschen Fürsten und der Reichsverfassung« einmischen würde (was natürlich nur ein Vorwand für die eigene Hegemoniepolitik war).

Endlich, nach langem Hin und Her, kam es am 13. Mai 1779 zum Friedensvertrag von Teschen. Joseph mußte Bayern bis auf das Innviertel räumen. Friedrich hatte Österreich gestoppt, und er hatte wiederum seinen Willen durchgesetzt. Wien mußte sich zähneknirschend mit der gleichberechtigten Existenz einer preußischen Großmacht im Reich abfinden. Aber um welchen Preis für Deutschland! Frankreich und Rußland traten in Teschen nicht nur als Vermittler, sondern als Sieger auf. Sie konnten in der Tat der Meinung sein, daß sie es gewesen waren, die diesen Frieden allein durch ihre drohende Präsenz erzwungen hatten. Im Teschener Frieden von 1779 wurde ausdrücklich auf den Westfälischen Frieden von 1648 Bezug genommen, der Deutschlands Ohnmacht und Zersplitterung besiegelt hatte. Nicht nur Frankreich, auch Rußland war nun zum Garanten der deutschen Uneinigkeit geworden und hatte sich endlich das heißersehnte Mitspracherecht über »Deutschland als Ganzes« erhandelt. Fürst Kaunitz beurteilte die Zusammenhänge ganz treffend, als er über den deutschen Bruderkrieg zwischen Österreich und Preußen feststellte: »Zwei große deutsche Staaten, die freundschaftlich vereinigt die erste Rolle spielen könnten, sind im Begriff einander aufzureiben, um sodann von der Diktatur Frankreichs oder Rußlands abzuhängen.« Er vergaß dabei lediglich, daß er selbst es gewesen war, der Frankreich und Rußland 1756 mit der unfruchtbaren Einkreisungspolitik gegen Preußen nach Deutschland hineingezogen hatte.

Friedrich, den das eine Kriegsjahr dreißig Millionen Taler kostete, zog eine nüchterne Bilanz dieses vierten Krieges seiner Regierungszeit. Er spürte die Last seiner siebenundsechzig Lebensjahre und hatte im Feldlager erfahren müssen, wie es mit seinen Körperkräften bergab ging. Halb spöttisch, halb resigniert schrieb er an seinen alten Feldzugskameraden de Catt: »Ich glaube wohl, daß alle Welt sich über den Frieden freut. Bauer, Bürger und Edelmann haben nur Verluste, solange der Krieg dauert. Aber dieser ganze Krieg und dieser Friede sind eine Erbärmlichkeit; das Werk eines matten Greises ohne Kraft und ohne Schwung. Oft habe ich mir die Verse des Boileau vorgesagt:

›Unglücklicher, laß nur den alten Gaul in Ruh!
Wird seine schwache Kraft gewaltsam angespannt,
so stürzt er hin und wirft den Reiter in den Sand!‹«

Er war nicht mehr der unerschütterliche, blitzschnell reagierende König-Feldherr des Siebenjährigen Krieges. Auch die eigene Armee war ihm im Grunde fremd geworden. Wo waren die Seydlitz und Ziethen, die alten Kameraden aus den ruhmreichen oder unglücklichen Schlachten? Selbst seine Feinde waren ihm nicht vertraut. Abgesehen von Laudon kannte er die österreichischen Generäle kaum dem Namen nach. Und jetzt, am 29. November 1780, starb auch seine größte und bewunderungswürdigste Feindin: Maria Theresia. (Sie litt an Lungentuberkulose und mußte wegen der heftigen Atembeschwerden monatelang im Sessel sitzen. Eine der Hofdamen fragte die Kaiserin an ihrem letzten Lebenstag, ob sie nicht ein wenig schlummern wolle. »Nein«, antwortete Maria Theresia, nach Luft ringend, »ich könnte schlafen, aber ich will nicht. Der Tod steht vor der Tür. Seit den fünfzehn Jahren meines Witwenstandes habe ich mich auf diesen Augenblick vorbereitet. Er soll mich wachend finden.«)

Zwei Jahre später, 1782, erlosch das Bündnis mit Rußland, das mehrmals erneuert worden war. Auf russische Anfragen, ob es nicht opportun sei, diesen »stets uneinigen wetterwendischen« Polen gemeinsam weitere Gebiete abzuknöpfen, antwortete Friedrich kühl, daß an eine weitere Verkleinerung Polens »nicht zu denken« sei. Ins russische Schlepptau mochte er sich nicht nehmen lassen; eine weitere Westverschiebung Rußlands entsprach nicht seinen Absichten. Der Zarenhof verlor sein Interesse an einem Preußen, das sich nicht lenken ließ, und suchte eine engere Kooperation mit Österreich, mit dem sich eventuell gemeinsame Geschäfte auf dem Balkan machen ließen. Der Alte Fritz war außenpolitisch mit seinem Latein am Ende. Gewiß, im *nationalen* Rahmen des Reiches stand er glänzend und unbezwinglich da; in drei Kriegen – dem Zweiten Schlesischen, dem Siebenjährigen und dem Bayerischen Erbfolgekrieg – hatte er seine im Ersten Schlesischen Krieg errungene Großmachtstellung neben Österreich erfolgreich behauptet. Aber in der *internationalen* Politik war Preußen völlig isoliert. Es existierten weder Bündnisse mit dem Osten noch mit dem Westen. Seine Gründung des »Deutschen Fürstenbundes« von 1784/85 entsprang diesen unbefriedigenden Verhältnissen und war als typische Verlegenheitslösung kaum geeignet, einen längeren Zeitraum zu überdauern.

Friedrich sah das alles ohne Illusionen. In einer tiefdurchdachten Denkschrift gab er sich Aufschluß über Preußens komplizierte Lage: Rußland, stellte er fest, hat sich von Preußen ab- und Österreich zugewandt. Joseph II., dieser hochbegabte, ehrgeizige Kaiser, wartet nur auf den Thronwechsel in Berlin, um Preußen anzugreifen und Österreichs Vorherrschaft über Deutschland wiederherzustellen. Auf die beiden Westmächte, England und Frankreich, ist nicht zu rechnen, da sie durch ihren Krieg um Amerika gefesselt sind und selbst nach einem Friedensschluß längere Zeit der Erholung benötigen werden. Fazit: »Wenn nach meinem Tode mein Herr Neffe (sein Nachfolger, der spätere Friedrich Wilhelm II.) in seiner Schlaffheit einschlummert oder sorglos in den Tag hineinlebt, wenn er in seiner Verschwendungssucht das Staatsvermögen verschleudert, und wenn er nicht unablässig alle Kräfte seiner Seele mobilisiert, dann wird Kaiser Joseph ihn bald über die Löffel balbieren. In dreißig Jahren wird von Preußen und vom Hause Brandenburg keine Rede mehr sein . . .« Prophetische Worte! Dreißig Jahre später, im Jahre 1812, war von Preußen wirklich keine Rede mehr, war es zum Satelliten Napoleons geworden.

Ganz zum Schluß aber, 1785, ein Jahr vor seinem Tod, knüpfte Friedrich an die glänzenden Zeiten seines aufgeklärten, fortschrittlichen Königtums an, als er einen Vertrag mit den jungen Vereinigten Staaten von Amerika, der Macht der Zukunft, schloß. 1776 hatten die englischen Kolonien in Nordamerika ihre Unabhängigkeit erklärt. Sieben Jahre später, 1783, endete der Krieg mit Großbritannien. Der junge Staat in Übersee war nun zwar von seiner ehemaligen Kolonialmacht anerkannt, doch wirtschaftlich und handelspolitisch blieb er gänzlich isoliert. Abgesehen von Frankreich traute sich niemand, Englands Mißfallen zu riskieren und mit dem Rebellenstaat in Übersee Verträge zu schließen. Bis auf Preußen! Als die Amerikaner ihre Hand ausstreckten, schlug Friedrich sofort ein. Am 10. September 1785 unterzeichneten die beiden jungen Staaten, Preußen und die USA, einen »Freundschafts- und Handelsvertrag«, der 132 Jahre überdauern und in Kraft bleiben sollte, bis zum Jahre 1917, dem Eintritt Amerikas in den I. Weltkrieg.

Einen solchen Vertragstext hatte die Welt noch nicht gesehen. Denn abgesehen von den reinen Handelsvereinbarungen, in denen sich beide Staaten die Meistbegünstigung zusicherten, war es ein Vertrag, durch den zum ersten Mal in der Geschichte der Staaten die *Menschenrechte* zu gültigem *Völkerrecht* fixiert wurden. Für den Fall, daß es zu einem Krieg kommen sollte, legten beide Länder vertraglich Verhaltensnormen fest, die an menschlicher und toleranter Gesinnung bis heute nicht übertroffen wurden: Kriegsgefangene sollen in gesunden Gegenden und soliden Behausungen untergebracht werden, sie müssen frische Luft und ausreichend Bewegung genießen können; Offiziere und Soldaten erhalten dieselben Essensrationen wie die Streitkräfte der Gewahrsamsmacht; jeder Staat darf zu seinen Kriegsgefangenen einen Kommissar entsenden, der die Lebensumstände ungehindert prüfen und frei darüber an seine Regierung berichten kann; sämtliche Handelsschiffe können auch während des Krieges frei passieren, um die ungehinderte Versorgung der Zivilbevölkerung sicherzustellen; Geschäftsleute dürfen nach Kriegsausbruch neun Monate lang frei in Feindesland leben und ihre Vermögensverhältnisse ordnen usw. usw.

Es waren Vertragsbestimmungen, die für ihre Zeit umstürzend und revolutionierend waren. Sie nahmen 150 Jahre Menschheitsentwicklung vorweg, denn erst 1929 wurden in der »Genfer Konvention zum Schutz der Kriegsgefangenen« ähnliche Verhaltensnormen fixiert (und dann, im II. Weltkrieg, von kaum jemandem eingehalten). George Washington schrieb 1786 über den preußisch-amerikanischen Vertrag: »Der Freundschaftsvertrag, der jüngst zwischen dem König von Preußen und den Vereinigten Staaten zustande gekommen ist, kennzeichnet ein neues Zeitalter des Verhandelns. Er ist in vielen seiner Artikel völlig neuartig. Es ist der liberalste Vertrag, der je zwischen zwei unabhängigen Mächten eingegangen wurde. Sollten seine Prinzipien künftig zur Grundlage der Bindungen zwischen den Nationen werden, wird er stärker zu einem allgemeinen Frieden beitragen als jede andere Maßnahme, die bislang von der Menschheit ergriffen wurde.«

Washington, der drei Jahre später der erste Präsident der Vereinigten Staaten wurde, übertrieb nicht, als er diese hohe Einschätzung des preußisch-amerikanischen Freundschaftsvertrages vornahm. Der Pakt stellte ein neuartiges Phänomen in der Geschichte der Völker dar. Vier Jahre vor dem Ausbruch der Französischen Revolution verkündete er der Welt die moralischen Gesetze internationaler Humanität. Zwei Großmächte verpflichteten sich feierlich, mögliche Konflikte nur noch so auszutragen, daß die Leiden der betroffenen Menschen gemildert und die Schrecken eines Krieges verringert wurden. Beide Regierungen erteilten den Staaten und Völkern der Erde eine Lehre der Menschlichkeit. Die beiden Hauptverantwortlichen für den Abschluß des Vertrages, der philosophische Republikaner Benjamin Franklin und der philosophische König von Preußen, hatten aus den beiden Kriegen, die sie selbst erlebt hatten (dem amerikanischen Unabhängigkeitskrieg und dem Siebenjährigen Krieg), ihre sittlichen Konsequenzen gezogen.

Als der Vertrag Anfang 1786 in Kraft trat, war Friedrich der Große bereits vierundsiebzig Jahre alt und stand an der Schwelle des Grabes. So also schloß sich der Kreis: Der alte König, der sich fünfundvierzig Jahre im Widerspruch zwischen Herrschaft und Philosophie, zwischen Macht und Moral bewegt hatte, bekräftigte durch ein bindendes politisches Bekenntnis die Aufklärungsideale seiner Jugend. Vierzig Jahre später urteilte US-Präsident John Quincy Adams vor dem versammelten Kongreß zu Washington darüber: »Damals, in der Kindheit unserer politischen Existenz, war ein großer und philosophischer, wenn auch unumschränkter europäischer Souverän der Einzige, bei dem unsere Abgeordneten mit ihren liberalen und erleuchteten Grundsätzen Eingang fanden.«

So konservativ und reformscheu sich der alte König nach dem Siebenjährigen Krieg auch in der Wirtschafts-, Sozial- und Gesellschaftspolitik erwies, auf *einem* Gebiet blieb er seinen Aufklärungsidealen treu, blieb er entschlossen, seinen Staat grundlegend zu verändern: in puncto der Rechtspflege, des preußischen Justizwesens. Den Krieg betrachtete er als unliebsame Unterbrechung eines Reformwerkes, das er 1746 gemeinsam mit dem unvergeßlichen Cocceji begonnen hatte. Lange Zeit fand er keinen kongenialen Nachfolger. Die Großkanzler von Jariges (1755 bis 1774) und von Fürst (1774 bis 1779) waren keine Leute nach seinem Herzen, verfügten auch nicht über den Impetus, sich in den avantgardistischen Bahnen eines Cocceji zu bewegen. Die Justiz begann wieder einzuschlafen. Das zopfige Advokatenunwesen regte sich erneut. Im Jahre 1748, zur Zeit Coccejis, waren beim Berliner Kammergericht 1800 Prozesse anhängig gewesen. Zwanzig Jahre später, 1768, stieg die jährliche Prozeßzahl auf 2700, während das Tempo der Abwicklungen und Entscheidungen sich verlangsamte.

Das waren Formalien, die die Ungeduld und den Zorn des Königs reizten und ihn zu Kabinettsordres veranlaßten, in denen er seinen Großkanzlern das königliche Mißfallen ausdrückte und ihnen drohte, »wir werden Unfreunde werden«. Friedrichs Unbehagen an der Rechtsprechung seiner Zeit ging jedoch tiefer. Als überzeugter Anhänger der französischen Denkschule, die ihren höchsten Ausdruck in den Erkenntnisschriften Bayles und Voltaires gefunden hatte, blieb Friedrich von der Gleichheit aller menschlichen Wesen immer zutiefst überzeugt. Nach seiner Auffassung wurden die Menschen gleich geboren, waren auch gleich angesichts des Todes; dazwischen – in ihrer Lebensspanne – differenzierten sie sich untereinander durch seelische Tapferkeit oder geistige Leistung. Friedrich litt unter dem Zwiespalt zwischen Philosophie und Praxis, der seine gesamte Regierungszeit durchzogen hatte. Aus politischen Gründen glaubte er die scharfen Klassen- und Standesunterschiede aufrechterhalten zu müssen, über die sein Intellekt nur spottete. Am meisten erbitterte ihn die rückständigste Gesellschaftsinstitution seiner Zeit, die Leibeigenschaft des niederen Volkes, der Bauern. Neben der Herrschaft der Kirche sah er in der Leibeigenschaft auf dem Lande die verwerflichsten Auswirkungen des Mittelalters, das er so tief verabscheute. Gleich nach Beendigung des Krieges, am 25. Mai 1763, hatte er den pommerschen Ständen befohlen: Es solle absolut »und ohne das geringste Räsonnieren« alle Leibeigenschaft, sowohl in königlichen als auch in adligen Dörfern, von Stund an gänzlich abgeschafft werden; und alle, die dagegen opponieren würden, sollten mit Güte oder »mit Force« (Gewalt) dahin gebracht werden, daß seine Weisungen zum Nutzen der gesamten Provinz in die Tat umgesetzt würden. Das war ein regional begrenztes Versuchsunternehmen gewesen, um bei etwaigem Erfolg die Bauernbefreiung auf das gesamte Staatsgebiet auszudehnen. Aber sofort hatte der pommersche Adel protestiert. Die Junker hatten drohend auf die jahrhundertealten Privilegien hingewiesen, und Friedrich war vor dem geschlossenen Widerstand seiner staatstragenden Gesellschaftsschicht zurückgewichen. Das wurmte ihn tief. Sein philosophisches Gewissen ließ ihm keine Ruhe. War schon in der Politik kein Fortschritt und keine Gerechtigkeit zu erzielen, so sollte es doch bei der Justiz der Fall sein. Wenigstens auf diesem Terrain wollte sich Friedrich den Titel eines Sachwalters der Armen verdienen, und so schrieb er am 7. November 1777 an seinen Justizminister: »Es mißfällt mir sehr, daß mit den armen Leuten, die in Prozeßsachen in Berlin zu tun haben, so hart umgegangen wird und daß man sie mit Arrest bedroht, wie das beispielsweise mit dem Jacob Dreher aus Ostpreußen geschehen ist, der sich eines Prozesses wegen in Berlin aufhält und den die Polizei hat arretieren wollen. Ich habe das bereits untersagt und möchte Euch hiermit zu erkennen geben, daß in meinen Augen ein armer Bauer ebenso viel gilt wie der vornehmste Graf und der reichste Edelmann. Das Recht gilt ebenso für vornehme wie für geringe Leute! Ich verbiete daher allen Ernstes, mit den armen Leuten hart und gewaltsam zu verfahren und sie vor Prozeßende mit Gefängnis zu bedrohen. Vielmehr soll man sie glimpflich anhören und die Beendigung ihrer Prozesse beschleunigen, damit sie prompt abgefertigt werden und nicht nötig haben, sich lange in der Stadt aufzuhalten.«

Das waren aufsehenerregende Worte, und es ließ sich auch nicht verhindern, daß sie sich mit der Zeit herumsprachen. Wie Oberamtmann Fromme dem König 1779 berichtete, erdreisteten sich immer mehr kleine Leute in Preußen, gegen die Großen, gegen die Reichen zu prozessieren und vor den Gerichten ihr Recht zu suchen, ein Phänomen, das im übrigen Europa gar nicht vorstellbar war. Friedrichs unermüdliche Retablissementarbeit hatte, wie Fromme zu erzählen wußte, den Wohlstand der Bauern beträchtlich vermehrt, so daß es ihnen nicht mehr unmöglich war, die Advokaten zu bezahlen oder die Prozeßkosten aufzubringen. Und außerdem hatte es sich bis zu ihnen herumgesprochen, daß der König, wenn er von einem Streit erfuhr, fast durchweg die Partei des kleinen Mannes ergriff. In der Tat war es so. Wo immer es anging, warf Friedrich sich in einem Konflikt zwischen Gutsherrschaft und Gesinde auf die Seite der Unterdrückten. Sein Mißtrauen, daß die Gerichte mit ihren meist adligen Vorsitzenden nicht unparteiisch Recht sprächen, sondern die eigenen Standesgenossen bevorzugten, wuchs ins Riesenhafte, steigerte sich bis zur Manie. So kam es 1778 zum berühmten Fall des Müllers Arnold mit all seinen umstürzenden Folgen.

Im Krossener Kreis der Neumark bewirtschaftete ein Müller namens Arnold gemeinsam mit seiner Frau die sogenannte Krebsmühle bei Pommerzig. Dafür hatten sie dem Besitzer des Gutes, einem Grafen Schmettau, eine jährliche Erbpacht in Form von Getreide zu entrichten. Im Jahre 1773 verweigerte der Müller auf einmal dem Grafen die Pacht mit der Begründung, der Landrat von Gersdorf, dem das oberhalb der Krebsmühle gelegene Gut Kay gehörte, habe sich einen Karpfenteich angelegt, durch den der Zufluß des Wassers zur Krebsmühle behindert werde. Graf Schmettau zeigte sich recht umgänglich. Er wies zwar den Müller darauf hin, daß es ja so schlimm mit dem Karpfenteich nicht sein könne, denn die Krebsmühle sei die ganze Zeit in Betrieb geblieben und habe niemals unter größerem Wassermangel gelitten. Aber er war durchaus zu einem gütlichen Vergleich bereit und bot dem Arnold großzügige Termine für seine Nachlieferungen an. Der jedoch dachte mitnichten an irgendeine Form des Einlenkens. Angestachelt von seiner Frau, beschloß er, gegen den Herrn von Gersdorf zu prozessieren.

Bemerkenswert für die Verhältnisse im spätfriderizianischen Preußen ist, daß ein einfacher Müller nicht die geringsten Bedenken trug, sich mit so großmächtigen Herren wie einem Grafen und einem Landrat anzulegen. Das wäre in keinem anderen Land Europas denkbar gewesen. Es kam zum Prozeß, Arnold und seine Frau bekamen Unrecht, die Krebsmühle wurde am 7. September 1778 für sechshundert Taler an den Meistbietenden verkauft, und auch eine Berufungsklage des Müllers und seiner Frau beim

Neumärkischen Obergericht zu Küstrin wurde abgewiesen. Darauf hatte das streitlustige Ehepaar nur gewartet: es wandte sich mit einer Bittschrift an den König! Wußte es doch wie alle Bewohner Preußens, daß dieser Herrscher jedes Schriftstück, das ihm unterbreitet wurde, gründlich studierte, und daß er es nicht duldete, wenn dem kleinen Mann auf der Straße sein Recht vorenthalten wurde.

Friedrich setzte eine Kommission zur Untersuchung des Falles ein, die es sich sehr leicht machte und im Handumdrehen die Auffassungen des Müller-Ehepaares bestätigte. Das Küstriner Gericht ließ sich dadurch mitnichten beeindrucken und lehnte das Gutachten der königlichen Kommission rundweg ab. Nun loderte Friedrichs Mißtrauen empor. Er befahl, den Fall Arnold dem Berliner Kammergericht zu übertragen. Das Kammergericht prüfte gründlich und kam zu dem Schluß, daß sich das Ehepaar Arnold im Unrecht befände, weil die Wassermenge des Flusses auch nach Anlegung des Karpfenteiches immer ausreichend gewesen sei. In ihrer Sentenz für den König machten die Berliner Kammergerichtsräte jedoch zwei taktische Fehler: Erstens begnügten sie sich mit der lapidaren Mitteilung, daß sie den Prozeß erledigt hätten, ohne noch auf die Frage der Wassermenge ausführlich einzugehen. Zweitens betonten sie ganz apodiktisch das Recht des Landrats zur Anlegung des Karpfenteichs, wodurch die Frage einer eventuellen Schädigung des Müllers zur Nebensache geriet.

Nun war das Maß für den König voll. Er beschloß, ein Exempel zu statuieren, das wie ein Donnerwetter in seinen Ländern wirken sollte. Für Sonnabend, den 11. Dezember, befahl er den Großkanzler von Fürst und die drei zuständigen Kammergerichtsräte auf das Berliner Schloß. Was dort geschah, hat Ransleben, einer der drei Kammergerichtsräte, festgehalten:

»Gegen 11.45 Uhr kam der Präsident v. Rebeur zu mir gefahren und notifizierte mir, daß, da der König nur drei Räte zu sprechen verlange, er die Kammergerichtsräte Friedel, Graun und mich dazu ernenne. Ich, als zuständiger Referent, sollte das Wort führen. Meiner lieben Frau sagte ich hiervon nichts, sondern allein meinem Schwiegervater, welcher mir guten Mut zusprach, so wie ich denn überhaupt keine Furcht bei mir verspürte, weil ich in meinem Gewissen überzeugt war, nur nach meiner besten Überzeugung gehandelt zu haben. Gegen 14 Uhr fuhr der Großkanzler v. Fürst mit uns dreien in seinem Wagen auf das Schloß. Sofort wurden wir vor den König geführt. Der König saß mitten in der Stube, so daß er uns gerade ansehen konnte, mit dem Rücken gegen den Kamin, in dem ein Feuer brannte. Er hatte einen schlechten Hut nach der Form der Predigerhüte auf, trug einen Überrock von Moll oder Sammet, schwarze Beinkleider und Stiefel, die ganz in die Höhe gezogen waren. Er war nicht frisiert. Drei kleine Bänke mit grünem Tuch beschlagen standen vor ihm, worauf er die Füße gelegt hatte. Er hatte die eine Hand, an der er große Schmerzen zu leiden schien, in einer Art von Muff stecken, in der anderen hielt er die Arnoldsche Sentenz. Er saß in einem Lehnstuhl, zur Linken stand ein Tisch, worauf verschiedene Papiere waren und zwei goldene Dosen, reich mit Brillanten besetzt, aus denen er von Zeit zu Zeit Tabak nahm. Ein Geheimer Kabinettsrat war im Zimmer, der sich zum Schreiben fertig machte. Der König sah uns an und sagte ›Tretet näher‹, worauf wir noch einen Schritt vorwärts taten, so daß wir keine zwei Schritte von ihm entfernt waren. Er frug uns drei ›Seid Ihr diejenigen, welche die Arnoldsche Sentenz gemacht haben?‹ Wir beantworteten dies mit einer Verbeugung, indem wir Ja sagten.«

Friedrich begann nun ein mündliches Examen. Er fragte, scheinbar gelassen, die drei Kammergerichtsräte: »Wenn man eine Sentenz gegen einen Bauern sprechen will, dem man bereits alles genommen hat, wovon er sich nähren und seine Abgaben bezahlen soll; darf man das tun?!« Ja, was sollten die armen Kammergerichtsräte auf diese Suggestivfrage schon sagen? Sie antworteten also mit »Nein«. Friedrich fragte weiter: »Kann man einem Müller, der kein Wasser hat und also nicht mahlen und auch nichts verdienen kann, die Mühle deshalb nehmen, weil er keine Pacht bezahlt hat? Wie? Ist das gerecht?!« Die Kammergerichtsräte wurden eine Spur blasser, denn die zweite Frage war in schneidendem Ton gestellt. Sie antworteten wiederum mit »Nein«. Nun wandte sich Friedrich, der den Großkanzler bis dahin völlig ignoriert hatte, an Herrn von Fürst, hob drohend seinen Krückstock und kommandierte: »Marsch, mein Herr! Seine Stelle ist schon vergeben.«

Über das Ende dieser dramatischen Szene berichtete Ransleben: »Der Großkanzler verließ, ohne ein Wort zu sagen, mit der größten Geschwindigkeit den Raum. Der König bediente sich noch sehr harter Ausdrücke gegen uns und entließ uns endlich, ohne uns zu sagen, was er mit uns machen wollte. Kaum hatten wir das Zimmer verlassen, als er hinter uns herkam und uns befahl zu warten. Kurz darauf kam ein Adjutant, der uns in einem Wagen nach dem gemeinen Stadtgefängnis, dem Kalandshof, abführte. Unser Arrest daselbst dauerte vom 11. Dezember 1779 bis zum 5. Januar 1780. Den 13. Dezember wurde uns eine Kabinettsordre publiziert, nach welcher der König eine Untersuchungskommission ernannt, dieser aber im voraus befohlen hatte, auf keine geringere Strafe gegen uns als ein Jahr Festung, Kassation und die Ersetzung allen Schadens an die Arnoldschen Eheleute zu erkennen, welches denn freilich eine üble Perspektive für uns war.«

Noch am selben Tag, dem 11. Dezember, schrieb Friedrich an seinen Minister von Zedlitz und befahl ihm, dafür Sorge zu tragen, daß die drei Räte mindestens mit Kassation und Festungshaft bestraft würden. Wörtlich fügte er hinzu: »Ich kenne alle Advokatenstreiche und lasse mich nicht verblenden. Hier ist ein Exempel nötig, dieweil die Kanaillen enorm mit meinem Namen Mißbrauch treiben, um gewaltige und unerhörte Ungerechtigkeiten auszuüben. Ein Justitiarius, der schikanieren tut, muß härter als ein Straßenräuber bestraft werden.« Zedlitz, ein Ehrenmann durch und durch, hochgebildet, ein Verehrer des Königsberger Philosophen Kant, dessen Vorlesungstexte er sich regelmäßig per Post zuschicken ließ, prüfte zehn Tage lang mit seinem Kriminalkollegium gewissenhaft die Aktenlage und stellte einwandfrei fest, daß der Bericht der königlichen Kommission, auf den sich Friedrich immer wieder berief, oberflächlich und ungenau abgefaßt, daß vor allem den Berliner Kammergerichtsräten nicht das Geringste vorzuwerfen war. Am Ende seiner Stellungnahme schrieb er dem Monarchen: »Ich habe Eurer Königlichen Majestät Gnade jederzeit als das größte Glück meines Lebens vor Augen gehabt und mich eifrigst bemüht, solche zu verdienen. Ich müßte mich aber derselben als unwürdig erkennen, wenn ich eine Handlung wider meine Überzeugung vornehmen würde! Aus den von mir und auch vom Kriminalsenat angezeigten Gründen werden Eure Königliche Majestät zu erwägen geruhen, daß ich außerstande bin, eine Verurteilung der in der Arnoldschen Sache arretierten Justizbeamten abzufassen.« Friedrich antwortete darauf postwendend: »Wenn *Sie* nicht sprechen wollen, so tue *ich* es und spreche das Urteil folgendermaßen: Diese Scheißkerle, die Justizbeamten, werden hiermit kassiert und zu Festungsarrest verurteilt. Sie sollen den Wert der Arnoldschen Mühle sowohl als allen Schaden des Müllers ersetzen.« Am Schluß dieses Schreibens an Zedlitz hieß es: »Übrigens will ich Euch noch sagen, wie es mir lieb ist, daß ich Euch bei dieser Gelegenheit so kennengelernt habe.« Nach dieser Verbeugung vor der Ehrenhaftigkeit seines Ministers packte ihn jedoch wieder der Zorn, und er setzte eigenhändig hinzu: »Alles Fikfakereien bei den Herren, weiter nichts!«

Die drei verurteilten Kammergerichtsräte mußten dem Arnold tatsächlich seine Verluste ersetzen. Sie wurden auch, nach ihrer Entlassung aus dem Gefängnis, nicht wieder in königliche Dienste eingestellt. Erst unter Friedrichs Nachfolger kam es zu einer Revision des Verfahrens. Alle drei wurden für völlig unschuldig erklärt und für ihre finanziellen Verluste vom Staat entschädigt. Friedrich selbst erkannte ein dreiviertel Jahr nach diesen Vorfällen, daß er unrecht gehabt hatte. Zu seinem Kammerhusaren Neumann sagte er, sich quasi entschuldigend, er habe ein abschreckendes Beispiel geben müssen, damit die Großen nicht die Kleinen unterdrückten. »Diesmal freilich«, setzte er hinzu, »bin ich hinters Licht geführt worden. Der Kleine hatte unrecht. Nehme ich aber mein Wort zurück, so werden die Unterdrückungen noch ärger! Es ist hart, es ist ungerecht, aber es geht nun nicht anders; ich habe mich übereilt. Dieser Arnold, der verfluchte Kerl!«

Der ungeheuerliche Willkürakt des Königs, der allen seinen erleuchteten Sentenzen über die Souveränität der Gerichte in Preußen hohnsprach, verursachte in der Hauptstadt, in Berlin, eine noch nie dagewesene Empörung. Der Adel und die wohlhabende Bürgerschaft der Stadt ergriffen einhellig die Partei der zu Unrecht Gemaßregelten. Die eingesperrten Kammergerichtsräte wurden mit Liebesgaben überschüttet. Man kolportierte voller Entrüstung, daß der König die drei verdienten Beamten als »Kanaillen, die keinen Schuß Pulver wert sind« tituliert hatte. Bereits am Sonntag, dem 12. Dezember, begannen öffentliche Demonstrationen zugunsten des geschaßten Großkanzlers von Fürst. Alles drängte sich zu einem Mann, von dem einer seiner Mitarbeiter berichtete, daß er sich in seinem ganzen Leben nie habe entschließen können, »einem bloßen Bürgerlichen eine Audienz zu gewähren«. Man versicherte den Großkanzler a. D. des allgemeinen Mitgefühls. In endloser Reihe fuhren zwei Tage lang elegante Equipagen bei Herrn von Fürst vor, und da er direkt hinter dem Gießhaus wohnte, erstreckte sich das Ende der Prozession bis vor die Fenster des königlichen Schlosses. Friedrich, ob er wollte oder nicht, mußte diese öffentlichen Mißfallenskundgebungen zur Kenntnis nehmen. Er ließ es geschehen, und die Polizei griff nicht ein. Der neu angekommene österreichische Botschafter, der die Demonstration gegen den Monarchen auf der Straße beobachtete, war völlig perplex. Es scheine, so erklärte er, daß man in Berlin den gestürzten Ministern dieselben Huldigungen darbringe, die man in anderen Ländern neuernannten Ministern zuteil werden lasse.

Die Aufregung in der Stadt hatte den Siedepunkt erreicht, als am Dienstag, dem 14. Dezember 1779, in den Zeitungen der Hauptstadt eine persönliche Erklärung des Königs zum Fall Arnold veröffentlicht wurde. Die Berliner rissen sich die Blätter gegenseitig aus der Hand. Und dann lasen sie: »Sämtliche Justizkollegien müssen wissen, daß der geringste Bauer, ja, was noch mehr ist, der Bettler ebensowohl ein Mensch ist wie der König. Denn vor der Justiz sind alle Menschen gleich; es mag sein ein Prinz, der wider einen Bauern klagt, oder auch umgekehrt.« Die Leute sahen sich sprachlos an. So etwas hatte es in der Welt noch nicht gegeben! Dann lasen sie weiter: »Ein Justizkollegium, das Ungerechtigkeiten begeht, ist gefährlicher und schlimmer als eine Diebesbande. Vor der kann man sich schützen; aber vor Schelmen, die den Mantel der Justiz gebrauchen, um ihre üblen Passiones auszuführen, vor denen kann sich kein Mensch hüten.« Dann stand in der Bekanntmachung, daß der König bereits einen neuen Großkanzler ernannt habe, und nun wurde es auch dem letzten Leser klar, daß es hier um viel mehr als nur um den Fall Arnold ging. Zum Schluß hieß es aufs nachdrücklichste, daß in Zukunft »mit égalité gegen alle Leute verfahren wird, die vor die Justiz kommen, sei es ein Prinz oder ein Bauer; denn da muß alles gleich sein . . . Friderich.«

Dieser Text machte Sensation und verbreitete sich wie ein Lauffeuer durch ganz Preußen, ja durch ganz Europa. Es war die umstürzendste, revolutionärste Proklamation des 18. Jahrhunderts, zehn Jahre *vor* Ausbruch der Französischen Revolution. Alle fortschrittlichen Geister des Kontinents jubelten Friedrich dem Großen zu. In Paris zeigten Plakate den Preußenkönig mit einer Waage in der Hand, die sich zugunsten des Volkes senkte. Zarin Katharina, die Friedrichs inneres Reformwerk seit langem bewunderte, war derart hingerissen, daß sie die Erklärung ins Russische übersetzen und an ihre Gerichte und Justizbehörden verteilen ließ.

In Preußen bemächtigte sich des einfachen Volkes eine ungeheure Erregung. Von Dorf zu Dorf, von Hütte zu Hütte flog die schier unglaubliche Fama der königlichen Presseverkündigung. In Brandenburg, Pommern und Niederschlesien rotteten sich die Bauern zusammen. In der Zeit vom 23. Dezember bis 23. Januar erschienen Tausende von ihnen in Berlin, zogen mit Weibern und Kindern vor das königliche Schloß, hielten Bittschriften empor und riefen in Sprechchören: »Es lebe unser König, der dem armen Bauern zu seinem Recht verhilft!« Die ganze preußische Gesellschaft spaltete sich in zwei Lager: auf der einen Seite der Adel und das wohlhabende Bürgertum, die dem König grollten und von denen sich viele für immer von ihm abwandten, auf der anderen Seite das arme Volk, die Bauern Brandenburgs und Pommerns, die Handwerker und Proletarier von Berlin, die in Friedrich ihren Schutz und Schirm erblickten. Längere Zeit war die Macht der Behörden in Frage gestellt, artikulierte sich offene Widersetzlichkeit des Publikums in den Gerichtssälen des Landes.

Für den König von Preußen war der Justizskandal ganz offensichtlich nur Mittel zum Zweck. Er hatte das Recht gebeugt, um das Recht zu retten. Denn der »Fall Arnold« blieb Episode; der Sturz des reaktionären Großkanzlers von Fürst machte Geschichte. Die ungerechtfertigte Verurteilung der drei Kammergerichtsräte mochte auf einem königlichen Irrtum beruhen oder Ausfluß des fritzischen Despotismus sein. Herr von Fürst aber hatte mit der Arnoldschen Sache nichts zu tun gehabt, der Fall entzog sich seiner Zuständigkeit; und das wußte niemand besser als Friedrich. Daß er dennoch zum prominentesten Opfer der königlichen Willkürmaßnahmen wurde, erbrachte den Beweis dafür, daß Friedrich nicht nur aus Wut und Rechthaberei handelte, sondern eine höhere justizpolitische Konzeption verfolgte. Mit der spektakulären Entlassung des Großkanzlers versetzte Friedrich allen reformfeindlichen Kräften in der preußischen Justizverwaltung einen schweren Schlag.

Als Nachfolger wurde der neunundvierzigjährige schlesische Justizminister von Carmer nach Berlin berufen. Bei seinem Dienstantritt erhielt er vom Monarchen die Weisung, die große preußische Justizreform, die Cocceji so glänzend begonnen hatte und die durch den unseligen Krieg unterbrochen worden war, mit Nachdruck zu Ende zu führen. Carmer hatte sich aus Breslau den höchst fähigen dreiunddreißigjährigen Oberamtsregierungsrat Suarez mitgebracht, und es vergingen nur drei Monate, dann legten beide Männer dem König einen umfassenden Plan zur Justizreform vor, der die Schaffung verbesserter Justizkollegien, eine neue Prozeßordnung und die Abfassung eines allgemeinen preußischen Gesetzbuches in deutscher Sprache empfahl. Hocherfreut stimmte Friedrich allem zu. Vier Wochen später erschien die neue Prozeßordnung unter dem Titel »Corpus Juris Fridericianum I. Buch«. Drei Monate danach standen Carmer und Suarez erneut vor ihrem König. Sie hatten einen in siebenundzwanzig Paragraphen gegliederten Projektplan zur Schaffung eines »Allgemeinen Gesetzbuches für die Preußischen Staaten« ausgearbeitet. Friedrich unterschrieb den Entwurf. Damit begannen die Vorbereitungen für ein gesetzgeberisches Jahrhundertwerk, dessen Abschluß, 1792, unter dem Titel eines »Allgemeinen Preußischen Landrechts« sein königlicher Inspirator nicht mehr erleben sollte.

1772 hatte Friedrich seinen sechzigsten Geburtstag begangen. Längst war er zur originellsten und interessantesten Figur seines Jahrhunderts geworden. Allerorten sprach man von ihm. Fritzische Anekdoten waren der beliebteste Unterhaltungs- und Gesprächsstoff für jung und alt, für hoch und niedrig. In Amerika, England und Frankreich, in Preußen, Bayern und Italien, in den Schlössern wie in den Hütten kannte jedermann sein charakteristisches Konterfei: die kleine krumme Gestalt, die messerscharfen Gesichtszüge mit der geraden Nase, die vorstehenden blauen Augen mit dem stechenden Blick, Dreispitz und Zopf, die zerschlissene Uniform mit den Schnupftabakflecken, den Krückstock, den er zu Fuß oder zu Pferde niemals aus der Hand ließ und den er nur allzu häufig drohend erhob (wie einst der Vater!). Dies war ein König ›zum Anfassen‹ für das Volk. Sein Witz und seine Schlagfertigkeit, die Ausdruck seines pfiffigen Berlinertums waren, entzündeten die Vorstellungskraft der Massen, gingen in Legendenform von Mund zu Mund. Die Gestalt des »Alten Fritzen« genoß Weltruhm. Der Sultan von Marokko gab die Schiffsmannschaft eines preußischen Reeders, die an seinen Küsten gestrandet war, ohne Lösegeld zu fordern frei, kleidete die Matrosen von Kopf bis Fuß neu ein und verabschiedete sie mit den Worten: »Euer König ist der größte Mann der Welt! Kein Preuße soll in meinen Ländern gefangen sein.«

So sah ihn die Welt, oder doch ein großer Teil derselben. Und wie sah Friedrich sich selbst? Was die preußische Großmachtstellung, sein Werk, anging, schrieb er der Schwester Ulrike: »Ich tue meine Pflicht, so wie sie dieses Land erheischt, deren einziger Garant die Armee ist.« Er war sich also der Fragilität, der Zerbrechlichkeit und permanenten Gefährdung Preußens wohl bewußt. Selbsttäuschung war niemals seine Sache gewesen. Selbstidealisierung schon gar nicht. So sehr er die Epoche Ludwigs XIV. bewunderte, es wäre ihm nicht in den Sinn gekommen, sich zum »Sonnengott« zu stilisieren. Als er ein Kodizill schrieb, eine Satire in Form eines spöttischen Testaments, in dem er sich über die großmächtigen Herrscher Europas lustig machte, vergaß er nicht, den König von Preußen, also sich selbst, mit Ironie zu betrachten. Alles das, was ihm seine Kritiker später vorhalten sollten, nahm er selbst vorweg, als er über sich schrieb:

»Seiner neugebackenen Herrlichkeit froh,
Kommt dann ein König da unten wo.
Auch so ein Narr! der nie vergißt,
Daß er Kroatenbesieger ist.
Wie der ›Bürger als Edelmann‹ will er gern
Zum Kreise der stolzen und grämlichen Herrn,
Der alten Souveräne zählen.
Wer's ihm verweigert,
Dem droht eine Schlacht!
Ein Bösewicht ist's,
Der seiner Feinde lacht.
Zwar, seit ihm Krallen und Zähne fehlen,
Dem altgewordenen Isegrimm,
Haben die Nachbarn Ruhe vor ihm;
Wenn ihn nicht grade sein Dämon reitet,
Der sein Köpfchen oft schon verleitet,
Spott und Hohn über sie alle
Auszugießen in vollem Schwalle.«

Die Kraft zur Selbsterkenntnis und zur Selbstkritik schöpfte er aus dem permanenten Studium der Geschichte. Was war sein eigenes Leben vor den Taten eines Alexander? Immer wieder las er die abgeklärten Selbstbetrachtungen des römischen Soldatenkaisers Marc Aurel. Laut sprach er sich die Worte vor: »Du bist eine Seele, die einen Leichnam schleppt.« Das tröstete ihn über seine eigene Hinfälligkeit, über sein langes, langsames Sterben, das er kühl diagnostizierte. Erhebung gewann er beim Studium der Werke der großen Menschheitsphilosophen: Platon, Aristoteles und Plotin, Spinoza, Descartes und Leibniz. Vor allem bei Aristoteles fand er, was er suchte: die Tugend- und Staatslehre, die den Menschen als »zoon politikon«, als ein in der Gemeinschaft lebendes Wesen definiert.

Friedrich ist sich über das Wesen Gottes niemals schlüssig geworden. Je älter er wurde, desto mehr nahm seine innere Unsicherheit zu. Daß es einen Gott gäbe, der auf das Schicksal der Völker oder gar das einzelner Individuen lenkend Einfluß nähme, diesen Glauben hatte er schon als junger Mann verworfen. Hatte die Geschichte der Menschheit irgendeinen Sinn? Gab es überhaupt einen Fortschritt? Würden sich Aufklärung und Toleranz durchsetzen? Siegte nicht allzu oft das Schlechte über das Gute? Und konnte das der Wille eines Allmächtigen sein? In der christlichen

Lehre fand er keine Antwort auf seine Fragen, so oft er auch das Neue Testament zur Hand nahm. Von Jesus Christus und »seiner herrlichen Bergpredigt« sprach er mit Rührung und Bewunderung. Aber die Kirchen haßte er, und für das real existierende Christentum seiner Zeit hatte er nur Verachtung: »Jesus predigte Duldung – und wir verfolgen! Jesus predigte Moral – und wir üben sie nicht! Jesus hat keine Dogmen aufgestellt – und die kirchlichen Konzile haben reichlich dafür gesorgt.«

Friedrich blieb bis an sein Lebensende ein Jünger und Fürsprecher der Aufklärung; allerdings in dem Sinne, daß Aufklärung der Menschheit nur durch Erziehung des Menschen möglich sei. Lebenserfahrung und Menschenkenntnis hatten ihn zum Skeptiker gemacht. Ob der Mensch für die volle Erkenntnis geschaffen sei, bezweifelte er; daß die Summe des Guten in der Welt die des Bösen überträfe, schien ihm fraglich. Die neuaufkommende Denkschule der französischen Materialisten stieß ihn wegen ihrer Unduldsamkeit ab. Er spürte das Wachsen fanatischer, intoleranter Ideologien im Zeichen des Fortschritts und der Gleichheit. Er hielt sich an die Zweifler, an Cicero und Bayle, »die so klug waren, sich nie auf ein philosophisches System festzulegen«.

Aber existierte nicht doch ein höheres Wesen, eine Schöpferkraft, die allem innewohnen mußte? Ein Blick in die Natur überzeugte ihn, daß es eine geheime Ordnung der Welt gab. Ordnung aber, das schlechthin Höchste in seinen Augen, war nicht möglich ohne gestaltende Intelligenz. Wie er sich diese Intelligenz des Weltalls vorstellte, beschrieb er einmal d'Alembert: »Ich denke sie mir als Urquell des Lebens und der Bewegung. Da der Mensch denkender und sich bewegender Stoff ist, sehe ich nicht ein, warum das gleiche Prinzip des Denkens und Handelns nicht auch dem Weltenstoff zugeschrieben werden sollte. Ich nenne es nicht Geist, weil ich mir keine Vorstellung von einem Wesen machen kann, das sich nirgends befindet und somit nirgends existiert. Wie das Denken das Ergebnis unserer Körperorganisationen ist, so könnte auch das Weltall, das so viel feiner organisiert ist als der Mensch, eine Intelligenz besitzen, die der einer so hinfälligen Kreatur unendlich überlegen ist.«

Solche Einsicht in die Geringfügigkeit menschlichen Wesens und Lebens machte ihn nicht bitter. Friedrich trug das Altwerden mit Gelassenheit, ja Heiterkeit. Im August 1774 besuchte ihn auf seiner schlesischen Revuereise Graf Albert Joseph Hoditz, den er vier Jahre zuvor in Mähren kennengelernt hatte als einen Lebensgenießer par excellence und als einen Freund der raffiniertesten Genüsse, nicht zuletzt jener, die schöne Frauen und Jünglinge zu bieten wissen. »Ich sah Hoditz«, schrieb Friedrich am 19. September an Voltaire, »er war früher so heiter; jetzt ist er traurig und melancholisch. Er kann der Natur nicht die lästigen Gebrechen verzeihen, die das Alter mit sich bringt.« Wieder zurück in Potsdam, verfaßte er ein Trostschreiben an den siebzigjährigen Grafen:

»Ich sah Euch, lieber Graf, in Trauer;
Das Alter zu ertragen wird Euch sauer.
Ihr wäret gern, wie Ihr Euch einst gezeigt.
Doch Kraft und Freude fesseln wir vergebens;
Vergehn, verwehn – das ist das Los des Lebens.«

Er dachte an seine Jugend, an die Gräfin Orselska, an Ruppin und Rheinsberg. Dann fuhr er fort:

»Wenn unser Weißhaar wir beschauen,
Die Runzeln und das Gliederzittern –
Kann das noch Eindruck machen auf die Frauen
und zarte Herzen gar erschüttern?
Sie würden unsre Wünsche nicht verstehn.
Laßt ab vom Gott, der Euch schon längst verlassen!
Wir müssen uns in Gleichmut fassen
Und Jüngere an unserm Platze sehn . . .
Freigebig stets ist die Natur,
Und jedem Alter gönnt sie sein Vergnügen.
Im Lebenslenz ist uns, als ob wir nur
In unsern Füßen alle Wonne trügen
Bei Sprung und Tanz und Dauerlauf;
Erst später geht die Glut im Herzen auf.
Im Sommer unsres Lebens steigt das Feuer
Zum Hirn empor, und mit erhitzten Sinnen
Will man erträumten Sieg gewinnen;
Dem Ehrgeiz ist kein Heldenkampf zu teuer.
Des Lebens Winter löscht den letzten Brand,
Dann tröstet uns der kühlere Verstand . . .
So schafft Natur in ew'gen Wunderzeichen
Für jede Lebenszeit ein andres Glück.
Die Menschensaat, sie wächst und fällt zurück;
Der hellste Tag muß vor der Nacht erbleichen.
Zeigt denn Vernunft! Und seht es ein,
Wenn Kosestunden mählich weichen:
Im Winter kann nicht Frühling sein . . .«

Ganz in diesem Sinne antwortete er einem Geheimen Rat F., der sich über ein anrüchiges Haus in seiner Straße beschwerte: »Mein lieber F.! In Eurem und meinem Alter kann man nichts mehr machen. Wir wollen diejenigen machen lassen, die noch können.« Das entsprach dem heiter-ironischen Stil, mit dem er einen Beschwerdebrief der Oberhofmeisterin, Frau von Camas, beantwortete. Ein junges, unverheiratetes Hoffräulein war in andere Umstände gekommen, und Frau von Camas hatte sich beim König erkundigt, wie man die junge Dame bestrafen sollte. Friedrich antwortete: »Ich, mit den Schwächen unserer Gattung sehr nachsichtig, werfe nicht den ersten Stein auf Hof- und Ehrenfräuleins, die Kinder bekommen. Das ist ein ganz normales Ereignis. Es gibt keinen Hof, kein Kloster, wo es nicht vorkommt. Die Damen pflanzen ihre Art fort, statt daß die ehrgeizigen Politiker sie durch ihre unseligen Kriege zerstören. Ich gestehe Ihnen, daß ich die zärtlichen Temperamente mehr liebe als die Keuschheitsdrachen, die über ihresgleichen unbarmherzig herfallen, und die zanksüchtigen Weiber, die im Grunde boshaft und unheilstiftend sind. Man erziehe das Kind mit Sorgfalt, entehre nicht eine Familie und entferne ohne Aufsehen und Ärgernis das arme Mädchen vom Hofe und schone ihres Rufes so viel als möglich.«

Immer häufiger erinnerte er sich nun seiner Kindheit und seiner Jugendzeit. Alles stand ihm wieder klar und deutlich vor Augen: der strenge Vater, der verständnisvolle Duhan, die besorgte Mutter, die vielen Geschwister. Auf seinen Krückstock gestützt durchwanderte der alte König den Park von Sanssouci. Wilhelmine, seine unvergeßliche Lieblingsschwester, warum konnte sie ihm nicht zur Seite gehen? Gern lenkte er seine Schritte zu dem kleinen Tempel, den er ihrem Andenken gestiftet und über den er an Voltaire geschrieben hatte: »Ich habe für diese Schwester das aufgeführt, worauf Cicero für seine Tullia dachte, und ihr zu Ehren einen Freundschaftstempel errichten lassen. Im Hintergrund steht ihre Statue, und an jeder Säule ist ein Medaillon von einem Menschen befindlich, der sich durch Freundschaft auszeichnete. Der Tempel liegt in einem Boskett meines Gartens, und ich gehe oft dahin, um an so manchen Verlust und an das Glück zu denken, das ich einst genoß.«

Das waren seltene Stunden der Ruhe und Entspannung. Die Arbeit für den Staat ging weiter. Und weiter gingen auch die Inspektionsreisen durch die Provinzen, obwohl ihn in den Jahren 1774 bis 1776 schwere Krankheiten plagten, Rheuma- oder Gichtanfälle, die ihn manchmal für Wochen an das Bett oder an den Lehnstuhl fesselten. »Meine Reisen und Inspektionen«, sagte er, »sind unbedingt notwendig. Ich darf sie nicht aufgeben, sonst hätte ich sie für dies Jahr gern eingeschränkt.« Mit seinem Körper machte er nicht viel Federlesens. Er zwang ihm seinen Willen auf. Das ging so weit, wie Augenzeugen berichten, daß er sich nach wochenlanger Krankheit genau einen Tag vor Beginn einer Inspektionsreise oder Revue von seinem Schmerzenslager erhob und sich dann auch tatsächlich besser fühlte. Äußerte ein Adjutant darüber sein Erstaunen, so bekam er von Friedrich zu hören: »Mein Handwerk verlangt Arbeit und Tätigkeit; mein Körper und mein Geist müssen sich dieser Pflicht anbequemen.« Dann zog er wieder die alten Reiterstiefel an, die ihn so drückten und zwickten, ging zum Reisewagen, auf dessen Bock schon der Kutscher Pfund thronte, der einzige Mensch, dem Friedrich niemals widersprach, und ließ sich auf die zerrissenen Ledersitze sinken. Aber wohin die Fahrt auch ging, niemals vergaß er seine geliebten Bücher mitzunehmen. »Voltaire und ich haben die ganze Reise durch Schlesien gemeinsam gemacht und sind zusammen zurückgekehrt«, berichtete er im Herbst 1776 aus Potsdam.

An seinem fünfundsechzigsten Geburtstag, im Januar 1777, spielte der König zum letzten Mal auf seiner geliebten Querflöte. Er besaß kaum noch Vorderzähne. Die gichtkranken Finger wollten nicht mehr, sie waren zu steif geworden. Fünfzig Jahre lang hatte er sich immer wieder aus der leidvollen Welt der Realitäten in die der Musik geflüchtet; nun war auch das vorbei. Halb wehmütig, halb ironisch beobachtete er den unaufhaltsamen körperlichen Verfall. Am 9. Juli 1777 schrieb er aus Sanssouci an Voltaire über sich selbst:

»Da sitzt er nun, der alte Mann,
Phlegmatisch, schweigsam, herzenskalt;
Fängt er einmal zu sprechen an,
So gähnt ein jeder Hörer bald.«

Er erinnerte sich daran, wie er am 1. Juni 1740 vor dem Charlottenburger Schloß federnd aus dem Sattel gesprungen war, wie er de Catt 1758 im Feldquartier die Hand gereicht und mit ihm graziös Menuett getanzt hatte:

»Luftsprünge früher, heut' schleicht das an Krücken,
Einst Kraft und Leben, heut' Lumpen und Flicken!«

Er blickte auf seine zitternden, gichtverkrümmten Hände:

»Nun ist's wie Sterben in der Welt,
So welk und öde liegt das Feld.
Der Baum steht da von Blättern bloß,
Der Garten kahl und blütenlos.
So spürt der Mensch mit leisem Beben
Die Hand der Zeit an seinem Leben.«

Zum Schluß des Gedichts warf er ein paar Zeilen aufs Papier, die jeder Literaturkenner, nach dem unbekannten Verfasser befragt, spontan als »fontanisch« bezeichnen würde:

»Die Jugend geht so schnell dahin;
Kaum lernt man erkennen,
Kaum schärft sich der Sinn,
Da kommt die Mühsal,

Da kommen die Leiden,
Und es dauert nicht lange,
Da heißt es scheiden.«

Immer häufiger machte er Bilanz. Vor siebenunddreißig Jahren war sein Vater gestorben, und er, Friedrich, hatte den preußischen Thron bestiegen. Damals war Preußen ein Staat von 2300 Quadratmeilen Umfang gewesen; nun hinterließ er seinem Nachfolger einen Besitzstand von 3600 Quadratmeilen. Damals hatte die Bevölkerung 2¼ bis 2½ Millionen Einwohner betragen. Nun war sie dabei, die 5-Millionen-Grenze zu überschreiten. Die jährlichen Staatseinkünfte hatten sich verdoppelt, von 12 auf 24 Millionen Taler. Die Sollstärke der Armee betrug nicht mehr 76 000, sondern inzwischen 180 000 Mann. Im Staatsschatz ruhten mehr als 50 Millionen Taler. Sämtliche Kriegsschäden des siebenjährigen Gemetzels waren geheilt, der Wohlstand seiner Bevölkerung hob sich merklich. Preußen gehörte unbestritten zu den fünf europäischen Großmächten, und wenn man von London, Paris, Wien und Petersburg redete, dann sprach man unaufgefordert auch von Berlin. Und doch, und doch: Es gab keinen Status quo, keine Ewigkeit der Staaten; es galt die altgriechische Erkenntnis: »alles fließt«. Die politischen Strukturen waren Kunstprodukte, bloßes Menschenwerk, und also waren sie aus Fließendem gebaut.

Wie lange würde sein Werk Bestand haben? Und wer bestimmte darüber? 1778 philosophierte er in einem Brief an die Kurfürstin-Mutter Marie Antonie von Sachsen: »Recht besehen, sind wir nur Drahtpuppen in der Hand Gottes, der unser Wollen und unser Handeln nach einem uns unbekannten Ziel lenkt. Das höchste Wesen, das der ganzen Natur unabänderliche Gesetze gegeben hat, hat solche Gesetze auch für die Menschen geschaffen. – Wir alle kommen mit einem unzerstörbaren Charakter zur Welt, den uns die Natur verliehen hat. Unsere Leidenschaften, unsere Vorurteile und das Maß von Geist, das wir erhielten, beeinflussen unsere sämtlichen Handlungen. Diese unmittelbaren Triebfedern benutzt die Vorsehung, um unser Tun zu leiten. Wie man die Materie auch ansehen mag, man muß doch stets zugeben, daß sich nichts ohne Gottes Willen ereignen kann, mithin auch, daß er alles lenkt. Aus dieser unbestreitbaren Wahrheit folgt, daß der Mensch nur ein geringes Werkzeug in der Hand der Allmacht ist, die sich seiner nach ihrer eigenen Weisheit zur Verwirklichung ihrer Ratschlüsse bedient.« In diesem Brief an seine sächsische Brieffreundin sprach er absichtlich von »Gott«; in der Korrespondenz mit Voltaire und d'Alembert war vom »höchsten Wesen« oder – mehr noch – von der »Intelligenz des Weltalls« die Rede. Entscheidend und bezeichnend war seine Rückwendung zur Prädestinationslehre, die sich in diesem Brief artikulierte. Vier Jahre später, in einem seiner letzten Schreiben an d'Alembert, sollte er den Menschen sogar »eine Maschine« nennen.

Das Jahr 1778 brachte ihm den Verlust der letzten Freunde. Lord George Keith starb, den er fast täglich in Sanssouci gesehen und an dessen heiterer Abgeklärtheit er sich erbaut hatte. Am 30. März 1778 war Voltaire, vierundachtzigjährig, gestorben, und Friedrich empfand bei dieser Nachricht, als sei eine ganze Epoche mit diesem »Patriarchen des Geschmacks«, wie er ihn einst genannt hatte, zu Grabe gegangen. Länger als vierzig Jahre hatte der Zauber einer geheimen Anziehungskraft gewirkt, der die beiden so ähnlichen und doch wiederum so verschiedenen Männer in seinen Bann geschlagen hatte. War es auch niemals möglich gewesen, den Freundschaftsbruch von 1753 zu kitten, dem Genie und Esprit Voltaires hatte Friedrich bis zum letzten Tage seine Reverenz erwiesen. Er verfaßte eine Laudatio auf den Verschiedenen und ließ sie in der Berliner Akademie vortragen. Aber Worte blieben Schall und Rauch. Verlust und Einsamkeit wogen schwerer.

Im April dieses Jahres schleppte sich Friedrich in seinen vierten Krieg mit Österreich. Er war schwer krank und tief deprimiert. Einen Monat später kam der neunundzwanzigjährige Johann Wolfgang Goethe nach Berlin. Er besuchte auch den Park von Sanssouci, denn es gab keine Schildwachen und keine Posten, die den Zutritt verweigerten; jedermann konnte frei und ungehindert vor dem »kleinen, stillen Haus« des alten Königs spazierengehen. Mit wachen Sinnen und seiner Fähigkeit zur Gesamtschau nahm Goethe die Atmosphäre des friderizianischen Preußens in sich auf. »Dem Alten Fritz bin ich recht nah worden«, berichtete er. »Da hab ich sein Wesen gesehen, sein Gold, Silber, Marmor, Affen, Papageien und zerrissene Vorhänge.« Mit einem einzigen Satz gelang es ihm, ein Bild der fritzischen Welt zu entwerfen. In Berlin speiste er an der Tafel des Prinzen Heinrich, und wo er stand und ging in dieser großen Stadt von mehr als hunderttausend Einwohnern, fühlte er den Berlinern, diesem »verwegenen Menschenschlag«, den Puls. Der alte König weilte an der böhmischen Grenze, im Feldlager seiner Armee, und die Berliner Gesellschaft zerriß sich das Maul über ihn. Goethe schied tief verstimmt. Es stieß ihn ab, wie »über den großen Menschen (Friedrich) die eigenen Lumpenhunde räsonierten«.

Aber die Berliner und die Preußen hatten durchaus Grund zu »räsonieren«. Jedermann seufzte unter der Last des despotischen Regiments eines alten Herrschers, der sich und seine Zeit längst überlebt hatte und der offensichtlich niemals abtreten wollte. Als »roi charmant«, als Märchenprinz hatten sie ihn einst gefeiert. Aber das lag schon vierzig Jahre, fast ein halbes Jahrhundert zurück. Das beste Urteil, das man noch über ihn hören konnte, lautete »streng, aber gerecht«. Um jeden Quark kümmerte sich der alte Mann in Sanssouci. Wo man einen Sumpf austrocknen, eine Straße bauen, ein Dorf errichten, einen Kanal ausheben sollte – er entschied es! Das mochte noch angehen. Aber er entschied auch, welches Salz man den

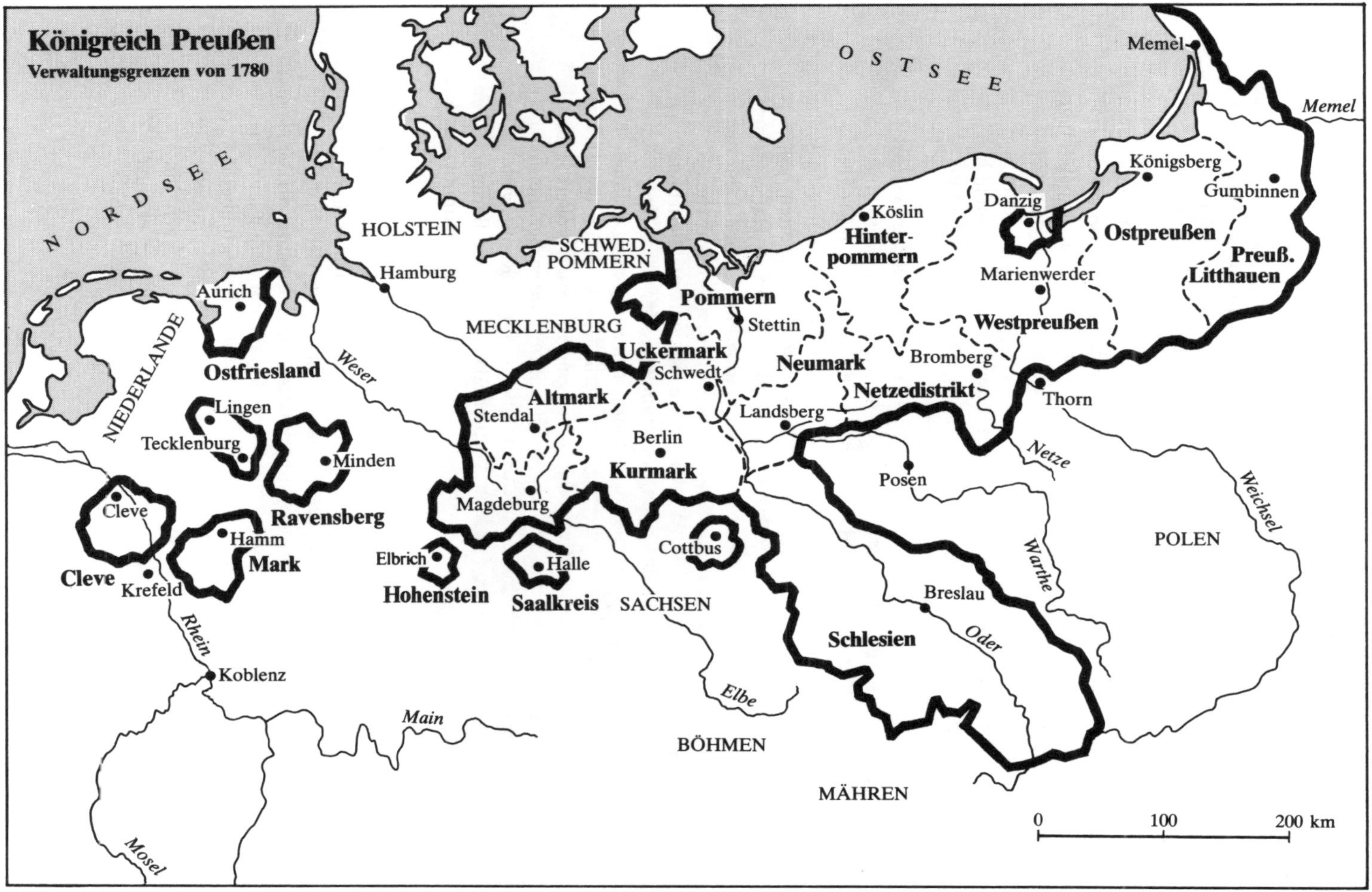
Königreich Preußen
Verwaltungsgrenzen von 1780
NORDSEE
OSTSEE
Memel
Memel
Königsberg
Gumbinnen
Danzig
Köslin
Ostpreußen
Preuß. Litthauen
Hinter-pommern
Marienwerder
Westpreußen
HOLSTEIN
SCHWED. POMMERN
Hamburg
Aurich
Pommern
Stettin
MECKLENBURG
NIEDERLANDE
Ostfriesland
Weser
Uckermark
Schwedt
Neumark
Bromberg
Netzedistrikt
Thorn
Altmark
Stendal
Landsberg
Lingen
Tecklenburg
Minden
Berlin
Kurmark
Netze
Posen
Weichsel
Cleve
Magdeburg
Ravensberg
Hamm
Mark
Elbrich
Halle
Cottbus
POLEN
Warthe
Cleve
Krefeld
Hohenstein
Saalkreis
SACHSEN
Breslau
Rhein
Schlesien
Oder
Koblenz
Elbe
Main
BÖHMEN
MÄHREN
0
100
200 km
Mosel

Kühen hinhängen sollte, ob eine Straße gepflastert werden sollte oder nicht, wieviel Stockwerke ein neues Haus erhalten sollte . . . Alles, alles auf Befehl! Auf Befehl eines Königs, der offensichtlich außer Arbeit nichts mehr vom Leben wußte.

Das alles brachte ja noch Früchte. Aber dieser Kommandoton, mit dem er ständig herumnörgelte, anfeuerte, kritisierte! Es war schier unerträglich, die ungnädigen Kabinettsordres lesen und verdauen zu müssen, die täglich aus Sanssouci herausflogen. Selbst das Offizierskorps wurde so behandelt. Drei Gardeleutnants, die ohne Urlaub einen zwölfstündigen Ausflug von Potsdam nach Spandau machten, kamen für ein halbes Jahr auf Festung.

Den Zivilbeamten ging es nicht besser. Seit fünfzehn Jahren, seit Kriegsende, waren sie daran gewöhnt, bei kärglichem Lohn hart arbeiten zu müssen. Aber immer wieder von neuem spornte sie der König zu gesteigerter Tätigkeit, zu höherer Einsatzbereitschaft für den Staat an. War er denn niemals zufrieden? Den kleinen Beamten ging es gut, ihnen tat der Alte nichts. Doch die hochmögenden Minister des Generaldirektoriums, sie mußten sich beispielsweise sagen lassen, sie hätten es noch nötig zur Schule zu gehen, »da würde der Rektor aber seinen Zeitvertreib haben!« Ein hoher Justizbeamter, der einen Prozeß anders entschieden hatte, als es Friedrich vorschwebte, mußte die handschriftliche Randnotiz lesen: »Er ist ein sehr rechtschaffener Mann, aber ein recht grober Esel.« Im Grunde war es wieder so geworden, wie es einstmals unter dem Vater gewesen war: Auch der Sohn kommandierte und schalt mit hoch und niedrig, wobei er die kleinen Leute noch am wenigsten traktierte. Selbst ein so vorzüglicher und hochverdienter Mann wie der Minister Domhardt, der Oberpräsident von Ost- und Westpreußen, mußte sich manchmal »Sorglosigkeit und schlechten Diensteifer« vorwerfen lassen; ja, er mußte tiefgekränkt zur Kenntnis nehmen: »Ihr sollt bloß tun, was ich Euch befehle.« Da war es kein Wunder, daß selbst der tiefloyale Domhardt in den Stoßseufzer ausbrach: »Der Himmel lasse uns eine andere Epoche erleben!«

Die Preußen waren, um es mit einem Wort zu sagen, dieses Königs müde. Gerade die angeblich Bevorzugten, das Offizierskorps und die Beamtenschaft, sehnten andere Zeiten herbei, in denen sich freier atmen ließ und in denen ihnen nicht so unnachsichtig auf die Finger gesehen wurde. Adel wie Bürgertum stöhnten unter einem Regime, das sie als das sklavischste in ganz Europa empfanden. Der Unterhalt einer Armee von 180 000 Mann gestattete es nicht, die finanziellen Belastungen zu senken, und speziell das Bürgertum litt unter dem hohen Steuerdruck. Gewiß, niemand hungerte in Preußen; das hatten die Katastrophenjahre 1771/72 gezeigt. Aber der Mensch, das erwies sich auch hier wieder, lebte nicht vom Brot allein. In Berlin jedenfalls war man der ewigen Beaufsichtigung und Bevormundung überdrüssig. Der Alte Fritz sollte sich, je eher desto besser, in die Grube scheren.

Ob Friedrich etwas von dieser Stimmung, die sich in den höheren Ständen gegen ihn ausbreitete, geahnt hat, wissen wir nicht. Vermutlich hätte es ihn ziemlich kalt gelassen. Von Popularität hielt er ohnehin nichts. Er lebte einsam und zurückgezogen in Sanssouci und schrieb 1780 an d'Alembert: »Wir sind Greise und stehen am Ende unserer Lebensbahn. Man muß versuchen, sie fröhlich zu beschließen. Mein Namensgedächtnis schwindet, meine geistige Frische läßt nach, meine Beine sind wackelig, ich sehe schlecht und habe mannigfache Beschwerden. Aber diese ganze Prozession von Krankheiten und Gebrechen raubt mir nicht meine Heiterkeit.«

So brummig und gallig er sich nach außen hin gab, wenn er seine Ordres diktierte oder seine Armeekorps inspizierte, so charmant und bestrickend konnte er immer noch sein, wenn er wollte, wenn er sich wohlbefand, wenn er einem geistreichen Gesprächspartner begegnete. Dann war plötzlich der glänzende, der verführerische, der bezaubernde Friedrich wieder da, der er in Rheinsberg, Charlottenburg oder in Sanssouci während des Friedensjahrzehnts von 1746 bis 1756 gewesen war. So erlebte ihn der fünfundvierzigjährige Fürst de Ligne, ein ehemaliger österreichischer Feldmarschall-Leutnant, der Friedrich bei Leuthen und Hochkirch gegenübergestanden hatte und seit Jahren in Briefwechsel mit ihm stand. Er besuchte den alten König vom 9. bis 16. Juli 1780 und berichtete darüber: »Seine Rednergabe war entzückend und verbreitete sich mit gleicher Gewandtheit über alle denkbaren Gegenstände. Die schönen Künste, Strategie, Medizin, Literatur, Religion, Philosophie, Moral, Geschichte, Gesetzgebung, alles, alles ließ er Revue passieren. Die Zeiten des Augustus und Ludwigs XIV., die Sitten und Gebräuche der guten Gesellschaft bei Griechen, Römern und Franzosen, das edle und tapfere Wesen Heinrichs IV., die Ritterlichkeit Franz' I., die Wiedergeburt der Künste und Wissenschaften unter Papst Leo X., Anekdoten von berühmten Männern aller Zeiten, Bemerkungen über die Unbequemlichkeit des persönlichen Verkehrs mit ihnen, wobei Voltaire und Maupertuis zur Sprache kamen . . .« Vielleicht übertrieb der Fürst de Ligne ein wenig, von Friedrichs Charme verzaubert und enthusiasmiert; doch als welterfahrenem, fast blasiertem Beobachter, der eine Woche lang täglich mit Friedrich speiste und plauderte, darf man seiner Schilderung Glauben schenken: »Dann gedachte er seiner Freunde. Algarottis Anmut im Umgange, Jordans heiterer Witz wurden erwähnt, und d'Argens' Hypochondrie, den der König dazu bringen konnte, sich einen Tag lang ins Bett zu legen, wenn er ihm sagte: ›Aber, Marquis, Sie sehen heute nicht wohl aus!‹ (D'Argens hatte 1768 von Friedrich Abschied genommen, um sich in das mildere französische Klima zurückzuziehen.) Kurz, alles und jedes wurde aufs Tapet gebracht, mit sanftem, angenehmem Redeton, eher ein wenig zu leise, aber überaus einschmeichelnd, und mit einem Spiel der Züge um den Mund voll unaussprechlicher Anmut. Die Unterhaltung war so entzückend, daß man darüber vergaß, wie der alte Herr doch eigentlich ein Vielredner war; aber in der Tat ein sublimer, dem man zuzuhören niemals müde wurde.«

Das war derselbe König, der ein Jahr später einem Freund schrieb: »Bald belustigt sich das Podagra, bald das Hüftweh, bald ein eintägiges Fieber auf Kosten meines Daseins. Sie bereiten mich vor, das abgenutzte Futteral meiner Seele zu verlassen.« Das Kauzige des siebzigjährigen Friedrich hat niemand trefflicher beschrieben als Freiherr von der Marwitz, der später in den Befreiungskriegen als preußischer General kämpfte und dem Theodor Fontane in der Gestalt des Berndt von Vitzewitz in »Vor dem Sturm« ein Denkmal gesetzt hat. Marwitz erlebte als Bub den alten König im Sommer 1782. Seine Erzieherin, Mademoiselle Bénézet, hatte ihn nach Dolgelin mitgenommen, wo man den König erwartete, der von seiner jährlichen Inspektionsreise durch Westpreußen zurückkehrte. Zum ersten Mal in seinem Leben sah der kleine Marwitz den Alten Fritz: »Er saß allein in seiner altmodischen Fensterkutsche, einem sogenannten Visavis (ein schmaler Wagen, in welchem auf dem Hintersitz nur eine Person und auf dem Rücksitz, zum Kutscherbock hin, auch nur eine Person Platz haben). Der Wagenkasten selbst war birnenförmig, unten spitz und oben ausgebaucht. Der Wagen hielt, und der König sagte zu seinem Kutscher, dem berühmten Pfund: ›Ist das Dolgelin?‹ – ›Ja, Majestät!‹ – ›Gut, hier will ich bleiben.‹ – ›Nein‹, sprach Pfund, ›die Sonne ist noch nicht unter. Wir kommen noch recht gut nach Müncheberg, und dann sind wir morgen viel früher in Potsdam.‹ – ›Ja, wenn es sein muß . . .‹ Und damit wurde umgespannt. Die Bauern, die von weitem ganz still mit ehrerbietig gezogenen Hüten standen, kamen sachte näher und schauten den König begierig an. Eine alte Semmelfrau aus Lebbenichen nahm mich auf den Arm und hob mich gerade am Wagenfenster in die Höhe. Ich war nun höchstens eine Elle weit vom König entfernt, und es war mir, als ob ich den lieben Gott ansähe. Er sah gerade vor sich hin durch das Vorderfenster. Er hatte einen ganz alten dreieckigen Soldatenhut auf. Dessen hintere gerade Krempe hatte er nach vorn gesetzt und die Schnüre gelöst, so daß diese Krempe vorn herunterhing und ihn vor der Sonne schützte. Die Hutschnüre waren losgerissen und tanzten auf der heruntergelassenen Krempe umher, die weiße Generalsfeder am Hut war zerrissen und schmutzig. Die einfache blaue Uniform mit roten Aufschlägen, Kragen und goldenem Achselband war alt und bestaubt, die gelbe Weste voll Tabak. Dazu hatte er schwarze Samthosen an. Ich dachte immer, er würde mich anreden. Ich fürchtete mich gar nicht, hatte aber ein unbeschreibliches Gefühl der Ehrfurcht. Er tat es aber nicht, sondern sah immer geradeaus. Die alte Frau konnte mich nicht lange hochhalten und setzte mich immer wieder herunter. Da sah der König den Dorfpfarrer, winkte ihn heran und fragte, wessen Kind das sei. – ›Des Herrn von Marwitz in Friedersdorf, Majestät.‹ – ›Hm, ist das der General?‹ – ›Nein, der Kammerherr.‹ – Der König schwieg, denn er konnte die Kammerherren nicht leiden, die er als Müßiggänger ansah. Inzwischen war die Umspannung geschehen, und fort ging es. Die Bauern sprachen noch den ganzen Tag vom König, wie er dies und jenes in Ordnung bringen und allen denen den Kopf waschen würde, die ihnen unangenehm waren.«

1783 starb d'Alembert, sein langjähriger Briefpartner, und nun war auch der letzte seiner französischen Freunde dahingegangen. Seine Vorliebe für Frankreich und für die »grande nation« hatten ihm in den letzten Jahren bei seiner eigenen Bevölkerung nur Verdruß eingebracht. 1766 hatte er nach französischem Vorbild die »Regie« eingeführt, das heißt, er hatte etwa fünfhundert verschiedene Produkte, vor allem Kaffee und Tabak, dem freien Handel entzogen, um sie stark verteuert über ein staatliches Steuermonopol auf den Markt zu bringen. Damit die Sache auch von der Organisation her klappte, hatte er dreitausend Franzosen ins Land kommen lassen, die er überall als »Regiebeamte« einsetzte. Das hatte böses Blut gegeben. Sofort war der Schmuggel mit Kaffee und Tabak sprungartig angestiegen, und allerorten hatte man damit begonnen, heimlich selber Kaffee zu brennen. Die französischen Regiebeamten durchsuchten Haus, Hof und Keller nach Schwarzbrennerei, das Volk nannte sie höhnisch »die Kaffeeriecher«, und im ganzen Land war der Haß gegen die fremdländischen Inspektoren und Visitatoren, Kontrolleure und Plombeure bis zur Siedehitze gestiegen. Friedrich hatte sich gründlich verrechnet. Statt zwei Millionen Taler, die er jährlich aus dem Regie-Unwesen einstreichen wollte, waren ihm schließlich nur fünfzig Prozent geblieben, denn die Regiebeamten hatten ihre Monopolstellung genutzt und kräftig in die eigenen Taschen gewirtschaftet. So begann er nun, 1784, selbst damit, sich von der Regie und seinen geliebten Franzosen zu distanzieren. Dem Minister von Werder schrieb er: ». . . daß es lauter solch' Schurkenzeug ist, die Franzosen. Das kann man wegjagen, wenn man will.« Eines Tages ritt er in Berlin durch die Jägerstraße und sah einen großen Volksauflauf, der sich pfeifend und johlend um eine Karikatur drängte. Darauf sah man ihn, den König, in lächerlichster Gestalt, eine Kaffeemühle zwischen den Knien. Friedrich winkte mit der Hand und rief: »Niedriger hängen! Damit die Leute sich nicht den Hals ausrenken müssen!« Ein allgemeiner Jubelsturm begleitete ihn, als er weiterritt, und die Karikatur wurde in Fetzen gerissen. Solche Geistesgegenwart, solch königliches Understatement, das war natürlich nach dem Herzen der Berliner. Aber Friedrich täuschte sich nicht über seine Popularität. Als er ein halbes Jahr später nach Schlesien kam und mit dem Professor Garve von der Breslauer Universität über den

Sinn des Lebens und die Rolle der Menschheit diskutierte, nannte er die Masse »Kanaille«. Der Professor protestierte: »Als Sie gestern in die Stadt kamen und alles Volk zusammenlief, um seinen großen König zu sehen, da war das nicht ›Kanaille‹, Majestät!« Friedrich fixierte ihn: »Setze Er einen alten Affen aufs Pferd und lasse Er ihn durch die Straßen reiten, so wird das Volk ebenso zusammenlaufen.«

Die Vereinsamung des alten Königs nahm zu. Berlin besuchte er immer seltener. Er verbrachte die Wintermonate im Potsdamer Stadtschloß seines Vaters. Nachmittags gegen achtzehn Uhr erschien sein Vorleser Dantal, der 1780 an die Stelle de Catts getreten war, und las ihm zwei bis drei Stunden vor. Dantal berichtete darüber im Oktober 1784: »Während ich las, hörte er sehr aufmerksam zu. Er saß in einem Lehnstuhl und hatte stets die Uniform an. Von Zeit zu Zeit machte er eine Bemerkung, besonders wenn er sich wohlfühlte; dann verbesserte er manchmal meine Aussprache . . . War er infolge von Unwohlsein oder aus anderen Gründen übler Laune, so hatte doch niemand etwas davon zu besorgen, der treu seine Pflicht tat. Er war ein sehr geduldiger Patient und behandelte in Krankheitsfällen alle seine Diener mit der größten Nachsicht. Wenn es mir einmal gegen meinen Willen begegnete, in meinem Dienst ein Versehen zu machen, so ließ er kein Wort fallen, das mich hätte einschüchtern können. Er sah dann nur sehr ernst aus, so daß sein Mißfallen deutlich zu erkennen war. Sobald ich dann eine passende Erklärung abgegeben hatte, war er wie verwandelt. . . Der König suchte die Bücher, aus denen ich vorlesen sollte, selbst aus. Ich bemerkte bald, daß er vor allem die Schriftsteller der Antike liebte. Aus ihren Werken wurde denn auch immer an den langen Winterabenden vorgelesen . . . Die griechischen Redner wurden in der französischen Übersetzung des Abbé Auger studiert. War der König wohl, so analysierte er manchmal eine Rede und lobte oder tadelte sie. Reden, die vor einer wichtigen Unternehmung gehalten worden waren, mißbilligte er stets, weil sie nur deren Ausführung aufhielten. Bei dieser Gelegenheit sagte er ›Die Griechen waren große Schwätzer‹, und dann lachte er.« Die letzten Bücher, die Dantal seinem königlichen Arbeitgeber vorlas, waren Alexanders Leben von Curtius, Rollins Geschichte des Altertums und Diodors Weltchronik.

Zum letzten Karnevalsfest, das Friedrich noch in Berlin erlebte, erschien der fünfundachtzigjährige Husarengeneral Hans Joachim von Ziethen in seiner Leibhusarenuniform im Parolesaal des Berliner Schlosses. Friedrich eilte auf ihn zu, umarmte ihn, ließ einen Sessel bringen und nötigte ihn zum Platznehmen. Der alte General weigerte sich standhaft, vor seinem König zu sitzen. »Setz' Er sich endlich«, sagte der König, »sonst gehe ich fort. Denn ich will ihm durchaus nicht zur Last fallen.« Ziethen gehorchte. Ein Jahr später starb der Vater der Husaren, und Friedrich kommentierte das Ereignis mit der melancholischen Feststellung: »Auch im Tode macht unser alter Ziethen den Anfang. Im Kriege kommandierte er immer die Vorhut; ich die Hauptarmee. Ich werde ihm nun bald, wie im Kriege, folgen.«

Mitte August 1785 machte der König sich erneut nach Schlesien auf, zu seiner letzten Inspektionsreise. Am 18. traf er in Hirschberg ein. Die Bewohner des Städtchens bemerkten seine körperliche Hinfälligkeit, sahen die zitternde Hand, mit der er sich auf den Krückstock stützte. Aus Greifenberg erschien eine Abordnung von Kaufleuten und Ratsmitgliedern, um dem Herrscher für die der Stadt aus der königlichen Schatulle bewilligte Brandunterstützung zu danken. Bei der Verabschiedung sagte er zu ihnen: »Ihr habt nicht nötig, Euch zu bedanken. Es ist meine Schuldigkeit, und dafür bin ich da.« Zwei Tage später brach er nach Groß-Tintz auf, wo 50000 Mann zu den schlesischen Herbstmanövern zusammengezogen waren. Alles, was im internationalen Militärwesen Rang und Namen hatte, war versammelt: die Herzöge von Braunschweig, der Herzog von Sachsen-Weimar, die Herzöge von York und Kurland, Lord Cornwallis und der Marquis de Lafayette; dazu noch dreizehn britische, neun französische, fünf sächsische Offiziere und ein polnischer General namens Lubomirski. Die vornehmen Herren wohnten in den Schlössern der Umgebung. Friedrich übernachtete beim Dorfschulzen von Groß-Tintz.

Vier Tage dauerten die Manöver. Am dritten Tag goß es in Strömen. Friedrich saß, klatschnaß, von vier bis zehn Uhr morgens zu Pferde und musterte seine Truppen. Er war »ganz des Teufels«, wie ein zeitgenössischer Bericht besagt: »Der Krückstock flog ihm nur so in der Hand! Und alle Augenblicke hieß er bald den einen, bald den anderen Stabsoffizier sich in Teufels Namen hinter die Front scheren.« Als er in sein Quartier kam, wurde das Wasser aus seinen Stiefeln wie mit Eimern ausgegossen. Bei Tisch bezauberte er die illustren Tafelgäste mit Späßen und Anekdoten. Einem Tischnachbarn, der ihn nach seinem Leben in Sanssouci befragte, gab er zur Auskunft: »Ich arbeite, gehe spazieren und sehe keinen Menschen. Aber ich unterhalte mich mit den Toten, indem ich ihre guten Werke lese.« Am Abend ging er mit einer schweren Erkältung zu Bett. Anfang September leitete er noch die Manöver der Berliner Garnison. In der Nacht vom 15. zum 16. September überfiel ihn ein heftiger Erstikkungsanfall. Man verschaffte ihm schnell Erleichterung, aber von nun an breitete sich das Wasser in seinen Gliedern aus. An den Potsdamer Herbstmanövern konnte er nicht mehr teilnehmen. Vom Lehnstuhl aus erteilte er die Befehle an die übenden Truppen. Als der Winter kam, setzte ein quälender Husten ein; Füße und Beine schwollen vom Wasser an, genauso, wie es 1740 beim Soldatenkönig gewesen war. Friedrich verbrachte den Jahreswechsel einsam und traurig im Potsdamer Stadtschloß und besuchte mehrmals das Sterbezimmer seines Vaters.

Einen Tag nach seinem vierundsiebzigsten Geburtstag, am 25. Januar

1786, empfing Friedrich den Grafen Mirabeau in Audienz. Es war eine historische Begegnung: dem größten und genialsten Repräsentanten einer untergehenden Welt, dem entschiedensten Vertreter der Autorität und des Königtums, saß einer der führenden Köpfe der kommenden Zeit, der bürgerlichen Emanzipation und Revolution, gegenüber. Kurz vorher hatte man in Paris Mirabeaus geheime Autorenschaft an der politischen Kampfschrift »Essai sur le despotisme« entdeckt, und der Graf hatte fluchtartig sein französisches Vaterland verlassen. (Das Ganze war eine perfekt inszenierte Komödie: Zwar war man in Versailles heilfroh, daß Mirabeau von der politischen Bühne Frankreichs verschwand; aber man hatte ihn mit Geld und mit dem Auftrag ausgestattet, die fremden Höfe Europas auszuspionieren, genauso, wie man es einst mit Voltaire gemacht hatte.) Jetzt saß Mirabeau in Potsdam dem aufgeklärtesten Monarchen des Jahrhunderts gegenüber und legte ihm die Frage vor, warum der »Cäsar der Deutschen« nicht auch zum Augustus der deutschen Literatur geworden sei. Friedrich erteilte ihm die merkwürdige, hintersinnige Antwort: »Sie wissen nicht, was Sie reden, Graf. Indem ich das Geistesleben der Deutschen seinen Weg gehen ließ, habe ich den Deutschen mehr gegeben, als wenn ich ihnen eine Literatur gemacht hätte.« (Das war Friedrichs grundsätzliche Absage an jede Art von Mäzenatentum.) Beide Männer führten eine lebhafte Diskussion miteinander; aber Mirabeau gelang es so wenig wie seinem Vorgänger Voltaire, Friedrich den politischen Puls zu fühlen. »Ich selbst«, berichtete Mirabeau, »kürzte die Unterhaltung ab, weil ich sah, wie schwach sich der Monarch fühlte und wie beschwerlich ihm das Atmen ward.« Der scharfsichtige Graf machte sich später Gedanken über den weiteren Bestand des preußischen Staates nach dem Tode seines großen Königs. »Ist es denkbar, daß alle seine Nachfolger genauso unermüdlich sein werden wie er?« fragte er sich zweifelnd. Ebenso bezaubert und hingerissen wie ungläubig und distanziert bezeichnete er Friedrichs Königtum als »un règne de féerie«, als eine (unwirkliche) Märchenherrschaft.

Sehnsüchtig erwartete Friedrich den Frühling. In den ersten Apriltagen ließ er sich an frühen Nachmittagen einen Stuhl auf die sogenannte grüne Treppe des Potsdamer Schlosses setzen, um die milde Frühjahrsluft zu genießen. Er sah in die Sonne und sagte: »Bald werde ich Dir näher kommen.« Am 17. April um sechs Uhr früh verließ er das Potsdamer Schloß, das er nicht wiedersehen sollte, fuhr ein paar Stunden durch die aufknospende Havellandschaft und begab sich dann in sein geliebtes Sanssouci. Dort, auf der weltberühmten Terrasse, sah ihn Anfang Mai der Marquis de Toulongeon: »Der König näherte sich, unterstützt von den beiden Kammerhusaren, den einzigen Dienern, die seit seiner Erkrankung um ihn sind. Er setzte sich auf einen Lehnstuhl, und ich sah den alten Helden, der so oft seine Feinde zittern machte, ermattet, überwältigt von

Krankheit, mit bleichem, von Leiden entstelltem Gesicht, von einem Husten befallen, den ich bis in meine Brust hinein fühlte. Das eine offene Bein war mit weißen Leinen umwickelt, das andere, kaum wird man es glauben, war gestiefelt. Nach fünf Minuten ließ er sich wieder zurücktragen, und ich glaubte, den Geist eines Helden gesehen zu haben, der mir aus einer anderen Welt erschienen war.«

Von nun an blieb er unter ständiger Aufsicht seines Leibarztes, Professor Selle. Am 4. Juli ritt er zum letzten Mal aus. Eine halbe Stunde lang galoppierte er auf seinem Schimmelhengst ›Condé‹ durch den Park von Sanssouci. Am 18. Juli mußte er erkennen, daß er nicht mehr die Kraft hatte, sich auf einem Pferd zu halten. Seine Beschwerden nahmen von Tag zu Tag zu. Husten und Atemnot zwangen ihn, seine Nächte halb sitzend in einem Lehnstuhl zuzubringen. Er bemerkte sehr wohl, daß Selle seinen Zustand für hoffnungslos hielt, und bäumte sich dagegen auf. Seine Schwester Philippine Charlotte, Herzogin von Braunschweig, schickte ihm den berühmten hannöverschen Leibarzt Georg Ritter von Zimmermann, der am 24. Juni in Potsdam eintraf. Zimmermann, der in den gebildeten Kreisen mit einem psychologischen Buch über die Einsamkeit Aufsehen erregt hatte und als gebürtiger Schweizer fließend französisch sprach, diskutierte lange mit Friedrich und suchte seinen Leiden mit Diätvorschriften beizukommen; denn noch immer bevorzugte der König schwerverdauliche, scharfgewürzte Speisen. Er verordnete seinem königlichen Patienten einen Sirup aus dem Saft des Löwenzahns. Friedrich befolgte ein paar Tage Zimmermanns Vorschriften, dann bestellte er sich ein großes Pfeffersteak, eine tiefe Schüssel scharfgewürzter Polenta und eine kochendheiße Aalpastete, die er mit bestem Appetit verzehrte. Zimmermann wurde mit Dank entlassen, und Professor Selle übernahm wieder die ärztliche Aufsicht. An Philippine Charlotte schrieb Friedrich am Donnerstag, dem 10. August: »Meine teuerste Schwester, der Hannoversche Doktor hat sich bei Ihnen wichtig machen wollen; aber in Wahrheit hat er mir nichts genützt. Wissen Sie, die alten Leute müssen den Jungen Platz machen, damit das nachfolgende Geschlecht auch Raum findet. Besteht doch das ganze Leben, genau genommen, nur darin, daß wir sehen, wie unsere Mitmenschen geboren werden und wieder sterben.«

Auch in den letzten Tagen seines Lebens änderte sich der Lebens- und Arbeitsrhythmus nicht. Da der König kaum noch Schlaf fand, meldeten sich die Kabinettsräte nicht um sechs oder sieben, sondern bereits um vier Uhr morgens, um mit ihm die Post zu erledigen. Sie wechselten sich zu dritt in dieser Tätigkeit ab. Nach ihnen kamen Selle und ein Wundarzt, um Fieber zu messen, die Verbände zu wechseln und die Medikamente zu erneuern. Gegen elf Uhr erschienen seine Gesellschafter, mit denen er in den letzten Tagen über Geschichte, Literatur und Politik plauderte: der Minister von Hertzberg, der Marchese Lucchesini, die Generäle Görtz und

Schwerin, Oberst Graf Pinto und der Vorleser Dantal. Mittags, zu Tisch, gab es nach wie vor die scharfgewürzten Leckerbissen. Nach dem Mittagessen unterschrieb Friedrich die Briefe, Depeschen und Kabinettsordres, die er morgens diktiert hatte. Um siebzehn Uhr stellten sich wieder die sechs Personen der Mittagstafel ein und blieben zwei bis drei Stunden. Dantals Vorlesungen beschlossen den Tageslauf.

Am Dienstag, dem 15. August, erwachte Friedrich erst gegen Mittag. Seine Stimme war schwach, aber er begann unverzüglich mit dem Diktat. Wie Minister von Hertzberg berichtet, der sich seit dem 4. Juli in Sanssouci einquartiert hatte, um dem König bei der Arbeit zur Hand zu gehen, diktierte er für General von Rohdich, den Befehlshaber der Potsdamer Garnison, die detailliertesten Befehle, die sich auf das Manöver bezogen, das am 16. früh beginnen sollte. An den Kammerpräsidenten Goltz in Königsberg erging eine Kabinettsordre: »Ich bringe in Erfahrung, daß auf der Seite von Tilsit noch ein großer Morast trockenzulegen ist. Das Terrain soll zu meinen Ämtern gehören. Die Bauern, welche da angesetzt werden, müssen ihre Güter alle eigentümlich haben, weil sie keine Sklaven sein sollen!« Sodann erteilte er einem der Kabinettsräte eine ausführliche Instruktion für einen neuen preußischen Gesandten, der bereit stand, sich in sein Bestimmungsland zu begeben. Das Diktat füllte vier große Quartseiten und hätte, nach Hertzbergs Urteil, dem erfahrensten Diplomaten Ehre gemacht. Sein letzter privater Brief war an seine Frau, Königin Elisabeth Christine, gerichtet: »Gnädigste Frau, ich bin Ihnen sehr für die Wünsche verbunden, die Sie geruhen auszusprechen. Aber ein heftiges Fieber hat mich befallen und hindert mich, Ihnen ausführlich zu antworten.«

Am Mittwoch, dem 16. August, erschienen die Generäle und Kabinettsräte zur gewohnten Zeit. Der König erwachte jedoch nur hin und wieder aus einem todesähnlichen Schlaf und schien dann nur selten bei vollem Bewußtsein. Schließlich befahl er flüsternd den General von Rohdich zu sich und versuchte, ihm die Tagesparole zu geben. Er konnte sich jedoch nicht mehr verständlich machen. Um fünfzehn Uhr traf Professor Selle in Sanssouci ein, den man mit Eilstafette herangeholt hatte. Er untersuchte den Patienten und konstatierte hohes Fieber; das Antlitz des Königs war unnatürlich gerötet. Gelegentlich erwachte er kurz und klagte über Schüttelfrost. Gegen Abend erholte sich seine Stimme, und auch das Fieber ließ nach. Professor Selle untersuchte die Füße und Beine des Königs. Er flüsterte Hertzberg zu, daß sie bereits bis zu den Knien erkaltet seien. »Was sagt er von den Füßen?« fragte Friedrich. »Daß alles wie immer ist«, antwortete man ihm. Friedrich schüttelte ungläubig den Kopf. Gegen dreiundzwanzig Uhr bemerkte er, daß sein Hündchen vom Stuhl gesprungen war. Er fragte nach ihm und bat, es mit Kissen zu bedecken.

Zur selben Zeit fand in Schloß Schönhausen bei Königin Elisabeth

Christine eine große Abendgesellschaft statt. Alles, was in der Hauptstadt Rang und Namen hatte, war versammelt, bewegte sich scherzend und plaudernd durch die Schloßsäle, deren Fenster und Türen weit offenstanden und den Glanz von tausend Kerzen in die Sommernacht warfen. Niemand wußte etwas von dem alten Mann in Sanssouci. Mirabeau, der unterwegs dem Pagen begegnet war, der in wildem Galopp von Potsdam nach Berlin ritt, um die Ärzteschaft zu alarmieren, ahnte, was in dieser Nacht vorging. Er neigte sich dem französischen und englischen Gesandten zu und teilte ihnen flüsternd seine Vermutung mit. Niemand glaubte ihm. Man hatte seit Wochen nichts Besonderes aus Sanssouci gehört; es waren keinerlei Bulletins über den Gesundheitszustand des Monarchen veröffentlicht worden. Der Preußenkönig ging still und einsam seinen letzten Weg.

Als Donnerstag, der 17. August 1786, anbrach, war Friedrich mit seinem Kammerhusaren Strützki allein. Im Nebenzimmer hielten sich Minister von Hertzberg, Professor Selle, drei Generäle und die beiden Kammerhusaren Neumann und Schöning auf. Kurz nach Mitternacht wurde der sterbende König von einem heftigen Hustenanfall geschüttelt. Als das vorbei war, flüsterte er: »La montagne est passée; nous irons mieux« (»Der Berg ist überwunden; nun wird es besser gehen«). Strützki kniete nieder und nahm Friedrich in die Arme, um ihm in dieser Stellung das Atmen zu erleichtern. Der König flüsterte: »Cela sera bon« (»So ist es gut«). In dieser Haltung blieben beide über zwei Stunden. Friedrich sagte nichts mehr. Zwanzig Minuten nach zwei Uhr konstatierte Selle den Eintritt des Todes. Strützki ließ seinen König aus den Armen und schloß ihm die Augen.

Friedrich war tot. In seinem Testament hatte er geschrieben: »Ich gebe gern und ohne Bedauern diesen Lebenshauch, der mich beseelt, der wohltätigen Natur zurück, die mir ihn lieh, meinen Leib aber den Elementen, aus denen er gebildet ist.« Mit Blick auf sein Leben, auf seine Arbeit, hatte er hinzugefügt: »Unser Leben ist ein flüchtiger Übergang vom Augenblick unserer Geburt zu dem des Todes. Während dieser kurzen Spanne Zeit hat der Mensch die Bestimmung, zu arbeiten für das Wohl der Gesellschaft, der er angehört. Seit ich zur Leitung der öffentlichen Geschäfte gelangt bin, habe ich mich mit allen meinen Kräften und nach Maßgabe meiner geringen Einsicht bemüht, den Staat, den ich die Ehre habe zu regieren, blühend und glücklich zu machen. Ich habe Gesetz und Gerechtigkeit herrschen lassen; habe Ordnung in die Finanzen gebracht; habe bei der Armee die Mannszucht eingeführt, durch welche sie vor allen Truppen Europas den Vorrang erhalten hat. Ich habe meine Pflichten gegen den Staat erfüllt.«

Die drei Kammerhusaren Strützki, Neumann und Schöning kümmerten sich um die Leiche des Königs. Da er nur alte, zerrissene Hemden hatte, zog Schöning ihm sein Bräutigamshemd an, das er bei der Vermählung mit

Elisabeth Christine getragen hatte. Dann kleidete man den Toten in die Uniform des Ersten Bataillons Leibgarde. Er wurde punktiert, um ihm das Wasser abzuziehen, und nun glich sein Körper dem eines Kindes. Das eisgraue Haar wurde weiß überpudert und in kunstlose Locken gelegt. Danach wurde die Totenmaske abgenommen. Das alles war bis zum frühen Vormittag erledigt.

Die Nachricht vom Tode des Königs verbreitete sich schnell nach Berlin und erreichte dort auch den russischen Grafen Theodor Rostoptschin, der sich gerade als Tourist in der preußischen Hauptstadt aufhielt. Der dreiundzwanzigjährige Graf, der zwei Jahre zuvor den russischen Militärdienst quittiert hatte, um sich auf eine Weltreise zu begeben, und der im Jahre 1812 als Gouverneur von Moskau weltbekannt werden sollte, als er seine eigene Vaterstadt vor den heranrückenden Franzosen anzünden ließ, bat den russischen Gesandten in Berlin am Vormittag des 17. August sofort um Erlaubnis, sich nach Sanssouci begeben zu dürfen, um den toten König zu sehen.

Über seine Erlebnisse am Mittag des 17. August 1786 berichtete er: »Auf dem Wege von Berlin nach Potsdam war alles in gewohnter Ruhe. Die Bauern arbeiteten; die Kinder in den Dörfern spielten; das Vieh weidete ungestört auf dem Felde. Was gab es Größeres auf der Welt als den großen Friedrich? Er hatte aufgehört zu sein, aber um ihn ging alles seinen gewöhnlichen Gang.« In Potsdam angekommen, begaben sich Rostoptschin und sein Begleiter unverzüglich nach Sanssouci: »Nachdem wir durch zwei Zimmer gekommen waren, erreichten wir das Schlafgemach. Ich wandte die Augen mit Ehrfurcht nach der Nische, in welcher das Bett stand, da ich dort den Körper des großen Friedrich vermutete. Aber im selben Moment erblickte ich etwas einem Menschen Ähnliches in einem Lehnstuhl sitzend, von einem blauen Uniformmantel bedeckt. Ein kalter Schweiß trat auf meine Stirn; nicht aus Furcht, da ich die Toten nicht fürchte, sondern vor dem Gedanken, daß der des Herrschens so Würdige nun in ein Nichts verwandelt sei. Nie hätte ich die Bitte gewagt, daß man die Leiche enthülle, damit ich den verehrten Toten zum ersten und letzten Mal betrachten könne, allein der Schweizer, mein Gefährte, wandte sich an den Leibhusaren, den wir im Gemach antrafen, mit der Frage, ob man den Verstorbenen sehen dürfe. ›Warum nicht?‹ erwiderte der gefühllose Diener, ›ich zeige ihn jedermann.‹ Und mit diesen Worten schlug er den Mantel zurück und entblößte das Antlitz und die Gestalt des großen Friedrich. Den Empfindungen meiner Seele gehorchend, beugte sich mein Körper unwillkürlich zur Erde, um dem großen Manne letzte Ehre zu erweisen. Ich weiß nicht, ob ich ihn lange oder kurze Zeit betrachtete; aber was ich sah, werde ich niemals vergessen. Die ziemlich dichten Haare waren ganz weiß, das Gesicht, wie es in allen Porträts abgebildet ist. Ruhe, Majestät und Heldenmut waren auf den Zügen des toten Königs zu lesen.

Er schien zu schlafen; aber in der Geschichte wird er immer wachen. Unbeweglich, von Trauer und Bewunderung erfüllt, starrte ich auf den toten Helden; betrübt, daß ich ihn nicht mehr am Leben traf, seinen Blick nicht schauen, seine Stimme nicht vernehmen sollte; erzürnt, daß der Tod einem niedrigen Knecht das Recht gegeben, den Helden zur Schau zu stellen.« Stumm blickte Rostoptschin auf eine Handvoll Knochen, die einen Körper zusammenhielten, in dem der Geist Friedrichs des Großen gelebt hatte. »Aber plötzlich«, fuhr er in seinem Bericht fort, »bedeckte der Husar den Leichnam von neuem mit dem Mantel und entzog ihn so, wie mit der Hülle des Todes, meinen Blicken auf ewig.«

Friedrich hatte in seinen Testamenten den Wunsch ausgesprochen, in einer auf der Terrasse von Sanssouci ausgehobenen Grube unter der Statue der Flora, der Blumengöttin, begraben zu werden; dicht neben der Stelle, an der seine Lieblingshunde beerdigt waren. Sein Nachfolger, Friedrich Wilhelm II., ordnete an, die Leiche in der Potsdamer Garnisonkirche neben dem Sarg des Soldatenkönigs beizusetzen. So ruhten Vater und Sohn Seite an Seite. Dort, in der Gruft unter der Kanzel der Garnisonkirche, standen die beiden Särge bis gegen Ende des II. Weltkriegs. Bis 1991 befanden sie sich auf Burg Hechingen, im Schwäbischen, von wo die Familie Hohenzollern einst ihren Ausgang nahm.

Heute darf Friedrich wieder im Brandenburgischen, auf preußischem Boden ruhen.

Friedrich der Große
Kupferstich von Daniel Berger, 1788, nach dem von Lingerschen Gemälde

Das Friedrich-Rätsel

Nachwort

Im Vorwort habe ich – in kurzen Strichen – darauf hingewiesen, wie schwankend und widersprüchlich die Beurteilung Friedrichs des Großen in den zweihundert Jahren seit seinem Tode war. Kaum jemals hat ein Mann soviel Lobpreisung und Verdammung erfahren; in ständigem Wechsel von Generation zu Generation.

Friedrich gehörte durch Geburt zu den Herrschenden, zu den Privilegierten; nicht zu den Unterdrückten und Entrechteten. Das macht ihm das (Nach-)Leben schwer, seit 1945, seitdem die Idee der Gleichheit in der Welt triumphiert. Männer wie Michael Gaismair oder Thomas Münzer zu würdigen, ist heutzutage en vogue: Sie entstammten der Basis, sie waren Rebellen gegen Ungleichheit und Obrigkeit. Auch Ferdinand Lassalle, Friedrich Engels, Karl Marx haben es in unseren Tagen gut, obwohl sie doch keineswegs aus ›der Hefe des Volkes‹, sondern aus der gehobenen Bourgeoisie kamen; aber sie agitierten gegen die Machthaber, sie kämpften für die Revolution. So gesehen, stand Friedrich auf der ›falschen‹ Seite.

Geschichte wird eben von der jeweils herrschenden Mode geschrieben. Dagegen ist kaum viel einzuwenden. Die ständige Verschiebung der Perspektive, der unaufhörliche Wechsel der Interpretationen macht Geschichtsbetrachtung so lebendig, so spannend, sorgt für die Aktualisierung des Vergangenen. Im Grunde spielt sich ein permanenter Kampf zwischen den (historischen) Fakten und den (politischen) Exegesen ab. Man kann es natürlich auch negativ sehen: Die Lebenden haben offensichtlich wenig Respekt vor den Toten, sie biegen und manipulieren die Vergangenheit ganz nach ihrem jeweiligen Belieben. Wer will schon die Lasten Adolf Hitlers tragen? Die Deutschen in der ehemaligen DDR und in Österreich schieben sie denn auch eilfertig auf die Schultern der Bürger der Bundesrepublik ab (obwohl Hitler doch unzweifelhaft Österreicher war und in Thüringen seinen ersten Minister installierte). Wem – um dem negativen einen positiven Fall entgegenzusetzen – gehört das Vermächtnis Stauffenbergs? Darum streiten sich die Rechten wie die Linken in der Bundesrepublik; jeder stilisiert sich selbst zu seinem »Erben«. Die Belegkette ließe sich ad infinitum verlängern.

Was Friedrich angeht, braucht von Pietät und Schonung keine Rede zu sein. Wer glaubt, er habe selbst kein ›Schlesien‹ zu verantworten, möge sich von ihm abwenden. (Ich persönlich habe allerdings noch keinen Menschen in meinem Leben getroffen, der nicht sein ›Schlesien‹ auf dem

Kerbholz hätte.) Zu fordern aber ist, daß sich die Kritik an ihm nicht einäugig gibt. Wer mit der Schärfe moderner Analyse Herrschaft von damals untersucht, agiert unehrlich, wenn er nicht denselben rigorosen Maßstab an die Beurteilung der ›Basis‹ legt. Es ist kein Zeichen von Humanität, sondern von Borniertheit, wenn man die Beherrschten von damals idealisiert, wenn man ihre historische Unreife ignoriert. Das geschieht heutzutage immerfort und allerorten. Es ist eben modisch, gilt als Ausweis ›fortschrittlicher‹ Gesinnung und ist doch nichts weiter als eine bestürzende Dokumentation historischer Ignoranz. Voltaire, das geistige Oberhaupt der Aufklärung, war der Ansicht, daß mindestens neunzig Prozent seiner Zeitgenossen »schwachsinnig« waren. Mit diesen Schwachsinnigen (also: Analphabeten und Ungebildeten) mußte der Preußenkönig arbeiten.

Nur in diesem Kontext kann Friedrichs Tätigkeit objektiv gewürdigt werden. Kritisches Hinterfragen ist gut; macht aber nur Sinn, wenn es sich auf das Ganze richtet. Bert Brecht hat mit Recht gefragt, ob Cäsar, als er nach Gallien zog, keinen Koch bei sich gehabt habe? Natürlich hatte er den, und ohne etwas Solides im Magen hätte Cäsar weder Gallien noch Spanien erobern können. Aber kritische Betrachtung bitte nicht nur für Cäsar, sondern auch für seinen Mitläufer-Koch! (Wahrscheinlich war er ein widerlicher, feister Etappenhengst, wie Armee-Küchenbullen das meist zu sein pflegen.) Halbe Kritik ist nicht überzeugend.

Damit ist es noch nicht getan. Man muß – das gilt ganz generell – die Phänomene der Vergangenheit von *zwei* Standorten aus betrachten: von dem des Danach und dem des Davor. Ein Blick etwa aus dem Jahre 1985 auf Friedrichs Preußen führt logischerweise zu ganz anderen Schlüssen und Beurteilungen als eine Betrachtung aus dem Jahre 1685. Wer Geschichte beschreiben und verstehen will, muß sich schon der Mühe unterziehen, mit dem Tubus unter dem Arm *zwei* Hügel zu besteigen: den des Heute und den des Vorgestern. Erst der kombinierte Blick aus Gegenwart und Vorvergangenheit – über alles das, was *danach* kam, und alles jenes, was *davor* lag – führt zu gerechter Bewertung einer Epoche. Der Historiker bedarf also einer doppelten, ja dialektischen Perspektive, um der Wahrhaftigkeit nahezukommen.

Wenn die Bundesrepublik sich heutzutage selbst permanent auf die Schultern klopft (der ›freiheitlichste‹, der ›sozial gerechteste‹ Staat deutscher Geschichte), so tut sie das ganz unbefangen im Vergleich zu dem, was vorher war, zum NS-Regime, zur Weimarer Republik, zur Kaiserzeit. Und nur durch Vergleiche lassen sich ja Wertmaßstäbe gewinnen. Aber selbstverständlich gilt das auch für jede andere Epoche. Wer Friedrichs Werk korrekt beurteilen will, der muß ständig präsent haben, daß der preußische Staat bei seiner Geburt ganze elf Jahre (!) existierte, daß mindestens achtzig Prozent seiner Bevölkerung Analphabeten, also ›Schwachsinnige‹ waren und daß auf allen Lebensverhältnissen das Erbe von fünfhundert Jahren mittelalterlicher Verdummung (oder besser gesagt Unaufgeklärtheit) lastete.

Dann allerdings erscheint Friedrichs Königtum, wie der Revolutionär Mirabeau sich ausdrückte, wirklich als Märchenherrschaft, als »un règne de féerie«.

Mein Freund Sebastian Haffner, mit dem ich oftmals über Friedrich plauderte (und der mich zu diesem Buch nachdrücklich ermunterte), bewunderte ihn, aber lieben – so wie er es mit Bismarck tut – mochte er ihn nicht. »Er hat zuviel Glück gehabt«, pflegte er über Friedrich zu sagen. Zuviel Glück? »Glück hat auf die Dauer nur der Tüchtige«, ließe sich mit Moltke antworten. Aber wo, bitte, war denn Friedrichs Glück? Als Anfang 1762 die Zarin starb und Rußland aus dem Siebenjährigen Krieg ausschied, verlor Friedrich just zur selben Zeit seinen englischen Finanzier und Bundesgenossen. Ich bin mir nicht sicher, was schwerer für ihn wog. Das vielzitierte »Mirakel des Hauses Brandenburg«, das so mancher Biograph im Tod Elisabeths erblickt, hat Friedrich selbst für den Herbst 1759 konstatiert, als seine Feinde nach dem Debakel bei Kunersdorf »von Müllrose nach Lieberose« marschierten statt ihm den K.-o.-Schlag zu versetzen. Aber war das Glück? War das nicht die Folge seiner Standhaftigkeit und geistigen Überlegenheit? Zitterten sie nicht noch vor ihm, als er bereits am Boden lag?

Ganz ohne Glück geht es nicht; weder in der Politik noch im Krieg noch im Leben. Friedrich hat 1740, als er in Schlesien einmarschierte, das Glück leichtfertig herausgefordert; das ist wahr. Aber treu geblieben ist es ihm nie. Vor allem: Er hatte kein Glück mit seinen Gegnern! In welche Konflikte er auch geriet, er stieß auf überdimensionale Gegenspieler. Zuerst auf den schier unüberwindlichen Vater; dann auf die große Maria Theresia, die zähe Elisabeth, die gerissene Pompadour, auf den begabten Kaunitz, auf Daun, Laudon, auf Joseph: alles bedeutende Charaktere und brillante Köpfe, überdurchschnittliche Persönlichkeiten mit ›Haaren auf den Zähnen‹. Was für ein Glück hatte Bismarck mit seinen Rivalen dagegen: Franz Joseph und Alexander waren unbedeutende Herrscher, und Beust und Pfordten zählten fast so wenig wie Gramont und Ollivier, wie Benedek, Bazaine und Mac-Mahon, so daß man bestenfalls bei Napoleon III. von einer Gegenpotenz sprechen könnte. Geht man vorurteilslos die Liste der erfolgreichen Staatsmänner und Feldherren der Weltgeschichte durch, kommt man zu dem unabweislichen Schluß, daß Friedrich vom ›Pech‹ geradezu verfolgt war, daß sich Europa wohl verschworen hatte, dem preußischen Newcomer, dem Berliner Emporkömmling alles entgegenzuwerfen, was es an Größe und Talent überhaupt besaß.

Er hat sie alle bezwungen (oder bestanden, was auf dasselbe hinauskommt). Das grenzt an ein Wunder, das sich niemals ganz erklären lassen wird. Dieses Rätsel, das Friedrich-Rätsel, mit der Chiffre ›Glück‹ auflösen zu wollen, heißt sich selbst täuschen.

Das Geheimnis seines Erfolgs lag nicht im Glück, sondern in der Mäßigung. Wenn der Welfe Rudolf Augstein ihm die letzte historische Größe bestritt, weil Friedrich nicht wie Cäsar, Napoleon oder Lenin die Geschichte vorwärtsgetrieben, nicht die Welt verändert habe, liegt darin gerade Friedrichs Ruhm. Die Geschichte »vorwärtsgetrieben« und die Welt verändert hat niemand mehr als Adolf Hitler! Nicht nur in Deutschland und Europa. Durch ihn und sein Wirken ist der größte Teil des Erdballs fünfzig oder fünfundsiebzig Jahre früher von kolonialer Ausbeutung und Unterdrückung befreit worden, wie Indiens Staatspräsident, der weise Radhakrishnan, Walter Scheel gegenüber ganz zu Recht feststellte. Aber hat Hitler das gewollt? In seinem dunklen Drang zwischen Vision und Wahn wirkte er als Katalysator der Weltgeschichte; und dabei fiel neben all dem Furchtbaren auch ›Gutes‹ oder ›Fortschrittliches‹ ab. Ganz wie bei Cäsar oder Napoleon oder Lenin, die allesamt Konsequenzen für die Menschheit heraufbeschworen, die sie weder so gewollt hatten noch je gebilligt hätten. Sie alle trieben die Geschichte vorwärts, sie alle haben die Welt verändert; und was sie alle miteinander verband: sie kannten kein Maß.

Friedrich schrieb am 17. Mai 1742 (mit dreißig Jahren) nach der siegreichen Schlacht bei Chotusitz: »Man muß verstehen, zur rechten Zeit innezuhalten. Das Glück erzwingen wollen, heißt es verlieren.« Er hat 1744, 1756, 1757 und 1758 niemals den letzten Schritt nach Wien getan, obwohl es militärisch in seiner Macht gestanden hätte. Die NS-Historiker wollten ihm die Pharsalosidee andichten: Österreich schlagen, und dann mit Österreich zusammen gegen das Ausland gehen. Von nichts war Friedrich weiter entfernt! Er schreckte davor zurück, die ›Schallmauer‹ der europäischen Mächtebalance zu durchstoßen. Gewiß, mit der Annexion Schlesiens hatte er sie verändert. Aber er hatte sie nicht zerstört. Sein Genie, sein Ehrgeiz, seine Ruhmsucht haben ihn gewiß so manchen Traum seines Idols, des großen Alexander, träumen lassen. Hätte er diesen Träumen nachgegeben, er wäre gescheitert, wie Napoleon und wie Hitler.

Aber er verstand eben (und wer versteht das schon?), »zur rechten Zeit innezuhalten«. Nach dem strahlenden Sieg von Hohenfriedberg schrieb er: »Mit solchen Truppen könnte man die ganze Welt bezwingen, wären die Siege uns nicht ebenso verhängnisvoll wie unseren Feinden.« Am 21. Juni 1742 formulierte er das außenpolitische Grundgesetz der neuen preußischen Großmacht, als er zu »Mäßigung und Milde« gegenüber den europäischen Nachbarn riet. Ja, zu Mäßigung und Milde! Natürlich nicht aus Gründen der Menschheitsbeglückung, sondern aus dem Erkennen politischer Notwendigkeiten. Friedrich war weder ein Visionär noch ein Mann der Utopien. Er dachte nicht in Räumen und in Umwälzungen; er dachte in

Staaten und Ordnungen. Seine Größe besteht in der Selbstzügelung, im Augenmaß, in der Zucht, die er seinem ungestümen Temperament und seinem ungewöhnlichen Genie auferlegte.

Er hat nicht die Welt verändert – und Dank, Dank, Dank sei ihm dafür nach den Erfahrungen des 20. Jahrhunderts. Aber er hat die Menschen verändert! Er hat den Typus des preußischen Offiziers geschaffen, der für zweihundert Jahre zu einem erdumspannenden Begriff wurde wie der des englischen Gentleman (und der noch einmal glorreich aufleuchtete am 20. Juli 1944 in der Gestalt Henning von Tresckows). Und er hat ›die Preußen‹ geschaffen, ein unglaublich kühnes Kunstprodukt aus Beispiel und Befehl. 1969, anläßlich des zwanzigsten Jahrestages der DDR, gestand mir ein höherer SED-Funktionär in Ost-Berlin: »Wir hätten das nicht geschafft, was wir geschafft haben, ohne die jahrhundertelange preußische Erziehung zur Pflichterfüllung.« Natürlich nicht. Und die Bundesrepublik? Nie hätte sie ihr ›Wirtschaftswunder‹ zustande gebracht ohne die zehn Millionen Preußen, die aus Ost- und Mitteldeutschland nach Westen fliehen mußten.

Friedrich II. hat nicht die Geschichte, er hat die Menschen vorwärtsgetrieben. Er zählt *nicht* zu den großen Imperialisten und Revolutionären der Weltgeschichte, obwohl er doch die meisten von ihnen an Genie weit überragt. Das sollte zu denken geben. Das Epitheton ornans »der Große« verlieh ihm die Mitwelt Ende 1745: als er sich mäßigte, als er sich selbst besiegte.

Die ganze Lösung des Friedrich-Rätsels ist auch das nicht. Es bleibt ein undefinierbarer Rest. Friedrich, dieser einzigartige Mann, ist und bleibt ja doch eigentlich ungeliebt. Bewundern tun ihn viele; aber lieben? Nicht nur Schiller tat sich schwer mit ihm. Menzel und Fontane sind die einzigen, die Zugang zu ihm fanden. Es ist, als hielte er noch die Nachwelt auf Distanz. (Und sie vergilt es ihrerseits mit Distanzierung.)

Ich vermute, es ist das ›Unseriöse‹ an ihm, das ihn allen, selbst seinen Verehrern, suspekt macht. Seine Zweideutigkeit, sein Leichtsinn, seine Frivolität, sein nimmermüder Spott – das ist es, was ihn so zwielichtig erscheinen läßt. Die Menschheit goutiert das nicht. Sie ist erstaunt und beleidigt, daß er sich nicht richtig ›durchschauen‹ läßt, und sie ist verletzt darüber, daß er eigentlich nichts auf der Welt richtig ernst genommen hat – nicht einmal sich selbst! Im größten Unglück, angesichts der Todesdrohung, flachst er 1730 aus der Küstriner Einzelzelle, er »amüsiere« sich eigentlich ganz prächtig. Nach den überwältigenden Siegen von Roßbach und Leuthen schreibt er Ende 1757: »Bei allem Ruhm, den wir gewonnen haben, sind wir doch nur Bettelhelden.« Nach dem Gemetzel von Torgau, 1760, spottet er: »Wir waren ganz aufgebläht von unserem Sieg.« Ein Jahr später, im Lager von Bunzelwitz, nennt er sich selbst »die Karikatur eines militärischen Philosophen«. Nach seinem fünfundsechzigsten Geburtstag mustert er kopfschüttelnd seine königliche Erscheinung: »Luftsprünge früher, heut' schleicht das an Krücken, einst Kraft und Leben, heut' Lumpen und Flicken.« Über sein Preußen, für dessen Ansehen und Autorität er sieben Jahre durch die Hölle geht, meint er geringschätzig: »Ich spreche nicht von der Vorsehung, weil meine Rechte, meine Streitigkeiten, meine Person und der ganze Staat mir als zu geringe Gegenstände erscheinen, um für die Vorsehung wichtig zu sein. Der nichtige und kindische Menschenhader ist nicht würdig, sie zu beschäftigen, und ich denke, es ist ihr völlig gleich, ob Schlesien in der Hand der Preußen oder der Österreicher, der Araber oder der Sarmaten ist.« Und 1784 sagt er in Breslau zu Professor Garve, der ihn von seinem Ruhm und von der Liebe des Volkes überzeugen will: »Setze Er einen alten Affen aufs Pferd und lasse Er ihn durch die Straßen reiten, so wird das Volk genauso zusammenlaufen.«

Das hat ihm vielleicht Respekt verschafft; Zuneigung nie. Völlig begreiflich, daß ein Mann wie Schiller, der Begründer des historischen Idealismus, über Friedrich schrieb: »Ich kann diesen Charakter nicht liebgewinnen; er begeistert mich nicht genug, die Riesenarbeit der Idealisierung an ihm vorzunehmen.« Der ätzende Sarkasmus des Preußenkönigs – gegen die Welt und gegen sich selbst – mußte in der Tat jeden Versuch einer Annäherung, gar Idealisierung im Keim ersticken.

Friedrichs saloppe Art – sein Zynismus, seine Unseriosität – blieb dem Menschen, der nach ihm kam, fremd. Nach ihm aber kam mit 1789 der Bürger. Das international verbindliche Kennzeichen der bürgerlichen Klasse ist es, sich selbst und das eigene ›Werk‹ unendlich ernst zu nehmen. Von Robespierre und Napoleon bis Marx und Lenin – welche Selbstanbetung, welche Feierlichkeit und Hochstilisierung, welch gräßlicher Ernst in bezug auf die eigene Person und ›Mission‹! Kann sich jemand auch nur die Spur einer fritzischen Frivolität und Selbstironie bei Hitler oder Stalin, bei Churchill oder Roosevelt vorstellen? Selbst Bismarck, der ganz wider Willen immer mehr ins Bürgerliche hineinwuchs (politisch wie persönlich), zeigt bei aller geistigen Kultur keinen Hauch von Selbstinfragestellung, von spöttisch-›unseriösem‹ Darüberstehen. Theodor Fontane, der den Unterschied zu Friedrich sehr fein begriff, sprach von Bismarcks »Sentimentalitätsträne«. Und aus ebendemselben Grund stieß sich Fontane, in seiner berühmten Literaturbesprechung von 1855 über Gustav Freytags »Soll und Haben«, an der unerträglichen Ehrbarkeit und Ernsthaftigkeit des Idealbürgers T. O. Schröter, während er vor Entzücken jauchzte, wenn der lose Spottvogel, der Herr von Fink, daherkam. Das alles kann ja kein Zufall sein. Und ist es auch nicht: Der Typus des Bürgers, der seit 1789 auf der Szenerie steht, dieser Weltmeister in Wissenschaft, Technik und Fortschritt, er ist absolut humor- und kritiklos, wenn es um sein Ich und wenn es um seine ›Leistung‹ geht.

Das Spielerische, das Komödiantische, das Unernste und Frivole Friedrichs, der nie vergißt, weder im Sieg noch in der Niederlage, daß alles in der Welt nur Anmaßung, Eitelkeit, Wichtigtuerei und Rollenspiel ist, es ist – legt man eine politische Typologie zugrunde – ganz unbürgerlichen, es ist aristokratischen Zuschnitts. Mit derselben gleichgültigen Unernsthaftigkeit, mit dieser hochmütigen Unseriosität bestiegen die zum Tode verurteilten Aristokraten wenige Jahre nach Friedrichs Ende das bürgerliche Schafott, um mit einem galant-ironischen Bonmot das Haupt unter die Guillotine zu legen. Aus Friedrichs umfangreichem Zitatenschatz kann man alles Mögliche herauslesen, Positives wie Negatives. Niemals jedoch Selbstsentimentalität, niemals Spießiges.

Die Nachwelt bewunderte an diesem König das, was sie als *bürgerliche* Tugenden verstand: sein Pflichtgefühl, sein Arbeitsethos, seine Standhaftigkeit. Dafür nahm sie sogar, zähneknirschend, sein königliches Selbstbewußtsein in Kauf. Aber das war ja nur die eine Seite an Friedrich! Die andere Seite seiner Doppelnatur, die spielerische, die die eigene Existenz und Ideologie nicht ernst nahm, verunsicherte, ja erbitterte sie. Ein kämpferischer Kleinbürger wie Ernst Niekisch, dessen erbarmungsloser Blick so vielen Dingen auf den Grund ging, verzweifelte an Friedrich. Geradlinig wie Niekisch war, kam er mit der Doppelbödigkeit dieses Königs nicht zurecht. Er warf ihm vor, er habe zynisch mit den Postulaten der Aufklärung gespielt, er habe sie nur benutzt, und sah den Krebsschaden des Preußentums in der »Ideenlosigkeit«. Das war eine rundum bürgerliche Kritik, die auf einem grandiosen Mißverständnis beruht. »Ideenlosigkeit« bedeutet ja bei Friedrich (und Preußen) nichts anderes als Ideologiefreiheit! Niekisch und andere haben niemals verstanden, daß Friedrich jeden Glauben verweigerte, daß er eine letzte Allgemeingültigkeit für nichts auf der Welt anerkannte, daß er sämtliche Systeme verwarf und daß er eine volle Erkenntnisfähigkeit des Menschen – und damit dessen Seriosität – verneinte.

In alledem liegt keine Wertung. Der bürgerliche Mensch, der Bourgeois wie der Kleinbürger, hatte historisch gesehen keine Wahl: Er *mußte* sich selbst ernst nehmen, er *mußte* fanatisch an sich und die von ihm geschaffenen Ideologien glauben, wenn er zur Macht wollte. Die zwangsläufige Folge war Selbstvergottung, war Verlust der Fähigkeit zur Selbstironie und Selbstkritik. Der Aristokrat hatte das alles schon tausend Jahre hinter sich. Was brauchte er noch Anerkennung? Sein Selbstbewußtsein war ihm angeboren. Seine nonchalante Art gebot ihm, mit den Dingen des Lebens und mit sich selbst zu spielen.

Vielleicht kann man es so sagen: Friedrich verkörperte noch einmal den Typus des Kavaliers (ein Wort, das bezeichnenderweise seit Jahrzehnten aus unserer Umgangssprache verschwunden ist). Und zwar den Typus des altfranzösischen Kavaliers. Nicht umsonst schuf er sich in Rheinsberg, in seiner Traumwelt, den geheimnisumwitterten Bayard-Orden, benannt nach dem Inbegriff des altfranzösischen Chevaliertums. Nicht von ungefähr schwärmte er für Franz I. und Heinrich IV., die beiden französischen Idealkönige, deren »Ritterlichkeit« zu preisen er nie müde wurde. Der Kavalier war der Gegentypus des Bürgers. Er zelebrierte die Form; aber er zelebrierte sie als Spiel. Ernst kannte er nur, wenn es um »Ehre« ging. Die Kavaliere ritten heiter durch das Leben – und in den Tod. Man konnte solchem Menschentypus noch in Einzelexemplaren des deutschen Offizierskorps im II. Weltkrieg begegnen: Sie kämpften nicht, sie fochten; sie waren tapfer, aber nicht fanatisch; sie betrachteten den Gegner spöttisch, aber nicht haßerfüllt; sie taten unpathetisch ihre Pflicht, witzelten im Sterben noch über das Leben. Sie begriffen niemals den Sinn einer Ideologie. Sie betrachteten die wichtigtuerischen, eifrigen und ungemein ernsthaften Bürger in Uniform mit verwunderter Ironie.

Friedrich hat mehr als einmal gesagt: »Wir sind alle Don Quixotes.« Darin lag keine Herablassung gegen den fahrenden Ritter und seinen Kampf gegen Windmühlenflügel; eher Brüderlichkeit, mindestens Solidarität. Alles war und ist ja nur Kampf gegen Windmühlenflügel. Jedes gewagte Leben ist die Geschichte eines Scheiterns (und muß es wohl sein, wenn der ›Turm zu Babel‹ nicht in den Himmel wachsen soll). Zusammen mit der Gottesfurcht ging diese Einsicht 1789 verloren. Seitdem nur ich, ich, ich, und das eigene ›Werk‹. Bei Friedrich nichts davon. Wenn in seinen Briefen und Gedichten vom »Ich« die Rede ist, dann entweder in zähneknirschendem Durchhalten, in heller Verzweiflung oder – in spöttischer Selbstironie. Das menschliche Ausgeliefertsein an das undurchschaubare Schicksal, diese letzte Position der Glaubens- und Hoffnungslosigkeit, beantwortet er mit Anspannung all seiner Kräfte, bis zum letzten Atemzug. Das wäre schon staunens- und gedenkenswert genug. Aber dieser vielgepriesene Heroismus angesichts des Wissens um die Vergeblichkeit allen menschlichen Tuns gewinnt seinen wahren, seinen unverwechselbaren Reiz erst durch die kavaliershafte Grazie und Nonchalance dieses Mannes, dieses Königs, im Kampf mit den Geschicken.

In die heutige Welt der nachbürgerlichen Barbarei ragt Friedrichs Gestalt als die des »Chevalier de Brandebourg«.

Bibliographie

Andreas, W.: Das Theresianische Österreich. München 1930.

Archenholtz, J. W. v.: Geschichte des Siebenjährigen Krieges in Deutschland. Berlin 1893.

Arndt, K. J. R. (Hrsg.): Der Freundschafts- und Handelsvertrag von 1785. München 1977.

Arneth, A. v.: Geschichte Maria Theresias. 10 Bde. Wien 1863 bis 1879.

Augstein, R.: Preußens Friedrich und die Deutschen. Frankfurt a. M. 1968.

Barsewisch, C. F. v.: Meine Kriegs-Erlebnisse während des Siebenjährigen Krieges. Berlin 1863.

Beer, A.: Die erste Teilung Polens. 2 Bde. Wien 1873.

Beheim-Schwarzbach, M.: Hohenzollernsche Colonisation. Leipzig 1874.

Berney, A.: Friedrich der Große. Tübingen 1934.

Bernhardi, Th. v.: Friedrich der Große als Feldherr. 2 Bde. Berlin 1881.

Bibl, V.: Kaiser Joseph II. Wien, Leipzig 1943.

Bilbassoff, B. v.: Geschichte Katharinas II. 2 Bde. Berlin 1891 bis 1893.

Blank, H.: Unter dem schwarzen Adler. Hamburg 1957.

Bleckwenn, H.: Das altpreußische Heer. Osnabrück 1969.

Bleckwenn, H. (Hrsg.): Kriegs- und Friedensbilder 1725–1759. Osnabrück 1971.

Borchardt, G. (Hrsg.): Die Randbemerkungen Friedrichs des Großen. Potsdam 1937.

Bräker, U.: Der arme Mann im Tockenburg. Leipzig 1852.

Bratuschek, E.: Die Erziehung Friedrichs des Großen. Berlin 1885.

Braubach, M.: Prinz Eugen von Savoyen. 5 Bde. München 1965.

Büsch, O.: Militärsystem und Sozialleben im alten Preußen. Berlin 1962.

Büsch, O. (Hrsg.): Preußen und das Ausland. Berlin 1982.

Büsching, A. F.: Beyträge zur Lebensgeschichte denkwürdiger Personen. Halle 1788.

Buxbaum, E.: Seydlitz. Leipzig 1907.

Campe, E. v.: Die graphischen Porträts Friedrichs des Großen. München 1958.

Carlyle, Th.: Geschichte Friedrichs II. von Preußen. 6 Bde. Berlin 1858–1869.

Carstens, F. L.: Die Entstehung Preußens. Köln, Berlin 1968.

Craig, G. A.: Krieg, Politik und Diplomatie. Wien, Hamburg 1968.

Craig, G. A.: Die preußisch-deutsche Armee. Königstein 1980.
Cyran, E.: Preußisches Rokoko. Berlin 1979.

Dassow, J.: Friedrich II. und Peter III. (Diss.) Berlin 1908.
Delbrück, H.: Geschichte der Kriegskunst. 4 Bde. Berlin 1900–1920.
Demeter, K.: Das deutsche Offizierskorps 1650–1945. Frankfurt a. M. 1965.
Dette, E.: Friedrich der Große und sein Heer. Göttingen 1914.
Droysen, J. G.: Geschichte der preußischen Politik. Berlin 1855–1886.
Droysen, J. G.: Friedrich Wilhelm I. 2 Bde. Leipzig 1869.
Duffy, Chr.: Friedrich der Große und seine Armee. Stuttgart 1978.

Easum, C. V.: Prinz Heinrich, Bruder Friedrichs des Großen. Göttingen 1958.
Elze, W.: Friedrich der Große. Berlin 1936.
Engelmann, B.: Preußen. Land der unbegrenzten Möglichkeiten. München 1979.
Erdmannsdörfer, B.: Mirabeau. Bielefeld, Leipzig 1900.

Fechner, H.: Friedrich der Große und die deutsche Literatur. Braunschweig 1968.
Fester, R.: Die Bayreuther Schwester Friedrichs des Großen. Berlin 1902.
Feuchtwanger, E. J.: Preußen. Mythos und Realität. Frankfurt a. M. 1972.
Förster, Fr.: Preußens Helden in Krieg und Frieden. 3 Bde. 1852–1859.
Franz, G. (Hrsg.): Quellen zur Geschichte des deutschen Bauernstandes. Darmstadt 1976.
Frauenholz, E. v.: Das Heerwesen in der Zeit des Absolutismus. München 1940.
Frey, L. u. M.: Friedrich I., Preußens erster König. Graz, Wien, Köln 1984.
Friedrich II.: Die Werke Friedrichs des Großen. 12 Bde. Hrsg. von G. B. Volz. Berlin 1913 bis 1914.
Friedrich II.: Die politischen Testamente. Hrsg. von G. B. Volz. Berlin 1920.
Friedrich II.: Gespräche Friedrichs des Großen. Hrsg. von G. B. Volz. Berlin 1925.
Friedrich II.: Briefe Friedrichs des Großen an seinen Kammerdiener Fredersdorf. Berlin 1926.
Friedrich II.: Die Komödien des großen Königs. Hrsg. von Carl Niessen. Berlin 1937.
Froese, U.: Das Kolonisationswerk Friedrichs des Großen. Heidelberg, Berlin 1938.

Gaxotte, P.: Friedrich der Große. Berlin 1974.
Gent, W.: Die geistige Kultur um Friedrich den Großen. Berlin 1936.
Görlitz, W.: Der deutsche Generalstab. Frankfurt a. M. 1950.
Gooch, G. P.: Friedrich der Große. Göttingen 1951.
Gooch, G. P.: Maria Theresia and other studies. London 1951.

Gotzkowsky, J. C.: Geschichte eines patriotischen Kaufmanns. Augsburg 1768–1769.
Groehler, O.: Die Kriege Friedrichs II. Ost-Berlin 1966.
Grünhagen, C.: Geschichte des ersten Schlesischen Krieges. Gotha 1881.
Grünhagen, C.: Schlesien unter Friedrich dem Großen. 2 Bde. Breslau 1890–1892.
Gundolf, F.: Friedrich des Großen Schrift über die deutsche Literatur. Zürich 1947.

Haffner, S.: Preußen ohne Legende. Hamburg 1978.
Haffner, S.: Preußische Profile. Königstein 1980.
Hahn, W.: Hans Joachim v. Zieten. Berlin 1958.
Heckscher, E. F.: Der Merkantilismus. 2 Bde. Jena 1932.
Hegemann, W.: Fridericus oder das Königsopfer. Leipzig 1926.
Hildebrand, A.: Das Bildnis Friedrichs des Großen. Leipzig 1942.
Hinrichs, C.: Der allgegenwärtige König. Berlin 1940.
Hinrichs, C.: Preußen als historisches Problem. Berlin 1964.
Hinrichs, C.: Friedrich Wilhelm I., König in Preußen. Darmstadt 1974.
Hintze, O.: Die Hohenzollern und ihr Werk. Berlin 1915.
Hubatsch, W.: Friedrich der Große und die preußische Verwaltung. Köln, Berlin 1973.
Hülsen, C. W. v.: Unter Friedrich dem Großen. Berlin 1890.
Immich, H.: Geschichte des europäischen Staatensystems. München, Berlin 1965.

Jany, C.: Geschichte der Preußischen Armee. 4 Bde. Osnabrück 1967.
Jessen, H. (Hrsg.): Friedrich der Große und Maria Theresia. Düsseldorf 1965.
Jungfer, H.: Die Juden unter Friedrich dem Großen. Leipzig 1880.

Kaplan, H. H.: The first partition of Poland. New York 1963.
Kerler, D. (Hrsg.): Tagebuch des Musketiers Dominicus. Osnabrück 1972.
Klepper, J.: Der Vater. Stuttgart 1977.
Klopp, O.: König Friedrich von Preußen und die deutsche Nation. Schaffhausen 1860.
Koenigswald, H. v.: Preußisches Lesebuch. München 1967.
Kollo, W.: Der Krieg geht morgen weiter. Berlin 1970.
Koser, R.: Friedrich der Große als Kronprinz. Berlin 1886.
Koser, R.: Geschichte Friedrichs des Großen. 4 Bde. Stuttgart, Berlin 1921–1925.
Kretschmayr, H.: Maria Theresia. Leipzig 1938.
Küntzel, G.: Fürst Kaunitz Rittberg als Staatsmann. Frankfurt a. M. 1923.
Kugler, F.: Geschichte Friedrichs des Großen. Leipzig 1840.

Lavisse, E.: Die Jugend Friedrichs des Großen. Berlin 1919.

Lehndorf, A. E. v.: Dreißig Jahre am Hofe Friedrichs des Großen. Gotha 1907.
Linnebach, K. (Hrsg.): Deutsche Heeresgeschichte. Hbg. 1935.
Lippe-Weissenfeld, E.: Hans Joachim v. Zieten. Berlin 1885.
Lodge, R.: Great Britain and Prussia in the 18th century. London 1923.

Mann, Th.: Friedrich und die große Koalition. Berlin 1922.
Mediger, W.: Moskaus Weg nach Europa. Braunschweig 1952.
Mehring, Fr.: Zur Kriegsgeschichte und Militärfrage. Ost-Berlin 1967.
Menzel, A. v.: Die Armee Friedrichs des Großen in ihrer Uniformierung. Berlin 1908–1912.
Menzel, A. v.: Die Soldaten Friedrichs des Großen. Leipzig 1923.
Mermaz, L.: Die Hohenzollern. Lausanne 1970.
Merten, D.: Der Katte-Prozeß. Berlin 1980.
Mertineit, W.: Die friderizianische Verwaltung in Ostpreußen. Heidelberg 1958.
Meyer, C.: Briefe aus der Zeit des ersten Schlesischen Krieges. Leipzig 1902.
Mielke, Fr./J. v. Simson: Das Berliner Denkmal für Friedrich II. den Großen. Berlin 1975.
Mirabeau, H. G.: Geheime Geschichte des Berliner Hofes. Berlin 1900.
Mitchell, A.: Memoirs and Papers. 2 Bde. London 1850.
Mitford, N.: Friedrich der Große. München 1973.
Mittenzwei, I.: Friedrich II. von Preußen. Köln 1980.
Mönch, W.: Voltaire und Friedrich der Große. Stuttgart, Berlin 1943.
Mohr, E.: Von Miltiades bis Ludendorff. Frankfurt a. M. 1940.

Nelson, W. H.: Die Hohenzollern. München, Wien, Zürich 1972.
Netzer, H.-J. (Hrsg.): Preußen, Porträt einer politischen Kultur. München 1968.
Nicolai, F.: Anekdoten von König Friedrich II. Berlin 1789.
Niekisch, E.: Politische Schriften. Köln, Berlin 1966.

Ortmann, A. D.: Patriotische Briefe. Berlin, Potsdam 1759.

Pangels, Ch.: Friedrich der Große. München 1979.
Pauli, C. F.: Denkmale berühmter Feld-Herren. Halle 1768.
Petersdorff, H. v.: Friedrich der Große. Berlin 1902.
Preuss, J. D. E.: Friedrich der Große. 6 Bde. Berlin 1832–1834.

Ranke, L. v.: Zwölf Bücher preußischer Geschichte. 3 Bde. München 1930.
Reiners, L.: Friedrich. München 1952.
Reinhold, P.: Maria Theresia. Wien 1957.
Reissner, H.: Mirabeau und seine ›Monarchie Prussienne‹. Leipzig 1926.
Rimscha, H. v.: Katharina II. Göttingen 1961.
Ritter, G.: Friedrich der Große. Ein

historisches Profil. Heidelberg 1954.
Rosinski, H.: Die deutsche Armee. Düsseldorf, Wien 1970.
Rothe, C. (Hrsg.): Die Mutter und die Kaiserin. Berlin 1940.
Runge, N.: Das verbotene Preußen. Würzburg 1977.

Sack, F. S.: Briefe über den Krieg. Berlin 1778.
Scheffner, J. G.: Mein Leben. Leipzig 1823.
Scheuner, U.: Der Staatsgedanke Preußens. Köln, Graz 1965.
Schieder, Th.: Friedrich der Große. Ein Königtum der Widersprüche. Berlin 1983.
Schlenke, M.: England und das friderizianische Preußen. Freiburg 1963.
Schmoller, G.: Deutsches Städtewesen in älterer Zeit. Bonn, Leipzig 1922.
Schneider, R.: Die Hohenzollern. Frankfurt a. M., Hamburg 1958.
Schoeps, H.-J. (Hrsg.): Das war Preußen. Honnef 1955.
Schoeps, H.-J.: Preußen. Geschichte eines Staates. Berlin 1966.
Schoeps, H.-J.: Preußen und Deutschland. Berlin 1967.
Schüssler, W. (Hrsg.): Gespräche Friedrichs des Großen mit Catt. Leipzig 1925.
Schütze, H.: Das Posener Land. Posen 1925.
Schumacher, B.: Geschichte Ost- und Westpreußens. Königsberg 1937.
Schwarze, K.: Der Siebenjährige Krieg in der zeitgenössischen Literatur. Berlin 1936.
Seidel, P.: Friedrich der Große und die Bildende Kunst. Leipzig 1924.
Simon, E.: Friedrich der Große. Tübingen 1963.
Skalweit, S.: Frankreich und Friedrich der Große. Bonn 1952.
Spranger, E.: Der Philosoph von Sanssouci. Berlin 1942.
Sternaux, L.: Potsdam. Ein Buch der Erinnerung. Berlin 1961.
Stribrny, W.: Die Rußlandpolitik Friedrichs des Großen. Würzburg 1966.

Uhle-Wettler, F.: Höhe- und Wendepunkte deutscher Militärgeschichte. Mainz 1984.
Unger, W.: Wie ritt Seydlitz? Berlin 1906.

Varnhagen v. Ense, K.: Leben des Generals Freiherrn v. Seydlitz. Berlin 1834.
Varnhagen v. Ense, K.: Leben des Generals H. K. v. Winterfeldt. Berlin 1836.
Vehse, E.: Preußische Hofgeschichten. 4 Bde. München 1913.
Venohr, W.: Dokumente Deutschen Daseins. Königstein 1980.
Venohr, W.: Preußische Profile. Königstein 1980.
Venohr, W.: Fritz der König. Bergisch Gladbach 1981.
Vocke, R. (Hrsg.): Friedrich der Große. Gütersloh 1977.
Vogler-Vetter: Preußen. Von den

Anfängen bis zur Reichsgründung. Ost-Berlin 1970.
Volz, G. B. (Hrsg.): Friedrich der Große im Spiegel seiner Zeit. 3 Bde. Berlin 1925–1927.

Wagner, F.: Kaiser Karl VII. und die großen Mächte. Stuttgart 1938.
Walter, F.: Männer um Maria Theresia. Wien 1951.
Wiegand, W.: Friedrich der Große. Leipzig 1922.
Wilhelmine von Bayreuth: Memoiren. Leipzig 1923.
Winter, G.: Hans Joachim von Zieten. 2 Bde. Berlin 1886.
Witzleben, A. v.: Aus alten Parolebüchern der Berliner Garnison. Berlin 1851.

Die Familie Friedrichs des Grossen

Friedrich Wilhelm ⚭ Luise Henriette

Friedrich Wilhelm
1620–1688
Großer Kurfürst
von Brandenburg

Luise Henriette
1626–1667
Prinzessin von
Nassau-Oranien

Friedrich III. (I.) ⚭ Sophie Charlotte

Friedrich III. (I.)
1657–1713
Kurfürst von
Brandenburg und
König in Preußen

Sophie Charlotte
1668–1705
Prinzessin von Hannover

Wilhelmine
1709–1758

Friedrich II., der Grosse
1712–1786

Friederike Luise
1714–1784

Philippine Charlotte
1716–1801

Sophie
1719–1765

ERNST AUGUST ⚭ SOPHIE
1629–1698 — 1630–1714
Kurfürst von Hannover — Prinzessin von der Pfalz

GEORG I. ⚭ SOPHIE DOROTHEA
1660–1727 — 1666–1726
Kurfürst von Hannover und König von England — Prinzessin von Celle

FRIEDRICH WILHELM I. ⚭ SOPHIE DOROTHEA
1688–1740 — 1687–1757
König in Preußen — Prinzessin von Hannover

ULRIKE
1720–1782

AUGUST WILHELM
1722–1758

AMALIE
1723–1787

HEINRICH
1726–1802

FERDINAND
1730–1813

Personenregister